Italien-Dichtung II
Gedichte

Italien-Dichtung

Band 2

Gedichte
von der Klassik bis zur Gegenwart

MIT 14 ABBILDUNGEN

HERAUSGEGEBEN VON
GUNTER E. GRIMM

PHILIPP RECLAM JUN. STUTTGART

Universal-Bibliothek Nr. 8463 [6]

Gesamtherstellung: Reclam, Ditzingen. Printed in Germany 1988

ISBN 3-15-008463-6
Band 1 und 2 gebunden in Kassette:
ISBN 3-15-030004-5

Inhalt

Einleitung 25

Präludium

Oswald von Wolkenstein
Wer die ougen wil verschüren mit den brenden . . . 61

Ludwig Fürst zu Anhalt-Köthen
Der Nadelseulen vier in Rom seind wolzusehen . . 62

Georg Rodolf Weckherlin
Venedig gegen seiner Liebsten verglichen 63

Andreas Gryphius
An Cleandrum 63
Als Er auß Rom geschieden 64

Christian Hoffmann von Hoffmannswaldau
Die allgemeine Vergängligkeit 66

E. C. S.
Hochzeit-lied. Auß Rom nach Königsberg geschrieben. 67

»Kennst du das Land?«
Auf Goethes Spuren

Johann Wolfgang Goethe
Mignon 71
Saget, Steine, mir an (*Römische Elegien* I) 71
Froh empfind ich mich nun (*Römische Elegien* V) . 72
O wie fühl ich in Rom mich so froh! (*Römische Elegien* VII) 73
Cäsarn wär ich wohl nie zu fernen Britannen gefolget (*Römische Elegien* XV) 74

Das ist Italien, das ich verließ
(*Venezianische Epigramme* IV) 76
Ruhig am Arsenal (*Venezianische Epigramme* XX) . 76
Emsig wallet der Pilger!
(*Venezianische Epigramme* XXI) 76

JOHANN GOTTFRIED HERDER
Angedenken an Neapel 77

FRIEDRICH LEOPOLD VON STOLBERG
An meine Schwester Henriette Catharine in Rom . 78

FRIEDRICH SCHILLER
Pompeji und Herkulanum 81

FRIEDRICH VON MATTHISSON
Die Landschaft 83
Villa Pliniana 84
Campo Vaccino 85
Symposium in Tivoli 86

JOHANN GOTTFRIED SEUME
Ich eilte fort 86

WILHELM VON HUMBOLDT
Der Publicische Weg 88
Rom 89

AUGUST WILHELM SCHLEGEL
Der Dom zu Mailand 90

ZACHARIAS WERNER
Roms Springwässer 91
Abschied von Rom 91

LUDWIG TIECK
Anblick von Florenz 95
Die spanische Treppe 96
Olevano 97
Subiaco 98

Tivoli 99
Bologna 99

Wilhelm Heinrich Wackenroder
Soll ich in mir selbst verschmachten 100

Leopold Schefer
Eintritt in das geweihte Land 101

Ludwig I., König von Bayern
Tivoli. II. Elegie 102

Joseph von Eichendorff
Rückkehr 103
Von kühnen Wunderbildern (*Götterdämmerung* 2) 104

Friedrich Rückert
Hochzeitgedicht aus Rom 106
Nachklang 110
Auf Monte Mario bin ich heut gestanden
(*Aus dem römischen Tagebuch* 88) 112

Wilhelm Müller
Goethes Osterie in Rom 112
Der Einsame 115
Amor, ein Cicerone (*Epigramme aus Rom 1818* 6) . 117
Sehnsucht nach Italien 117

August von Platen
Mein Auge ließ das hohe Meer zurücke
(*Sonette aus Venedig* XVIII) 119
Wie lieblich ist's, wenn sich der Tag verkühlet
(*Sonette aus Venedig* XX) 119
Venedig liegt nur noch im Land der Träume
(*Sonette aus Venedig* XXII) 120
Wenn tiefe Schwermut meine Seele wieget
(*Sonette aus Venedig* XXXI) 120
Florenz 122

Die Pyramide des Cestius 124
Bilder Neapels 126
Flucht nach Toskana 129
Der Vesuv im Dezember 1830 130

August Kopisch
Schwärmerei für Sorrent 131

Franz von Gaudy
Auf dem Lago Maggiore 132
Der Schäfer der Campagna 134

Wilhelm Waiblinger
Grab der Cäcilia Metella 135
Deutscher Künstler in Rom 139
Abschied von Olevano 142
Dränge keck den Toledo dich durch
(*Bilder aus Neapel* 13) 144
Immer schwebst du vor Augen und Herz
(*Bilder aus Neapel* 34) 145
Endlich sah ich ein Volk (*Bilder aus Neapel* 47) . . 145
Vesuv (*Bilder aus Neapel* 75) 147

»Land des Stillstands, der Erhaltung ...«
Vom Vormärz bis zum Fin de siècle

Franz Grillparzer
Kennst du das Land? 151
Kolosseum 152
Campo vaccino 154

August Heinrich Hoffmann von Fallersleben
Via mala 158
Der hl. Goethe 158
Konservativer Boden 159
Michel-Kunstkenner 160
Addio! 161

Anastasius Grün
Venedig 162

Friedrich Theodor Vischer
Dies linde Säuseln in der Luft (Perugia I) 164
Italienisch 168

Friedrich Hebbel
Italiens erster Gruß 168
Rom 168
Ein Scirocco-Tag in Rom 169
Venedig 169

Emanuel Geibel
Italien 170
Dich auch hab ich, Venedig, gesehn 172

Adolf Friedrich von Schack
La Zisa bei Palermo 174
Auf einen Granatenzweig 175
Italien 177

Jacob Burckhardt
Aus Venedig 179
Was soll mir fürder dieser Norden 180

Theodor Fontane
Der Markuslöwe 181

Gottfried Keller
Lacrimae Christi 183

Hermann von Lingg
Die See geht hoch (Neapels Golf 1) 184
Pästum 185
Deutsch-italische Grenzstädte 186
Abschied von Venedig 187

Ferdinand Gregorovius
Campagna-Abend 188
Der Pinienbaum 190

Moritz von Strachwitz
Kannst du das Leben nicht lebendig leben (Venedig 6) 192
Venedig schwindet in des Meeres Düften (Venedig 9) 193

Conrad Ferdinand Meyer
Römische Mondnacht 194
La Röse 194
Venedig 195
Der römische Brunnen 196
Auf Ponte Sisto 197
Auf dem Canal Grande 197

Joseph Victor von Scheffel
Durst in Venedig 198
Fontana Trevi 199
Sehnsucht 200
Heimkehr aus Italien 200
Resignation 201

Heinrich Leuthold
Bei Nervi 201
Neapel 201
Venedig 202
Wo, stolzes Genua! sind deine Flotten? (Genua 8) . 203
Im Welschlande 203

Paul Heyse
Lied von Sorrent 205
Abendstimmung 206
Sie hielten, vierzig Ladendiener (*Bilder aus Neapel* V) 206
Im Museum (*Bilder aus Neapel* VII) 207

Abschied von Rom 208
Verona 208

ROBERT HAMERLING
Und gönnt es mir, zu weilen hier 209
Das alte Lied (*Lieder aus Venedig* II) 210

FERDINAND VON SAAR
Nach dir allein, du Zauberstadt im Meere
(Italia III) 211
Italien 212

CHRISTIAN WAGNER
Der Dom zu Mailand 213
Capri 214
Piacenza 214
Venedig 215
Am Tiber 216

MARTIN GREIF
Mittag am Gardasee 216
Venedig 217

DETLEV VON LILIENCRON
Italienische Nacht 218
Unvermutetes Zusammentreffen 219

FRIEDRICH NIETZSCHE
Im Süden 220
»Mein Glück!« 221
An der Brücke stand 222

EMIL VON SCHÖNAICH-CAROLATH
Gruß an Venedig 223

ISOLDE KURZ
Italien 224
Abschied 224

Heinrich Vierordt
Porto Venere 225
Die Zikaden 226

Karl Stauffer-Bern
Ferentum presso Viterbo 227

Otto Erich Hartleben
Campagna 228

Otto Julius Bierbaum
Täglich fahr ich mit Pietro (*Blätter aus Fiesole* 5) . . 228

»Marmorstirn und Brunnenrand ...«
Symbolismus, Expressionismus, Traditionalismus

Gerhart Hauptmann
Madonna, o wie oft zu deinem Haine 237
Nur wenig Schritte 237
Zypressen 238

Richard Dehmel
Eine Rundreise in Ansichtspostkarten 239
Campagna vor Rom (10) 239
In den Abruzzen (12) 239
Bergstraße von Amalfi nach Salerno (17) 239
Florenz (42) 240
Venedig: Punta della Salute (44) 240

Ricarda Huch
Venedig 241
Das Denkmal 241

Alfred Kerr
Der neue Campanile 242

Stefan George
Rom-Fahrer 243
Feld vor Rom 243

Südliche Bucht 244
Südlicher Strand: See 245
Goethes lezte Nacht in Italien 245

CHRISTIAN MORGENSTERN
An Sirmio 248
Porto fino, kleiner Hafen 248
San Gimignano 249

ALFRED MOMBERT
Venedig (*Sfaira der Alte* VII) 249

HUGO VON HOFMANNSTHAL
Reiselied 253

RICHARD SCHAUKAL
Capri 253

RAINER MARIA RILKE
Fremdes Rufen (Venedig I) 254
Immer ist mir (Venedig II) 254
Ave weht von den Türmen her (Venedig IV) 255
Arco 255
Römische Fontäne 256
Lied vom Meer 256
Römische Campagna 258
Venezianischer Morgen 258
Spätherbst in Venedig 259
San Marco 260
Vor-Ostern 260

THEODOR DÄUBLER
Ode an Florenz 262
Venedig, deine Marmorsäulenwälder 262
Du scheinst den Seelen, Rom 263
Das Frühjahr ist da! 264
Mir ist's, als ob ein Traum zu sein sich schäme! . . . 267
Italien, deiner hohen Seelen Prozessionen 269

Rudolf Borchardt
Canzone an Florenz 271

Hermann Hesse
Chioggia 272
Toskanischer Frühling 272
Die Zypressen von San Clemente 273
Ich bin auch in Ravenna gewesen (Ravenna I) . . . 273
Ankunft in Venedig 274
Die venezianische Gondel 274
Wieder im Süden 275
Ankunft in Cremona 276

Erich Mühsam
Der beleidigte Duce 277
Mignon 1925 278

Rudolf Alexander Schröder
Da nun des Meeres blasser Streif verlischt
(Aus der Villa Torlonia 4) 279

Georg Kaiser
Lago M I 279

Hans Carossa
Via Appia 280

Otto von Taube
Die Weine 281
Lambrusco 281
Corvo 282

Stefan Zweig
Sonnenaufgang in Venedig 282

Wilhelm Lehmann
Blick auf Rom 283

Robert Faesi
Frühling am Po 284

Oskar Loerke
Abstieg nach Süden 285

Max Herrmann-Neisse
Nord und Süd 286

Hermann Broch
Lago Maggiore 286

Armin T. Wegner
Venedigs Dirnen 288
Nächtliche Prozession in Maderno 289

Albert Ehrenstein
Venetianischer Traum 289

Georg Trakl
In Venedig 290

Jakob van Hoddis
Italien I–V 291

Georg Heym
Römische Nacht 294

Alfred Wolfenstein
Mittelmeer 294

Heinrich Lersch
Deine Anmut, Land Italien 296

Karl Otten
In tabakbrauner Schlucht
(Lombardische Landschaft III) 297
Bergamo 298
Ravenna 299

Georg von der Vring
Golino 300
Shelleys Woge 301
Finale Marina 301
Nizza 301

Verona 302
Die Wasserorgel der Villa d'Este 302

Franz Werfel
Der Volksplatz von Santa Margarita 303
Fondamenta Labia 304
Weltaugenblick Portofino 305
San Vitale zu Ravenna 306

Max Reuschle
Pan auf Capri 306

Kasimir Edschmid
Sono Ebréi 307
Abschied 308

Hans Leifhelm
Apennin 308

Johannes R. Becher
Rom 309
Florenz 310

Georg Britting
Erste Italienfahrt 310
Überdruß des Südens 311
Venedig 312
Die Katzen Neapels 312
Markt in Verona 313

Werner Bergengruen
Römische Erde 314
Schlaf, zikadendurchgeigt (Capri I) 314
Opuntien (Capri XI) 315
Sizilische Morgendämmerung 316

Anton Schnack
Südlicher Mittag 317

Josef Weinheber
Gasse in Neapel 317
Toskanische Landschaft 318
Poebene 318
Römische Osteria 320

Peter Gan
Südlied 321

Albin Zollinger
Südliche Gesichte 322
Volk Italiens 322
Die italienischen Gärten 323

Josef Leitgeb
Malcesine 324

Gottfried Kapp
Vor den Toren 325

Bertolt Brecht
O Venezia! (Zu dem Stück *Volpone*) 326

Marie-Luise Kaschnitz
Rom 327
Amalfi 328

Reinhold Schneider
Madonna del Carmine 330
Küstenstadt Selinunt 331

Stefan Andres
Paestum 331

Eugen Gottlob Winkler
Italische Ankunft 332

»Immer wieder treibt es uns hinunter nach dem Süden ...« Vom Zwiespalt moderner Italiensehnsucht

EUGEN ROTH

Lärm 335
Italienische Reise 336
Venedig 337

MARIE LUISE KASCHNITZ

Es reden die Steine von Rom
(*Rom. Ewige Stadt* XXV) 338
Segesta 338
Taormina 339
Reggio 340
Piazza Vittorio 342
Genazzano 342
Vedere Napoli 343
Rom 1961 344

ECKART PETERICH

Im Hafen von Neapel 345
Römische Reliquie 346

ERICH ARENDT

Unter dem truskischen Mond 346
Goethe zeichnete 347
Erice 348

PETER HUCHEL

Haus bei Olmitello 349
Venedig im Regen 349
Subiaco 350
Ein Toscaner 352

GÜNTER EICH

Fußnote zu Rom 353

Rose Ausländer
Rom I . . . 353
Offener Brief an Italien . . . 354
Venedig I . . . 355
Italien I . . . 355
Mein Venedig . . . 356
Italien II . . . 357

Albrecht Goes
Olevano, Blick auf Latium . . . 358
Rom, am Trevibrunnen . . . 358

Ernst Meister
Gedanke Umbrien . . . 360

Rudolf Hagelstange
Verona . . . 361
Römisches Gewitter . . . 362

Franz Tumler
Rom Villa Giulia . . . 363

Hermann Lenz
Neue (römische) Zeit . . . 364
Unkraut bei Rom . . . 364

Karl August Horst
Memento . . . 365

Karl Alfred Wolken
Rom . . . 366
Appia Antica . . . 367
Überblick . . . 367
Das Ende der Campagna I . . . 368
Bildersammeln . . . 368
Hausbesitzer . . . 369
Die geduldige Arbeit des Lichts . . . 371
Was immer wieder guttut . . . 372
Unter dem Hitzebann . . . 373

Alfred Andersch
Silvestro Lega, Il Pergolato 374

Karl Krolow
Südwärts 376

Christine Busta
Oktoberabend in Venedig 377

Johannes Bobrowski
Viktorianisches Lied von der italienischen Schönheit 378

H. C. Artmann
Nach Italiens feigenhängen 379

Nino Erné
Rom Villa Borghese, 21. Januar 383

Walter Höllerer
Der Wind aus Süden kommt 387
Jetzt gehts nach Süden zu 388

Walter Gross
Aus Sambuca 389
San Stefano Belbo 390

Friederike Mayröcker
Ostia wird dich empfangen 392
eine Postkarte aus Treviso 393

Wolfgang Bächler
Solleone 395

Ernst Jandl
fremdarbeiter 396

Heinz Piontek
Apulische Ebene 397
Latinisch 398

Ingeborg Bachmann
Das erstgeborene Land 399
Brief in zwei Fassungen 400
Römisches Nachtbild 402
In Apulien 402

Christa Reinig
Rom 403

Günter Kunert
Verlangen nach Bomarzo 404
Venedig I 405
Venedig II 406
Venedig III 407
Venedig IV 408

Walter Helmut Fritz
Ostia 409
Mann in Apulien 409
Gewohnheiten des Himmels 410
Fanano, Ort in den Marken 410

Peter Rühmkorf
Gruß aus Rom 411

Hans Magnus Enzensberger
Ravenna 413

Horst Bienek
Begegnung mit Giuseppe Ungaretti 414

Thomas Bernhard
Venedig 416
Chioggia 416

Rolf Hochhuth
Ostern 419

Harald Hartung
Ein Ort namens Poggibonsi 419

Dieter Hoffmann
Palestrina 420
Capri 421
Blumenfest in Genzano 421
Fondamente Nuove 422

Gerhard Neumann
Exil 423

Sarah Kirsch
Rot 424
Viele Farben 424

Christoph Meckel
Ballade 425

Rolf Haufs
Süden 427

Wolf Biermann
Tiber in Rom 428
Unten am Tevere 429

Rainer Malkowski
Zu Gast bei Emilio 430
Frutta? Dolce? 430
Blitzaktion 431
Die Zypresse 432
Die Männer auf den Stühlen 432

Rolf Dieter Brinkmann
Hymne auf einen italienischen Platz 434
Roma die Notte 435

Eckart Henscheid
Gardasee 441

F. C. Delius
Römische Elegie I 442
Gen Italien 442

Michael Krüger
Eine Vorrede 444
Eine römische Geschichte 445

Jürgen Theobaldy
Imperium der Eiscreme 446
Steine 447
Abendgruß 448
Die Feste 448
Nach Italien hinein 449

Ulla Hahn
Katzenmahlzeit 451

Konstantin Wecker
ich will noch eine ganze Menge leben 451
Venedig 452
Rom 453

Hans-Ulrich Treichel
Wintersonntag in Pisa 454

Angelika Koller
Bologna, media vita 455

Anhang

Zu dieser Ausgabe 459
Verzeichnis der Autoren, Gedichte und Quellen . . . 465
Abbildungsnachweis 502
Register der Gedichtüberschriften und -anfänge . . . 504

Einleitung

»Jetzt gehts nach Süden zu«
Deutsche Dichter in Italien

Noch lange Jahre nach seiner Rückkehr von der italienischen Reise bekannte Goethe, er könne sagen, nur in Rom habe er empfunden, »was eigentlich ein Mensch sei«. Und er fuhr fort: »Zu dieser Höhe, zu diesem Glück der Empfindung bin ich später nie wieder gekommen; ich bin, mit meinem Zustande in Rom verglichen, eigentlich nachher nie wieder froh geworden.«[1] Was Goethe hier, rund dreißig Jahre danach, seinem Adlatus Eckermann gestand, ist einigermaßen typisch für viele deutsche Italienfahrer früherer Epochen.

Für die Pilger des Mittelalters besaß Rom ausschließlich religiöse Bedeutung, als Sitz von Christi Nachfolger. Politisch spielte Rom als obligatorischer Ort für Kaiserkrönungen seine unheilvolle Rolle. Dann galt Italien jahrhundertelang als das Eldorado der Kunst und der Historie, ehe die physischen Motive der Badelust und des Wärmetankens die geistigen Interessen verdrängten. Italien – ein Mythos für Reisende seit jeher, von der Renaissance bis (mindestens) ins frühe 20. Jahrhundert. Es versteht sich, daß die Motive einer Italienfahrt von den Reisenden selbst abhängig waren. Künstler etwa reisten, um von den italienischen Bildhauern und Malern zu lernen: von Leonardo, von Michelangelo, von Raffael und von Tizian. Aber die meisten Reisenden verfolgten andere Zwecke: die adligen Jungherren absolvierten ihre europäische Kavalierstour, und ein Teil davon war dem Inspizieren römischer Altertümer und venezianischer Gegenwart gewidmet. Ein Troß gelehrter und halbgelehrter Herren begleitete sie auf dieser Tour und versuchte ihnen die italienischen Köstlichkeiten schmackhaft zu machen. Ein

1 Gespräch mit Eckermann vom 9. Oktober 1828.

dritter Haufe waren die Gelehrten selbst, die nach Italien zogen, um in den Museen, Archiven und Bibliotheken antike Weisheit aus den Originalquellen zu schöpfen. Die Auseinandersetzung mit der Renaissance beschränkte sich indes nicht auf die wiederentdeckte Antike; auch die zeitgenössischen Künstler und Dichter beschäftigten die deutschen Italienfahrer.

Aber Dichter waren es, die dieser glühenden und geradezu existentiellen Sehnsucht Stimme und Ausdruck verliehen haben. In der Frühzeit sind die Gedichte rar, und selbst in der Barockepoche, in der die Quantität poetischer Zeugnisse zunimmt, gleichen die einschlägigen Gedichte doch eher Kuriositätenkabinetten. Von einem spezifischen Italienerlebnis kann hier guten Gewissens noch nicht gesprochen werden. Diese Interessenlage ändert sich schlagartig mit dem Auftreten Winckelmanns. Er vermittelt dem Reisenden ein neues Sehen: die üblichen Raritäten, die Kabinette, Kirchen und Katakomben, läßt er links liegen und lenkt den Blick auf die antike Kunst. Aus dem Eldorado verschrobener Gelehrter wird das gelobte Land für Ästheten. Da es viel schwerer war, in das unter osmanischer Herrschaft stehende Griechenland zu gelangen, avancierte Italien zum Zentrum, wo der Kunstfreund seine heiligen Reliquien fand und noch in der Gegenwart Reste antiker Schönheit erblickte. Die Reisenden erlebten Italien nicht ausschließlich der äußeren Reize wegen; eigentliches Ziel war die Bildung ihres Selbst – Ausbildung des Kunstverstandes, Intensivierung des Fühlens, Distanzierung von den Alltagssorgen und Erhöhung des eigenen Lebens; alles Aspekte einer Konfession, deren geläufiges Etikett »Wiedergeburt« hieß. Ein poetischer Nachhall dieser Antikenbegeisterung findet sich in Wilhelm Heinses Roman *Ardinghello*; doch für die lyrische Sprache hat erst Goethes Italienerlebnis die Bahn gebrochen. In der Tat beginnt mit Goethes Gedichten die eigentliche Tradition deutscher Italienlyrik. Alles was vor dieser Zeit über Italien gedichtet wurde, verdient allenfalls den Charakter eines Präludiums, eben weil Italien hier nicht als Erlebnis sui generis, nicht als modernes Bildungserlebnis fungiert.

Im 19. Jahrhundert gehört es dann zum guten Ton auch bürgerlicher Kreise, einmal im Leben eine größere Italienreise gemacht zu haben. Nun allerdings nicht mehr im Gefolge adliger Herren, sondern auf den Spuren Goethes. Dies gilt keineswegs nur für die dichtenden Zeitgenossen selbst, dies gilt für alle gebildeten Deutschen! Goethe hat wie kein zweiter Maßstäbe für das Erleben Italiens gesetzt, Maßstäbe, die jeder Italienreisende von geistigem Rang für sich reklamierte und in deren Umsetzung er versuchte – oft auf fast skurril anmutende Art –, Goethes Erleben nachzuempfinden, es für seine eigene Person nachzuerleben, zu wiederholen, ohne Rücksicht auf die veränderten Zeitumstände. Zumal bei Schriftstellern lag die Orientierung an Goethe nahe. Fast das ganze 19. Jahrhundert gab er das Leitbild ab, dem man nachstrebte oder gegenüber dem man sich abgrenzte – er lieferte gewissermaßen die Worte und Bilder, um das Italienerlebnis künstlerisch angemessen zu verarbeiten.

Und dies, obwohl sich das »Objekt Italien« selbst von der Goethezeit bis zum Ende des 19. Jahrhunderts gehörig verändert hat. Man muß nur einmal einen historischen Atlas aufschlagen. Im späten 18. Jahrhundert gliedert sich Italien in neun größere Territorien: das Königreich beider Sizilien, das Süditalien und Sizilien umfaßt, den Kirchenstaat, das Großherzogtum Toskana (Florenz), die Herzogtümer Mailand, Mantua, Parma und Modena, die beiden Stadtrepubliken Genua und Venedig und schließlich das Fürstentum Piemont, zu dem seit 1720 das Königreich Sardinien gehört.

Die auf dem Wiener Kongreß von 1815 getroffene Neuordnung Italiens kennt dagegen nur noch sechs selbständige Staaten: das Königreich beider Sizilien, den Kirchenstaat, das Großherzogtum Toskana, die drei Herzogtümer Parma, Modena und Lucca, sowie das Königreich Piemont, das jetzt Königreich Sardinien heißt. Mailand und Mantua wurden wie auch Venedig vom Kaiserreich Österreich annektiert, Genua kam an Sardinien-Piemont.

Erst das Jahr 1861 brachte, unter der Führung Piemonts, Italien die Einigung; 1866 fiel auch Venetien an das neue Königreich. Daß der Italienreisende früherer Jahrhunderte durch eine Reihe von Staaten reisen mußte, ist heute kaum noch gegenwärtig. Welche Schwierigkeiten es beim Grenzübertritt oft gab, und welche gewaltigen Unterschiede zwischen den Teilstaaten herrschten, hat Johann Gottfried Seume in seinem kritischen Italienbuch *Spaziergang nach Syrakus im Jahre 1801* mit erbittertem Engagement festgehalten. Derlei beschwerliche Behinderungen vermochten manchem Reisenden schon im Vorfeld die reine Freude an »Italiens holden Auen« zu verleiden. Und selbstverständlich haben diese Erfahrungen bei den Schriftstellern auch literarisch ihren Niederschlag gefunden.

Wilhelm Waetzoldt hat in seiner Studie *Das klassische Land* die deutsch-italienische Begegnung unter den drei idealtypischen Aspekten des Stoffes, des Geistes und der Form betrachtet.[2] Das stoffliche Interesse an Italien bezieht sich auf Geschichte, auf Naturschönheiten und auf das Kennenlernen der Zeitgenossen; das geistige Interesse fragt nach den Kultureinflüssen, nach den prägenden Künstlern, nach dem Papsttum als italienischer Form der Gottesverehrung und schließlich nach der Wissenschaft; das formale Interesse fragt nach dem Modus der Darstellung, in bildender Kunst oder im Film, in Literatur oder in der Musik. Mag diese Einteilung auch etwas schematisch sein, so gibt sie beim Gang durch die Epochen der Italiendichtung immerhin einige hilfreiche Hinweise und Winke.

*

Italien im Spiegel der deutschen Lyrik: seit Goethe vermittelt sie ein so vielfältiges Bild der Wahrnehmung und des Erlebens, vielfältiger etwa als die deutsche Erzählung oder das deutsche Drama. Man kann geradezu von lyrischen Paradigmen deutscher Italienwahrnehmung sprechen.

2 Wilhelm Waetzoldt, *Das klassische Land. Wandlungen der Italiensehnsucht*, Leipzig 1927.

Die deutsche Italienlyrik läßt sich durchaus in Epochen mit eigengeartetem Charakter einteilen, und sie gehorchen ihren eigenen Gesetzen, folgen nicht etwa den politischen Abgrenzungen. Konstituiert wird eine solche »Epoche« ebenso durch inhaltlich-gehaltliche Momente wie durch formal-ikonographische. Die Barockepoche besitzt einen unverwechselbaren Formen- und Bilderkodex, dem alle Gedichte dieser Zeit verpflichtet sind. Ein Beispiel: Die hier abgedruckten Verse Christian Hoffmanns von Hoffmannswaldau sind kein Hymnus auf die Herrlichkeit Roms, sie entstammen einem umfangreichen Gedicht mit dem Titel »Die allgemeine Vergängligkeit«. Die stolzen Bauwerke Roms dienen nur als Exemplum für die alleszerstörende Macht der Zeit, als besonders eindrucksvoller Beleg für die Wahrheit der Devise »Vanitas vanitatum«, die sonst eher das Leitmotiv von Andreas Gryphius' Dichten ist.

Es hat / was dazumahl auf ewig war gebauet /
Der Zeiten Zahn zermalmt / der Jahre Rest verzehrt.

Gegenüber dieser etwas trübsinnigen Betrachtungsweise, die sich der vorgeprägten Sinn- und Bildmotive, der Embleme und der Topoi bedient und sie in schwergewichtigen Alexandrinern auffährt, bedeutet die italienische Dichtung eines Goethe fast so etwas wie eine kopernikanische Wendung. Jetzt heißt die oberste Maxime nicht mehr »Memento mori«, sondern »Carpe diem«, und der Dichter malt die Freuden des Diesseits in hellen und üppigen Farben. Gewiß liegt vor Goethe eine bedeutungsvolle Entwicklung, die heitere und lebensbejahende Anakreontik, die empfindungsvolle Lyrik der Haindichter und schließlich die kraftvolle Hymnik der »Stürmer und Dränger«, deren bedeutendster Vertreter Goethe schließlich selber wurde. Alle diese Stationen sind in seine römische Dichtung eingegangen. Dazu kommt der ästhetische Einfluß Winckelmanns, der sich vor allem in der lyrischen Form kundtut. Goethe dichtet nun keine freien Rhythmen mehr, er bedient sich der klassischen Form des Distichons, das Hexameter und Pentameter geschwisterlich zusammenbindet – in deutscher Sprache oft gezwungen und holprig zu lesen, von Goethe jedoch souverän beherrscht. Im Unterschied zu dem trockenen Ludwig von Anhalt-Köthen, der die Bauwerke pedantisch auflistet und beschreibt, kommt es Goethe gar nicht aufs liebevolle Detail an; seine große lyrische Tat ist die Beseelung des Seelenlosen, die Vermenschlichung des Raritätenmuseums Rom: »Ja, es ist alles beseelt in deinen heiligen Mauern, / Ewige Roma« . . . Und daß es die Liebe ist, die solche Beseelung vollbringt, macht den noch heute nachvollziehbaren Reiz, die Lebendigkeit dieser antikisch nachempfundenen Lyrik aus. In der siebten Elegie greift Goethe den Gegensatz zwischen dem trüb-grauen Norden und dem glanzvoll-lebendigen Süden auf, ein Thema, das bis in die Gegenwart immer wieder die Dichter beflügelt hat. Mignons Lied »Kennst du das Land, wo die Zitronen blühn« gar ist schon längst zum geflügelten Wort avanciert, dessen sich die Anthologisten mit Vorliebe bedienen. Das Gedicht enthält eine Reihe von Vorstellungen, die der Freund des Südens fast automatisch mit Italien verbindet: die erste Strophe bedichtet die exotisch-üppige Vegetation mit ihren Zitronen und Orangen, ihren malerischen Myrten- und Lorbeerbüschen, die zweite erinnert an die antike oder der Antike nacheifernde Baukunst (»Marmorbilder«). Die dritte Strophe schließlich gibt ein paar Eindrücke von der zerklüfteten Berglandschaft mit ihren Wasserfällen und steilen Maultierpfaden. Wie Goethe mit seinen »Römischen Elegien« der künftigen Romdichtung den Weg gewiesen hat, so steht dieses Lied am Beginn romantischer Italienlyrik. Freilich bleibt das »Mignon«-Gedicht auch in Goethes Œuvre vereinzelt. Die übrigen Italiengedichte sind Epigramme, also ebenfalls im Distichenmaß gehaltene Kurzgedichte mit pointierter Aussage.

Gewiß läßt sich die Italienlyrik nicht von allgemeinen literarischen Trends abkoppeln. Während ihre Formen im Rahmen des Zeitüblichen bleiben, entwickelt sie vor allem in der Bildersprache ihre Besonderheiten. Es erscheint aber sinnvoller, statt abstrakter Nomenklaturen und leerer Definitionen am Beispiel einiger wichtiger und repräsentativer Autoren zu skizzieren, welche Motive sie in den Süden trieben, wie sie Italien erlebten und wie sie es dichterisch gestalteten.

*

Auch die Romantiker besangen Italien. Freilich viele kannten es nicht aus eigener Anschauung, so Joseph von Eichendorff, E. T. A. Hoffmann und sogar Jean Paul. Ihnen bedeutete die antike Kunst weniger als den Klassizisten, sie interessierten sich mehr für das christliche Mittelalter und für altitalienische Malerei. Italien galt ihnen als Ort traumhaft freien Schweifens, als Freiraum für abenteuerliche Ungebundenheit, als Stätte eines ewigen Konflikts zwischen heidnisch-dämonischer Verlockung und christlich-ethischer Weltabsage. Rom bildete für Klassizisten und Romantiker das natürliche Zentrum: Kapitale der heidnisch-antiken Welt und Metropole des Christentums. Rom zog die deutschen Künstler fast magisch an: Die ›Nazarener‹, die sich an Raffael, Perugino und Dürer orientierten, schlugen 1810 im ehemaligen Kloster San Isidore ihr Domizil auf.

Die Klassizisten und die Romantiker reisten nicht aus politischen, sondern aus ästhetischen Motiven nach Italien. Dies änderte sich nach der Niederlage Napoleons schlagartig. Autoren wie Heine und Grillparzer hatten dezidiert politische Absichten und behielten die soziale Gegenwart ständig im Blick, wobei Italien als Gegenbild zu deutscher Borniertheit fungierte. Die vielgerühmte Freiheit zog gerade die »Aussteiger« an, die der deutschen Misere angewidert den Rücken wandten: der sich unverstanden fühlende Graf von Platen, der verkrachte Stiftler Wilhelm Waiblinger und der von deutscher Zensur gepiesackte und die Emanzipation von allen politischen Zwängen herbeisehnende Journalist Heinrich Heine.

August Graf von Platen war ein unglücklicher Mann: als Dichter wenig erfolgreich, als Mensch durch seine homoerotische Veranlagung zum Außenseiter abgestempelt. Da ihm weder das Militär noch die Juristerei zusagte, studierte er Sprachen und strebte die unabhängige Existenz eines freien Schriftstellers an nach der Devise »Lieber betteln als meine Individualität opfern«. Erstmals reiste er 1824 nach Venedig, seit 1826 hielt er sich, durch eine Pension des bayerischen Königs Ludwig I. abgesichert, mit Vorliebe in Venedig und Neapel auf; in Rom lebte er sich langsamer ein. Er durchquerte Italien mit fanatischer Unermüdlichkeit, wobei Fußmärsche von 50 bis 60 km am Tag keine Seltenheit waren. Platen versucht in seinen Gedichten, ausländische Formen ins Deutsche einzubürgern, das romanische Sonett, die antike Ode und das orientalische Ghasel. Vergleicht man indes seine antikischen Oden mit denen Klopstocks und Hölderlins, so fällt die artistisch-metrische Beherrschung zwar ins Auge – Platen setzte seinen oft kompliziert gebauten Oden das metrische Schema voran –, doch haftet vielen seiner Produkte etwas manieriert Erzwungenes an. Die Sätze wirken wie in einen Schraubstock eingespannt, Natürlichkeit und Spontaneität gibt es in diesen kalkulierten Gebilden nicht. Platen verstand die Dichtung als Wettkampf, in dem er angespannt nach dem poetischen Lorbeer rang. Von seinen frühen skurrilen Auftritten in Erlangen, wo er mit einem lorbeerumwundenen Hut durch die Straßen wandelte, bis zu seiner mehrfach bekundeten Selbsteinschätzung, wonach ihm der Platz nach Goethe gebühre, führt ein konsequenter Weg. Dabei wirkte der Graf alles andere als majestätisch: »Graf Platen ist ein kleiner, verschrumpfter, goldbebrillter, heiserer Greis von fünfunddreißig Jahren; er hat mir Furcht gemacht. Die Griechen sehen anders aus! Er schimpft auf die Deutschen gräßlich, vergißt aber, daß er es auf Deutsch thut.« So das wenig schmeichelhafte Porträt, das der Komponist Felix Mendelssohn gezeichnet hat.[3]

Platens Sonette stehen bei Metrikern hoch im Kurs; und eben dies ist ihre Schwäche. Ihre syntaktische Regelmäßig-

3 Felix Mendelssohn Bartholdy, Brief aus Neapel an Fanny Hensel und Rebecka Dirichlet vom 28. Mai 1831, in: F. M. B., *Reisebriefe aus den Jahren 1830 bis 1832*, Bd. 1, Leipzig 1861, S. 155 f.

keit und ihre pedantische Erfüllung der Elfsilbigkeit lassen sie glatt und eintönig und, schlimmer noch, gezwungen wirken. Dennoch gibt es darunter eine Reihe gelungener Gebilde, auch wenn der Zyklus der Venedig-Sonette nicht das Nonplusultra deutscher Sonettkunst darstellt. Während in den Sonetten der elegische Ton dominiert, prägt die Oden ein hymnischer, aufs Preisen ausgerichteter Duktus. Mit ihren Anspielungen auf antike Mythologie und auf persönliche Erlebnisse erlauben sie kein unmittelbares Verständnis. Anschaulich dagegen sind die überwiegend im Hexameter verfaßten Eklogen und Idyllen mit ihrer Schilderung malerischer Landschaften oder burlesker Volksszenen. Nicht vergessen werden darf Platens politisches Engagement als Verfechter republikanischer Werte. Zweifellos hat die Italiendichtung Platens Schule gemacht; Formstrenge in Metrum und Reim sind sein Erbe, das die spätere Münchner Schule um Geibel und Heyse nachdrücklich gepflegt hat.

Unmittelbar hat Platens Formkult seinen Zeit- und Leidensgenossen Wilhelm Waiblinger beeinflußt. Waiblinger, das Enfant terrible unter den Tübinger Stiftlern, hatte nie die Absicht, aus dem Theologiestudium einen Brotberuf zu machen. Für ihn, der sich für ein Genie hielt, stand es von Anfang an fest, Schriftsteller zu werden. Nach einer unglücklich verlaufenen Liebesaffäre verließ er Deutschland für immer und zog, im Alter von 21 Jahren, nach Rom, wo er oft kaum das Nötigste für den täglichen Bedarf besaß. August von Platen hat ihn hin und wieder finanziell unterstützt. Mit verschiedenen journalistischen Arbeiten sicherte sich Waiblinger ein bescheidenes Einkommen und plante bereits eine Karriere als freier Schriftsteller in Berlin. Dazu sollte es nicht kommen, denn bereits am 17. Januar 1830 erlag er der Schwindsucht. Waiblinger verstand sich jedoch nicht als Journalist, sondern strebte immer nach dem Lorbeer des Dichters. Hölderlin und Platen sind die Penaten seiner lyrischen Produktion; allerdings hat der letztere wenig freundlich über das verlotterte Genie geurteilt: »Waiblinger hat viel Talent, aber vielleicht nicht genug, um eine Existenz darauf zu gründen. Der Aufenthalt in Italien ist ihm in vieler Hinsicht schädlich. Seine Gedichte werden um nichts besser, wenn auch in jedem das Pantheon, das Kolosseum und das Forum Romanum vorkommt, was alles bei ihm nur Phrasen sind. Ein eigentlich tiefes Naturell hat er nicht, aber es kann ein potenzierter Kotzebue aus ihm werden, der auf dem Theater viel Glück macht.«[4] Platens scharfe Charakteristik, die vielleicht nicht frei ist von Kollegenmißgunst, enthält allerdings ein Korn Wahrheit: tatsächlich sind die meisten der in Rom entstandenen Gedichte mit antikem Bildungsgut überfrachtet oder mit Italianismen gespickt – ein klein wenig wollte der Deutschlandflüchtling vor seinen Landsleuten doch renommieren. Viele seiner Oden sind nichts anderes als versifizierte Prosa, die metrumbedingten Gewaltsamkeiten wie andauerndes Apostrophieren oder Elidieren deuten das Aufgepfropfte dieser Kunstübung an. Erst in den späten Oden gelingen ihm dichterische, den Oden Platens ebenbürtige Verse. Zum Besten gehören seine »Bilder aus Neapel« und die »Sizilianischen Lieder«, beides Zyklen in Distichon-Form, deren Buntheit und Anschaulichkeit darauf hinweisen, daß Waiblingers eigentliche Stärke im Journalismus lag, im Abschildern und im Beschreiben, nicht aber in philosophischen Höhenflügen. Der offene, von Vorurteilen freie Blick erlaubt ihm, italienisches Volksleben authentisch wiederzugeben; wie kein zweiter deutscher Schriftsteller kennt er sich in den weniger gut situierten Schichten aus. Deren Beschreibung ist erlebt, der antikische »Überbau« ist angelesen und Hölderlin nachempfunden. Platen und Waiblinger sind Klassizisten. Und doch findet sich in beider Werk nicht nur Bildungsgut. Während Waiblinger sich vornehmlich der Schilderung italienischer Gegenwart widmet, finden sich bei Platen neben den Szenen aus dem Volksleben auch engagierte politische Stellungnahmen, gegen Unterdrückung durch weltliches und kirchliches Regiment.

4 Karl Frey, *Wilhelm Waiblinger. Sein Leben und seine Werke*, Diss. Aarau 1903, S. 204.

Was frommt es, daß so liebevoll dich ausgeschmückt Natur?
Du bist für deine Söhne selbst ein dumpfer Kerker nur!
Begeisterung und Wissenschaft bedrückt der schwerste Bann,
Und wer noch nicht in Ketten liegt, der ist ein feiger Mann![5]

Eben dieser Appell an die Freiheit, dieser Kampf gegen erstarrte Institutionen und versklavende Hierarchien ist für Franz Grillparzers wenige Italiengedichte symptomatisch. Es ist das Zeitalter der Restauration, das in den besseren Geistern Widerstand und Aufruhr erweckte. Zeitlich liegt Grillparzers Italienreise vor den Italienfahrten Platens und Waiblingers. Doch der Duktus seiner Gedichte und Aufzeichnungen ist so eindeutig gesellschafts- und herrschaftskritisch, daß sie unbedingt als Reflex auf die politisch verfestigte Situation zu deuten sind, anders als die auf Zeitlosigkeit angelegte Italienpanegyrik Platens und Waiblingers. Auch Grillparzer reist nach Italien, um nördliche Defizite zu kompensieren. Aber sie sind nicht in unbefriedigtem Ehrgeiz zu suchen wie bei Platen und Waiblinger. Unmittelbarer Anlaß war der Selbstmord der Mutter, ein um so härterer Schlag für Grillparzer, da zwei Jahre zuvor, 1817, auch sein jüngster Bruder seinem Leben ein Ende gesetzt hatte. Die Reise wurde ihm von den Ärzten geradezu verordnet, um ihn auf hellere Gedanken zu bringen: die Reise in den Süden als Therapie. In Begleitung eines Grafen und zu halbem Preis begann im März 1819 die Italienfahrt, übrigens Grillparzers erste Reise außerhalb Österreichs. Die ersten Eindrücke, die er in Venedig schöpfte, fielen vielleicht auch wegen der negativen Voreinstellung deprimierend aus: »Der erste Eindruck den Venedig auf mich machte, war befremdend, einengend, unangenehm. Diese morastigen Lagunen, diese stinkenden Kanäle, der Schmutz und das Geschrei des unverschämten, betrügerischen Volkes geben

5 August von Platen, »Italien im Frühling 1831«, in: A. v. P., *Sämtliche Werke in zwölf Bänden*, hist.-krit. Ausg. mit Einschluß des handschriftlichen Nachlasses, hrsg. von Max Koch und Erich Petzet, Bd. 2: *Gedichte. Erster Teil*, Leipzig [o. J.], S. 210.

einen verdrießlichen Kontrast mit dem kaum verlassenen, heitern Triest.«[6] Erst auf den zweiten Blick entdeckte er die Schönheiten der Stadt, deren Herrlichkeiten ihn zunehmend fesselten. Während er immer mehr gesundete – ein äußeres Zeichen dafür ist sein offener Blick für weibliche Schönheit –, erfaßte ihn in Rom selbst der Weltschmerz, der Gedanke an Vergänglichkeit und Untergang. Dem Tagebuch vertraute er an: »So verlaß ich dich denn vielleicht auf immer, du stolze Weltgebieterin, zu der es mich von meiner Kindheit mit so magischem Zuge hertrieb, das ich mir so überirdisch herrlich ausgemalt hatte, daß ich jetzt, da die Wirklichkeit mich abgekühlt, kaum noch das Phantasiebild in der Erinnerung hervorrufen kann, das mich lockend umschwebte. Nicht als ob ich Rom nicht bewunderungswürdig gefunden hätte, aber wann hat die Wirklichkeit noch gehalten, was die Phantasie versprochen?«[7] Grillparzer, als gläubiger Katholik, war zunächst von der Pontifikalmesse sehr beeindruckt; aber bald schon kam ihm das ganze Schaugepränge wie »leeres Possenspiel« vor.[8] Der Papst erschien ihm nicht als Servus servorum, sondern als »Götze«, die Zeremonien kamen ihm übertrieben und unangemessen vor: »Hätte ich die hündische Art erkannt, wie der Fußkuß geschieht, ich wäre weggeblieben. Man muß sich dazu, da der schwache Alte den Fuß nicht heben kann, fast auf den Bauch niederlegen.«[9]

Italien erfüllte die hochgespannten Erwartungen, die das Gedicht »Kennst du das Land?« spiegelt, nicht; im Gegenteil, die Kritik am Wahrgenommenen überwog das Genießen. Auch im nachhinein brachte die Reise nur Ärger. Anlaß gab Grillparzers Gedicht »Campo vaccino«, durch das Kirche, Adel und Kaiserhaus sich verhöhnt glaubten. Der Vor-

6 Franz Grillparzer, *Sämtliche Werke*, hrsg. von Peter Frank und Karl Pörnbacher, Bd. 4: *Tagebuch auf der Reise nach Italien*, München 1965, S. 275–349, hier S. 283 f.
7 Ebd., S. 335.
8 Ebd., S. 333.
9 Ebd., S. 334.

wurf, den man Grillparzer machte, bezog sich auf seine einseitige, aber den Historikern durchaus geläufige Interpretation Konstantins als eines Heuchlers, der das heidnisch-antike Rom zerstört habe. Auch wenn die Antikenbegeisterung hinter Grillparzers kritischer Geschichtsbetrachtung stand, von weitaus größerer Bedeutung war doch die unmittelbare Kritik an der gegenwärtigen Situation Italiens, für die er die Institution Kirche verantwortlich machte. Italien war in einen Zustand der kulturellen und politischen Erstarrung geraten. Von der »riesigen Vergangenheit« spürt er in der Gegenwart keinen Hauch mehr: »Flach« geht, »auf flachem Boden«, »die neue, flache Zeit« dahin ...

Zeitkritik schiebt sich auch in den Gedichten der Schriftsteller des Vormärz in den Vordergrund: Kritik an den politischen und sozialen Zuständen Italiens und Kritik an der durch Goethe geprägten Italienverherrlichung. Die sämtlich 1844 entstandenen Gedichte August Heinrich Hoffmann von Fallerslebens sind dafür ein beredter Beleg. Die Kritik am Papsttum bildet ein zentrales Motiv seiner Italiendichtung. In dem Gedicht »Römisches Helldunkel« wettert er:

Wenn ich die vielen Pfaffen sehe
Zu Rom in ihrer schwarzen Tracht,
Dann wird's am hellen, lichten Tage
Vor meinen Augen dunkle Nacht.

Erst beim Ave-Maria-Läuten,
Wenn heim die Pfaffen ziehn ins Nest,
Dann ist es mir zu Rom geworden,
Als ob der Tag sich blicken läßt.

Seine Angriffe beschränken sich jedoch nicht auf die Kirche; Italien gilt ihm als »Land des Stillstands, der Erhaltung«, als Inbegriff der Restauration, also »ohne Fortschritt, ohn' Entwicklung«, in dem »alles bleibet, was es war«. Das noch in Rom verfaßte Gedicht »Addio« bringt den Gegensatz zwischen antiker Größe und gegenwärtigem Niedergang in einprägsame Verse; nicht weniger scharf opponiert er in dem kurz darauf in Mailand gedichteten Epigramm »Vierfüßige Epigonen«:

O Land der Gegensätze!
Da stehn in Reih' und Glied
Die marmornen Paläste,
Wie man sie nirgend sieht.

Und drinnen Spinngewebe
Und alter Staub und Schmutz;
Verwittert sind die Fenster,
Blind ist der Wände Putz.

Hin sind die alten Zeiten,
Und alles Leben wich;
Ein Kätzlein sitzt im Winkel
Und streicht das Pfötchen sich.

Solche Gegenwartskritik steht nicht vereinzelt. Anastasius Grün etwa beklagt Venedigs gesunkene Größe, Emanuel Geibel läßt sich von äußerem Flitter nicht täuschen: Italiens »Leib« wurde »siech und elend«, die »alte Tugend« ist gestorben, die Freiheit verloren und das einstige »Heldenvolk« verdorben. Wenn die Dichter dennoch Italien preisen, so halten sie sich an die Kunst und an die Geschichte. Der Trend zur Ästhetisierung und zur Historisierung ist unverkennbar. Jakob Burckhardt, Ferdinand Gregorovius und Conrad Ferdinand Meyer sind dafür gewichtige Kronzeugen. Mit der Kehrtwendung in die Geschichte verändern sich auch die bedichteten Objekte. So ist es sicherlich kein Zufall, daß die großen Gestalten aus der italienischen Geschichte und Kunst das rege Interesse der Dichter finden. Dante, der exilierte Begründer italienischer Dichtung, wird zur Symbolgestalt in Gedichten Geibels, Schacks und Burckhardts. Die großen Renaissancekünstler Michelangelo, Raffael und Tizian, aber auch bedeutende historische Figuren wie Spartacus und Cola di Rienzo finden Eingang in die historisierende Dichtung. Eine Nationalisierungswelle schwemmt das Interesse an germanischer Kraft und mittelalterlicher Kaiserherrlichkeit empor; es verdichtet sich im tragischen Schicksal der Hohenstaufen; man beweint, reichlich verspätet, das traurige Ende Konradins; der Schweizer Heinrich Leuthold verfaßt eine Ode »Gegen Rom«, die martialisch anhebt:

Einst am Felsen Petri zerschellte unsrer
Hohenstaufen Kraft und noch heut den deutschen
Kaiserpurpur schändet die ungesühnte
    Schmach von Canossa.[10]

Hugo von Hofmannsthal hat in seiner Rezension der Gedichte Conrad Ferdinand Meyers über diese Lyrik, die ihre Gegenstände aus der Requisitenkammer der Historie hervorholt, ein hartes Verdikt gesprochen: »Ein starker Band, gegen vierhundert Seiten; zweihundertundsechzig Gedichte, darunter fast zweihundert von dieser Art; Ketzer, Gaukler, Mönche und Landsknechte, sterbende Borgias, Cromwells, Colignys; Medusen, Karyatiden, Bacchantinnen, Druiden, Purpurmäntel, Bahrtücher; Hochgerichte, Tempel, Klostergänge; zweizeilige Strophen, dreizeilige, vierzeilige, achtzeilige, zehnzeilige; heroische Landschaften mit und ohne Staffage; Anekdoten aus der Chronik zum lebenden Bild gestellt, – Wämser und Harnische, aus denen Stimmen reden, – welch eine beschwerende, fast peinliche Begegnung: das halbgestorbene Jahrhundert haucht uns an; die Welt des gebildeten, alles an sich raffenden Bürgers entfaltet ihre Schrecknisse; ein etwas, dem wir nicht völlig entflohen sind, nicht unversehrt entfliehen werden, umgibt uns mit gespenstischer Halblebendigkeit; wir sind eingeklemmt zwischen Tod und Leben, wie in einem üblen Traum, und möchten aufwachen.«[11]

10 *Heinrich Leutholds Gedichte. Nach den Handschriften wiederhergestellt* [hrsg. von Arthur Schurig], Leipzig 1910, S. 160.
11 Hugo von Hofmannsthal, »C. F. Meyers Gedichte«, in: H. v. H., *Gesammelte Werke. Reden und Aufsätze III 1925–1929. Buch der Freunde. Aufzeichnungen 1889–1929*, hrsg. von Bernd Schoeller und Ingeborg Beyer-Ahlert in Beratung mit Rudolf Hirsch, Frankfurt a. M. 1980, S. 61 f.

Hofmannsthals Bedenken gegen diese historisierende Dichtung teilen wir noch heute; sie ist in unserer Anthologie kaum berücksichtigt. Dennoch darf ihre Existenz in einem Abriß nicht totgeschwiegen werden. Freilich täte man C. F. Meyer Unrecht, wenn man ihn zum Hauptvertreter dieser Richtung abstempeln würde. Gewiß gestaltet er mit Vorliebe außergewöhnliche Situationen und bedichtet »große Männer« vom Schlage eines Cesare Borgia. Doch Michelangelo, die zentrale Figur, ist kein kraftstrotzender Held, erst durch und im Leiden erringt er seine schöpferische Kraft. Von Meyer, der insgesamt dreimal Italien besucht hat – 1858 Rom, Florenz, Siena; 1866 Lugano und 1871 Venedig –, stammen einige der bedeutendsten Italiengedichte; »Auf dem Canal Grande« und »Der römische Brunnen« haben schon längst klassischen Rang gewonnen.

Die Lyrik des ganzen 19. Jahrhunderts bleibt in formaler Hinsicht konservativ: antike Versmaße wechseln mit vierzeiligen Reimgedichten. Hin und wieder erklingt allerdings ein frischer Ton: etwa in den Versen Joseph Victor von Scheffels und Christian Wagners.

Scheffel hat insgesamt viermal Italien bereist. Die literarisch ergiebigste dieser Reisen dauerte vom Mai 1852 bis zum Mai 1853. Enttäuscht vom Scheitern der 48er Revolution und obendrein seines Juristenalltags am Bruchsaler Hofgericht überdrüssig, mutet Scheffels Flucht in den Süden wie ein Nachklang von Goethes Italienfahrt an. Wie dieser wollte auch Scheffel das Malerhandwerk erlernen. Über Florenz und Pisa fuhr er nach Rom; dort nahm er im Malen und Zeichnen Unterricht und erwanderte mit den deutschen Malern die Albaner Berge. Ein Abstecher führte ihn nach Neapel, Capri und Sorrent. Ähnlich wie bei Goethe wuchsen auch Scheffels Zweifel an seiner Befähigung zum Maler, dagegen fühlte er sich immer mehr zum Schriftsteller berufen. In seinen »Römischen Episteln« zeichnet er ein humorvolles Bild vom ausgelassenen Treiben deutscher Künstler. Scheffel verstand seine Italienfahrt als Ausbruch aus der philiströsen Enge Deutschlands. Nachdem er sich anfangs in Museen, Bibliotheken und Galerien vergraben hatte, wandte er sich schon bald dem Gegenwartsleben zu. Hier äußert sich ein »Geschichtsüberdruß«, der nicht untypisch für die zweite Jahrhunderthälfte ist, als Gegenbewegung nämlich zum Historismus. Scheffels Gedichte verfechten denn auch die Werte der Ungebundenheit und der Freiheit. Die Kehrseite dieser im studentisch-burschikosen Ton vorgetragenen Gedichte ist das literarische Vagantentum und der fröhliche Philisterspott. Auf Capri übrigens, wo Scheffel mit dem Dichterfreund Paul Heyse ein »insulanisches Stilleben« führte,[12] entstand innerhalb von sieben Wochen das Werk, das seinen späteren Ruhm begründet hat, *Der Trompeter von Säckingen.*

Scheffel ging in die Literaturgeschichte nicht als Dichter Italiens ein, wohl aber in gewisser Weise Paul Heyse, der in seinen zahlreichen Novellen Italien mit Vorliebe zum Schauplatz gewählt hat. Heyse hat Italien zeit seines Lebens bereist, er hat sich sogar in Gardone, am Lago Maggiore, ein Haus errichtet, in dem er seit 1899 die Wintermonate verbrachte. Heyses Lyrik ist für den Geschmack des Bildungsbürgertums repräsentativ. Geschickt bedient er sich eines bewährten Formen-, Bilder- und Topoischatzes, der aus dem unerschöpflichen Fundus der Klassiker, der Romantiker und Heines stammt, ein Meister des Nachempfindens und der eleganten Form, doch ohne unverwechselbare Eigenart. Die besitzt in um so reicherem Maße sein unbekannter Dichterkollege, der schwäbische Bauer Christian Wagner, der kurz vor dem Ersten Weltkrieg seine vom Verleger finanzierte Italienfahrt unternahm. Seine Gedichte, so ungefüg und biderb sie zuweilen anmuten, schöpfen aus einer reineren Quelle, als es die arrivierten Dichter des Bildungsbürgertums tun. Schlicht aber wahrhaftig, knorrig aber kräftig, so ließe sich seine urwüchsige, von fremdem Dichterwort unbeeinflußte Lyrik charakterisieren. Schließ-

12 *Scheffel in Italien. Briefe an das Elternhaus 1852–1853*, hrsg. von Wilhelm Zentner, Karlsruhe 1929, S. 85.

lich müssen noch die leidenschaftlichen Italiengedichte Friedrich Nietzsches erwähnt werden. In ihrer dynamischen Verve weisen sie auf die emotionsgeladenen Lyrismen des Expressionismus voraus.

*

Epochengrenzen haben immer etwas Willkürliches. Protagonisten und Epigonen passen am wenigsten in ein Zeitraster, das sich an offiziell anerkannten Kunstrichtungen orientiert. Wo liegt die Zäsur zwischen Traditionalisten und Neutönern? Gehören Liliencron und Nietzsche bereits in ein neues Kapitel deutscher Italiendichtung, neben George und Rilke? Beginnt das Neue mit dem Impressionismus, mit dem Symbolismus oder gar erst mit dem Expressionismus? Und wäre dann der Neubeginn erst mit Theodor Däubler anzusetzen? Argumente lassen sich für und gegen jede Entscheidung finden. Dichtungsgeschichtliche Gründe stehen neben zeitgeschichtlichen. Während Otto Erich Hartleben und Otto Julius Bierbaum oft zu den Wegbereitern der Moderne gerechnet werden, gehören ihre Italiengedichte doch eher zu den traditionskonformen Gedichten. Insbesondere bei Bierbaum ist der Einfluß Heines unverkennbar. Ebenso konventionell ist die Lyrik Gerhart Hauptmanns. Da seine Italiengedichte indes samt und sonders aus den zwanziger Jahren stammen, ginge es nicht an, ihn zu den Dichtern des 19. Jahrhunderts zu stellen. Ebenso gehören die Italienverse Richard Dehmels in die neue Ära, auch wenn sie nicht zu seinen formal progressiven Werken rechnen. Immerhin eignet ihnen ein frischer, wirklichkeitszugewandter Ton, der sie von der Epigonenlyrik der zweiten Jahrhunderthälfte, die unzeitgemäße Gefühle wiederkäut und in vernutzten Formulierungen schwelgt, entschieden absetzt. Freilich eine neue Kunstrichtung war mit Dehmels Realitätszuwendung noch nicht gewonnen. Ein neues dichtungsgeschichtliches Kapitel wird erst von George und Rilke eröffnet: die Ära des Symbolismus. Symbolismus und Expressionismus sind jahrelang Parallelbewegungen. Theodor Däubler und Rilke sind Zeitgenossen. Hinzu tritt in den zwanziger Jahren das diffuse Phänomen der Neuromantik. Während des Dritten Reiches hatten Neutöner ohnehin keine Basis; wer publizieren wollte, bediente sich tradierter Formen und einer domestizierten Sprache. Nicht allein aus künstlerischen Gründen. Wer sich für sie entschied, traf auch eine politische Entscheidung, vertraute vielleicht auf die Widerstandskraft des humanistischen Erbes. Klassizistische Formen und idealistische Sprachgebung enden jedoch nicht plötzlich, nach dem Zusammenbruch des Dritten Reiches, bei einer »Stunde Null«; sie reichen bis weit in die fünfziger Jahre hinein. Die Neuorientierung erfolgt erst in den sechziger Jahren; nur wenige der älteren Lyriker vollziehen die Wende mit. Den Neuanfang macht die junge Generation, und entscheidend ist ihre Orientierung an der modernen ausländischen Lyrik. Die klassische deutsche Tradition hat abgedankt.

Zwischen den neunziger Jahren des vorigen Jahrhunderts und den fünfziger Jahren des 20. Jahrhunderts herrschte also ein Nacheinander und ein Nebeneinander verschiedenster Stilrichtungen: Symbolismus neben Naturalismus, Expressionismus neben Traditionalismus, Neuromantik neben Sachlichkeit, und schließlich der erzwungene Klassizismus, der wie ein Leichentuch alle modernen Ansätze erstickte. Mit dieser stilistischen Vielfalt hat der Historiker zu rechnen; und der Liebhaber darf sich über die Gleichzeitigkeit des Ungleichartigen gerade in diesem Zeitraum nicht wundern.

Venedig war zwar schon seit jeher ein Lieblingskind deutscher Dichter. Dennoch fällt es auf, daß sich um die Jahrhundertwende das Interesse verstärkt. Ist es der morbide Reiz des Untergangs, den eine spätzeitliche Epoche an dieser Stadt lockt, ein Symbol des Fin de siècle? Seit August von Platen über Friedrich Nietzsche bis zu Hugo von Hofmannsthal reicht die Reihe der Poeten, die das Unwirkliche dieser Stadt der Träume besangen. Freilich die schönsten deutschen Venediggedichte stammen von Rainer Maria Rilke. Welche Bedeutung Italien und insbesondere Venedig für Rilke hatte, zeigt die Liste seiner längeren Italienaufenthalte: 1897 erster Venedigaufenthalt, 1898 Florenz; 1903/04 Rom; 1907/08 Capri; 1908 Rom, Capri, Neapel; 1910 Duino, Venedig; 1914 Venedig; 1920 Venedig. »Italien kannte und liebte ich seit meinem achten Jahr, – es war in seiner deutlichen Vielfalt und Formfülle, sozusagen, die Fibel meines beweglichen Daseins«, schreibt er 1926.[13] In Florenz hat Rilke sich mit der Kunst der Renaissance auseinandergesetzt; sein besonderes Interesse gilt Michelangelo, dessen Sonette er ins Deutsche überträgt. Rom hat für ihn, der sich nach seinen Rußlandreisen von 1899 und 1900 dem östlichen Geist stärker verbunden fühlt, nicht die überragende Rolle gespielt wie für die meisten anderen Italiendichter: Es erscheint ihm als ›vollgestellte‹ Stadt, als traditionsüberfrachteter Ort voller Symbole. »Von der Vergangenheit, die sich mühsälig aufrecht hält, werde ich vielleicht nichts mehr wissen; nichts von seinen Museen, die voll sinnloser Statuen stehen und von seinen Bildern wenig«, schreibt er an Lou Andreas-Salomé. Die Campagna vor Roms Toren beeindruckt ihn; die Ruinen, Kirchen und Paläste Roms lassen ihn eher kalt. »In meiner [Erinnerung] werden einmal nur seine Wasser sein, diese klaren köstlichen bewegten Wasser, die auf seinen Plätzen leben; seine Treppen, die nach dem Vorbild fallender Wasser erbaut, so seltsam Stufe aus Stufe schieben wie Welle aus Welle; seiner Gärten Festlichkeit und die Pracht großer Terrassen; seine Nächte, die so lange dauern, still und mit großen Sternbildern überfüllt.«[14] Landschaftliches spricht ihn stärker an als die große und vergangene, in Museen gepferchte Kultur. In

13 Brief an eine junge Freundin vom 17. März 1926; in: Rainer Maria Rilke, *Briefe*, hrsg. vom Rilke-Archiv in Weimar, in Verb. mit Ruth Sieber-Rilke bes. durch Karl Altheim, Wiesbaden 1950, S. 929.

14 Brief an Lou Andreas-Salomé vom 3. November 1903; in: Rainer Maria Rilke / Lou Andreas-Salomé, *Briefwechsel*, hrsg. von Ernst Pfeiffer, Frankfurt a. M. 1975, S. 120.

Capri bewundert er die ›griechische‹ Landschaft: »Da ist Griechenland, ohne die Kunstdinge der griechischen Welt, aber fast wie *vor* ihrem Entstehen.«[15] Auch wenn er sich dem Ursprünglichen in Kunst und Landschaft zuwendet, steht er der Gegenwart nicht blind gegenüber: die Armut, das Elend des neapolitanischen Volkes nimmt er ebenso wahr wie dessen (damit zusammenhängenden) Hang zur Religiosität. Zweifellos hat Venedig Rilke dichterisch am meisten inspiriert. Die Stadt erscheint als »Kurtisane«, verführerisch und ehrwürdig durch eine große Vergangenheit.

Die Kurtisane

Venedigs Sonne wird in meinem Haar
ein Gold bereiten: aller Alchemie
erlauchten Ausgang. Meine Brauen, die
den Brücken gleichen, siehst du sie

hinführen ob der lautlosen Gefahr
der Augen, die ein heimlicher Verkehr
an die Kanäle schließt, so daß das Meer
in ihnen steigt und fällt und wechselt. Wer

mich einmal sah, beneidet meinen Hund,
weil sich auf ihm oft in zerstreuter Pause
die Hand, die nie an keiner Glut verkohlt,

die unverwundbare, geschmückt, erholt –.
Und Knaben, Hoffnungen aus altem Hause,
gehn wie an Gift an meinem Mund zugrund.

Der Vergleich Venedigs mit einer Frau ist nicht neu. Bereits Platen hatte die Stadt ein »stolzes Weib mit goldenen Gewändern« genannt.[16] Aber mit welcher unglaublichen Raffinesse dies Rilke tut, findet weder vor noch nach ihm ein Pendant. Aus Platens Vergleich wird bei Rilke eine Metapher, eine Verlebendigung im Bild der verführerischen Kokotte: die Käuflichkeit, eben der gewinnsüchtige Händ-

15 Brief an Clara Rilke vom 4. März 1907; in: Rilke (Anm. 15) S. 160.
16 Platen (Anm. 7), Bd. 3: *Gedichte. Zweiter Teil. Ghaselen. Sonette*, Leipzig [o. J.], Sonett Nr. XXIV, S. 182.

lergeist der Stadt, bleibt immer im Bild. Dieses Umspielen und Aufheben der festen vorgegebenen Form, diese Auflösung des starren Strophengerüsts, diese Flexibilität der Syntax und diese Schmiegsamkeit des Reims: hier ist deutscher Symbolismus in seiner Vollendung. Die meisten Venediggedichte Rilkes entstanden 1907, »Venezianischer Morgen«, »Spätherbst in Venedig« und »San Marco« unmittelbar nach einem zehntägigen Venedigaufenthalt. Wie bei keinem anderen Dichter wachsen gesehenes Objekt und wahrnehmendes Subjekt zusammen: Hinter dem »weichen, opiatischen Venedig« der »Vorurteile und Bedürfnisse«, das mit den »somnolenten Ausländern« verschwindet, erkennt er »das andere«, »das wirkliche, wache, bis zum Zerspringen spröde, durchaus nicht erträumte: das mitten im Nichts auf versenkten Wäldern gewollte, erzwungene und endlich so durch und durch vorhandene Venedig«.[17]

Gegenüber Rilkes spätzeitlich artifiziellen sensibel-zerbrechlichen Kunstgebilden nehmen sich Theodor Däublers Wortkaskaden fast gewalttätig aus. Dem Überschäumenden, Koloßhaften seiner Person entspricht auch das lyrische Werk: ein zum Gebirgsmassiv aufgestapelter Haufe von Gedichten, gefühlsbeladen, überschwenglich und chaotisch. Gleichgültig, welche Stadt, Landschaft oder Küste er besingt – »Hymne an Venedig«, »Hymne an Italien«, »Sang an Amalfi«, »Hymne an Sizilien«, »Ode an Florenz« lauten sehr bezeichnende Titel –, die Gedichte geraten ihm stets zur Hymne ohne Anfang und Ende. Hinter seinem grandiosen lyrisch-epischen Gedicht »Das Nordlicht« steht der hochgesteigerte Wille zur Mythenbildung; Däubler folgt darin, wie seine dichtenden Zeitgenossen Friedrich Nietzsche (»Zarathustra«), Otto zur Linde, Alfred Mombert, den Spuren Richard Wagners. Der literarische Expressionismus kennt zwei große Richtungen: die weltumarmende Haltung der Menschheitsverbrüderung und die untergangssüchtige Apokalyptik. Beide gehören, wie Plus und Minus, zum ganz-

17 Rainer Maria Rilke, *Die Aufzeichnungen des Malte Laurids Brigge*, in: R. M. R., *Werke in drei Bänden*, Bd. 3: *Prosa*, Frankfurt a. M. 1966, S. 332.

heitlichen Bild der Epoche; die Schrecknisse und die Ängste ebenso wie die Rufe nach Erlösung, rauschhafter Ekstase und Feier des Diesseits. Däubler hat an beidem teil. Um das Widersprüchliche seines Charakters und seiner Kunst zu verbinden – zum lebensfrohen Gesellschaftslöwen scheint der feinsinnige Poet der Nuancen nicht zu passen –, muß man Däubler als janusgesichtigen Vagabunden begreifen. »Vagabundenhaft schweifend bleibt auch sein Umgang mit der Sprache, mit Kunst, mit Mythos und Religion. [...] Auffällig bleibt immerhin seine Vorliebe für einen dem französischen Alexandriner nachgebildeten jambischen Zwölfsilber (doch häufig mit verschliffener Zäsur). Es steckt viel Victor Hugo in Däubler, auch Rimbaud ist von früh an nicht ferne; eine gewisse Verwandtschaft mit d'Annunzio ist offenkundig. Und dennoch: letzten Endes gleicht er nur sich selbst, mit seiner Witterung für das Elementare, seiner Lust zu schwimmen, sich tragen zu lassen, zu zaubern.«[18] Däublers Affinität zum Mittelmeerischen kam nicht von ungefähr. Er wuchs zweisprachig im damals noch österreichischen Triest und in Venedig auf. Sein unruhiges Wanderleben – er bereiste Griechenland, die Türkei, Palästina, Syrien, Ägypten und Nubien sowie das nördliche und westliche Europa – führte ihn nach 1898 immer wieder nach Italien, nach Venedig, Florenz, Rom, Neapel, nach Capri und Sizilien.

Hermann Hesse wirkt gegen diesen Vaganten bürgerlich-kärglich, ökonomisch und etwas bieder. Seine erste nachhaltige Begegnung mit Italien hatte Hesse schon als Schüler, nämlich bei der Betrachtung eines Albums mit populären Venedig-Motiven. Die erste Italienreise, auf der er Mailand, Genua, Florenz, die Toskana, Bologna, Ravenna, Padua und Venedig besuchte, dauerte vom 25. März bis zum 19. Mai 1901. Hesse erfüllte sich damit einen langgehegten Wunschtraum: »Das jahrelang erträumte Betreten des italie-

18 Friedhelm Kemp, »Theodor Däubler«, in: *Deutsche Dichter. Leben, Werk, Wirkung*, hrsg. von Gunter E. Grimm und Frank Rainer Max, Bd. 7, Stuttgart 1989.

nischen Bodens gab mir ein so intensives, erhöhtes Glücksgefühl, wie ich es bis dahin kaum gekannt hatte.«[19] Die zweite Reise vom 1. bis zum 24. April 1903 führte ihn wieder nach Mailand, Florenz, Pisa, Genua und Venedig. Hesse hält sich abseits der vielbereisten Routen; er ist ein Einzelgänger und legt mehr Wert auf individuelles Kennenlernen eines Landes als auf vollständiges Abhaken der Sehenswürdigkeiten. Dazu paßt auch seine an den Fußwanderer Seume erinnernde Anspruchslosigkeit: »Mir ist auf Reisen nur wohl, wenn es ganz schlicht und handwerksburschenhaft zugeht, dritter Klasse und zu Fuß, ohne Hotels und ohne täglich warm zu essen.«[20] Hesse hat auf beiden Reisen Tagebuch geführt. Mittlerweile liegen die dokumentarischen Aufzeichnungen und die künstlerischen Produkte gesammelt vor, die Notizen und Skizzen, die Gedichte und Erzählungen, so daß man einen abgerundeten Eindruck von Hesses im Zweijahresrhythmus absolvierten Italienfahrten erhält. Insbesondere Venedig hat es dem romantischen Vagabunden angetan; dort läßt er auch seine Erzählung *Der Zwerg* spielen.[21] Verständlich indes, daß auch Hesse am Anfang bildungsbürgerliche Interessen pflegt; doch schon bald schwindet sein Bedürfnis, sich in Museen und Galerien weiterzubilden, er entdeckt die Reize der Gegenwart, vertieft sich in die Mentalität des italienischen Volkes. Die Italiensehnsucht ist bei ihm offenkundiger Ausdruck einer Emanzipation von deutscher Bürokratie und allgemeiner Zivilisations-Verkrampfung. Seine Hauptreisegebiete bleiben Norditalien, die Toskana und Umbrien, nach Rom ist er nie gelangt. Hesse durchwandert Italien nicht, um Wissen und Kenntnisse anzuhäufen oder um seinen »Bildungssack« zu komplettieren – die Befreiung vom Zweckleben bildet das

19 Hermann Hesse, *Italien. Schilderungen, Tagebücher, Gedichte, Aufsätze, Buchbesprechungen und Erzählungen*, hrsg. und mit einem Nachw. von Volker Michels, Frankfurt a. M. 1983, S. 504.

20 Ebd.

21 *Italien-Dichtung*, Bd. 1: Erzählungen von der Romantik bis zur Gegenwart, hrsg. von Gunter E. Grimm, Stuttgart 1988, S. 253–277.

Hauptmotiv.[22] In dem Roman *Peter Camenzind*, der voller italienischer Motive steckt, heißt es, und dies gilt cum grano salis für Hesse selbst: »Freilich, wenn man von Italien heimreist, ist es immer so. Man pfeift auf Prinzipien und Vorurteile, lächelt nachsichtig, trägt die Hände in den Hosentaschen und kommt sich als durchtriebener Lebenskünstler vor. Man ist eine Weile im wohlig warmen Volksleben des Südens mitgeschwommen und denkt nun, das müsse zu Hause so weitergehen.«[23] Hesses Gedichte haben weder den Rang der Rilkeschen noch der Däublerschen; wie immer bei ihm sind die Aufzeichnungen, die Notizen, die sich der unvoreingenommene Beobachter von Land und Leuten macht, konkreter und anregender als die neuromantische, um Einfühlung bemühte Poesie. Wie tief ihn italienische Mentalität beeindruckt hat, geht nicht zuletzt daraus hervor, daß er seinen Dauerwohnsitz im italienisch geprägten Tessin, in Montagnola, aufgeschlagen hat. Andererseits ist die Wahl eines schweizerischen Ortes ebenso bezeichnend für den Abstand, den Hesse im Laufe seines Lebens zum Südländischen gewonnen hat. Eine vorsichtige Distanzhaltung prägt bereits seine Italienreise von 1913: »Italien war mir wieder merkwürdig, es zeigt stets ein neues Gesicht, wenn man älter wiederkommt. Im ganzen finde ich dort das frühere Reiseglück kaum wieder, ich fühle mit den Jahren mehr und mehr, daß ich nicht dorthin gehöre und daß die südliche Leichtigkeit und gefällige Schönheit des Lebens mir versagt ist. Dennoch zieht mich das schöne Land, der Reichtum an Architektur und Malerei, das kultivierte liebenswerte Volk immer wieder stark an.«[24] Sein letztes Italiengedicht, eher persönlich als künstlerisch bedeutsam, besitzt geradezu Vermächtnischarakter:

22 Hesse (Anm. 19) S. 252.
23 Hermann Hesse, *Peter Camenzind. Erzählung*, Frankfurt a. M. 1979, S. 105.
24 Brief an den Vater und die Schwestern vom 21. April 1913; in: Hesse (Anm. 19) S. 341.

Blick nach Italien

Über dem See und hinter den rosigen Bergen
Liegt Italien, meiner Jugend gelobtes Land,
Meiner Träume vertraute Heimat.
Rote Bäume sprechen vom Herbst.
Und im beginnenden Herbst
Meines Lebens sitz ich allein,
Schaue der Welt ins schöne grausame Auge,
Wähle Farben der Liebe und male sie,
Die so oft mich betrog,
Die ich immer und immer noch liebe.
Liebe und Einsamkeit,
Liebe und unerfüllbare Sehnsucht
Sind die Mütter der Kunst;
Noch im Herbst meines Lebens
Führen sie mich an der Hand,
Und ihr sehnliches Lied
Zaubert Glanz über See und Gebirg
Und die abschiednehmende, schöne Welt.

*

Während des Dritten Reiches fanden mehrere Dichter in Italien eine Wohnstätte: Stefan Andres, Rudolf Borchardt, Kasimir Edschmid, Hans Leifhelm, Armin T. Wegner und Karl Wolfskehl. In ihrer Lyrik überwiegt die Feier des Ewigen, vor dem die prahlerische Gegenwart verschwindet. Selten gehen die Dichter auf die politischen Verhältnisse ein, kritische Töne wie etwa bei Erich Mühsam bilden die Ausnahme.

Der Neubeginn deutscher Italienlyrik kommt nicht schlagartig nach dem Zweiten Weltkrieg. Im Grunde reichte der literarische Traditionalismus bis weit in die fünfziger Jahre hinein. Es wäre ein Irrtum zu glauben, die »Stunde Null« hätte einen literarischen Neuanfang bewirkt. Im Gegenteil, viele Dichter, die im Dritten Reich zum Schweigen verdammt waren, ergriffen nun das Wort oder öffneten ihre Schubladen. Außerdem kam eine Reihe älterer, im 19. Jahrhundert geborener Lyriker erst in den fünfziger

Jahren nach Italien. Drei Beispiele: Georg von der Vring, Jahrgang 1889, hat sein Gedicht »Golino« 1930 publiziert. »Finale Marina« stammt aus der Mitte der fünfziger Jahre, »Verona« wurde 1961 und »Die Wasserorgel der Villa d'Este« erst 1964 veröffentlicht. Dichtungsgeschichtlich gehören diese volkstümlich-liedhaften Verse allesamt zur Ära Hermann Hesses. Ein ähnlicher Fall ist Georg Britting, dessen beide Gedichte »Erste Italienfahrt« und »Überdruß des Südens« vor 1939 entstanden sind, während die drei Gedichte »Venedig«, »Die Katzen Neapels« und »Markt in Verona« aus den fünfziger Jahren stammen. Es gibt in Brittings poetischer Entwicklung jedoch keinen solchen Bruch, daß frühe und späte Gedichte hier innerhalb verschiedener Kapitel hätten abgedruckt werden müssen. Wilhelm Lehmann gar, 1882 geboren, hat sein Gedicht »Blick auf Rom« erst 1959 geschrieben, anläßlich seines Aufenthaltes in der Villa Massimo. Dennoch, wie von der Vring, ist Lehmann ein Vertreter konservativer Naturlyrik, deren Ausläufer bis in die fünfziger Jahre reichen.

Anders liegt der Fall bei Marie Luise Kaschnitz. Neben Karl Alfred Wolken ist Marie Luise Kaschnitz die repräsentative Italiendichterin der modernen deutschen Literatur. Ihr erster, bereits sehr lang dauernder Romaufenthalt fiel in die Jahre zwischen 1924 und 1932, ab 1925 als Frau des Archäologen Guido von Kaschnitz-Weinberg. Zum zweitenmal lebte sie von 1953 bis 1956 in Rom, zusammen mit ihrem Mann, der als Nachfolger von Ludwig Curtius das Deutsche Archäologische Institut leitete. Nach dem Tod ihres Mannes (1958) wohnte sie abwechselnd in Frankfurt, Bollschweil (Breisgau) und Rom. Dort ist sie auch gestorben. Im Zentrum ihres Italienerlebens steht Rom, dem auch die meisten ihrer Essays, Skizzen und Gedichte gelten; intensiv hat sie sich auch mit Süditalien, dem Erbe griechisch-hellenischer Kultur, beschäftigt; Norditalien liegt außerhalb ihres Gesichtskreises.

In ihrem Werk gibt es eine deutlich bemerkbare Entwicklung: die beiden Frühgedichte »Rom« (1936) und »Amalfi«

(1940) stehen fest in der rühmend-hymnischen, sprachlich konservativen, metrisch gebundenen bzw. reimenden Tradition. Das Rom-Gedicht liest sich wie ein Panoptikum klassisch-romantischer Rom-Symbole: Rom als Ort der Sehnsüchte und Verlockungen, der Gefahren und Grausamkeiten, kein gegenwärtig-gesellschaftlicher Ort, eher ein überzeitliches geistig-seelisches Sinnbild, Schauplatz des Ewig-Menschlichen. Erst seit der 1952 publizierten Sammlung *Ewige Stadt. Rom-Gedichte* findet sie zu eigenem, unverwechselbarem Ton, freien ungereimten Rhythmen und nüchtern-konkreter Sprache. Auch die Inhalte und der Wahrnehmungsmodus verändern sich: Bildungserlebnisse werden vorausgesetzt, die überlieferten Topoi bilden nur die Kulisse des selbst Gesehenen; Armut, Krankheit und Zerfall bleiben nicht mehr ausgeschlossen. Beides kommt in den Blick: Roma aeterna und moderne Großstadt. Freilich demontiert Marie Luise Kaschnitz den Rom-Mythos nicht; ihre Synthese zwischen Vergangenheit und Gegenwart entgeht nicht immer der Gefahr des Ästhetisierens und des Verklärens, so wenn sie bei den unterprivilegierten Schichten »ein wenig Märchenglanz und große Würde der Armen« erblickt. Trotz aller Sympathien für Italien bleibt sie sich ihrer Gastrolle bewußt. Ähnlich wie Hesse gewinnt sie seitab der Touristen-Heerstraße ihre tiefsten und dauerhaftesten Eindrücke: Erträge fürs Leben, nicht für die Bildung. Man ist im 20. Jahrhundert sicher bescheidener geworden und erwartet keine »Wiedergeburt«; aber die Begegnung mit Kunst, Geschichte und Gegenwart Italiens kann auch heute noch Denken und Leben beeinflussen. Nicht pompös, eher in kleinen Schritten, halb unbewußt, etwa durch »gar nichts tun, nur bei einem Espresso oder einem Glas Wein herumsitzen und mit den Römern sprechen, den Kindern des Hauses, denen all das von uns Gepriesene so herrlich selbstverständlich ist und die dieselben Sorgen haben wie alle Leute in allen großen Städten der Welt.«[25]

25 Marie Luise Kaschnitz, »Meine acht römischen Wohnungen«, in: M. L. K.: *Gesammelte Werke*, hrsg. von Christian Büttrich und Norbert Miller, Bd. 3: *Die autobiographische Prosa II*, Frankfurt a. M. 1982, S. 706f.

Auch Marie Luise Kaschnitz hielt sich 1961 als Stipendiatin in der Villa Massimo auf. Aber für sie, die Rom aus acht verschiedenen Wohnungen erkunden konnte, bedeutete dieser Aufenthalt nicht die Konfrontation mit dem schlechthin Neuen. Just das ist aber bei den meisten Gästen der Villa Massimo der Fall. Das Verzeichnis der Stipendiaten und Ehrengäste der Deutschen Akademie nach der Wiedereröffnung der Villa Massimo weist eine stattliche Zahl von Schriftstellern auf: 1957 waren es Rudolf Hagelstange und Rolf Schroers; 1958 Lutz Greve und Luise Rinser; 1959 Hans Magnus Enzensberger, August Horst, Wilhelm Lehmann, Gerhard Neumann; 1960 Ingrid Bachér, Horst Bienek, Heinz Piontek; 1961 Heinrich Böll, Marie Luise Kaschnitz, Josef Reding; 1962 Tankred Dorst, Uwe Johnson, Martin Kessel, Werner Kraft, Richard Moering, Wolfgang Schwarz, Karl Alfred Wolken; 1963 Dieter Hoffmann, Christoph Meckel, Johanna Moosdorf, Georg von der Vring; 1964 Paul Alverdes. Unschwer zu erkennen, daß etwa von der Vring, Lehmann oder Huchel eben durch diesen Aufenthalt in der Villa Massimo zu ihren Romgedichten inspiriert wurden. Ein sonderbarer Aspekt moderner Poesie: man entlockt den Lyrikern durch staatliche Stipendien das fast obligatorische Romgedicht . . . Wie sehr dieses Wunschdenken einer völkerverbindenden ›Kulturmobilisierung‹ auch in die Binsen gehen kann, dafür steht der Aufenthalt Rolf Dieter Brinkmanns in der Villa Massimo.

Brinkmann, vor allem als Lyriker der Pop- und Protestgeneration angetreten, weitet das Einzugsgebiet der »Poesie« bewußt auf Trivialmythen aus: auf Werbung, Comic strips, Fotos, Rockmusik und sogar Pornografie. Das Gedicht soll, einem Snapshot vergleichbar, Wahrnehmungen und Empfindungen spontan festhalten, unmittelbar und ohne Rückversicherung bei einer belastenden Tradition. Demselben Zweck dienen seine minutiös geführten Tagebücher, die alles, »was wirklich alltäglich abfällt«, verzeichnen, Wirklichkeitspartikel, deren einziges Auswahlkriterium die keineswegs ressentimentfreie Subjektivität des Beobachters ist. Im Gegenteil, Brinkmann, der sich als Paria der Wohlstandsgesellschaft empfindet, setzt seiner Erbitterung und Wut keine Grenzen. Diese negative Einstellung prägt auch die unter dem Titel *Rom, Blicke* postum veröffentlichte Collage aus Texten und Bildern, die seinen vom 14. Oktober 1972 bis zum 9. Januar 1973 dauernden Romaufenthalt dokumentiert. Hinter Brinkmanns Romerleben stand keines der traditionellen positiven Motive: weder inneres Bedürfnis noch Drang in den Süden, weder Begeisterung für Antike und Kunst noch Sehnsucht nach ungebundenem Leben. Brinkmann nahm das Angebot des Villa-Massimo-Aufenthalts nur an, weil er ihm die finanzielle Not überbrücken half – ein reichlich unfreiwilliger Grund.[26] Eine Kostprobe seiner mimetischen Vivisektion des Verfallsobjektes Rom:

»:gegenüber der Villa d'Este (heute geschlossen, auch morgen geschlossen): ein leerstehendes Haus, Unkrautbüsche, die aus den Fensterhöhlen des 3. Stocks in das Licht wuchern, aus Mauerlöchern brechen sich Bündel gelber Hundsblumen, grüne feuchte moosige Schicht über einer verzogenen schiefen Tür – und zartblauer Anstrich gegen verblaßten grünen Holzanstrich – schiefe Fenster, schiefe Türen, schiefe Torbogen: schwarze Wandstücke, Nr. 74, früher Nr. 128 auf einer geborstenen alten Kachel daneben – Gras und dürres, trockenes Reisig wächst auf den vorstehenden Fenstersimsen, dazu eine rotverwaschene Tür – ein Blick über das Eisengitter in den Park: schimmelig-grün überzogene pflanzenhaft-pelzige Steinmasken am Boden, aus denen Wasser sickert, skrofulöse Steingestalten – ein durchgehendes ansteigendes Bild allgemeiner Zerfallenheit, in dem einzelne blasse Farben auftauchen, abgelagertes, fast verkarstetes Leben in Form gebückter Gestalten, die aus den zusammengebauten Häusern hervorkommen und wieder in einem der schmalen, gewundenen Torwege verschwinden – eine Wellblechwand um einen Neubau, der voll Papierfetzen ist, zerrissene Plakate«.[27]

26 Vgl. Dieter Wellershoff, »Destruktion als Befreiungsversuch – Über Rolf Dieter Brinkmann«, in: *Akzente* 23 (1976) S. 278 f., 282.
27 Rolf Dieter Brinkmann, *Rom, Blicke*, Reinbek bei Hamburg 1979, S. 226.

Der Passus zeigt, mit welcher geradezu fanatischen Verbissenheit Brinkmann seine desillusionierenden Beobachtungen zu einer Schutthalde des Zerfalls und der Verwerfung auftürmte. »Dieses Buch ist in der schmucken Kette der hochgemuten, schwärmenden und immer bildungssatten Rom-Poesie der Deutschen ein grimmiges Intermezzo, es ist ein Haßgesang auf Rom als modernde Kapitale aus Tod und Sex und auf jene staatliche Kulturidylle, die mittendrin, arglos, ohne jedes preußische Reglement und Erfolgskalkül nur den uralten Bildungsglauben und die schönsten Träume der Deutschen konserviert.«[28] Die Gedichte, die zum Teil in dem von Brinkmann noch autorisierten Band *Westwärts 1 & 2* abgedruckt sind, demonstrieren, wie Brinkmann mit diesen Rohmaterialsammlungen verfuhr. Sein Werk ist sicher die konsequenteste Ausbildung einer Ästhetik der Negativität, die aus Unlust an der rühmenden Tradition die krude Realität einfängt und das Häßliche zum Richtmaß der Wahrheit erhebt. Rom fungiert nur als höchst konkretes Sinnbild für den allgemein wahrgenommenen Weltzustand und Wertzerfall.

Die Villa Massimo als Paradies oder als Gefängnis? Sicherlich ist Brinkmanns Buch eine Ausnahme. Freilich sollte das großzügige Stipendienwesen die Überlegung wert sein, ob dadurch nicht eine zur Gleichförmigkeit tendierende Vereinheitlichung des Italienerlebens in die Wege geleitet wird, eine Institutionalisierung der Italienpoesie. Hat Italien und besonders das vielbesungene Rom seinen alten Zauber eingebüßt? Wie die meisten der neueren Gedichte belegen, kann davon keine Rede sein.

Die junge Generation der erst nach dem Krieg publizierenden Autoren hat indes ein wesentlich ungebrocheneres Verhältnis zu Italien. Jetzt schwingen keine überkommenen Ressentiments mehr mit, auch die literarische Form zehrt nicht mehr vom klassischen Ballast, den jeder Italienpoet

28 Eduard Beaucamp, »Paradies oder Getto. Eine deutsche Künstlerstiftung in Rom: Die Villa Massimo«, in: *Frankfurter Allgemeine Zeitung*, 10. Oktober 1987.

seit Goethe mit sich herumschleppen mußte: der antiken Bildung und den antikisierenden Versen. Unvoreingenommenheit heißt die Devise, was freilich kein Aussterben alter Klischees bedeutet. Aber man versucht wenigstens, sie in individuelle Worte zu fassen. Wütende Ablehnung steht neben blanker Ironie, bildungsbeladene Assoziationen neben scheinbar voraussetzungslosen Annäherungen an das ewig junge Objekt Italien. Auch die besungenen Gegenstände ändern sich jetzt. Es versteht sich, daß Motive wie Vorfreude, Sehnsucht, Heiterkeit des Genießens, Lobpreis der landschaftlichen Schönheiten und Abschiedstrauer nicht epochenspezifisch sind. Aber während frühere Poeten voller Ehrfurcht auf jene Stätten traten, auf denen einst Caesar und Cicero wandelten, Cola di Rienzo und Luther beteten, Goethe und Platen sangen, und sich deshalb vor diesem eher bedrückenden Erbe nicht in Freiheit entfalten konnten, kümmern sich die Lyriker der Gegenwart kaum um die historischen Relikte, und wenn, dann treten diese nur als Staffage ins Bild, als Anlaß zur oft respektlosen Reflexion. Vergangenheit tritt allenfalls als Folie, als Zitat ins Blickfeld, hat nicht mehr leitende Funktion. Verständlich von daher, daß der preisende Duktus früherer Epochen heutzutage nicht mehr angebracht ist. Neben und vor dem Glanz des ewigen Rom existiert der Alltag des heutigen Rom: neben dem Symbol weltlicher und kirchlicher Herrschaft die Wohn- und Arbeitsstätte der über zwei Millionen Menschen. Der Trend zur Umkehrung traditioneller Klischees ist in moderner Dichtung allgemein konstatierbar. Daß dieses Infragestellen nicht notwendig in die totale Negation münden muß, belegen die Gedichte der Theobaldy, Malkowski und Biermann zur Genüge. Die alten Ideale der Kunst, der Schönheit und der Sehnsucht nach einem freien, weniger reglementierten und zweckbestimmten Leben sind auch aus dem modernen Italienbild nicht wegzudenken.[29]

29 Vgl. Manfred Beller, »Geschichtserfahrung und Selbstbespiegelung im Deutschland-Bild der italienischen und im Italien-Bild der deutschen Gegenwartsliteratur«, in: *arcadia* 17 (1982) S. 154–167, hier S. 161, der neben Kunst

Zweifellos präsentieren sich die Italiengedichte der Gegenwart sowohl in formaler wie auch in gehaltlicher Hinsicht vielfältiger als die Lyrik vergangener Epochen. Die Chance moderner Italienlyrik liegt gerade darin, beidem von vornherein eine Absage zu erteilen: der blinden Traditionsverhaftung und dem nicht minder blinden Abbildungsanspruch. Als bewußt subjektive Antwort auf das Wahrgenommene *und* die Tradition literarischer Topoi erreicht sie wahrhaftiger und sensibler die Verwandlung des vielfach gefilterten Erlebens ins Gedicht. Und so zieht denn immer noch, jahraus jahrein, die alte, erklärbare und doch ein wenig mysteriöse Sehnsucht die Nordmenschen nach Süden:

Jetzt gehts nach Süden zu.
Von Eseln klipp und klapp.
Und endlich fällt von deinem Schuh
Der Nordbär ab.[30]

und Schönheit die Sehnsucht nach einem »idyllischen« Leben nennt. Ich halte das ›Freiheitsstreben‹ für wichtiger als das ›Ruhebedürfnis‹. Der Drang nach dem weniger bürokratischen Leben spielt gerade für den deutschen Urlauber eine wesentliche Rolle. Im Süden kann er fünfe grad sein lassen, sich von den Zwängen des überorganisierten deutschen Alltags erholen. Aber letzten Endes treffen beide Motive im Italienurlaub wohltuend zusammen.

30 Walter Höllerer, »Jetzt gehts nach Süden zu«, in: W. H., *Gedichte 1942–1982*, Frankfurt a. M. 1982, S. 42 (im vorliegenden Band S. 389).

Präludium

Wer die ougen wil verschüren mit den brenden,
sein leben enden, mit güten zenden
übel essen, ligen in dem stro,
der füg sich in die Lumpardie,
da vil manger wirt unfro.
tieff ist das kot, teuer das brot,
ungötlich reu mit falscher treu
sol man da vinden tëglichen neu.
das ist ain speis, der ich nicht keu.

Wer nach der wage ringe hechten kouffen welle,
für ungevelle so fail, geselle,
ainen, der ain staine leber trag:
forsch in des kaisers canzelie,
wo man solche fisch erjag.
Gülcher, mach kund, was galt ain pfund?
pro zingk soldin et tre zesin,
also galt sich das leberlin vin
von disem sütten hechtigin.

Herman, Marquart, Costnitz, Ulmen wër das leben
uns freud zu geben von mündlin eben,
und mein öheim hinder dem ofen wër,
das wër ain besser stampanie,
wan das uns der peutel ler
wirt zu Placenz. mein conscienz
wirt offt so swach, wie wol ich lach,
so das mein schreiber, dick gefach,
klagt seinen grossen ungemach.

Sebastian, wërst dus ain oxs zu Florenzöla
oder ain caniöla und zugst cum döla
tëglich misst auff ainem wagen gross,
das nëm ich für ain süssen breie.

für wär, ich geb dir auch ain stoss
zu deiner brust, als du mir tüst
mit valscher gier, grob als ain stier;
zwar desgeleichen videlt ich dir,
und wurd dir mer, das stünd zü mir.

Ludwig Fürst zu Anhalt-Köthen

Der Nadelseulen vier in Rom seind wolzusehen /
Die weit nauf in die luft mit ihrer höhe gehen /
  Von zween ist gesagt: die höchste / die ist glat /
  Die erste Bilder viel an ihr gehauen hat
Nach Egiptischer art / von vögeln / auch von thieren /
Wormit von aussen man sie wollen herlich zieren:
  Die größre Marjenkirch' hat für sich eine stehn /
  So gleichesfals ist glat / die vierte wird gesehn
Für Sanct Jhan Lateran, dran bilder eingehauen /
Des Pabsts Pallast aldar ist auch wol zubeschauen:
  Hier ein Concilium gehalten spate ward /
  Das von der ersten kirch' ab weit sich hat gekahrt.
Die Runde Marjen Kirch' erbauet ist gewesen
Im finstern Heidenthum den Göttern / wie gelesen
  In alten büchern wird / sie oben hat ein loch /
  Da felt das liecht hienein / ist weit und ziemlich hoch
Nauf in die luft gebaut / hat keine Seul und stütze:
Die solten drunter auch dar werden gar nichts nütze:
  Der oben runde bau die kirche höchlich ziert /
  Und kein unförmlichkeit an ihme wird gespürt.
Gleich im eingange stehn gar schön' und ehrne Seulen /
Dran statlich' arbeit ist / man hat sie müssen feilen
  Zu schärffen ihren glantz / hier sich viel baukunst find /
  Wie das gewölbe sich recht in ein ander bind.

Georg Rodolf Weckherlin

Venedig gegen seiner Liebsten verglichen

Witzloß war die fürwitz, aufsätzig der fürsatz,
Creutz-geitzig der ehrgeitz, die mich so sehr bethöret,
Daß eines Fürsten will, der Schön und Lieb gesatz
Zuwider, mich gleichwol gehorsamen gelehret.

Dan was seind doch die Brent, Galleen, Marxenplatz,
Die statliche palläst, der schatz so weit vermehret,
Gegen der haaren strom von purem gold bewehret,
Und gegen der Schönheit und tugend grösserm schatz?

Was ist des Hertzogs, Rahts, und Curtisanen prangen
In purpur, scharlach, gold, in bestem saal unnd mahl,
Verglichen mit dem schmuck der lippen und der wangen:

Was seind die Müntz, Zeughauß, geschütz und Arsenal,
Gegen dem schönen aug, das billich (mein verlangen
Zustrafen) so weit ab mich tödet wie ein strahl?

Andreas Gryphius

An Cleandrum

Du fragst wie Bibulus die zeit zu Rom vertreibe?
Er sucht kein' alte Schrifft / noch Bild / noch Buch / wie du.
  Er kůmmert sich nicht viel was man zu Hofe thu /
Er fragt nicht ob der Bapst / Bann oder Ablaß schreibt:
Er acht kein Vatican / da ich voll wunder bleibe?
  Er spricht Gesandten nicht / nicht Cardinålen zu:
  Er go̊nn't Gelehrten wol die hoch gewůndschte Ruh /

Du weißt / daß er sich nicht an Ketzermeister reibe.
Von Kirchen haͤlt er nichts; von Gaͤrten nicht zu viel.
Er lacht wenn ich die grufft der Maͤrtrer suchen wil.
Gutts ists / daß er sich nicht auff lieben hat verliebet.
Kein Schawplatz steht jhm an. Kein singen geht jhm eyn.
Er schlaͤfft wenn man dem Volck' ein kuͤnstlich Fewr-werck giebet:
Was haͤlt jhn denn zu Rom lang auff? Albaner Wein.

Als Er auß Rom geschieden

Ade' begriff der welt' Stadt der nichts gleich gewesen /
Vnd nichts zu gleichen ist / In der man alles siht
Was zwischen Ost vnd West / vnd Nord vnd Suden bluͤht,
Was die Natur erdacht / was je ein Mensch gelesen.
Du / derer Aschen man / nur nicht vorhin mit Baͤsen
Auff einen hauffen kaͤhrt / in der man sich bemuͤht
Zu suchen wo dein grauß / (fliht truͤben Jahre! fliht /)
Bist nach dem fall erhoͤht / nach langem Ach / genaͤsen.
Ihr Wunder der gemaͤld / jhr praͤchtigen Pallaͤst /
Ob den die kunst erstarrt / du starck bewehrte Fest /
Du Herrlichs Vatican / dem man nichts gleich kan bawen;
Ihr Buͤcher / Gaͤrten / gruͤfft'; Ihr Bilder / Nadeln / Stein /
Ihr / die diß vnd noch mehr schliß't in die Sinnen eyn /
Ade! Man kan euch nicht satt mit zwey Augen schawen.

Giovanni Volpato:
Fassade von St. Peter und Petersplatz

Christian Hoffmann von Hoffmannswaldau

Die allgemeine Vergängligkeit

Es zeiget sich der Tod in iedem Augenblicke /
Der Tag / so gestern war / kommt nimmermehr zurücke;
Er ist dahin / bleibt hin / und starb nach seiner Art;
Der Lippen kluges Wort / das Werck gelehrter Hände
Hat seinen Untergang / und sein bestimmtes Ende /
Was Welt und weltlich heist muß auf die Todesfahrt.

[...]

Diß was durch Menschen Hand ist worden aufgeführet /
Die Seule / die erkühnt die Wolcken fast berühret /
An der vermischtes Ertzt umhalst den Marmelstein /
Stirbt eben so / wie wir. Wir schauen / wie die Bogen /
Dadurch Domitian und Titus ist gezogen /
Zustümmelte Geripp' und halb begraben seyn.

Diß was Vespasian zum Schauplatz ihm erkohren /
Und in dem Tode noch Paläste hat gebohren /
Ist zwar Verwunderung / doch auch des Traurens werth /
Nichts lebet / was allda gesessen und geschauet /
Es hat / was dazumahl auf ewig war gebauet /
Der Zeiten Zahn zermalmt / der Jahre Rest verzehrt.

Das grosse Capitol / der Brunnen der Gesetze /
Der Sieger treue Schloß / der Sammelplatz der Schätze /
Da vormahls ieder Raum lag Kunst und Reichthum voll /
Hat aufgehört zuseyn: was Capitol itzt heisset /
Und jenem alten gleich zuwerden sich befleisset /
Dient itzt vor Grabe-Stein dem alten Capitol.

[...]

E. C. S.

Hochzeit-lied

Auß Rom nach Königsberg geschrieben.

1.

Bruder / sieh / wie wol dieß fällt /
Ich beseh' die große welt /
Und du thust es bey der kleinen!
Rom / der Christen haupt / hält mich /
Und dein schatz / Christinchen / dich.
Wol! wann Brüder sich so einen!
Wol! ruff ich bey meinem stand!
Wol! auch du bey deinem band!

2.

Ich besehe mit begier /
Was an alterthümern hier /
Was an gärten / was an flüssen /
Hügeln / gründen / gräbern / stein /
Schrifften / oder sonst mag seyn /
Welches würdig ist zu wissen:
Denn so klein fast nichtes ist /
Drauß nicht etwas guts erspriest.

3.

Du beschaust das meister-stück /
Das der höchste hielt zurück /
Biß sich alles fertig fünde.
Du hast doppelt hügeln hier /
Die dem Pindus selbst gehn für /
Du hast deine flüß und gründe /
Da / wenn wo zu heiß der tag /
Deine lieb sich kühlen mag.

4.

Deine gärten tragen dir
Des ie läng ie liebers zier /
Tausendschön und Amaranthen;
Tag und nacht / und mannes-treu /
Augentrost und was dabey
Von dergleichen anverwandten /
Die kein Tivoli allhier
Noch Fraskati bringt herfür.

[...]

»Kennst du das Land?«
Auf Goethes Spuren

Johann Wolfgang Goethe

Mignon

Kennst du das Land, wo die Zitronen blühn,
Im dunkeln Laub die Gold-Orangen glühn,
Ein sanfter Wind vom blauen Himmel weht,
Die Myrte still und hoch der Lorbeer steht,
Kennst du es wohl?
Dahin! Dahin
Möcht ich mit dir, o mein Geliebter, ziehn.

Kennst du das Haus? Auf Säulen ruht sein Dach,
Es glänzt der Saal, es schimmert das Gemach,
Und Marmorbilder stehn und sehn mich an:
Was hat man dir, du armes Kind, getan?
Kennst du es wohl?
Dahin! Dahin
Möcht ich mit dir, o mein Beschützer, ziehn.

Kennst du den Berg und seinen Wolkensteg?
Das Maultier sucht im Nebel seinen Weg,
In Höhlen wohnt der Drachen alte Brut,
Es stürzt der Fels und über ihn die Flut;
Kennst du ihn wohl?
Dahin! Dahin
Geht unser Weg! o Vater, laß uns ziehn!

Römische Elegien

I

Saget, Steine, mir an, o sprecht, ihr hohen Paläste!
Straßen, redet ein Wort! Genius, regst du dich nicht?
Ja, es ist alles beseelt in deinen heiligen Mauern,
Ewige Roma; nur mir schweiget noch alles so still.

O wer flüstert mir zu, an welchem Fenster erblick ich
Einst das holde Geschöpf, das mich versengend erquickt?
Ahn ich die Wege noch nicht, durch die ich immer und immer,
Zu ihr und von ihr zu gehn, opfre die köstliche Zeit?
Noch betracht ich Kirch und Palast, Ruinen und Säulen,
Wie ein bedächtiger Mann schicklich die Reise benutzt.
Doch bald ist es vorbei; dann wird ein einziger Tempel,
Amors Tempel, nur sein, der den Geweihten empfängt.
Eine Welt zwar bist du, o Rom; doch ohne die Liebe
Wäre die Welt nicht die Welt, wäre denn Rom auch nicht Rom.

V

Froh empfind ich mich nun auf klassischem Boden begeistert;
Vor- und Mitwelt spricht lauter und reizender mir.
Hier befolg ich den Rat, durchblättre die Werke der Alten
Mit geschäftiger Hand, täglich mit neuem Genuß.
Aber die Nächte hindurch hält Amor mich anders beschäftigt;
Werd ich auch halb nur gelehrt, bin ich doch doppelt beglückt.
Und belehr ich mich nicht, indem ich des lieblichen Busens
Formen spähe, die Hand leite die Hüften hinab?
Dann versteh ich den Marmor erst recht; ich denk und vergleiche,
Sehe mit fühlendem Aug, fühle mit sehender Hand.
Raubt die Liebste denn gleich mir einige Stunden des Tages,
Gibt sie Stunden der Nacht mir zur Entschädigung hin.
Wird doch nicht immer geküßt, es wird vernünftig gesprochen;
Überfällt sie der Schlaf, lieg ich und denke mir viel.
Oftmals hab ich auch schon in ihren Armen gedichtet
Und des Hexameters Maß leise mit fingernder Hand

Ihr auf den Rücken gezählt. Sie atmet in lieblichem Schlummer,
Und es durchglühet ihr Hauch mir bis ins Tiefste die Brust.
Amor schüret die Lamp indes und denket der Zeiten,
Da er den nämlichen Dienst seinen Triumvirn getan.

VII

O wie fühl ich in Rom mich so froh! gedenk ich der Zeiten,
Da mich ein graulicher Tag hinten im Norden umfing,
Trübe der Himmel und schwer auf meine Scheitel sich senkte,
Farb- und gestaltlos die Welt um den Ermatteten lag,
Und ich über mein Ich, des unbefriedigten Geistes
Düstre Wege zu spähn, still in Betrachtung versank.
Nun umleuchtet der Glanz des helleren Äthers die Stirne;
Phöbus rufet, der Gott, Formen und Farben hervor.
Sternhell glänzet die Nacht, sie klingt von weichen Gesängen,
Und mir leuchtet der Mond heller als nordischer Tag.
Welche Seligkeit ward mir Sterblichem! Träum ich? Empfänget
Dein ambrosisches Haus, Jupiter Vater, den Gast?
Ach! hier lieg ich und strecke nach deinen Knieen die Hände
Flehend aus. O vernimm, Jupiter Xenius, mich!
Wie ich hereingekommen, ich kanns nicht sagen: es faßte
Hebe den Wandrer und zog mich in die Hallen heran.
Hast du ihr einen Heroen herauf zu führen geboten?
Irrte die Schöne? Vergib! Laß mir des Irrtums Gewinn!
Deine Tochter Fortuna, sie auch! Die herrlichsten Gaben
Teilt als ein Mädchen sie aus, wie es die Laune gebeut.
Bist du der wirtliche Gott? O dann so verstoße den Gastfreund
Nicht von deinem Olymp wieder zur Erde hinab!

»Dichter! Wohin versteigest du dich?« – Vergib mir; der hohe
Kapitolinische Berg ist dir ein zweiter Olymp.
Dulde mich, Jupiter, hier, und Hermes führe mich später,
Cestius' Mal vorbei, leise zum Orkus hinab.

XV

Cäsarn wär ich wohl nie zu fernen Britannen gefolget,
Florus hätte mich leicht in die Popine geschleppt!
Denn mir bleiben weit mehr die Nebel des traurigen Nordens,
Als ein geschäftiges Volk südlicher Flöhe verhaßt.
Und noch schöner von heut an seid mir gegrüßet, ihr Schenken,
Osterien, wie euch schicklich der Römer benennt;
Denn ihr zeigtet mir heute die Liebste, begleitet vom Oheim,
Den die Gute so oft, mich zu besitzen, betriegt.
Hier stand unser Tisch, den Deutsche vertraulich umgaben;
Drüben suchte das Kind neben der Mutter den Platz,
Rückte vielmals die Bank und wußt es artig zu machen,
Daß ich halb ihr Gesicht, völlig den Nacken gewann.
Lauter sprach sie, als hier die Römerin pfleget, kredenzte,
Blickte gewendet nach mir, goß und verfehlte das Glas.
Wein floß über den Tisch, und sie, mit zierlichem Finger,
Zog auf dem hölzernen Blatt Kreise der Feuchtigkeit hin.
Meinen Namen verschlang sie dem ihrigen; immer begierig
Schaut ich dem Fingerchen nach, und sie bemerkte mich wohl.
Endlich zog sie behende das Zeichen der römischen Fünfe
Und ein Strichlein davor. Schnell, und sobald ichs gesehn,
Schlang sie Kreise durch Kreise, die Lettern und Ziffern zu löschen;
Aber die köstliche *Vier* blieb mir ins Auge geprägt.
Stumm war ich sitzen geblieben, und biß die glühende Lippe,

Halb aus Schalkheit und Lust, halb aus Begierde, mir wund.
Erst noch so lange bis Nacht! dann noch vier Stunden zu warten!
Hohe Sonne, du weilst, und du beschauest dein Rom!
Größeres sahest du nichts und wirst nichts Größeres sehen,
Wie es dein Priester Horaz in der Entzückung versprach.
Aber heute verweile mir nicht, und wende die Blicke
Von dem Siebengebirg früher und williger ab!
Einem Dichter zuliebe verkürze die herrlichen Stunden,
Die mit begierigem Blick selig der Maler genießt;
Glühend blicke noch schnell zu diesen hohen Fassaden,
Kuppeln und Säulen zuletzt und Obelisken herauf;
Stürze dich eilig ins Meer, um morgen früher zu sehen,
Was Jahrhunderte schon göttliche Lust dir gewährt:
Diese feuchten, mit Rohr so lange bewachsnen Gestade,
Diese mit Bäumen und Busch düster beschatteten Höhn.
Wenig Hütten zeigten sie erst; dann sahst du auf einmal
Sie vom wimmelnden Volk glücklicher Räuber belebt.
Alles schleppten sie drauf an diese Stätte zusammen;
Kaum war das übrige Rund deiner Betrachtung noch wert.
Sahst eine Welt hier entstehn, sahst dann eine Welt hier in Trümmern,
Aus den Trümmern aufs neu fast eine größere Welt!
Daß ich diese noch lange von dir beleuchtet erblicke,
Spinne die Parze mir klug langsam den Faden herab.
Aber sie eile herbei, die schön bezeichnete Stunde! –
Glücklich! hör ich sie schon? Nein; doch ich höre schon Drei.
So, ihr lieben Musen, betrogt ihr wieder die Länge
Dieser Weile, die mich von der Geliebten getrennt.
Lebet wohl! Nun eil ich, und fürcht euch nicht zu beleidgen;
Denn ihr Stolzen, ihr gebt Amorn doch immer den Rang.

IV

Das ist Italien, das ich verließ. Noch stäuben die Wege,
Noch ist der Fremde geprellt, stell er sich, wie er auch will.
Deutsche Redlichkeit suchst du in allen Winkeln vergebens:
Leben und Weben ist hier, aber nicht Ordnung und Zucht;
Jeder sorgt nur für sich, mißtrauet dem andern, ist eitel,
Und die Meister des Staats sorgen nur wieder für sich.
Schön ist das Land; doch ach! Faustinen find ich nicht wieder.
Das ist Italien nicht mehr, das ich mit Schmerzen verließ.

XX

Ruhig am Arsenal stehn zwei altgriechische Löwen;
Klein wird neben dem Paar Pforte, wie Turm und Kanal.
Käme die Mutter der Götter herab, es schmiegten sich beide
Vor den Wagen, und sie freute sich ihres Gespanns.
Aber nun ruhen sie traurig; der neue geflügelte Kater,
Überall schnurrt er, und ihn nennet Venedig Patron.

XXI

Emsig wallet der Pilger! Und wird er den Heiligen finden?
Hören und sehen den Mann, welcher die Wunder getan?
Nein, es führte die Zeit ihn hinweg: du findest nur Reste,
Seinen Schädel, ein paar seiner Gebeine verwahrt.
Wir sind alle Pilger, die wir Italien suchen;
Nur ein zerstreutes Gebein ehren wir gläubig und froh.

Johann Gottfried Herder

Angedenken an Neapel

Ja, verschwunden sind sie, sind verschwunden,
Jene kurzen, jene schönen Stunden,
Die auch ich am Pausilipp erlebt.
Holder Traum von Grotten, Felsen, Hügeln,
Inseln und der Sonne schönen Spiegeln,
Seen, Meer – du bist mir fortgeschwebt!

Fortgeschwebt die zaubernde Sirene,
Die mich ohne süßer Flöten Töne
Schwesterlich in ihre Arme nahm;
Und mein Herz schlug voller und geschwinder,
Und mein Blut floß reiner und gelinder,
Da ihr Atem mir entgegen kam.

Sehnend sah ich ihres Busens Wellen
Sanfter sich und reger zu mir schwellen,
Schwamm dann mit der Fläche sanft dahin;
Sah den schönen Kranz von Fels und Hügeln,
Sah die Sterne, sah den Mond sich spiegeln
In der süßen Freudegeberin.

Sah die Inseln in den Wellen schweben,
Träumt' auf ihnen ein beglücktes Leben,
Unbekannt und aller Welt entflohn;
Sammelt' nur um mich den Kreis der Meinen –
Ach, ihr Wellen, oft saht ihr mich weinen
Um sie, für sie, zu der Göttin Thron!

Wenn die Abendröt' im stillen Meere
Sanft verschwebte, und mit seinem Heere
Glänzender der Mond zum Himmel stieg,
Ach, da flossen mit so neuem Sehnen
Unschuldvolle, jugendliche Tränen;
Nur ein Seufzer sprach, und alles schwieg.

Nimmer, nimmer sollt ihr mir entschwinden,
Immer wird mein Herz euch wiederfinden,
Süße Träume, rein und zart und schön.
Nie wird euch mein Auge wiedersehen,
Doch ein Hauch wird lispelnd zu euch wehen:
»Ich, auch ich war in Arkadien.«

Friedrich Leopold von Stolberg

An meine Schwester Henriette Catharine in Rom

Den 5. Dezember 1783.

Heute bin ich in Rom, wiewohl die Winde des Ostmeers
Mich umsausen, in Rom bin ich im Geiste, bei dir!
Fühlst du mich nicht im hauchenden Wehn der herrschenden Tiber,
Wie man durch Kühle des Hains zitternde Strahlen noch fühlt?
Faßt dich plötzlich ein Schau'r auf einem der fruchtbaren Hügel?
Dich in dem Capitol? dich in dem Felde des Mars?
Ich bin's, der dich ergreift! Die hehren Schatten der Vorzeit
Hält Elysiums Tal, strahlend im Glanze des Ruhms.
Scipio kehret nicht, und nicht der heilige Numa,
Und von Göttern verehrt, kehret nicht Cato zurück!
Brutus lauschet ihm dort, und seine Porcia hanget
An des Göttlichen Arm, schön wie Elysiums Mond,
Wenn er den goldenen Äther durchstrahlt, und der reineren Sonne
Abglanz lächelnd dem Schoß schimmernder Fluten entsteigt.

Domenico Amici:
Tempel des Jupiter stator auf dem Forum Romanum

Ich bin's, der dich ergreift! Laß keine Schauer dich täuschen;
Auch mich fassen, wie dich, Schauer der edleren Zeit!
Schauer vom Capitol, das oft von weitem mir glänzte,
Wie der heimischen Stadt wogenerleuchtender Turm
Schiffern glänzet, umsonst! es trieb die launige Windsbraut
Sie, der Hoffnung so voll, in den umwirbelnden Sand.
Heute bin ich mit dir im Capitol, wo es jährig
Wird, daß Tullius Rom dräuenden Flammen entriß;
Doch das gefeierte Fest des großen Tullius rief mich
Nicht hinüber; mich rief, Schwester! ein süßeres Fest:
Ach, zu feiern den Tag, der deinen liebenden Brüdern,
Deinen Schwestern dich gab, vielen Geliebten dich gab!
Festlich gehet er auf; im goldenen Strahle der Sonne
Weilet der Morgenstern, zögernder schwindet der Mond.
Festlich strahlet er hin aufs Capitol, und es folget
Seinem Wagen ein Zug, welcher die Seele mir schmelzt.
Hehrer mir, als Gefolge der stolzen Triumphe, wo Sieger
Jauchzten, hoch wie ein Gott saß auf dem Wagen der Held,
Und in der klirrenden Fessel ihm Könige – ha, in der Fessel! –
Folgten, ihm, der frei, Herrscher nicht war und nicht Knecht!
Hehrer und süß ist mir des schönen Tages Geleite,
Welches, sichtbar dem Geist, schwebet um dich und um mich.
Ach, ein Geleite von frohen Erinnerungen der bunten
Kindheit, schimmernd und schön, wie die betauete Flur,
Wenn an bebenden Tropfen der duftenden Blümchen die Sonne,
Sanft von Lüften behaucht, tausend Mal tausend Mal hängt!
Ach, ein Geleite von edlen Erinnerungen der Jugend
Rauschet, hell wie ein Bach, Welle nach Welle dahin!
Ach, ein Geleite von trüben Erinnerungen der späten
Jahre schwebet im Hauch weinender Sehnsucht heran!
Heiliges Dunkel, durchschimmert von mondlichen Strahlen, umwallet
Diese, mit Nachtigallton klagen sie zärtlich und bang!

Senke den weinenden Blick nicht auf den Boden! es schweben
Heilige Schatten, in Nacht, aber in Mondnacht, gehüllt!
Ach, sie umschweben dein Haupt; ich höre der Himmlischen Fittig,
Sehe der Himmlischen Blick: zärtlich wie ehmahls, und treu,
Glänzt er von Tränen; auch Himmlische kennen die Träne der Wehmut;
Aber sie trübet den Blick nimmer, sie glänzet im Blick!
Ich umarme die Luft, die ihr umschwebt! o lispelt
Segen der Sterblichen zu, Worte des Himmels ihr zu!
Lebe, Geliebte, wohl! Ihr aber, Geliebte des Himmels,
Schwebet um sie und um mich, schwebt um die Euren umher!

FRIEDRICH SCHILLER

Pompeji und Herkulanum

Welches Wunder begibt sich? Wir flehten um trinkbare Quellen,
Erde! dich an, und was sendet dein Schoß uns herauf!
Lebt es im Abgrund auch? Wohnt unter der Lava verborgen
Noch ein neues Geschlecht? Kehrt das entflohne zurück?
Griechen, Römer, o kommt! o seht, das alte Pompeji
Findet sich wieder, aufs neu bauet sich Herkules' Stadt.
Giebel an Giebel steigt, der räumige Portikus öffnet
Seine Hallen, o eilt, ihn zu beleben, herbei!
Aufgetan ist das weite Theater, es stürze durch seine
Sieben Mündungen sich flutend die Menge herein.
Mimen, wo bleibt ihr? Hervor! Das bereitete Opfer vollende
Atreus' Sohn, dem Orest folge der grausende Chor.

Wohin führet der Bogen des Siegs? Erkennt ihr das Forum?
Was für Gestalten sind das auf dem kurulischen Stuhl?
Traget, Liktoren, die Beile voran! Den Sessel besteige
Richtend der Prätor, der Zeug' trete, der Kläger vor ihn.
Reinliche Gassen breiten sich aus, mit erhöhetem Pflaster
Ziehet der schmälere Weg neben den Häusern sich hin.
Schützend springen die Dächer hervor, die zierlichen Zimmer
Reihn um den einsamen Hof heimlich und traulich sich her.
Öffnet die Läden geschwind und die lange verschütteten Türen,
In die schaudrigte Nacht falle der lustige Tag.
Siehe, wie rings um den Rand die netten Bänke sich dehnen,
Wie von buntem Gestein schimmernd das Estrich sich hebt!
Frisch noch erglänzt die Wand von heiter brennenden Farben,
Wo ist der Künstler? Er warf eben den Pinsel hinweg.
Schwellender Früchte voll und lieblich geordneter Blumen
Fasset der muntre Feston reizende Bildungen ein.
Mit beladenem Korb schlüpft hier ein Amor vorüber,
Emsige Genien dort keltern den purpurnen Wein,
Hochauf springt die Bacchantin im Tanz, dort ruhet sie schlummernd,
Und der lauschende Faun hat sich nicht satt noch gesehn.
Flüchtig tummelt sie hier den raschen Zentauren, auf *einem*
Knie nur schwebend, und treibt frisch mit dem Thyrsus ihn an.
Knaben! Was säumt ihr? Herbei! Da stehn noch die schönen Geschirre,
Frisch, ihr Mädchen, und schöpft in den etrurischen Krug.
Steht nicht der Dreifuß hier auf schön geflügelten Sphinxen?
Schüret das Feuer! Geschwind, Sklaven! Bestellet den Herd!

Kauft, hier geb ich euch Münzen, vom mächtigen Titus gepräget,
  Auch noch die Waage liegt hier, sehet, es fehlt kein Gewicht.
Stecket das brennende Licht auf den zierlich gebildeten Leuchter,
  Und mit glänzendem Öl fülle die Lampe sich an.
Was verwahret dies Kästchen? O seht, was der Bräutigam sendet,
  Mädchen! Spangen von Gold, glänzende Pasten zum Schmuck!
Führet die Braut in das duftende Bad, hier stehn noch die Salben,
  Schminke find ich noch hier in dem gehöhlten Kristall.
Aber wo bleiben die Männer? die Alten? Im ernsten Museum
  Liegt noch ein köstlicher Schatz seltener Rollen gehäuft.
Griffel findet ihr hier zum Schreiben, wächserne Tafeln,
  Nichts ist verloren, getreu hat es die Erde bewahrt.
Auch die Penaten, sie stellen sich ein, es finden sich alle
  Götter wieder, warum bleiben die Priester nur aus?
Den Caduceus schwingt der zierlich geschenkelte Hermes,
  Und die Viktoria fliegt leicht aus der haltenden Hand.
Die Altäre, sie stehen noch da, o kommet, o zündet,
  Lang schon entbehrte der Gott, zündet die Opfer ihm an!

Friedrich von Matthisson

Die Landschaft

Hier in des Feigenbaums dunkler Umlaubung das friedliche Moosdach,
  Jene Kaskade die wild über den Felsenhang schäumt,

Nah, die mit Pinien bekrönten, mit Lorbeern umgürteten Hügel,
Fern, die Ruinen der Burg, kühn in die Bläue getürmt:
Herrlich vor Tausenden mußte dies heute dem Wandrer erscheinen,
Der sich auf Alpenschnee noch gestern im Nebel verlor.

Villa Pliniana

Unter Zypressen und Lorbeern, am luftigen Sturze der Quelle,
Welche dir, Plinius, einst ländlichen Schlummer gerauscht,
Und wo du dankbar ein Wäldchen den Musen und Grazien weihtest,
Hatte zum fröhlichen Schmaus Komus die Freunde geschart.
Und wir erhuben die Hände zur Speis und zum köstlichen Tranke,
Den uns die Quelle gekühlt, gleich den Heroen Homers.
Plinius machte den Wirt; doch keinem Gespenste des Kirchhofs
Oder dem steinernen Gast Don Juans glich die Gestalt.
Freundlich, in Agathons Bildung, verteilt' er des attischen Salzes,
Vieles erzählt' er von Rom, vieles vom weisen Trajan.
Schon war die Sonne gesunken; die Ruderer mahnten zur Heimfahrt;
Gleitend auf spiegelnder Flut, sangen wir: *Kennst du das Land?*
Lustig begrüßte von Komos Gestad uns die gellende Syrinx:
Also beschloß noch Musik diesen harmonischen Tag.

Campo Vaccino

Seht! wie der bärtige Mönch zur Kanzel die Tonne sich aufstellt,
Dicht vom unendlichen Troß lungernder Bettler umdrängt,
Hier, wo die Rostra sich einst am Tempel Kronions erhuben
Und ihres Redners Triumph über den Erdkreis erscholl.
Ciceros Donner verhallten; es folgte die Kapuzinade;
Feldherrn, im Pompe des Siegs, wichen der Prozession.
Märtyrerbilder, geweiht in Loretto, küßt gläubig der Pilger,
Wo dein bekränzter Altar, heitre Concordia! stand.
Dort, um den Bogen Severs, wo Krüppel ihr Jammerlied heulen,
Türmten Jahrhunderte stets höher und höher den Schutt.
Dürftigkeit flickte das Obdach an trauernde Marmorportale,
So wie die Schwalb an den Sims klebte das luftige Nest.
Wo sich mit Wundern der Kunst, o Friede! dein Heiligtum schmückte,
Lagern, dem Fleischer zur Wahl, Stiere sich käuend umher.
Wo, vor dem Kaiserpalaste, die Prätorianer in stolzer
Herrlichkeit schimmerten, dreht einsam der Seiler das Rad.
Krähend nimmt Polischinell seinen Stand, wo, nach heiliger Sage,
In den flammenden Riß mutig sich Curtius warf.
Ha! wie zum komischen Liebling des Markts die Gemeinde der Frommen,
Schnell sich vom tragischen kehrt, welcher die Tonne bestieg!

Symposium in Tivoli

Hurtig, mein wackrer Francesco, den Tempel der Vesta zu schmücken!
Siehe! den Korb der des Mais holdeste Kinder bewahrt.
Flicht um die Säulen den Sprößling der Myrte mit silbernen Blüten,
Und auf den Estrich ergeuß Purpur und Gold und Azur.
Dorthin die gastliche Tafel! so schirmt auch vor Helios Gluthen
Uns den gehenkelten Krug sichrer des Feigenbaums Zelt.
Lustig herbei nun, ihr Freunde! hier dampfen getupfte Forellen,
Die durch die Grotte Neptuns wagten den tödlichen Sprung;
Hier, in bekränzten Pokalen, blinkt echter horazischer Nektar;
Dessen der Halbgott mit Lust noch im Olympus gedenkt.
Ihm, dem Unsterblichen, sprengen wir festlich des Trankes zum Opfer!
Dort, wo der Pfaffe nun plärrt, sang er, von Göttern belauscht:
»Heute verscheucht, o Genossen! mit Weine die Schmerzen der Seele;
Morgen aufs neue durchpflügt ihr das unendliche Meer«!

Johann Gottfried Seume

Ich eilte fort, und Nachtigallen schlugen
Mir links und rechts in einem Zauberchor
Den Vorgeschmack des Himmels vor,
Und laue, leise Weste trugen
Mich im Genuß für Aug' und Ohr

Durch Gras wie Korn, und Korn wie Rohr.
Balsamisch schickte jede Blume
Mir üppig ihren Wohlgeruch,
Der Göttin um uns her zum Ruhme,
Aus Florens großem Heiligtume;
Und rund umher las ich das schöne Buch
Der Schöpfung, jauchzend, Spruch vor Spruch.
Die goldnen Hesperiden schwollen
Am Wege hin in freundlicher Magie,
Und Mandeln, Wein und Feigen quollen
Am Lebensstrahl des Segensvollen
In stillversteckter Eurhythmie,
Und Klee, wie Wald, begrenzte sie.
Ich eilte fort, hochglühend ward die Sonne,
Und fühlte schon voraus die Wonne,
Mit Pästums Rosen in der Hand,
An eines Tempels hohen Stufen,
Wo Maro einst begeistert stand,
Die Muse Maros anzurufen.
Die Tempel stiegen, groß und hehr,
Mir aus der Ferne schon entgegen,
Da ward die Gegend menschenleer
Und öd' und öder um mich her,
Und Wein wuchs wild auf meinen Wegen.
Da stand ich einsam an dem Tore
Und an dem hohen Säulengang,
Wo ehemals dem entzückten Ohre
Ein voller Zug im vollen Chore
Das hohe Lob der Gottheit sang.
Verwüstung herrscht jetzt um die Mauer,
Wo einst die Glücklichen gewohnt,
Und mit geheimem, tiefem Schauer
Sah ich umher und sahe nichts verschont;
Und meine Freude ward nun Trauer.
Umsonst blickt Titan hier so milde,
Umsonst bekrönet er im Jahr
Zweimal mit Ernte die Gefilde –

Du suchst von allem, was einst war,
Umsonst die Spur; ein zottiger Barbar
Schleicht mit der Dummheit Ebenbilde,
Ein Troglodyt, erbärmlicher als Wilde,
Um den verschütteten Altar.
Nur hie und da im hohen Grase wallt,
Den Menschensinn noch greller anzustoßen,
Dumpf murmelnd eine Mönchsgestalt.
Freund, denke Dir die Seelenlosen!
In Pästum blühen keine Rosen.

Wilhelm von Humboldt

Der Publicische Weg

Wo zum Junonischen Tempel der Zug der Gläubigen aufstieg,
Als sie der Göttin Bild brachten, mit Waffen erkämpft;
Da besteig ich die Höhn Aventinus, des einsamumwohnten,
Wohl ein Gläubiger auch, herrschet auch Juno nicht mehr.
Denn wann der zögernde Schritt durchirret die Traubengeländer
Wo jetzt efeuumrankt Trümmer nur heben ihr Haupt;
Wann die Glöcklein erschallen der sparsambesucheten Klöster,
Welchen der Göttinnen Schar wich von den gipfligen Höhn;
O! dann versenkt sich der Geist, wo, zückend in flammenden Blitzen,
Redet ein einsamer Gott, hörbar dem Gläubigen nur!

Rom

Durch Dich begeistert, hab ich Dich besungen,
und glaubte nie mich mehr von Dir zu trennen;
jetzt hör ich fern nur Deinen Namen nennen,
und jeder Rückkehr Hoffnung ist verklungen.

Von Deiner Göttergröße still durchdrungen,
fühl ich zwar Sehnsucht mir im Busen brennen,
doch in der Sehnsucht tiefestes Erkennen
hat andre Sehnsucht hindernd sich verschlungen.

Wie könnt' ich von der teuren Stelle weichen,
wo ich mir ew'ge Heimat süß gegründet?
wie täglich nicht die nie Vergeßne grüßen?

Nur hier kann meine Tage ich beschließen;
wie Efeu, es unlösbar mich umwindet,
daß dort ich sie nur kann von hier erreichen.

August Wilhelm Schlegel

Der Dom zu Mailand

Dieses Wunderwerk der gotischen Baukunst ist dadurch in seiner Art einzig, daß es von außen und innen mit weißem Marmor bekleidet, und die schlanke Turmspitze ganz daraus erbaut ist. Der Überfluß an Marmor hat auch die Verzierung mit einer unzählbaren Menge Bildsäulen veranlaßt. Von einem deutschen Meister entworfen, ist das Gebäude nachher durch einen Architekten aus der Schule des Michelangelo weitergeführt, und die Vorderseite nach dem Geschmacke der damaligen Zeit abgeändert. Endlich ist der Bau liegen geblieben, so daß im Jahre 1805 noch ein Teil des Daches bloß mit Holz gedeckt war.

Gebirge du von Pfeilern, Bogen, Mauern,
Mit deutscher Kunst des welschen Himmels Prangen!
An deinem hochgetürmten Umriß hangen
Die Blicke staunend halb und halb mit Trauern.

Ein steinern Heer von Vätern und Erbauern
Der Kirche hält dich, selbst ihr Bild, umfangen,
Und lehrt, wie wandelbar die Zeit empfangen
Wahrheit, so alle Zeit soll überdauern.

Der Chor vertieft sich ernst in farb'gem Lichte,
Doch Eitelkeit der klügelnden Geschlechter
Hat das Portal der alten Form entwendet.

Nun lassen sie, des Heiligen Verächter,
In nacktem Wust den Tempel unvollendet,
Und so verstummt die marmorne Geschichte.

Zacharias Werner

Roms Springwässer

Der Ströme Lust erfreut die Stadt des Herrn!
Drum sprüht auf Romas Plätzen mit Gebraus
Das Wasser seine freud'gen Geister aus,
Die glorreich drangen aus der Erde Kern!

Auch weilt's auf Romas sieben Hügeln gern,
Um kühn zu schauen sein siderisch Haus,
Und sprudelnd lacht's der Sterne Welten aus;
Denn nah ist Gott in Rom, die Sterne fern!

Dann tanzt es plätschernd bei den Pinienhainen
Pamphilis; sonnt sich in Borghesens Spiegel,
Und tändelt an Albanis Säulgewinden.

Und ob auch Riesenpfeiler es umzäunen,
Schwingt's über sie die diamantnen Flügel,
Wo Gott wollt', auf den Fels, die Kirche gründen.

Abschied von Rom

Angefangen zu Rom unter Gottes Beistand im Juli 1813; beschlossen zu Mailand abends den 5. August, am Tage meiner Ankunft daselbst auf meiner Rückreise nach Deutschland

Ade, ade du herrlich Rom,
Ade du heil'ger Peters-Dom,
Ade ihr sieben Hügel!
Den Unruh zu euch hergezoh'n,
Treibt Unruh wieder weiter schon,
Doch leiht die Pflicht ihm Flügel.

Ein wüster Sünder kam ich her,
Doch sah ich deiner Gnaden Meer
Zu mir hernieder wallen;
Zwar sündig bin ich noch und schlecht,
Doch machtest du mich Sündenknecht
Zu Gottes Reichsvasallen!

Dir danken will ich ewiglich,
Und weinen werd' ich bitterlich,
So oft ich dein gedenke,
Und immer bitten werd ich ihn,
Daß, der die Schönheit hat verlieh'n,
Die Freude wieder schenke.

Und preisen werd ich mein Geschick,
Und segnen jeden Augenblick,
Wo ich an Petrus Grabe,
Der, wie die Bibel tut Bericht,
Gesunken, doch versunken nicht,
Zuerst gebetet habe!

Was dorten mir ward kund getan
Künd ich, will's Gott wohl einmal an
Durch Wort' und Blick den Brüdern;
Denn, was der Herr uns kundig macht,
Das wandelt in des Busens Nacht,
Und singt sich nicht in Liedern.

Genug, ich ging getröstet fort,
Doch blieb die Schuld, so hier wie dort,
Den Paß mir zu verhauen.
Selbst in der sieben Hügel Schoß
War das Gelüst mein Taggenoß,
Mein Nachtgesell das Grauen!

Gehetzt, der alten Sünde treu,
Von Reu' zur Gier, von Gier zur Reu',

Selbst auf den heil'gen Bergen
Hab ich gesündigt freventlich;
Entwürdigt hab ich Rom und mich,
Das will ich nicht verbergen.

Zertrümmert kam der Vorwelt Zier,
Und raunt' »memento mori« mir;
Umsonst! Mich hielt die Sünde!
Das Paradies des Raphael
Stieg auf im Chaos meiner Seel';
Umsonst! Ich blieb der Blinde! –

Der Peterskupppel heitre Pracht,
Der Märt'rergräber heil'ge Nacht
Winkten zum ew'gen Leben;
Doch meines toten Lebens Schmach
(Ich fühle tief sie!) riß mich nach,
Ich sündigte mit Beben!

Der röm'schen Alba Perlenheer,
Der Abendsonn' Rubinenmeer
Am Bergkranz von Saphiren;
Und eine Welt von Diamant,
Rom, von des Vollmonds Brunst entbrannt,
Wollten zu Gott mich führen.

Vergebens! den die Schuld verstockt,
Der wird zum Abgrund hingelockt
Selbst durch der Schönheit Strahlen;
Kunst, Andacht reizten mein Gelüst,
Durch Romas Tempel rannt' ich, wüst,
Genießen nach und Qualen! –

Da ließ der Herr den Blitz erglühn:
»Nur der Entsagung wird verziehn«,
Sprach Gott in Blitzesflimmer! –
Ottiliens erstarrter Schmerz

Schoß wie der Blitz ins wunde Herz,
Und ich entsagt' für immer!

Im Hornung achtzehnhundertzehn
Hatt' ich den Wunderblitz gesehn;
Und noch im selben Jahre
Am Tage vor des Herren Qual,
Als er fundiert sein Abendmahl,
Kniet' ich am Sühnaltare!

Seitdem nahm, der die Schlang' zertrat,
Den Willen mir zur Freveltat
Doch Will' und Sinn sich zanken!
Der Wille schwingt die Kreuzesfahn',
Der Sinn, des Teufels Veteran,
Treibt jeden in die Schranken!

Doch weil des Herren Christi Blut
Geflossen ist auch mir zu gut,
Und weil die Kirche singet:
»Dem Menschen guten Willens Heil!«
So ward die Hoffnung mir zuteil,
Daß Will' den Sinn bezwinget;

Und daß vielleicht der Tag erscheint,
Noch eh' mein Leben ausgeweint,
Wo mich vom sünd'gen Triebe
Losketten wird mit starker Hand,
Die niemals, ach! ich hab erkannt,
Und ahne jetzt – die Liebe!

Bis dahin harr ich in Geduld;
Doch fühl ich schwer, daß schwere Schuld
Das Leben sehr vergiftet!
Zum Leben hab ich nicht mehr Lust,
Das Sterben fürcht ich und die Brust
Ist selten nur gelüftet! –

Nehmt, Toren, ein Exempel dran,
Und wer mich etwa lieb gewann,
Mich, nun des Rennens Müden,
Der bete, daß mir sei beschert,
Noch eh' mich trifft das scharfe Schwert,
Ein Winkelchen mit Frieden! –

Für jetzt am morschen Wanderstab
Geht's von der alten Roma Grab
Zu einem neuen Grabe!
Weil Roms Karfreitag ich gesehn,
Bring ich des Ostermorgens Wehn
Zur heil'gen Abendslabe! –

Ludwig Tieck

Anblick von Florenz

Endlich den letzten Hügel hinauf,
Und unter mir
Das weite, blühende Tal,
Rings die Gebirge,
Die herrliche Stadt
Im Glanz der scheidenden Sonne.
Das Abendrot erglänzt
Im vielfachen Purpur
An den Felsen und die Gebäude
Brennen im Strahl,
Und hundert Villen
Erglänzen fern und ferner.

Der Himmel spielt mit Grün und Blau,
Und hüpfende Lichter

Lachen auf dem Strom.
Süße Dämmrung
Tritt aus dem Äther
Die Welt umfassend,
Und in schweigender Rührung
Empfängt uns die dunkelnde Stadt.

Die spanische Treppe

Viel schon seit Wochen
Verdank ich dir, du hohe Stiege,
Mein freundlicher Nachbar.
So wie die Gläubigen fromm
Dort am Lateran
Auf heiliger Staffel knien,
So nun seit Wochen
Wandl' ich, wenn die heiße Mittagssonne
Brennend nieder scheint,
Die edlen Stufen auf und ab,
Schau mich oben um,
Erblicke unter mir Rom,
Und dort den Vatikan und Peters Dom,
Steige wieder hinab,
Und übe mich im ermüdenden Spiel,
Fast bis die Kräfte schwinden.

Schon fühl ich mich leichter,
Heitrer, kräftiger,
Die Fesseln lösen sich gelinde,
Und dankbar schau ich hinauf
Zu meinem hohen Arzte.
Doch das Volk der Römer,
Die wie die Schlange die Sonne scheu'n,
Und weite Umkreise ziehn,
Dem Schatten folgend,

Schauen bedenklich,
Die Häupter schüttelnd,
Aus kühlen Räumen,
Und hinter vergatterten Fenstern,
Auf das deutsche Wunder.
Geht doch die Weltuhr jetzt
In allen Reichen
Neuen, niegesehenen Gang,
Wird man doch überall
Das Unerhörte gewohnt;
So sieht auch schon trägern Auges,
Der weniger Staunende
Mein Treppenbad ruhiger an.

Olevano

Müde bin ich angelangt,
In diese Bergeinsamkeit,
Umstarrt von nahen und fernen Felsen,
Vor mir die dunkle kleine Stadt,
Drüben am zackigen Gipfel
Hängend die Burg.
Und der Vollmond
Leuchtet vom klaren Himmel,
Und wie ich schlummre,
Tönt helles Gelächter
Und Ton von Zittern
Und tanzendes Gaukeln
In meinen Schlaf,
Vom Vorsaal herüber.
So weich, so warm, so hell
War noch keine Sommernacht,
Kein Schlummer so süß,
Keine Störung des Schlafes
Je so erfreulich,

Denn wie ich das Auge
Matt halb öffne
Strahlt im Glanz das Gebirge,
Der Mond vom reinen Himmel,
Der Scherz der Mädchen und Freunde,
Und lächelnd schlummr' ich wieder ein.

Subiaco

Süße, liebliche Wildnis.
Deine Berge, dein Kloster oben,
Die Zypressen, die Täler hier,
Werden nie aus meiner Seele schwinden.
Hoher Gedanken, schöner Bilder Erinnerung,
Wunder der Natur,
Weile gastlich in meiner Phantasie,
Wenn wieder Sand und Föhren
Mich geistlos umstarren,
Und ein Lächeln zweifelnd
Bei Schilderungen der Natur
Des Entzückten spotten möchte.

Hier dichtet die Erde,
Dort schläft sie kaum,
Befangen, angstvoll,
Ringt sie nur nach Dasein:
Und goldne Abendwolken
Und glühend Morgenrot
Schweben nur als Kranken-Träume
Ob der Verscheidenden.

Tivoli

Lacht ihr mich an, ihr jauchzenden Wasserbäche,
Wie ihr klingend zwischen Ölbaum und Blumen
niederjubelt?
Springt und sprudelt, ihr Übermütigen,
Der duftende Wald hallt eure Töne nach,
Und Baum und Fels, und Himmel und Strom
Ein Freudengesang.
Gegrüßt sei mir, du du Mäcenas tönendes Haus:
Grotte Neptuns, voll Wellenmusik und Regenbogen;
Wie ich hier in Blumen wandle, ruhend liege,
Mich entzücke, und wieder Welt und Natur vergesse
Im süßesten Traum –
Saht ihr schon je, ihr klingenden Gestade
Einen so glücklichen Wandersmann?

Doch schon winkt mir
Romas erhabene Kuppel
Zurückzukehren,
Und bald, in wenigen Tagen,
Schon steht der Abschied an der Tür,
Entflieh ich diesem Himmel.

Bologna

Seit ich Florenz verließ
Vermiß ich Italien,
Alle Berge dünken mir klein,
Alle Formen der Landschaft beengend:
O wie sehnt sich mein Auge nach dir
Du erhabene römische Ferne,
Mit deinen hochschwebenden Gebirgen,
Der weiten, ausgedehnten Landschaft.

Tot nennen sie deine Natur?
Noch immer ruhen, wie liebliche Träume,
Deine dämmernden Gestalten vor den Augen meines
Geistes,
Und wie man nach langem, innigen Gespräch,
In der Versammlung der Fremden den Freund vermißt,
So erseufz ich nach Roms Gegenwart
Wenn man mir dieses wohl und jenes schön will nennen.

Wilhelm Heinrich Wackenroder

Soll ich in mir selbst verschmachten
Und in Liebe ganz vergehn?
Wird das Schicksal mein nicht achten,
Dieses Sinnen, dieses Trachten
Stets mit Mißvergnügen sehn?

Bin ich denn so ganz verloren,
Den Verstoßnen zugeweiht?
O beglückt, wer auserkoren,
Für die Künste nur geboren,
Ihnen Herz und Leben weiht!

Ach, mein Glück liegt wohl noch ferne,
Kommt noch lange mir nicht nah!
Freilich zweifelt' ich so gerne, –
Doch noch oft drehn sich die Sterne, –
Endlich, endlich ist es da!

Dann ohne Säumen,
Nach langen Träumen,
Nach tiefer Ruh,
Durch Wies' und Wälder,

Durch blühnde Felder
  Der Heimat zu!

Mir dann entgegen
Fliegen mit Segen
  Genien, bekränzt,
  Strahlenumglänzt!
Sie führen den Müden
Dem süßen Frieden,
  Den Freuden, der Ruh,
  Der Kunstheimat zu!

Leopold Schefer

Eintritt in das geweihte Land

Italia, Italia!
Ich bin am Ziel, ich bin nun da,
Ich bin ja wach, es ist kein Traum –
Da steht im Frei'n der Orangenbaum!

Wie schlägt das Herz, wie bebt der Fuß,
Wie schwelgt das Aug' in Wonnegenuß!
Gegrüßt ihr Flüsse, die hier gehn,
Gegrüßt du Sonne in reinen Höh'n!

Der Herden Geläut, der Hirten Gesang
Dringt süß in das Ohr von Bergeshang –
Gesegnet ihr Lämmer, die dort gehn,
Gesegnet ihr Hirten auf euren Höh'n!

Ein himmlischer Hauch, ein reifender Duft
Zieht säuselnd vorüber in lauer Luft –

Beglückt, die ihr hier die Gefilde baut,
Beglückt, wer hier bettelt und dieses schaut!

Da steht im Frei'n der Orangenbaum,
Ich bin ja wach, es ist kein Traum,
Ich bin am Ziel, ich bin nun da –
Italia, Italia!

Ludwig I., König von Bayern

Tivoli

II. Elegie

Höret ihr's stöhnen hieselbst aus des tiefen Gemäuers Gewölben?
Einstmals trug es des Feinds prächtiges üppiges Haus;
Doch es sank zusammen, es stürzten die schimmernden Wände,
Mit vergeblichem Fleiß spähet der Forscher darnach.
Längstens nahm ihr Eigentum wieder die Erde zurücke.
Werden und Schwinden ist das allen gemeinsame Los,
Immer verdrängen einander die Völker, es wechselt die Herrschaft,
Aber der Erde verbleibt ewig die alte Gewalt.
Bist du ein Teutscher und dich erhebet nicht mächtiges Fühlen?
Führet es, Wanderer, dich hier an der Stelle vorbei,
Wo die Villa des Quintilius Varus gestanden,
Der die Teutschen verhöhnt, Rache der Teutschen empfand.
Hermann tönet es dumpf in die Stille des einsamen Tales;
Freude und Scham zugleich treibt in die Wange mir Glut,
Denkend an das, was Teutschland ist und was es gewesen,
Soll für den Retter in ihm keine Empfänglichkeit sein?

Wäre das Vaterland Hermanns so verächtlich geworden?
Drücket doch weniger nicht wahrlich der Ketten Gewicht!
Und es gäbe zu siegen, Befreiung wie dort zu erringen,
War doch damals Rom stets die gewaltige noch,
Und die, Teutoburg nahe, vertilgten Legionen die besten.
Was die Geschichte uns lehrt, niemals doch wird es benützt.
Sie sind nun verhallet, die herrlichen Siege der Teutschen,
Jedem Eroberer dient längstens das alternde Rom.
Es gehorchet Teutschland, sich selbsten zernichtend, dem Korsen;
Und die Zwietracht allein hat es besiegt und besiegt's.

Joseph von Eichendorff

Rückkehr

Wer steht hier draußen? – Macht auf geschwind!
Schon funkelt das Feld wie geschliffen,
Es ist der lustige Morgenwind,
Der kommt durch den Wald gepfiffen.

Ein Wandervöglein, die Wolken und ich
Wir reisten um die Wette,
Und jedes dacht: Nun spute dich,
Wir treffen sie noch im Bette!

Da sind wir nun, jetzt alle heraus,
Die drin noch Küsse tauschen!
Wir brechen sonst mit der Tür ins Haus:
Klang, Duft und Waldesrauschen.

Ich komme aus Italien fern
Und will euch alles berichten,
Vom Berg Vesuv und Romas Stern
Die alten Wundergeschichten.

Da singt eine Fei auf blauem Meer,
Die Myrten trunken lauschen –
Mir aber gefällt doch nichts so sehr
Als das deutsche Waldesrauschen!

Götterdämmerung

2

Von kühnen Wunderbildern
Ein großer Trümmerhauf',
In reizendem Verwildern
Ein blühnder Garten drauf;

Versunknes Reich zu Füßen,
Vom Himmel fern und nah,
Aus anderm Reich ein Grüßen –
Das ist Italia!

Wenn Frühlingslüfte wehen
Hold übern grünen Plan,
Ein leises Auferstehen
Hebt in den Tälern an.

Da will sich's unten rühren
Im stillen Göttergrab,
Der Mensch kann's schauernd spüren
Tief in die Brust hinab.

Verwirrend in den Bäumen
Gehn Stimmen hin und her,

Ein sehnsuchtsvolles Träumen
Weht übers blaue Meer.

Und unterm duft'gen Schleier,
Sooft der Lenz erwacht,
Webt in geheimer Feier
Die alte Zaubermacht.

Frau Venus hört das Locken,
Der Vögel heitern Chor,
Und richtet froh erschrocken
Aus Blumen sich empor.

Sie sucht die alten Stellen,
Das luft'ge Säulenhaus,
Schaut lächelnd in die Wellen
Der Frühlingsluft hinaus.

Doch öd sind nun die Stellen
Stumm liegt ihr Säulenhaus,
Gras wächst da auf den Schwellen,
Der Wind zieht ein und aus.

Wo sind nun die Gespielen?
Diana schläft im Wald,
Neptunus ruht im kühlen
Meerschloß, das einsam hallt.

Zuweilen nur Sirenen
Noch tauchen aus dem Grund,
Und tun in irren Tönen
Die tiefe Wehmut kund. –

Sie selbst muß sinnend stehen
So bleich im Frühlingsschein,
Die Augen untergehen,
Der schöne Leib wird Stein. –

Denn über Land und Wogen
Erscheint, so still und mild,
Hoch auf dem Regenbogen
Ein andres Frauenbild.

Ein Kindlein in den Armen
Die Wunderbare hält,
Und himmlisches Erbarmen
Durchdringt die ganze Welt.

Da in den lichten Räumen
Erwacht das Menschenkind,
Und schüttelt böses Träumen
Von seinem Haupt geschwind.

Und, wie die Lerche singend,
Aus schwülen Zaubers Kluft
Erhebt die Seele ringend
Sich in die Morgenluft.

Friedrich Rückert

Hochzeitgedicht aus Rom

Römische Sonnen, italische Lüfte,
Südlicher Himmel, hesperisches Licht!
Bringet mir Strahlen und Farben und Düfte,
Helfet mir weben ein Hochzeitgedicht!
Daß es sich Alpen-hinüber entschwinge,
Draußen auf deutschen Gefilden erklinge,
Wo sich ein Kranz nun, ein bräutlicher, flicht.

Flechtet ihr draußen zum Feste der Freude,
Flechtet, was irgend von Blumen mag blühn!

Frühling! dein Alles du hier nicht vergeude,
Daß sie nicht draußen umsonst sich bemühn!
Ich in die Kränze, die deutschen, will flechten
Hier von italischen Blumengeschlechten
Brennendste Farben und dunkelstes Grün.

Zweie, von denen viel singen und sagen
Manche, die nie euch in euerem Glanz
Sahen, ich seh euch, ich brech euch, und tragen
Müsset den Glanz ihr hinaus mir so ganz!
Lorbeer und Myrte! ihr zwei unzertrennlich,
Myrte so weiblich, und Lorbeer so männlich,
Seid ungetrennt mir den beiden im Kranz!

Kann ich gleich hier von den Zäunen euch brechen,
Wahrlich doch brech ich euch nicht so vom Zaun!
Lorbeer, der darf wohl zum Bräutigam sprechen,
Der sich in Waffen ließ ritterlich schaun.
Und, will Erinnerung mich nicht betrügen,
Was sie mir vorhält von Zeichen und Zügen,
Darf sich die Myrte zur Braut auch getraun.

Aus sorrentinischem Wald der Zitronen,
Der in der Milde des Winters gereift
Goldene Früchte in laubigen Kronen,
Und zur Verändrung das Blühn nun ergreift,
Hol ich die schönsten der Früchte, der Blüten;
Mögen den Glanz und die Düfte sie hüten
Draußen, wo rauherer Wind sie bestreift!

Schön ist's, ein Baum der Zitronen zu prangen;
Immer nur tut er, was wohl ihm beliebt,
Bringet die Frucht, eh' die Blüte vergangen,
Die aus der Frucht sich von neuem ergiebt.
Diesen gedoppelten südlichen Segen
Kann auch im Norden die Liebe wohl hegen,
Wenn sie je wieder von neuem sich liebt.

Heiße Granaten, ihr feurigen Herzen,
Die sich erschließen, wann Sommer erglüht!
Jetzt da die Lüfte des Lenzes noch scherzen,
Hab ich nach euch nur umsonst mich bemüht.
Dennoch so brech ich zwei Knospen, verschlossen,
Mystische Bilder von zweien Genossen,
Denen ihr Sommer noch schläft im Gemüt.

Lieblich errötende Blüte der Mandeln,
Ach wie so schnell ist um dich es getan.
Lüfte des Lenzes, die über dich wandeln,
Nehmen dich hin, eh' die Augen dich sahn.
Flocken, die hier von den Bäumen ihr wallet,
Streuet euch, daß ihr vergebens nicht fallet,
Streut euch zwei Liebenden dort auf die Bahn!

An die Gezweige des Baumes der Feigen
Hab' ich mit forschendem Auge geblickt,
Ob er nicht wolle die Blüten auch zeigen,
Er, der mit Früchten uns dreimal erquickt.
Aber da ward mir von Blüten nichts ruchtbar;
Ist er auch blütenlos, ist er doch fruchtbar;
Ob nicht sein Blatt auch zum Kranze sich schickt?

Aber sich drängen so still und bescheiden
Her die Oliven; ihr Grün ist ein Grau;
Dennoch vom Kranze nicht soll man sie scheiden;
Klebet an ihnen nicht köstlicher Tau?
Ihre Gezweige sind häuslicher Frieden,
Und in dem Saft ist die Fülle beschieden,
Wie einst der alttestamentlichen Frau.

Unter der Pinie schwebendem Schatten
Breiten sich Teppiche blumengestickt,
Wo die so farbigen Farben sich gatten,
Wie sie kein Maler in Träumen erblickt.
Das sind die freudigen bunten Ranunkeln;

Alle der Schar, die am herrlichsten funkeln,
Sind euch im Geiste zur Hochzeit geschickt.

Alles, was dort euch die Gärten nur hüten,
Wächst hier behaglich im Freien so hin.
Also auch brech ich mit blaulichen Blüten
Hier vom gewaltigen Waldrosmarin.
Nordwind, die Zweige der Kraft nicht beraube,
Daß sie ersprossen und werden zur Laube,
Wo ihr zu dreien könnt sitzen darin!

Leider verblüht sind die blauen Violen,
Aber die blühn euch nun selber wohl ja;
Dafür so will ich die gelben euch holen,
Wo ich sie neulich hoch über mir sah:
Des Kolisees kolossalischen Trümmern,
Ohne sich um die Verwüstung zu kümmern,
Sind sie entsprossen, euch pflückt' ich sie da.

Eitles Geschäfte, vergebliche Sorgen,
Nichtiges Streben, verlorene Mühn!
Meinst du, sie brauchen von Trümmern zu borgen
Blumen, die ihnen im Leben nun blühn?
Sie nicht bedürfen der Blumen der Tiber,
Ihnen genüget Jelänger Jelieber,
Ihnen der Liebe wohl immerndes Grün.

Durch paradiesische Blumengestade
Führt hier ein Weg mich, der wohl mir gefällt;
Doch es sind irrende wandernde Pfade,
Es ist das Glück nicht, das dauert und hält.
Ob ich nach des Paradieses Durchwandern
Komme zu dem euch gefundenen andern,
Bleibet dem Himmel anheim noch gestellt.

Die ihr gefunden, ihr glücklichen beiden,
Habet den Weg in das selige Land!

Ohne zu irren und ohne zu scheiden,
Führe die Lieb' euch hindurch an der Hand,
Lehre sie Blumen so schöne euch finden,
Daß wie ein Nichts die dagegen verschwinden,
Die euch mein Wunsch aus der Ferne gesandt.

Nachklang

Hier an deutscher Zitterpappel,
Die im leisen Westhauch schwankt,
Denk ich, wie mich einst, o Napel,
Dort dein Zauber hielt umrankt.

Wo die Strahlen mich umflirrten,
Die dein Tag zur Erd' ergießt,
Wo die Blumen mich umwirrten,
Die dein Lenz zum Himmel sprießt.

Dort, wo schreiend Farben tosen,
Die hier schweigend lächeln mir,
Mit Geruch betäuben Rosen,
Die bescheiden duften hier.

Napolis! von zweien Meeren
Stets betäubt dich Wogenbrand,
Eins in dir von Menschenheeren,
Draußen eins an deinem Strand.

Und die Wog' an deinem Strande
Brandet so gewaltsam nicht,
Wie die Menschenflut am Lande,
Die sich im Toledo bricht.

Aber hier in diese Stille
Tönst du sanft gedämpft mir nach

Wo beim Sommerlied der Grille
Murmelnd träumt der Wiesenbach.

Wo die Sonne mit Gelindheit
Ihren Glanz durch Zweige taut,
Die dort Augen schlägt mit Blindheit,
Wann sie aus dem Löwen schaut.

Und wie die gedämpfte Sonne
Ohne Blendung mich erquickt,
Also hat mit leiser Wonne
Mich die Lieb' hier angeblickt.

Nicht an Mittelmeeres Borden
Hat der Lenz allein sein Fest;
Nachtigall im stillen Norden
Baut sich gern ihr Frühlingsnest.

Und die Strahlen all, die lauen,
Eingesogen am Vesuv,
Im Gesang hier auszutauen,
Nachtigall! ist dein Beruf.

Kommet, ohn' euch zu ermüden,
Höret alle, was sie singt!
Wandern braucht ihr nicht zum Süden,
Weil ihn ihr Gesang euch bringt.

Unter Pinien, unter Palmen,
Unter Myrten wohnt die Lust;
Aber unterm Dach von Halmen
Wohnt die Lieb' in treuer Brust.

Nicht der Frühling kann dir's geben,
Geben mußt dem Frühling du
Seinen Glanz, sein Blütenleben,
Seinen Frieden, seine Ruh'.

Aus dem römischen Tagebuch

88

Auf Monte Mario bin ich heut gestanden,
Und habe dort, da ich im warmen Glimmen
Der Abendlichter Romas Welt sah schwimmen,
Gedacht, wie's wintert jetzt in deutschen Landen.

Da pflückt' ich Eichlaub, das mir kam zuhanden,
Als müßt' ich es zu Sträußen euch bestimmen;
Und wie für euch las ich beim Niederklimmen
Am Hügel bunte Muscheln, die sich fanden.

Dürr wird das Laub der immergrünen Eichen,
Die Müschelchen zerbröckeln sich zu Spreue,
Eh' ich sie euch kann senden oder reichen.

Doch was ich oft gefühlt, fühl ich aufs neue:
Daß mich nichts Fremdes freuet, wenn ein Zeichen
Ich euch dabei nicht gebe, daß mich's freue.

Wilhelm Müller

Goethes Osterie in Rom

Freunde, wohin steht der Sinn?
Nach dem Neuen, nach dem Alten?
Gönnt mir heut mal freies Schalten,
Weil ich just bei Laune bin.

Steckt nur keinen *Vasi* ein,
Keine Pläne laßt mich wittern,

Wollt ihr mich nicht recht erbittern:
Ich will euer Führer sein.

An dem Kapitol vorbei –
Soll es nach dem Forum gehen? –
Fort und fort, nicht umgesehen
Nach dem Kaiserkonterfei! –

Zum Theater des Marzell
Mit dem schwarzen Adlerschilde?
Führst du uns zur Judengilde? –
Aufgeschaut, wir sind zur Stell'!

Seht die grünen Reiser hie
Und das Bild der goldnen Glocke!
Sagt nicht, daß ich euch verlocke,
Klassisch ist die Osterie.

Klassisch jedes Bechers Rand,
Klassisch Boden, Tisch und Bänke:
Wißt, es wird die Glockenschenke
Goethes Schenke zugenannt!

Zecher, schließt das heil'ge Rund!
Wein, Herr Wirt, vom allerbesten,
Gläser von den allergrößten,
Flaschen mit weitoffnem Mund!

Solches heischt des Festes Lust,
Das wir heute hier begehen:
Soll's nicht im Kalender stehen,
Steht es doch in unsrer Brust.

Stoßt die ersten Becher an!
Hei, wie innig sie erklingen!
Noch ein Stoß! dem wir sie bringen,
Hat's nicht sanfter hier getan.

War ja stets dem Halben gram,
Und somit auch halben Flaschen,
Allem Liebeln, Skribeln, Naschen
Und dem Anthologenkram.

Aus des Lebens vollem Flor,
Aus der Erde tiefem Herzen
Sog er *alle* Lust und Schmerzen,
Keinen Tropfen er verlor.

Hier im Haus ist er Patron,
Paul und Peter wird's nicht wehren,
Und nach unsres Heil'gen Lehren
Müßt ihr's treiben heute schon.

Sitzt kein Liebchen mir zur Hand,
Daß wir mit dem Saft der Reben
Auf dem Tisch uns Zeichen geben?
Er macht' uns die Kunst bekannt.

Elegia horcht am Tor,
Was die deutschen Zecher singen,
Ob sie ihr wohl Kunde bringen
Von dem Gast, den sie verlor.

Oftmals schleicht sie hier umher,
Wo sie ihn so gern gefunden
In den kühlen Abendstunden,
Und ihr Blick ist tränenschwer.

Quod amamus weit und breit!
Ist es nicht am Tiberstrande,
Die ich lieb' im Vaterlande,
Dieses Glas ist ihr geweiht.

Treuer Sinn gibt hellen Klang!
Wenn wir hoch die Becher schwingen,

Mag's ihr durch die Seele dringen
Mit Musik und Jubelsang!

Und wer den Pluralis übt,
Leert für jede einen Becher,
Weil man nur dem weiten Zecher
Auch ein weites Herz vergiebt.

Neue Flaschen auf den Platz!
Sind wir mit dem Vivat fertig,
Seid des Pereats gewärtig,
All ihr Brüder Goliaths!

Goethe, großer General,
Laß dich unsern Simson nennen,
Der du ihre Saat verbrennen
Tätst so kecklich allzumal.

Pereat, wen das verdrießt!
Und, soll's toleranter klingen,
Pereat vor allen Dingen,
Wer statt Kerns die Schale frißt!

Der Einsame

Durch die dunkelgrünen Zweige,
Durch den düfteschweren Himmel
Silberweißer Blütensterne
Schaun mit großen Flammenblicken
Die Orangen nach der Sonne,
Die in rosenrotem Lichte
Widerscheint aus glühen Wogen,
Bange Scheidegrüße winkend.

In den Oleanderlauben,
Um die weißen Marmorbilder

Muntrer Nymphen und Tritonen,
Die aus Hörnern und Syringen
Kühle Silberschäume sprudeln,
Lagern sich zum Abendspiele
Mit der Zither, mit dem Balle,
Mit den ritterlichen Dienern
Zierlich die geschmückten Frauen,
Und die schlanken Pagen fliegen,
Und die Funkenwürmchen flattern
Durch die Reihen, durch die Myrten.

Und der Wandrer geht vorüber
An den Lauben, an den Spielen.
Nach den fernen blauen Höhen
Muß er schauen, muß er ziehen,
Wo aus nächtigen Zypressen
Heimlich ein vertrauter Schimmer
Auf den Fremdling niederstrahlet.
Treue, bleiche Mondensichel,
Suchst du mich, willst du mich rufen? –
Schüchtern, wie die junge Liebe,
Hüllst du dich in rote Wolken
Vor des Festes heitern Blicken:
Aber Augen, naß und selig,
Starren auf zu deinem Lichte,
Suchend nach zwei andern Augen,
Die, wie sie, sich drinnen spiegeln.

Epigramme aus Rom 1818

6

Amor, ein Cicerone

Briten die sah ich in Rom, auch Deutsche, die auf den Ruinen
Taschen und Tücher sich voll steckten mit Ziegeln und Kalk.
Schwerstein nennen sie das, und es dient zur Zierde dem Schreibtisch,
Wenn es geformt und poliert ruht auf dem leichten Papier.
Lasset die Steine den Steinen! Sie werden den klassischen Trägern
Herzen und Köpfe daheim drücken so krumm und so dumm.
Atm' ich nur klassisches Leben! So schweb ich am Arme Cupidos
Über die Trümmern, und er ist Cicerone bei mir.

Sehnsucht nach Italien

Wenn ich seh ein Vöglein fliegen,
Wenn ich seh ein Schifflein fahren,
Wird die Brust mir selig weit.
Herz, mein Herz, bleib stille liegen,
Wollen unsre Segel sparen
Zu der jungen Maienzeit!

Wenn sie aus der dumpfen Halle
Die Orangenbäume tragen
An das warme Sonnenlicht,
Will mit Duft und Glanz und Schalle
Unsre Lieb' uns wieder fragen:
Kommt ihr diesen Sommer nicht?

Herrin, die ich sinnig meine,
Sieh, ich führ auf meinem Hute
Immergrün Zypressenreis!
Herrin, die ich fern beweine,
Sieh, ich heg in meinem Mute
Sehnsucht, unerlöschlich heiß!

Wieder Sehen, wieder Meiden –
Heißt das Los, um das ich weine,
Selige Hesperia;
Und du stehst bei Lust und Leiden
In dem ewig hellen Scheine
Deiner Blütensterne da!

Als ein Pilger will ich ziehen
Mit der blanken Muschelschale
Durch der Alpen Eis und Schnee,
Will zur Erde niederknieen,
Wo die erste Blum im Tale
Fragt nach meinem süßen Weh.

Öffnet mir die Waldkapelle,
Daß ich Stab und Muschel weise
An dem heiligen Altar;
Die Zypresse an der Schwelle
Kennt mich noch an einem Reise,
Das ich trag in meinem Haar.

August von Platen

Sonette aus Venedig

XVIII

Mein Auge ließ das hohe Meer zurücke,
Als aus der Flut Palladios Tempel stiegen,
An deren Staffeln sich die Wellen schmiegen,
Die uns getragen ohne Falsch und Tücke.

Wir landen an, wir danken es dem Glücke,
Und die Lagune scheint zurück zu fliegen,
Der Dogen alte Säulengänge liegen
Vor uns gigantisch mit der Seufzerbrücke.

Venedigs Löwen, sonst Venedigs Wonne,
Mit ehrnen Flügeln sehen wir ihn ragen
Auf seiner kolossalischen Kolonne.

Ich steig ans Land, nicht ohne Furcht und Zagen,
Da glänzt der Markusplatz im Licht der Sonne:
Soll ich ihn wirklich zu betreten wagen?

XX

Wie lieblich ist's, wenn sich der Tag verkühlet,
Hinaus zu sehn, wo Schiff und Gondel schweben,
Wenn die Lagune, ruhig, spiegeleben,
In sich verfließt, Venedig sanft umspület!

Ins Innre wieder dann gezogen fühlet
Das Auge sich, wo nach den Wolken streben
Palast und Kirche, wo ein lautes Leben
Auf allen Stufen des Rialto wühlet.

Ein frohes Völkchen lieber Müßiggänger,
Es schwärmt umher, es läßt durch nichts sich stören,
Und stört auch niemals einen Grillenfänger.

Des Abends sammelt sich's zu ganzen Chören,
Denn auf dem Markusplatze will's den Sänger
Und den Erzähler auf der Riva hören.

XXII

Venedig liegt nur noch im Land der Träume
Und wirft nur Schatten her aus alten Tagen,
Es liegt der Leu der Republik erschlagen,
Und öde feiern seines Kerkers Räume.

Die ehrnen Hengste, die durch salz'ge Schäume
Dahergeschleppt, auf jener Kirche ragen,
Nicht mehr dieselben sind sie, ach! sie tragen
Des korsikan'schen Überwinders Zäume.

Wo ist das Volk von Königen geblieben,
Das diese Marmorhäuser durfte bauen,
Die nun verfallen und gemach zerstieben?

Nur selten finden auf des Enkels Brauen
Der Ahnen große Züge sich geschrieben,
An Dogengräbern in den Stein gehauen.

XXXI

Wenn tiefe Schwermut meine Seele wieget,
Mag's um die Buden am Rialto flittern:
Um nicht den Geist im Tande zu zersplittern,
Such ich die Stille, die den Tag besieget.

Dann blick ich oft, an Brücken angeschmieget,
In öde Wellen, die nur leise zittern,

Michele Marieschi: Canal Grande bei Cà Pescaro

Wo über Mauern, welche halb verwittern,
Ein wilder Lorbeerbusch die Zweige bieget.

Und wann ich, stehend auf versteinten Pfählen,
Den Blick hinaus ins dunkle Meer verliere,
Dem fürder keine Dogen sich vermählen:

Dann stört mich kaum im schweigenden Reviere,
Herschallend aus entlegenen Kanälen,
Von Zeit zu Zeit ein Ruf der Gondoliere.*

Florenz

Dich hat, Florenz, dein altes Etruskervolk
Mit wahrem Fug dich blühende Stadt genannt,
Nicht weil der Arno nagt an Hügeln,
Deren der kahlste von Wein und Öl trieft:

Nicht weil die Saat aus wucherndem Boden keimt,
Nicht weil des Lustparks hohe Zypressen und
Steineichen, samt Oliv' und Lorbeer,
Neben der Pinie nie verwelken:

Nicht weil Gewerbfleiß oder Verkehr dir blüht,
Den andre Städte missen, indes du stolz
Freiheit genießest, Ruhm genießest
Unter der milden Gesetze Weisheit:

Nicht weil im Prunksaal Schätze der Kunst du häufst,
Vor denen jetzt stummgaffende Briten stehn;
Wie manches Denkmal ist, Florenz, dir
Fremder geworden als selbst dem Fremdling!

* Die Gondoliere in Venedig bedienen sich, wenn sie um die Ecke biegen, eines herkömmlichen Rufes, um das Aneinanderstoßen zweier Gondeln zu verhindern.

Nie wieder tritt die Sonne der Medicis,
Was auch geschehen mag, über den Horizont,
  Längst schläft Da Vinci, Buonaroti,
    Macchiavell und der alte Dante:

Allein du blühst durch deine Gestalten fort,
Und jener Kunst Vorbilder, sie wandeln am
  Lungarno heut wie sonst, sie füllen
    Deine Theater noch an, wie vormals.

Kaum hat der Blick, vor zögerndem Unbestand
Sich scheuend, freudvoll eine Gestalt erwählt,
  Als höchste Schönheit kaum gefeiert:
    Wandelt die schönere schon vorüber!

Und hat das florentinische Mädchen nicht
Von frühster Jugend liebend emporgestaunt
  Zur Venus Tizians, und tausend
    Reize der Reizenden weggelauschet?

Und deiner Söhne Mütter, o sprich, Florenz!
Ob nie die sehnsuchtsvolleren Blicke sie
  Gesenkt vor Benvenutos Perseus,
    Oder dem himmlischen Apollino?

Wohl mag der Neid euch zeihen der Üppigkeit,
Frei spricht die Lieb' euch. Liebt und genießt, und stets
  An seiner Göttin Busen kühle,
    Kühle die leuchtende Stirn Adonis!

Hier tändle Glück und Jugend, den Dichter nur,
Zum strengsten Ernst anfeuert die Zeit nur ihn,
  Und ihm zerbricht sein frühres Leben
    Unter den Händen, wie Knabenspielzeug.

Er rafft sich auf, dem reifere Stunden grau'n,
Ihm naht der Wahrheit wehender Flügelschlag,
  Und mehr und mehr Zukunft im Herzen,
    Lernt er entsagen der kalten Mitwelt.

Du aber blühe, glückliche Stadt, hinfort
In solcher Schönheit, solchem Gefühl der Kraft,
Wie auf dem Springquell hier der Meergott
Jenes unsterblichen Gian Bologna*!

Die Pyramide des Cestius

Öder Denkstein, riesig und ernst beschaust du
Trümmer bloß, Grabhügel, den Scherbenberg dort,
Hier die weltschuttführende, weg von Rom sich
Wendende Tiber!

Stolze Prunksucht türmte dich einst, o Grabmal,
Als vor zwei'n Jahrtausenden hier Augustus
Sich der Welt aufdrang, der erschreckten durch die
Leiche des Cäsar.

Rom jedoch, kaum neigte dem Untergang sich's,
Als das Saatkorn neuer Gewalt gesät ward;
Denn es schuf hier jener Apostelfürst zum
Throne den Altar.

Aber Deutschlands rauhes Geschlecht, das ehmals
Deinen Kriegsruhm, herrschendes Rom, zerstörte,
Stürmt noch einmal, stürmt, o geweihtes Rom, dein
Heiliges Bollwerk!

Allzuschwer fast schwebte der Rachedämon
Über Roms Haupt, Rache, daß einst des frechen
Priesters Goldsteigbügel an Hohenstaufens
Eiserne Hand klang.

Aber Rom trotzt, doppelt besiegt und doppelt
Unbesiegbar scheint es, gewöhnt an Hoheit,
Seines Dreireichs blitzende Krone wankt zwar,
Aber sie bebt nicht.

* Der Ozeanus im Garten Boboli.

Wehe, wer nicht spielend, ein Kind der Kirche,
Ihr im Schoß ruht! Wehe, denn jeden Tag droht
Priestermund ihm, Priestergemüt in Rom ihm
Stäte Verdammnis!

Aber huldreich gönnten sie doch des Irrtums
Söhnen gern hier eine geheime Ruhstatt,
Ja, es kühlt dein Schatten, o Bau des Cestius,
Nordische Gräber!

Möchten hier einst meine Gebeine friedlich
Ausgestreut ruhn, ferne der kalten Heimat,
Wo zu Reif einfriert an der Lippe jeder
Glühende Seufzer.

Gern vermißt sei, neben dem Heidengrabstein,
Was so streng Rom jedem Verirrten weigert:
Jenes Jenseits, das des Apostels goldner
Schlüssel nur auftut.

Führt mich dorthin lieber, und sei's die Hölle,
Wo der Vorwelt würdigen Seelen Raum ward,
Wo Homer singt oder der lorbeermüde
Sophokles ausruht.

Aber schweigt jetzt, Sterbegedanken! Blüht nicht
Lebenslust rings unter dem Römervolk noch,
Einem Volk, dem zehrendes Feur die Lieb' ist,
Liebe die Freundschaft?

Daure, Herz, ausdulde die Zeit des Schicksals,
Wenn auch einsam! Stimme geheim, o stimme
Deinen bergstromähnlichen, echoreichen,
Starken Gesang an!

Bilder Neapels

Fremdling, komm in das große Neapel, und sieh's, und stirb!
Schlürfe Liebe, geneuß des beweglichen Augenblicks
Reichsten Traum, des Gemütes vereitelten Wunsch vergiß,
Und was Quälendes sonst in das Leben ein Dämon wob:
Ja, hier lerne genießen, und dann, o Beglückter, stirb! –
Im Halbzirkel umher, an dem lachenden Golf entlang,
Unabsehlich benetzt von dem laulichen Wogenschwall,
Liegt von Schiffen und hohen Gebäuden ein weiter Kreis;
Wo sich zwischen die Felsengeklüfte des Bacchus Laub
Drängt, und stolz sich erhebt in die Winde der Palmenschaft. –
Stattlich ziehn von den Hügeln herab sich die Wohnungen
Nach dem Ufer, und flach, wie ein Garten, erscheint das Dach:
Dort nun magst du die See von der Höh' und den Berg besehn,
Der sein aschiges Haupt in den eigenen Dampf verbirgt,
Dort auch Rosen und Reben erziehn und der Aloe
Starken Wuchs, und genießen die Kühle des Morgenwinds. –
Fünf Kastelle beschirmen und bändigen keck die Stadt:
Dort Sanct Elmo, wie droht's von dem grünenden Berg herab!
Jenes andere, rings von Gewässer umplätschert, einst
War's der Garten Lukulls, des entthronten Augustulus
Schönes Inselasyl, in die Welle hinausgestreckt. –
Wo du gehst, es ergießen in Strömen die Menschen sich:
Willst zum Strande du folgen vielleicht und die Fischer sehn,
Wie mit nerviger Kraft an das Ufer sie ziehn das Netz,
Singend, fröhlichen Muts, in beglückender Dürftigkeit?
Und schon lauert der bettelnde Mönch an dem Ufersand,
Heischt sein Teil von dem Fang, und die Milderen reichen's ihm.
Ihre Weiber indes, in beständiger Plauderlust,
Sitzen unter den Türen, die Spindel zur Hand, umher.

Sieh, da zeigt sich ein heiteres Paar, und es zieht im Nu
Kastagnetten hervor und beginnt die bacchantische
Tarantella, den üppigen Tanz, und es bildet sich
Um die beiden ein Kreis von Beschauenden flugs umher;
Mädchen kommen sogleich und erregen das Tamburin,
Dem einfacheren Ohr der Zufriedenen ist's Musik:
Zierlich wendet die Schöne sich nun, und der blühende
Jüngling auch. Wie er springt! wie er leicht und behend sich dreht,
Stampfend, Feuer im Blick! Und er wirft ihr die Rose zu.
Anmut aber verläßt den Begehrenden nie, sie zähmt
Sein wollüstiges Auge mit reizender Allgewalt:
Wohl dem Volke, dem glücklichen, dem die Natur verliehn
Angeborenes Maß, dem entfesselten Norden fremd! –
Durch's Gewühle mit Müh', ein Ermattender, drängst du dich
Andre Gassen hindurch, der Verkäufer und Käufer Lärm
Ringsum. Horch, wie sie preisen die Ware mit lautem Ruf!
Käuflich alles, die Sache, der Mensch, und die Seele selbst.
Aus Karossen und sonstigem Pferdegespann, wie schrei'n
Wagenlenker um dich, und der dürftige Knabe, der
Auf die Kutsche sogleich, dir ein Diener zu sein, sich stellt.
Sieh, hier zügelt das Kabriolett ein beleibter Mönch,
Und sein Eselchen geißelt ein anderer wohlgemut.
Kuppler lispeln indes, und es winselt ein Bettler dir
Manches Ave, verschämt das Gesicht mit dem Tuch bedeckt.
Dort steht müßiges Volk um den hölzernen Pulcinell,
Der vom Marionettengebälke possierlich glotzt;
Hier Wahrsager mit ihrer gesprenkelten Schlangenbrut. –
Alles tummelt im Freien sich hier: der geschäftige
Garkoch siedet, er fürchtet den seltenen Regen nicht;
Ihn umgibt ein Matrosengeschwader, die heiße Kost
Schlingend gieriges Muts. An die Ecke der Straße dort
Setzt ihr Tischchen mit Kupfermoneten die Wechslerin,
Hier den Stuhl der gewandte Barbier, und er schabt, nachdem

Erst entgegen dem sonnigen Strahl er ein Tuch gespannt.
Dort im Schatten die Tische des fertigen Schreibervolks,
Stets bereit zu Bericht und Suppliken und Liebesbrief:
Ob ein Knabe diktiere der fernen Ersehnten sein
Seufzen, oder ein leidendes Weib den verwiesenen
Gatten tröste, verbannt nach entlegener Insel, ihn,
Der sein freies Gemüt in dem untersten Kerker quält
Hoffnungslos, und den Lohn, der erhabenen Tugend Lohn
Erntet. – Aber entferne die schattende Wolke, Schmerz! –
Auch zum Molo bewegt sich die Menge, wo hingestreckt
Sonnt die nackenden Glieder der bräunliche Lazzaron.
Capri siehst du von fern in dem ruhigen Wellenspiel;
Schiffe kommen und gehn, es erklettern den höchsten Mast
Flugs Matrosen, es ladet die Barke dich ein zur Fahrt.
Den Erzähler indessen umwimmelt es, Jung und Alt,
Stehend, sitzend, zur Erde gelagert und übers Knie
Beide Hände gefaltet, in horchender Wißbegier:
Roland singt er, er singt das gefabelte Schwert Rinalds;
Oft durch Glossen erklärt er die schwierigen Stanzen, oft
Unterbrechen die Hörer mit mutigem Ruf den Mann.
Aufersteh' o Homer! Wenn im Norden vielleicht man dich
Kalt wegwiese von Türe zu Tür, o so fändst du hier
Ein halbgriechisches Volk und ein griechisches
Firmament! –
Mancher Dichter vielleicht, in der Öde des Nords erzeugt,
Schleicht hier unter dem Himmel des Glücks, und dem
Heimatland
Stimmt er süßen Gesang und gediegenen Redeton,
Den es heute vermag zu genießen und morgen noch,
Der zunimmt an Geschmack mit den Jahren, wie deutscher
Wein:
Freiheit singt er und männliche Würde der feigen Zeit,
Schmach dem Heuchler und Fluch dem Bedrücker und
jedem, der
Knechtschaft prediget, welche des Menschengeschlechts
Verderb.
Ach, nicht wähnt er den Neid zu besiegen und weilt
entfernt,

Taub den Feinden und hoffend, es werde die spätre Welt
Spreu von Weizen zu scheiden verstehn. – Wie erhaben sinkt
Schon die Sonne! Du ruhst in der Barke, wie süß gewiegt!
Weit im Zirkel umher, an dem busigen Rand des Golfs,
Zünden Lichter und Flämmchen sich an in Unzähligkeit,
Und mit Fackeln befahren die Fischer das goldne Meer.
O balsamische Nächte Neapels! Erläßlich scheint's,
Wenn auf kurze Minuten das schwelgende Herz um euch
Selbst Sankt Peter vergißt und das göttliche Pantheon,
Monte Mario selbst, und o Villa Pamfili, dich,
Deiner Brunnen und Lorbeerumschattungen kühlsten Sitz! –
Doch der Morgen erscheint, und der Gipfel des Tags nach ihm:
Traust du schon dem Gelispel der Welle dich an? Wohin?
Führt ein Wind die Orangengerüche Sorrents heran?
Ja, schon schimmert von fern an dem Strande, mit Tassos Haus,
Jene felsige Stadt, die berauschende, voll von Duft.

Flucht nach Toskana

Wie flog der Wagen leicht dahin,
Seit hinter mir der Apennin,
Seit jeder Pfad, auf dem er flog,
Ins Arnotal hinunterbog!
Olivenhaine rings herum,
Wo manches schöne Tuskulum,
Umgeben von Zypressen, stand,
Verhießen mir ein mildres Land,
Ein Volk, das immer fröhlich singt,
Und dessen Sprache süßer klingt.

Nie laßt mich wiedersehn, o nie
Die nebelreiche Lombardie,

Wo winterlich der Flüsse Qualm
Umdampft den dürren Stoppelhalm,
Und über ebne Flächen weit
Sich legt die dicke Feuchtigkeit!
Wie prächtig Mailand auch, wie groß,
Es liegt der Finsternis im Schoß,
Und seiner breiten Straßen Glanz,
Was frommt er ihm? Der Skala Tanz,
Den alten, marmorblanken Dom
Beneiden ihm Florenz und Rom;
Doch wo's so finster ist und kalt,
Welch quälerischer Aufenthalt!
Wer wollte nicht, um ihn zu fliehn,
Hoch über die Gebürge ziehn,
Hinab zur schönen Stadt gekehrt,
Die einst der Welt so viel gelehrt?
Du bist mir im Dezember Lenz,
Du milder Himmel von Florenz!
Paläste, grüne Haine ziert
Der Arno, welcher nie gefriert,
Und über ihm, so schön und breit,
Die Brücke der Dreifaltigkeit.

Der Vesuv im Dezember 1830

Schön und glanzreich ist des bewegten Meeres
Wellenschlag, wann tobenden Lärms es anbraust;
Doch dem Feu'r ist kein Element vergleichbar
Weder an Allmacht,

Noch an Reiz fürs Auge. Bezeug' es jeder,
Der zum Rand abschüssiger Kratertiefe,
Während Nacht einhüllt die Natur, mit Vorwitz
Staunend emporklimmt,

Wo im Sturmschritt rollender Donner machtvoll
Aus dem anwuchsdrohenden, steilen Kegel
Fort und fort auffahren in goldner Unzahl
Flammige Steine,

Deren Wucht, durch Gluten und Dampf geschleudert,
Bald umher auf aschige Höhn Rubine
Reichlich sät, bald auch von des Kraters schroffen
Wänden hinabrollt:

Während still, aus nächtlichem Grund, die Lava
Quillt. – Des Rauchs tiefschattige Wolk' umdüstert,
Holder Mond, dein ruhiges, friedenreiches
Silbernes Antlitz.

August Kopisch

Schwärmerei für Sorrent

Um Sorrent rauschet das Meer auf!
Noch hör ich es rauschen durch meine Träume,
Es rollt zu den Füßen der Stadt das Geschäume,
Badgrotten erfüllend und tiefe Geklüfte.
Und die Felsen herab, zu schwer für die Lüfte,
Wie fließen wie wehen Orangengedüfte!
Sie verströmt der Wald, der droben erblüht,
Wo die Seeluft kühlt wenn die Sonne glüht,
Wo Neapel man schaut und den Berg Vesuv,
Wo man staunet der Welt, die der Geist erschuf,
Das urewig strahlende Wunder! –

Um Sorrent rauschet das Meer auf!
Stets rauscht es und ruft: Wie verträumst du das Leben?

Komm her und genieß was die Stunden geben!
Wo anders hast du nur halbe Gedanken,
Die weit in die Ferne verstäubend schwanken:
Komm, laß von der Gegenwart ganz dich umranken!
Wer Sorrentos trauliches Ufer schaut –
Ihm ist wie dem, der errungen die Braut,
Der entzückt, von den Armen der Holden umstrickt,
In ihren Augen die Lieb' erblickt,
        Das urewig strahlende Wunder! –

Um Sorrent rauschet das Meer auf!
Und Göttergeschenke blühen unzählig!
Doch schüf' mich die Seligkeit jetzt nicht selig,
Nicht selig, wie sonst, durchstreift' ich alleine
Zikadendurchsungne duftatmende Haine
Und die blühende Welt der Schimmer und Scheine. –
Doch ach, wie gern dort schwärmt' ich, wie gern
Mit Seele, die von Sorrent auch fern!
Dann fiel' mir hernieder vom Himmel ein Stück,
Es umfinge mich dann paradiesisches Glück,
        Das zu fern mir entrückte Wunder! –

Franz von Gaudy

Auf dem Lago Maggiore

Träumend schwanken die Kronen
Der Zypressen auf der Höh',
Goldschimmernde Zitronen
Glühn aus dem Laub am See.

Vom Berg und aus den Klüften
Quillt leiser Glockenklang,

Wie wenn hoch in den Lüften
Verhallt der Schwäne Sang.

Und wenn die Töne der Glocken
Hinsäuseln über die Flut,
Dann hebt von den schwarzen Locken
Der Steuermann den Hut:

Es murmeln seine Lippen
Halblaut eine Ave-Marie,
Er kreuzt vor den schroffen Klippen
Die Brust, und beugt das Knie.

Am Riff auf zack'gem Steine
Steht der Madonna Bild,
Umzirkelt von goldnem Scheine,
Und segnet den Schiffer mild.

Von ihrer Stirne glänzet
Die Krone von Flitter und Schmelz,
Und ihren Fuß umkränzet
Mit Efeu der starre Fels.

Im Spiegel des Sees zittern
Die zum Segen erhobene Hand,
Der Krone Silberflittern,
Die braune Felsenwand.

Mein Herz bebt wie in der Welle
Das Bild der Königin – –
Über Italiens Schwelle
Gleitet die Barke hin.

Der Schäfer der Campagna

Voll gießet die Mittagssonne
Hernieder die sengende Glut.
Erschlafft in trägem Schlummer
Die öde Campagna ruht.

Kein kühlend Lüftchen rieselt
Leis' über Hügel und Au:
Selbst die Wölkchen sie halten Siesta
In der Himmelswiege so blau.

Eidechsen schlüpfen schwänzelnd
Zwischen Geröll und Blatt.
Aus falbem, welken Grase
Schwirrn die Zikaden matt.

Und auf dem nackten Hügel,
Da steht der König des Felds,
Überdacht vom breiten Hute,
Gehüllt in zottigen Pelz.

Gelehnt auf seine Keule
Schaut er hinaus aufs Feld
Und schwelgt im far niente –
Was kümmert ihn die Welt?

Die Herde, umstellt von Netzen,
Entbehrt des Hirten Acht,
Wenn nur der Hunde einer
Mit schnuppernder Nase wacht.

Du sonnenbrauner Bursche,
Was liegt dir jetzt im Sinn?
Und deine pechschwarzen Augen
Wo starren sie träumerisch hin?

Betrachtest du am Wege
Den peitschenden Vetturin?
Die hyperboräischen Pilger,
Die jubelnd der Straße ziehn?

All die kuriosen Fremden,
Die mit dem Skizzenbuch,
Strohhüten und Staubhemden
Rom machen den Besuch?

Du sonnenbrauner Bursche,
Bleib noch ein Weilchen stehn,
Dann wirst du in der Vettura
Auch mich passieren sehn.

In Mondenfrist schon tret ich
Altrömische Chaussee,
Dann grüß ich dich in der Heimat,
Und bis dahin: Ade!

Wilhelm Waiblinger

Grab der Cäcilia Metella

Turm der Einsamkeit, den ich lieb, o festes
Uralt rundes Römergebild, du Seufzer
Byrons,* der Campagna gerühmt als
Capo di Bove!

* Byron sagt vom Grabmal der Cäcilia Metella im »Childe Harold«:

There is a stern round tower of other days,
Firm as a fortress with its fence of stone
Such as an army's baffles strength delays
Standing with half its battlements alone.

Am Fries des Grabmals befinden sich Ziegenköpfe, und so nennen's die Landleute Capo di Bove.

Dich lobpreisend singet ein Lied der Dichter,
Gern an Gräbern weilend, weil seine Lieben
All' im Grabe schlummern für ihn, und selbst sein
Glaub' an die Lieben.

Aber wie erreicht dich Gesang? ein Wort ist
Wenig für den Tod, und der Mensch zerstört nur,
Aber baut die Vorwelt nicht auf. Doch ist der
Dichter ihr Echo.

Gleich der Windharf' ist er, die hoch in alten
Moosbewachsnen Türmen das Spiel der Lüfte
Wechselnd regt, und selig verrauscht in holden
Strömen von Wohllaut.

So, mein ewig Trauergewölb', bewegst auch
Du die Seele mir, wenn ich dein nur denke,
Wie dein graues Rund so erhaben einsam
Aus den Gebüschen

Weit in menschenleere Campagna hinblickt,
Sichtbar schon aus luftiger Ferne, krönend
Deinen Hügel, wie mit des Schattengottes
Mächtiger Krone.

Denn vor dir, o König der öden Wildnis,
Neigen tief die Nachbarn sich, der Zypressen
Melancholisch Heldengewächs, gesellt der
Schweigenden Trauer,

Neigt sich halb verschüttet Gemäu'r, durchbrochner
Türme Wand, verwitterte Reste langer
Blut'ger Kämpfe, die der Colonna stolzes
Haus mit dem Stuhle

Petri einst in kräftigen Ritterzeiten
Durchfocht. Solche Nachbarn in hoher Ruhe
Überschaust du: selbst in die tempelvollen,
Unübersehbarn

Domenico Amici: Grabmal der Caecilia Metella

Römerebnen blickst du hinaus, die Rennbahn
Legte Caracalla zu deinen Füßen,
Und in jenem Hügel verbirgt die schatt'ge
Grotte des Numa

Dir die heil'ge Quelle, bei deren Kühlung
Er in stillem Umgang mit einer Gottheit
Einst der siebenhügligen Roma große
Zukunft beraten.

Und sie selbst, der ird'sche Olympus, lächelt
Dir entgegen, glänzend im Licht der Sonne,
Dort vom paradiesischen immergrünen
Hügel des Janus,

Mit St. Petri Kuppel, die eines Erdballs
Schattenbild vergleichbar, im Himmel dunkelt,
Hingestreckt die Berge, von allem Schönen
Wahrlich das Schönste.

Forschend sieht das Auge der Appia lange
Gräbervolle Linie hin, bis wo dort
Hinter sanften Hügeln und Rebengärten
Finster der Mauer

Riesenwerke ragen, und durch des Tores
Düstre Majestät und durch Drusus' Bogen
Geist und Herz endlos zu der Scipionen
Grabe hinabschweift.

Und der Wind treibt Wolken die Stadt hinüber,
Daß in Schatten sinken die Kirchen alle.
O ihr Götter! sterben ist schön in Rom, doch
Schöner zu leben.

Deutscher Künstler in Rom

Elegie

O wann kehret die Zeit, die unschätzbare, alte, vergangne,
Wann der Frühling der Kunst wieder ins Leben zurück?
Allgemein, wie die Sonne, war einst die Kunst, es erfreute
Ihr erquickliches Licht jedem das offene Herz.
Welch ein Wechsel! Ach nun ist sie dem Leben entflohen,
Nur noch in Galerien, auf dem Katheder ist sie.
Schwach ist die Liebe für sie, die Pensionen noch schwächer,
Schirmlos, arm und entblößt steht die Verschmachtende da.
Willen haben wir wohl, will's Gott auch Kraft und Gedanken,
Wenigstens Hände, doch fehlt einzig das leidige Geld.
Kommt ein Wechselchen an, so kommt auch der Wirt und der Schuster,
Kommt der Schneider, und fast reißen in Stücke sie mir's.
Allzuteuer ist mir ein Modell; ich kann's nicht erschwingen,
Farb' und Leinwand! es läuft jämmerlich gleich mir ins Geld.
Was der Pöbel verlangt, der unverständige, mach ich,
Statt für Ehr' und für Kunst schaff ich fürs tägliche Brot.
Meiner Sehnsucht und meiner Idee, dem schöpfrischen Drange
Ist mir nur selten zu glühn, doch nicht zu folgen vergönnt.
Hab' ich etwas vollendet, so hab ich Schulden; bezahl' ich,
Bleibt mir weder das Bild, noch der geringe Erwerb.
Und was das Ärgste mir ist, ich muß zusehn, wie man die Arbeit
In der Schenke, wie man gar sie im Kunstblatt beschimpft.
Jeder erlaubt sich zu kritteln, und keiner bezahlt: wer ein Aug' hat,
Rezensiert, und mir ist keine Verteid'gung erlaubt.
Denn es ist wahr, im Schreiben sind wir nicht immer die Besten,
Und so rauft sich und zieht jeglicher Sudler mich durch.

Einige Jahre vielleicht studier ich in Rom, und studiere
Mehr als alles, wie man heutigen Tags sich behilft.
Keine Ruh' erquickt mich: denn niederträcht'ge Kabalen,
Eifersucht, Bosheit und Neid rauben mir Frieden und Lust.
Geh ich unter die Leute, so grüßen sie freundlich, und scheid ich,
Machen sie alle sogleich über mich Armen sich her.
Jeder verkleinert den andern, und jeder lästert und schadet,
Jeder gilt nur, indem andre zu Pfuschern er macht.
Statt sich wechselnd mit Rat und Verstand und Erfahrung zu helfen,
Deckt sich jeder, indem andern den Schleier er lüpft.
So verbittern die Leiden der Kunst auch die Freuden des Lebens,
Und im geselligen Kreis forscht man die Schwächen sich aus.
Doch es liebt sich der Deutsche den Wein, und ohne die Schenke
Kann er nicht leben, so sucht abends den Deutschen er auf.
Dutzende sitzen beisammen in uralt römischer Höhle,
Kaum durch ein düsteres Loch stiehlt hier der Tag sich herein.
Unser Mahl ist frugal, doch trinken wir gern, und im Dampfe
Derben Tabakes vergißt leicht man den heimlichen Feind.
So bis Mitternacht oft wird geplaudert; es flieht uns der Römer,
Denn er scheut den Tabak, wie das barbarische Deutsch!
Aber den andern Tag gibt's viel zu sprechen von gestern,
Was der eine gesagt, wird von dem andern verhöhnt.
Nun wird gedreht und gedrechselt, geschimpft und tüchtig verleumdet,
Und durchs germanische Rom läuft's wie ein Feuer herum.
Spricht man ein kräftiges Wort, so lauschen die Frommen, wie Nattern,

Spricht man ein Urteil, so wird's gleich von der
Dummheit verlacht.
Nichts bleibt verborgen, sie wissen es all, und wenn du
gehustet,
Deutelt's den folgenden Tag auch schon der Pincio dir
aus.
Ja zur Karikatur strengt sich die gerunzelte Hand an,
Die vor Jahren dem Herrn erst noch die Stiefel geputzt.
Aber Bedientenwitz träuft nur wie Regen auf Lorbeer
Ohne Schaden und wird, was er auch ist, nur zu Kot.
Kommt dann endlich ein Abschied heran, und scheidet ein
Bruder,
Und versammelt man sich nun in der Schenke zum Fest,
Singt man ein deutsches Lied nach Burschenweis', und
erhält man
Alten Trinkbrauch, der noch mächtig ermuntert, im
Gang,
Wird herkömmlicher Witz vom Schultheiß und von den
Schwaben
Nun zum hundertstenmal auch zu dem Abschied
gebracht.
Gleich kommt wieder ein Neuer: der Scheidende trifft schon
am Tore
Seinen Landsmann und wird trefflich des Abends ersetzt.
Kommt man aber hinaus, so beginnt die Not erst
entsetzlich,
Und das Leben in Rom scheint jetzt ein glücklicher
Traum,
Dann ist man froh und begnügt sich, ein
Stammbuchblättchen zu malen,
Drunter schreibt man: ich bin Künstler und war einst in
Rom.

Abschied von Olevano

Leb wohl, du unvergeßliches Felsendorf,
Leb wohl! Mit heiter scherzendem Lied nicht mehr
Will ich dich preisen, wie's den Kindern,
Göttern und Glücklichen ist gegeben.

Der leichte Scherz, der flüchtig im Sommertag
Dem Schmetterling vergleichbar die Blumen neckt,
Ist nicht mein Erbteil, anders lenkt' es
Jener zerstörende Geist, den schauernd

Im Lebenskampf mein glühendes Herz erprüft.
Gefährlich ist's zu spielen; die Nemesis
Ist eine ernste Macht, die Charis
Fliehet vor ihr ins Reich der Kindheit.

Was dein Beginnen, armes getäuschtes Herz?
Ziemt es dem Krieger mitten im Graun der Schlacht,
Dem Schiffer in des Meers Orkanen,
Bilder der Heimat, der Ruh' zu nähren?

Den aus des Paradieses verlorner Lust
Der unversöhnte zürnende Gott gejagt,
Ziemt's dem, die süße Frucht zu wünschen,
Deren Genuß ihm den Tod bereitet?

Still, Herz, dein wartet Rom! noch empfängt dich heut
Sein uralt Tor, und größerer Herrlichkeit
Schwermüt'ge Reste wirst du schauen,
Schäm dich des Wen'gen, was du beweinest!

Und dennoch einmal, einmal noch kehrt mein Blick
Sich rückwärts, wo der wallende Nebeldunst
Und wilde Morgenwolken rötlich
Mir mein Olevano schon umziehen.

Ist's nicht, als wär's der dampfenden Erd' entrückt?
Versteh ich dich, o Geist der Natur, hinfort
Wär's nimmer möglich, wär's vorüber,
Wäre verschwunden für mich auf ewig?

Und was auch hofft' ich, glücklich zu sein, und es
Zu bleiben für und für, o verwegner Wahn!
Mir reifen keine Früchte; Blüten,
Aber hesperische, sind mein Alles.

Ach freilich süß war's, menschlicher Irrtum nur,
Was ich geträumt. Noch tief in der Schattenwelt
Hofft ja der Tote, seine Qualen
Mit der Erinnrung der Freude nährend.

Nach finstern Tagen bricht aus dem Nachtgewölk
Oft noch ein hold wehmütiges Abendlicht,
Und mancher schon am Rand des Grabes
Lächelt und spricht noch vom Glück der Jugend.

O wer nur einmal irrte! Zu schön, zu tief,
Zu wahr ist doch die Täuschung, zu herb und leer
Die Wahrheit, und in Wolk' und Nebel
Bildet den Bogen die sanfte Iris.

Darum ist's dir nicht Schande, mein Dichterherz,
Wenn du dem teuren Felsen, dem gastlichen,
Und dem noch Teurern, was dir droben
Atmet, noch einmal voll Liebe zuweinst!

Das sei der Opfer letztes und zärtlichstes,
Hinfort laß ab von Hoffnung, du kennst dein Los,
Dein Glück, dein kurzes Zauberleben
Flieht mit dem fliehenden Bild der Berge.

Und Wiedersehen? Sie hofft' es, versprach es ja.
Doch ach sie kennt den glücklichen Träumer nur,
Kennt den Erwachten nicht, so lebe
Wohl, o Geliebte, die Götter geben's!

13

Dränge keck den Toledo dich durch, und höre sie lärmen,
Höre sie schreien und sieh jeden in seinem Geschäft.
Hunderte bieten Fische dir an, und Hunderte Früchte,
Und auf die Körbe gelehnt, Hunderte Schulter und Arm.
Hier versperrt dir der Kutscher den Weg mit Kalesch' und Karosse,
Fahren sollst du, und fast nötigt er dich mit Gewalt!
Bettler winseln dir nach und Krüppel! Aus lustiger Bude
Spendet der Acquarol Wasser, Limonien und Eis.
Weiche, dich stößt hier der Esel, mit Gartenfrüchten beladen,
Und der Verkäufer Geschrei hörst im Tumulte du nicht.
Peitsche warnt dich und Ruf! Zweirädrige Wägelchen fliegen
Grün und golden und rot, hurtig, wie Winde vorbei.
Dort der Wechsler am Tisch, sein geordnet Kupfer betrachtend,
Hier der Kuppler, der dir fröhliche Nächte verheißt:
Hier Orangen in goldener Pracht, dort Blumen in Fülle,
Willst du schenken, so winkt gleich dir ein artiges Kind.
Lüstern siehst du ihm nach, und achtest des warnenden Rufs nicht,
Bis die Last des Fachins schon dir die Seite bestreift.
Was dir begegnet, und was du erblickst, Lebend'ges und Totes,
Mensch und Sache, zum Kauf steht's im Momente dir frei.
So vom dämmernden Morgen erbraust's in der staubenden Straße
Bis zum Abend, zur Nacht, nimmer ermüdend hinab.
Mahnet der Berg sie auch mit drohendem Donner, wie flüchtig
Ungesichert der Mensch selber der Erde vertraut,
Seine Stimme verhallt im Lärmen des Tags: das Bedürfnis
Ist der begehrlichen Welt Gott und Orakel zugleich.

34

Immer schwebst du vor Augen und Herz, erhabenes Rom mir,
Und entfachst im Gemüt immer den glücklichen Streit,
Ob ich mehr als Neapel dich preis! Am Strande des Meeres,
Oder beim Grabe Virgils, und auf Posilippos Höh',
Oder wenn vom rauchenden Haupt des brennenden Soma,
Wenn von Camaldolis Grün, und von Puteolis Berg,
Wenn von Misenums Kap, vom Epomeo, vom Schlosse
Procidas, und von Tibers schaurig entlegener Burg,
Von den Felsen Sorrents und dem Vorgebirg der Minerva,
Meer und Städte mein Blick, Inseln und Berge beschaut,
Dann vergeß ich des traurenden Roms palatinische Schwermut,
Denke des Capitols, denke der Tempel nicht mehr.
Bringt mir aber der Abend das Bild der hohen Paläste,
Forum, Kirch', Obelisk, die Pyramide zurück,
Alle die ernsten Plätze, von Säulen geschmückt und Fontänen,
Aquädukt und des Stroms Brücken und Häuser und Strand,
Mausoleum, dein Riesengewölb und des heiligen Vaters
Labyrinthisches Haus, Raffaels himmlische Welt,
Deine Fluren, Pamfili, und deine Haine, Borghese,
Steigst du, o Pantheon, gar mir vor den Sinnen empor,
Oder denk' ich mich nur ins altertümliche Dunkel
Nächtlicher Osterien unter die Sänger zurück,
Stille, genug ist's längst, ich brauche kein Liebchen zu nennen,
Um den Vorzug euch schon, teure Quiriten, zu leihn.

47

Endlich sah ich ein Volk im Schlaraffenleben sich taumeln
Und im Schlaraffenland dünkt' ich mir selber zu sein.
Tausende kränzt der phantastische Schmuck, die komische Zierde,
Feder und Tannenreis, hölzerne Gabel und Nuß

Trägt auf dem Strohhut jeder, und gar Lebkuchen und Backwerk,
Und auf geschältem Baum friedlich zusammengereiht,
Schleppt man jauchzend das Bild der Mutter Gottes, und Bänder,
Fahne, Kübel und Schauer, Schuh und Kastanie dabei.
Üppig deckt der Bachantin das Haupt großblättriges Weinlaub,
Und aus der Rebe Grün atmet ein glühend Gesicht.
Diese schäkert vom Esel herab und jene vom Wagen,
Dem ein farbiges Tuch Schatten und Decke gewährt;
Stiere ziehen den einen und klingelnde Rosse den andern,
Aber aus allen erschallt Jubel und Klang und Gesang,
Aber aus allen das Lied zum Tamburine gejauchzet,
Geigen und Flöten, es tobt alles im wilden Verein.
Karawanen ziehen herbei zu Pferde, zu Esel,
Jeder höhnet und wird wieder von andern verhöhnt.
Allenthalben in Lauben und Höfen, vor schattigen Toren
Kreiset der Wein, und es wird Becher um Becher geleert;
Auch der Eßlust gedenket das Volk; denn Trinken und Essen
Dünkt ihm das einzige Gut, ist ihm der edelste Wunsch.
Aber in lachenden Gärten und Vignen, auf Wegen und Straßen,
Unter Feigen und Wein wechselt der südliche Tanz,
Klappert die Castagnette zur Tarantella begeisternd,
Pauken des Tamburins bacchische Schläge den Takt.
Lumpen siehst du in Menge, den Lazzaronen im Festschmuck,
Barfuß, aber voll Wein, aber zum Faunen verzückt!
So vom buchtlosen Hang des Vulkans, dem rebenbegrünten,
Zieht man zu Wagen, zu Roß, zieht man zu Fuß in die Stadt!
Wär' es wirklich ein Fest der Madonna dell'Arco geheiligt,
Ist es ein Carneval oder des Bacchus Triumph,
Was die Sinne berauscht dem saturnalischen Völkchen,
Was zu Jubel und Tanz, Springen und Possen es treibt?

Gönn ihm, nordischer Freund, die beneideten Freuden, und schelte
Keinen um flüchtigen Rausch, keinen um menschliches Glück!
Nur in frostiger Ferne lernst du das Heilige sehen,
Und unsichtbar und tot, ist's ein Gedanke dir nur;
Aber dem Süden ist's erst zum irdischen Fleische geworden,
Und in lebend'ger Gestalt sitzt es zu Tische mit ihm.

75

Vesuv

Steig ich, o Berg, auf dein rauchendes Haupt, und es treibet mich oftmals
Unerforschter Natur großes Geheimnis hinan,
Denk ich stets an die Reise durchs unermeßliche Leben,
Dessen Abgrund ein Geist ewigen Feuers bewegt.
Erst aus dem muntern Städtchen, vom frommen Tiere getragen,
In des Führers Geleit steigt man behaglich hinan.
Mitten in lachender Fülle des schwerbeladenen Weinlaubs
Bist du und üppiges Grün hüllet die Ferne dir zu.
So das glückliche Kind, bis dem reifenden Jüngling das Weite
Sich durchs zaubrische Reich blühender Gärten erschließt.
Nicht der Sonne beschwerlichen Druck, ihr verklärendes Licht nur
Fühlt er, genießt und durchschwärmt mutig die heitere Welt.
Sieh da hemmt ihm den eilenden Fuß die erkaltete Lava,
Ihre Strömung umstarrt finster das seltnere Grün.
Glühend einst in versengender Glut aus dem Krater gestrudelt,
So begegnet die Flut düstrer Erfahrungen uns,
Die erst brennend fürs liebende Herz, und sein fruchtbares Streben,

Tot fürs Getäuschte, dem Schlund feurigen Lebens entströmt.
Weiter klimmt er verwegen, noch schützt ihn Atem und Jugend,
Fällt er zuweilen, behend richtet er wieder sich auf.
So erreicht er den Krater, und steigt vom ermüdeten Tiere,
Weiter bringt ihn und trägt nur ihn die eigene Kraft.
Also der Mann. Und empor die pfadlos steinige Höhe
Hilft er sich keuchend hinan, Atem und Stimme versagt.
Asche stäubet um ihn, und in Asche watet er stöhnend,
Rauch umdampft ihm den Sinn, donnernd erschallt es im Berg.
Selten blickt er ruhig zurück auf den fröhlichen Abhang,
Wie auf die Jugend, belebt, stärket die sinkende Kraft.
Da erreicht er das herrliche Ziel, und es öffnet die Welt sich
Groß und gewaltig vor ihm: freudig zum Krater hinab
Schaut er und sieht, wie prasselnd dem Aschenhügel die Flamme
Prachtvoll entsteigt, und des Schlunds feurige Kräfte verströmt.
So erkennet der Mann die verborgene Quelle der Dinge,
Und das Menschengemüt, wie es sich selber verzehrt.
Stückweis nicht, es entfaltet sich ganz das unendliche Leben,
Grenzenlos, wie das Meer, das zu den Füßen ihm liegt.
Höher steiget er nicht; es senkt die Sonne sich unter,
Abwärts führt ihn der Weg schneller in schweigender Nacht,
Die er, die Ruh' ersehnend, durcheilt, und eh' er sich's denket,
Wie der Mensch an sein Grab, ist er zum Ziele gelangt.

»Land des Stillstands, der Erhaltung . . .«

Vom Vormärz bis zum Fin de siècle

Franz Grillparzer

Kennst du das Land?

Gelobt sei Gott! die Stund' ist da!
Den Wanderstab in die Hand!
Zu dir hin gehts, Italia,
Du hochgelobtes Land!

Der Pilger zieht mit Hut und Stab
Zum heiligen Grabe weit,
So zieh auch ich zu *Deinem* Grab,
Du heil'ge entschlafene Zeit!

Und wie der Pilger auf seiner Brust
Reliquien trägt nach Haus,
So trag auch ich in meiner Brust
Mir heilige Reste heraus.

Die letzten Tropfen vom Wunderborn,
Der einst so reichlich quoll,
Ein Fünkchen von deinem Götterzorn,
Du göttlicher Apoll,

Den Abdruck, Weltgebieter Zeus,
Von deiner Majestät,
Vom Dichterbaum ein Lorbeerreis,
Der Maros Grab umweht.

Dein Bild, so hehr und unbefleckt,
Du Hohe von Medici,
Die, wenn sie den Schauern die Schätze bedeckt,
Für sich nicht errötet, für sie.

Ja knieen will ich, Vergangenheit,
Vor deinen Gebilden aus Stein,

Der nackt die ernste Schönheit beut,
Verachtend des Reizes Schein,

Ihn lassend der frömmelnden Enkelwelt,
Die, von Gleisnersinn erfüllt,
Die Lüsternheit zu ergänzen quält,
Was der schlaue Bildner verhüllt;

Und lernen will ich auf deinen Laut,
Was der Mensch bewirkt und erschafft,
Wenn er dem Gott im Busen vertraut,
Und der selbstgegebenen Kraft.

Dann kehr ich heim mit stolzem Sinn
Und schaff in gesättigter Ruh,
Was jung soll sein, wie ich es bin
Und alt soll werden, wie du.

Kolosseum

Was stehst du da, du stolzer Bau
Und siehst mich traurig an,
Aus deinen Brauen altergrau,
Was hat man dir getan?

Sag an, was dir wohl fehlen mag,
Und sei es noch so viel,
Liegt das Gebrechen erst am Tag,
So setzt man wohl ein Ziel.

Doch ja! an deinen Wänden hier,
Hat Raubsucht dich gepackt
Bis an die festen Rippen schier
Steht deine Seite nackt:

Allein die Rippen halten noch
Und schließen ihren Ring
Und trotz dem Räuber stehst du doch,
Indes er selbst verging. –

Auch deines Schmuckes, deiner Zier
Wardst frevelnd du beraubt
Und kahl und dürftig stehst du hier
Mit unbedecktem Haupt:

Ein andrer seufz' ob solchem Druck,
Dir sei die Klage fern,
Die Größe ist des Großen Schmuck,
Nur Kleines putzt sich gern. –

Dies Zeichen hier am Vorderteil –
Was bebst und schütterst du?
Das Zeichen ist's von Ruh und Heil
Wie nähm' dir's Heil und Ruh?

Wiß, alles Irdische ist schwach
Und alle Kraft ist hohl,
Hilft nicht das Überird'sche nach
So steht sich's nimmer wohl,

Allein du meinst, dir sei nicht bang,
Du würdest selber sehn,
Du seist gestanden Säkuln lang
Und würdest ferner stehn?

Nun wohl so wirf es denn hindan
Und trotze bis zum Tod,
Wer von sich selber stehen kann,
Hat keiner Stütze Not.

Campo vaccino

Seid mir gegrüßt ihr heil'gen Trümmer,
Auch als Trümmer mir gegrüßt,
Obgleich nur noch Mondenschimmer
Einer Sonn', die nicht mehr ist.
Nennt euch mir, ich will euch kennen,
Ich will wissen was ihr wart,
Was ihr *seid* braucht's nicht zu nennen,
Da die Schmach euch gleich gepaart.

Eintrachtstempel, du der erste,
Der sich meinem Blick enthüllt;
Deine letzte Säule berste!
Schlecht hast du dein Amt erfüllt!
Solltest deine Brüder hüten,
Wardst als Wächter hingesetzt
Und du ließest Zwietracht wüten,
Die sie fällt und dich zuletzt.

Jupiter aus deinem Tempel,
Stator, der zu stehn gebeut,
Brich des Schweigens Sklaven-Stempel,
Heiß sie stehn die neue Zeit!
Doch umsonst ist hier dein Walten,
Du stehst selber nur mit Müh,
Unaufhaltsam gehn die Alten
Und das Neue über sie.

Warum in dies Feld der Leichen
Ist, Septimius Sever,
Eingang dies dein Siegeszeichen?
Ausgang dünkt es mich vielmehr.
Als dem letzten, der's zu fassen,
Wenn auch nicht zu tun verstand,
Sei ein Plätzchen dir gelassen,
Doch nicht hier, am äußern Rand.

Titus, nicht dem Ruhm, dem Frieden
Bautest du dein Heiligtum:
Doch dir ward, was du vermieden,
Jeder Stein spricht deinen Ruhm.
Auch den Frieden in dem Munde
Ging ein andrer drauf ins Haus,
Doch der Frieden zog zur Stunde
Aus dem Friedenstempel aus.

Curia, die aus ihren Toren
Krieg der Welt und Frieden ließ,
Harrst du deiner Senatoren?
Einer doch ist dir gewiß.
Sieh ihn stehn dort an den Stufen
Bei dem Mann im Priesterkleid,
Sieh, er kommt, wird er gerufen,
Und er geht, wenn man gebeut;

Sieh des Purpurs reiche Falten!
Majestätisch steht er da!
Ja du suchst nach deinen Alten?
Schließ die Pforten, Curia!
Unten such, die unten wohnen,
Wir sind oben leicht und froh;
Rom hat nur noch Ciceronen,
Aber keinen Cicero.

Hat der Bruder dich erstochen
Remus, mit dem weichen Sinn?
Sieh vom Schicksal dich gerochen,
Er, sein Reich, gleich dir, dahin.
Sieh! in seines Tempels Hallen,
Wie in deinem, Mönche-Zug;
Horch! des Küsters Glöcklein schallen!
Dünkt die Rache dir genug?

Roma, Venus – Schönheit, Stärke,
Pulse ihr der alten Welt,

Hier inmitten eurer Werke
Euer Tempel aufgestellt.
In Ruinen Schönheit-Prangen?
Kraft in Trümmern wank und schwach?
Was ihr zeugtet ist vergangen,
Folget euren Kindern nach.

Dort den Bogen, klein und enge,
Schwach gestützt und schwer verletzt;
Wem von all der Helden-Menge
Ward so ärmlich Mal gesetzt?
Titus. O so laßt es fallen!
Denn ob's auch zusammen bricht,
So lang Menschen-Herzen wallen,
Brauchst du, Titus, Steine nicht.

Hoch vor allen sei verkläret,
Constantin, *Dein* Siegesdom!
Mancher hat manch Reich zerstöret,
Aber du das Größte – Rom.
Über Romas Heldentrümmern
Hobst du deiner Kirche Thron,
In der Kirche magst du schimmern,
Die Geschichte spricht dir Hohn.

Mit dem Raub von Trajans Ehren
Hast du plump dein Werk behängt;
Trajan kann des Schmucks entbehren,
Er lebt ewig, unverdrängt:
Aber eine Zeit wird kommen,
Da zerstäubt geraubte Zier,
Da erborgter Schein verglommen,
Was spricht Heuchler dann von Dir?

Kolosseum, Riesenschatten
Von der Vorwelt Machtkoloß,
Liegst du da in Tods-Ermatten,

Selber noch im Sterben groß?
Und damit, verhöhnt, zerschlagen,
Du den *Martertod* erwarbst,
Mußtest du das *Kreuz* noch *tragen*,
An dem, Herrliche, du starbst!

Nehmt es weg, dies heil'ge Zeichen!
Alle Welt gehört ja dir;
Üb'rall, nur bei diesen Leichen,
Üb'rall stehe, nur nicht hier!
Wenn ein Stamm sich losgerissen
Und den Vater mir erschlug,
Soll ich wohl das Werkzeug küssen,
Wenn's auch Gottes Zeichen trug?

Kolosseum, die dich bauten,
Die sich freuten um dich her,
Sprachen in bekannten Lauten,
Dich verstanden, sind nicht mehr.
Deine Größe ist zerfallen
Und die Großen sind's mit ihr,
Eingestürzt sind deine Hallen,
Eingebrochen deine Zier;

O so stürze ganz zusammen
Und ihr andern stürzet nach,
Decket, Erde, Fluten, Flammen,
Ihre Größe, ihre Schmach.
Hauch ihn aus, den letzten Oden,
Riesige Vergangenheit!
Flach dahin auf flachem Boden
Geh' die neue, flache Zeit!

Via mala

Man schützt vor Aria cattiva sich
Und auch vor Aqua toffana,
Doch nimmer und nirgend kann man entgehn
Der Polizei und Dogana.

Man reiset im welschen Land, als geschäh's
Nur wegen des Passaporto;
Und untersucht wird man überall,
Will man auch zum Campo morto.

Es können umsonst und frei ins Land
Nur Schnaken und Skorpionen;
Bezahlen müssen den langen Weg
Sonst alle andern Nationen.

Und gern zahlt Michel und ist bereit,
Als Deutscher, Gott zu danken,
Wenn der preußische Konsul den Paß visiert
Für vier französische Franken.

Der hl. Goethe

Römer sollten den Goethe doch ehren
Und verherrlichen immerdar,
Sollten zum heiligen Peter ihn stellen,
Liest auch keiner den alten Barbar.*

Groß sind seine Verdienst' um die Römer,
Seit er die römische Reise gemacht:

* Und der Barbare beherrscht römischen Busen und Leib.
Goethe, Römische Elegien Nr. 2

Mehr als seinem Verleger, dem Cotta,
Hat er den Römern eingebracht.

Michel sparet nicht Zeit und nicht Gelder,
Rom ist seiner Wißbegier Ziel,
Um zu sehen, was Goethe gesehen,
Schön zu finden, was Goethen gefiel.

Römer, ihr habet carrarischen Marmor,
Unseren Goethe, hauet ihn aus!
Mehr noch als euer eherne Peter*
Lockt er euch nordische Gäst' ins Haus.

Konservativer Boden

Land des Stillstands, der Erhaltung,
O wie groß und wunderbar!
Ohne Fortschritt, ohn' Entwicklung,
Alles bleibet, wie es war.

Hätten nicht die lieben Alten
Wasserleitungen gemacht,
Kardinäl' und Päpste hätten
Auch noch jetzt nicht dran gedacht.

Hätten jene nicht gebauet
Eine Via Appia,
Ohne gute Weg' und Straßen
Wär' noch heut Italia.

* Die Wunderstatue des heil. Petrus, angeblich aus dem Erze des kapitolinischen Jupiter zusammengeschmolzen, die übrigens nach Zoega nur das ungeläuterte Abbild eines römischen Senators ist. Eine carrarische Büste eines frankf. Ratsherrensohnes ließe sich ebensogut küssen und würde am Ende nicht weniger Wunder tun.

Hätten jene nicht vollendet
Manches Bild in Erz und Stein,
Würd' in anderer Gesellschaft
Jetzt der Heil'ge Vater sein.

Hätten nicht die Raffaele
Diese Galerien geschmückt,
Heute wär's den Italienern,
Heute schwerlich wohl geglückt.

Hätte nicht die Weltgeschichte
Diesen Boden hier geweiht,
Schwerlich würd' es jetzt geschehen
Oder noch in künft'ger Zeit.

Ja, wie hier die Menschen, schlafen
Auch die Kräfte der Natur:
Alles Leben ist ein Leben
Der vergangnen Zeiten nur.

Michel-Kunstkenner

Die Alpen hat er überschritten,
Nun wird er ganz begeistrungsvoll;
Er träumt von nichts als von Madonnen,
Von Torso, Venus und Apoll.

Begeistrung weckt ihn aus dem Schlummer,
Begeistrung treibt ihn fort geschwind.
Er dringt in alle Galerien,
Die irgend nur geöffnet sind.

Er hat den Katalog in Händen,
Er sieht und sieht, damit er's sah,
Es ist, als ob er sehn nur wollte,
Ob jedes Bild noch wirklich da.

Addio!

Melodie: Herz, mys Herz, warum so trurig?

Nun, so will ich fröhlich scheiden:
Lebe wohl, berühmtes Land!
Wo ich wenig zu beneiden,
Wo ich nichts zu wünschen fand.

Lebet wohl, ihr Überreste
Der vergangnen größern Zeit,
Tempel, Säulen, Prachtpaläste
Neben Schmutz und Dürftigkeit.

Lebe wohl, was uns versöhnen
Muß mit heut'gem Stank und Dunst,
Du Idee des Ewig-Schönen
In Italias alter Kunst.

Lebet wohl, ihr Berg' und Matten
Mit dem ew'gen Sonnenschein,
Bäume, die uns keine Schatten,
Kein' Erquickung uns verleihn.

Lebe wohl, du Tageshelle,
Drin umsonst sich das Gemüt
Suchet eine traute Stelle,
Wo auch ihm ein Blümchen blüht.

Lebe wohl, du Volk der Wichte,
Das vom Ruhm der Vorwelt zehrt
Und das Land der Weltgeschichte
Heute nur durch Nichtstun ehrt.

Lebet wohl, ihr Pomeranzen,
Makkeronen, Pilz' und Kohl,
Esel, Büffel, Flöh' und Wanzen,
Heil'ger Knoblauch, lebe wohl!

Anastasius Grün

Venedig

Wäre dies die freudenreiche,
Stolze Meereskönigin,
Mit der ernsten Heldengröße,
Mit dem leichten, heitren Sinn?

Schwarze Gondeln im Kanale
Schwankend, ohne Liederklang!
Schifferruf nur stöhnt bisweilen
Dumpf wie träger Unkensang.

Marmorbilder nur bewohnen
Die Paläste, hoch gebaut,
Und ihr Sinken und Zerfallen
Ist darin der einz'ge Laut.

Leer vom Volke steht San Marco,
Der Gebete Stoff gebricht!
Klagen will es nicht das Völklein,
Und zu danken hat es nicht.

Am Altar fungiert der Priester,
Ohne Ernst und ohne Sinn;
Nur damit er's nicht vergesse,
Murmelt er sein Sprüchlein hin.

Längst zerschellt im Arsenale
Fault das alte Dogenschiff,
Ach, der eigne alte Hafen
Ward ihm Klipp' und Todesriff!

Venetianer, sagt, was deuten
Dort die hohen Maste drei?

Pflanzet ihr als Vogelscheuchen
Vor den Dom die Stangen frei?

Ei, ihr habt doch keine Saaten!
Die ihr hattet, sind verdorrt!
Und die allerschlimmsten Vögel
Scheuchten sie euch doch nicht fort;

Jene Vögel, die die Augen
Eurer Freiheit ausgepickt,
Ihr das Schlummerlied gesungen,
Bis sie sterbend eingenickt.

In dem eh'rnen Markuslöwen
War einst Leben, Kraft und Herz:
Doch der königliche Wächter
Liegt nun tot, ein Aas von Erz!

Längst begann ja Adlerherrschaft,
Seit der alte Leu erlag
Unter jenes Frankenadlers
Jugendlichem Flügelschlag.

Stumm und öde Platz und Straßen
Und die Fluten rings umher,
Selbst die Steine reden nimmer
Und die Menschen längst nicht mehr!

Und doch wüßt' ich einen Zauber,
Ja ein Wörtlein nur, gar klein!
Spräch's zur rechten Stund' der Rechte
Spräng' von diesem Sarg der Stein!

Ha, da wirft der Markuslöwe
Seine Mähne stolz empor,
Schüttelt wieder kühn die Flügel
Frei und kräftig, wie zuvor.

Dreier Königreiche Flaggen
Wehn von jenen Masten her
Und das Lied der Gondoliere
Tönt in Chören übers Meer.

Horch, es läuten alle Glocken!
Weihrauch duftet durch den Dom,
Zwischen Orgelklang und Psalmen
Jauchzt empor des Volkes Strom.

Fenster, Straßen und Balkone
Füllt die Menge bis zum Rand,
Feierlich im Purpur wallen
Doge und Senat zum Strand.

Golden schwimmt der Bucentoro
Stolz hinaus ins heil'ge Meer.
Tausend lust'ge, schmucke Gondeln
Tummeln flink sich hinterher.

Nieder sinkt der Ring des Bundes
Zwischen Erd' und Meeresflut,
Menschenkraft und Elementen,
Götterlaun' und Menschenmut.

Friedrich Theodor Vischer

Perugia

I

Dies linde Säuseln in der Luft,
Was will es mir wohl sagen?
Auf Berg und Tal der blaue Duft,
Wohin will er mich tragen?

Die Villen im Olivenwald,
Die Höhen sanft geschwungen,
Die Mauer braun und völker-alt,
Von Efeu rings umschlungen,

Des Volkes fremde Art und Tracht,
Der schwarzen Augen Funkeln,
Der Sprache Klang, des Schlosses Pracht,
Wo rings Zypressen dunkeln!

Am Hügel dort schwingt sich empor
Ein altergrauer Bogen;
Als Sieger ist durch dieses Tor
Octavius gezogen.

Dort jene hohe Zinnenwand,
Für ew'ge Zeit errichtet,
Von rühriger Etrusker Hand
Aus Felsen aufgeschichtet,

Der düstern Lukomonen Sitz,
Gepflanzt auf Bergeshöhen,
Er konnte nicht dem Siegerblitz
Des Römers widerstehen.

Nach jenen Bergen schau dich um:
Fern hinter Eichenforsten
Sah man das alte Clusium
Stolz wie ein Adler horsten.

Dort wird in unterird'scher Nacht
Von längst verklungnem Leben,
Das oben einst im Licht gelacht,
Das Grab dir Kunde geben.

Gebannt in seiner Kammer Hut
Von dunkeln Geisterboten,

Auf seiner Cista schweigend ruht
Das Marmorbild des Toten.

Da ist kein Kerker aufgetan,
Er trifft die teure Waffe,
Den Krug, die Schale wieder an,
Den Ring und die Agraffe.

Von muntern Farben glänzt die Wand
Noch heut beim Licht der Kerzen,
Die Tänzerin klatscht in die Hand
Und flinke Gaukler scherzen.

Nach Hirsch und Reh im hellen Saus
Siehst du den Waidmann jagen,
Noch steht im schmucken Totenhaus
Der schlankgebaute Wagen.

Doch oben siehst du Burg und Feld
Von Wehr und Waffen strotzen,
Nichts darf so groß sein in der Welt,
Etrurien zu trotzen.

Hinunter an der Tiber Strom
Zieht aus den wald'gen Hügeln
Porsenna, um das stolze Rom
Mit Heeresmacht zu zügeln.

Da recket Scävola die Hand
Getrost in Feuerflammen,
Steht Cocles fest wie eine Wand,
Die Brücke kracht zusammen.

Der Tusker steht von Scham gebeugt
Vor solcher Männer Wiege,
Und Romas Adler steigt und steigt
Empor von Sieg zu Siege.

Steh sinnend still! Was du erblickst
Hier unter deinen Tritten,
Wohin du nur die Blicke schickst,
Ist Land, wo Helden stritten.

Dies linde Säuseln in der Luft,
Was will es mir wohl sagen?
Auf Berg und Tal der blaue Duft,
Wohin will er mich tragen?

Im tiefsten Kerne mahnt es mich
Nach so viel kranken Stunden,
Die Seele drängt und reget sich,
Sie will, sie will gesunden.

Sonst, wenn ich so im Nebelland
Zu Haus im Düstern weilte,
Wenn sich die graue Wolkenwand
Monatelang nicht teilte,

Da sank ich trüb in mich hinein
Und grub im dunkeln Schachte,
Bis ich als Grund von allem Sein
Das nicht'ge Nichts erbrachte.

Jetzt klingt es anders, da so rein
Die klaren Lüfte hauchen,
Jetzt, wo aus jedem Mauerstein
So mächt'ge Bilder tauchen.

Schau hin! Schau hin! spricht Herz und Mund,
Im tiefen, blauen Schoße,
In jener fernen Berge Grund
Liegt Rom, die ewig große!

Italienisch

O wie hör ich sie gern, Italiens reinere Sprache,
Wenn sie mit hellem Vokal tönt aus dem trüben Gewelsch!
Was ihr auch sündigen mögt, ihr Kinder des sonnigen Landes,
Habt ihr doch immer Stil, bleibt ihr doch immer naiv.
Winterlich, wie wir Deutschen es sind, so zieht ein gesunder
Und gerader Kontrast reizend uns immer zu euch.
Eifersucht verwickelt uns schief mit Franken und Briten,
Ehrlich lieben wir euch mitten im Schelten und Kampf.

Friedrich Hebbel

Italiens erster Gruß

Heliogabalus ließ die Gäste ersticken mit Veilchen:
Schönes Italien, drohst du mir ein ähnliches Los?
Deiner Fülle erlieg ich! Sie ist für Götter und Käfer!
Göttern bin ich nicht gleich, Käfern noch minder verwandt!

Rom

Rom, schon bist du Ruine und wirst noch weniger werden,
Aber dein Himmel verbürgt dennoch die ewige Stadt.
Wo die Myrte gedeiht, und wo der Lorbeer nicht mangelt,
Siedeln zu Liebe und Krieg immer auch Menschen sich an.

Ein Scirocco-Tag in Rom

Steht in Flammen die Welt? Sind rings die Meere verdünstet,
Welche mit linderndem Hauch sonst doch die Glut wohl gekühlt?
Sinken sie alle in Asche zusammen, die Städte der Menschen?
Wälzt den glühenden Qualm langsam herüber der Wind?
Oder ist's der Scirocco, der zwar die Orange uns zeitigt
Und die Traube uns kocht, aber uns selbst auch erstickt,
So daß jeglicher zweifelt, er werde die Früchte noch kosten,
Die er uns süßt, und des Weins, den er uns würzt, sich erfreun?
Sei es, was es auch sei, das bloße Atmen wird Arbeit,
Und das Leben begräbt scheu sich im dumpfesten Schlaf,
Kaum noch rettet es sich den leisen Wunsch, zu erwachen,
Denn es fühlt sich dem Tod, fühlt sich dem Nichts schon zu nah!

Venedig

Wie ein verwirklichter Traum begrüßt dich das bunte Venedig,
Wenn du es flüchtig durchschiffst: nicht die versunkene Stadt
Glaubst du vor dir zu sehen, von welcher die Dichter erzählen,
Diese dünkt dir im Meer gleich von Tritonen erbaut,
Und du taumelst dahin, wie unter Korallen und Muscheln,
Und verwunderst dich nur, daß dich die Flut nicht ereilt.
Alles Übrige paßt hinein in den Rahmen: der Doge,
Der sich den Wellen vermählt, und das vermummte Gericht,
Ja die Brücke der Seufzer, erscheinen dir hier so natürlich,
Wie in des Ozeans Nacht Fische mit Sägen im Haupt.
Laß dir aber vom Führer berichten, wie alles entstanden,
Und das phantastische Bild löst in Vernunft sich dir auf!

Emanuel Geibel

Italien

Italia! oh Italia! thou, who hast
The fatal gift of beauty, which became
A funeral dower of present woes and past,
On thy sweet brow is sorrow plough'd by shame,
And annals graved in characters of flame.
O God! that thou wert in thy nakedness
Less lovely or more powerful, and couldst claim
Thy right, and awe the robbers back, who press
To shed thy blood and drink the tears of thy distress.

Childe Harold.

O wie eigen wird dem Wandrer, der, entflohn des Nordens Hast,
Nach dem heißersehnten Süden lenkt die frohe Pilgerschaft,
Wenn er von des Gotthards Gipfel, der in ew'gem Eise schweigt,
Langsam durch die Morgendämmrung gen Italien niedersteigt.

Leise teilen sich die Nebel, und es wird so lau die Luft,
Aus der Tiefe wie ein Grüßen weht empor verlorner Duft;
Noch ein Vorsprung! – sieh und unten weit und blühend lacht das Tal,
Dichte Gärten, Silberseen überglänzt vom Morgenstrahl.

Aus den Hügeln quellen Rosen, um die Ulmen rankt der Wein,
Schlanke Marmorsäulen schimmern winkend im Zypressenhain,
Dort die Berge lorbeerwaldig, hier das blaukristallne Meer,
Und der Himmel wie ein liebend Mutterauge drüber her.

Und dazwischen buntgekleidet buntes Volk in Tal und Höhn,
Braune Buben, stolze Frauen, wie des Landes Rosen schön,
Winzertanz auf allen Bergen, in den Häusern Zitherschall,
Lust'ge Lieder in den Barken, Klang und Jubel überall.

Wahrlich, solltest du nicht meinen, ausgestürzt auf dieses Land
Seiner Freuden vollsten Becher hab' ein Gott mit trunkner Hand?
An dem Länderbaum Europens sei's der blütenvollste Zweig,
Wie an grünen Laubgewinden, so an goldnen Früchten reich?

Aber ach, der bittern Täuschung! Unter diesem farb'gen Scherz,
Wie die Natter unter Blumen, lauscht ein tief verborgner Schmerz,
Jener Schmerz, der nimmer rastet, daß die alte Tugend starb,
Daß die Freiheit ging verloren, und ein Heldenvolk verdarb.

O Italien, du der Künste Mutter, stolzes schönes Weib,
Träg'rin einst der höchsten Kronen, siech und elend ward dein Leib,
Dieser holde Rosenschimmer, der so reizend dich umblüht,
Ach, es ist des Fiebers Hitze, das in deinen Adern glüht.

Ja, es will mich oft gemahnen, aller deiner Blumen Glanz
Lieg' um deine kranken Schläfe fertig schon als Totenkranz.
Ja, als sei'n Vesuv und Ätna lodernd nur dahingestellt
Fackeln an dem Sterbelager einer Königin der Welt. –

Aber nein! Noch lebt die Hoffnung, ob auch tief versteckt im Weh;
Kennst du nicht das Lied vom herben Kummer der Penelope?

Schön wie du vor allen andern ward wie du sie vielumfreit
Und der Fremden Schwarm verpraßte frech des Hauses
Herrlichkeit.

Zwanzig Jahr die Purpurwolle spann sie weinend auf dem
Thron,
Zwanzig Jahr mit bangen Seufzern zog sie groß den teuern
Sohn,
Zwanzig Jahr getreu dem Gatten blieb sie und getreu dem
Gram,
Harrend, hoffend, Boten sendend – sieh, und ihr Odysseus
kam.

Weh den übermüt'gen Freiern, als genaht des Rächers Gang,
Als von bittern Todespfeilen sein gewalt'ger Bogen klang!
Von dem roten Blut der Frechen troffen Säul' und Estrich
da,
Und ein schrecklich Fest der Rache ward erfüllt auf Ithaka.

Kennst du jenes Lied, Italia? Hör's und harre mutig aus,
Wie sich auch die Freierschwärme drängten in dein adlig
Haus;
Deine Söhne zieh zu Männern unter Tränen früh und spat!
Wein' und hoff'! Es kommt die Stunde, wo auch dein
Odysseus naht.

Dich auch hab ich, Venedig, gesehn und keiner
vergleichbar
An fremdartigem Reiz preis ich dich einzige Stadt.
Denn wie ein Purpur umfließt dich das Meer; zu dem
Zauber des Ostens,
Der phantastisch dich schmückt, gab dir der Westen die
Kunst,
Die zu stolzester Pracht sich entfaltend im Hauch der
Lagune
Schön wie die Tochter des Schaums Seelen und Sinne
berauscht.

Aber dazwischen verwebt sich der Nachhall deiner Geschichten,
Bald majestätisch und klar, schauerlich bald und gedämpft.
Jeglichem deiner Paläste verlieh die Erinn'rung ein Echo,
Leis aus jedem Kanal flüstert die Sage herauf.
Wieviel Siegesgepräng umschwoll San Marcos Altäre!
Wie viel Seufzer vernahm drüben der Brücke Gewölb!
Hier die bewimpelten Masten am Platz, sie zeugen noch immer,
Daß dem geflügelten Leu'n Zypern und Zante gehorcht,
Diese Giganten erzählen vom blutigen Ende Marinos,
Jener moreske Balkon mahnt an Othellos Geschick.
Leben und Dichtung zerfließen in eins und bunt wie im Märchen
Lauscht das Vergangene rings unter dem Heutigen vor.

* * *

Rosen fehlen dir zwar und Lilien, aber die Blüte
Schmückt dich noch immer der Frau'n, wie Tizian sie gemalt,
Wie sie mit ahnendem Geist der unsterbliche Brite geschaut hat,
Als er Bassanios Braut schuf und Brabantios Kind.
Unter der Schwärze des Schleiers hervor dringt krauses Geringel,
Das als Mantel von Gold prächtig den Nacken umwallt.
Wie durch Nebel ein Stern feucht schimmert das Auge, die schlanke
Fülle der edlen Gestalt trägt der bezaubernde Fuß.
Täglich sah ich die Herrlichen so durchs rosige Spätlicht
Unter dem Vespergeläut wandeln am Dogenpalast,
Bis sie um Mondaufgang vom taubenumflatterten Platze
Leise die Gondel entführt' über die schimmernde Flut.

* * *

Fern vom großen Kanal einsiedlerisch wohnt' ich nach hinten,
Doch ein erlesenes Bild bot mir das Fenster dafür
Schwermutsvoll und reizend zugleich. Ein verwaister Palasthof
War's, deß bröckelnden Schmuck Regen und Sonne gebräunt.
Zwischen den marmornen Fliesen des Estrichs sproßte das Gras auf,
An den Gesimsen umher bauten die Schwalben der See;
Drüben erhub sich der rostige Bau; die zerbrochnen Geländer
Seiner Arkaden umwob schattiges Efeugerank.
Aber inmitten des Raums am vertrockneten Becken des Springborns
Stand ein Neptun und mit Harm dacht' ich, Venetia, dein,
Denn dem verstümmelten Arm war längst der gebietende Dreizack
Traurig entsunken, wie dir, Fürstin, das Szepter des Meers.

Adolf Friedrich von Schack

La Zisa bei Palermo

Hinab vom Schloß arabischer Emire,
Das aus dem Garten aufragt hochgezinnt,
Laß ich die Blicke gleiten und verliere
Mich in ein Blütenlabyrinth.

Fern über Pinien mit dem breiten Schirme
Und über Gärten voll der Aloe,
Bleikuppeln, Dome und Normannentürme
Am Klippenstrand der blauen See!

Noch gießt, wie zu der Zeit der Sarazenen,
Das Schöpfrad Wasserfülle durch das Tal,
Zum Regenbogen bricht auf den Fontänen
Noch blitzend sich der Sonnenstrahl.

Und aus der Schlucht herab, wo Indiens Feige
Auf sonnverbrannten Zackenfelsen glüht,
Schwebt müden Fittigs durch die Mandelzweige
Das Wüstenkind, der heiße Süd.

Gleich einer Sultanin, die nach dem Bade
Im Palmenhaine, Märchen lauschend, liegt,
Ruht wollustvoll Palermo am Gestade,
Vom Wellenschlag in Traum gewiegt.

Doch nachts, so sagt man, oft geht durch die Wogen
Ein dumpfes Murmeln, schäumend wallt die Flut,
Schwarz türmen Wolken sich am Himmelsbogen,
Durchflammt von roter Nordscheinglut.

Und Blitze zucken, Donner rollt, Walküren
Mit goldnem Helm ziehn durch die Nacht hindurch,
Mit Krachen öffnen sich die ehrnen Türen
Zu Odins hoher Götterburg;

Und Schiffe sieht man schwanken; Waffendröhnen
Und Kriegerruf, vom Sturme halb gedämpft,
Hallt auf dem Meer, wo mit den Wüstensöhnen
Des Nordmanns Heere lang gekämpft.

Auf einen Granatenzweig

Dank, Freundin, daß dem Wintermüden,
Den hier des Nordens Eis umstarrt,
Von dir und dem geliebten Süden
Ein Gruß in diesem Zweige ward!

Schon hat, getränkt von meiner Schale,
Er sich mit Blüten reich geschmückt,
Und duftet wie im Mühlentale
Amalfis, wo du ihn gepflückt.

Und während matt durchs Flockentreiben
Die bleiche Sonne draußen strahlt,
Und Blumen Eises an die Scheiben
Der frostige Dezember malt,

Schwebt mir beim Frühlingsduft hier innen,
Der aus den roten Kelchen quillt,
Im Traum und Wachen vor den Sinnen
Dein und Italiens Zauberbild.

Hoch seh ich ob den Meergestaden
Dich an den Felsenrand gelehnt,
An dem mit schäumenden Kaskaden
Die wilde Schlucht der Mühlen gähnt.

Den Schellenklang der Tarantellen
Vernehm ich, der das Tal durchhallt
Und rauschend mit den Wasserfällen,
Den tosenden, nach oben schallt;

Gelächter und Gesang dazwischen,
Halb von der Flut nur übertäubt,
Die donnernd hier, und dort mit Zischen
Hinsinkt und wieder aufwärts stäubt;

Und zitternd bei dem Wogenrollen
Senkt ein Granatbaum an dem Rand
Die Äste tief, die blütenvollen,
Hinunter von der Felsenwand;

Du aber beugst dich zu der Neige
Des Abgrunds, über dem er hangt,

Und einen brichst du mir der Zweige,
Der in dem reichsten Schmucke prangt.

Oft träum ich so, und beim Erwachen –
Sieh da! vor Augen hab ich ihn;
Noch tönt im Ohre mir das Lachen,
Noch das Geklirr vom Tamburin.

Noch blitzt vom Schaum der Katarakte
Auf jedem Blatt der feuchte Staub;
Mir ist, als zittre von dem Takte
Des Wassersturzes noch das Laub.

Mag denn der Sturm des Winters wüten,
Mich, Freundin, schützt ein Talisman;
Stets haucht mich aus des Zweiges Blüten
Dein und Italiens Odem an.

Italien

Zu ihr, zu der die Gletscherbäche
Südwärts hinunterjauchzen,
Noch einmal wend ich den Blick.
Wie unter der nordischen Eichen Dom
Ihre Riesenschwester Germania,
So unter Lorbeerwipfeln
Hält Italien die Siegesfeier.
Ein magischer Ring
Hat eure Geschicke, ihr Länder,
An einander gebunden –
Zu euerm Unheil, o wie lange!
Mit ihres Himmels schmachtendem Blau,
Ihrer Goldfruchthaine Duft und Glanz
Lockte die Zauberin des Südens
Deutschlands Fürsten und Völker

In ihre Armidagärten,
Daß sie bei Brunnenrieseln
Unter Myrtengebüsch und leuchtenden Marmorbildern
Nicht ihres Reiches und Volks mehr gedachten.
Dann aus Wollustträumen der Nacht
Fuhren sie auf;
An den eisernen Panzer
Pochte ihr Herz in Begier,
Über das Land der Götter zu herrschen;
Es zuckt das Schwert aus der Scheide,
Und hochauf schlug die Flamme des Kampfes;
Städte loderten und erstanden neu
Zum Rachekrieg aus der Asche;
Von Gift gewürgt
Sank der größte der Kaiser
Bleich auf den fieberatmenden Boden;
Selbst die Bande des Bluts
Löste der Haß,
Ganze Geschlechter von Italiens Söhnen
Niederwälzte die mordende Schlacht,
Und als verhallt der Schwertschlag,
Der Siegesruf und die Totenklage,
Erschöpft, ohnmächtig lagt ihr beide,
Ein Hohn und Spott dem Fremden.

Sei denn, wie einst zum Verderben,
So nun euch zum Heil, eu'r Schicksal
Unauflöslich verbunden,
Und, wie in *einer* Sonne Mittagsglanz
Eu'r Auferstehungsfest ihr feiert,
So schreitet Arm in Arm
Der größern Zukunft entgegen.

Jacob Burckhardt

Aus Venedig

Ja, Zyperwein und schöne Fraun
Und Sang und Klang bis Mitternacht,
In Gondeln liegend anzuschaun
Bei Mondlicht der Paläste Pracht,
Und von Canale zu Canal
So still und pfeilschnell hinzugleiten –
Mein Junge, komm, probier's einmal,
Das sind der Erde Herrlichkeiten!

Und doch, es stillt dies Herze nicht,
Es gibt ihm nicht den süßen Frieden,
Der leis aus *Roms* Ruinen spricht,
Wenn voll die Sonne hingeschieden,
Wenn Abendglut die Stadt umwallt,
Und Tau sich mischt und Blütendüfte,
Wenn von den sieben Hügeln schallt
Der Glocken Laut in reine Lüfte.

Dort krönt des Coelius steiles Haupt
Der Passionisten Klostergarten
Mit ewigen Eichen dichtbelaubt,
Und wie von hoher Veste Warten
Schaust du hinab und schaust ringsum
Nur Trümmer aus Weltherrschaftstagen,
Ein weltgeschichtlich Heiligtum,
Und in den Wipfeln um und um
Duftet's und Nachtigallen schlagen . . .

Schwarz ragt ins goldne Abendrot
Des Capitols geweihte Veste,
Drunten im Forum reihen sich
Der Tempel und der Bogen Reste,

Und in des Colosseums Schlund
Siehst du hinein – dann ohne Grenzen
In Vignen, Klöster, bis von fern
Des Lateranes Giebel glänzen.

Und ernst dir gegenüber steht
Der Trümmerberg, der Palatin,
Dem einst verheißen vom Geschick
Die »Herrschaft ohne Ende« schien.
Am grünbewachsnen Bogen lehnt
Der Kapuziner Klosterhalle,
Und eine hohe Palme weht
Im Abendwind am Mauerwalle. –

Hier war's, mein Junge, wo mir einst
Im Herzen alle Wünsche schwiegen;
Mein Schicksal schwand, vertrauensvoll
Dem Weltgeschick sich anzuschmiegen,
Und freier schlug das enge Herz
Vor der Geschichte Gegenwart –
Doch sieh, schon steigt der Vollmond auf!
Der Markusplatz, die Gondel harrt!

Was soll mir fürder dieser Norden

Was soll mir fürder dieser Norden
Mit seinen trivialen Horden?
Was Schönes auch sein Schoß erzeugt, –
Es stirbt verbittert und gebeugt.

Was will die Kunst mit ihrem Buhlen?
Des Wissens eitler Zank in Schulen?
Was soll die Habgier und die Not?
Neun Zehnteil lägen besser tot!

Und dieses Busens letztes Glühen
Soll sich im Stillen hier versprühen?
Hervor mein Stab und Wanderhut,
Es wird noch »alles, alles gut«!

O nimm, du heißgeliebter Süden!
Den Fremdling auf, den Wandermüden!
Erfülle seine Seele ganz
Mit deinem heitern Sonnenglanz!

Laß rings um ihn den Wunderreigen
Der alten Götter leuchtend steigen,
Zeig ihm aus alt- und neuer Zeit
Gestalten voll Unsterblichkeit!

Laß ihn dein Volk, laß deine Frauen
In abendlichem Tanze schauen!
Mit aller Schönheit Zauberwein
Schläfre die bange Seele ein!

Theodor Fontane

Der Markuslöwe

Venedig schläft; doch schlummerscheu
Wacht der geflügelte Markusleu,
Er wacht und von der Lagune zum Meer
Wandert sein Auge hin und her.

Und wie er starr in die Ferne schaut,
Da wird's in der Piazetta laut,
Das Wasser steigt, und Well' auf Well'
Umplätschert des Löwen Fußgestell.

Der Wogen eine züngelt empor
Und raunt dem ehernen Wächter ins Ohr:
»Was blickst du starr in die See hinaus,
Dieweil Verderben im eigenen Haus?

Als ich am Palaste vorübergerauscht,
Hab ich den grauen Falieri belauscht;
Bedroht ist die Freiheit, bedroht ist der Staat,
Im Herzen des Dogen brütet Verrat.

Was suchst du den Feind auf der Adria?
Falieri heißt er, nicht Doria;
Nach Kron' und Zepter trachtet sein Sinn,
Leu, rette die Meereskönigin!«

Da springt mit einem gewaltigen Satz
Der Löwe hinab auf den Markusplatz; –
Schon huscht der Verrat durch die Straßen scheu,
Da hält am Markusturme der Leu.

Mit seiner Tatze zerschlägt er das Tor,
Er fliegt die steinernen Treppen empor,
Umklammert die Glocke hoch oben im Turm
Und der Markuslöwe läutet Sturm.

Wie wenn er die Toten wecken will,
Mischt er dem Donner sein eigen Gebrüll; –
Venedig ist wach, entdeckt der Verrat,
Gefangen Falieri, gerettet der Staat.

Auf seiner Säule rastet aufs neu'
Venedigs Wächter – der Markusleu;
Den Dogen findet das Morgenrot
Auf dem Schafotte blutig und tot.

Gottfried Keller

Lacrimae Christi

Wie des Rauches Silbersäumlein
Vom Vesuv den Himmel sucht!
Feigenbäumlein! Feigenbäumlein,
Und wie süß ist deine Frucht!
Und ein kühlender Zephir fächelt
Über den warmen Lavagrund,
Drauf die Madonna niederlächelt
Mit dem feingeschnitzten Mund.

Kommt ein lustiger Mönch gegangen
Mit dem vollen Tränenkrug,
Kommt ein Weib mit Purpurwangen
Und mit nächtlichem Lockenflug;
Schön ist's unter dem Feigenbaum,
Wo der Berg vor Liebe brennt!
Drüben leuchten, wie ein Traum,
Capri, Ischia und Sorrent.

Sind ihre Locken die dunkle Nacht,
Ist seine Glatze der Mondenschein,
Und es können die Sternenpracht
Ihre glühenden Augen sein.
Also schaffen am hellen Tag
Sie die heimliche stille Nacht;
Was doch alles geschehen mag,
Wenn man's klug und sinnig macht!

Nur die hölzerne Madonne
Schmachtet in der heißen Sonne;
Daß auch sie genieße der Ruh,
Wirft das Weib ihr den Schleier zu.

Lächelnd über die See her blinken
Ischia, Capri und Sorrent –
Süß und selig ist zu trinken,
Was man Christi Tränen nennt!

Hermann von Lingg

Neapels Golf

1

Die See geht hoch, die Sterne glänzen,
Neapels Golf liegt vor uns da
In Nacht, geschmückt mit allen Kränzen,
Hier Kap Misen, dort Ischia!

Wie Riesen trotzig, feste Türme
Schaun von dem Ufer in das Meer,
Aus früher Zeit der Völkerstürme,
Des Zaubergürtels Schutz und Wehr.

O lockend war's um dich zu ringen
Italien, Seebraut huldgekrönt,
Wie oft hat hier, dich zu bezwingen,
Der Krieger Schlachtenruf getönt!

Entflammt von deinem Ruhmeskranze
Bekämpften sich in Sturmeswehn,
Mit Feuer, Schwert und Eisenlanze
Vandale, Sachse, Sarazen.

Nun drunten längst in Klipp' auf Klippen,
Schläft bei des Pariers Marmorstein,

Bei Gold Karthagos, bei Gerippen
In Sidons Purpur ihr Gebein.

Sie greifen oft im Traum von Siegen
Zum Schwerte, das die Feinde traf,
Doch Amphitrites Töchter wiegen
Die Helden wieder ein in Schlaf;

Und Eos streuet Rosen lächelnd
Auf Inseln, Vorgebirg und Schlucht,
Und ihr entgegeneilet fächelnd
Ein Zephir über Bajäs Bucht.

Pästum

Brütend liegt der Mittag über
Pästums öder Fiebergegend,
Schwüle Nebel niederlegend,
Selbst die Sonne schimmert trüber,
Und die alte Stadt Poseidons,
Stumm und einsam liegt sie da,
Ein zerstörtes Sodoma.

Auf zerbrochnen Steinkolossen
Umgestürzter Architrave
Blühen Kaktus und Agave,
Um die alten Mauern sprossen
Rote Blumen und Akanthus;
Duftig wuchern drüberhin
Thymian und Rosmarin.

Nur ein gelber Tempelriese
Trägt noch seine Quaderbalken,
Um den Giebel fliegen Falken,
Efeu rankt sich um die Friese;

Und die Natter und die Eidechs
Sonnt sich an der Tempelwand,
Wo geflammt der Opferbrand.

Ungebrochen stehn die schlanken
Dorersäulen; ein Jahrtausend
Sahen sie vorüberbrausend;
Throne stürzten, Völker sanken;
Über ihre Marmorhäupter
Wie durchs Meer, dem sie geweiht,
Weht ein Hauch der Ewigkeit.

Deutsch-italische Grenzstädte

Am Eingang zu dem Zauberlande,
Worin die schöne Göttin ruht,
Steht ihr wie Riegel, Schloß und Bande,
Ihr alten Mauern, auf der Hut.

Von Höhn, wo nah den Wolkenhallen
Der Adler trinkt die Alpenluft,
Scheint ihr ins Tal herabgefallen,
In Rebenlaub und Lindenduft.

Ihr selber seid ja Adlerhorste,
Den Felsen an- und eingebaut;
Um eure Schluchten, eure Forste,
Wie warm des Südens Himmel blaut!

Die wilden Gletscherbäche münden
An Rebhöhn in der Sonne Glut
Und die läßt ihre Strahlen zünden
Am Eis noch in der Traube Blut.

In diesen tiefen Felsenrachen
Voll Urwelttrotz, voll Zaubertrug,

Hier war es, wo die Brut des Drachen
Der Held, der deutsche Recke, schlug.

Hier war's, wo man die Erker baute
Und Burgen in das Felsgestein,
Und während unten klang die Laute,
Schlug oben Schwerterklang darein.

Dann ging's mit raschen Eisenschritten
Hinunter durch Italiens Tor,
Verwandelt wurden Sprache, Sitten,
Gewaltig, wie noch nie zuvor.

Ihr alten Städte seid die Zeugen
Des Übergangs der Wanderung,
Ihr saht die alte Welt sich beugen,
Die neue werden stark und jung!

Und Dome bauten dann die Recken,
Zu ruhn darin, nicht in der Gruft,
Sich auf dem Steinsarg auszustrecken,
Im Tod noch hoch in freier Luft.

So ruhn sie in den Sarkophagen
Und reden von dem langen Streit,
Von Dietrichs Fahrt, von Kriemhilds Klagen
Und von der Rosengartenzeit.

Abschied von Venedig

Noch tief im Morgenschlummer ruht
Die Königin der Meeresflut,
Kaum hie und da ein Ruderschlag,
Der Gruß von einem Gondolier,
Der über Nacht zufrieden hier
  In seiner Barke lag,
  Verkündet schon den Tag.

Aus Nischen flackert hie und da
Ein Schimmer, dem Erlöschen nah,
Zuweilen schmettert wie im Traum,
Man weiß nicht wo, mit süßem Schall
Ihr letztes Lied die Nachtigall,
Zuweilen winkt ein Blütenbaum
  Von stiller Höfe Raum.

Lebwohl nun, stolze Stadt im Meer,
Von dir zu scheiden wird mir schwer;
Bei diesem Glas voll Sonnenglut,
Bei diesem Glas voll Malvasier,
Für manchen schönen Traum in dir
Hab' Dank, du Fee der Meeresflut –
Für jeden Blick, der mir gelacht
  Aus deiner Augen Nacht!

Ferdinand Gregorovius

Campagna-Abend

Rosig glühen alle Berge,
Die erinnrungsvollen Häupter
Tief nachdenklich hingewendet
Auf das öde Feld von Rom.

An dem Saum des reinsten Himmels
Steht im Dämmer der Soracte,
Totenwächter der Campagna,
Schöne Gräbersphinx von Rom.

Und im heil'gen Eichenhaine
Der Egeria gelagert,

Blick ich nieder in die Wildnis,
Die der Anio durchzieht.

Schweigen ruht auf den Gefilden,
Und der Sonne letzte Strahlen
Schweben zögernd und verweilend
Auf der Via Appia.

Fernher seh ich Pilgerscharen,
Aufgereiht in langen Zügen;
Durch die stillen Fluren wandeln
Lautlos sie im Geisterschritt.

Braune Mäntel, tiefzerfetzte
Hangen um die Riesenleiber,
Und sie tragen um die Häupter
Efeulaub und Lorbeerkranz.

Also ziehn sie hin in Reihen,
Aquädukte alter Kaiser,
Über Täler fort und Hügel,
Bogen, Pfeiler, dichtgedrängt;

Wie Kohorten, kampfzerhau'ne,
Die von Asiens Schlachtgefilden,
Im Triumpheszug geordnet,
Heimziehn in das alte Rom.

Alles pilgert zu dir, Roma,
Dort die Berge, ihre Ströme,
Die Ruinen, ihre Toten,
Alle ziehn sie heim nach Rom.

Horch! Die Glocken läuten Ave!
Geisterstille rings ergossen!
Und mein Herz, in seinen Tiefen
Bebt es, zieht es heim nach Rom.

Der Pinienbaum

Ich sitze auf dämmerndem Hügel
Am duftigen, blühenden Hang;
Was rauschet mir zu den Häupten
Für seltsam melodischer Klang?

Sind es die Schwäne, die wilden,
Die über die Länder fliehn?
Sind es die Stimmen der Glocken,
Die hallend die Lüfte durchziehn?

Ich blicke empor: da erglühet
Der alternde Pinienbaum;
Es rauscht und singt in den Zweigen,
Ein Lüftchen reget sie kaum.

Wie Harfen bricht es herunter,
Wie Flöten klingt es herein,
Ihm weckt die schmerzlichen Klänge
Des Abends verschwebender Schein.

Rings stehn zerfallne Paläste,
In Schleier von Efeu gehüllt,
Vergessen liegt unter Blumen
Ein trauerndes Marmorbild.

Ich weiß, was sie singet und klaget,
Die Pinie im einsamen Feld,
Die einzige, lebende Zeugin
Aus schöner, versunkener Welt.

Heinrich Reinhold: Pinien und Feigenbäume

Moritz von Strachwitz

Venedig

6

Kannst du das Leben nicht lebendig leben,
Statt über diesen feuertrunknen Farben
Auf schwarzem Fittich alten Grams zu schweben?

Venedig fiel und seine Helden starben! –
Doch sieh, der Markusplatz ist lauter Feuer
Und wirft ins Wasser tausend Strahlengarben.

Hier schwimmt die Lust und wirft hinweg das Steuer,
Hier wehn der Schönheit jugendlichste Lichter
Um alter Meister herrlichstes Gemäuer.

Da unten aber wogt es dicht und dichter;
Und zwingt dich nicht zum reizenden Vergessen
Die Lebensfülle strahlender Gesichter?

Der tiefe Himmel wölbt den Platz indessen
Mit Amethyst zum säulenstolzen Saale,
In keinem schönern bist du je gesessen! –

Umsonst, umsonst! Mein Auge schmerzt vom Strahle,
Mein Herz ist müd – laß schnell dein Ruder triefen,
Mein Gondolier, hinab den Gran Canale!

Wenn Licht und Lärm sich hinter uns verliefen,
Dann kann mein Aug' auf Mondeswellen schweifen
In öder Fenster schwermutsvolle Tiefen!

Hier weht von wundervollen Säulenknäufen
Der Schwermut Schlingkraut über Tor und Mauer,
Hier kann mein Herz im Stillen blühn und reifen!

Nicht kam ich her zu diesem Wonneschauer,
Venetia, daß kurzer Glanz mich bade,
Ich kam zu dir, zu teilen deine Trauer!

Kein Fenster klirrt auf meinem öden Pfade,
Und nur die Welle, träumerisch und trübe,
Spielt an Venedigs marmorne Gestade

Mit leisem Schlag ein Lied – verlorner Liebe!

9

Venedig schwindet in des Meeres Düften,
Schon rankt sich farbig in Gewind' und Lauben
Des Herbstes Rebe über samtnen Triften.

Der erste Staub beginnt am Weg zu stauben,
Und fast verwundert hör ich wieder Pferde
Nach langer Zeit im Morgenwinde schnauben.

Doch fast erbittert mich die grüne Erde! –
Du edle Stadt aus Wasser und aus Steinen,
Weiß Gott, wann ich dich wiedersehen werde.

Als wie ein Traumbild willst du uns erscheinen,
Und wie ein Traumbild seh ich dich verwehen,
Und schaue nach und möcht' am liebsten weinen!

Denn wer gehört das Lied der Meeresfeen,
Der starrt so lang' ins feuchte Aug' der Tiefe,
Bis er versinkt – und wird nicht mehr gesehen!

Und wenn mich nicht ein andres Auge riefe,
So scheu und tief, wie Adrias Gewässer,
Geblieben wär' ich, bis mein Herz entschliefe –

Und nirgend schläft ein müdes Herze besser!

Römische Mondnacht

Ein feierliches Mondenlicht ergießt
Sich auf das schlummernde, das ew'ge Rom,
Kein Laut, und unter stillen Brücken fließt
Des heil'gen Tibers unerschöpfter Strom;
Was sich erbaute sein Gestad entlang
Und was zerfällt in Trümmer voller Pracht,
Verwächst in ruhigem Zusammenhang
Zu einer ernsten, friedevollen Macht.

Wie Wellen schweben Ungemach und Glück
Vorüber, keine gleitet mehr allein,
Verschüchtert tritt das laute Heut zurück
In seiner Schwestern leise ziehnde Reihn;
Die Stunde schämt sich ihrer Ungeduld,
Wo still Jahrtausend an Jahrtausend ruht,
Und es versinkt des Tages Hast und Schuld
In eines großen Lebens stete Flut.

La Röse*

Als der Bernina Felsentor
Durchdonnerte der Wagen
Und wir im Süden sahn empor
Die Muschelberge ragen,
Blies schmetternd auf dem Rößlein vorn
Der in der Lederhose –
»Wen grüßest du mit deinem Horn?«
»Die Rose, Herr, die Rose!«

* Erste Station auf der Südseite des Berninapasses.

Mit flachem Dach ein Säulenhaus,
Das erste welsche Bildnis,
Schaut Röse weinumwunden aus
Erstarrter Felsenwildnis –
Es ist, als ob das Wasser da
In weichern Lauten tose,
Hinunter nach Italia
Blickt der Balkon der Rose.

Nun, Herz, beginnt die Wonnezeit
Auf Wegen und auf Stegen,
Mir strömt ein Hauch von Üppigkeit
Und ew'gem Lenz entgegen –
Es suchen sich um meine Stirn
Zwei Falter mit Gekose –
Den Wein bringt eine junge Dirn
Mit einer jungen Rose.

Noch einmal darf in südlich Land
Ich Nordgeborner wallen,
Vertauschen meine Felsenwand
Mit weißen Marmorhallen.
Gegrüßt, Italia, Licht und Lust!
Ich preise meine Lose!
Du bist an unsrer Erde Brust
Die Rose, ja die Rose!

Venedig

Venedig, einen Winter lebt' ich dort –
Paläste, Brücken, der Lagune Duft!
Doch hier im harten Licht der Gegenwart
Verdämmert mählig mir die Märchenwelt.
Vielleicht vergaß ich einen Tizian.
Ein Frevel! Jenen doch vergaß ich nicht,

Wo über einem Sturm von Armen sich
Die Jungfrau feurig in die Himmel hebt,
So wenig als den andern Tizian –
Doch kein gemalter war's – die Wirklichkeit:
Am Quai, dem nächt'gen, der Slawonen war's.
Im Dunkel stand ich. Fenster schimmerten.
Zwei dürft'ge Frauen kamen hergerannt.
Hart an die Scheibe preßt' das junge Weib
Die bleiche Stirn. Was drinnen sie erblickt,
Das sie erstarren machte, weiß ich nicht.
(Vielleicht den Herzgeliebten, welcher sie
An eines andern Weibes Brust verriet.)
Ich aber sah den feinsten Mädchenkopf
Vom Tod entfärbt! Ein Antlitz voller Tod!
Die Mutter führte weg die Schwankende . . .
Die beiden Tiziane blieben mir
Stets gegenwärtig; löschen sie, so lischt
Die Göttin *vor* dem armen Menschenkind.

Der römische Brunnen

Aufsteigt der Strahl und fallend gießt
Er voll der Marmorschale Rund,
Die, sich verschleiernd, überfließt
In einer zweiten Schale Grund;
Die zweite gibt, sie wird zu reich,
Der dritten wallend ihre Flut,
Und jede nimmt und gibt zugleich
Und strömt und ruht.

Auf Ponte Sisto

Süß ist das Dunkel nach Gluten des Tags! Auf dämmernder Brücke
Schau ich die Ufer entlang dieser unsterblichen Stadt.
Burgen und Tempel verwachsen zu *einer* gewaltigen Sage!
Unter mir hütet der Strom manchen verschollenen Hort.
Dort in der Flut eines Nachens Gespenst! Ist's ein flüchtiger Kaiser?
Ist es der »Jakob vom Kahn«*, der Buonarroti geführt?
Gellend erhebt sich Gesang in dem Boot zum Ruhme des Liebchens.
Horch! Ein lebendiger Mund fordert lebendiges Glück.

Auf dem Canal Grande

Auf dem Canal Grande betten
Tief sich ein die Abendschatten,
Hundert dunkle Gondeln gleiten
Als ein flüsterndes Geheimnis.

Aber zwischen zwei Palästen
Glüht herein die Abendsonne,
Flammend wirft sie einen grellen
Breiten Streifen auf die Gondeln.

In dem purpurroten Lichte
Laute Stimmen, hell Gelächter,
Überredende Gebärden
Und das frevle Spiel der Augen.

Eine kurze kleine Strecke
Treibt das Leben leidenschaftlich
Und erlischt im Schatten drüben
Als ein unverständlich Murmeln.

* In den dreißiger Jahren des sechzehnten Jahrhunderts setzte Meister »Jakob vom Kahn« zwischen Ponte Sisto und S. Angelo die Leute über den Tiber.

Joseph Victor von Scheffel

Durst in Venedig

Venedig ist eine schöne Stadt,
Doch im Sommer ist sie zu heiße;
Was frommt mich der feurigste Zyperwein,
Wenn das Herz sich sehnet nach Eise?

Was frommt mich mein prunkender Marmorsaal
Im verlotterten, alten Palazzo?
Tret ich hinaus auf den hohen Balkon,
Schlimm duftet der Canalazzo.

Die braune Ceccha streckt sich und gähnt,
Zum Haß wie zur Liebe zu faule,
Und selbst Sankt Markus' ehernem Leu
Hängt die Zunge schlaff aus dem Maule.

Wie traurig, wenn ein Gerechter muß
An verhaltenem Durste leiden!
O, könnt' ich über die Alpen zur Stund'
Auf geflügelter Schildkröte reiten!

Weit über die Alpen in kälteres Land,
An des Neckars wald'ge Reviere,
Nach Heidelberg, nach Heidelberg,
Der Heimat kühlender Biere.

Den Meister Ludwig klopft' ich heraus,
Wie einstmals in besseren Tagen.
Er müßt' mein verkalkendes Duldergebein
Empor zur Molkenkur tragen.

Zur Molkenkur, zum großen Faß,
Zum Falkner . . . è tutto lo stesso,
Temo, che divenga di questo calor
Tutt' il mio esser perplesso!

Fontana Trevi

O Zeit der römischen Wonnen ...
Die Mainacht wehte mild,
Hell plätscherte der Bronnen,
Der allen Durst gestillt.

Und seit in jener Stunde
Sein Labtrank mich erquickt,
Hält mich im Herzensgrunde
Ein Zauber süß umstrickt.

Ein Urbild ew'ger Schöne
Schwebt lockend um mich her,
Ich bannt' es gern in Töne,
Es glückt mir nimmermehr.

Und doch kann ich's nicht lassen,
Ob auch das Haupt mir glüht –
Ich summ durch alle Gassen
Ein unverstanden Lied.

O Braut meiner Seele, Italia,
Wie schlimm ist mir's ergangen,
Seit mich, den wonnetrunknen Mann,
Dein liebender Arm umfangen!

Der Zauber – tot, zertreten, zerstampft,
Im Nebel erstorben die Lieder ...
Der Bierkrug schäumt, die Pfeife dampft,
Altdeutschland hat mich wieder!

Sehnsucht

Schmerzbelastet schweifen die Gedanken
Nach Hesperiens kunstbeglückten Auen,
Ach, noch einmal möchten meine kranken
Blicke dich, mein einzig Rom, erschauen.
Ach, noch einmal deine Mortadella
Möcht ich kosten, deinen rohen Schinken –
Ach, noch einmal in der Tarantella
Tollem Strudel möcht ich untersinken
Und noch einmal in der Palombella
Süßen Lethe von Orvieto trinken!

Heimkehr aus Italien

Auf dem Sankt Gotthard.

(8. Juli 1856, mit erfrorenen Händen.)

Ich habe geträumt einen langen Traum:
Das Leben schwungvoll und heiter
Und selbst zum Himmel der Aufgang frei
Auf der Künste goldener Leiter.

Es ist vorbei! – Kraft, Kunst und Gold,
Sie gingen zusammen zuende;
Da stehn sie wieder, schneedüster und grau,
Des Gotthards steinerne Wände.

Es ist vorbei! – Der Nordwind saust,
Als zög' durchs Gebirge ein Klagen,
Ich sitze, ein trauerndes Marmorbild,
Verhüllt im Luzerner Wagen.

Noch einmal folgt dem Ticino der Blick –
Schier will's mir die Seele zerdrücken . . .
Er rennt jungfrisch ins Gelobte Land,
Ich kehr ihm für immer den Rücken!

Resignation

Im sonnigen Land Italia,
Von Jugend und Glück umfangen,
Da ist auch mir der goldene Stern
Der Dichtung aufgegangen.

Da hob ich stolz das Haupt und sang
Und schrieb das Beste nicht nieder –
Jetzt bringt mir kaum ein leiser Klang
Das Echo jener Lieder.

Heinrich Leuthold

Bei Nervi

In diesen Silberhainen von Oliven
Hab ich die Heilung aller meiner Wunden
Und auch die heitre Lösung nun gefunden
Von meines Lebens ernsten Hieroglyphen.

Unstet und finster war ich einst im Norden;
Wie dieser Himmel fließen nun die Tage
Mir blau und sonnig hin und selbst die Klage
Ist mir zu lieblicher Musik geworden.

Neapel

Den Vesuv, doch ohne Feuer,
Seh ich, aber leider solo.
Auf dem vielberühmten Molo
Wandl' ich ohne Abenteuer.

Auch Gesindel hier, doch ohne
Jene genialen Funken.
Hie und da nur schlafestrunken
Grinst mich an der Lazzarone.

In der Ferne meerumschlungen
Ragt dort Capris felsig Eiland,
Wo Sirenen hausten weiland
Und wo Platen jüngst gesungen.

Eine Barke zieht vom Stapel.
Gähnend schau ich die Gesichter
Zum Beweis, daß selbst ein Dichter
Sich gelangweilt in Neapel.

Venedig

Venetia, wie bist du tief gesunken!
Herrin des Meeres einst und dreier Reiche,
Nun leblos, eine schöne Marmorleiche,
Um die noch Gold und ird'sche Flitter prunken.

Und deine Kunst! Wie oftmals stand ich trunken
Vor Tizian, dem keiner sich vergleiche,
Bellin und Paul und Palma, deren reiche
Schöpfrische Kräfte lichte Gottesfunken.

Und doch ich kann, ich kann nicht um dich trauern,
Ob deine Heldengröße auch zertrümmert,
Ob auch entblättert deine Lorbeerkrone:

Blieb doch die Schönheit noch in deinen Mauern.
Ein Tor, der um Vergangenes sich kümmert,
Sieht er das Volk hier in Palästen wohnen!

Genua

8

Wo, stolzes Genua! sind deine Flotten?
Wo deine Schätze, Helden und Galeeren,
Mit denen du als Fürstin auf den Meeren
Auszogst, die Nebenbuhler auszurotten?

Der Nobili Prachtvillen, Gärten, Grotten,
Niemand bewohnt sie, dem Verfall zu wehren;
Der Wind pfeift durch die Räume, durch die leeren,
Als wollt er ihres frühern Pompes spotten.

Doch neues Leben füllt des Golfes Schale:
Es schmücken Feigen, Wein und Öl und Pinien
Die Höhn und neue Bauten schaun zu Tale;

Und rings weht von den Forts der Festungslinien
Und hier am Hafen überm Arsenale
Die zukunftsfrohe Flagge von Sardinien.

Im Welschlande

Ihr Helden, ruhm- und tatenreich,
Normannenfürsten, ihr kecken,
Als ihr gründetet dieses sizilische Reich,
Was wart ihr für herrliche Recken!

Und du, o gefürchteter Genserich,
Ihr kühnen Vandalenhorden,
Was seid ihr im tropischen Himmelsstrich
Für schnöde Memmen geworden!

Die Mannskraft, mit der ihr Reiche nahmt
Mit schneidigem Schwerteshiebe

Und Völker warfet, sie ist erlahmt
In den üppigen Kämpfen der Liebe.

Ihr lerntet Flöten- und Saitenspiel
Und lerntet Weiber küssen!
Drum habt ihr nach ruhmvoll errungenem Ziel
So schmachvoll enden müssen.

Ihr laget lüsternen Frauen im Schoß
Und seufztet Liebesgedichte . . .
Im Grunde gibt es kein tragischers Los
In der ganzen Weltgeschichte!

Auch du, o deutsche Ritterschaft,
Ihr markigen Hohenstaufen,
Verlort im Welschland die beste Kraft
Und verlerntet das Herrschen und Raufen!

Die Gärten des Südens, sie duften zu stark,
Hier lispeln zu süß die Töne
Der Liebe; das frißt sich wie Gift ins Mark
Der gewaltigen Nordlandssöhne.

O Weib, schließ deinen Sirenenmund
Und die Glieder laß unentkleidet:
Mir ist in der Seele tiefstem Grund
Dieser südliche Zauber verleidet.

Paul Heyse

Lied von Sorrent

Zur Melodie: Sto crescenno no bello cardillo.

Wie die Tage so golden verfliegen,
Wie die Nacht sich so selig verträumt,
Wo am Felsen mit Wogen und Wiegen
Die gelandete Welle verschäumt,
Wo sich Blumen und Früchte gesellen,
Daß das Herz dir in Staunen entbrennt –
O du schimmernde Blüte der Wellen,
Sei gegrüßt, du mein schönes Sorrent!

Und die Nacht, wenn so süß Luisella
Ihre lachenden Lieder uns singt
Und der Wirbel der Luft, Tarantella,
Wie ein Flämmchen im Sturme sie schwingt.
An der Bucht sich die Gärten erhellen
Unterm leuchtenden Nachtfirmament –
O du schimmernde Blüte der Wellen,
Sei gegrüßt, du mein schönes Sorrent!

Hier entrinnst du der Sorgen Getriebe,
Und es trägt dich auf Händen die Lust,
Und sogar das Gedächtnis der Liebe,
Hier beschleicht es gelinder die Brust.
Und du tauchst in die heilenden Quellen,
In des heiligen Meers Element –
O du schimmernde Blüte der Wellen,
Sei gegrüßt, du mein schönes Sorrent!

Auch der tobenden Stürme Getümmel,
Hier belebt es nur Blüten zuhauf,
Und es lösen die Wetter am Himmel
In ein fruchtbar Geriesel sich auf.

Wenn die Früchte, die herbstlichen, schwellen,
Ach, wie weit, ach, wie bin ich getrennt!
Dann ade, o du Blüte der Wellen,
Dann ade, du mein schönes Sorrent!

Abendstimmung

Nun versprühn die Strahlengarben,
Dämmrung deckt die Höhn und Tiefen.
Ausgebrannt und aschefarben
Sehn herüber die Oliven.

Lautlos faltet schon zusammen
Jeder Uferwind die Flügel;
Der Zypressen dunkle Flammen
Züngeln still empor am Hügel.

Rings die Welt in falbem Lichte;
Aus dem Laub nur dunkelhelle
Leuchten noch wie Zauberfrüchte
Der Orangen goldne Bälle.

Grüßt mir, sanfte Zithertöne,
Das Gesicht mit blassen Wangen,
Das in mondenklarer Schöne
Liebevoll mir aufgegangen!

Bilder aus Neapel

V

Sie hielten, vierzig Ladendiener, heuer
Ihr Bundesfestmahl in Sorrentos Frische.
Für Suppe, Maccheroni, Braten, Fische
Und Früchte sind zwei Lire nicht zu teuer.

Doch *wie* sie tafelten! Mit welchem Feuer
Ein jeder schlang, damit er ja bei Tische
Auch für sein Geld sein volles Teil erwische,
Portionen ließ verschwinden, ungeheuer!

Beim Nachtisch sangen sie zur Mandoline
Traviata, Rigoletto, Troubadour,
Wo mehr die forti glückten als die piani!

Der Kellner schlich herum mit saurer Miene.
»Vierzig Couverts – zwei Lire Trinkgeld nur! –
Ma che volete? Son Napoletani!«

VII

Im Museum

Am Sonntag stets und Feiertags mitunter
Ist freier Eintritt hier. Das Volk in Scharen
Strömt durch die Säle, froh, den Franc zu sparen,
Und gafft und staunt und lacht und plaudert munter.

Ein stattlich Bürgerweib sah ich darunter,
Das einen Säugling trug mit krausen Haaren
Und leider noch viel krauserem Gebaren;
Er strampfte, schrie und trieb es bunt und bunter.

Da, öffnend ihre volle Brust in Eile,
Im Weiterschreiten stillte sie den Schreier,
Indes sie selber sättigte die Augen.

Gesegnet Volk! Dir wird das Glück zu Teile,
Den Sinn für Kunst in früher Sonntagsfeier
Schon mit der Milch der Mutter einzusaugen.

Abschied von Rom

Wer dich erkannt hat, scheidet nie von dir,
Wie von der Mutter nie, die ihn geboren,
Und trennt sich unser Leib von deinen Toren,
Zurück ein Stück der Seele lassen wir.

Umschließt nicht dies geheiligte Revier,
Was sich an Göttern je der Mensch erkoren?
Bewahrt der Hügelsand nicht unverloren
Die Fußspur aller Weltgeschlechter hier?

Und wie an längst vergeßne Schulgeschichten
Die treue Mutter mahnt und uns dazwischen
Mit Lieblingsspeisen pflegt und süßen Früchten,

So weiß dies Rom das Herz uns zu erfrischen
Mit Vorzeithauch – und römischen Leibgerichten,
Wie der Falcone sie pflegt aufzutischen.

Verona

Und so entläßt dich, wie sie dich empfangen,
Italiens schöne Tochter an der Schwelle,
Auf daß nach ihrer Mutter Sonnenhelle
Du sehnlich immer müssest heimverlangen.

All ihre Lieblichkeit und stolzes Prangen
Grüßt dich noch einmal aus des Stromes Welle;
Was dir der Süden bot, an dieser Stelle
Ist's wie im Auszug dir vorbeigegangen.

Amphitheater, Dom, Arkaden, Plätze
Voll Marktgewühls und ausgelaßner Schreier,
Ja ein Triumphtor selbst ward nicht vergessen;

Der Mal- und Bildkunst unerschöpfte Schätze,
Glutaugen, leuchtend unter schwarzem Schleier,
Und jenes Giusti-Gartens Prachtzypressen.

Robert Hamerling

Und gönnt es mir, zu weilen hier im schönen Land
Italia, zu wandeln am Südmeerstrand
Und holden Trost zu suchen für meines Herzens Glut,
Hier, wo hellen'scher Schöne Widerschein auf Trümmern
ruht!

Nirgend blaut des Äthers Bronnen so schimmernd; so hehr
Spült an Blütenufer nirgend das liebliche Meer;
Nirgend tönt die Lippe so hold, so zauberfroh
Blüht in Frauenbildern der Schönheit Adel nirgendwo!

Die Städte reihn wie Perlen sich auf prangender Flur
Und heben in des Himmels glänzenden Azur
Edelstolze Zinnen: es schimmert Palast und Dom
Und spiegelt sich in Buchten, in grünen Seen, im
Silberstrom!

Und von der Dome Wänden grüßen Bild an Bild
Olympische Gestalten mich als Heil'ge mild;
Darunter Venus-Madonna, wie unter Sternen der Mond,
Mit himmlisch-blauen Augen und süßen Locken, goldig
blond!

Marmorbilder winken mir im Lorbeerhain,
Hohe Tempeltrümmer blinken im Abendschein,
Süß träumt sich auf gestürzten Säulen der Vorzeit Traum,
Wenn blühend drüber säuselt des Frühlings ewig junger
Baum!

Daß dich der Himmel segne, schönes Blütenland!
Wahre der Vorzeit Abglanz, der, wie auf deinem Strand,
So auch auf deinen Liedern, auf deinen Bildern blüht,
So lang dein Himmel blauet und deine Sonne golden glüht!

II

Das alte Lied

Kennt ihr vom hehren Venedig
Das alte ewige Lied?
Das werden die Reisebeschreiber
Zu singen nimmer müd:

Ein Demokrit ist der Himmel
Und lächelt das ganze Jahr,
Pomeranzen und Zitronen
Blühn wonnig im Januar;

Am Ponte Rialto flittert's
Von Gold und flimmert und flirrt,
Der Markusplatz ist immer
Mit den schönsten Damen garniert;

Auf der Riva wimmelt und wogt es
Lebendig den ganzen Tag,
Matrosen und Gondoliere
Sind ein reizender Menschenschlag.

Doch in Kanälen und Gassen,
Da löset sich Stein um Stein
Und fällt melancholisch langsam
In die düstere Flut hinein.

Und in den alten Kirchen
Schreckt Moderduft den Sinn,
Die Dogen auf ihren Gräbern,
Sie haben alle den Spleen.

Ruinen sind die Paläste,
Die Lagunen ein weites Grab,

Und nur die Fremden spazieren
  Gemütlich auf und ab.

Das ist vom hehren Venedig
  Das alte ew'ge Lied;
Das werden die Reisebeschreiber
  Zu singen nimmer müd.

Ferdinand von Saar

Italia

III

Nach dir allein, du Zauberstadt im Meere,
  Nach dir, Venezia, faßt mich noch ein Sehnen;
  O, könnt' ich still an deinen Brücken lehnen,
Du menschenvolle – und doch menschenleere!

Was deine Hoheit auch an Glanz entbehre
  Vergangner Zeiten, nichtig muß ich's wähnen;
  Wie lieb ich dich mit deinen dunklen Kähnen,
Die heut noch des Genusses schönste Fähre!

Du bist der Ort für müde Lebensschwingen,
  Die gern in deinen märchenhaften Räumen
Zu leisem Fluge noch empor sich ringen.

Du bist der Ort für letztes Becherschäumen:
  So möcht auch ich in dir ein Lied noch singen
Und einer letzten Liebe Traum noch träumen.

Italien

Jetzt, da die Welt an des Jahrhunderts Wende,
Dem Erhabenen feind, sich gänzlich hingibt
Platter Gegenwart und Vergangnes abweist
Schnöd mit Verachtung;

Jetzt, da der nord'sche Fjord des Südens Golfe
Aufwiegt – und selbst die Kunst nicht mehr in gläub'ger
Andacht hinstrebt zu den Gebilden deiner
Göttlichen Meister:

Jetzt, o Italien! faßt mich tiefe Sehnsucht
Nach dem sonnigen Adel deiner Landschaft,
Nach Zypressenwipfeln und nach umbüschtem
Blinkenden Marmor.

Wieder an meerbespülten Stufen möcht ich,
Halbversunknes Venedig, landen – möcht auf-
Schimmern sehn im Strahle des Tags San Marco
Und die Salute.

Oder, Florenz, vor deinem Dome weilen,
Herz und Sinn mir erheben an der alten
Stadtpaläste Kraft – und im lichten Grabbau
Der Medicäer.

Einmal auch noch in Rom geweihte Trümmer
Mit ehrfürchtigem Pilgerfuß beschreiten,
Still Sankt Peters Kuppel bewundern und die
Weite Campagna!

Denn, o Italien, selbst ergriffen bist du
Schon vom Zuge der Zeit, und kaum noch schonst du
Um des Schaugelds klingenden Pfennig deine
Heiligsten Reste.

Christian Wagner

Der Dom zu Mailand

Aufragt der Dom in seiner Marmorpracht,
Wie für die ganze Christenheit gemacht.

Du trittst hinein: Wie kühl, wie feierlich!
Dies Gotteshaus ist eine Welt für sich.

Das Domgewölb' ein ird'scher Himmel fast,
In dem die Gottheit selber wohnt zu Gast,

Der Beter Schwarm – Gott, du bemerkst ihn kaum!
Milanos Volk verliert sich in dem Raum.

Am Hochaltar der Kerzen flimmernd Gold,
Die Jungfrau mit dem Jesuskindlein hold.

Betstühle hie, dort bleicher Lichterschein
Auf der Altäre samtbehangnem Schrein.

Glasscheiben bunt in Blumenteppichs Pracht,
Die halten treulich ihre Fensterwacht,

Daß nimmermehr die Schau der Außenwelt
Der Beter reine Andacht hier vergällt.

Nach dem Gewölb', dem dunklen Baldachin
In frommem Duft die Weihrauchswolken ziehn,

Als ob auf ihnen sanft der Lieder Chor
Zu all den Sel'gen Gottes flög' empor. –

Capri

Sanft blaut das Meer in leichtem Wogenfluß,
Doch wir hinan auf steiler Zickzacksteige
Umhängt von Ginster und der Kaktusfeige,
Auf zu der Villa des Tiberius.

Uns opfern laß der Sonne Genius
Am Mithrastor, das uns der Klausner zeige,
Und jubelt nicht vom Salto eine Geige
Uns fernen Pilgern zu den Abschiedsgruß?

Und weithin, weithin, fernhin ein Geflimmer
Silberner Lichter auf der blauen Bahn,
Doch tönt nicht her ein klägliches Gewimmer

Erstorbner Stimmen auf von jenem Kahn?
Ist's aus der Grotte blauem Hinterzimmer
Noch ein verspätet Opfer des Sejan? –

Piacenza

Hie Tal des Po: So weit die Blicke schweifen,
Topfeben Land, zerlegt in Heckenstreifen;

Der schnurgeraden Wassergräben Säume
Besetzt von Reihen schlanker Pappelbäume.

So zwischenein des Reises Rieselfelder,
Des Maulbeers lichte weindurchrankte Wälder.

So fort, so fort sich Rebgewinde wölben
Um Ackerstreifen mit dem Mais, dem gelben.

Und wo im Pappelhain sich finden Lücken,
Es ist der Po, den Bogen überbrücken.

Nur kärglich sah ich seine Wasser fließen,
Verronnen war es in Geröll und Kiesen.

Doch wo sich mochte ein Gehege finden,
Umsponnen war es von der Heimat Winden*.

So rechts wie links von Zäunen, Mauerkanten,
Ein Grüßen her von Augen, von bekannten. –

Venedig

Venezia! In deiner Wogen Glanz,
Trotz deiner Gassen Marmorkolonnaden
Vom Vorhalt des zu Massigen entladen,
Jeglicher Schwere so entlastet ganz!

Venezia, du jüngeres Byzanz!
Leicht dehnst du dich in zierlichen Fassaden
An der Lagune wonnigen Gestaden
Und deiner Inseln weitgespanntem Kranz! –

Am Arsenal des Molo schwere Kräne,
Rialto, Lido ladet dich zu Gast;
Was sie nur wollen, all die schwarzen Schwäne!

An zu des Dogen marmornem Palast
Am Markusplatze legen bei die Kähne,
Venedigs Löwe grüßt sie trotzig fast. –

* Zaunwinde Convolvulus sepia.

Am Tiber

Aus kiesgefülltem Bette kommt der Tiber
Wie hitzverschlafen vom Gebirg herüber.

Und leerer Bäche steinerfüllte Rinnen
Ziehn zahllos nieder von den Apenninen.

Als hingewürgter Völker ries'ge Särge
So grollen nieder die Sabinerberge.

Nur hie und da an einer Felsenklippe
Ein ausgebrannt und abgewelkt Gestrüppe.

Hie silbergraue, großgehörnte Rinder,
Halbnackte, braune, schöne Hütekinder;

Dort von der Via Appia durchzogen
Aufragend fern der Aquädukte Bogen.

Die Weide ganz von Sonnenglut gerötet,
So liegt das Land verlassen und verödet. –

Martin Greif

Mittag am Gardasee

I.

Im alten Olivenhaine
Am felsigen Seegestad'
Um Mittag wandl' ich alleine
Auf schattenbestreutem Pfad.

Die Ora spielt in den Zweigen
Und kräuselt den silbernen Baum,
Die Gipfel der Felsen steigen
Im blauen ätherischen Raum.

II.

Stets reger zu meiner Seite
Erbraust die bewegte Flut,
Stets blendender in die Weite
Ergießt sich die strahlende Glut,

Bis alles im Lichte vergangen,
Sogar der Berge Gestalt,
Und Schlummer die Welt umfangen
Mit stiller Zaubergewalt.

Venedig

Venedig steigt mit den Sternen,
Da hebt es auf einmal groß
Sein Haupt aus dem Meeresschoß
Und winkt in die dämmernden Fernen.

Voran der verschwiegene Zeuge,
Der stolze Dogenpalast,
Wie strahlt er in eigenem Glast,
Als ob noch die Welt sich ihm beuge.

Gewaltig die Mauern ragen,
Es rühmt sich jeder Stein
Im webenden Mondenschein
Der Kunde von mächtigen Tagen.

Er meldet von Sturz und Glücke,
Von allem, was er schon sah,

Ernst mahnend schwebet ihm nah
Die einsame Seufzerbrücke.

Und beide Säulen, bekrönet
Vom Martyr und fliegenden Leu'n,
Sie scheinen der Nacht sich zu freun,
An prangende Feste gewöhnet.

Doch stumm in den Dämmer gehüllet
Zeigt sich Sankt-Markus-Dom
Dem wogenden Menschenstrom,
Als säh' er das Schicksal erfüllet.

Detlev von Liliencron

Italienische Nacht

I.

Weit weg, im südlichen Italien war es.
Du schautest vom Altane in den Garten
Auf weiterhellte, festbelebte Wege.
Dann hob dein Auge sich, und deine Seele
Verlor sich ins Geheimnis ferner Landschaft:
Im Meer des Mondenlichtes liegen still
Die weißen Schlösser, Schiffen gleich, vor Anker.
Es dunkeln, Inseln, die Zypressenhaine,
Wo Liebesworte und Gitarrenklang
Im gleichen Fall der Brunnen sich vermischen.
Wie lange willst du träumen, deutsche Frau,
Von glutdurchdrängter Nacht des Romeo?
Weckt dir Erinnerung nicht liebe Bilder
Aus unbarmherzig strenger Winternacht,
Die mit gesenktem Augenlid umdämmert
Die Hünengräber deines rauhen Strandes?

II.

Im Nebelnorden, an der Ostseeküste,
Abseits den Städten und den großen Straßen,
Schläft einsam und vergessen, halb verweht
Im Schnee, von harten Stürmen oft gezaust,
Ein kleines Gut. Zwei ungeschlachte Riesen,
Uralte Tannen, strecken ihre Arme
Wie Speere vor zum Schutz des Herrenhauses.
Unhörbar, drinnen auf dem dicken Teppich,
Geht eine junge Dame auf und nieder.
Bisweilen bleibt sie stehn, schraubt an der Lampe,
Schiebt auf dem Bechstein an das Notenpult
Die schweren Bronzekandelaber näher,
Zupft im Vorübergehen an der Decke
Des Sofatisches, horcht, und wandert, horcht,
Die grauen Augen auf die Tür gerichtet.
Bis endlich ihre schwere Stirn ein Schwarm
Von Sommervögeln lustig überflattert.
Nun wandert langsam auf dem warmen Teppich
Ein Pärchen, angeschmiedet, auf und nieder.
Behaglichkeit, das Kätzchen, schnurrt im Zimmer,
Indessen draußen in der Winternacht,
Ein Abglanz von den Schilden Schlachterschlagener,
Die fleißig in Walhall den Humpen schwingen,
Die blassen Strahlenbündel eines Nordlichts
Am strengen Himmel Odins sich ergießen.
Und auf der toten Heide bellt ein Fuchs.

Unvermutetes Zusammentreffen

Ein unerhörter Fall hat sich begeben:
Zwei Gondeln stießen im Canale Grande
Unsanft zusammen. Das war eine Schande;
Wer glaubte je, solch Plumpstück zu erleben.

Die Insassen, die just vor Wonne beben
Bei ihren Schönen, unter der Girlande,
Erwachen aus der Liebe seligem Brande,
Um ihre Stirnen zornig zu erheben.

Will heut das Schicksal einen Festtag feiern?
Sie drohn sich an und liegen auf der Lauer:
Wer wird sein Quidproquo zuerst entschleiern?

Es rieselt durch die Welt ein heiliger Schauer:
Cosi mi chiamo, well, Milordo Byron!
»Und ich, ich heiße Arthur Schopenhauer.«

Friedrich Nietzsche

Im Süden

So häng ich denn auf krummem Aste
Und schaukle meine Müdigkeit.
Ein Vogel lud mich her zu Gaste,
Ein Vogelnest ist's, drin ich raste.
Wo bin ich doch? Ach, weit! Ach, weit!

Das weiße Meer liegt eingeschlafen,
Und purpurn steht ein Segel drauf.
Fels, Feigenbäume, Turm und Hafen,
Idylle rings, Geblök von Schafen, –
Unschuld des Südens, nimm mich auf!

Nur Schritt für Schritt – das ist kein Leben,
Stets Bein vor Bein macht deutsch und schwer.
Ich hieß den Wind mich aufwärts heben,
Ich lernte mit den Vögeln schweben, –
Nach Süden flog ich übers Meer.

Vernunft! Verdrießliches Geschäfte!
Das bringt uns allzubald ans Ziel!
Im Fliegen lernt' ich, was mich äffte, –
Schon fühl ich Mut und Blut und Säfte
Zu neuem Leben, neuem Spiel . . .

Einsam zu denken nenn ich weise,
Doch einsam singen – wäre dumm!
So hört ein Lied zu eurem Preise
Und setzt euch still um mich im Kreise,
Ihr schlimmen Vögelchen, herum!

So jung, so falsch, so umgetrieben
Scheint ganz ihr mir gemacht zum Lieben
Und jedem schönen Zeitvertreib?
Im Norden – ich gesteh's mit Zaudern –
Liebt' ich ein Weibchen, alt zum Schaudern:
»Die Wahrheit« hieß dies alte Weib . . .

»Mein Glück!«

Die Tauben von San Marco seh ich wieder:
Still ist der Platz, Vormittag ruht darauf.
In sanfter Kühle schick ich müßig Lieder
Gleich Taubenschwärmen in das Blau hinauf –
  Und locke sie zurück,
Noch einen Reim zu hängen ins Gefieder
– mein Glück! Mein Glück!

Du stilles Himmels-Dach, blau-licht, von Seide,
Wie schwebst du schirmend ob des bunten Baus,
Den ich – was sag ich? – liebe, fürchte, *neide* . . .
Die Seele wahrlich tränk' ich gern ihm aus!
  Gäb' ich sie je zurück? –
Nein, still davon, du Augen-Wunderweide!
– mein Glück! Mein Glück!

Du strenger Turm, mit welchem Löwendrange
Stiegst du empor hier, siegreich, sonder Müh!
Du überklingst den Platz mit tiefem Klange –:
Französisch, wärst du sein accent aigu?
Blieb ich gleich dir zurück,
Ich wüßte, aus welch seidenweichem Zwange ...
– mein Glück! Mein Glück!

Fort, fort, Musik! Laß erst die Schatten dunkeln
Und wachsen bis zur braunen lauen Nacht!
Zum Tone ist's zu früh am Tag, noch funkeln
Die Gold-Zieraten nicht in Rosen-Pracht,
Noch blieb viel Tag zurück,
Viel Tag für Dichten, Schleichen, Einsam-Munkeln
– mein Glück! Mein Glück!

An der Brücke stand
jüngst ich in brauner Nacht.
Fernher kam Gesang:
goldener Tropfen quoll's
über die zitternde Fläche weg.
Gondeln, Lichter, Musik –
trunken schwamm's in die Dämmrung hinaus ...

Meine Seele, ein Saitenspiel,
sang sich, unsichtbar berührt,
heimlich ein Gondellied dazu,
zitternd vor bunter Seligkeit.
– Hörte jemand ihr zu? ...

Emil von Schönaich-Carolath

Gruß an Venedig

Venedig ragt aus den Wogen,
Die bunte verträumte Stadt,
Von Taubenschwärmen umflogen,
Von Sonne, von Schönheit satt.

Die Wellen glitzern und schäumen,
Sie wandern und raunen weit
Das Lied von versunkenen Träumen,
Von Dogenherrlichkeit.

Eins ist dir treu geblieben,
Du Zauberin am Meer:
In dir wägt leicht das Lieben,
Fällt auch der Tod nicht schwer;

Dort, wo dich, glanzumsprühte,
In heißem Lenzgelüst
Ein Tag, der kaum verglühte,
Zu neuem Festtag küßt,

Wo weiße Paläste schwimmen
Auf Meeresmelodien,
Wo tausend Gitarrenstimmen
Frohlockend zum Himmel ziehn.

Isolde Kurz

Italien

Hingestreckt zwischen beiden Meeren
Liegst du und träumst in Mittagsruh',
Götterliebling!
Und die Wellen singen ihr altes Lied,
Das weltenalte,
Von deiner Schöne, von deinem Ruhm.
Die fernsten Ufer hallen's zurück,
Doch von der seligen Stirne,
Die kein Leid gefurcht, die kein Gram gebeugt,
Ist der schwere Lorbeer gefallen.
Und die Hand, die herrliche Bildnerin,
Die die Kette gebrochen der langen Schmach,
Heut liegt sie müde und feiert.
Will nicht mehr schaffen, will nicht mehr siegen,
Schelte sie keiner um ihre Ruh'!
Denn fernher kommen bezwungne Barbaren,
Zahlen willig der Ehrfurcht Zoll,
Und die Götter, die launisch grollten,
Haben der Freundin, der lange Verstoßnen,
Endlich heiteren Abend geschenkt.

Abschied

Ihr scheltet, Lieben, meine Hast!
Ein Schwälblein war euch Sommergast,
Das fegt der Nord von hinnen.
O goldne Sonne von Florenz,
O Herbst des Südens, zweiter Lenz,
Nach euch steht all mein Sinnen!

Schön war zur Sommerzeit der See,
Doch auf den Bergen liegt der Schnee,
Der Tag ist grau und trübe,
Der Herbstwind peitscht den Wald mit Wut,
Vor seinem Hauch erstarrt das Blut,
Im Herzen starrt die Liebe.

Doch hinter jener Alpenwand,
Da liegt ein Land,
Das lacht im Sonnenscheine.
Willkommen mein beschneiter Steg!
Durch Reif und Regen führt der Weg
Ins goldne Land, ins meine.

Heinrich Vierordt

Porto Venere

Nicht die flammendsten Gesänge
Tönten voll dein Loblied je,
Deiner Herrlichkeiten Menge –
Schönes Porto Venere!

Wie du an der Felsen Hange,
Fast wie ein Prometheus, liegst,
An den grauen Berg dich bange,
Wie an einen Vater, schmiegst!

Nackte, braune Knaben tauchen,
Wonnig plätschernd, in die Flut;
Rotbemützte Fischer rauchen
Träumrisch in der Mittagsglut.

Und das Meer mit dumpfem Tone
Rauscht zu meinen Füßen leis . . .
In dem Garten des Padrone
Pflück' ich sacht ein Lorbeerreis.

Die Zikaden

In der Gondel steuernd nach Torcello,
Hatt' ich noch zwei kleine Passagiere
Zu der Morgenseefahrt eingeladen,
Dürre, braune, winz'ge Passagiere:
Silberstimmig zirpende Zikaden
In dem messingdrahtgeflochtnen Käfig!
Zu den vielen angebornen Grillen
Hab ich diese käuflich noch erstanden
Auf dem Grillenmarkt an dem Rialto.

Nun, so singt doch, luft'ge Kornfeldwesen,
Zirperinnen, Wiesennachtigallen,
Wohnend sonst auf blühnden Apfelbäumen,
Götterlieblinge von alters her schon!
Hoffe doch, ihr werdet mir nicht seekrank!
Oder liebt ihr stillere Vergnügung,
Grüne Blätter duftenden Salates
Mit großmäuligem Behagen schlingend?

Horch, sie singen, und ich lehne lässig
In den Lederkissen meines Bootes;
Unter mir das träumerische Plätschern
Der Lagune, meine ich: zu liegen
Tief in Gras und flüsterndem Getreide.
Vor der schläfrig halbgeschloßnen Wimper
Gaukeln Pfauenaugen und es tönen
Sommersonnige Zikadensänge.

Karl Stauffer-Bern

Ferentum presso Viterbo

Setz dich zu mir und sieh, wie rings im Glanz
Die Lande leuchten und die Wälder ruhn!
Dort ist Viterbo an dem Bergeshang.
Und weiter schweift der Blick den Hain entlang.
Siehst du Bagnaia? Eine Villa träumt
Dort unter riesenhaften Prachtplatanen
Im Zaubergarten, wo der Blick, entsendet
Durch weite Lande hin, entzückt sich wendet.
Begleite mich, dorthin zum nahen Hain,
Wo Myrt' und Lorbeer wuchern im Gestein.
In der Livinen tiefem Schatten malen
Sich wunderbar der Sonne letzte Strahlen.
Ein alter Bau im Dickicht vor uns steht,
Und hinter Wolken nun der Mond aufgeht.
Dort steht sie noch auf einem jener Bogen,
Die das Theater einstmals hier umzogen,
Die Lustspielgöttin. Holde Thalia.
O steig hernieder, sieh, wir warten da,
Erzähle uns, was alles du erfahren
Auf hoher Wacht seit bald zweitausend Jahren.
Uns scheint, als ob die Muse sich bewege
Und durch das Dunkel leis herniederschwebe.
Mir wird so bang – laß fliehn uns von dem Ort.
Wo ist sie hin? Verschwunden ist sie dort.

Otto Erich Hartleben

Campagna

Ja! Die Ebne ruht in satten Düften,
hingeschmiegt in sanfter Hügellinie –
drüben, hoch in noch durchsonnten Lüften,
still und einsam-schattend steht die Pinie.

Alte Gräber dunkeln, morsche Steine –
fern und unsichtbar berührt dich Rom –
doch empor aus goldnem Abendscheine
steigt die Kuppel von Sankt Peters Dom.

Und du ahnest, wie sich Flügel heben,
gleich den abendfarbnen Wolkenstreifen,
denn die Seele will zur Höhe schweben
und der Wille durch die Fernen schweifen.

Wage nur zu lieben, was genossen,
zu behaupten, was dich je entzündet –
alle Wonnen sind in dir beschlossen,
jede Größe ist in dir begründet.

Otto Julius Bierbaum

Blätter aus Fiesole

5

Täglich fahr ich mit Pietro,
Meinem wohlbeleibten Kutscher
(Und mit seinem Pferdchen Palle,
Welches auch nicht mager ist),

Täglich nachmittags um dreie
Fahr ich auf der alten Straße,
Die sehr steil ist und sehr holprig,
Erst nach San Domenico

Und sodann, vorbei der Villa,
Wo Herr Dante einst verliebt war,
Zwischen hohen Gartenmauern
Nach Florenz. Dort trink ich Tee.

»Wie? Und der Palazzo Pitti?
Accademia? Uffizien?
Bibliotheca Laurenziana?
Hast du nicht nach Schönheit Durst?«

Oh ja. Aber für Museen
Bin ich selten nur in Stimmung;
Denn es sind Konservenbüchsen;
Ihre Schönheit schmeckt nach Blech.

»Wie? Die himmlische Tribuna?
Alessandro Botticelli?
Cimabue? Donatello?«
Alle schmecken dort nach Blech.

Lieber wandre ich durch dunkle
Kirchen mit dem Operngucker
Und verrenke Hals und Kopf mir
Nach der dort versteckten Kunst.

Da nur wirkt sie noch ins Leben,
Thront sie noch auf ihrem Throne,
Frei, gebietend, nicht gefangen:
Atmet aus und atmet ein.

Denn ein Kunstwerk braucht den Atem,
Braucht die Luft des tätigen Lebens;

Seine Schönheit wird zum Schemen,
Sperrt man sie vom Leben ab.

Stünde David noch im Freien,
Dort, wohin ihn schuf sein Schöpfer,
Wohl, er wäre nicht so glänzend
Weiß wie jetzt und »fast wie neu«,

Aber, grau vielleicht und rissig,
Mitgenommen von Frost und Feuchte,
Leidend, wie das Leben immer
Leiden muß, um *ganz* zu sein:

Stünd er heldenhaft lebendig,
Sterbend stünd er noch lebendiger,
Herrlicher, strahlender da, als jetzt im
Abgemessenen Oberlicht.

»Und verdürbe.« Freilich. Alles
Leben muß einmal verderben.
Aber leben soll es, leben:
Wirklich leben, bis es stirbt.

Denkt nicht immer an die Enkel!
Denkt an euch, wie jene taten,
Die ihr Leben sich verklärten,
Bildner ihrer Gegenwart.

Dann erst hättet ihr ein Recht, sie
In die heiligen Leichenkammern
Eurer Pietät zu stecken,
Brauchtet ihr für Eignes Platz.

Doch genug. Ich geh zu Gilli,
Trinke Tee und esse Kuchen.
Leider bin ich manchmal schwach und
Lese Zeitungen dazu.

Heiliger Marsyas! Noch immer,
Simson Deutschland, sind Philister,
Ach, und was für eine Sorte
(Frech und bieder), über dir.

Deine Delila heißt Wohlstand.
Üppigst hast du zugenommen.
Wohl bekommt dein Fett dem Bauche,
Doch dem Hirn bekommt es schlecht.

Und der Seele, ach, der edlen
Deutschen Seele fehlt's am Raume,
Scheint es, in dem kolossalen
Korpus, der ganz Masse ist.

Bocke, bocke nicht, Trochäus!
Jetzo mußt du Zahlen buckeln.
Schwer fällt wohl dabei das Tanzen,
Doch dein Kriechen kündet Ruhm:

Seit dem Jahre achtzehnhundert-
Achtzig stieg von einunddreißig
Teilen unser Kohlenkonsum
Bis auf hundert heut. Respekt!

Der Verbrauch von Weizen hat sich
In derselben Zeit verdoppelt.
Apfelsinen ißt man ditto
Doppelt mehr als dazumal.

Und nun gar der Heckepfennig,
Symbolum des höheren Lebens,
Hat um zweiundachtzig Hundert-
Teile löblich sich vermehrt.

Simson! Simson! Wahr die Haare!
Delilachen liebt die Glatzen!
Selbst die Haare auf den Zähnen
Küßt sie, fürcht ich, dir noch weg.

Schon hast du das Byzantinern
Allzurasch gelernt, schon zieht dein
Bauch dich tiefer auf die Erde,
Als es Ehrerbietung heischt.

Treibe andere Gymnastik,
Als nach vorn die Rückenbeuge!
Steige, Simson, wie du stiegst, als
Michel Deutsch noch mager war!

Cameriere! Cameriere!
»Subito!« – Pagare! – »Grazie!«
So. Jetzt geh ich zum Lungarno,
Schöne Damen anzusehn.

Warum nicht? Ich kann's vergnüglich,
Denn ich habe eine schönre.
Treue ist für den kein Kunststück,
Der bei jedem Tausch verliert.

Ah, die Gräfin Montignoso!
Na, so, so. Da: die Geliebte
Des viel schönren Gabriele.
(»Rübchen« heißt er eigentlich.)

Nun, nicht übel: Rasse, Feuer,
Gertenbiegsam, große Augen,
Wie sie für die weite Bühnen-
Perspektive nützlich sind.

Dort: Amerika. Das ist nun
Nicht mein Fall. Protzt Hygiene.
Resultat der Speisekarte.
Wenig Anmut, viel Effekt.

England. Aoh! Noch immer schwärmt die
Miß für »ihren« Botticelli,

Engelhaft und englisch gibt ein
Wunderliches Mischprodukt.

Endlich kommt, der ich schon lange
Aufgelauert habe, kommt die
Große Modekurtisane,
Die Bellezza von Florenz.

La Signora Millelire
Heißt man sie. Des zum Beweise
Trägt sie eine Perlenkette,
Die gewiß nicht billig ist.

Sonst: Ich danke. Bloß Bellezza.
Ansichtskarten-Schönheitstypus;
Gut genug für jene Beutel,
Die voll mille lire sind.

Aber nun: Oh teure Heimat!
Kommt da nicht das süße Gretchen,
Das, weils seinen Hans gefunden,
Schleunigst nach Florenz gemußt?

Ja, sie kommt, und ja, sie lächelt,
Ja, sie ist ganz hin vor Selig-
Keit und großem Glücke, weil sie
Wirklich in Italien ist.

Spotte nicht, verruchter Knabe!
Laß ihr auch das jugendstilig
Künstlerisch empfundne, aber
Praktische Reformkostüm.

Ist sie trotzdem nicht recht niedlich?
Frage dich: wie viele solche
Mündchen, Äugelchen und Näschen
Haben ehmals dich entflammt?

Außerdem: »Frühlings Erwachen«
Hat auch diese tief begriffen,
Und sie ist durchaus kein Gretchen
Wie das alte Gretchen mehr.

Neue Jugend! – »Jugend«! Präge
Tief es dir in dein Gemüte:
Von der alten »Gartenlaube«
Sind wir absolut befreit.

Auf, und greife in die Harfe!
Unser Gretchen ist verwandelt,
Unser Gretchen ist ästhetisch,
Unser Gretchen ist modern.

Sieh, sie geht in einen Laden,
Wo man schöne Marmorsachen
Billig kauft. Nun: was erstand sie?
Ha! Ein nacktes Frauenbild!

Schlag die Harfe! Schlag die Harfe!
Denn Germania ist gerettet.
Zwar: sie kaufte einen Kitsch, doch,
Heil, es war ein nackter Kitsch!

Vetturino! »Sissignore«.
Nach Fiesole! – Die Gäulchen
Brauchen Gott sei Dank zwei Stunden,
Bis ich wieder oben bin.

Denn es ist ein schönes Fahren,
Langsam, langsam, bis zur Höhe.
Unten liegt, wie eine Muschel,
Rosafleischig überhaucht,

Traumhaft, wesenlos, ein sanftes,
Zages Blinken, liegt phantomisch
Diese Stadt der alten, edlen
Phrasenfeindlichen Kultur.

»Marmorstirn und Brunnenrand ...«

Symbolismus, Expressionismus, Traditionalismus

Madonna, o wie oft zu deinem Haine
hast du mich aus des Nordens Nacht gezogen.
Ich sagte: oft! und habe nicht gelogen,
denn hundert Male rechn' ich jedes eine.

O sel'ger Gipfel, drauf du glühst aus Steine,
der Marmor von der Sonne Glanz durchsogen,
von Pinienhäuptern köstlich überbogen,
von Duft umflossen wie von süßem Weine.

Du kennst mich, o geliebteste Madonne,
und wartest mein als deines treusten Ritters,
daß er in dir und Südens Glut sich sonne.

Du, die voll Güte sich erfreut des Flitters,
gewähre mir noch einmal jene Wonne,
im Kuß zu nahn der Masche deines Gitters.

Nur wenig Schritte

Nur wenig Schritte von der breiten Straße,
und es verstummt die Zeit, der du verbunden.
Du weißt nicht mehr von ihren, deinen Wunden –
nur wenig Schritte von der breiten Straße.

Nur wenig Schritte von der breiten Straße:
fünftausend Jahre sind wie nicht gewesen.
Du siehst den stillen Mann Oliven lesen
und hier und da ein einsam Echo wecken
bei einem andren, dessen Wanderstecken
ihm stützt die rauhen, schwielig-blauen Hände.

Die beiden trieben schon zur Zeit ihr Wesen,
eh Hannibal die Alpen überstiegen.
Sie trieben es schon vor den Perserkriegen ...
nur wenig Schritte von der breiten Straße.

Zypressen

Zypressen, Zypressen bewohnen
mein Jugendparadies,
drin tote Götter thronen
und das mich längst verstieß.

Hat mir es vor der Sonne
ein Wölkchen nur verhüllt?
Heut scheint's, als ob der Bronne
des Lichts es überschwillt.

Und wirklich ist's gefunden,
der Garten steht erwacht:
Er rauscht versunkne Stunden,
und Ros' und Springquell lacht.

Tief in verwachsnen Gängen
hin schleich ich, weltversteckt,
von Echogeisterklängen
betöret und geneckt.

Ach, lange möcht ich steigen
durch Blumen, Lied und Hain,
und mehr noch: ruhn und schweigen
mit mir und Gott allein.

Richard Dehmel

Eine Rundreise in Ansichtspostkarten

10

Campagna vor Rom

Hier spannt sich alles, Landschaft, Bäume, Tiere,
als habe sich die Welt zur Ruh gezwungen;
erwartungsvoll ist jede Form geschwungen,
die Hörner selbst der silbergrauen Stiere.
Denn dort am Horizont hebt einsam groß,
so einsam groß, daß auch die Berge nur
Mitglieder sind der staunenden Natur,
das Haupt der Ewigen Stadt sich zum Azur:
die Peterskuppel Michelangelos.

12

In den Abruzzen

Endlich dem Bann der Museen entronnen,
fand ich Italien auf eigne Faust schön;
fand ohne Baedeker goldene Sonnen,
silberne Monde, in Tälern, auf Höhn.
Fand auch ein Räuberpaar, in einer Grotte,
spät eines Abends, im wilden Wald,
raubten sich Küsse, die haben geknallt:
siamo felici nel cuor della notte!

17

Bergstraße von Amalfi nach Salerno

Europas reichste Damen
karriolen den Felsweg her,
hoch zwischen Himmel und Meer;

immerfort wechselt der Rahmen.
Großartig wechselt der Rahmen;
hoch zwischen Himmel und Meer
erwartet ein Bettlerheer
Europas reichste Damen.

42

Florenz

Du Allerschönste, Liebling aller Welt,
einst manchem Herrn, jetzt jedem Gaffer feil,
und immer noch von Zier und Reiz geschwellt,
so lehnst du stolz auf hehrem Ruhebett,
dein Haupt wie eines Turmes Zinne steil,
dein Schoß wie offne Rosen lebensfroh,
und gar den Busen schmückt als Amulett
die heilige Kunst des Fra Angelico.

44

Venedig: Punta della Salute

Hier möcht ich sterben, alt, wie Tizian starb,
doch in verhängter Gondel und allein.
Durch einen Spalt nur glühn im Abendschein
verwitterte Paläste glorienfarb.
Schlaftrunken schaut die Wasserfläche drein
und haucht mir eine Seelenruhe ein,
die niemals um ein ewiges Dasein warb.
So möcht ich sterben ... aber leben: nein!

Venedig

Sieh, Desdemonens Haus und die umflorten Brücken,
Von Wassers Feuchte und des Mondenlichts
Und Geisterschritten, –
Da ist es wieder.
Nur jener schmalen Augen Meeresschimmer,
Die über mich und mein Entzücken
Und Marmorschleier, Taubenglanzgefieder
So zärtlich zweifelnd, unverführbar glitten,
Als sagten sie: ›Nichts, – nichts, –‹
Erlosch auf immer.

Das Denkmal

Meerstadt im Süden,
Ein Hafen, wo's nach Fisch und Fäulnis roch,
Den längst die Schiffe mieden.
Auf dem zerbröckelnd alten Markte stand
Ein Denkmal, ein verzückter Komponist,
Die Geige wie ein Zepter in der Hand.
Wer weiß noch, wie er hieß?
In Körben um ihn her das Meerzeug kroch,
Laut feilschten Gier und List.
Sein Lied, einst liebentglommen,
Schwang über Bettlern, Krämern, unvernommen
Dahin, – o tragisch süß!
Nachts lagern sie in Chören um ihn her:
Gekreisch der Möwen und des Sturms Geläut,
Die hohen Sterne, Mond und Meer,
Aus Muscheln kommts posaunentief geschwommen.
Inmitten der Melodische gebeut.

ALFRED KERR

Der neue Campanile

I.

Campanile! Campanile!
»Auferstanden!« (jubeln viele);
»Ruderscht du vor die Piazzetta,
Wirkt der Eindruck jetzt viel netta.«

II.

Prächtiger Platz, mit Bogen, Zacken,
Platz, auf dem die Tauben . . . hacken.
Weil man ihnen Erbsen streut.
(Und sie hacken stets erneut).

III.

»Horch! Die Campanile-Glocken!«
Pirna macht sich auf die Socken.
Herrlich an der Adria
Liegt das Café Quadri! Ja!

Lehrerinnen, säck'sche Grazien,
Sitzen vor den Procurazien – –
Wo das blonde Frauensbild
»Ober! einen Wäääärmuth!!« brüllt.

STEFAN GEORGE

Rom-Fahrer

Freut euch dass nie euch fremdes land geworden
Der weihe land der väter paradies
Das sie erlöst vom nebeltraum im norden
Das oft ihr sang mehr als die heimat pries.

Dort gaukelt vor euch ein erhabnes ziel
Durch duft und rausch in marmor und paneelen
Dort lasset ihr vom besten blute viel
Und ewig fesselt eure trunknen seelen

Wenn auch verderbenvoll der schöne buhle . .
Wie einst die ahnen denen dürftig schien
Die kalte treue vor dem fürstenstuhle:
Wunder der Welt! und sänger Konradin!

Durch euer sehnen nehmt ihr ewig teil
An froher flucht der silbernen galeeren
Und selig zitternd werfet ihr das seil
Vor königshallen an den azur-meeren.

Feld vor Rom

An Ludwig von Hofmann

Von höhen maassen wir die abendgegend
Der welten trümmer sich im glanze regend
Wir treten in die fluren öd und streng
Von nah und fern ein hauch macht bang und eng.

Denn mussten wir vor aufgehäuftem prunke
Vor grosser gruft glorreichem säulenstrunke

Weniger weinen? und was war uns seit
Der kronen zier · der völker herrlichkeit!

Wir fühlen scheidend: säen oder roden
Verwehrt den schmerzlichen der stolze boden ..
Sieh! weit in wolken schein des ewigen tors
Und blut- und veilchenfalten eines flors

Auf wehem grün der welligen ebne fliegend
Frascati bleicher an den berg sich schmiegend ..
Noch einmal halt an diesem hügel still
Pflückend die schattenlilie asphodill.

Südliche Bucht

An Ludwig von Hofmann

An grünen klippen laden selige gärten
Wo blumen sich mit blauen wogen mengen
Und frühe winde zart und glühend sprengen
Um den Gebundnen die metallnen härten.

In lila-himmel streuen berge funken –
Hier lockt die dämmerung der safirgrotte
Dort in verklärte fernen zieht die flotte ..
Ihn hat ein schauer jung geküsst und trunken

Dass er berührt vom spiel gewiegter hüfte
Den einen namen seufze sage singe ..
Und starker odem in dem zauberringe
Wie wein und honig meer und tempelgrüfte

Hat ihm in traumes ruhe-reich verholfen ..
Wo er in lied und segen der zypresse
Sein kaltes land und steiles werk vergesse
Langsam sich lösend vor den purpurgolfen.

Südlicher Strand: See

Fern liegt die heimat noch als schwarze wüste
Vergessen hinter schneebestreuter wehr . .
Kein laut von dort der nicht vergeblich grüsste!
Die wunderwelt verlockt uns noch zu sehr.

Starr-hohe fichten sanftere oliven
Im garten den ein kühler glanz durchloht –
Noch wartet drunten auf den glatten tiefen
Aus saphir unser gelbbeschwingtes boot

In dieser luft von weihrauch und von rosen
Wo selbst der strenge Fürst des Endes leicht
Als sei er nur der spender von almosen
Mit einem lächeln durch die lande schleicht.

Goethes lezte Nacht in Italien

Welch ein schimmer traf mich vom südlichen meer?
Fichten seh ich zwei ihre schwarzen flügel
Recken ins stetige blau der nacht und dazwischen
Silbern in ruhigem flimmern ein einziger stern.
Aus den büschen tritt nun das Paar . . vor dem Bild
Mitten im laub-rund · leuchtender marmor wie sie ·
Tun sie noch immer umschlungen den grossen schwur.
Mächtig durch der finsteren bräuche gewalt
Heben sie nun ihre häupter für herrschaft und helle.
Staunend hört ihren heldengesang die verklärung
Ewiger räume · dann trägt ihn der duftige wind
Über das schlummernde land und die raunende see.

Abschied reisst durch die brust – von dem heiligen boden
Wo ich erstmals wesen wandeln im licht
Sah und durch reste der säulen der Seligen reigen . .

Ich den ihr preisend ›herz eures volkes‹ genannt
›Echtesten erben‹: hier hab ich vor armut gezittert ·
Hier ward erst mensch der hier wiederbegonnen als kind.
Durch die nebel schon hör ich euch schmälende stimmen:
›Hellas' lotus liess ihn die heimat vergessen‹ . . .
O dass mein wort ihr verstündet – kein weiseres frommt
euch –
›Nicht nur in tropfen · nein traget auch fürder in strömen
Von eurem blute das edelste jenseit der berge ·
Anteil und sinn euch solang ihr noch unerlöst‹.

Euch betraf nicht beglückterer stämme geschick
Denen ein Seher erstand am beginn ihrer zeiten
Der noch ein sohn war und nicht ein enkel der Gäa
Der nicht der irdischen schichten geheimnis nur spürte
Der auch als gast in ambrosischen hallen geweilt
Der dort ein scheit des feuers stahl für sein volk
Das nun sein lebenlang ganz nicht mehr tastet in irre
Der in die schluchten der grausigen Hüterinnen
Die an den wurzeln im Untersten sitzen · sich wagte
Die widerstrebenden schreienden niederrang
Ihnen die formel entreissend mit der er beschwört . . .
Solch einer ward euch nicht und ich bin es nicht.

Früh einst – so denkt es mir – trug ein bewimpeltes schiff
Uns in das nachbarlich rheinische rebengeländ . .
Hellblauer himmel des herbstes besonnte die gaue
Weisse häuser und eichen-kronige gipfel . .
Und sie luden die lezten trauben am hügel
Schmückten mit kränzen die bütten · die festlichen winzer ·
Nackte und golden gepuzte mit flatternden bändern . .
Lachend mit tosendem sange beim dufte des mostes
Also stürmte die strasse am tiefgrünen strom
Purpurnes weinlaub im haare der bacchische zug.
Dort an dem römischen Walle · der grenze des Reichs ·
Sah ich in ahnung mein heimliches muttergefild.

Unter euch lebt ich im lande der träume und töne
In euren domen verweilt ich · ehrfürchtiger beter ·
Bis mich aus spitzen und schnörkeln aus nebel und trübe
Angstschrei der seele hinüber zur sonne rief.
Heimwärts bring ich euch einen lebendigen strahl ·
Dränge zutiefst in den busen die dunkleren flammen ·
Euch ein verhängnis solang ihr verworren noch west.
Nehmt diesen strahl in euch auf – o nennt ihn nicht kälte! –
Und ich streu euch inzwischen im buntesten wechsel
Steine und kräuter und erze: nun alles · nun nichts . .
Bis sich verklebung der augen euch löst und ihr merket:
Zauber des Dings – und des Leibes · der göttlichen norm.

Lange zwar sträuben sich gegen die Freudige Botschaft
Grad eure klügsten · sie streichen die wallenden bärte ·
Zeigen mit fingern in stockige bücher und rufen:
›Feind unsres vaterlands · opfrer an falschem altar‹ . . .
Ach wenn die fülle der zeiten gekommen: dann werden
Wieder ein tausendjahr eurer Gebieter und Weisen
Nüchternste sinne und trotzigste nacken gefüge
Ärmlicher schar von verzückten landflüchtigen folgen
Sich bekehren zur wildesten wundergeschichte
Leibhaft das fleisch und das blut eines Mittlers geniessen ·
Knieen im staube ein weiteres tausendjahr
Vor einem knaben den ihr zum gott erhebt.

Doch wohin lockst du und führst du · erhabenes Paar? . .
Sind es die schatten der sehnsucht · lieblich und quälend? . .
Säulenhöfe seh ich mit bäumen und brunnen
Jugend und alter in gruppen bei werk und bei musse
Maass neben stärke. . so weiss ich allein die gebärden
Attischer würde. . die süssen und kräftigen klänge
Eines äolischen mundes. Doch nein: ich erkenne
Söhne meines volkes – nein: ich vernehme
Sprache meines volkes. Mich blendet die freude.
Wunder hat sich erfüllt von marmor und rosen . . .
Welch ein schauer des ungebahnten erbebt?
Welch ein schimmer traf mich vom südlichen meer?

Christian Morgenstern

An Sirmio
(Catulls Ode)

Kaum glaub ich's noch! Catull, du bist daheim!
Daheim auf deinem lieben Sirmio!
Oh Sirmio, Sirmio, Kronjuwel Neptuns!
In allen Meeren, Strömen, Seen sucht
Deingleichen man umsonst: Kein Vorgebirg,
kein Halbeiland, kein Eiland kommt dir gleich!
Wie gern bin ich zu dir zurück geeilt!
Wie schön, die Sorg und all den fremden Kram,
der mir nichts ist, im Rücken weit, weit, weit,
am eignen Tisch, im eignen Bett zu ruhn!
Das ist doch noch ein Lohn nach so viel Plag!
Mein Zauber-Sirmio, freust du dich denn auch?
Und du, mein See, brandest du mir Willkomm?
Ja, alles lacht und ruft: Catull ist da!

Porto fino, kleiner Hafen,
da wir uns im Frühling trafen.

Da geheim wie eine Mythe
unverhofft ein Glück erblühte.

Glück und Leid? Wer will es wissen?
Wehrlos ward ich fortgerissen,

daß sich eine oder scheide,
was zu Glück ward oder Leide.

Porto fino, kleiner Hafen,
da wir uns im Frühling trafen.

Du, was auch mein Schicksal werde,
bleibst mir ewig teure Erde.

San Gimignano

Große Raubvögel wart ihr, prächtige,
Ihr Ardinghelli, ihr Salvucci, die ihr
in *einem* Bergnest fünfzig Türme bautet

und euch von Horst zu Horst bekriegtet, Guelfen
und Ghibellinen, dort in Gimignano,
die Straße von Siena nach Florenz.

Ich schau dich, starke Zeit, einst meine Liebe,
noch meine Liebe, – doch ihr Aare flogt
mir noch nicht hoch genug, euch fehlte noch

das große Ziel. Die Sonne lag zu prall
auf euch, drum saht ihr nicht die Sonne
und machtet euch ein irdisch Licht aus – Blut.

Alfred Mombert

Venedig

Golden glänzen die Dächer der Stadt Venedig
über den erwachenden Lagunen,
über dem Frühe-Gesang der Gondel-Schiffer:
»Schönste See-Rose: o nachterblühte Stadt ...«
Seht: euch naht jetzt aus Traum ein Morgen-Wunder:
Mit einem Reiter ein Roß erschien in der Stadt!
Huf-Schall! golden vier Hufe die Gassen durchschallen:
steinerne Gassen, auf Grund-Wäldern Wassern enthobene.
Es schreitet über den Fest-Saal Markus-Platz:
weltbestaunten, doch staunt er heute selber:
vor die Portale der prangenden Kathedrale.

Sie erbaute Göttin Fantasia,
spendete heiteren Marmors Farben-Prunk,
Säulen-Schatz des Jaspis, des Porphyrs,
überdachte die Hallen mit goldenen Wölbungen,
Licht-Wunder außen, innen Geheimnis-Dämmerungen,
drin zu wohnen als in ihrem Palast.
Dächern entschwirrte Schwärme geheiligter Tauben
drängen um das Roß, um seinen Reiter.
Über der Pforte die bronzenen Rosse – sie wiehern?
Flügel-Geflatter auf Schultern, über dem Roßhaupt –
durch das Liebe-Gedränge vorsichtig vorwärts.
Dort wo entsteigen der Piazetta die zwei Säulen,
Schritte zwei zum Perlen-Schimmer der Adria,
drauf schwarzgoldene Gondeln wippend schaukeln:
hält das Roß. Sein Reiter richtet sich auf.
Er blickt rundhin: strahlt hin Heiterkeit.

Alle, die hier in früher Stunde dasind:
Fischer, Matrosen, sie eilen nun alle herbei,
Kohlenschipper, die Gassenkehrer herbei –
zu jenen zu liegen, die immer hier lagern im süßen
sonnigen Nicht-Tun: Zuschauer an herrlicher Stätte:
glückliche Besitzer ihrer Glanz-Stadt:
Frei über Wasser nach Inseln entschweift hier ihr Blick.
Vorn die Durchfahrt bunter Barkensegel;
gegen einander, sich deckend, dann langsam entschwindend.
Hinten auf Inseln hell leuchtend die Kirchen-Paläste;
Marmortreppe steigt zu hoher Pforte.
Ihnen naht, über Brückengewölbe, der Fest-Zug:
Palmen-Schwinger umreigen die Jungfrau-Göttin,
Möwen schwärmen licht zu ihrer Ehre.
– Alles verdeckt jetzt ein rotes Riesen-Segel! –
– Meer-Traum-Segel! – Wind-Traum-Segel! –
– Traum-stärker als Stein-Dom: oh du gleitendes Segel! –

Heute abwandte sich ihr Blick den Wassern:
Müßiglieger bewundern die große Neuheit:

Sie bestaunen ein Roß und seinen Reiter.
Colleoni? – ritt er zurück ins Leben?
Staunend gleiten sie ins Traum-Gesicht.
Musik, Musik, es tönen Saitenklänge,
nun in ihrer Mitte singt die Stimme
Sfairas des Alten vom Zauber-Hengst herab:
»Säulen! Gegrüßt, ihr Plätze! heitere Paläste!
Über den Wassern stolzester Turm dein Leucht-Geist!
Seefahrers Glück-Port! Traum-Werk großer Meister!
Morgen-Länder verewigten in dir,
dich beschauen froh die Abend-Länder.
Braut: dein bin ich, ich hochzeite hier.
Immer wieder kehr ich ein bei dir.
Glanz um Glanz: wir tauschen unsere Strahlen.
Diesmal drängt mich eilige Durchfahrt –
auf Ahnung-Spur in Ferne fährt Sfaira der Alte
hinter einem Traum-Bild her – wie wenn es
das Rosen-Wölkchen neuer Jugend wär« –

Mitten im Kreis des gaffenden Schiffervolkes
steigt jetzt der Reiter ab vom weißen Hengst,
dem aus Nüstern sprühen Feuerflammen.
Klopft ihm Bug und Schenkel, er streicht die Goldmähne,
blickt ihm in die Augen, er spricht zu ihm.
»Roß in See – so spricht zu dir der Zauberer.
Renne zurück in liebe deutsche Heimat,
zu ihrer Wiese, ihrer duftenden Tanne,
zu dem Haselstrauch, der Heidelbeere,
zu dem Kuckuckruf und dem Wellenglucksen.
Dort im dunklen See-Schlaf träume du weiter
– droben glitzert am Spiegel die Mittag-Sonne –
Eis der Mond-Nacht über Alpen-Hörnern,
Marmor-Dome in Hesperien,
goldene Dächer ferner Wasser-Stadt.
Warst ein gutes Roß: weltlich und geistlich.
Dir zum Dank empfange jetzt deinen Namen:
Sfaira-Träger – so wirst du nun immer heißen.«

Glücklich stampft und wiehert und feuert das Roß.
Sprengt in die Lüfte. Dort goldleuchten die Hufe.

*

Sfaira der Alte steht in Träumen
in Venedig an der Adria-Flut –
ihn umlagert Wunder-gieriges Volk.
Spricht zu sich; und spricht ein Traum-Wort:
»In das Fern-Land – hin nach Indien –
wer wird bringen – Sfaira dorthin?« –
Spricht es laut. Da rauscht die Flut –
öffnet Tiefe weit ein Wogen-Tor
blauendsten Kristalls: es taucht herauf
– während in Lüften Saitenklänge feiern –
Meeres goldgekrönter schönster Delfin.
Diamant-Glanz in purpurenen Augen,
auf dem sammtenen Rücken schwarzer Nacht-Glanz;
unten leuchtet hell rosarot der Leib.

Sfaira der Alte aus Träumen spricht zu ihm:
»Herrlich bist du! Der König in deinem Reich!
Deiner Wogen gütiger Betreuer!
Bist zu dem Welt-Entbrannten der Meer-Gesandte.
Wen du trägst, ihm tönt der Kristall der Woge,
Lüfte singen ihm holde Glück-Gesänge.
Wissender bist du vieler zukünftiger Dinge –
und du weißt, wohin Sfaira will« –

Seht: jetzt patscht mit dem Flossenschweif das Wunder,
bietet seinen sammetglänzenden Rücken.
Vor zurufenden Volkes staunendem Auge
mit dem Zauberer schwimmt hinaus in die Adria
Meeres goldgekrönter schönster Delfin.

Hugo von Hofmannsthal

Reiselied

Wasser stürzt, uns zu verschlingen,
Rollt der Fels, uns zu erschlagen,
Kommen schon auf starken Schwingen
Vögel her, uns fortzutragen.

Aber unten liegt ein Land,
Früchte spiegelnd ohne Ende
In den alterslosen Seen.

Marmorstirn und Brunnenrand
Steigt aus blumigem Gelände,
Und die leichten Winde wehn.

Richard Schaukal

Capri

Weiße leuchtende Säulen. Rebenranken
schmiegen sich zärtlich um ihre schlanken
schweigenden Leiber. Purpurn brennende Nelken.
Jäh aufduftende Rosen, die nachts verwelken.
Bunt im Schatten kühler Laubengänge
blüht der Ginster. Meergetränkte Winde
nahen flatternd. Hörst du nicht Gesänge,
leise lockende und traurig linde?
Sind es drunten im glitzernden Schaume,
im Sonnenjubel der hüpfenden Mittagswellen
nicht die brandungbeherrschenden süßen hellen,

dunkel und muscheltief aus raunendem Traume
klagenden, ewig betörenden, flatternd bebenden,
schimmernd sich wiegenden, schwalben-schwebenden
seltsam silbernen Stimmen – Menschensehnen
armer Unsterblicher künden sie – der Sirenen?

Rainer Maria Rilke

Venedig

I

Fremdes Rufen. Und wir wählen
eine Gondel, schwarz und schlank:
Leises Gleiten an den Pfählen
einer Marmorstadt entlang.

Still. Die Schiffer nur erzählen
sich. Die Ruder rauschen sacht,
und aus Kirchen und Kanälen
winkt uns eine fremde Nacht.

Und der schwarze Pfad wird leiser,
fernes Ave weht die Luft, –
traun: Ich bin ein toter Kaiser,
und sie lenken mich zur Gruft.

II

Immer ist mir, daß die leisen
Gondeln durch Kanäle reisen
irgend jemand zum Empfang.
Doch das Warten dauert lang,
und das Volk ist arm und krank,
und die Kinder sind wie Waisen.

Lange harren die Paläste
auf die Herren, auf die Gäste,
und das Volk will Kronen sehn.
Auf dem Markusplatze stehn
möcht ich oft und irgendwen
fragen nach dem fernen Feste.

IV

Ave weht von den Türmen her.
Immer noch hörst du die Kirchen erzählen;
doch die Paläste an stillen Kanälen
verraten nichts mehr.

Und vorbei an der Traumesruh
ihrer schlafenden Stirnen schwanken
leise Gondeln wie schwarze Gedanken
dem Abend zu.

Arco

Die Hochschneezinne, schartig scharf,
loht auf wie eine Mauerkrone,
in die der lachende Nerone,
der Morgen, seine Fackel warf.

Und wie die Flammen bis ins Blau
sich zu verblühten Sternen strecken,
erwacht das Tal in schönem Schrecken
und taucht empor aus Traum und Tau.

Römische Fontäne

Borghese

Zwei Becken, eins das andre übersteigend
aus einem alten runden Marmorrand,
und aus dem oberen Wasser leis sich neigend
zum Wasser, welches unten wartend stand,

dem leise redenden entgegenschweigend
und heimlich, gleichsam in der hohlen Hand,
ihm Himmel hinter Grün und Dunkel zeigend
wie einen unbekannten Gegenstand;

sich selber ruhig in der schönen Schale
verbreitend ohne Heimweh, Kreis aus Kreis,
nur manchmal träumerisch und tropfenweis

sich niederlassend an den Moosbehängen
zum letzten Spiegel, der sein Becken leis
von unten lächeln macht mit Übergängen.

Lied vom Meer

Capri. Piccola Marina

Uraltes Wehn vom Meer,
Meerwind bei Nacht:
    du kommst zu keinem her;
wenn einer wacht,
so muß er sehn, wie er
dich übersteht:
    uraltes Wehn vom Meer,
welches weht
nur wie für Ur-Gestein,
lauter Raum
reißend von weit herein ...

Albrecht Dürer: Burg und Stadt Arco

O wie fühlt dich ein
treibender Feigenbaum
oben im Mondschein.

Römische Campagna

Aus der vollgestellten Stadt, die lieber
schliefe, träumend von den hohen Thermen,
geht der grade Gräberweg ins Fieber;
und die Fenster in den letzten Fermen

sehn ihm nach mit einem bösen Blick.
Und er hat sie immer im Genick,
wenn er hingeht, rechts und links zerstörend,
bis er draußen atemlos beschwörend

seine Leere zu den Himmeln hebt,
hastig um sich schauend, ob ihn keine
Fenster treffen. Während er den weiten

Aquädukten zuwinkt herzuschreiten,
geben ihm die Himmel für die seine
ihre Leere, die ihn überlebt.

Venezianischer Morgen

Richard Beer-Hofmann zugeeignet

Fürstlich verwöhnte Fenster sehen immer,
was manchesmal uns zu bemühn geruht:
die Stadt, die immer wieder, wo ein Schimmer
von Himmel trifft auf ein Gefühl von Flut,

sich bildet ohne irgendwann zu sein.
Ein jeder Morgen muß ihr die Opale
erst zeigen, die sie gestern trug, und Reihn
von Spiegelbildern ziehn aus dem Kanale
und sie erinnern an die andern Male:
dann giebt sie sich erst zu und fällt sich ein

wie eine Nymphe, die den Zeus empfing.
Das Ohrgehäng erklingt an ihrem Ohre;
sie aber hebt San Giorgio Maggiore
und lächelt lässig in das schöne Ding.

Spätherbst in Venedig

Nun treibt die Stadt schon nicht mehr wie ein Köder,
der alle aufgetauchten Tage fängt.
Die gläsernen Paläste klingen spröder
an deinen Blick. Und aus den Gärten hängt

der Sommer wie ein Haufen Marionetten
kopfüber, müde, umgebracht.
Aber vom Grund aus alten Waldskeletten
steigt Willen auf: als sollte über Nacht

der General des Meeres die Galeeren
verdoppeln in dem wachen Arsenal,
um schon die nächste Morgenluft zu teeren

mit einer Flotte, welche ruderschlagend
sich drängt und jäh, mit allen Flaggen tagend,
den großen Wind hat, strahlend und fatal.

San Marco

Venedig

In diesem Innern, das wie ausgehöhlt
sich wölbt und wendet in den goldnen Smalten,
rundkantig, glatt, mit Köstlichkeit geölt,
ward dieses Staates Dunkelheit gehalten

und heimlich aufgehäuft, als Gleichgewicht
des Lichtes, das in allen seinen Dingen
sich so vermehrte, daß sie fast vergingen –.
Und plötzlich zweifelst du: vergehn sie nicht?

und drängst zurück die harte Galerie,
die, wie ein Gang im Bergwerk, nah am Glanz
der Wölbung hängt; und du erkennst die heile

Helle des Ausblicks: aber irgendwie
wehmütig messend ihre müde Weile
am nahen Überstehn des Viergespanns.

Vor-Ostern

Neapel

Morgen wird in diesen tiefgekerbten
Gassen, die sich durch getürmtes Wohnen
unten dunkel nach dem Hafen drängen,
hell das Gold der Prozessionen rollen;
statt der Fetzen werden die ererbten
Bettbezüge, welche wehen wollen,
von den immer höheren Balkonen
(wie in Fließendem gespiegelt) hängen.

Aber heute hämmert an den Klopfern
jeden Augenblick ein voll Bepackter,

und sie schleppen immer neue Käufe;
dennoch stehen strotzend noch die Stände.
An der Ecke zeigt ein aufgehackter
Ochse seine frischen Innenwände,
und in Fähnchen enden alle Läufe.
Und ein Vorrat wie von tausend Opfern

drängt auf Bänken, hängt sich rings um Pflöcke,
zwängt sich, wölbt sich, wälzt sich aus dem Dämmer
aller Türen, und vor dem Gegähne
der Melonen strecken sich die Brote.
Voller Gier und Handlung ist das Tote;
doch viel stiller sind die jungen Hähne
und die abgehängten Ziegenböcke
und am allerleisesten die Lämmer,

die die Knaben um die Schultern nehmen
und die willig von den Schritten nicken;
während in der Mauer der verglasten
spanischen Madonna die Agraffe
und das Silber in den Diademen
von dem Lichter-Vorgefühl beglänzter
schimmert. Aber drüber in dem Fenster
zeigt sich blickverschwenderisch ein Affe
und führt rasch in einer angemaßten
Haltung Gesten aus, die sich nicht schicken.

Theodor Däubler

Ode an Florenz

Zypressen stehen da als hohe Pforte.
In silberner Verschwendung tagt Florenz.
Du stehst vor Gottes vorgeträumtem Worte:
In deiner Welt mit einem ernsten Lenz!

Zypressen stehen da als große Pforte:
Sie führen auf den Bergen hoch zum Herrn.
Zypressen stehn vor jedem Felsenorte
Und weisen abends auf den ersten Stern.

Das ist Hesperien. Herrlich. Gottbegnadet.
Das schöne Land mit dem Zypressensaum,
Wo jede Stadt in Goldergüssen badet,
Und jeden Baum beweht sein Silbertraum.

Die Seelenheimat unter milden Schleiern
Mit blauen Augen sieht dich sonnig an.
Das Weingelände frägt nach Hochzeitsfeiern,
Sein stiller Engel hält mich sacht im Bann.

Venedig, deine Marmorsäulenwälder
Durchstreif ich tausendmal und gerne,
Sie sind die bleichen, steinernen Vermelder
Versunknen Seins in Meer und Nebelferne.

Arkadien bist du unsrer Welt geworden:
Zu Menschenlust von Menschen aufgerichtet,
Schufst du Oriente frei in Welschlands Norden,
Und Hellas' Geist hat über dir gedichtet.

Doch ist Arkadien nicht für dich gefallen?
Oft ward das Leben in besiegten Ländern
Scharf von Venedigs wilden Löwenkrallen
Zerzaust, denn so gefiel es Machtverschwendern.

Die Forste breiter Berge, die verkarsten,
Verschwanden bald im Schlamm, wo sie verschimmeln,
Die Eichen, die einst Abhangfelsen barsten,
Versteinern, wo jetzt Kellerasseln wimmeln.

Arkadien hat sich freundlich ausgebreitet;
Einst rauschten Bäche durch Illyriens Schluchten
Zu Leuten, die sich sanft ein Glück bereitet:
Venedigs Flotten lagen in den Buchten!

Erwürger brachten sie: roh und verwegen.
Erpresser, die des Landes Kraft entwalkten.
Zwar heulten ihnen Stürme rasch entgegen,
Der Tiefenadern Felsquelle verkalkten,

Doch blieb der Leu auf seinen braunen Matten!
Dann bargen sich die Krumen unter Steinen,
Und Wolken werfen jetzt violette Schatten
Auf Friedhöfe von Urwäldern und Hainen.

Du scheinst den Seelen, Rom, dazu erkoren,
Den Frieden immer wieder zu verleihn:
Hat sich Vertrautheit mit der Welt verloren,
So will ich Rom, dem Erdenherz, mich weihn!

O Sonnenstadt, du gießt beirrten Massen
Dein Friedensöl in ihre Seelenflut,
Und selbst den Geistern, die dein Walten hassen,
Verjüngt dein Zauber noch den Glaubensmut.

Ruht doch in deiner kerngewordnen Enge
Die Kraft, die unsern Menschengeist befreit;
Du einst in dir das schwerste Machtgepränge
Und wahrst dabei die stolze Eigenheit.

Die Herzblutwellen, die durch Völker rollen,
Entschnellst du, Rom, durch guter Pulse Schlag:
Der Welt befiehlt dein altes Herrscherwollen,
Ich bring dir dar, was ich an Sang vermag!

Wohl rannte mancher Papst mit seiner Stirne,
Toll aus Verzweiflung, an die Tempelwand:
Beschränkt erschienen ihm die Christenhirne:
Für Großes reicht kein menschlicher Verstand!

Dann ward durch Romas Wut die Welt vergiftet!
Die ganze Menschheit hat den Zorn erweckt,
Der Lateran das Böse angestiftet,
Das Fieber bald die Erde angesteckt!

So träumte mir, als ich die Urbs begrüßte,
Und die Campagna gelb in Flammen stand:
Ein Pilgerchor, der seine Schuld verbüßte,
Schlich romwärts in den grellen Feuerbrand.

Das Frühjahr ist da! Und am Korso erscheinen
Die lieblichsten Frauen in offenem Wagen:
Schon wollte ganz Rom seine Grazien vereinen,
Das Wetter erlaubt, lichte Kleider zu tragen.

Ein Mädchen, das alle Bewerber verlachte,
Erschien uns soeben in Lilien gebettet,
Sie mag, daß die Männerwelt lechze und schmachte:
Wer weiß, welcher Geck sein Geschlecht doch noch rettet?

Friedrich Nerly: Karneval in Rom

Ei, seht das Gespann! Alle Pferde und Räder
Sind herrlich mit Rosen geschmückt und umwunden,
Die Damen, die drin sind, besuchen die Bäder
Und haben dort immer Bewundrer gefunden.

Da kommen noch reichere Kutschen mit Damen
Die Gäste des Hauses mit Sträußen beschenken.
Da siehst du auch Bräute in blühendem Rahmen
Vergnüglich an Bälle und Bräutigam denken.

Nun taucht auch ein Karren mit bunten Ciocciaren
Im Hintergrund auf. Rugantino sitzt drinnen.
Wir können durch ihn manches Neue erfahren:
Er wird die Kritik des Momentes beginnen.

Er pfeift auf die Redner und Volkstribunale
Und labt sich am Weine der römischen Hügel:
Was braucht sein Humor alle Nörglerskandale:
Er hält keinen Schmeichlern und Strebern den Bügel.

Das Frühjahr ist da. Keine Maske, kein Spötter
Bekrittelt, bezweifelt sein frühes Erscheinen.
Schon regen sich überall römische Götter,
Der Janus erklärt sich in sämtlichen Hainen.

Bald fallen die Larven. Dann blicken die Augen
Ganz offen hinaus in die goldenen Tage.
Die Wurzeln beginnen ins Leben zu saugen.
Wir pflückten schon Primeln und Veilchen im Hage!

Bald füllt sich die weite Campagna mit Leuten.
Die Mandeln beginnen sie schon zu erwarten:
Wie duften Orangen und rufen nach Bräuten!
Nun wird alle Flur, wie von selber, zum Garten.

Mir ists, als ob ein Traum zu sein sich schäme!
Trägt immer die Idee in sich Verzicht?
Denn sonderbare, große Bergprobleme
Besonnen sich in meinem Innenlicht.

Versteinert sich noch immer nicht mein Schweigen?
Und doch, schon schmückt, berückt uns jetzt ein Lenz:
Erinnerung, du sollst der Nacht entsteigen,
Ich rufe dich, ich nenne dich Florenz!

Fürwahr, das sind die edlen Festungstürme,
Die ich von San Miniato voll empfand,
Dort sah ich alten Marmors Flammenstürme
Und stummer Gluten leisen Daseinsbrand!

Sanft sehnen Lehnen sich zum Arno nieder,
Und Ölbestände glimmen still empor:
Sie lispeln ihre leisen Silberlieder,
Und oft tönt oben ein Zypressenchor.

Du wundervolle Landschaft, deine Milde
Hat ein gewaltsames Geschlecht verstärkt;
Und darum ragt ein Schloß in einem Bilde
Unbändig auf, sowie du's kaum bemerkt!

Das goldne Ostergrün betauter Wiesen
Erknospt, wenn längst die Morgenlerche singt,
Und zart um steilbetürmte Festungsriesen
Ein mädchenhafter Frühlingshain sich schlingt.

Toskanas Geist erklärt sich mir in Worten.
Schon hat er bleibend sich in mich versenkt,
Und meine Sehnsucht oft zu holden Orten,
Zu Füßen hoher Zwingburgen, gelenkt.

Ich liebe dich, Bereich der Silberlinien
Und Schneegebirge, die als Hauch verwehn,

Gelände, wo nur selten freie Pinien,
Geschieden von Zypressen, einsam stehn.

Florenz, dein Volk soll Städtemauern bauen;
Du hast die Arbeit kraftvoll anerkannt:
Dein Geist will Felsentrümmer rein behauen,
Und Klarheit ward durch dich in Stein gebannt!

Du gabst der Erde Taten und Ideen,
Doch niemals ward dein Boden Schwärmern hold,
Du hast dich selbst als Wirklichkeit gesehen
Und Leib und Seele ganz und rein gewollt.

Nie ist die Nacht in deiner Seele finster:
Du kennst doch kaum ein mystisches Versteck,
Auf deiner Öde blüht noch goldner Ginster
Und lacht und duftet über jeden Zweck.

Wohl ist Toskanas eingeborne Stimmung
In ihren Robbias eigentlich erwacht:
Sie schufen Keuschheit in die Prachterglimmung,
Sie haben Märzerkeimen angefacht.

Die Engel, die durch blaues Wasser waten,
Wie man sie oft auf Wandmedaillen sieht,
Vermocht ich selber einstens zu erraten;
Das war, als still ein Arbeitstag verschied.

In goldner Wonne ruhten die Maremmen,
Und nirgends, nirgends regte sich ein Wind:
Da nahte, zwischen eines Flusses Dämmen,
Auf einmal mir ein hehres Himmelskind.

Behutsam mußt es wohl durchs Wasser schreiten,
Wie langsam kam es an: ein Riesenschwan!
Auch schiens die schönste Stille zu verbreiten
Und hat dem Uferhain kein Leid getan.

Dann glühten seine Flügel durch Zypressen,
Die fühlten wohl das Aureolenlicht,
Denn sie verneigten sich wie angemessen,
Und alle Dinge schienen sanft und schlicht.

Dann kam der Traum mir langsam in die Nähe!
Mir ward so bang: entblaßt er mir als Dunst?
Ach, da empfand die Seele arges Wehe,
Und gleich verließ sie wohl des Himmels Gunst.

Ein Schiff sollte den letzten Zauber rauben,
Denn stolz besegelt fuhr der Traum vorbei:
Doch was ich sehe, brauch ich nicht zu glauben,
Ich und die Segel sind sich einerlei.

Italien, deiner hohen Seelen Prozessionen
Bewandeln lang den Bach bei Nachtigallenschlag.
Sie nicken mir: zu Tal, wo leise Menschen wohnen!
Dort weil' ich still: ein Kind, das Himmlisches vermag.

Wie sanft, mein Herr, sind deine goldnen Sternenworte:
Und welches Wunder! Frauen hören sie im Schlaf!
Ein guter Traum erglimmt im nahen, kleinen Orte:
Ein Sohn sogar? Ob Gott dich oft im Dorfe traf?

Zypressen wissen nichts vom Wind: hier ist der Friede!
Wär uns ein Ölbaum hold in Sorgsamkeit ergraut?
Sein Silberflimmern liebt den Mond in meinem Liede:
Ich lisple kaum. Er bleibt um mich. So sacht: o Braut!

Verliebte Milde birgt die Seele eingeschleiert.
Du Weiser: Silberbaum. Du tiefste Zuflucht: Weib.
Seid sacht in diesem Sang aus Mondstrahlen gefeiert!
Verhauche Ölbaum nun. Hier wird mein Lied zum Leib.

Italien, Lavaland, von Meeresblendungen umspiegelt,
Vom Ölbaume, des Mondes Lispellied bezittert,
Wann wird dein frommer Aufruhr gottzu vorgewiegelt?
Ich bitte, Herr, daß in den Hütten Geist gewittert!

Der Schlag der Nachtigall durchklagt die Urbsruinen.
Zypressen deuten unsern Wuchs: »Den Sternen zu!«
Der Ölbaum ist als Friedensherold dort erschienen:
Bei hoher Sonne lobt sein Mondwort holde Ruh.

Ihr Mondgespenster, Ölbäume auf hellen Wiesen,
Ersternte Menschen, nordlichtstarke klar am Tag,
Hat Sanftmut mich von dieser Welt zu mir gewiesen?
Durchtage ich die Nacht, durch sachten Herzensschlag?

Empfingen wir des Mittelmeeres stille Milde?
Verspielter Spiegelseen linden Kräuselwind?
O segne, Mutter Gottes, heiter wellende Gefilde,
Du Ruhe unter uns, die wir verwildert sind.

Zypressen – Umzüge bei weißen Leichensteinen –
Durchsternen Rom. Zu sichrer Friedensferne hin?
Dir bebt die Hand – das Lid! Wozu den Schmerz zerweinen?
Die Ewigkeit ist dieses Sterbenssternes Sinn.

Geboren hat der Tod den Tropengott: – verloren,
Die See die Seelen, und die Wüste einst den Geist.
Wer tobt in uns? Wir folgen aufgereckten Toren:
Der Mensch erschöpft sich nicht – die Götter sind ergreist.

Ach Ewigkeit, du Kind in unsrer Lebenswiege,
Die Schaukelnden sind wir: der Wechsel Lust und Leid.
Erschaudern dauert! Fordert Fahrten, Furcht und Siege:
Der Mann sei froh zu Freiheitsfreiungen bereit.

Zypressen – Umzüge zu alten Glaubensstätten –
Besternen Hügel schroff und fort, von Ort zu Ort.
Auf Berge scheint sich Kircheneinsamkeit zu retten:
Lebendge Obelisken fordern hoch das Wort.

Rudolf Borchardt

Canzone an Florenz

Schicksals Stadt aller Leiden und der meinen,
Magnetisch reißend, wie der Pol verstoßend,
Verflucht und nie verschmerzt von allen Deinen Großen,
Die Dich begehren noch wo sie verneinen –
Florenz, Florenz der schwersten meiner Tage
Sechs Jahr umsonst gemiedne,
Hebst Du betörender als je zuvor,
Schöner als Deine Sage
Durch Dantes steiles Tor
Das himmlisch wie mein Schicksal mir beschiedne
Das Angesicht und lächelst durch den Flor,
Den Schleier der um Dich geklagten Klage,
Oh Stadt, o Frau die stets gewinnt was sie verlor,
Auf meine Wiederkunft und meine Niederlage?

Ich sehe keinen Traum in Deinen Fenstern,
Der jene wilden Träume wiederbrächte –
Verloschen ist der Tag, verschollen sind die Nächte,
Gefegt die alten Gassen von Gespenstern,
Wo ich von hinnen stürmte, wo ich schlich
In jenen geisterhaften
Verwandlungsjahren selber mir abhanden.
Wie bist Du königlich
Und spurlos auferstanden,
Der Leiden bar und meiner Leidenschaften!
Auf Zaubertreppen über blauen Landen
Unsterblich in die Hügel lehnst Du Dich.

Hermann Hesse

Chioggia

Wetterbraune, dichtgedrängte Fassaden,
Marienbilder in verborgenen Nischen,
Wasserspiegel und träge Gondeln dazwischen
Und breite Barken mit braunen Fischern beladen.
Überall aber, auf jeder bröckelnden Mauer,
In allen Gassen, auf Treppen und in Kanälen
Liegt eingeschlummert eine verzweifelte Trauer
Und will von vergangenen Zeiten erzählen.
Leise geh ich und mit verborgenem Schrecken
Über die Fliesen – ängstlich, ich möchte sie wecken.
Wenn sie erwachte! Ich könnte nimmer entrinnen!
Eilend schreit ich vorbei und suche den Hafen,
Suche das Meer und ein reisendes Schiff zu gewinnen.
Hinter mir zögern traurig die Gassen und schlafen.

Toskanischer Frühling

Nun kommt die Zeit der großen Anemonen,
Mit denen alle Haine sich bekränzen;
In warmen Gärten reifen die Limonen,
Die Mauern dampfen und die Hügel glänzen.

Schon such' ich wieder die Zypressenschatten
Und dehne träg im Grase meine Glieder
Und labe mich im lauen Duft der Matten
Und summe meine deutschen Frühlingslieder.

Ermüdet streift mein Blick die weißen Villen,
Die heißen Straßen und die gelben Felder;
Mein Herz ist nicht dabei – es denkt im Stillen
An Lindenduft und deutsche Buchenwälder.

Die Zypressen von San Clemente

Wir biegen flammend schlanke Wipfel im Wind,
Wir schauen Gärten, welche voll Frauen sind
Und voll Spiel und Gelächter. Wir schauen Gärten,
Wo Menschen geboren und wieder begraben werden.

Wir sehen Tempel, welche vor vielen Jahren
Voll von Göttern und voll von Betenden waren.
Aber die Götter sind tot und die Tempel sind leer
Und im Grase liegen gebrochene Säulen umher.

Wir sehen Täler und sehen silberne Weiten,
Wo Menschen sich freuen, müde werden und leiden,
Wo Reiter reiten und Priester Gebete sagen,
Wo Geschlechter und Brüder einander zu Grabe tragen.

Aber des Nachts, wenn die großen Stürme kommen,
Werden wir traurig und bücken uns todbeklommen,
Stemmen die Wurzeln angstvoll und warten leise,
Ob der Tod uns erreiche, oder vorüberreise.

Ravenna

I

Ich bin auch in Ravenna gewesen.
Ist eine kleine tote Stadt,
Die Kirchen und viel Ruinen hat,
Man kann davon in den Büchern lesen.

Du gehst hindurch und schaust dich um,
Die Straßen sind so trüb und naß
Und sind so tausendjährig stumm
Und überall wächst Moos und Gras.

Das ist wie alte Lieder sind –
Man hört sie an und keiner lacht
Und jeder lauscht und jeder sinnt
Hernach daran bis in die Nacht.

Ankunft in Venedig

Du lautlos dunkler Kanal,
Verlassene Bucht,
Uralter Häuser graue Flucht,
Gotische Fenster und maurisch verziertes Portal!

Von tiefem Traum besiegt,
Vom Tode eingewiegt
Schläft hier die Zeit
Und alles Leben scheint so weit, so weit!
Hier will ich ganz allein
Durch alte Gassen gehn,
Bei Fackelschein
An Gondeltreppen stehn,
In blinde Fenster sehn,
Bang-glücklich wie ein Kind im Dunkeln sein.

Die venezianische Gondel

Wie ein Lied, zur Dämmerung gesungen,
Treibst du still, vom Tage müd gemacht,
Wiegst dich leicht und gleitest schöngeschwungen
Milden Taktes in die warme Nacht.

Deiner schlanken Form Geheimnis liegt
Weit zurück, von Sagenduft umfangen,
Spielerisch ins Heute hergewiegt
Aus den schönern Zeiten, die vergangen.

Aus dem namenlosen, schweren Sterben
Der versunkenen Vergangenheit
Wird sich deine Bildung stets vererben,
Rätselhaft und schön und unentweiht.

Späte Gäste wirst du noch entzücken,
Wenn nicht Kirche noch Palast mehr steht,
Und die trauernde Lagune schmücken,
Bis die Stadt Venedig untergeht.

Wieder im Süden

Kühler Gassen enge Schattenkluft,
Meerkristall und heiter-helle Luft,
Silberbäume wehn in strengen Gärten.
Kindermenschen treiben Markt und Kram,
Armut sonnt sich frei und ohne Scham
An den Mauern bei den Goldlazerten.

Alles, wie ich's graue Monde lang
Mir gemalt in Sehnsucht, Traum, Gesang,
Alles heiter und dem Glück erschlossen;
Gastlich wölben Bogen sich in Reihn,
Südfrucht duftet herb und roter Wein,
Prahlerisch im Überfluß vergossen.

Drüben überm weißen Bergesrand
Sucht mein Herz das ferne Vaterland,
Kühles Reich der Wolken und der Winde.
Nimmer wird der süße Süden mein,
Nimmer läßt das Paradies mich ein,
Nimmer wird der Mann zum Kinde.

Ankunft in Cremona

Der Regen singt, die Ebene liegt voll Nacht,
In hohen Bäumen rauscht es naß und kühl,
Zart tropfen Glockentöne vom Gestühl
Und schlafen ein, vom Regen leis verlacht.

Durch frohe Gassen bei Laternenschein
Zieh ich gelassen in die fremde Stadt,
Gewölbe dunkeln, Fenster schimmern matt,
Friedvolle Bürger sitzen still beim Wein.

Ein Bogengang hallt auf von meinem Tritt,
Und eine Treppe leitet mich gemach
In ein Gewölb', an Säulen hin, und schwach
Läuft überm feuchten Stein mein Schatten mit.

Weit öffnet nun die Halle ihren Schacht,
Erschrocken halt ich: riesig Bau an Bau
Ragt Dom, Turm und Palast, darüber blau
Und schweigsam brütet ungeheure Nacht.

Und kaum erschaut, ist alles wie bekannt
Und klingt beseligt dem erstaunten Blick
Wohllaut und rein entgegen wie Musik,
Hell wie ein Lied aus Paradiesesland.

Erträumt von Menschen einer andern Zeit
Steht Dom, Turm und Palast voll Majestät
Und spricht zu mir, und aus den Säulen weht
Und aus den Bogen lächelt Ewigkeit.

Erich Mühsam

Der beleidigte Duce

Was hat er denn, der Mussolini?
Was nur sein Löwenherz bedrängt?
Noch sah des Einzigen Genie nie
man so von edlem Zorn verhängt.
Ach je, am Lago Maggiore
ward tief gekränkt der Diktatore.

Denn ach, zu keinem Manuskripte
ward seine Botschaft an die Zeit.
Kein Schreibmaschinen-Fräulein tippte,
was ER im Busen hielt bereit.
Franzosen, Belgier und Briten,
sie hatten schmählich ihn geschnitten.

Ist's nun nicht klar, daß dem Cäsarn, o,
die Adern schwollen hint' und vorn
und daß er abfuhr von Locarno,
den Bauch voll grimmem Rachezorn?
Der Blätterwald von ganz Italien
erzittert unter Repressalien.

Schon wurden von Gesetzes wegen
die Preßverbände weggefegt,
weil sich die westlichen Kollegen
nicht winselnd auf den Bauch gelegt.
(Ein süßer Trost war ihm geblieben:
Die Deutschen hatten doch geschrieben.)

Wie wär's doch schön bei uns zulande,
wenn wie vordem ein hehrer Ferscht, –
zumindest mit Genieverstande
ein Mussolini uns beherrscht'!
Es gibt, so sagt man, schon Germanen,
die dieses Ziel nicht ferne ahnen.

Mignon 1925

Kennst du das Land, wo die Faschisten blühn,
im dunklen Laub die Diebslaternen glühn,
ein Moderduft von hundert Leichen weht,
die Freiheit still und hoch der Duce steht?
Kennst du es wohl?
                    Dahin! Dahin
möcht ich mit dir, mein Adolf Hitler, ziehn!

Kennst du das Haus? Auf Wahlen ruht sein Dach.
Die röm'sche Kammer ist's und drinnen Krach.
Drei Kommunisten sehn mich blutend an:
Was hat man uns, du armes Kind, getan?
Kennst du es wohl?
                    Dahin! Dahin
möcht ich mit dir, o Knüppel-Kunze, ziehn!

Kennst du des Mussolini Wolkensteg?
Der Maulheld sucht mit Knebeln seinen Weg;
er würgt die Presse, plagt das Volk aufs Blut
und bebt, daß keiner ihm ein Leides tut.
Kennst du ihn wohl?
                    Dahin! Dahin
geht Deutschlands Weg! O Feme, laß uns ziehn!

Rudolf Alexander Schröder

Aus der Villa Torlonia

4

Da nun des Meeres blasser Streif verlischt,
Und in der Ferne über den Geländen
Sich Silbergrau mit sanften Rosenbränden
Des weggesunkenen Abendlichts vermischt,

Da sich die Flur an jenem Hauch erfrischt,
Den kühl und rein die ersten Sterne senden,
Blinkt geisterhaft von morschen Brunnenwänden
Im falben Schein des Monds der weiße Gischt.

Doch treten wir aus den vollkommenen Schatten
Bis an des steinernen Geländers Rand
Und sehen, wie die Bläue weiterrückt

Tief in des Westens grünliches Ermatten,
Wo, uns zu Füßen, sich im dunklen Land
Die ewige Stadt mit tausend Lichtern schmückt.

Georg Kaiser

Lago M I

Da ich still die Ruder eingezogen,
glättet sich der uferlose See.
bin ich zu dem Muschelgrund gezogen –
streift das Volk der Fische übersee?

Zittern überläuft den blanken Spiegel.
Silberblau ist nun das Aufundab,
da die Windhand mit dem Fingerstriegel
allem Fluten Schaum und Welle gab.

Doch nicht immer dauert solch Erbeben.
War es einmal – war es jüngst und kaum?
Gleich entwirrt sich wieder mein Erleben –
glättet – weitet – spiegelt seinen Traum.

Hans Carossa

Via Appia

Dem Gedächtnis der Editha Curtius

Grauer Wandrer sucht im Grase
Scherbenrest vom Aschenkrug.
Auf der breiten Gräberstraße
Singt und geigt ein Hochzeitszug.

Zwischen Marmor-Angedenken
Toter Gatten, toten Kinds
Kommen sie mit Brautgeschenken;
Lauter junge Menschen sinds.

Und nun sitzen sie bei Tische,
Freuen sich am Festtagsmahl;
Myrtenduft und Meeresfrische
Wehn im offnen Gartensaal.

Trinkend schaun sie grüne Weide,
Die an gelbe Felder stößt,
Wo der Südwind im Getreide
Den verborgnen Mohn entblößt.

Weißen Vogels blaue Schwingen
Schimmern abendhell heran,
Und es haucht aus allen Dingen
Große Mutter, großer Pan.

Reife atmet von Zitronen,
Die wie feste Brüste sind;
Unter Ölbaum-Silberkronen
Wiegt sich dunkles Weingewind.

Aus dem Herzen der Agave
Stieg der zeugerische Stamm,
Und am schwarzen Mutterschafe
Saugt ein silberweißes Lamm.

Otto von Taube

Die Weine

Lambrusco

Ach, lieber noch als blutenden Etrusker –
Ihm farbengleich, doch mit Rubinenfunken
Aufspritzend, süß, so süß! – hab ich Lambrusker
In meines Lebens tiefster Nacht getrunken.

Das Dunkel sang. Ich aber schwang, getrieben
Von Lust und Klang und ganz von dir durchschauert.
Und ist ein Duft davon im Sinn geblieben,
Und Sehnsucht, die mir bis ins Sterben dauert.

Corvo
Duca di Salaparuta

Du gleichst mit deinem purpurschwarzen Bluten
Der Beere, wenn die Lippe sie zerdrückt.
Und durch die Fülle ausgegorener Gluten
Schmeckt noch die Frucht, in reifer Zeit gepflückt.

Du führst die Lust der saftumspritzten Füße
Mit dir, die Kraft, die deinen Trunk gestampft,
Und jene wundervolle Schwermutsüße
Des Herbstes, der in Vollmondnächten dampft.

Stefan Zweig

Sonnenaufgang in Venedig

Erwachende Glocken. – In allen Kanälen
Flackt erst ein Schimmer, noch zitternd und matt,
Und aus dem träumenden Dunkel schälen
Sich schleiernd die Linien der ewigen Stadt.

Sanft füllt sich der Himmel mit Farben und Klängen,
Fernsilbern sind die Lagunen erhellt. –
Die Glöckner läuten mit brennenden Strängen,
Als rissen sie selbst den Tag in die Welt.

Und nun das erste flutende Dämmern!
Wie Flaum von schwebenden Wolken rollt,
Spannt sich von Turm zu Türmen das Hämmern
Der Glocken, ein Netz von bebendem Gold.

Und schneller und heller. Ganz ungeheuer
Bläht sich das Dämmern. – Da bauscht es und birst,

Und Sonne stürzt wie fressendes Feuer
Gierig sich weiter von First zu First.

Der Morgen taut nieder in goldenen Flocken,
Und alle Dächer sind Glorie und Glast.
Und nun erst halten die ruhlosen Glocken
Auf ihren strahlenden Türmen Rast.

Wilhelm Lehmann

Blick auf Rom

Im Boden verschollen
Triumphgeschrei, Geheul und Gelächter,
Alle Opfer und alle Schlächter.

Dann weideten hier Kühe und Geißen,
Campo caprino, campo vaccino.

Die aufgeweckten Steine hilft mein Fuß verschleißen.
Wohin vergehe ich? Wage ich, noch zu bestehn?
Teerose, Pfirsich geben ihre Farben der römischen Vedute;
Das Mauernsims besteigt der Feigenbaum mit immer
wiederholtem Mute.

Über der Peterskuppel seh ich sich drehn
Eine Säule Zugvögel,
Des Weges gewiß, so tüchtig wie flüchtig.
Ich wage es, noch zu bestehn.

Robert Faesi

Frühling am Po

Schoß der Erde, willig hingebreitet
Scheuer Saat, die sich zum Licht bereitet.

Weithin auf besonnte Fläche schweifen
Braune noch und schon begrünte Streifen.

Maulbeerstrünke, kaum mehr zu durchbluten,
Strotzen noch einmal mit kecken Ruten;

Campanili winken weiß entgegen,
Dann und wann ein rosa Mandelregen.

Weiden, Birken wiegen sich im Schleier
Lichten Laubes stromentlang zur Feier:

Wie ein Ahne zwischen Enkelscharen
Wallt der Po gelassen und erfahren

Von der Alpen kühlem Silbersaume
Bis zum Meer im eignen Schöpfungsraume,

Segen raunend rings dem stillen Fleiße
Seiner Erde, daß sie Frucht verheiße.

Oskar Loerke

Abstieg nach Süden

Der Paß ist gefunden, ich bin dir entgangen,
Schmerzgebirg, dem Schweigen geschworen!
Mit starrem Flutgefäll behangen:
Seelen verschneit, Seelen erfroren!

Mag mich der Schall meiner Füße nicht wecken,
Die zwischen Limonen abwärts mich tragen!
Und nicht in den Gärten die klappernden Stecken,
Die von den Bäumen die Ölfrucht schlagen!

Weiße Schauer vom alten Meere
Zerren im Hafen umsonst an den Schiffen.
Licht wetzt am nassen Schieferwehre,
Als würden Prophetenschwerter geschliffen.

Die Schwerter schlugen das Auge mir offen,
Die Schauer haben es gereinigt,
Die Stecken haben gut getroffen,
Der Stein unterm Fuß hat gut gesteinigt.

Nun schweben die Wehberge, mondüberlichtet,
Im Nordhimmel heim, geflügelte Hünen.
Wind, von Salz beschwert und verdichtet,
Salbt mir den Mund: mein Wort auch will grünen.

Wiegende Lampensterne bescheinen
Datteln im Büschel rötlicher Halme.
Darüber zum Himmel, darunter auf Steinen
Spielt mit den Schattenwedeln die Palme.

Max Herrmann-Neisse

Nord und Süd

Wenn wir es wollen, sind wir hoch im Norden:
Schutthalden fallen von dem kahlen Hang
und enden in den einsam düstren Fjorden.
Doch wenn wir wollen, ist der Überschwang
des Tropischen an unsern Tag verschwendet
mit Farbenfreudigkeit, Musik und Duft;
die eben noch so karge Landschaft wendet
sich jäh in südlich lebensfrohe Luft
und schmückt sich mit Agaven und mit Palmen
und hängt Oliven in das Laubgerank.
Da singt dem Pan mit heidenhaften Psalmen
für Nord und Süd der Föhn den Erntedank.

Hermann Broch

Lago Maggiore

Gewaltig und milde offenbart sich hier
das Göttliche,
nirgends ist sein Lächeln so groß,
nirgends so weich –
stählerner Hauch dieser Landschaft,
wenn zu den schneeig fernen Gipfeln
silbern die Wellen schlagen,
schwebend der Spiegel des Sees
das azurene Echo.
In den Falten der Unendlichkeit
hauset der Mensch

und von dem dürftigen irdischen Hausrat
schweifet sein Blick ins Trunkene
Abertrunkene sanften Spiegelgesangs
und verloren
die Melodie der Hügel
da die Hänge sich senken, Gestein und wiesenbestandene
Erde,
es ziehen die Wälder hinab
zu den menschenbesiedelten Ufern,
wiedergefunden in der verklärteren
Insel.
Aus Urzeiten kommend, an Urzeiten rührend
ich wie jeder Mensch
in den Falten der Unendlichkeit
unwürdig einer, würdig ein jeder,
mein Auge, mein Blick
und die Musik der Hügel
oh schauerlich lieblicher Klang,
mein Herz.
Wer darf den Gott rufen, da er lächelt?
wer darf ihn hören, da er singt?
Und durch das Geäst
des heiter belaubten Baumes
schimmert der See
Echo.
Insel der Seele
mein Herz.

Armin T. Wegner

Venedigs Dirnen

Venedigs Dirnen in schwarzem Mantel und Kragen,
Wenn landend die Nacht ihre Barke ans Ufer legt,
Wie Fledermäuse mit grausigem Flügelschlagen
Kommen sie dumpf durch die alternde Gasse gefegt.

Wer hat euch so verflucht und in Elend getrieben,
Die ihr nistet im geigensingenden Haus,
Daß ihr wie Mütter alt mit der Lust von vergangenem Lieben
Ewig wandert zum nächtlichen Tore hinaus?

Nun auf der Brücke, im Schatten der alten Kanäle,
Flattern sie auf mit bändergeschmückten Schuhn,
Wo gefaltet im Schlamm des Meers mit durchschnittener Kehle
Sanft die Gefährten erloschener Nächte ruhn.

Dunkelheit raucht um den Hof und die greise Zisterne,
Fenster glühen in purpurn geschminktem Licht,
Und wie du dich zögernd wendest im Glanz der Laterne,
Taucht aus der Finsternis bleich ein altes Gesicht.

Sage, wer bist du, mit seltsamem Vogelhaupte,
Die du dich klagend hebst in die tödliche Nacht hinaus?
Schwester und Braut – o lange verloren geglaubte:
Trinke, trinke die liebende Seele mir aus!

Einst naht auch euch unter Weihrauchgesängen und Fahnen,
O ihr geopferten Schatten, himmlische Wiederkehr:
Wenn eure Seelen beglückt das Ewige ahnen,
Trägt euch die Barke hinaus auf das tanzende Meer.

Nächtliche Prozession in Maderno

Nun da die braune Nacht den dunklen Bogen
Wie eine Pforte um die Dächer stellt,
Wo die Lampions wie Vögel aufgeflogen,
Tritt weich der Zug der Beter in die Welt.

Der Priester Röcke schrein in roten Flammen.
Der Jungfraun Schleier, blasser Rauch im Wind,
Schlägt mit der Mädchen schwarzem Kleid zusammen,
Die trauernd gehn, weil sie noch Kinder sind.

Die Mütter stützen sich auf ihre Kerzen,
Als schritten sie an einem weißen Stab,
Und blutgeschmückt mit seinen heiligen Schmerzen,
Tanzt Gottes Leib in seinem goldnen Grab.

Die Häuser neigen sich voll Andacht dichter
Den Weg hinab in grauer Witwentracht
Und schwanken mit hinab den Zug der Lichter,
Der singend eintritt in das Tor der Nacht.

Albert Ehrenstein

Venetianischer Traum

Im Morgennebel des Schlummers:
Auf dem Regenbogen des Traumes
Glitt ich segelschnell aus sieben grauen Welten,
Entflog der ewigen Burg des blauen Himmels
Und stürzt ehern ins Leere der Meere.

Ein stiller Gondolier trieb einsam
Auf den weiten Wassern umher,

Sanft mich aufzufischen,
Lautlosen Ruders – der schwere
Engel Tod im schwarzen Boot.

Da küßte mich der dunkle Schlaf
Mit dem Kusse des Abschieds.

Georg Trakl

In Venedig

Stille in nächtigem Zimmer.
Silbern flackert der Leuchter
Vor dem singenden Odem
Des Einsamen;
Zaubrisches Rosengewölk.

Schwärzlicher Fliegenschwarm
Verdunkelt den steinernen Raum
Und es starrt von der Qual
Des goldenen Tags das Haupt
Des Heimatlosen.

Reglos nachtet das Meer.
Stern und schwärzliche Fahrt
Entschwand am Kanal.
Kind, dein kränkliches Lächeln
Folgte mir leise im Schlaf.

Jakob van Hoddis

Italien

I

Laß ab mit Gesten trauriger Poeten
In Reim und Wohllaut sinnig zu verklingen,
Du brauchst auch nicht als schlauster der Propheten
Probleme lösend, nach Erlösung ringen.

Hier spreizen sich die keck zum Dom verpraßten
Rundbogen, Mosaiken, Marmorquasten.
Venedigs Lüfte kitzeln deine Haut.

Auf Säulchen thronen hier Flügelgreife.
Steinerne Löwen heben ihre Schweife.
Ein Dampfer kommt und raucht und tutet laut.

Und leise staunend gondle durch die Buntheit,
Nur noch zu sanften Räuschen der Gesundheit
Sahst du am Lido tausend Weiber nackt?

O, lobe die Lagunen, die so stinken,
In süße Tage wirst du bald versinken
Vergnügt, Genießer, oft befrackt.

II

So ward er klug und hat sich tief entzückt
An jedem Dinge, das ihn angeblickt.

An jedem Hauch, der ihn aus Gärten anweht,
An jedem Heldengauch, der ihn nichts angeht.

Am weißen Tag und purpurnen Geweben,
Und Bildern, keusch und bunt, an Dunst und Tal,

An wilden Kirchen, wo die Engel schweben,
Am festgefügten schweigenden Portal!

Nun steht er da auf einem breiten Platze,
Und weiß nicht mehr, zu welchem Wunder wandern.
Die Häuser prunken eines wie die andern,
Die Sonne glüht als fette Feuerglatze.

Ja, hätt' ich Feinde zu endlosen Kämpfen,
Ließe mein Haß mich viele Straßen gehen.
Hat nicht den Teufel mit den Schwefeldämpfen
Sich Gott zum Zeitvertreib einst angestellt?

Er steht und grübelt, seine Sinne flehen:
Entdecke dir die Häßlichkeit der Welt.

III

Doch ein Palast stand huldvoll in Florenz,
Er hob sich starr in steile Sonnengluten
Mit reichem, runden, steinernen Gekränz,
Sein Tor verzierten wuchtige Voluten.

Er sprach: »O Mensch! du weißt doch, was wir lehren!
Gebildeter! schon Goethe hat erkannt es:
Wer wird das Leben unnütz sich erschweren!
Man stell sich auf und sei was Imposantes.

Du aber liebst dir das Geabenteure,
Du blickst bedenklich selbst zur schönsten Zinnung.
Lockt dich der Hohn, der Zweifel und das Neure?
An meinen Quadern scheitre deine Sinnung.

Entschließe dich, auf Goethes Pfad zu schreiten
Mit Männertritt und würdig froh gelaunt!

Sein weißer Schlafrock glänzt durch die Gezeiten.«
Sprach der Palast. Ich war nicht schlecht erstaunt.

IV

Der Mittag kam mit Staub und sehr viel Hitze,
Ich tat mich langsam auf das Kanapee.
Nun liegst du da, du stilisierter Fritze,
Das ist bequemer als am Gardasee
Landschaft zu schlürfen, oder zu Firenze
Die Hallen Michelozzos, Frühlingstänze
Des Sandro Botticcelli oder sowas.
Ach bleib, ach bleib, Genießer, ohne Ende,
Zu schnarchen hier, im Lustrevier des Sofas!

Ich gähnte stolz. So stürze dich verwegen,
Toll, ja toll, mit jauchzendem Munde,
Den Kopf durch die Wände
Deinen gefährlichsten Wünschen entgegen.
So sprach zu mir die allerstillste Stunde.
Und kein Klavier, kein Baby hat
Geschrien im ganzen Haus.
Und die Sonne, die Sonne lag über der Stadt,
Und brütete Wanzen aus.

V

So waren wir auch in Italien Gäste,
Und haben dort so manchen Tag verschlafen.
Wir tranken Wein in Kinematographen,
Und krochen durch die Gärten und Paläste.

Und gaben manchmal uns den ungestümen
Fassaden hin, Gewölben und Kapellen,
Schlanken Pilastern und den ungetümen
Und dicken süßen Leibern in Bordellen.

Georg Heym

Römische Nacht

Im Garten lagen wir. Um die Zisterne
Grasten die Mäuler. Und Gesang erscholl
Zum Klang der Mandolinen süß und voll.
Ein Lichtstumpf stand im Fenster der Taberne.

Pans leisem Echo gleich in waldger Ferne
Ein Lautenspiel. Und wenn die Gläser klangen
Der Mandolinen Saiten zitternd schwangen.
Am Himmel glänzten groß Italiens Sterne.

Ein Klang von Schellen weckte auf die Nacht.
Ein alter Priester kam mit seinen Knaben.
Das Sakrament ward in ein Haus gebracht.

Indes die andern ihm die Ehre gaben,
Sah ich des schwarzen Kolosseums Pracht
Im Tor der Ulmen einsam und erhaben.

Alfred Wolfenstein

Mittelmeer

Alle Tage leuchteten azuren,
Selbst das kleinste Ziffernblatt der Uhren
Wurde zeitlos und unendlich blau,
Und die Segel, die das Meer befuhren,
Waren Schönheit bis in jedes Tau.

Werner Gilles: Fischer auf Ischia

Denn die Sonne, ungeheuer,
Als des Südens Führer, Gottes Steuer,
Lenkte alles, unsre Seele auch,
Sie entfachte in uns jedes Feuer
Und vertrieb der Zeit verruchten Rauch.

Aber mittags lasen wir die Zeitung –
Und die allgemeine Vorbereitung
Auf der Weltgeschichte Mordrekord
Unter allerhöchster Leitung
Nahm selbst diesem Ort den Schimmer fort.

Wolken schwarz wie Schlagzeilen bezogen
Dann die Luft, es schwappten dumpfe Wogen,
Tiefer Druck lag auf dem Paradies,
Palmen, Myrten und Mimosen flogen
Wirr im Mistral, der wie Satan blies.

Doch der Angriff ward nach zehn Minuten
Dank der festen Stellung und der guten
Rüstung unsrer Sonne – hier zunicht.
Mochte sich der Blitzkrieg noch so sputen,
Desto rascher sahn wir wieder Licht.

Heinrich Lersch

Deine Anmut, Land Italien,
Tut mir weh, zu schön bist du;
Deine sanften Berge wiegen
Sich in stiller Luft und liegen
Wie ein Weib in süßer Ruh.

Meine armen Augen schmerzen
Von der Fülle allerwärts.

Trauer weht in deinen Winden,
Decken zu mit weichen, linden
Händen mein unruhig Herz.

Alles bist du, nur nicht Heimat.
Hingegeben der Natur
Berge, Meere, Täler tönen!
Doch, wo knechtisch Menschen stöhnen,
Gleichst du unsrer Heimat nur.

Süß befreit von allem Quälen,
Denken blüht zu wachem Traum;
Was uns Sünde dünkt im Norden,
Ist zu Lust und Glück geworden,
Alle Zeit flieht aus dem Raum.

Ewige, heilige, süße Fremde
Nimm mich hin, ich bin dein Kind.
Deine ärmste dürre Wiese
Ist ein Stück vom Paradiese,
Und Gott singt aus Baum und Wind.

Karl Otten

Lombardische Landschaft

III

In tabakbrauner Schlucht
die er sich selbst gegraben
schäumt der Fluß
und bläst aus grünem Glase
weiße Wirbelflaschen deren Splitter
am Fels durch Regenbogen tanzen.

Auf Zehenspitzen schleicht ein Kirchlein
wallfahrend durch den Föhrenwald
wo unsichtbare Kühe Glockenechos säen.
Weit offenen Maules flüchten Höhlen in den Berg zurück
und lassen Wurzelschlangen von den Hängen baumeln.

Abend versammelt hölzerne Götter
mit braunen Knien und Fäusten
bei Sternenschein im Grotto wie in dunkler Truhe.
Da steigen Fluß und Berg herauf aus schwerem Wein
singen zum Klang des Horns

das fern ein Hirte bläst.
Im Schlaf noch rauschen Wasserfall und Wingert
schwarz von hängenden Reben
daraus der Traum Gesichte keltert.
Trunken die Welt und rund
unter der Hand der Liebe.

Bergamo

Hier schäumt noch klar der Wein
in der Kelter aus honigfarbenem Stein
darein die Biene Zeit Waben aus Stille baut.
Der Wolken Schattenküsse wallen vorüber
aus Herbst in Frühling
und vom Wall der Alpen schwindet nie der Firn.
Umkränzt von Seen und Rauch aus tausend Hütten
lagert der Platz in seiner Mauern Hut.
Lausche dem Sang des schlangenumringelten Brunnens.
Hier werden Rätsel verkündet die kein Wanderer löst.
Nachts schränken die Dächer ihre Arme ineinander
und des Eros Küsse zünden die Fackel der Lust.
Löwen erheben sich lässig
auf steinernen Pranken

gleiten Treppen aus goldenem Marmor
hinan und herab.
Jetzt leuchten ihrer Augen Schlitze grün
und Bänder aus Phosphor
wickeln Eurydike ein.

Ravenna

Vorspruch

Die Deutung liegt in deiner Hand:
Wegweiser lockend in ein fernes Land.
Hier zwischen Hand und Deutung ausgespannt
liegt deines Lebens unerforschtes Land.
Heimat und Unheimlichkeit zugleich
des Lebens wie der Toten Reich.

I

Ravenna ist der Schatten
den eine Sonne gottbewohnt und fern
senkt auf unsere Verbannung.
Unirdische Entspannung
segelt es als Stern
am Himmel den wir vergessen hatten.

Sind wir doch selbst nur Widerschein
des großen Lichts
Gefangene wartend des Gerichts.
In einem Traum aus Stille ahnen wir dein Sein.

II

Darüber brütet Sonne.
Aus der Ebene Hand
wächst dieser Weizen

in das Nichts der Tage
aus denen Lärm aufwallt
und großer Kriege Plage.

Langsam weht der Atem der Zeit
langsam verwest das Seiende
sinkt hinab in den Schoß des Lichts.

Mit nackten Brüsten liegt die Sonne
auf tönernen Dächern.
Unter den dunklen Fächern der Wolke
neues Unheil brütet.

Georg von der Vring

Golino

Wie eine ausgehöhlte Frucht,
Darin die Kerze scheint,
Liegt dort das Dorf in dunkler Bucht,
Und alles lebt vereint.

Man trinkt den Wein wie Öl und schweigt.
Der Turm tut seinen Schlag.
Und wird das leere Glas gezeigt,
So ist noch lang' kein Tag.

Die Grille sagt den schwarzen Reim,
Derweil die Stunde rinnt –
Wer weiterreist, verliert ein Heim,
Der weiß nicht was gewinnt.

Shelleys Woge

I

Finale Marina

Beim Erwachen schau verwundert
Ich den frischen Morgen schon.
Schwalben kreisen, Schwalben hundert
Über Drähten der Station.

Ist mein Seemann ausgestiegen,
Genueser, der dort saß?
Aschenreste sind geblieben,
Leere Flasche und das Glas.

Pfiff. Avanti. Und die Schwalben,
Nun der Zug den Strand erreicht,
Fliehn, begegnen allenthalben,
All einander Freund vielleicht.

Fern ein Segel, aufgesogen
Von dem amethystnen Meer.
Schwalben, hört mich: Shelleys Woge –
Schwalben, schaut: – sie trägt ihn her.

II

Nizza

Im Boulevard Gambetta schließen
Die Platanen blätterdicht
Meine Fenster wie Markisen
Vor dem mörderischen Licht.

Durch das Sieb im Laubwerk treiben
Mandelduft und Zimt-Arom.
Werd ich fortgehn? Werd ich bleiben?
Winkt mir Shelleys Woge schon?

Beim Olivenhändler kauf ich
Öl im Glas und will nun gehn
Und mit dreien Tropfen tauf ich
Mir den Mut zum Widerstehn.

Der Boulevard Gambetta mündet,
Wo das Meer im Grellen fließt:
Wellenwiege, zart geründet –
Saphirgrab, das nie sich schließt –

Verona

Die Brücke der hundert Zinnen hält
Dem Abend ihr Rot bereit,
Doch spät, wenn das Schwalbenspiel ist vorbei,
Dunkelt sie aus der Welt;

Die nachts den Wassern der Zeitlichkeit
Pfeiler entgegenstellt,
Auf dreien Bögen steigt sie und fällt
Und kommt in keine Zeit.

Die Wasserorgel der Villa d'Este

Wasserstäubend, wasserschallend
Bündelt sich's in sieben Spitzen,
Zeigt in Garben, steigend, fallend
Sonnenlichts kristallnes Blitzen.
Eine Orgel? Doch aus Nässe.
Ob sie jubelt? Doch als Rauschen.
Tönen Flöten? Dröhnen Bässe?
Nur das Auge soll's erlauschen.
Zwar das Ohr hört, wach geworden,

Aufgewühlt, von Erdeklängen,
Die in tosenden Akkorden
Ein verwirrtes Herz bedrängen.
Dafür, weil der Schwall im Fluge
Zeit und Ewigkeit will einen,
Nimmt das Auge sich der Fuge
Anders an und bleibt im Reinen.

Franz Werfel

Der Volksplatz von Santa Margarita

Als der Jugend letztes Sonnenblinken
Schmilzt der Tag. Die Bogenlampe schwirrt.
Auf dem Glockenturme, himmeltrinkend,
Tanzt die Heilige, des Platzes Hirt.

Mit der großen Trommel Kanonade
Bricht die Banda jetzt in ›Tosca‹ aus.
Dort der Rummelort drischt eine Schwade
Orgelschwalls hinein und Hutschensaus.

Ach, wie schön wär' es, die Welt zu lieben
Und die Menschen, bis ins Blut erwärmt!
Doch der Männer Züge sind gerieben
Und von flegelhaftem Mut durchlärmt.

Heisre Mädchen kreischen. Immer dichter
Ziehn sie grell an greller Häuserwand.
Aber selbst die reizendsten Gesichter
Sind entehrt und halb herabgebrannt.

Grimmig schiebt der Kellner mir die Tasse
Auf den Tisch. Er hat mich gar nicht gern.

Und ich leide tief an seinem Hasse,
Der im Rücken mich verletzt, von fern.

Tosca stirbt. Die Karusselle schäumen.
Menschenstrahlen pumpt ein Kino flott.
Ölgestank! In sterndurchwogten Räumen
Tanzt die Heilige schwarz und starr vor Gott.

Viel zu morsch, mich auf vom Platz zu raffen,
Stütze ich den Kopf in meine Hand,
Ohne Wunsch. Mein tränenloses Gaffen
Ist voll Todes bis zum Rand.

Fondamenta Labia

Wie gelbe abgetropfte Kirchenkerzen,
Die sich im Wachse werfen und sich schwärzen,
Sind die gekrausten alten Fraun.
Sie hexen hin, die schlauen schwarzen Flämmchen,
Ihr Bauch ist riesig, doch ihr Hals ein Stämmchen,
Ein Wurzelstock, so krummgeschraubt und braun.
Ich sah das nie.

Und nichts als Krüppel! Kranke atmen schwer.
Der Buckel dort tritt feldherrnhaft einher.
Ein Hinkender trägt hüpfend seine Laute
Behutsam unterm Arm verstaut.
Und doch, als ob der Laute vor ihm graute,
Gibt sie bei jedem Auffall Laut.
Ich hörte das nie.

Im Ghetto vecchio gar ist es noch schlimmer.
Aus einem Laden lacht gleichgültiges Gewimmer,
Ein Anzug an der Stange schachert stumm.
Die Einen tragen hier den Kopf verbunden,

Die Andern aber zeigen offne Wunden,
Ein Krückenbankert humpelt um.
Hier war ich nie.

Die Bettelvölker, die im Tor versteckten,
Sie dringen schon wie langsame Insekten
Mit ihren runden Fühleraugen vor.
Und will man sie mit schwacher Hand verjagen,
So machen sie ein Fliegen-Flügelschlagen,
Und setzen schwärzlich summend sich ins Ohr.
Sie weichen nie.

Am Himmel, an dem nächtlich schon vergrellten
Hängt Spiegelung von wohlbestelltern Welten,
Hängt prunkvoll der Piazza Abendbrand.
Ich aber kann mich von dem Ort nicht lösen,
Im Winkel kleb ich, im verfemten, bösen,
Als wär' er mir im fernsten Blut verwandt,
Ich weiß nicht wie.

Weltaugenblick Portofino

Barken! Yachten! Fischerhafen!
Sonnenplatz! Kaffeeterrassen!
Häuser zwinkern! Menschenmassen!
Händler! Tändler! Photographen!

Pinien! Holzrauch! Öl! Agaven!
Beine, Hüte aller Klassen!
Lachen! Winken! Schlendern! Passen!
Katzen blinzeln! Bettler schlafen!

Und zu Wesen und zu Leuten,
Die unwirklich sich bedeuten,
Eine schluchzend jähe Neigung,

Daß wir bunt uns hier gefunden
Wandelbildhaft, unverbunden,
An der Küste der Verschweigung.

San Vitale zu Ravenna

Aus Raum ist dieser Raum gehauen,
Aus Weltenraum herausgestemmt.
Und Gottes Gold und grünes Blauen
Macht ihn so stählern sternenfremd.

Der Christus dort ist jung. Er reitet
Im Sattel seines Himmelsthrons.
Das Dienst-Gefolg, das ihn geleitet,
Ehrt die Cäsarenschaft des Sohns.

Die leeren Sarkophage grüßen
Im Garten draußen, lichtbetreut,
Wie taube Nüsse, uns zu Füßen
Vom Herbst der Zeiten hergestreut.

MAX REUSCHLE

Pan auf Capri

Die summende Stille des Pan
Brütet über der Insel.
Keiner der schattigen Gärten,
Keine Kühle, kein Lärm
Greift in das Glühen hinauf,
In die sonnenheißen Gehänge

Des braunen
Erdfarbenen Gottes.

Nur der Schrei der
Hingleitenden Möwen
Stößt in das Brüten hinein.

Da lächelt der Gott:
Ihn grüßte sein Bruder,
Der salzig-feuchte Poseidon,
Mit dem Meerschrei
Seiner weißhingleitenden Vögel.

Kasimir Edschmid

Sono Ebréi

Da wo der Palmenhain sich mit den Herden
romanischer Kirchen in dem Eifer trifft,
Meerheiterkeit zu künden den bewehrten
Türmen der Vorzeit .... wo Gefolgschaft ist

und Freund den Fischern der Olivenwipfel
zärtliches Heer – da wo stets Wonne war,
sahn singend ziehn wir zu der Rocca Gipfel,
zum Dom, Picenos fromme Kinderschar.

Allein wir dachten andrer, jener matten
Fremdkinder, in der Rocca kaserniert,
hebräscher Kinder, die kein Heim mehr hatten:

Vor deren Blick, aus dem die Angst noch stiert,
selbst bunte Segel werden blutige Schatten
und Gott ein Dämon, der nur Schmerz gebiert.

Abschied

Die wir von den Cadore-Hügeln schauten
Venedig noch und silbrig die Lagune
und auf der Grappa selbst des Krieges Rune
zart überwuchert schon von goldnen Rauten ...

Die wir die friedlichste der Gräberstätten
in Asolo besucht, das Grab der Duse
hoch ob der Ebne, und gewünscht beim Gruße:
Ach daß auch wir so selige Gräber hätten ...

Die in Belluno wir am Alpenrande
den ersten Schlag des Nordens schon erlitten,
trotzdem das Land im Traubenpurpur brannte ...

Wir sahn noch einmal auf den Dolomiten
Venedigs süßes Licht, als wir am Rande
des Glücks hinab zur bittren Heimat schritten.

Hans Leifhelm

Apennin

Tief im Tal verscholl das Glockenrufen,
Und ein früher Stern begann zu funkeln,
Als das Schnittervolk von abenddunkeln
Hügeln mit Gesängen heimwärts zog.
Und ich stieg die kühlen Bergesstufen
Aufwärts zu dem letzten Gipfelröten
Einsam aus der Höhe klang ein Flöten,
Dem sich lauschend fern das Echo bog.

Blitzend mit geschirrten Silberrossen
Fuhr am Himmel auf der Große Wagen,
Glänzend wie in ewig jungen Sagen
Trat Arkturus aus dem Abendtor.
In der Gipfelrunde, lichtumflossen,
Lagerte der Felsen weiße Herde,
Und es saß auf seiner Muttererde
Pan – er blies auf einem Siebenrohr.

JOHANNES R. BECHER

Rom

Du niegesehne Stadt! Du nur geträumte!
Vor mir ersteht als hoher Bogengang
Erinnerung dessen, was ich einst versäumte,
Daß ich dort nicht verweilte jahrelang.

Wer je dich sah, du Stadt der sieben Hügel,
Der sah, was er zu keiner Zeit noch sah:
Des Blick wird trunken und er streift als Flügel
Die Gräber in der Via Appia.

Er sieht hinab bis in die Zeitentiefe,
Er sieht die eigne Zeit als fernen Grund.
Fernblickend, wie er nie gesehen hat,

Steigt auf der Blick und wird zur Perspektive –
Dort liegen Städte und im Städtebund
Ein neues Rom als Siebenhügelstadt.

Florenz

So tief durchdrungen und so überzeugt
Von Kunst ist diese Stadt, daß man zunächst
Anschauend sich vor ihrer Größe beugt
Und mit dem Stein, der lebend ist, verwächst.

Das Kleinste ist dem Großen eingefügt,
Das Große ist im Kleinsten dargestellt.
Hier sieh, was Zeit und Ewigkeit genügt:
Die Kunst, die große – die geformte Welt.

Als hätte ein Jahrhundert vorgeahnt
Die Zeit, da sich der Mensch erbaut ein Reich
So kraftvoll klar und so gemäß geplant
Wie dieser Grundriß und den Säulen gleich

Und kühn geschwungnen Bögen – dergestalt
Ist neu Florenz und doch jahrhundertalt.

Georg Britting

Erste Italienfahrt

Und als der Zug übern Brenner fuhr,
Wurde der Himmel hell,
Die Wolken weniger, kleiner, und nur
Eine beharrliche flog mit uns schnell.

Bei Verona zerging auch sie,
Und der Himmel war blau und allein.
Bis zum Brenner sah man viel scheckiges Vieh,
Dann nicht mehr, dann nur mehr Wein.

Die Häuser sahen wie Würfel aus
Und hatten ein flaches Dach.
Und kein Wind ging. Der ging wohl in nordischen
Wäldern mit Braus,
Nur Weizen wogte hier schwach.

Florenz war schön und war alt wie Stein
Und hatte ein strenges Gesicht,
Der Arno war stumpf wie ein Sumpf und kein
Mondstrahl brachte ihm Licht.

Der Mond, der war wohl im Norden, rot
Und gelb über Wiesen und Rohr.
Hier in der Schenke bei Wein und Brot
Scholls fremd an unser Ohr.

Wir saßen verlorn wie im Käs der Wurm,
Der Arno dunkelte, schwieg,
Bis der Morgen kam, bis der steinerne Turm
In den grünen Himmel stieg.

Da trugen die Morgenhügel
Toskanas Zypressen schmal,
Und ein Raubvogel, ernst, ohne Flügel
Zu rühren, hing über dem Tal.

Überdruß des Südens

Voll Unmut, wie ein Waldkauz blinzelnd,
Äug ich von meinem Schattennest
Auf den Glanz hin, der die Meerflut
Blau erzittern läßt.

Weiß die Stadt auf weißem Fels,
Weißeres gibt es nicht,

Und des würfligen Gerölls
Schluchtsturz kracht im Licht.

Es spült das Meer Gold ans Gestad,
Vom Himmel tropft es blau.
Es schlägt die Bucht ein funkelnd Rad,
Frech prahlend wie ein Pfau.

Mich finstern Vogel, Uhu, Nachtgetier,
Erbittert dieses Farbenfest.
Hätt ich den Goldpfau jetzt zu meinen Füßen hier,
Ich rupfte ihm die Federn voller Gier,
Und stieß ihn nackt und stoppelig
Aus meinem schwarzen Nest.

Venedig

Wie schwarze Schwäne gleiten die Kähne hin.
Rauh tönt der Ruf der Gondoliere. Stumm,
In Öl gesotten, glänzt das Kleinzeug
Starriger Fische im Kupferkessel.

Venedig glüht im sterbenden Gold. Sein Blut
Verströmt ein altes Wappen im Abendrot.
Die Taschenkrebse der Kanäle
Klettern behende am faulen Holze.

Die Katzen Neapels

Die gelbe Katze, brandrot gestreift, den Bart
Gesträubt, zum Fürchten, starrenden Nadeln gleich –
Sie sauste aus dem Schlamm der Gosse
Her in den spiegelumglänzten Eßraum

Und schnappte von der üppigen Gabel sich
Die Hühnerbrust und zuckte, ein Blitz, davon:
Es klirrten auf dem Tisch die Flaschen,
Deren sie keine, nicht eine, umwarf

Geschmeidighöflich, wie es der Katzen Art.
Wer weiß, ein Kater war es vielleicht, kann sein
Die Kätzin, die sich treulich ihrer
Werdenden Kinder entsann, daß ja nicht

Der Hunger ihnen weh tät. Die Kater doch
Sind anders, denken nicht ans Zukünftige,
Denn Kot zu Gold verwandelt heut wie
Morgen das glühende Licht Neapels.

Die Hure, die am Nebentisch Muscheln aß,
Erhob ihr Glas und tranks dem Verehrer zu
Und seufzte durch geschminkte Lippen:
Jeder muß leben auf seine Weise!

Markt in Verona

Gemüsemarkt – doch unter den Schirmen klagt
Bei Obst und Kraut langhalsiger Vogelmord:
Die stumm gewordnen Lerchen, Amseln
Harren der gnädigen Köchin, die sie

Am heißen Bratspieß wieder zum Singen bringt.
Soldaten ziehn bei gellendem Hörnerklang:
Die Mädchen winken ihnen zu, die
Nonne sogar in gestärkter Haube

Ist fromm verwirrt und lächelt zum Fähnrich hin.
Da klatscht ein wilder Wind von der Etsch herauf
Den schwarzen Rock ihr an den Leib: sie
Schaudert, die Jungfrau, und flüchtet eilig

Zur Kirchentür. Wie himmlische Mahnung schwirrt
Ihr weiß ums Haupt vielwissend ein Taubenschwarm.
Die Bauern in dem Rauch der Schenke
Laben sich lärmend an Speck und Rotwein.

Werner Bergengruen

Römische Erde

Vor gestürzten Ruhmessteinen
schäumt der Kinder Lärm und Lust.
Junge Mutter reicht dem Kleinen
lachend die gebräunte Brust.

Tote liegen unbetrauert
und Erschlagne ungesühnt.
Aber das Gemäuer dauert,
und die graue Eiche grünt.

Capri

I

Schlaf, zikadendurchgeigt, hüllt dich Schwebenden ein,
Lauer Brunnen, darin Schwere nicht gilt noch Haft.
Du enttauchst in den Morgen:
Unverwandelt umfängt alles Verlassne dich neu.

Oleandergeruch, Flug und Pfauengeschrei,
Über besonntem Gestein raschelt Lacertengehusch,
Bergansteigende Ziege,
Wissend heute wie einst von dem versunkenen Gott.

Falter, rosig umflaumt, treiben im leichten Wind.
Rastbegehrende, lädt sie der Mimosenbaum ein.
Sieh, nun trägt er die Blüten.
Siegel der Wandlung, verhaucht, kaum noch spürbar, ihr
Duft.

Rührt ein zagender Hauch den gefiederten Zweig,
Blüte löst sich und wiegt über die Gärten sich hin.
Kaum Erstaunter und selig
Mit der rosigen schwebst, Blüte und Falter, auch du.

Silbernes Ölbaumlaub zittert unter dir lind.
Über Cäsarengestein trägt dich gnädiger Flug
Glanzvoll ins Unbegrenzte:
Göttlich-salziges Blau, das Odysseus befuhr.

XI

Opuntien

Da verstummt die Zikade! Gestorbener Himmel belastet
Heißes Schweigen des Mittags, darin du kauernd gerastet.
Aus den Opuntien fällt, brunnenermessender Stein,
Mittagserschrecken ins reglose Herz dir herein.
Aufgesprungen, Entsetzter, Flüchtling
nach wohnlicher Welt! –
Aber sie sperren den Weg dir,
halten dich schaurig umstellt.
Fahles, gestorbenes Grün,
von schwärenden Süchten zerfressen,
Heimliche Tiere, jahrtausendealt und vergessen,
Tückisch verschworen,
umdrohn sie dich stachlig und stumm.
Schloß sich nicht enger der Kreis?
Keuchend siehst du dich um.
Kennst du sie wieder, Gewürgter,
Angstträume des fiebernden Knaben?
Wie sie auf dich hier so lange geduldig gewartet haben!

Kraftlos sinkender Arm streift matt an riesige Glieder:
Dumpf und hohl fällt Morsches
gespenstig zur Erde nieder.
Dorrt nicht die frevelnde Hand,
die an den Dämon gerührt?
Und was hat ins Vertraute dich endlich zurückgeführt?

Sizilische Morgendämmerung

Dies ist die blassende Stunde,
die sich zögernd bewahrt,
bis die Himmelsrotunde
glorreich sich offenbart,

bis der Zypressen steile
schwarze Flamme entbrennt,
der Segel und Fittiche Eile
silbern das Blaue trennt,

bis der zitternden Lichter
Aufglanz die Goldfrüchte färbt
und die schönen Gesichter,
die nie ein Gedanke gekerbt.

Anton Schnack

Südlicher Mittag

Der Erwartung bin ich gegeben,
Daß das Blau sich spaltet,
Wenn der Mittag über dem Berg der Reben
Mit schweigsamen Feuern waltet.

Ruhlos der Fisch am Grunde gleitet
Mit eiskaltem Glanze.
Weiß hat der Meerwind ein Segel gebreitet.
Kaum rührt sich die Pflanze.

Himmel und Meer sind eins.
Alles ist Licht.
Aus der Platte des knisternden Steins
Blickt glühend ein Göttergesicht.

Josef Weinheber

Gasse in Neapel

Kürbisguirlanden und Melonenschnüre
verwirren sich an schmutzigen Altanen.
Zu ebner Erd entlaust bei offner Türe

ein Weib sein Jüngstes. Unter Wäschefahnen
reicht eine Mutter ihrem braunen Kinde
die Brust mit aller Freiheit der Romanen.

Dazwischen schrein die Esel, tobt das blinde
Gebrüll der Händler, und in dem Getöse
ist kein Schritt Platz, daß man sich dem entwinde.

Der geile Ruch von scharfem Ziegenkäse
mischt sich dem Dufte brodelnder Tomaten,
und auf dem Pflaster stinkt das Fischgekröse.

Ein Schmierfink mit den Augen von Piraten
streicht um die Tische, wo die Fische liegen
und träumt von einem billigen Sonntagsbraten.

Und über all dem brausen tausend Fliegen.

Toskanische Landschaft

Durch Hügel, überhaucht vom sanften Grau
vielreihig hingebreiteter Oliven,
verliert der Blick sich in das reinste Blau,
indeß der Ebene erhellte Tiefen,
besäet mit winziger Häuser weißer Saat,
sich in den Bord der fernen Berge dehnen,
und der Zypressen schwarzer Schattengrat
vielzackig aufragt, von den nahen Lehnen
die Ebene hinab bis an den Rand
des Horizonts, wo seine Türme bleichen:
Dort nimmt ein Himmel, milde ohnegleichen,
zu sich das große, heiligmäßige Land.

Poebene

Von Maulbeerbäumen im Geviert umgrenzt,
(fruchtschwere Weinguirlanden schwingen dran)
kocht in der Sonne Feld an Feld der Mais.

Im Schatten praller Feigenbäume glänzt
Melonengelb. Ein Ochsenviergespann
pflügt furchentlang. Die Leiber leuchten weiß.

Thomas Jones: Häuser in Neapel

Der kleine, trockenheiße Ebenenwind
fällt in das Röhricht, draus der Mittag weint.
Durch breites Strombett schleicht ein dürftiger Fluß:

Vorbei an bleichem Turm, vom Alter blind,
an gelber Stadt vorbei, die traumversteint,
an ihrer Stille sterbend, schlafen muß.

Römische Osteria

Ein Gartenviereck. Weindach, Bambusstroh.
Die Sessel gehen sämtlich in die Brüche.
Wer aus dem Straßenlärm verstört entfloh,
erstickt hier an dem Qualm der Abgerüche.

Die Fliegen surrn, ein Esel schreit fernwo
und trumpft das Gurgeln italienischer Flüche.
Der edle Rote macht mehr dumm als froh,
genossen zu der Qual der Römischen Küche.

Zwei schmale Kellner mit Papuahaar
stehn Cäsarposen; eine Katzenschar
hat eben meinen Rest vom Huhn verschlungen:

Und plötzlich, durch den Rausch und Stank und Streit,
von naher Kirche, schwer wie Ewigkeit,
ein Glockenton. Dröhnt, tönt, und ist verklungen.

Peter Gan

Südlied

Für Eugen

Warum, warum hast du mir die nackte
weiße Felsenstadt ins Herz gemalt?
ihr Gesindel und das schwerbepackte
Volk der kleinen Esel? Feuer strahlt

sengend auf die mittagsmüden Gärten
aus dem tief erbarmungslosen Blau.
Blinzelnd baden sich die Goldlazerten
in der Glut und sehn dich doch genau.

Und daß auch Gespensterspuk nicht fehle,
sieh die närrischen Kakteen an!
aus den Krüppeln bricht die Flammenseele
wie Prophetenwort aus armem Mann.

Die geduldigen Feigenbäume tragen
Blüte, Keim und Frucht am gleichen Ast.
Und der Viadukt, sein Glück zu wagen,
wirft ins Licht die schlanke Bogenlast,

wo er, lächelnd unter sich verweisend
was zur bloßen Brücke ihn bestimmt,
mit den schwindelfreien Adlern kreisend
rein aus Schnee ein Regenbogen schwimmt.

Könnt' ich, könnt' ich nur den Traum vergessen!
Über ihn, wie unters Beil gebeugt,
frier' ich fern im Nebelwald der Essen,
den die triefen Wolken hochgesäugt.

ALBIN ZOLLINGER

Südliche Gesichte

In der Luft sind Bildhauer
Und das Meer.

Vulkane qualmen blaue
Pinienwälder!

Der braune Bauer pflückt Mais
Und singt irgendwo.

Kürbis badet im Kraut
Süß schwellender Klostergärten.

Und Gitter von Licht
Glimmen auf kühlen Fliesen,

In den Spiegeln der Mädchen,
Vor Altären.

Disteln im Maul
Wehklagen die Esel

Hinüber zu flimmernden Inseln!

Volk Italiens

Grandioses Volk der legendären Reiche
Von Straßen aus Arabien zum Norden
Der Nebelwälder – Ozeanbereiche
Trugen dich braun in schaumerzürnten Borden.

Du aber bautest, bautest, Städte der Termiten
In Travertin und Ziegel – Rom, Paläste,
Finstere Türme, Bogen, Stalaktiten
Zärtlicher Menschenhand, und Farbenfeste

Wälzten die Wildnis des Jahrtausends nieder,
Die Märkte strömten mit dem Grün der Gärten,
Und Winzerruf, im Mond melodische Lieder
Hallten im Trab von fleißigen Gefährten,

Derweil die Künstler meißelten und malten,
Geschlechter von Genie die Fülle häuften.
Olivensilberne Provinzen strahlten
In der Jenseitigkeit des Traumbeträuften,

Dessen was sie an Monumenten schufen
Um Kirchen, Klöster, ländliche Residenzen
Voll Glockenspiel und Brunnen, Friesen, Stufen,
Gestade ferner Wasserstädte glänzen

Im mürben Marmor, alt von Salz und Algen,
Fröhliche Armut, Fest der Wäsche, Kinder,
Kalvarienwege, Hügelland der Galgen,
Die Mittagssonne Singender und Blinder.

Ein Volk in Herbst und Reife der Geschichte,
Schwer von den Lasten Laub, in dem es regnet,
Verklärte Seele ewiger Gesichte,
Mit Herzensflaum septemberlich gesegnet.

Die italienischen Gärten

Bruchstücke des Himmels, verklärte
Trümmer
Rühren uns an mit Traum
Des Verlorenen.

Seefahrer schweiften
Zu Kontinenten hinaus
Einer höheren Bläue.

Laubiges Epos
Blüht Visionen,
Adlig Gefälle der Perspektiven.

Treppen hinauf
Zu den Horizonten.
Flimmernde Wimper der Wasser.

Marmor-Arm
Trägt gewichtlose Räume,
Schneeige Ewigkeit.

Wohnung der Toten
Bröckelt mit Vasen
Und Moder Schlafs.

O der Wohlgeruch
Schwelender Welkheit
Von Sommer.

Weißer Wind,
Geistern Engel
Durch Steppendürre der Lüfte.

JOSEF LEITGEB

Malcesine

Im nächtigen Gäßchen, winklig, steil gestuft,
atmet ein Fenster rotes, warmes Licht
gleich einem offnen Mund, der uns nach Hause ruft.

Da leuchtet aus dem Finstern ein Gesicht,
da trällert eine leise vor sich hin,
wozu ihr Schritt den Text des Liedes spricht.

Uralte junge Wasserträgerin!
Zwei Kupferkessel schweben um sie her,
goldrotes Ampelpaar um eine Tänzerin.

Schlägt an die Mauer nicht das Meer?
Im schwarzen Wasser schwimmt ein wildes Rot.
Die Fischerbarken sind von Träumen schwer.

O Lockung, die aus fremden Augen droht,
o Lächeln, das die feuchten Lippen teilt,
viel wissend um die Liebe und den Tod

und daß der Tod allein von Liebe heilt.

Gottfried Kapp

Vor den Toren

Der Mauern mächtige, verfallene Reste
sind mit Jasmin und Efeu überzogen.
Die Türme stehn, doch schleicht um ihre Bogen
der Wind so müd wie nach dem Erntefeste.

Nur Kinder laufen hier, verspielte Gäste.
Das Drohn der Quadern ist in Nichts verflogen,
wo sie mit leichtem Schritt vorbeigezogen.
Florenz versank, die mächtigste und beste.

Doch manchmal tastet eines von den Kleinen
in tiefer Ahnung an den toten Steinen
und steht und lauscht und will nicht weitergehen.

In seine Augen steigt ein Widerscheinen
von großen Menschenwerken, hier geschehen.
Die Kunde traf's. Läßt es sie auferstehen?

Bertolt Brecht

O Venezia!

O Venezia, Stadt der Träume
Die du reich machst deine ärmsten Kinder
Mit der Weiße deiner Tauben
Und der Bläue deiner Himmel!

O Venezia, Stadt der Träume
Die du stirbst und hast für deine Kinder
Und für all ihr goldnes Nichtstun
Nur das Meersalz und die Feige!

O Venezia, Stadt der Träume
Fremde eilen her und sehn dich sterben
Sehn die Tauben, sehn die Himmel
Und wir, deine Kinder, erben.

MARIE LUISE KASCHNITZ

Rom

Für Ludwig Curtius

Königlich, Rom, hast du mich immer empfangen.
Ob ich von Norden zu dir aus der dunkleren Heimat
Sehnsüchtig drängte oder aus reifenden Gärten
Ferner hesperischer Täler gesättigt mich wandte:
Herrlich umfing mich vom Fluge der Wolken beschattet
Golden und schwarz die Campagna und in der Ferne
Hob sich dein ewiger Umriß vom feurigen Himmel.

Stolz war ich oftmals, daß du dich zur Heimat erboten.
Wie des gefährlichen Ursprungs der Sohn des Gebirges
Immer sich freuet, ermaß ich den Abgrund der Zeiten
Draus die betäubenden Nebel sich drohend erheben,
Urgeister auch und ein lockend gefährlicher Schwindel.
Träumend verweilt ich, und gleich deinen eigenen Kindern
Pflückt ich die Frucht deiner Gärten, nicht achtend, daß tiefer,
Tief in der Erde die Wurzel den Schädel zerpreßt.

Aber nicht immer genoß ich so heiteres Vorrecht.
Fremder erschienst du mir auch, eine finstere Mutter,
Funkelnd von Schmuck und von heimlicher Zärtlichkeit trunken.
Grausamkeit sah ich in deinen nicht alternden Zügen
Und es verriet mir dein Lächeln die Lust der Gewalttat.
Aus deinen schimmernden Kirchen und dunklen Palästen
Klang es wie tropfendes Blut und ich floh deine Nähe
Wehrte der Liebkosung mich deiner herrischen Hand.

Eine Gestorbene auch bist du oft mir erschienen.
Steinernen Todes, gebahrt seit undenklichen Zeiten
Lagst du in blumiger Steppe der wilden Campagna.
Still in dem Fluge der Bienen und Blöken der Lämmer

Strahltest du tödliche Stille. Nicht konnte mein Atem
Nicht meine pochenden Hände zum Leben dich wecken
Kälte beschlich mir das Herz unerweckbarer Zeiten
Und deine steinernen Augen zum Himmel gerichtet
Schreckten mich wie der Medusa versteinerndes Bild.

Doch an den andern, den Tagen der heiligen Wandlung
Strahltest du von dem lebendigen Licht wie das süße
Sinnbild der heimischen Wälder. Klangest vom Jubel
Liebender drängender Seelen und gleich einer Harfe
Die aus unendlicher Ferne ein Engel berührte
Strömtest du rauschenden Klang in die Stille der Nacht.

Immer schied ich von dir mit weinendem Herzen.
Ungedeutet blieb vieles und unverstanden das Letzte.
Stimmen sprachen dem Ohre vorüber und klangen
Ängstigend nach und das eigne entfloh dir
Oft wie ein irrender Vogel dem zaubrischen Walde.
Münze um Münze versank in dem tönenden Brunnen
Und deine Fülle zu fassen verzagte das Herz.

Doch es erneuern sich ewig die Wasser der trevischen Quelle.
Andere immer und offener kehren wir wieder
Suchen ein Neues und finden ein Neues bereit uns.
Tiefer berührt uns alljährlich das ewige Zeugnis
Drängenden Geistes und bildender Hände, und mächtger
Hebt aus der Leidenschaft dunklem Getön sich der tiefe
Ruhige Herzschlag belebender Liebe hervor.

Amalfi

Dich rühm ich wieder, Stadt, dem weiten Bogen
Der starren Felsenberge eingefügt
Die Schluchten steil ins Finstere gezogen
Die reichen Hänge von der Flut umwiegt.

Du Braut des Meeres in Geschmeid und Tränen
Beglänzte Stirn, dem Lichte zugewandt
Campaniens Stolz und Raub der Sarazenen
Vom grellen Strahl gesegnet und verbrannt.

Du trägst an deinem Leib der Elemente
Verderb und Weh, ein unvergänglich Mal
Bergüber flogen des Vesuves Brände
Sturzbäche rissen Fels und Haus zu Tal.

Es stieg das Meer hochauf zu deinen Füßen
Der Kirchen Hallen, der Paläste Flucht
Versanken, von den Wellen fortgerissen
Und dämmern auf dem Grunde deiner Bucht.

Und doch, du lebst. So fest im Überdauern
So lieblich in des jungen Tages Zeit
Noch breiten zwischen Meereshang und Mauern
Ölwald und Wein ihr ewig schönes Kleid.

Noch glüht das Gold, das aus den fernen Reichen
Des Orients die Schiffe dir gebracht
Noch ragen Türme, die mit Feuerzeichen
Weit übers Meer erhellten deine Nacht.

Dem fremden Gast, der in des Mittags Schweigen
Vom Bug des Schiffes ferne dich erspäht
Wirst du dich stolz, als eine Feste, zeigen
Vom Fels umstarrt, von Wolken überweht.

Tief in dem dunkeln Labyrinth der Gassen
Glänzt ihm ein Marmorhaupt, ein Fabeltier
Es tragen vor den ärmlichen Gelassen
Gebälk und Fenster maurisch reiche Zier.

Den Hügel auf, wo deine Toten wohnen
Steigt er im kalten Höhlenwind der Schlucht

Und schaut beglänzt die fernen Faraglionen
Und Hellas' Tempel überm Blau der Bucht.

Und da er fühlt, wie Blühen und Verderben
Sich tief durchdringt und wunderbar vertauscht
Begrüßt du ihn als einen Sohn und Erben
Der alten Reiche, die das Meer umrauscht.

Reinhold Schneider

Madonna del Carmine

Neapel

Die Lilie blüht am Markte unterm Staube,
Dem Knaben gleich, der sich verhüllt in Träumen;
Das Erz erbebt in blaudurchglühten Räumen
Von dunkler Schuld und nie verwundnem Raube.

Und glücklich schimmernd unter Laub und Traube,
Wo Wogen schattenhaften Fels umschäumen,
Erhebt sich Land, das flüssige Licht zu säumen,
Bis zu des Feuerberges Wolkenhaube.

Doch wenn der Tag den Becher ausgegossen
Und Meer und Berge strahlen höher wider,
Dann ist die Lilie auf dem Markt verdorrt,

Wo einst des Königsknaben Blut geflossen.
Des Reiches Sonne geht verströmend nieder,
Und nur die Feuerwolke glüht noch fort.

Küstenstadt Selinunt

Zuweilen, wenn der Regen niederwallt,
Scheint milder auch die Zeit herabzutauen,
Bis wieder Meer und Himmel grausam blauen
Und die Gestalt verwest in Ungestalt.

Noch eh der Werkschar Hammerschlag verhallt,
Zerbrach der Gott, was sie gewagt zu bauen,
Als sollten sie die Riesentrümmer schauen,
Das letzte Sinnbild göttlicher Gewalt.

Geborstne Säulentürme überragen
Die Stümpfe und die Trommeln, während brausend
Die Woge tönt von dunkler Klage wider,

Als habe selber sich der Gott geschlagen,
Und mählich, von Jahrtausend zu Jahrtausend
Verwesten seine ungeheuren Glieder.

Stefan Andres

Paestum

Es ist kein Übergang, auf leerem Strande
Des Meeres flache Klinge glänzt und schabt,
Kein Klang das Ohr mit Gegenwärtigem labt,
Der Hades saugt herab den Schritt im Sande.

Die Büffel weiden käuend durch die Mauer,
Stumm frißt die Zeit, was selbst an Götter grenzt;
Doch klar das Rechteck schlanker Quadern glänzt
Im grauen Gras: o schön behau'ne Dauer!

Und tief im Distelfeld mit goldner Strenge
Die Tempel ihre alten Stirnen tragen
So jung zum Meere, um ihm Dank zu sagen

Für Schiff und Last, die segensvolle Menge.
O ohne Übergang, ein ewig Danken,
Da schon im First die losen Steine wanken.

Eugen Gottlob Winkler

Italische Ankunft

In diesem Lande iß dich satt!
Des Lichtes reine Ruhestatt,
Das Dach der Säulen ruhig stehe
Auf deinem Haupt! Doch dies vergehe,
Dem Irdischen ein rascher Krug.
Ob Gott, ob Tier: es gilt genug,
Dem Übermaß ein Maß zu sein.
Das Meer, furchtlos, geht aus und ein.
Geschöpfe auf des Fischweibs Bank
Erwecken sterbend unsern Dank.
Geschlitzter Fisch, zertretne Traube
Sei frohem Leben Trost und Glaube.

»Immer wieder treibt es uns hinunter nach dem Süden ...«

Vom Zwiespalt moderner Italiensehnsucht

EUGEN ROTH

Lärm

Daß alle Welt so reiselustig,
Wird zum Probleme der Akustik.
Wenn auch des Menschen Trachten groß,
Ihn durchzuführen reibungslos,
Ist der *Verkehr* doch, als Bewegung
Nur Reibung und drum Lärm-Erregung.

*

Des Südens Lärm scholl unermüdlich –
Doch – welche Wohltat: er war südlich!
Die Esel schrieen und die Treiber,
Die Händler, Bettler, Kinder, Weiber,
Man zog mit Quietschen und mit Knarren
Im Morgengrauen los mit Karren.
Und an Orchestrion-Musiken
Konnt man sich Tag und Nacht erquicken.
Hats auch nicht immer wohlgetan,
Im Grund gings einen gar nichts an.
Damit hats leider jetzt ein End –
Und Tempo herrscht, statt Temperament.
Italien, das ja ziemlich lang,
Wird heut durchrast im vierten Gang,
Vom Brenner bis Caltanissetta
Erbrausen Vespa und Lambretta.
Längst übertönt Motorenlärmen
Eintönig tausendtöniges Schwärmen.
Und weh dem Land, das heut entdeckt
Der Mensch, das große Lärm-Insekt!

Italienische Reise

Dies Buch wär unvollständig, böte
Es nicht auch ein Kapitel *Goethe*.
Der Dichter reiste mit viel Mühn
Ins Land, wo die Zitronen blühn
Am dritten – neunten – sechsundachtzig
Von Karlsbad hat er aufgemacht sich
Um drei Uhr früh, bei Nacht und Nebel –
Die Stein wußt nichts und nichts der Knebel –,
Es war ein rechter Schabernack!
Dachsranzen nur und Mantelsack –
Falls jemand's gern genauer läse –
Hat er gepackt in seine Chaise.
Und gleich – das soll uns Vorbild sein –
Gab er viel acht auf das Gestein:
Ob's gelblich, rötlich oder schwarz,
Ob es Granit sei, Schiefer, Quarz.
Was hatte Bayern ihm zu bieten?
In Regensburg die Jesuiten,
In München seine ersten Feigen.
Kaum fand er Zeit, hier abzusteigen –
Wie jeder weiß, im »Schwarzen Adler«.
Das findet heut noch viele Tadler:
Was hätte der berühmte Name
Gewirkt für die Verkehrs-Reklame!
Kaum, daß er's Frühstück nunterwürg,
Fuhr er schon weiter ins Gebürg
Und reiste gleich, in einem Renner,
Nach Mittenwald und auf den Brenner.
Und wichtig schien ihm wieder dies:
Bald sah er Kalk, bald sah er Kies.
Von Sterzing aber und von Brixen
Sah er bei eiliger Nachtfahrt nixen.
In Bozen konnt er auch kaum bleiben:
Er mußte wechseln, zahlen, schreiben.
Doch hoffte er, wo er gewesen,
In Büchern später nachzulesen.

Schon damals hat es sich bewährt,
Daß gut man »per Anhalter« fährt.
Denn Goethe, auf des Vaters Bitt',
Nahm erst das Harfnermädchen mit –
Was literarisch dann sich lohnte –
Und, daß es seine Füßlein schonte,
Ein Kind, das man nicht weiter kennt,
Auf halbem Wege nach Trient.

Der Leser möge sich des weitern
An Goethes Texten selbst erheitern;
Denn trieb ich fort so, breit im Strom,
So kämen wir ja nie bis Rom,
Geschweige bis Sizilien gar. –
Wie fein heraus der Goethe war,
Der an den Stätten, die ihm lieb,
Rund anderthalbe Jahre blieb.
Das konnt er als Minister halt,
Bei weiterlaufendem Gehalt.
Und dann noch ein besondres Glück:
Als Klassiker kam er zurück!

Venedig

Die Traumstadt muß zum Märchen passen
Nicht nur den Hochzeitspärchen-Massen,
Wie meist man's von Ven·edig liest;
Auch mancher, der noch ledig ist,
Zu zweit sich eine Barke mietet,
Wo Herrlichstes San Marco bietet.
Die Stadt, auf harten Eichenrosten,
Ward üppig durch den reichen Osten,
Jetzt, auf den fast schon weichen Resten,
Nährt gut sie sich vom reichen Westen.
Wir hoffen, wenn auch schon Gestank weht,
Daß sie noch lange ohne Wank steht!

Marie Luise Kaschnitz

Rom. Ewige Stadt

XXV

Es reden die Steine von Rom, blühend im Neonlicht
Im Scheine der Jupiterlampen, eisenklirrendes Echo
Zu jedem das gleiche und immer das alte: Nimm auf Dich.
Nimm auf Dich die schmerzliche Schönheit und die Last der
Vergangenheit.
Und die Schwermut des Ackers von Rom, die die
Schwermut der Welt ist.
Nimm auf Dich das Alte, das nicht ausgetilgt wird
Und das Neue, das nicht kommt wie ein Weihnachtstag.
Nimm auf Dich die Unrast, den Lärm, die metallene Dürre
Und das Übermaß des Lichts, auf das alles hinausläuft.
Nimm auf Dich das Leben.
Reden hörst Du des Nachts die Steine von Rom und die
Brunnen
Die wieder fließen im Herbst, wenn das Wasser von den
Bergen kommt.
Das Lebenswasser, von dem die Hirsche trinken.
Nimm auf Dich die Liebe.

Segesta

In der Hand das Gefühl von winzigen Schneckenhäusern
Zwergpalmenschäften und Dornen der Aloe.
Unterm Fuße Geröll und uralten Pflasterstein.
Im Ohr das Angstgeschrei der kleinen Vögel
Der Bewohner der Schlucht, der aufgescheuchten
Vom Flügelschlag des Räubers.

Regen, Regen
Auf dem Dach der hilflosen Hütte.
Gespräch der Eingeschlossenen von alter Sorge
Uralter Krankheit Armut.

Am Nachmittag der helle Streifen Blau
Im Westen. Fortgeschoben Zoll
Um Zoll die schwere Decke. Irisfeuer
In jedem Tropfen. Macchiagesumm.

Maultiergespanne wachsen aus dem Acker
Pflüge der Vorzeit. Einsame Eselreiter
Schwarze, erscheinen wieder am Saume des Himmels.

Die Abendsonne saugt ertrunkene
Gehöfte aus dem Schlamm und Fensterscheiben
Mit kleinem rotem Licht darin zu glühen.

Vögel reißen empor die verkrusteten Wälder.
Schmetterlinge rasten auf Kohlgerippen
Auf den eisernen Sternen der Artischocke.

Tief in die Nacht, die andre Verlassenheit
Leuchtet der namenlose
Unvergängliche Tempel.
Säule und Schwelle
Und die erhabene Stirn.

Taormina

Wieder und wieder hat
Der irrsinnige Heizer Hephaistos
Das schwarzbärtige Haupt aus der Luke gehoben
Hat roten Schmelzfluß, glühende Kohlenbrocken
Auf die blumigen Wiesen gestreut.

Mit dem nachtschwarzen Auswurf hat man die Häuser
gebaut
Und die Mauern der Burg. Über giftgelber Schwefelader
Wuchert der Erdbeerstrauch und die sphärische Wolfsmilch.

Hochauf wirft sich das Meer plötzlich bei tiefblauem
Himmel.
Ströme von Schaumflut schießen über die Klippen.
Entlang der Küste klappert das metallene
Gestänge im weißen Orkan.

Ruhig legt der gigantische Berg
Seine breiten Schneefelder, schön gefaltete, aus.
Im Wolkenspalt erscheint das Bäumchen Rauch.
Rosenfarben beglänzt
Vom Feuer der Tiefe.

Reggio

Wer den Fisch verfehlt
Darf nicht wieder jagen.
Klage und Fastenspeise
Warten seiner daheim.

Am Ufer der Meerenge steht er
Geduldig auf glatten Steinen
Zieht auf und ab das runde
Korbnetz der Alten.

Sieht sie ausfahren wieder und wieder
Inmitten der blaugrünen Ströme
Der weißen Strudel und blitzend
Aufheben den Wurfspieß.

Dort an der Meerenge, wo
Um die blendende Mittagsstunde

C. Gayet:
Das griechisch-römische Theater von Taormina
mit Küste und Ätna

Messina geisterklar
Im Wasser steht.

Wo am Abend die Insel versinkt
In veilchenfarbene Wolken.
Die Hügel, die Täler und
Der heilige Aetna.

Piazza Vittorio

Katzen am Grashang
Neben der magischen Pforte
Spielen mit Fischköpfen
Grünlichen Gräten.

Zwischen Kohlrippen, bleichem Gedärm
Leuchtet der Hahnenkamm
Gefleckt von Orangenschalen
Versickert der Blutbach.

Der Hauch des Mittags hält
Die fahrbaren Spielzeuge an
Und die Klöppel der Glocken.

Die Riesin Roma schläft
Zurückgewendet das Haupt
In die wilde Campagna.

Genazzano

Genazzano am Abend
Winterlich
Gläsernes Klappern
Der Eselshufe

Steilauf die Bergstadt.
Hier stand ich am Brunnen
Hier wusch ich mein Brauthemd
Hier wusch ich mein Totenhemd.
Mein Gesicht lag weiß
Im schwarzen Wasser
Im wehenden Laub der Platanen.
Meine Hände waren
Zwei Klumpen Eis
Fünf Zapfen an jeder
Die klirrten.

Vedere Napoli

O dieser letzte Abend auf dem Festland
Am schönsten Ort der Welt, und hat man mir
Nicht einen feuerspeienden Berg versprochen?
Aber ein blaues atemloses Tier
Hockt an der Bucht, macht seinen Rücken krumm.
Sie reiben mir die Schuhe blank.
Unter meinem Sitz stand ein goldener Ritter
Die Polster waren aus Samt und die Armlehnen
Löwenpranken
Aussätzige Kinder tanzten den Reigen um mich.
Überall ist mir die Stadt entgegengesprungen
In Gestalt von Pferdchen mit Büschen und klingenden
Schellen.
Ihre Knochen standen heraus, ihre Schwären stanken.
Zwischen meine Lippen drängte sie sich
Eine rote Wassermelonenscheibe
Wimmelnd von schwarzen Fliegen.
Angezündet hat sie vor meinen Augen
Bengalische Grotten. Märchengefilde der Armen
Und ausgelegt zu meinen Füßen
Verfaulte Früchte und glitzernden Schleim.

Roten Wein gießt sie mir in den Mund
Durstwein
Traurigkeitswein.
Schafft mich heim.
Meine Großmutter schläft auf der Marmorschwelle
Die ganze Nacht. Durch ihre Lumpen glänzt
Der alte Leib, bleich wie Kartoffelkeim
Schafft mich heim.
Geruch von Tubarosen, Gartenmauern
Voll glühendem Gerank. Glitzernde Ketten
Bergauf bergab. Die runde Pinienfaust
Ins Sternenlicht gereckt. Am Horizont
Der Kranz von Wolkenzacken. Fliehendes Heer.
Eine gepanzerte Stadt liegt draußen im Meer.
Vierundzwanzig eiserne Schiffe blinken
Sich still geheimnisvolle Zeichen zu
Vedere Napoli.

Rom 1961

Wiedergesehen die Stadt
Eine mächtige geschleuderte Wabe
Mit den pickenden Altartauben
Den Seelenvögeln
Aufgescheuchten zum Himmel.
Mit kopflosen Märtyrern
Hervorschießend aus ihren Gräbern
Mit leuchtendem Springwasser
Fliegend von Brunnen zu Brunnen
Mit Brausen schwerrädrigem
Funkelnder Explosion.

All ihre Pinien fand ich
Ihre Platanenalleen
In Bewegung gesetzt

Ihre rostroten Drehbühnenpaläste
Ihre Statuen
Säulengehege
Mir vorübergerissen rundum.

Wer klinkte in solcher Eile noch Türen auf?
Wer vernähme im Innern der Kirchen
Die todstille Messe?

Übersprungen vom Lichtschein
Fortwähren Jahrtausende
Erschütterter Steine
Und Cypria Weltherz Du
Geschlagen gebeutelt gepreßt
Verschenkst Deinen leuchtenden Honig.

ECKART PETERICH

Im Hafen von Neapel

Im teerigen Wasser reiten tote Ratten
rücklings auf Regenbögen, höllenfarbnen;
Schiffsjungen hocken weiß auf hängenden Latten
und heilen teerend offne Mennigenarben.
Der Kräne Rasseln, Pfiffe, blökendes Tuten;
es funkelt Messing, und es flattern Fahnen.
Der Lotse eilt durch grau verschlammte Fluten
zu einem seiner Riesenuntertanen,
erlöst ihn aus den Ketten, drin er lang gelegen,
begleitet ihn bis an die rote Mauer
des Hafendamms – schon wird das Wasser blauer,
schon weht ihm großer Glanz und Wind entgegen –
bis in die Bläue selbst, verläßt dann den Befreiten
und sieht ihn wunschlos in den hohen Weiten
nach Osten drehn, ins Morgenland entgleiten.

Römische Reliquie

Schon schwillt die Stadt, verglimmt der Hügel Flut,
aus deren Rissen Wachs und Honig rinnt.
Die Kuppeln und die Wolken überspinnt
ein Strahlennetz: Geäder, pulsendes Blut.
Den seltenen alten Türmen wächst der Mut
so kriegerisch, so fromm! Die Nacht beginnt,
in der sich Rom auf jene Zeit besinnt,
da es noch Kraft besaß, die Wunder tut.
Sie ist nicht mehr. Im gläsernen Abendschrein
liegt da ein Leichnam unter dem Altar
anbetungswürdig, bröckelnd und allein
in prunkendem Marmor und gesprächiger Pracht.
Wir beten an. Uns tröstets wunderbar.
Doch die Reliquie frißt die Großstadtnacht.

Erich Arendt

UNTER DEM TRUSKISCHEN MOND:
Gebreit
von heidnischen Wettern
getauft.

Da springt
aus Brunnentiefen
der Schatten hellstes Licht

dich an.

Im nicht
schattenden Alter
des Ölbaums wandernd,

das, sonnenheiß, hoch,
truglose Leuchten
hindurch, sein
anderer Schatten.

Im Atemwachen
Schwalbenimpuls
canto
mobile
über dem Tal
die Frühreife der Luft:

reben-augig

GOETHE ZEICHNETE
alles wir
knipsen
in das Zerbröckeln der Säulen
blickzerfaserte wir
riechen
sehen über die Steinbrüstung
armselig kriechend
den Fluß der pockennarbig
Übelkeit dünstet
Tiberius heißt es
hat darin sich gewaschen
hinter uns
über die Fahrbahn weg
etliche sind
am Leben geblieben
sie rösten dickblättrige
Artischocken auf jüdisch
köstliches
Sabbatgrün, wir
schmecken es

glückbeschämt über jedes
Aug um uns
das davonkam, den
glasigen Römerhimmel hinab
seine Pestfahne zieht
ein Jet wir bleiben, ein
Achselzucken, sitzen und
trinken
den Umtodeten zu

Erice

»Trotzdem bete ich, wie alles Lebendige«
Arnold Schönberg

Über dem Meer,
hochoben
die steinschöne Krümmung
wölkend:
die hetärische Straße
nachtschatten-
hohl:

die Meergeborenen,
Nebel um Nebel, ziehen
steilflucht-
hinauf.
Drin ein eisernes
Schwanken ist.
Unsichtbar die
vereisenden Drähte.

Den trächtigen Wassern
unten
von Sonnen entzogen
Salzgärten Glanz.

Der Ruderer blickt
im Abgründigen, tief,
blitzgeballt
das starre Weiß
ums einsam ums hohe Felsenhaupt.

Peter Huchel

Haus bei Olmitello

Niemand sah den Engel der Frühe
Im Mantel salzigen Schaums.
Aber ein Duft von Meer und Algen
Trug den Himmel
Und kühlte die heiße Stirn der Boote.
Die Fischer löschten die Lampen.

Niemand sah den Engel der Frühe.
Das Schweigen trat aus dem Schatten
Der Pinien und ging durchs Tor:
Dich stürzt kein Tod hinaus.
Im Krug verglomm das Öl.
Aber das weiße Wasser der Felsen
Trug den Himmel.

Venedig im Regen

Noch im Nebel
leuchtet das Gold des Löwen,
das steinerne Laubwerk tropft.
Namen, meergeboren,

wer schrieb sie ins salzige Licht?
Keiner nennt
die große Geduld
der Pfähle.

Auf die Fähre
wartend im Regen,
der Poren
ins Wasser schlägt,
blick ich hinüber
zu den rostigen Schiffen
der Giudecca.

Die Seekarten schweigen.
Es schweigt
die Muschel
am Nacken des Steins.

Subiaco

Stadt,
verschwistert
der heiteren Klarheit der Berge,
am Rand der Felsen der Klosterhimmel.
Unter den schrundigen Stämmen
der Maulbeerbäume im Hof
der harte Glanz einer Schaufel,
er will die Toten ausgraben.

An der weißen Mauer
schreitet der Mönch die Treppe hinauf,
Schweiß sickert durch seine Augenbrauen.

Alles verblaßt in Licht und Hitze,
der grobe Ocker der Wände,
das spröde zerbrechliche Moos auf den Steinen,

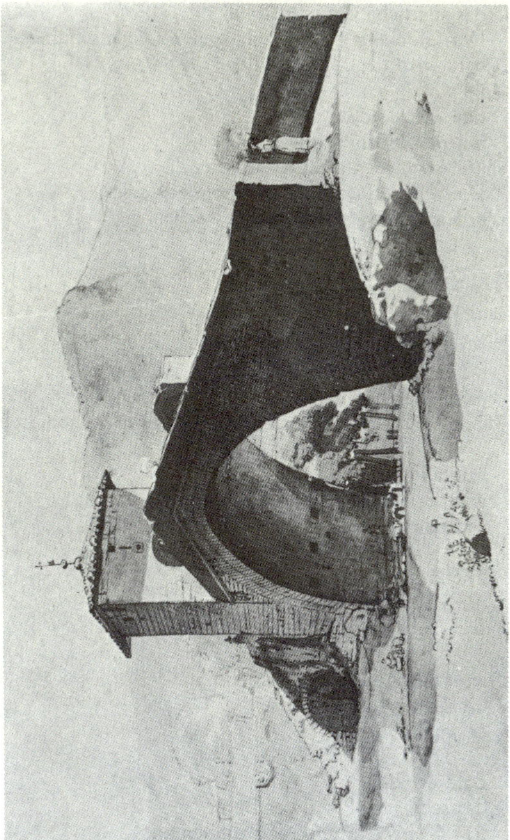

Friedrich Nerly: Die Anio-Brücke bei Subiaco

das spärliche Grün am Fluß.
Der Glöckner geht in zerrissenen Leinenschuhen,
bald wird der Mittag hallen.

Die Ziege stößt
mit den Hörnern die Sonne fort
und sucht den dünnen Schatten.
Die Schüssel des Pilatus ist ohne Wasser,
er kann seine Hände nicht waschen.

Ein Toscaner

Ist es die Stunde,
das Silber von den Dächern zu nehmen,
den Tau von den Blättern des Ölbaums zu schütteln?

Hinfällig
wie der Staub auf vergilbten Manuskripten
ist mein Leben geworden.

Nicht überschreite
die Säulen des Hercules.
Der Tod, der mürrische Maultiertreiber,

ich sah ihn gestern abend am Stall,
umschwirrt von Bremsen,
er weiß den Weg.

Bald deckt
das schwarze Profil der Berge
den Weinstock und die Brunnen zu.

Günter Eich

Fußnote zu Rom

Ich werfe keine Münzen in den Brunnen,
ich will nicht wiederkommen.

Zuviel Abendland,
verdächtig.

Zuviel Welt ausgespart.
Keine Möglichkeit
für Steingärten.

Rose Ausländer

Rom I

Kostbarkeiten in den Kammern
Särge mit erlesnen Leichen
Und der erzne Glockenhammer
ruft die Armen und die Reichen

Tempelsäulen Marmorstufen
Kunst in Kuppel und Kapelle
Und die lauten Glocken rufen
Beter zu der stillsten Stelle

Hunderte Fontänen schallen
Rom wer kann sich mit dir messen
Und die Glocken laden alle
ein zu Einkehr und Vergessen

Offener Brief an Italien

Italien
mein Land der Terrassen und Trauben
von Sonne geliebt
deine Haut ist blau wie die Blume
die der Dichter sich einst
an die Stirn steckte

In deine Geschichte taste ich mich
von Marmor zu Marmor
aus brüchigen Schichten schäle ich Glanz
höre den Pulsschlag deiner Paläste
durch deine Portale betret ich die sieben Dante-Himmel

Vivaldi hat meinen Traum vertont
Bei Leonardo lernte ich fliegen
Ich frage Raffael nach der sanftesten Madonna
Michelangelo nach dem mächtigsten Mann

Mein Italien
ich schreibe dir aus Amerika
daß ich dir huldige
Ich huldige deinen Ruinen im Blau
deinen traumäugigen Bettlerkindern
deinen gesprächigen armen sanften singenden stolzen
Menschen
der unerschöpflich dich liebenden Sonne im Blau

Venedig I

Goldner Schmutz
Mosaik aus Palazzi und Wellen

St.-Markus-Platz:
Siamesisches Zwillingsviereck
im Taubenschaum badend

Alle Gondeln fassen nicht
den Körper deiner Unwirklichkeit
Alle Gondeln fassen nicht
deine Schwermut unter dem Süßsang

Leih mir den Glockenton deiner Gläser
Lehr mich das Latein deiner Zaubergassen
Schenk mir einen Strahl
vom Tintorettostern

Schläfe an Schläfe
mit dem medialen Mond
fliegen Kähne
ins Labyrinth
der Kanäle

Italien I

Immer träume ich zurück
zu deinen Städten
Venedig Rom Florenz
Siena Neapel

Zum Arnalfiweg
Zu San Michele
zu deinen Schätzen

Ich verständige mich
mit vier Worten
ja nein rechts links

Die Menschen verstehen mich
antworten mir
mit gütigen Gesten
jeder Blick ein
Willkomm-Gruß

Italien
mein Immerland

Mein Venedig

Venedig
meine Stadt

Ich fühle sie
von Welle zu Welle
von Brücke zu Brücke

Ich wohne
in jedem Palast
am großen Kanal

Meine Glocken
läuten Gedichte

Mein Venedig
versinkt nicht

Italien II

Du Glockenmund
Sonnenfuß im Süden
ihr Marmorarme
Terrassen violett
im Traubenschaum

Gondelland
verliebtes Land
aus Laute und Serenade
unter funkelnden Tüchern
träumt deine Schwermut

Antike Türme Zypressen
umgrünen das Schicksal
deiner Trümmer
es schläft der Vesuv
im furchtbaren Feuer

Volk im Prisma der Vokale badend
in deinen Pupillen
leuchtet Latein

Deine Menschen singen Vergangenheit
lächeln arbeiten betteln singen
mit Grandezza
deine Gegenwart

ALBRECHT GOES

Olévano, Blick auf Latium

Nun endlich, ganz zuletzt, auch dies begreifen:
Daß es ein Ganzes ist, dies: da zu sein.
Vorbei die Angst des Werks, die Lebensgeißel,
– Sag: Schreibtisch, Satzbau, Gleichnis und Gedicht,
Geschichte, Szene – sag: ich will, ich muß –
Nur noch: ich bin. Ich bin wie dieses Land,
Ein endlich Ding, doch voll Unendlichkeit.
Dein Teil bin ich, du Latium der Liebe,
Dein ander Ich, du Oleanderbaum.
Dies Mittagslicht: in mir gehts auf und unter,
In mir wird Abend, groß und schattenblau.
Dann kommt die Nacht. Ich bin noch, der ich bin:
Der Mann aus Deutschland, dunkel, denkensschwer,
Nun aber Kreatur und heimgekehrt,
Und die Zypresse wird mich Bruder nennen.

Rom, am Trevibrunnen

Werf ich noch einmal meine kleine Münze
Halb Glaub', halb Aberglaube ins Oval?
Romfahrer tun's. Man sagt, es sei die Bürgschaft
Für Wieder-wiederkehr. Wie? Kehr ich wieder?

Ein Fast-noch-Kind war ich beim ersten Kommen
Und da war Rom – und Zeit und Zeit und Zeit.
Jahrtausendquader, Felswand der Geschichte:
Etruskerschwert und Neros finstre Hausung,
Goldschrift in San Clemente, Adams Blick,
Der Morgenhauch um Iphigeniens Rede,
Schwarzhemden, starr postiert am Kapitol.

Alexander Kanoldt: Olevano

Dann kam ein Schweifender, ein Liebesträumer,
Dann einer, der – kaum, daß ich ihn noch kenne –
Wie weißes Brot ein wenig Ruhm verzehrt.

Ich ging, ich kam, ging wieder, kam zurück;
Nun ist's der Tochtersohn, der mich begleitet.
Der würde, würf ich jetzt, mir lachend keck
Vom Brunnengrund die Münze wiederbringen.

Die Münze – wie? Bewahr ich sie, vorsorglich
Für einen, der, zu unbekannter Stunde
Ein Boot im Schuppen löst, die Ruder einlegt,
Und sich anschickt zur Fahrt, die seines Amts ist.

Die Münze, ja. Wenn ich sie gebe, werd ich
Lässig »per Lei, Signore« sagen? Oder
Sag ich, erkennend jäh, mein Stichwort, sag
»Dein Fährgeld, Charon«?
Charon, fahr mich gut –

ERNST MEISTER

Gedanke Umbrien

Und wär ich
ein Arges,
das seinen Rock,
starren Fetzen,
gewendet hat,
ich dächte
Umbrien ...
den Klang.

Dem wär wohl
der Traum erlaubt
von einem Dort,
wo braune Gewitter
segnen
den reifen Fels,

wo Bienen,
mit gilber Seide,
Bilder der Lämmer
sticken und Vögel
in Totentuch.

Und wär ich
ein Bettler
um Schlaf.

Rudolf Hagelstange

Verona

In den Schleifen, die der Fluß warf,
blieb ich gefangen.
Über die Brücken, die ihn queren,
bin ich wieder gegangen.

Auf den Plätzen, die das Licht traf,
hab ich gesessen,
von dem Brote, das sie dort backen,
wieder gegessen.

Habe getrunken, wie damals
von ihrem Weine,

sah vom Hügel die Stadt in
wechselndem Scheine.

Bedachte mein Leben und sah es
am Feigenbaumstamme
züngeln und wollte es wiedererwecken
zu lodernder Flamme.

Aber die Winde hatten gewechselt,
gewechselt die Stunden.
Eidechsen huschten wie sie. Was ich suchte,
habe ich nicht mehr gefunden.

Doch bin ich über unzerstörbare
Brücken gegangen,
und in Schleifen, die kein Fluß wirft,
blieb ich gefangen.

Römisches Gewitter

Langsam spannt sich
über dem Becken des metallisch
glühenden Himmels das Kalbfell.
Kurze Probe, noch übertönt vom
sägenden, bohrenden, schleifenden
Amoklauf der Trams und Motoren.
Dann: ein erster Wirbel der Pauken.
Ein zweiter. Ein dritter. Und plötzlich
tropfender Regen, locker gestreut,
silberne Zungen, Zungen des Heiligen Geistes
über Roma Eterna, Roma la più
corrotta città del mondo.

Plötzlich hat der Vorraum der ›Bank vom Heiligen Geiste‹
Kunden ohne Kredit. Ketzer treten eilends

in den trockenen Schatten einer Madonna.
Soutanen sehen sich wieder im Spiegel
eines Modesalons. Den nackten Tritonen
dampft der marmorne Rücken. Flüchtende
Mädchen fühlen den Stoff auf der Haut
wie Umarmung. Es regnet. Es –
hat schon geregnet.

Drei, vier Minuten – Rom scheint wiedergetauft.
Es glänzt der Asphalt. Tritonen, Soutanen, Mädchen
treten zurück ins Gesetz; Banken und Kirchen.
Ein Krüppel trocknet die Münzen im Hut.
Ein Padre betet Brevier. (›Lavabis me
hysopo et mundabor.‹) Ein Faun
tritt zurück ins Gebüsch
der Villa Borghese.

Franz Tumler

Rom Villa Giulia

feines Gespinst der Pinien
zwischen gröberem Laub
    grün und welk
über grünem Gras

und Tempel unverwelkt
Villa Giulia Rom
das Blatt am Boden
    gelb
auf Kies

Hermann Lenz

Neue (römische) Zeit

Der Park der Villa Torlonia
Jetzt ohne Duce, den sie vermissen.
Der Marmor beschmiert mit Parolen:
»Morte al Fascio«, Sichel und Hammer und
Hakenkreuzen, als wär's in Deutschland
Long long ago
(So lang ist das gar nicht her).

Eine Hülse der Petersdom.
Das Heilige gibt's vielleicht irgendwo
In einem Etruskergrab unterm Boden.

Was ich denke gefällt mir nicht.

Sie lachen und schwitzen und schreien,
Lenken ihre Benzingaswägen
Um Leute, die gehen, und nehmen Rücksicht
Auf in die Bank stürmende Räuber.

Unkraut bei Rom

Die Wohltat der Gräser:
Wilde Gerste, die sich bewegt,
Und die blauen Blüten des Natternkopfs.

In der Ferne gehörten die Aquädukte
Zum Ausblick auf die Albanerberge,
Wären nicht wuchernde Siedlungen
Höher als Aquädukte.

Libellen fliegen, grüne und schwarze.
Goldammern zirpen, und der Gesang
Der Gartengrasmücke jubelt empor.

Ruinen sind noch lebendig.

KARL AUGUST HORST

Memento

Reden die Steine, tönen die Masken noch,
hat noch Zähne die »bocca di verità«,
hartgesottene Leugner wie Nüsse zu knacken?
Oder geriet sie im Lauf der Zeit zurück an den Anfang:
Mund der Kloake, Ausguß – wer redet noch?
Schwindelnde Galerien errichtet in Rom die Zeit.
An dem Bogen, den ein Kaiser gespannt,
übt sich die Taube. Tonlosen Beifall klatscht
ihr Gefieder, wenn in die bräunliche Nische
sie – die animula blandula – schlüpft.
Aus dem Himmel ins Grab, vom Tempel zum Orkus.
Aber der Zirkel des Logos vermaß Orbis und Urbs.
Unter der Krypta schirmen Penaten dich:
Wär das Haus der Caecilia nicht der Pallas geweiht,
wie vermöchte die Kuppel den Kosmos zu halten?
Wir nur gehen hindurch, die Zeitverlorenen
grüßt kein Ave über dem bröckelnden Tor.
Selbst die Schwingen des Traums zerfielen zu Asche,
und die reine Flut der Aqua felice
zeigt unwirklich gebrochen den magischen Stab.
Anfang ist uns die Wiederholung des Endes.
Wahrheit der klaffende Lippenspalt der Meduse,
schwarz schlundabwärts von Ruß und Aussatz der Zeit.
Schattenwerfer sind wir auf überzähligen Plätzen:
reden die Steine, tönen die Masken noch?

Karl Alfred Wolken

Rom

Hier wartet niemand auf dich,
dachte ich lange.

Und eines Tages, da war
eine Stimme
heiter zwischen den sieben Hügeln.

Sie sprach mit den Brunnenwassern
und den großen Plätzen
und zeigte ihr helles Haar.

Das ist sie:
leicht und fest, Flügel
eines Falken.

Regloser Himmel belebt sich,
die toten Statuen erheben ihr Haupt,
mein Herzschlag hat Eile zu ihr.

Als sagte sie meiner Seele:
tritt ein.

Und noch ist das nicht gesagt.

Appia Antica

Sie gibt sich alle Mühe
uns mit Schwert und Schnürschuh
zu erinnern,

Daß wer an den Tod denkt
seines Lebens
nicht mehr sicher ist.

Sie sagt,
ihr liebt euch über Knochen
und Skeletterinnerung.

Wir stimmen zu,
nach Rom hin wird dein Asphalt
immer blauer.

Und wo du anfängst oder endest,
weiß ein jeder der verschränkten Finger:
daß für immer hier verschränkt
vorübergehend heißt.

Überblick

Die Ebene zwischen Rom und dem Meer
auf einem Klappstuhl
in Ruhe betrachten.

Zeit ist da, Baumschatten gibt es
und Vögel im Himmel. Am Ende der Ebene
fängt das tyrrhenische Meer an.

Und dann die Zikaden; viele.
Aber man hört
nur einen Strich, der nicht aufhört.

Die Tiere, die hier geschlachtet wurden
zu Ehren der Götter, das Meer vor Augen,
Rom im Rücken,

das Messer am Hals –
man wartete ihr Kopfnicken ab,
heißt es in Plutarchs Tischgesprächen.

Das Ende der Campagna I

Wie Seume auf seinem Spaziergang
nach Syrakus, um mir etwas
die Füße zu vertreten,

scharf und gereizt die Gefühle,
unausgeruht, so gehe ich
durch die Campagna.

Daß ich aus diesem Jahrhundert bin.
Das vorige war
Vergil noch näher.

Jetzt geht man von einem
zum andern
räudigen Stadtrand.

Bildersammeln

Ein paar Stunden umhergelaufen,
weil unterwegs auf den Plätzen,
im Kies und im Grünen, vor allem
aus Frauen Fröhlichkeit brach,
die man festhalten muß,

denn sie hat den Fehler,
verlorenzugehen.
Auf dem Pincio sahst du
Anfang November Leute den Tag
an der Sonne verbringen.
Ein Tag wie im Sommer,
Paare legten sich Stichworte
für Leidenschaft in den Mund
und vergingen, um eins zu werden,
vergeblich im warmen Gras.
Mit den Jahren wird man zu dem,
der allein sein kann,
als hätte er seine Ruhe gefunden.
Was du mitnahmst, sind Bilder
in römischen Farben,
die dich noch immer bevölkern,
etwas zum Erzählen am Abend
für andere Ohren.

Hausbesitzer

Schon schön, was unser alter Malerfreund
hinter den winters wie sommers
zurückgeschlagenen Fensterläden
in unserm Haus in den Hügeln vollbringt.
Mit rarer Ausdauer formt er, wie einer
dem mehr erlaubt ist als anderen
nur allzuviele Jahre nun schon
aus Linien, die seinen klugen
Midashänden wie Schlangen entgleiten
bauchige Krüge mit Henkeln wie Hüften
und zur Ruhe gebrachte Mänaden
oder verführerische Zitronen
als feste virginische Brüste
in einem blühenden Kleiderausschnitt.

Schön auch, wie über den Hügeln mit Wein
Mediceer-Villen und Gärten
das klare Licht der Toskana liegt
und wie er Zypressen als Fingerzeige
auf die brennende Sonne versteht.
Muffiges Dunkel gibts bei ihm nicht.
Die Geräte sind blank, die Äcker
gepflügt, die Mondsichel schwebt
als Barke in einem Meer aus Licht.
Marmorskulpturen, die Nasen
scharf und grausam nach innen gestanzt
die Augen wie Moorwassertümpel
stecken ihre Köpfe zusammen
wie Verschwörer oder Verliebte.

Er bettet, ein Raffer von schönem Gelände
den ein subtiler Dämon versucht
immerfort seine Landschaften um:
Aus Freilicht auf Fabriano-Papier
von Papier auf Karton, auf Leinwand
auf Holz – genau wie er sagte:
Lange erschöpfende Arbeit
wie mein Begehren es vorschreibt.
Nie zufrieden und immer bereit
wieder und wieder von vorn zu beginnen
bis auch die sanfteste Hügellinie
wie mit dem Messer gezogen erscheint
und noch die Farben armseliger Dinge
beredt wie feurige Zungen sind.

Wir kommen auf unsern Fahrten nach Norden
immer vorbei an seinem Asyl
doch setzen wir keinen Fuß mehr hinein
werfen nur auf der Rückfahrt erneut
Scheideblicke auf unser Haus
worin er seine Werke vollbringt.
Schöngegliedert liegt es am Hang

mit silbergrünen Olivenhainen
man hat einen Raubvogelblick
von dort in die Weite des Landes
und unser maßvoller Stolz
vertrieben zu sein aus dem Paradies
in ein menschenwürdiges Dasein
wiegt die Verführung zur Trauer auf.

Die geduldige Arbeit des Lichts

Nach einer Nacht ohne Kühlung
schon wieder dieses gerühmte
lebenspendende südliche Licht

das die Dachpfannen nachbrennt
die Mauern erhitzt
die unausgeschlafenen Menschen
auf den Wegen zur Arbeit
narrt mit Vorspiegelungen
glitzernder Meere
überm Asphalt
und zur Geißel des Parks wird
der Büsche, der Bäume
die ihre Blätter verlieren
der dörrenden Blumen
des Oleanders
der zu rosigem Feuer entflammt.

Kein Wind, kein Geflüster
des Laubs mit der Luft –
nur dies niedersengende Licht.

Jetzt verzehrt es
auch noch die Schatten, die es erzeugt –
umsonst, sie sind da, versammelt in uns.

Was immer wieder guttut

Samstagsonntage an der See.
Lateinersegel
die wie leuchtende Lebewesen
über das Wasser ziehn.

Dieses selbst, weil sein Gelispel
dem Zeitvergehn
einen Unterton
traumsatter Südseeseufzer gibt.

Die Bilder der Sonntagsmaler
an den Wänden der Halle:
Das Kap der Circe
mit Einfaltspinseln gemalt.

Die junge Nonne
die sich auf dem Weg durchs Hotel
verwandelt in eine Strandläuferin
mit sehr schönen Frauenbeinen.

Du, die sich ausruht auf deinem
gutgewaschenen Badetuch
geheimnisvoll schön wie alles
was man sehr lange liebt.

Wir, uns aufrecht bei Tisch gegenüber
plötzlich
in den Augen das Glitzern
allerfrühster Begierden.

Unter dem Hitzebann

Halb Sardinien und Sizilien
stehen in Brand
und die Kiesfläche vor dem Haus
blendet blitzhaft, die schwarze
Wand der Zypressen
wankt vor Durst.

Unerträglich, das Wort, flammt auf
und man legt seine Beine
hoch auf den Tisch
den Block auf die Seite
und streikt.

Im Laufe des Tages verstummt auch
der Brunnen noch, die Wassermusik.
Die Tinte
das Denken
dickt ein.

Nur die Zikaden
trotzen dem Bannfluch der Sonne
und das Blut in den Adern
das man beklommen
vor sich hin seufzen hört –

abends brennt auch halb Korsika.

Alfred Andersch

Silvestro Lega, Il Pergolato
(Milano, Pinacoteca di Brera)

Für Ernst Wilhelm Eschmann

am liebsten betrete ich die po-ebene bei einem ort
namens romagnano sésia

die straße läuft in einer kurve zur piazza hinab

aus hügeln auf denen ahorne pappeln platanen
in gruppen stehen

im frühen frühling ist die luft hier ganz schleierig
von bläue und rötlichen laubspitzen

in eine so empfindliche luft muß man
die alten gehöfte dünn eintragen   vielleicht
mit dem spachtel vorsichtig auflegen
in einer chromatik die zwischen kreide und rosa spielt

maler müßte man sein
am besten spät-impressionist
mit einer feldstaffelei und farben von winsor & newton

der fluß sésia ist nichts als ein bißchen helles wasser
in einem kiesel-strom auf dem männer neben lastautos
        stehen

bei ghislarengo beginnen die reisfelder als quadratische
        teiche
zwischen entfernten pappelreihen

in ihren spiegeln verändert sich die färbung des himmels
aus einem sehr hellen blau in ein durchsichtiges braun
durchsetzt von der federigen zeichnung der jungen
        mandelgrünen halme

die reistennen in den dörfern sind glatt gefegt
die arbeiterinnen tragen gugelhüte aus stroh
mit schwarzen tüchern unter dem kinn festgebunden

sie erinnern mich an abbildungen von arbeiterinnen aus der
provinz sezuan
es scheint daß alle reislandschaften etwas chinesisches
annehmen

in novara bleibe ich immer eine weile und besuche die
buchhandlungen
ein mann namens agostini sticht hier vorzügliche landkarten

und die piazza ist so weiträumig daß man
die weißen sommerwolken die immer über ihr stehen
gar nicht übersehen kann

das ist eigentlich alles was ich von novara weiß

südlich pavía ist ein schloß zu verkaufen
es kostet nichteinmal sehr viel
eher weniger als ein mittleres landhaus irgendwo

davor eine pergola

mit vier frauen und einem kind

alle schön
alle schlank
alle stolz
alle schwarzhaarig
in langen schwarzen weißen und bräunlichen kleidern

der fächer ist entfaltet

unter dem weinlaub-schatten
vor der mauer mit den margueriten-töpfen

vor der po-ebene
flirrend im sommer eines gepflegten spät-impressionismus
der alles enthält

außer
die schwitzenden arbeiterinnen
der provinz sezuan

Karl Krolow

Südwärts

Italienische Augen sind schön.
Vorher schon das Alpenglühen,
wenn man Glück hat.
Südwärts führt keine Himmelsrichtung,
eher das Gefühl, zu lange
angesehen zu werden. Und
unversehens ist eine Form der Lüge
gefunden, die glaubwürdig ist,
die dazugehört wie das Buckeln
von Katzen, die überall
feinen Staub hinterlassen
für Allergien.
Der Akzent wird anders.
Einzelne Blätter duften zu stark.
Laub rauscht wie gekämmtes Haar.
Weich fällt es über die Schulter.
Man blinzelt nur noch
unter Marmorbildern aus alten
Räubergeschichten.
Fra Diavolo ist inzwischen
vom organisierten Mord

überzeugt.
Ein Schuß vom Motorrad aus
schickt himmelwärts.
Die Madonna läßt auf sich warten
wie Zitate in korrektem
Latein.
Kurz lebt es sich elegant.
Die klassische Vegetation
enttäuscht. Die reichliche Armut
gab es schon früher.

Christine Busta

Oktoberabend in Venedig

Vermählt hat sich das Gold den Schatten,
der Staub wärmt Marmor und Porphyr.
Vineta neigt sich still den Ratten,
das Meer geht durch verschlossne Tür.

Der Löwe kann der Zeit nicht wehren,
das Salz frißt lautlos Erz und Stein.
In schwarzen Gondelwiegen kehren
vom Styx die Träume ein.

Johannes Bobrowski

Viktorianisches Lied von der italienischen Schönheit

Deine Gestalt
groß
vor dem Himmel von Paestum,
nackt, der herab
sinkt.

Atem,
weiß gefiederter
Pfeil,
schwirrt
dem Munde vorbei.

Er, im Dunkel,
wird lange
irren, Tränenlaut
unter dem schönen Meerwind,

der den zottigen Griech
herblies, den viel
redenden, ein possierliches
Murmeltier,

und die verschlagenen
Seefahrer,
Leute aus Norden,

aus Höhlen und Bäumen
brüllende
Rotbärte, triefend im Schweiß,

bald
ihre stampfenden Kinder
in den Palästen,

manche noch,
Heroen
oder Erstaunende,

und des heiligen Lukas
Malerbrüderlein,
ringend um Atem, wenn
eine Sonne verging. –

Alle in die Lüge
wirst du verwerfen,
auf den Stirnen der Menschen
dein zerrissnes Gesicht,

du,
Fontäne, im Wind
rauchendes Blut, dein Herz
voller Gewalt des alten
bäurischen Tags.

Latium,
Wälder und Strom.
Über die niedere
Mauer hüpfte der Höhnische.
Ihn, den die Wölfin auch
nährte, den Mädchenweichen,
würgte der Bruder, die Götter
sahen es an.

H. C. Artmann

Nach Italiens feigenhängen
möchtest ziehen du mit mir,
lauschen südlichen gesängen
wie ein nördlich fabeltier?

ach, geliebte, ich verspreche
alles, was dein herze heischt,
lasse becher, wirt und zeche,
wenn dein wandervogel kreischt.

trag dich über hundert berge
bis an den tyrrhener strand,
als ein sichrer alpenferge
nach der römer blauem land.

transportier dich unverdrossen
durch den tiefen tiberstrom,
zeig dir papst und artgenossen
drin im dunklen petersdom.

obelisken und maschinen
führ ich dir im stehen vor,
und nachher, um dir zu dienen,
einen schmucken verdichor.

biete dir ein klangerleben,
blas respighi dir ins ohr,
süßes zartes lusterbeben
an dem brunnen vor dem tor.

vor verwucherten ruinen
überm teich der wasserfloh
hüpft im glühn der mandarinen,
clairobscures domino.

an den wänden sommerkringel,
gecko flitzt auf pfeifenton,
der zikaden zirpgeklingel
tönt aus floras grammophon.

um des mittags geisterstunde,
schatten vom limonenstrauch

Philipp Hackert:
Blick auf Eboli östlich von Salerno

bringt uns langverlorne kunde,
kühle wie der laren hauch.

und wir hören nadel fallen,
lieblich tickt die taschenuhr,
käfer heften ihre krallen
in das brautkleid der natur.

die siesta ist zu ende,
lackbeschuht der tag vergeht,
lauer dehnt sich das gelände,
sonne weit im westen steht.

holla ho, der abend purzelt
rücklings vom aldebaran,
alles, was noch nicht entwurzelt,
schickt sich zum entwurzeln an.

her den weinkrug, limonade,
sekt, champagner, eiscaffè,
gebt der bratwurst keine gnade,
stürzt euch in die orgie!

leuchtfontänen, wasserkünste,
wunderkerzen und salat,
öligschwüle bratendünste,
quellgemurmel und spinat!

tango, rock und tarantella,
cha cha cha und casatchok,
gugelhupf auf silberteller,
puderzucker im gelock!

freiheit, schöner göttergatte,
schinken aus elysium,
leicht benommen steigt der matte
vollmond über latium . .

ach geliebte, in den garten
laß uns aus dem trubel fliehn,
will, daß meine aufgesparten
küsse dir am mund verglühn.

putti zwinkern mit den augen,
auch erwachsne statuen,
steine, die zu nichts mehr taugen,
treiben moos im sternenschein.

ach wir flüstern platitüden
hier in diesem pinienhain,
ferne lauten mit etüden
finden sich zum kunstverein.

nachtigall streut ihre worte
in die seidne sparsamkeit,
während rosen an der pforte
düfte träufen in die zeit.

dieses war von mir das erste
lied, darin zitronen blühn,
daß ich nicht vor sehnsucht berste
sei von heut ab mein bemühn.

Nino Erné

Rom Villa Borghese, 21. Januar

Für Curt und Gerda Pries

Dies sind die Tage der fünften Jahreszeit
Zwischen allen Stagioni
Eine milde Herbstfrühlingssonne
Sintert durch Kronen der Pinien
Mitten im Januar.

Wohl war es kalt und vielleicht kommt noch einmal der Winter
Wohl ist Aida verkauft bis zum letzten Platz
Und Beethovens Neunte
Wohl versiegt nie der Fremdenstrom
Im Bett unsrer Dolce Via Veneto
Und hinab zur Fontana di Trevi
Wohl wird pauschale Begeisterung andächtig dargebracht
Dem geballt zornaufragenden Moses
Oder im Vatikan halsverrenkt den Propheten Sibyllen
Und den Säulen und Brunnen Berninis
Wird vielleicht gar sein weinender Elefant bei dem Pantheon
Freundlich begrüßt von einem einsamen Wanderer
Wird mit lustvollem Schauer beäugt
Colosseum und Katakombe

Schlachtbank und Grab früher Christen
Und in den Peitschenknall anachronistischer Kutsche
Mischt sich im Ohr der Erinnerung uraltes Wagengedröhn
Trajans Legionen Trompeten.

Aber am Steintor zum Park
Am Piazzale Paolina Borghese
E proibito l'ingresso a tutti i veicoli

Alles Geroll und Gehup und Gekreisch bleibt draußen
Männer im graugrünen Tarnanzug fegen das Laub
In Spielzeugkarren von der Farbe des Laubfroschs
Buben in froschgrünem Boot auf dem Lago
Rudern vorüber am Tempel des Arztes Asklepios
An dem Vater Apoll auf dem Giebel
Geschneckten Säulenkapitälen
Und zum anderen Ufer
Vorbei an dem leeren Gehäuse
Wo im Sommer der Kasper den Teufel schlägt
Aber jetzt nichts mehr lebt als ein buntes Reklameschild
Für ein berühmtes Getränk.

Gitter feuchtfarbenfrisch duftet
Mit dem Schild umgehängt *verniciato*
Wo auf Bänken versteckt hinter Bäumen
Ewiges Liebespaar kauert
Windjacke wehendes Haar
Mädchen in schwarzen Stiefeln

Romeo and Giulietta steht eingerahmt
Auf der Stirn einer steinernen Büste
Giorgio e Angela unter dem Schlüsselbein
Und auf der breiten Athletenbrust
Antonio e Cleopatra
Eine Patrizia jedoch
Hat sich allein eingeritzt
Liebesruf ungehört dreimal
Ohne Echo von Giorgio Romeo
An den Paaren vorbeigeweint trockenen Auges
An der Blonden vorbei
Kaum sechzehn Jahr alten Blonden
Mit den weißglatten Stiefeln am drallen Bein
Und vorbei
Tief zu Boden gesenkt die Stirn
An den gelben Stiefeln vorbei unter zitternden Knien
Händen verkrampft in die Haare des Freundes
Arme Patrizia.

In den Himmel gehoben die Lider
Hält ein junger Soldat seinen Kopf im Nacken
Und ein winziger Mensch
Vor drei Wochen geboren
Blinzelt ins Licht der Welt
Eine Greisin liest Zeitung
Rauch von verbranntem Holz
Lorbeer und Palmen
Zedern und die Säulen der Pinienstämme

Blätter im Spiegel
Ein Sarkophag voller Wasser.

Glotzende Köpfe Drachen
Stein Stein Stein Stein
Die Tritonen verstummt
An den Lippen das Horn ohne Strahl
Der weiße Wildeber brüllt lautlos
Lautlos
Hebt ihre Hände geziert die Dame der Stiefmütterchen
Kehrt uns Venus Paolina ein blankes Hinterteil zu
Hält das tanzende Faunspaar
Im schräg versinkenden Licht
Auf verklammerten Händen das Kind
Traubenlutschenden Putto
Mit dem Punkt eines Horns auf der Stirn
Grinst der haarige Bocksfuß des Vaters
Greift sein Blick nach dem Schenkel der Nymphe
Stützt sie nackt sich und leicht
Auf fluchtbereit lauernden Fuß
Ob ein Anderer kommt
Und sie packt und bespringt
Und sie kann sich nicht wehren
Mit dem Kind auf den Händen
Im Griff des Fauns
Bronzegrüngrau ihre Brust
Blick über Schulter zurück
Tanzend nach drohender Flöte
Spielend und spiegelnd im Brunnenrund
Brunnenmund
Murmelt des Lebens Lob
FONS CANIT VITAE LAUDEM MURMURE SUO.

Rings um den Park in den Kirchen Roms
Tragen hundert Madonnen auf den Armen ihr Kind
Läuten die Glocken
Beten Heilige an
Bringen Könige Weihrauch und Myrrhen –
Aber auch hier
Tretet ein
Denn auch hier sind Götter.

Am Teich gegenüber dem Tempel
Schiebt ein Mann seinen Hut in die Stirn
Grau sein Haar überm Ohr
Vom Schnee des vergangenen Jahrs
Krähenspuren der Zeit
Um die Augen geritzt
Darin die Sonne erlischt
Und ein Kind im natürlichen Minirock
Um dünne weiße Strumpfbeine
Stakst auf ihn zu und fragt
O Signore
Per cortesia che ora è?

Walter Höllerer

Der Wind aus Süden kommt

Der Wind aus Süden kommt an das Felsentor.
Wir wollen rufen, aber der Laut versagt.
Wir torkeln aus den dunklen Kammern
Über die Inseln bei Kap Misene.

Und erst im Fluge dämmert das wahre Bild
Der eignen Glieder. Was wir Verborgenen
Erträumt, auch hart erworben: breite
Gläserne Flügel und schöne Stimmen,

Zerbricht im Lichtmeer. Nächtliches Vogeltier,
Pechfedrig, schwarzgeschnabelter Wolkenkauz
Hängt schweren Atems in den Netzen
Über den zitternden Fischersegeln.

*

Weiße Esel wandern, die Reisigbündel
Sind im Frührot. Andere wieder haben
Braune Sättel über den wohlgenährten
Schimmernden Kruppen.

Die Gesäße prahlen im Fett, die Schwänze
Schnipsen Freudenkringel in silberblaue
Zukunftsberge, die überm schmalen Felspfad
Gläsern verklirren.

Und der Treiber: alle vertanen Sohlen
Seines Lebens, überbezahlte Nächte
Wirft er, singt er fort in die schattenschwarze
Schlucht der Abruzzen.

Jetzt gehts nach Süden zu

Das ist der rechte Trott.
Von Eseln klipp und klapp.
Die Straße, die nach Süden geht,
Der Weg bergab.

Und spar dir hüh und hott.
Ein Esel ist nicht dumm.
Vom Weg sind deine Füße frei,
So laß ihn, er ist krumm.

Ein Weg ist immer krumm.
Du hast auch mitgemacht.
Am Tag hast du den Stein geklopft
Und in der Nacht.

Doch jetzt im Eselkarrn
Da siehst du schon noch mehr:
Und daß die Wolken Wolken sind,
Das blaue Meer ein Meer,

Und gar nicht ein Symptom,
Und nicht ein Stück, ein Biß,
Und nicht ein Katalyt und nicht
Ein Schattenriß.

Jetzt gehts nach Süden zu.
Von Eseln klipp und klapp.
Und endlich fällt von deinem Schuh
Der Nordbär ab.

Walter Gross

Aus Sambuca

Aus Sambuca war er, da ist nur Staub,
die weiße Asche der Erde, Staub und Erde
und die eine Wunde des Himmels aus Licht.
Die Ernte seines Jahres war ein Sack Oliven,
ein halber Mandeln, ein Korb mit Zitronen
und zwei Säcke Korn,
Wein trank er nur sonntags, zu teuer,
sonst Wasser.
Er nahm sich keine Frau, wie sollte er sie
ernähren, aber dann und wann gab es eine Mulde
mit Lippen, Brüsten, Schenkeln, wenig Worten
und einem langen Heimweg, und das immer
getragene Kleid war noch schmutziger.

Aus Sambuca war er, Lesen und Schreiben
hatte ihm niemand beigebracht: Diodor,
Empedokles, Aischylos, Verga, Pirandello,
Elio Vittorini waren für ihn keine Namen.
Er wusch sein Hemd selbst im Fluß,

führte der Wasser, sonst im Kübel.
San Cataldo mit den drei Kuppeln, Palazzo Reale,
San Giovanni degli Eremiti, der Dom
mit den porphyrenen Gräbern waren für ihn
keine Stätten: Palermo – sehr fern –
zwei Tage hin und zurück.

Er sah nie ein Bild von Fra Angelico,
Giorgione, Mantegna, Bernardino di Betto,
noch den Engel des Tiziano Vecellio in der Chiesa
San Salvatore, unbekannt blieb ihm der Zauber
eines Frauenbildes von Boltraffio.
Arezzo war nicht verbunden für ihn mit
Piero della Francesca, Capella Brancacci
nicht mit Masaccio und Lippi, auch nicht Sirmione
mit Catull oder Chioggia mit der Duse,
die Sonette an Colonna blieben für ihn ungeschrieben,
Dante hat für ihn nie bei Can Grande Zuflucht
gesucht, Petrarca ist für ihn nie nach Frankreich
geflüchtet.

Aus Sambuca war er, ein Sohn dieser Erde
und getauft im Namen dessen, der nicht
von dieser Welt ist.

San Stefano Belbo

Ho visto l'alba ..., era la vita,
era il calore umano.

Cesare Pavese

Den kleinen Ort
vergesse ich nicht,
die Pappeln und Weiden
am Fluß, die Hitze

unter dem Blechdach der Schmiede,
das Blitzen des Metalls,
die Hühner im Sand,
Bruchstücke der Messe
aus der offenen Holztür,
auch den Ort nicht,
wo das blieb,
was von dir sterblich ist.

Eine kleine Offenbarung
ist die schimmernde Schneckenspur
auf dem Stein im Frühlicht,
Sperlinge lärmen im Ohr
und der Motor einer orangefarbenen
Dreschmaschine.
Im Schatten der tief ins Gesicht
gezogenen Schirmmütze
lagen die Augen des Mannes,
den ich auf dich ansprach.

Du gingest fort, wie jeder geht:
neben dir die Frau mit den Eiern
im Korb, gegenüber dir der Mann
im blauen Arbeitskleid.
Die Luft, die Zigarette,
der Glanz der Geleise,
die rote Mütze des Bahnhofvorstands
hatten die Fröhlichkeit
um sechs Uhr früh.

Ich habe deiner gedacht
oben im Zimmer,
hinter den versperrten Läden,
als ich das Läutwerk hörte
und die Milchglasscheibe
vom vorüberfahrenden Zug
erzitterte.

Am Abend zogen sie ein Drahtseil
über den Marktplatz,
du hättest ihn wie ich fahren sehen können
im Licht der Scheinwerfer, in der Nacht,
hoch über der Menge,
zur Musik aus dem Lautsprecher.

Friederike Mayröcker

Ostia wird dich empfangen

ich werde in Ostia sein
ich werde dich dort erwarten
ich werde dich dort umarmen
ich werde deine Hände halten in Ostia
ich werde dort sein
in Ostia
ist die Mündung des Tiber
des alten Flusses

ich werde in Ostia nicht sein
ich werde dich dort nicht erwarten
ich werde dich dort nicht umarmen
ich werde deine Hände nicht halten in Ostia
ich werde nicht dort sein
in Ostia
ist die Mündung des alten Flusses
des Tiber

eine Postkarte aus Treviso

mit dem Zeitungslappen oval
über die Figur (gewaschen) polare
Ozonlöcher diese gesamte schründige
Hautfläche sage ich, Straße zum Blick, diese
mannaquellende Stimme am Morgen durchs
Morgengewölk, dies mich durchtobende Manna am
Morgen:
Jacopo Tintoretto DAS MANNAWUNDER eine Postkarte
aus Treviso
die Baldachine flockentaumelnd über dem Schädel während
die Ölweiden im heißen
Wind und die Lämmer mit jungen schneeweißen Löwen
zusammen im Weidenkorb
auffangen jenes Wunder ich meine welches in Fugen und
Spalten sich
einnistet in jedem Asyl während der Himmel
aufreißt, mannaquellende Stimme posaunt plötzliche
Madrigale, vom
Himmel gefallenes Brot Schweißperlen der Tamarisken bei
der Wanderung durch die Wüste während ein
pflaumenfarbener
Spätnachmittag düster um meine Stirn und mutwillig
flockende Blüten
schleudert gedonnerte übers Zederngeäst hinweg-
geschlungene Blütenschleier so daß die Stirn von weißen
Fliedermeeren umweht, der Pappmaché-Engel
am Eingang zum Supermarkt im Mannalicht aufleuchtet,
man darf frei
atmen oder angelehnt stehen und knien man öffnet das Tor
um den Engel einzulassen fünfzehn Grad Flora und Fauna
durch diese
Grünheit sage ich, vereinen sich die alten und neuen
Glieder unseres einzigen Leibes, der göttliche
Wahnsinn ist das! sagst du, Eden verträumt, das kleine
Ding heftet die langen Zöpfe zusammen

zum Diadem während es humpelnd zu laufen versucht zart
kränkelnd *in einem*
Eden befangen mit brettartig plattem Rückenschild das läßt
mich an
Rückenprothese an plattgewalzt denken, der lichtblonden
Haare Gespinst am Scheitel, zur Krone geflochten, erinnert
an Lewis Carroll's Figuren gekräuseltes Herz hingestreckt
wie Lämmer und Hirten: Liebschaften triumphal
inthronisiert im
Gebilde von Landschaft kaum daß Naturgegend je
glorreicher auftaumelt, -donnert: aus den Händen des
Himmels das weiße
flockende Brot Blumen und Früchte gesprenkelte
Vogelherzen an Leimbäumen Silhouettenartikel, mein
geschlitzter Habitus sage ich, in
Tropfenform und parabolisch gekrümmt wie die
Spiegelbilder in feuerfarbenen
Rosenkugeln mein Kopf, Pastellwolke Nervenspiel also mit
leuchtenden
Füßen durch Mannaschnee
geschaufelt gestiefelt geschlurft undsoweiter, Himmelsgrotte
changierend, mein schnelles Parlando, *zitiere*
Büchner wie Espenlaub

für Kurt Neumann

WOLFGANG BÄCHLER

Solleone

Vom Gesirr der Zikaden betäubt,
von der Pranke der Sonne geschlagen
zittert das Land,
aus verwundeten Hüften
Lavendel verströmend.
Löwensonne!
Die Mähne funkelnd im Blau.
Lerchen und Sperber fliegen
berauscht in den goldenen Rachen.

Weiß leuchtet die Stadt,
tamariskengegürtet,
Oliven im Haar,
über Ockerschultern und rotem Geripp,
caput mortuum, umbra, siena.
Der Wein wächst unter den Achseln.
Karthago, Jerusalem, Ninive, Delphi?
Fata Morgana ewiger Burgen,
im Schlaf der Götter versunken.

  Rauchsäulen bauen
  silberne Tempel
  über die Zinnen
  und Grate der Dächer.
Die Pranke erdrückt sie,
Torsos stürzen den Weinberg hinunter,
die Ölbäume fangen den Schwadenschutt auf.
Die Brunnen sind leergetrunken.

Ernst Jandl

fremdarbeiter

tief aus italien
wo die sonne sich nicht wäscht
um den himmel nicht zu verdüstern
sind heraufgezogen die elefantenspur
bis ins land der goldenen zahnbürsten
weit hinter den strotzenden alpen
kleine braune männer ohne uhrketten.
fabriken und stollen
öffnen ihre herzlosen brüste
begierig nach südlichen pulsen
die wie nachtigallen schlagen mit hämmern
bis aus dem eisen das pflaumenmus quillt
für die kalabrischen mäuler.
die augen versenkt und in gruppen
ziehen nachtwärts raschen schrittes
die aus süßem südlichem holz sind
durch die rauhkehlige stadt
bis ihre rollenden körper
an die finster scheuernden frauen
telegraphieren
in der sprache des strohs.

Heinz Piontek

Apulische Ebene

Kommt, o kommt
zu dem feurig gedeckten Tisch!

Kommt,
eh der Sturmwind, klingend gewaffnet,
in euren Häfen an Land springt!

Kommt von allen vier Enden –
ihr Reiterinnen auf Eseln, ihr Bälger, ihr Büffel,
ihr mit den unversiegbaren Hoden:
tagelöhnernde Zwerge und Mohren!

Auch ihr vom Rande der Berge,
kommt, ihr Toten,
pflügt durchs Getreide mit mächtigen Sicheln!

Schön liegt Ruth
bei den trinkenden Schnittern im Ölbaumschatten,
die rosenbraunen Glieder gelöst.

Schöner noch ist es zu wissen,
daß euch die Sonne liebt.

Aber wie nah schon der Erzfeind,
der Plünderer,
der von der einsamen Erde
den Staub selbst hinwegreißt!

Maltersäcke und Schläuche
schleift er hinter sich her,
Beute von Feldsteinen und Kathedralen.

Einkehren will er zur Nacht
schnaubend
im kaiserlichen Kastell.

Brandstätten glühen herauf.
Pauken und Pfeifen.

Latinisch

Ja, erzittere nur auf dem glühenden Berg.

Hier wächst unbeweglichen Rindern
das leiergeschweifte Horn.
Sicherlich kommen Ziegen und Säue zu ihrem Recht.

Aber vor dir entblößt kein Schilfdachschatten
seine heimliche Stelle,
und die Zisterne gähnt mit gesprungnem Schlund.

Denn innegeworden ist es die Sonne,
daß du dich weigerst,
unter ihr stille zu stehn.

Auch die Erde hat es erfahren,
was dich vertreibt,
an Ländern, an Herzen vorbei:

Hochmut der Scham!

Denn wie erschrickt vor dem eignen Menschen
der Mensch.

Wähnst du, du könntest in fremden Kleidern entfliehn
und dich verschanzen im Vogelblauen,
im Geist?

Was aber hilft es,
betörend, erbärmlich weise zu sein unterwegs?

Sieh, der Kyklop hinter der Mauer,
an seinen Mund legt er die schwarzen Pranken:
»Niemand – Niemand – –!«

So stürz endlich hin:
kratz und höhl dir ein Bett und verblute!

Zart in der Höhe,
himmlisch meckern die Herden.

Alsbald aber am Meer macht sich der Wind auf.
Eine feinere Helle flößt er herbei,
Leib und Glieder dir sacht unsterblich zu salben.

INGEBORG BACHMANN

Das erstgeborene Land

In mein erstgeborenes Land, in den Süden
zog ich und fand, nackt und verarmt
und bis zum Gürtel im Meer,
Stadt und Kastell.

Vom Staub in den Schlaf getreten
lag ich im Licht,
und vom ionischen Salz belaubt
hing ein Baumskelett über mir.

Da fiel kein Traum herab.

Da blüht kein Rosmarin,
kein Vogel frischt
sein Lied in Quellen auf.

In meinem erstgeborenen Land, im Süden
sprang die Viper mich an
und das Grausen im Licht.

O schließ
die Augen schließ!
Preß den Mund auf den Biß!

Und als ich mich selber trank
und mein erstgeborenes Land
die Erdbeben wiegten,
war ich zum Schauen erwacht.

Da fiel mir Leben zu.

Da ist der Stein nicht tot.
Der Docht schnellt auf,
wenn ihn ein Blick entzündet.

Brief in zwei Fassungen

Rom im November abends besten Dank
das glatte Marmorriff die kalten Fliesen
die Gischt der Lichter eh die Tore schließen
der Klang mit dem erfrorne Gläser springen
der Singsang den sie aus Gitarren wringen
eh sie die Schädel in die Münzen stanzen
auf die Arena mit Zypressenlanzen!
der Holzwurm ist bei mir zu Tisch gesessen –
wie wohl ein Blatt aussieht das Raupen fressen?
und Herbst in Nebelland die bunten Lumpen

der Wälder unter großen Regenpumpen
ob es die Käuzchen gibt das Todeswerben
die Drachen die in warmen Sümpfen sterben
das Segel schwarz den Unglücksschrei der Raben
den Nordwind um die Wasser umzugraben
das Geisterschiff die Halden und die Heiden
schuttüberhäuft das Haus die Trauerweiden
verschuldet und verträn am Strom aus Särgen
den Wahnsinn den sie aus der Tiefe bergen
Immer und Nimmermehr gemischt zum Trank
dein wehes Herz vergötternd alle Leiden
vernichtet und verloren liebeskrank ...

Nachts im November Rom Einklang und Ruh
der Abschied ohne Kränkung ist vollzogen
die Augen hat ein reiner Glanz beflogen
die Säulen wachsen aus den Tamarinden
o Himmel den die blauen Töne binden!
es landen Disken in den Brunnenmitten
sie drehen sich zu leichten Rosenschritten
wollüstig dehnen Katzen ihre Krallen
der Schlaf hat einen letzten Stern befallen
der Mund entkommt den Küssen ohne Kerben
der Seidenschuh ist unverletzt von Scherben
rasch sinkt der Wein durch dämmernde Gedanken
springt wieder Licht mit seinen hellen Pranken
umgreift die Zeiten schleudert sie ins Heute
die Hügel stürmt die erste Automeute
vor Tempeln paradieren die Antennen
empfangen Morgenchöre und entbrennen
für jeden Marktschrei Preise Vogelrufe
ins Pflaster taucht die Spiegelschrift der Hufe
die Chrysanthemen schütten Gräber zu
Meerhauch und Bergwind mischen Duft und Tränen
ich bin inmitten – was erwartest du?

Römisches Nachtbild

Wenn das Schaukelbrett die sieben Hügel
nach oben entführt, gleitet es auch,
von uns beschwert und umschlungen,
ins finstere Wasser,

taucht in den Flußschlamm, bis in unsrem Schoß
die Fische sich sammeln.
Ist die Reihe an uns,
stoßen wir ab.

Es sinken die Hügel,
wir steigen und teilen
jeden Fisch mit der Nacht.

Keiner springt ab.
So gewiß ist's, daß nur die Liebe
und einer den andern erhöht.

In Apulien

Unter den Olivenbäumen schüttet Licht die Samen aus,
Mohn erscheint und flackert wieder,
fängt das Öl und brennt es nieder,
und das Licht geht nie mehr aus.

Trommeln in den Höhlenstädten trommeln ohne Unterlaß,
weißes Brot und schwarze Lippen,
Kinder in den Futterkrippen
will der Fliegenschwarm zum Fraß.

Käm die Helle von den Feldern in den Troglodytentag,
könnt der Mohn aus Lampen rauchen,
Schmerz im Schlaf ihn ganz verbrauchen,
bis er nicht mehr brennen mag.

Esel stünden auf und trügen Wasserschläuche übers Land,
Schnüre stickten alle Hände,
Glas und Perlen für die Wände –
Tür im klingenden Gewand.

Die Madonnen stillten Kinder und der Büffel ging' vorbei,
Rauch im Horn, zur grünen Tränke,
endlich reichten die Geschenke:
Lammblut, Fisch und Schlangenei.

Endlich malmen Steine Früchte, und die Krüge sind
gebrannt.
Öl rinnt offnen Augs herunter,
und der Mohn geht trunken unter,
von Taranteln überrannt.

Christa Reinig

Rom

Ich frühstückte und ging
und war vielleicht von vielen eine,
die überdauern würde,
aber soweit dacht ich kaum.

Ich hielt mich fest in dem Gedanken,
daß ich schon tot sei, folglich:
unübernhaufenschießbar.
Was ausgestreckt lag, widersprach nicht.

Die Uhr stand still.
Ich zählte an den Fingern:
jetzt der, dann der, dann die, dann ich
und aß zu Mittag.

An diesem Mittag bebte Rom,
ein Dolce unterm Glassturz.
Erst als der Abend kühl war,
umfaßte ich mein linkes Handgelenk.

Günter Kunert

Verlangen nach Bomarzo

Selber ein Fels sein.
Stillstehen mit der gewesenen Zeit:
so ein teils steiler Hügel
eine teils erhabene Klippe ortsgekrönt
des Morgens inmitten der Ebene
über sie
einen langen und leichten Schatten legt.

Platz nehmen im *Parco di Mostri*
unter schweigenden Ungeheuern
aus behauenem Gestein.
Einer der ihren werden
halb in der feuchten Erde geborgen
reglos und nichts anderes um sich
als lauter leeres Geheimnis
sonnenüberflutet und dunkel
wie der Sinn der Gestalten und Tiere
Elefant und Gladiator
Nymphe und Drache
Jahrhunderte alt.
Der Schädel mit dem Scheunentormund
darinnen Tisch und Sessel aus gleichem Granit
dich empfingen wäre der meine:
Hüt dich vorm Eintritt

damit du nicht in die unterirdischen Tiefen
meines ferneren Leibes gelangst
ausgestreckt unter Bomarzo:
der unsichtbare Grund
auf dem alles steht und der alles trägt.

Dableiben. Hierbleiben.
Kristallinisch
solcher Landschaft sich innig verbinden:
wenigstens vorübergehend
unsterblich sein.

Venedig I

Düsendonner über der Lagune.
Auf dem Dach die Bronzegäule schreckgebäumt
im ewigen Wahnsinn erstarrt
die Augen aufgerissen und blind
erkennen dich nicht.
Zieh zu den Brücken und als *dein* Lebenswerk
überquere jede
einmal von dieser und einmal von dieser Seite

Jedesmal ist die Welt anders

Aber vergiß deinen Schatten nicht
er reicht bis ins Wasser hinab
wo unter undurchsichtigem Schmutz
die Strömung ihn wegspült. Keiner mehr
singt während der schwankenden Fahrt
eine Zeremonie ohne Ziel
und zu oft wiederholt.

Im Hotel um die Ecke haust ein Mann
namens Dostojewski oder

ist bereits abgereist oder bereits
wieder angekommen.

Die alten Paläste
zerfrißt unser zeitgenössischer Atem
so daß wir sie nicht bewohnen können
trotz inniger Absicht.
Zerbröckeln würde unser Zugriff
den Stein
und alle Geometrien sänken ineinander

wie lautlos wie erwartet.

Venedig II

Nach dem Untergang Venedigs
werden sie sagen
(ihr wißt schon wer)
es hat nie eine Stadt
auf einer Lagune gegeben

Alles Erfindung

Und wer da Byzanz überfiel
das waren die Deutschen
wie von jeher
(Fränkische Ritter am Fallschirm)
Legenden beschreiben
einen erdachten Ort
Es ist ein Begriff
für eine kanalisierte Anlage
doch nach einiger Zeit
am Horizont des Vergessens
tauchen die Kuppeln von San Marco auf
der Dogenpalast

die Piazetta mit den zwei Säulen trotzdem
und
die Gefängnisse füllen sich
mit Leuten die glauben
auf dem Canale Grande gefahren
zu sein.

Venedig III

Ein schwerer Luftzug
durch die alternde Konstruktion.
Qual des Erstickens
im weißen Licht der Lampe
aus weißem Glas aus Murano.
Eine Insel nahe Venedig.
Unter den Arkaden der Piazza San Marco
zusammensitzen mit einem Unsichtbaren.
Er heißt Marcel und schon als Knabe
des ersten Bandes wünschte aus Swanns Welt
er sich her.

Aber was suchen wir
in diesem schönsten Salon Europas
(Definition N. Bonapartes), da jede Zeit
seit langer Zeit in der stillstehenden Historie
verschwindet.
Spurlos.
Das wird stündlich verkündet
vom Turm und so laut, daß hoch unter
seiner Spitze auf der Galerie
die Geschöpfe Gottes von der Größe
unseres kleinen Fingernagels
die Mäulchen aufsperren und
die Händchen an die Köpfchen pressen.
Von Glockenschlägen gefoltert.

Was gäben sie jetzt nicht für eine Kammer
aus Kork.

Das dichte Gemengsel von Dächern, von Wasser
umrundet, das sehen sie, indem sie
über uns wegsehen. Denn wahrhaft anwesend
sind wir immer woanders.
Statt eines wächsernen Pfropfens, schirmt
der eigene Atem das Gehör ab. Wir lauschen
auf das Geräusch unseres Leidens, das
uns fremd vorkommt. Wie die Töne
einer im Meer versinkenden Stadt.

Venedig IV

Der Kanal zwischen Fassaden
von Palästen
schon ganz und gar verblaßt
Leblose Türen und Fenster
starren auf unverfließbares Wasser
überwölbt von drei Brücken
in unterschiedlicher Höhe.

Aber alles ist menschenleer

Wie niemand es je gesehen
außer dem Fotografen

Die Perspektiven
auf der Flucht vom Betrachter
nach hinten in ein Nichts

Geometrische Metapher
die auch alle Städte unserer Gegenwart
in einem Moment mangelnden Augenmerks
unversehens betroffen hat.

Walter Helmut Fritz

Ostia

Häuser, klein von Erinnerungen
an gewesene Mühsal;
Piazza della Rocca.

Die Abgeschlossenheit,
in der wir leben,
wie das Kastell undurchdringlich,
in dessen Schatten
ein Mädchen Aale zerschneidet.

Mann in Apulien

An niedrigen Steinmauern entlang,
zwischen Feigenkakteen und wilden Narzissen,
reitet er auf seinem Esel heim.
Gleichmütiges Leben. Er weiß nicht,
ob ihm die Zukunft etwas bringen wird.
Ein kühler Tag, bald Regen.
Zu Hause bläst er im Kohlenbecken
das schwelende Feuer an.

Gewohnheiten des Himmels

Kalkboden, Olivenbäume,
ruhiges Silbergrün,
das Flußbett ausgetrocknet.
Schafherden ziehen vorbei.
Morgen und Abend sind
Gewohnheiten des Himmels.
Im alten Wachturm
lebt ein Muschelfischer,
wortkarg, ungestört.

Fanano, Ort in den Marken

Die ruhigen Schatten
an der Wand,
die bewegten Schatten
von den Akazienzweigen.

Wenige Häuser.
Der Platz ist leer.

Jetzt überquert ihn
abgewandten Gesichts
ein alter Mann,
verschwindet in einer Tür.

Doch seine Gestalt bleibt
in der erneuerten Leere zurück,
unsichtbar,
während der Tag abnimmt.

PETER RÜHMKORF

Gruß aus Rom

Auch unter Pinien läßt es sich leben, gewiß doch,
der ganze
unaussprechliche Süden paßt in ein Fliegenfenster
(dein sorgsam gerasterter Lichtblick)
und wie von ferne nur
dringt es in deine Stube mit Schwerter- und Schlachtenlärm.

Von ferne der Mut und der Ruhm.
Drei Jahrtausende, mindestens, rücken sie an, dich zu
grüßen,
drei Jahrtausende randvoll!
Ja, hier gibt wirklich ein Heros dem andern die Klinke in die
Hand.
Ein Triumph des anderen Huckepack.
Über die Ränder des braunen Lateinbuchs hinweg
ragt es wie goldene Lettern,
und aus den Fußnoten Niebuhrs,
unentwegt,
hörst du den Tritt der Legionen.

Entweder – oder!
Eine erstklassige Klassik schafft man nicht im Sitzen.
Wenn es ein Volk in eine andere Lage drängt,
wackelt der Hausrat.
Oder sehen Sie nur diesen lieblich gebuckelten Landstrich:
von w i e viel Seiten berannt,
w i e v i e l e ausgesuchte Helden mußten sich
nicht aufeinander werfen,
um aus Sumpf einen Hügel zu bilden.

Was, diese Blutsuppe schmeckt Ihnen nicht?
Dieser hehre historische Schichtkäse?

Sie denken sich eine Zukunft auch wohl eher als
Zeitenrichter im Selbstverlag?!
Aber der Genuß von Aprikosen widerstrebt Ihnen nicht
unbedingt?
Des Pfirsichs, der Kirsche?
Alles ganz legitime Beutestücke im übrigen.
Alles seinerzeit mal auf der Schwertspitze eingeführt.

Zenite!
Fulminanzen!
He – he, Ihr Tieferbleichten, nicht dem Ausgange geht es,
hier geht's den Sternen zu.
Da könnte ja jeder kommen und sagen:
mal eine Weile gar nichts, oder:
wo man nicht mehr den scharfen Zug der Geschichte im
Nacken spürt,
der Platz im Garteneck –
Nein, Freundchen,
nein, mein Lieber,
nein,
du Dezimalgespenst,
auch vierzehn Stellen hinterm Komma bläst man nicht
Waldesruh.
Aber Leute,
die wirklich
ihr Grab noch ausfüllen, rufen dich an;
und es weist in die Zukunft mit handgehämmerten Wunden.

HANS MAGNUS ENZENSBERGER

Ravenna

Tönern ruht die Kuppel: schweigend geht der Priester um.
Nur die silberne Gerätschaft singt
und mit aufgerißnen Augen sehn die Kinder zu
ob das Opfer ihm gelingt.

Von den Wänden glimmert farbig kalt das Mosaik:
Über Lilien und Pfauen geht
blaugestirnt, in der Sandale ein gelaßner Fuß,
und ein Purpurmantel weht,

Diadem und Aura. Doch ein Schatten färbt
unter weißem Lid ihr Auge fahl
und in kaiserlichen Händen unter dem Brokat
flattert eine alte Qual.

Denn die Steine heulen. Blut und Inzest und Verrat
sickern langsam ins beglänzte Ohr:
stinkend schwarze Banner hissen Ruhm und Pracht
weit ins Firmament empor.

Horst Bienek

Begegnung mit Giuseppe Ungaretti

I

Es war Samstag
Rom verfluchte die Sonne
die Paläste waren mit Hitze zugenagelt
die Straßen schäumten
auf den Märkten erschlugen sie die Fische
wir saßen unter einem grünenden Dach
nicht weit von der Piazza del Popolo
man brachte uns Fettucini
Die Katze über uns auf einem Marmorsockel
atmete noch
und war doch aus Stein
wir starrten Aug in Aug
– die Zeit der Metamorphosen?
ein Zeitungshändler stürmte herein
rief den Sieg bei Lepanto aus
sind es schon dreihundertneunzig Jahre her
da wir uns zum ersten Mal begegneten?
Hörst du sie noch die *Cori di Didone*?

Spätwerk so sagt man Klarheit Herbst
der Zenit überschritten die Farben bleichen
die Schatten zerstreun sich
im Abstand der Jahre
M'illumino
d'immenso
das aber kommt aus Geschichte
aus Mythos
aus Bildern
aus der Sprachlosigkeit
aus dem Exempel:
unermeßlicher Gedanke

II

Die Bilder wozu sie mir?

Der Tag war heiß
die Sonne belagerte die Stadt
mein Italienisch war schlecht
wir sprachen englisch
der Nobelpreis fiel (wieder einmal)
dem Falschen zu
durch den Gestank erstreckt
der Ruhm sich der dir bleibt
es bleiben Pläne:
– Vortragsreise
– Vollendung von *Il Taccuino del Vecchio*
– Vorwort für eine Anthologie der Gruppe 60
– Auswahl von Gedichten für ein Taschenbuch

ein Freund schickte Rosen
das gab Probleme: zum Beispiel wie sie bei dieser Hitze
nach Haus nehmen?
wir ließen sie stehen
gingen hinauf zum Pincio
du hast den Hut vergessen
sie riefen uns nach
den Stock vergessen
sie lachten
gingen zurück die Hitze trocknete unsere Worte im Munde
deine Tochter erwartete uns
wir setzten uns einen Augenblick
in ein leeres Café auf dem Boulevard
das Foto besitze ich noch:

G. U. einsam
in der Einsamkeit der Stühle

III

Ich seh dich
aus der Abenddämmerung
eine unendliche Schwinge ziehen

Thomas Bernhard

Venedig

Aus den faulen Fischen,
aus den faulen Katzen,
unter den zerquetschten Sommerfrüchten
wächst dein Ruhm:

Maria della Salute, Ca d'Oro,
Colleoni, Palazzo Ducale ...

Ich zähl meine Münzen auf der Treppe,
leg mir Schinken auf das trockne Brot
und erinnre mich an den Giorgione
mit den angefressenen Wolkenfetzen,
der den Titel
»la tempesta« trägt.

Chioggia

Aus viertausend Jahren
kehrten wir heim,
in unseren Augen vertrocknete
der Lagunenwein.

Wir sahen die Schiffe verenden
  im rostigen Abendlicht,
doch hinter den Schiffen die Kinder
  sahen uns nicht.

    Sie haben die Erde nie geliebt
      und das Brot,
    ihre Betten umtrauert schweigsam
      der viertausendjährige Kot.

Wir sahen die Fische nicht sterben
  und sahen soviel Qual,
wir hörten kein Stöhnen und Klagen
  aus dem Hospital,
wir fanden die Fenster offen
  gegen das Meer,
von den Inseln trug der Wind
  die Schatten der Toten her ...

    Die Welt aber wartete draußen
      hinter dem weißen Tor,
    über die Zypressenarme
      stieg ihr milchiger Rauch empor.
    Nur die Rippen der Schiffe glänzten
      unter dem Mond zurück,
    vor den nassen Netzen bückten
      die Frauen sich um das Glück.

Dort wissen sie noch zu leben
  an einem Tag im April,
und wenn sie am Vormittag sterben,
  sterben sie still
und der Markt in dem ruhmvollen Fischernest
  ist auch heute
für alle ein Fest:
  sie tragen Olivenbüsche ins Haus
und stellen den Aal
  auf weißen Tischen aus.

Honig schleppen sie in schwarzen Krügen
   und erzählen von den Thunfischzügen,
hinterm Mauerwerk
   am schmalen Spalt –
mit den Katzen
   und mit den Fischen werden sie alt,
und sie sticken ihre Schmerzen
   am Ufer in die Tücher hinein,

und ihr Abend riecht nach Fischen,
   und ihr Grabmal ist aus Stein.
Sie heben den Sand aus den Kähnen
   und liegen nachts im Boot,
und leben von der Arbeit,
   und viele sind schon tot ...

Aus viertausend Jahren
   kehrten wir heim,
in unseren Augen vertrocknete
   der Lagunenwein,
wir sahen die Schiffe verenden
im rostigen Abendlicht,
   doch hinter den Schiffen die Kinder
sahen uns nicht.

Rolf Hochhuth

Ostern

Straußens Walzer auf San Marco,
komponiert in jenen Jahren,
da Venetien Wien gehörte.

Fiatflitzer, Pizzaesser
hagere Katzen, Filmkritiker
Lehrerinnen, schwule Briten
Inder, Sari, roter Turban
Nonnen, wegsehend, weil ein Terrier
stämmig einen Pudel stößt.

Dort Höchstselbst der Patriarch,
der bis eben fasten mußte,
stürmt vom Hochamt an die Tafel.

Früh im Dom, der Räuberhöhle
– was dort Kunst ist, ist gestohlen –,
glaubt man an die Auferstehung.
Die Piazza glaubt dem Umsatz,
den Muranos greller Glaskitsch
zweimal wöchentlich erzielt.

Harald Hartung

Ein Ort namens Poggibonsi

Licht Schwaden Dünste Menschen – sag doch ist
die Pizzeria denn das einzige Leben
in diesem gottverlassenen Nest? Bräunlich
die Mortadella unterm blinden Glas

aber der heiße mehlige Teig ist was
für unsern Magen. Schaun uns um, wir sind
Fremde und Fremde blicken zögernd auf:
Sind keine schönen Menschen hier. Wer arm
ist häßlich, häßlich arm: das scheint Gesetz
und alles Häßliche hier angehäuft
wie Schönheit schön verteilt woher wir kamen
Ein Hunger tiefer als bloß Appetit
wie dieser Alte ißt das Fleisch zerreißt
und daß der Kellner (klein, verwachsen) humpelt
ist schon zu schneidend um auch noch zu schmerzen
Die Burschen drüben an der Bar mit Locken
mit runden Hintern in den Röhrenhosen
für die Fabrik und für die Langeweile
bestimmt (Du mußt dein Leben ändern) Sag
was ist mit diesem Licht über den Hügeln
dem Himmel jener alten Meister. Hier
könnt ich geboren sein so fremd ich bin

Dieter Hoffmann

Palestrina

Die Luft ist klar in Palestrina.
Die Terrassen sind weit.
Das Grün in der Ebene
kräuselt sich.

Der Brunnen hat Hörner.
Ein Tor
ist als Netz in den Himmel geworfen,
Abendrot fließt hinein.

Die Terrassen waren Fortunas Tempel.
Das Dorf ist ein Glücksrad,
ein grünes.
Flußläufe sind ausgetrocknet
und nun belaubt.

Speere im Rücken.
Störche.
Nilpferdjagd
und ein verschobener Vorhang,
Krokodile und Affen
flimmern im Mosaik.

Der Tempel schließt das Tal,
das runde Tal.
Die Stufen sind schön
und theatralisch.

Capri

Postkartenblau
fällt das Meer in den Fels.
Grüß Kopischs Heinzelmännchen.
Die Grotte hat Touristen gesoffen.
Das Billettschiff, die schwimmende Kasse.
Echojux
im kalt geschmolznen Glas.

Blumenfest in Genzano

Ein langer Blumenteppich,
die Straße zur Kirche hoch,
umrahmt von Buchsgirlanden.

Heiligen blühen die Augen
wie Kaffee und Milch.
Kosmonauten mit lila Raketen
sind im violett gesteckten Himmel,
zwischen Mandorla und frommen Wappen.
Würdenträger laufen darauf,
geleitet von feiernden Carabinieri.
Genau beim Papst aus Blumen
gibts Bummsmusik.
Nonnen knieen schwarz
wie umgekippte Erde.
Kinder stecken im Flügelkleid,
Taschenlämpchen glühen im Haar.
Paare kleben, Hand in Hand.
Ballonverkäufer lassen Gummi steigen:
Elefantiasis, Galimathias.
Rosen, Ginster und Blumen vom Feld.
Ein Spielzeugmacher kräht auf roter Tute,
aus der ein Diabolo kaspert.
Nachts flutscht das Feuerwerk
über Albaner Berge.

Fondamente Nuove

Die Eisenbahn geistert lang über das Wasser.

Das Schlachthaus, Venedig von hinten,
die Fondamente Nuove,
rotes, totes Vieh auf einem Schubkarren,
steinerne Tierschädelmasken am Bauwerk.

Mander und Feiffer, Marmisti;
luftdichte Grabsteine, eiskalte Platten.

Der Cimitero ist zum Greifen nah.
Trauernde betreten die Insel.

Das Schiff fährt nach Murano weiter,
zu flach gebauter Manufaktur;
da wird Glas gezogen in feurigen Öfen,
mit Zangen, an Stangen.

Gerhard Neumann

Exil

Wenn die Luken der Taverne in den Angeln kreischen,
die Bettlerin die Knie winkelt und ihr Kind aus dem Tuch
nimmt,
während wir den letzten Tabak drehen

und du deinen Namen verrätst:
wenn die Lahmen und Greise sich hinterrücks anfallen

und die Laternen aufteilen,
einen Schatten für jenen, einen Schatten für diesen,
die vergessenen Bälle der Spieler sich beulen,
papierne Regatten am Bordstein kentern,

schwenkende Frauen zerschlissene Stadtpläne falten,
die Sterne ins Leere stöbern und Schimmel ansetzen:

salzen wir grüne Oliven, schneiden wir Huhn.

Sobald im Wasser Metalle, Verwünschungen, klirren,
der Händler die nicht verkauften Tatsachen abstaubt,
um sie in Rahmen zu nageln, schön für den nächsten
Sonntag,

oder seine haarigen Hände Fliegen wedeln
und Krawatten verteilen, schwarz wie der Mond:

gähnende Polizisten Muscheln schlürfen,
ein Trinker nach seinem rostigen Schlüssel tastet, am Halse,
Rauch die Kamine spaltet

und federnde Katzen erschreckt über Gitter schnellen,
sobald die Kellner mit verbundenen Augen die Weinflecke
löschen:

schlägst du die Trommel auf Spanischer Treppe.

Sarah Kirsch

Rot

In Olevano
Fangen die Berge
Im Schlafzimmer an, die Akazien wachsen
Ein ganzer Wald aus dem Spiegel, Trauben
Hängen ins Maul. Der rote
Vorhang von roten Vögeln besetzt.
Schafe auf dem Bettvorleger. Die Fenster
Flogen mit leichtem Flügelschlag weg.

Viele Farben

Über dem Apennino eß ich mein Ei, und während
Die Stewardess mir einen Bleistift bringt bin ich
Über den Alpen. Schwarze Seen Augen im Schnee. Rom
Rom rollende Orange, Extra-Welt. Die Bäume
Blühten dort rings in den Himmel, blau
Wehte das Gras und Menschen flogen
Von einer zur anderen Bar um Kaffee und fröhliche Küsse.

Hier ist es weiß und verschlafen wo
Sind denn die Schatten der Bäume wo
Fährt er sein kleines grünendes Auto
Über den Fluß den grauen glänzenden
Gebognen umarmenden Arm

Christoph Meckel

Ballade

Aufflog Venedig
als es mit Fischen und Gondeln oft gespielt
und Finsterwasser gewälzt zur Genüge
mit allen Molen und Palästen
von den murmelnden Kieselbänken.

Aufflog da Venedig, spie
aus Katakomben Schlamm und Schweigen dröhnend,
Gestein flog, schwer gelöst, nachschleiften
Bohlen und Fetzen und hell
flog Geschrei von Elstern und Wasservögeln.

Hoch herab vertropfend seine Reste
schnellen Flugs, mit weiter Schleuder Spuren,
Herrscherstühle, Gräten, Seufzertreppen
Tote und Trophäen, flog Venedig
auf Gebirge tierleer, lagerte
unsichtbar sein greises Aas aus Stein.

Unten an leerer Stelle
stakten durch treibenden Schutt die Wächter der Dogen,
stoßend an ertrunkene Katzen,
rufend lange nach Venedigs Löwen.

Lautlos hob da an
ein Gähnen aus Geisterlöwenmäulern, von sinkenden
Bohlen stoben goldene Ratten,
Irrlichter zogen an leerer Stelle auf.

Bodenlos, wieviele Male finster,
vorbei an welchen Schlummertiers Gemurmel
fällt der Stein, den du wirfst, um wieviel Male
muß es finster werden um ihn
bis unterirdischen Ausgangs Helle leuchtet?

Oben wird Wäsche und Gold gewaschen,
zum Trunk der Pferde schöpft der Wasserstiefel,
aus dreimal finstrer Tiefe zieht
der Eimer an der Spindel süße Flut –

Wieviele Male verfinstert
forscht der Fisch nach seines Schwanzes Länge,
sammelt er die Skelette seiner Ahnen,
nährt er im Traum eine schwarze Sonne –

Wohin dein Stein, zugrunde fahrend,
Schweigen wirbelnd, und fallend
vorbei an steigenden Kröten
während du aufhörst zu warten und gehst deiner Wege –

Wer steht am unterirdischen Ausgang
und sieht in den Brunnen?
Wem wird er, steigend wie fallend, den Kopf zerschlagen?
In welchen Himmel hast du ihn geworfen?

Rolf Haufs

Süden

Immer wieder treibt es uns
Hinunter in den Süden. Jemand sagt
Du mußt Verona sehn. Als stünden dort
Prinzen und erklärten dir dein Leben.
Ausgerechnet sie und an diesem Ort der
Schönheiten. Der Gifttode. Schon hörst du
Wohlklingende Sonette. Auch erinnerst du dich
Mancher Baumarten und Früchte. Aus der Tiefe
Deines Kopfes drängen sich angenehme Empfindungen.
Jetzt bist du in einem Film oder
In einem langen Traum und du siehst dir
Das Meer an. *Irgendwo*
Hingen die grünen Küsten der Fernen
Sagt der Expressionist Lotz. Du hebst
Einen Stein auf und fragst nach den
Menschen, die hier gestorben sind.
Ohne Frage ist der Himmel blau, doch das
Wußtest du von den Postkarten, die B. dir
Schickte. *Schreiben Sie mir doch einmal*
Wieder oder *Es hat keinen Sinn, immer nur*
Auf etwas zu warten, das es nicht gibt.
Ja, der Freunde gedenkst du während
Langer Abende unter sich spiegelnden
Sternen. Wie hältst du das aus. Ohne die
Täglichen Berichte über Katastrophen die
Anmaßungen der Vorgesetzten die stündlichen
Kleinen Morde. Abgenabelt sagen dir
Därme und Herz wo du bist und weiß vor Elend
Liegst du in trockenen Betten
Nach Dingen krank, die wir nicht kennen.

Wolf Biermann

Tiber in Rom

als Rom noch ein kaff war, will sagen
die hauptstadt der welt, da ergoß
sich die ganze antike scheiße
in den Teverefluß, er floß
als dort die waschweiber knieten
und die laugen der gerberein
die kotze der senatoren
der fluß zog sich alles rein

kloake und lebensader
trug kähne und trug auch gern
was immer hinten rausfiel
aus Hunden und Sklaven und Herrn
nun sind die Kais für den Tiber
ein dreckbett, zu tief, zu breit
nun gammelt verfault ohne fische
der fluß durch die müllkippenzeit

bierdosen und zeitungskadaver
kartons und plastik en masse
kein liebespaar, nicht mal'n penner
hat unten am ufer sein' spaß
glaub ja nicht, du kannst da flanieren
der Tiber ist nicht mehr antik
– was ist aller dreck von damals
gegen eine chemie-fabrik!

Unten am Tevere

Blech, das Autoblech: Blech über uns
Blech Blech rollt durch die Adern von Rom
unter uns fließt der Tiber vorbei
faulig fieselt der Fluß durch die Stadt
aber wir beide da unten am Kai
saßen wir, aßen in Häppchen den frischen
Käs: Mozzarella, ohne Geschmack
Scheibchen mit Scheibchen Tomate, doch beiß
bloß nicht rein ohne Basilikumblatt!
lecker! so'n Rot über Grün über Weiß

Danach das Extra: ein Rot über Rot
das war ein Frühstück nach meiner Laune:
Lippen auf Lippen im Küssefieber
Mund auf! und Augen zu! und da unten
wehten die Pflanzen aschfahl im Tiber
doch es gibt auch noch feinere Farben
terra di Siena und caput mortuum
gegen das Licht dein Profil gegen Mittag
nobel gerahmt unterm Brückenbogen
Meleken Liebste, da sah ich dein Bildnis

sah dich im Gegenlicht mit geschärftem
Auge, geübt an Domenico
Veneziano: an dem Bildnis einer
jungen Frau. Ja, daß so Linien
mich erreichen, dank ich nur dem Maler
und so stolpern meine Sinne dir entgegen
mit der Renaissance-Krücke
und nebenbei: rollt Blech, das Blech rollt
Blech Blech, als wär sie dafür gebaut
über die alte Fabricius-Brücke

Rainer Malkowski

Zu Gast bei Emilio

Unter einem Himmel von ereignislosem Blau,
gegenüber der ockerfarbenen
Kaserne

im Abgas, in der Sonne

nahe am Denkmal der Alpini

neben einem faltigen Hals,
einem Cappuccino,
einer Strickjacke

zwischen klingenden Sätzen, die ich nicht verstehe

sitze ich an einem schmutzigen kleinen Tisch
vor Emilios Bar –

leicht wegzudenken,
gerne klarsehend.

Wirklich, ich fühle mich
hier deutlicher zu Hause.

Frutta? Dolce?

Das muß man gesehen haben,
sage ich,
sonst kennt man Rom nicht

und schaue begierig
aus dem Wagenfenster

auf Müllhaufen, Ratten,
Bettgestelle
in den tapezierten
Bögen des Aquädukts.

Später,
in einer teuren Trattoria,
sitzen wir dann noch lange
im angeregten Gespräch
über das Elend –
bis uns der Kellner mahnt:
Frutta? Dolce?

Blitzaktion

Hier wird viel fotografiert.
Japaner beherrschen
die ökonomische Motivwahl.
Einmal sah ich zweiundzwanzig kleine Ehepaare
einander gegenseitig
und in haargenau gleicher Position
an einem Weihwasserbecken ablichten.
Eine Blitzaktion.
Als ich den Mund schloß,
war schon alles vorüber.
Später hob ich eine leere Kodakschachtel
vom Boden des Mittelschiffs
und trug sie, da ich keinen Papierkorb fand,
mit spitzen Fingern über den Petersplatz.
In der Hitze brummte mir der Kopf
wie nach einer Ohrfeige.

Die Zypresse

Kein Baum, unter dem man rastet.
Ungesellig, kaum Schutz
vor der Sonne.
Überhaupt kein Baum für Nähe
und Zutraulichkeit.
Keins der Laubmammuts,
um die man staunend
herumgeht:
klatschend schlägt die Hand
auf Elefantenhaut.

Die Rinde der Zypresse,
ein Bündel grauer, schlecht
gezurrter Fasern,
weckt kein Verlangen
nach Berührung.

Aus der Ferne muß man ihn sehen –
diesen Baum ohne Arme.
Auf einem kahlen Hügel, allein:

aufrecht,
aufrecht,

nachdrücklich redend
in der schwermütigen Sprache
der Zeichen.

Die Männer auf den Stühlen

Welcher Choreograph
plazierte sie so
im halben Schatten der Piazza?
Den Dicken mit dem Hut im Nacken,

Samuel Palmer: Die Zypressen der Villa d'Este

rittlings sitzend und ganz
für sich?
Die fünf Mützenträger
im angedeuteten Kreis?
Und drüben die beiden Alten,
knorrig verdreht,
aus dem zähen
Holz der Oliven?
Ich hole mir ebenfalls einen Stuhl
hinter dem Perlenvorhang.
Dann betrachten wir einander –
und haben, wie es so geht,
wenn man nichts voneinander weiß,
die allerscharfsinnigsten
Gedanken.

Rolf Dieter Brinkmann

Hymne auf einen italienischen Platz

O Piazza Bologna in Rom! Banca Nazionale Del
Lavoro und Banco Di Santo Spirito, Pizza Mozzarella
Barbiere, Gomma Sport! Gipsi Boutique und Willi,
Tavola Calda, Esso Servizio, Fiat, Ginnastica,

Estetica, Yoga, Sauna! O Bar Tabacci und Gelati,
breite Hintern in Levi's Jeans, Brüste oder Titten,
alles fest, eingeklemmt, Pasticceria, Marcelleria!
O kleine Standlichter, Vini, Oli, Per Via Aerea,

Eldora Steak, Tecnotica Caruso! O Profumeria
Estivi, Chiuso Per Ferie Agosto, o Lidia Di Firenze,
Lady Wool! Cinestop! Grüner Bus! O Linie 62 und 6, das
Kleingeld! O Avanti grün! O wo? P. T. und Tee Fredo,

Visita Da Medico Ocultista, Lenti A Contatto!
O Auto Famose! Ritz Cräcker, Nuota Con Noi, o Grazie!
Tutte Nude! O Domenica, Abfälle, Plastiktüten, rosa!
Vacanze Carissime, o Nautica! Haut, Rücken, Schenkel

gebräunt, o Ölfleck, Ragazzi, Autovox, Kies! Und Oxford,
Neon, Il Gatto Di Brooklyn Aspirante Detective, Melone!
Mauern! Mösen! Knoblauch! Geriebener Parmigiano! O
dunkler
Minimarket Di Frutta, Istituto Pirandello, Inglese

Shenker, Rolläden! O gelbbrauner Hund! Um die Ecke
Banca Commerziale Italia, Flöhe, Luftdruckbremsen, BP
Coupons, Zoom! O Eva Moderna, Medaglioni, Tramezzini,
Bollati! Aperto! Locali Provvisori! Balkone, o Schatten

mit Öl, Blätter, Trasferita! O Ente Communale Di
Consumo, an der Wand! O eisern geschlossene Bar
Ferranzi!
O Straßenstille! Guerlain, Hundeköttel, Germain Montail!
O Bar Fascista Riservata Permanente, Piano! O Soldaten,

Operette, Revolver gegen Hüften! O Super Pensione!
O Tiergestalt! O Farmacia Bologna, kaputte Hausecke,
Senso Unico! O Scusi! O Casa Bella! O Ultimo Tango
Pomodoro! O Sciopero! O Lire! O Scheiß!

Roma die Notte

:& was gestaut ist, natura morta,
graublau,
warum so blaß?
und ich gehe durch die Ruinen Blutproben für
Dracula
Fliegen auf den
trajanischen Märkten, Grasbüschel
in der Regierung, neues Papier

unter dem Flutlicht,

flattert, zieht sich zusammen, macht eine
Verbeugung vor dem Papiervolk,

jeder sein eigener Palast, mit Schweißflecken,

Schwarze Koffer stehen bereit.

dort, hinter American
Express, diskuhtiert der
Club von Rom,

127 Volt Steckdose.

Der Senat und Das Römische Volk
steht auf dem Kanalisationsdeckel,

am toten Fluß verkohlte Feuerstellen
und Kondome im Unkraut, zwischen

den Ritzen.

Das zerdrückte Taschentuch mit den Blutflecken
auf dem Schreibtisch in dem viel zu großen Raum, erinnert mich
daran, daß du hier umgekippt bist,

in der Hitze, scheiß römischer Mittag, Virus, Super
Mercato Romano, Avanti.

Oder lief ich nicht weinend die lange Platanenallee
entlang, am Villengrundstück der Familie Mussolini, als die Busse
schon nicht mehr fuhren nachts, vorbei, aufgeregt, du habest mich
verlassen? Oder sitzt du wieder im Schatten nachts im
Liegestuhl und hörst den Pflanzen zu?

Jetzt stinken die Straßen nach einem Regen. Jetzt
streiken die Kaufhäuser. Jetzt ist

Nacht, vertrocknete kleine
Blüten liegen auf dem Asphalt: sie sind

echt, keiner wird
kommen und sie
gegen das Licht
halten,

sie machen mit den Schatten, Bus
Fahrschein und Kippen ein
Stilleben

unter dem niedrigen Licht
der Straßenlampen.

Überall schaukelnde Blätterschatten, Mauern, Platzangst in den
Ruinen,
klassische Zitate, wo sich die Geschichte fortsetzt.

Mit einem Geruch von Möse an den Fingern
zeigt man durch den Vorort.

Hinter den abgestellten Touristenbussen
kauen sie einem billig einen ab.

Eine tote Fliege sagt,
»möchtest du einen
verpaßt kriegen?«

Mama Roma ist eine langweilige
Bar mit lungernden Typen,
die sich am Sack kratzen und
warten, was passiert,

vielleicht der Sozialismus, Hammer
krrrch, und Sichel, (die Mythen
des Ackerbaus & der Industrie)

das ist der Ort, wo die Elektroschockmethode gefunden
wurde, Rom, das Schlachthaus, und die Leiber
rutschten über den nassen
Stein,

rauschende Cinemascopeproduktion.

»Rotz den Papst an!« (Donovan), L. P.

In der Nacht lauschte ich auf die Zugpfiffe, weißt du.
Ich hörte mir deine Schulgeschichten an, leise mittags auf dem Bett
erzählt, hinter den heruntergelassenen Holzjalousien,

als ob wir beide Geheimnisse austauschten.
Wir staunten, wer sind wir, und vergaßen das.

Nun zu den Stummelformen, die Armut, touristische
Attraktion,
gesetzlich geschützt.
Und dann machen sie einen wilden Satz.

D. h. »when the saints
go marching in«

Ich schaute hoch, da ist
versteinerte Männer und
1 hingehauenes Bild: Frauen, die an den Kanten
der Bauten aufgestellt sind.

Durch wessen Bewußtsein,
wanderte ich?

Und mehr Platzangst, Sonne, Regierung, kalte Spaghetti,

ein Aschermittwochsmahl?

oder Zwiegespräche vom unendlichen All und den Welten?

Hondas um den Platz des Lebendverbrannten, Yamahageräusche
an den Blumenständen entlang, rostige Eimer und Kiffeuer
aus den dünnen Latten der Blumenkisten und Pappkartons.

Durch zerfallene Labyrinthe,
eingestürzte Stukkaturen,

(Die Sonne, sagten die
Alten, ist nicht größer
als ein Fuß.)

durch Latrinengerüche,

Spiegelwände, die Wirklichkeit zu verdoppeln,

die schäbige Konkurrenz
der Fantasie,

durch staubige Parks mit den Skulpturen Verstümmelter,

durch Pappkulissen, Bücherwände, verkrüppelte Bäume,
Kinoreklame in den Trümmerfeldern,

durch sanftes gelbes Nachmittagslicht,
weht eine faule August
Brise, vom Meer, das ist

blaue Filme
die leben,

Teer, der so stinkt, »vietato sputare!«

in einem Omnibus,

»der osten ist rot,« (in italienischer
Übersetzung).

Und wie du still wurdest bei der Durchfahrt durch den Vorort, am
Meer,
mit Musik im grünen Volvo des jungen ungarischen Komponisten,
ein Feld
voll ausgelatschter Schuhe, verkrüppeltes Unkraut, Neubauten,

mit Menschen dazwischen,
lebende Politik und Geschichtsbücher,

(»über die rauchende Müllkippe
wandern wir direkt in den Himmel«)

und die Überraschung, einen Elefanten am
Rand des Meers zu sehen.

Die Reiseprospekte verfaulen (nicht die Sonne).
Man bewundert Ruinen (die Gegenwart nicht).

Die Geschichte erfand die
Leute, in der der einzelne
untergeht, Rom, Kana

lisationsdeckel, Via Antonio
Nibby, Bistecca con Pomodoro,
Tartuffo, Cozze, Birra Peroni.

Sie öffnen die Gräber in
(hahahaha) ihren Köpfen, und alle sehen,
was in den Wörtern steckt.

Straßenzüge, in denen man nicht mehr zu atmen wagt,
Gin Tonic,
Bruchstücke von Blau, ochsenblutfarbene
Kanten, verblichenes Gelb
Am Haus eines anderen
mit dem Leitfossil
(Schuppenbaum) Nachmittags,
dekoriert mit dem Glimmer
»Buon Natale« Wassermelonen rotes
die Betonung Innere, Kerne
weiblicher Gesäßformen im Schein der Funzeln.
die öffentliche Aufforderung

sie in den Arsch zu ficken,
mit den Augen der Blick »in die Augen der
verschleierten Dame«? Tagträume,
die durch Tagträume gehen,
Der Film des Conte die über das Trottoir geschoben werden.
La Malfa läuft.
Und Schatten, die durch Schatten
kommen.
(Anfassen
verboten.)

In solch einem Steinhaufen saßen wir
»Nie vorher sah ich einen so toten
Fluß.« Ein splitternder
bunter Neonregen,

Mina: Senza Te ausgehöhlte Schweineköpfe, auf Stangen,
standen am Ufer aufgereiht,

(Mosaiken aus
Fingerknöcheln und
Kieferzähnen
von Toten)
sie hatten die
Regierung gegessen.

Dr. Carnevale Dentista leuchtete

ein Türschild in
der Nacht. Ist je
mand da, der sofort
große, abge
fallene Platanenblätter
Zahnfleischbluten hat?
Die Deutsche Botschaft hat geschlossen.
Tatsächlich, nie vorher sah ich
einen so toten Fluß.
Der Botschafter ist auf Jagd
nach Intarsien.

Und noch mehr Platzangst, Fliegendreck, weiße Servietten, leere
Tische,
Stühle, nach draußen gestellt.

Wo ist, frage ich, das Fenster, das nach Süden offen ist?

ECKART HENSCHEID

Gardasee

Liebliches Städtchen am Lago di Garda –
O guarda, guarda!
Verwaschen blinkt der See.
Schlaf ein, schlaf ein,
Ragazza mia pazza,
Wie ruhendes Wasser, wie wehender Wind,
Wir alle Opfer des Sexus sind.
Schäferin, ach wie haben sie dich
So süß begraben ...
Funiculli funiculla!
O wärst du schon da!
Vage Funken am Horizont:
Sind's Villen der herrschenden Klasse?
Die Nacht, die entmutigend blaue, la notte!
Das allzu intime Gewässer
Siehst du das Weltmeer dort hinten?
Selig doch scheinen wir in uns als Körper.
Ich, du, Verquickung,
Nie Ruh ...
Zypressen, vom Wahnwitz des Eros durchtränkte,
Wir alle Gehenkte
Des großen Vater Pan –
Geliebte, es will Abend werden.
Waldung sie schwankt heran,
Bäumewärts himmelan –
O Baby, ich hack dich ins Knie!
Deine großen blauen Augen,
Sie sind wie ein Spiegel des Sees –
Ah, la terra mi manca!
E tu? Perque cosi piangi?
Geliebte, sieh hin, der See,
Der tief tief blaue See ...

F. C. Delius

Römische Elegie I

Sie wollte dich nicht loslassen. Jetzt
aber hast dus geschafft: Stehst
am mittleren Vormittag, ausgesaugt, müde,
in der übertriebenen Sonne und trottest
blinzelnd an stinkenden Autos vorbei, willst
nichts von manifesto oder Kunst, Streiks
und Trümmern wissen, jetzt erst mal
Ruhe. Daß man Zärtlichkeit immer
noch mit solchen Abschieden bezahlen muß!
Dann kommt der Bus.

Gen Italien

Jeder ein Fernglas, den Blick auf
irgendeine Ferne, nur nicht auf uns – so
trafen wir uns auf einem Schiff im Mittelmeer.
Mäßiger Sturm war, schlimmer war
das Getue der Leute. Die kotzten uns an,
Tanten und Leute mit Geld. Wir stifteten
uns gegenseitig an wegzufliegen, flogen
über das Meer aufs Festland zu, das war
Italien. Wir zogen durchs Land wie Kinder,
mal zog ich dich, mal zogst du mich an der Hand
durch bergige Landschaften, traurige Vorstädte,
an Eisenbahnlinien entlang.

Unter dieser Sonne fanden Entwicklungen statt:
In Sizilien wucherten Blumen uns zu, neue Wörter
erfanden wir in Salerno, erleichtert nahmen wir
die Umleitungen um Rom. Der Kuß von Orvieto!

In Florenz an einem Brunnen hockte
der alte Freud und murmelte immer vor sich hin:
gen Italien – Genitalien, gen Italien – Genitalien.
Du gingst zwischendurch zu Sehenswürdigkeiten,
erzähltest den Amis irgendwelchen Unsinn
von Cäsar und Cleopatra, und wir hatten wieder
ein paar tausend Lire mehr. Allmählich
ließen wir die Kinderspiele sein: wer fängt
diese Eidechse? Wer weiß was von Marsmenschen?

Je näher wir den Alpen kamen, desto mehr fühlten
wir die Last erwachsen zu werden und hatten
immer noch keine Ahnung von uns und Italien.
Warum bleiben wir hier Kindsköpfe oder
Konsumenten? Verbraucher der Landschaft, der Leute
und unsrer Gefühle? Vermuten an jeder roten Ecke
den schönsten Kommunismus? Du sagtest, vor der
        Grenze,
ich geh jetzt, schön wars, aber Liebe? Und ich,
statt zu lachen, fragte, warum diese Schwierigkeit,
aus uns keine Traumfiguren zu machen, aus Italien
kein Traumland? Aber du warst schon weg,
gingst statt über die Alpen lange weite Treppen hoch,
und ich nannte dich, weil dies Bild eine
vertraute Filmeinstellung zum Thema Entschwinden war
und weil mir dazu nichts Bessres als Freuds Deutungen
und das Küchenlied einfiel, nannte dich Martha,
Martha, du entschwandest. Dadurch wurde alles sehr
        trivial.
Jahre später trafen wir uns wieder in Italien, aber wo.

Michael Krüger

Eine Vorrede

Wieder in Rom, im Wegkreuz, im Stein.
Wieder der kopflose Apoll vor dem Fenster,
der ausweglos Schreitende, mit einem Helm
aus Schnee auf der ewigen Wunde.
Wieder die Tafeln über den Modegeschäften,
Andersen, Gogol, Joyce, traurige Polen
in Geldverlegenheiten, die in muffigen Zimmern
ihre patriotischen Lieder schrieben,
bevor sie in unermeßlicher Fremdheit
starben wie die mageren Katzen im Forum,
die der Schnee sanft erdrückte.
Wieder das weinende Auge des Elefanten
und Christus mit dem Kopf des Esels
und der rissige Mund der Wahrheit,
der gefräßige, zahnlose Schlund,
ein Kunstgebild der echten Art,
das keiner achtet.
Wieder in Rom, im Wegkreuz, im Winter.
Und wieder die schönen Zeitungen
aus Deutschland, ihre Rhetorik der Verachtung,
immer einen Tag zu spät und feucht im Steg
und veraltet in ihrem Haß auf alles,
was sich ihnen beharrlich entzieht.
Und auch das Kopfschütteln wieder da
über den Herzverdrahtungsplänen,
über die flimmernden Zeichen
auf dem vergrößernden Schirm der Erfahrung,
die sich nicht lesen lassen wollen
ohne fördernden Beistand: wieder keine
feste Linie in der Lebensströmung,
der sich folgen ließe ohne Scham,
nur wurzellose Willkür, Lebenstrübung,

hoffnungsvolles Wünschen.
Und wieder diese deutschen Telefonbefehle:
reiß dich zusammen, mach einen Reim
auf Schönheit, wo alle Wörter ziellos
auseinanderschießen und verenden.
Und plötzlich: Schnee im Pantheon,
ein weißer Säulenfall diffusen Lichts
durchschnitt die Kugel dieser Welt.
Jetzt muß sich alles ändern, dachte ich,
von diesem weißen Zeichen überrumpelt.
Ich sah den Blutfleck, sah die Stumme,
die dich mit ihrem Finger rief – und trat
dazwischen: daß deine Augen sie verlieren.
Und plötzlich gab es einen Weg,
verkieselt und verschottert zwar
und ohne rechten Halt in diesem Winter,
es gab die helle Hautabschürfung
unter deinem linken Auge, es gab
ein Wort das andre.
Wieder in Rom, fand ich die Sprache wieder.

Eine römische Geschichte

Manchmal, wenn ich nachts hier
die Straßen ablaufe, wenn menschenleer
und tonlos bis auf das stetige Zischeln
der Brunnen die Plätze sichtlich müde
die aschigen Häuser mühsam nur halten,
kommt mich, in all dieser steifen Pracht,
ein Mitgefühl an, eine sprachlose Sorge.
Nur dieser Stille wegen soll die Stadt
gerettet werden, wenn einst ihr es
krachen hört. Und ich lege das Ohr
an die nassen Wände, an triefendes Efeu,
voll zögernder Anteilnahme höre ich

das ferne Pochen, das die Stadt untergräbt.
Und diese geduldige Nachricht – Schönheit,
Wahrheit und all die andern Verabredungen
eigensinnig verleugnend, die ihre Geschichte
unter Stöhnen hervorgebracht –,
die nicht besser ist und nicht schlechter
als der Schmutz am Boden, die Dosen,
Zigarettenschachteln, das zerfetzte Papier,
diese Nachricht, die sich die engen Stiegen
hinaufzieht, eindeutig und längst erwartet,
läßt mich dann frohgemut den Rückweg
antreten, nach Osten, dem Licht zu.

Jürgen Theobaldy

Imperium der Eiscreme

Hier kann ich leben, im Straßenstaub,
ockerfarbenes Rom! Die Abgase glühen
über verlassenen Plätzen, der Asphalt
hat sich um die Ruinen geschoben;
Stadtbusse, Bruchstücke aus dem Alltag,
die Saat der Steine, Säulen im Gras,
im Oleander Fetzen der Morgenzeitung.
Hier kannst du leben, Hitze im Turnschuh,
Lire in der Tasche, Lieder schwingen
in den Mittag.
                Müder Palmengarten,
ich fasse nach den Feigen, ich schaue hoch,
die Stadien des Imperiums geh ich entlang.
Ihr Führer, verschont mich mit Anekdoten,
mit Ewigkeit und Katalogen: Was sind
die Trümmer ohne mich und meine Neugier!

Dem König der Eiscreme bin ich willkommen,
auf amerikanisch, im Schatten des Palatins.
Ich jage zum Meer, ich stehe am Strand,
schmutzig wie die Nationalbank:
Reime,
Unterhosen im Sand, der Pfirsich verwest,
zerfledderte Scheine, die Jalousien
über der Straße sind unten und flimmern.

Steine

Bierdosen im Grabmal,
Wind in den Bäumen
der Via Appia Antica.

Hier zogen sie hinaus,
vorbei an den Toten,
um die Küsten zu erobern,
um im Nil zu ertrinken.

Wo sind die Steine geblieben,
die Steine regen sich noch
unterm heißen Asphalt.

Teer deckt die Schritte zu,
gestorben noch einmal,
verhallen sie endlich
im Reiseprospekt.

Wie beharrlich ist, was verlockt,
die Ferne, und später
das Blech, die Karosserien.

Königin der Straßen, dort hinten
zerläuft sie, stinkend
in Pfützen, unter Autoschläuchen,
Asche, Plastik und Fetzen.

Abendgruß

Roma, dicke Mutter, die Brüste doppelt
auf dem Filmplakat, dein Gesicht
ist auf die Baustelle gefallen,
die Lastwagenfahrer karren dich weg,
in ihren verstaubten Trikots ohne Ärmel,
Stein für Stein, den ganzen Schamott.
Roma, du bist nicht meine Mutter,
der Teufel ist mit Rock'n'Rollschritten
hinter dir her, die Benzinmotoren knattern,
Polizisten schwärmen aus mit weißen Knüppeln.
Der Tag war ein blaues Feuer am Himmel
gewesen, eine Feier des Lichts, unbewegt
über den weißen, hingeschlagenen Säulen,
der Abend treibt Gestalten in das Zimmer,
Schatten, die ausgeglühten Träume, den Alp.

Die Feste

Wenn Erklärungen nicht mehr gelingen,
bleiben die Flüche,

bleibt noch zu fluchen,
die Kindheit ist abgetrieben,
Schreie, verstimmt in der Brust,
die Spiele im Hof sind zerbrochen.

Fluchend gehst du durch die Innenstadt,
Versehrte kriegen die Hälfte,
erklär mir was, mach mir nichts vor,
du willst kein Nichts
in dir haben!

Aber immer im Müll zu stochern,
was ein harter Job ist,

warum soll ich das aushalten,
gutmütig genug, um zu singen?

Wenn die Flüche nicht gelingen,
beginnen die Feste des Lebens,
trinkt, ihr Augen, o schweift

über den Platz, durch mächtige Gassen:
Espressomaschine, vernickelter Tresen,
Männer auf bunten Stühlen,
behende und geschäftig,
in Schwermut auch,
zwischen glattgewetzten Trümmern,
Frauen, Teer, pagare!

Nach Italien hinein

Die Geleise ziehen in den Dunst,
und die Büsche zerlaufen im Tau,
feuchte, dunkle Flecken am Bahndamm:
ein Morgen mit Schimmel im Mund,
Papierfetzen kleben unter der Spülung;
bevor die Sonne kommt, sitzt jeder
in seinem Schweiß, die Fliegen
summen verschmierte Fenster entlang.
Das möchte ich loben, wortlos im Abteil,
die Hügel gleiten vorbei mit dichten,
schwirrenden Blättern; Bretterbuden,
Bahnstationen rutschen darunter weg,
der Deckel kippt in den Aschenbecher,
und Schaum schwemmt über den Hals
die Flasche hinab. Düstere Tunnel,
warmes Bier, wie im Flugzeug über die
Toscana hinweg, Notizen von Goethe,
das Mädchen, barfuß am Bahnsteig,

zwischen den Schenkeln die Hand,
springt auf die Leinwand zurück
von Cinecittà.
Wind kommt auf
und weht die Zeitungen über die Schienen,
all die Slogans, auf das Papier gepreßt,
Italien ist eine Pizzabude, aus Brettern
hastig zusammengenagelt und am Strand
zurückgelassen, als die Spekulanten flohen.
Pfirsichflecken auf dem Kotflügel,
Trauben im Handkarren am Straßenrand,
dort steht ein Bunker. Oliven in Plastik,
unter Denkmalschutz, verirrte Ausländer
ziehen über den Stadtplan nach Hause,
Carabinieri haben die Pässe kassiert.
Eine Frau im Bikini, die zum Telefon geht,
ist mehr als ein Hinweis auf das Fahndungsbuch.
Zerstampftes Eis mit Zitrone, serviert
an der Piazza Navona, Italien unter Wasser
im Glas.
Wolken durchziehen das Licht
mit lila Haaren wie die Frau um fünfzig
am Stand der amerikanischen Zeitungen,
der Vierfarbenprinzen, glänzenden Brüste,
extra eingeflogen, im Flugzeug über die
Toscana hinweg, als die Banknoten zerfielen
und so viel wert waren wie das Papier,
das zwischen die Stühle des Straßencafés
getrieben wird, bevor die Sonne sinkt
und jeder weitergeht, ciao, bello! Schweiß
unter den Ärmeln seidener Hemden wie Blusen.

Ulla Hahn

Katzenmahlzeit

Alles ist in Roma eßbar
Artischocken schwarzes Schaf
Ciceroni Chips Cypressen
Rosmarin Maroni

Alles ist in Rom vergeßbar
Esbahn Uhahn Alster Spree
Villen Pillen Brillenträger
Papa Papperlap

Alles ist vergeßbar eßbar
Colosseum Marzipan
Minestrone Mama Mia
Dolce Duce Du

Konstantin Wecker

ich will noch eine ganze Menge leben

Ab und zu morgens in italienischen Kneipen hocken
Wirklichkeiten an sich vorbeiziehen lassen
und den Mädchen auf den Po blicken:
Wie unwirklich ist das alles.

Draußen nur Himmel und Land.
Der Pizzabäcker schlägt ein Rad.
Jetzt kurz den Atem anhalten. Schmecken. Riechen.
Und: ich will noch eine ganze Menge leben.

Draußen stehen Pinien. (Sie könnten lächeln.)
Zwischen zwei Espressos schminkt sich der Mittag.
Er steht nackt in seiner Garderobe und scherzt.
Jetzt aufstehen. Die Arme ausbreiten.

Dann tritt Sie aus den Wäldern. Zuversichtlich.
Und eine Flasche Rotwein im Arm.
Die Hügel ebnen sich. Wir erreichen eine große Stadt.
Der Abend wird eingetrunken.

Sie erzählt von ihrem Land. Wir singen.
Die Kellner heben die Fäuste.
Avanti Populo und un bicchiere di vino rosso ancora.
Wir sind zuversichtlich.

Venedig

Als ob an ihren angefreßnen Pfählen
die Stadt mit letzter Kraft sich stützen wollte,
so taumeln die Paläste mit den Säulen
aus feuchtem Marmor steil zum Meer. Als rollte

ein großer Donner aus dem Grund der Erde,
der diese müde Stadt zum Sinken bringt.
Als stiegen aus den Flüssen dunkle Pferde,
die alles niedertrampeln: und Venedig sinkt.

Und mit ihm sinken alle Illusionen
der großen Herrschaft einer kleinen Welt:
Galeeren, Filmfestspiele und Inquisitionen.
Das Spiel ist aus. Der Wasservorhang fällt.

Du träumst vielleicht und fährst in schwarzen Booten
noch einmal die vertanen Welten ab,
und du befreundest dich mit all den Toten,
die diese Stadt ins Meer gespien hat,

die steigen noch ein letztes Mal ins Leben
und feiern Feste, und mit festem Tritt
und dunklen Rufen lassen sie die Erde beben:
es ist soweit: Venedig sinkt, und du sinkst mit.

Rom

Schon mit dem ersten Licht ist diese Stadt
in Leben eingetaucht und Kraft.
Die Häuser schimmern zwar noch etwas matt,
doch durch die Straßen rinnt schon all der Saft,

den Rom im Überfluß besitzt. Man spürt
das dumpfe Pochen aus den Katakomben,
wo sich der erste Christenleichnam rührt.
Sie werden alle kommen und mit Bomben

aus Glut und Hitze um sich schmeißen.
In ein paar Stunden steht die Stadt in Brand.
Die Götter stehn in Positur und gleißen
und halten bunte Dias in der Hand.

Unter dem Titusbogen weiden deutsche Schafe,
und die Cäsaren lassen es geschehn.
Statt aufzuwiegeln wie einst jener Sklave,
wolln sie zerbröckeln und auf Marmor stehn.

Die grauen Päpste kauern auf St. Peter
und geifern ihren Segen auf die Stadt
und suchen Gott. Was solls, da oben steht er
und jammert, daß man ihn vergessen hat.

Er soll sich vorsehn, daß ihn jene Pferde,
die seit Jahrtausenden die Sonne ziehn,
nicht niedertrampeln. Denn schon glüht die Erde,
und alle grellen Lichter werden fliehn

und ins Inferno tauchen. Die Paläste
verlieren ihre Schatten und verstummen.
Die Zeit der Katzen kommt und die der Feste,
die greisen Dichter steigen aus den Niederungen,

und endlich kann sich Rom besaufen,
die Brüste prall und voll von Wein.
Gelächter fangen an zu laufen
und schwellen an und brechen in dich ein,

und du ertrinkst und taumelst durch die Gassen,
die Häuser flattern auf, du rennst vorbei,
du willst die ganze Stadt umfassen –
Rom hat dich endlich. Nie mehr bist du frei.

Hans-Ulrich Treichel

Wintersonntag in Pisa

Nun stehe ich schon
wieder vor dem windigen
Kiosk, halte den Schirm
wie ein Mann mit Familie
und bete zu Gott um die
Zeitung aus Deutschland:
Die kommt erst morgen!
brüllts aus dem Dunkel,
ich danke und stelle mich
unter den Turm, denn dort
sind wie immer ein paar
blasse Japaner, die sich
lächelnd verbeugen, ganz
egal was man sagt.

Angelika Koller

Bologna, media vita

Wer hier am Telephon die Verantwortung übernimmt,
wer die Sprengsätze zusammenfügte,
wer am Telephon sich zu allem bekennt,
wer den Bahnhof verminte,
wer hier am Telephon den Nutzen will:

Zieh aus den Trümmern
die Arme, die Beine.

Heb auf das Herz vom Schotter
leg es hinein in den verstümmelten Leib.

Hol den Kopf zwischen den Gleisen
und drück die Augen zurück in den Kopf
und drück diese Augen dann zu.

Leg alles zusammengefügt in den Sarg
und leg in die Hand die Zitrone, sauer und gelb.

Anhang

Zu dieser Ausgabe

Der Anthologist befindet sich beim Thema »Italiengedichte« nicht minder als beim Thema »Naturgedichte« oder »Melancholiegedichte« in der prekären Situation, wie er alle die historisch und thematisch unterschiedenen Gedichte anordnen soll. Keine Frage war für den Herausgeber die *historisch-chronologische Anordnung*. Bei einem Thema, das Dichter zu verschiedenen Zeiten angeregt hat, gewährt sie zweifellos mehr Erkenntnisse als eine Gliederung nach Städten, Landschaften usw., weil bei solcher landschaftlichen Gliederung auch zahlreiche Gesichtspunkte unter den Tisch fallen: Land und Leute, Brauch und Sitte, Geschichte und Geist, Wein und Wetter. Italien bedeutet aber für den Deutschen mehr als ein beliebiges Land, in das er seine urläublichen Schritte hinwendet: schon seit jeher zog es den Deutschen, floh er aus seiner Regen- und Nebelregion ins gelobte Land Italien. Daß Italien für das mittelalterliche Kaisertum unentbehrliches Kronland war, spielt für die deutsche Italiendichtung keine Rolle; ihr Lobpreis Italiens hält sich ans Künstlerisch-Ästhetische und ans Klimatisch-Psychische. Italien umgibt eine Aura, deren Tradition nicht an einzelnen Regionen und Landschaften festzumachen ist. Von daher versteht es sich, daß die epochenübergreifenden Themen wie »Sehnsucht nach Italien«, »Zauber Italiens«, »Abschied von Italien« und die Städtebilder Rom, Venedig, Florenz und Neapel überwiegen, die zeitgebundenen Motive dagegen zurücktreten. Gerade der Vergleich themengleicher Gedichte gewährt interessante Einblicke in die Geschichte des Mentalitätswandels und der dichterischen Bild- und Formensprache.

Gewählt wurde eine Einteilung nach geistes- und dichtungsgeschichtlichen *Epochen*. Die eigentliche Italiendichtung beginnt in der Goethezeit; alle frühere Dichtung ist Präludium und ohne unmittelbaren Einfluß auf die spätere Italienpoesie. Die erste Phase umfaßt Klassik, Klassizismus und Romantik. So unterschiedlich die Stilmittel sein mögen – die Orientierung an der Ästhetik Winckelmanns und an der Schönheit Italiens steht bei allen Dichtungen dieser Ära außer Zweifel. Eine neue Anschauung setzt in den zwanziger Jahren ein. Heine, der Verfasser der vielgelesenen *Reisebilder*, ist ihr Protagonist; Emanzipation heißt das Schlagwort, unter dem die Autoren nun das gegenwärtige Italien kritisch unter die Lupe nehmen. Grillparzer, der gewöhnlich als Klassizist gilt, erweist sich als gewichtiger Vorläufer. Von den kritischen Anfängen geht die Entwicklung im 19. Jahrhundert weiter zu einer immer monumentaleren Sicht: die Gegenwart gerät allmählich aus dem Blick, die Geschichte rückt wieder ins Zentrum und mit ihr die »großen« Gestalten. Der Ausklang der Epoche, das Fin de siècle, variiert nur noch bekannte Töne: Heine klingt in den Versen Paul Heyses oder Otto Julius Bierbaums unüberhörbar nach. Immerhin liegen die Neuanfänge bereits im 19. Jahrhundert: die symbolistischen Gedichte eines George und eines Rilke stehen am Anfang der neuen Ära, die über den Expressionismus bis zu den konservativen Ausläufern reicht. Wie in der vorausgehenden Epoche folgt auch hier den revolutionierenden Neuerungen eine konservative Phase: Neoromantik und Neoklassizismus. Im Dritten Reich war die Kehrtwende zum Konservativen-Bewährten politisch bedingt: die Fortführung der humanistischen Tradition schien vor dem lärmenden Ungeist der Zeit Schutz zu gewähren. Sonette und Oden erleben nicht von ungefähr in dieser Zeit eine Renaissance. Den Anschluß an die internationale Moderne findet die deutsche Dichtung erst zögernd; die alte Garde der konservativen Autoren dichtet bis in die späten fünfziger und frühen sechziger Jahre in der bewährten Manier fort. Parallel dazu setzt die moderne Dichtung ein, mit ihrer Abkehr von vorgeprägten Formen und gereimten Versen.

Die *Autoren* sind nicht absolut chronologisch, wohl aber innerhalb dieser Epochen chronologisch angeordnet. Die absolute Chronologie hätte zu dichtungsgeschichtlichen

Verzerrungen geführt: Grillparzer (geb. 1791) wäre vor Platen (geb. 1796) und Waiblinger (geb. 1804) geraten, obwohl seine Gedichte einem späteren Paradigma angehören. Ein anderes Problem – die Idealkonkurrenz der Entstehungs- bzw. Publikationschronologie und der Geburtschronologie – läßt sich nicht durch einen Kompromiß lösen. In ihrer reinen Ausprägung hätte die Entstehungschronologie dazu geführt, daß die Gedichte eines Autors weit über den Band verstreut hätten abgedruckt werden müssen. Da der Band aber den Hauptakzent auf die subjektive Wahrnehmungsweise legt, versteht es sich, daß die Gedichte eines Autors als geschlossenes Korpus abgedruckt werden. Gewiß ist die Wahl des Geburtsdatums für die Standortbestimmung ein äußerliches Kriterium, andere Ordnungsprinzipien wären jedoch noch subjektiver und damit uneinsehbarer und irritierender. Damit soll nicht geleugnet werden, daß die Anordnung nach der Geburtschronologie zuweilen die Chronologie der Gedichte verzerrt: Der 1862 geborene Gerhart Hauptmann schrieb seine sämtlichen Italiengedichte in den zwanziger Jahren unseres Jahrhunderts, die 1864 geborene Ricarda Huch noch später. »Lago Maggiore« von Georg Kaiser (geb. 1878) entstand 1944, Wilhelm Lehmanns (geb. 1882) »Blick auf Rom« gar 1959, wogegen Georg Trakls (geb. 1887) Venedig-Gedicht vor 1914, Georg Heyms (geb. 1887) Rom-Gedicht vor 1912 entstand. Wie schwierig eine Einordnung nach den Entstehungsdaten der Gedichte wäre, zeigen exemplarisch die Gedichte Georg von der Vrings: »Golino« wurde 1930 publiziert, »Finale Marina« 1956, »Verona« 1961, »Die Wasserorgel der Villa d'Este« erst 1964. Nun ist aber die ganze Lyrik von der Vrings gemäßigt neuromantisch, gehört also nicht zur Moderne, wie sie das letzte Kapitel präsentiert. Anders liegt der Fall bei Marie Luise Kaschnitz. Ihre Gedichte wurden ausnahmsweise in zwei Kapiteln untergebracht. Die ersten beiden Gedichte gehören ihrem ganzen Habitus nach zum konservativen Klassizismus; die übrigen repräsentieren die erst in den fünfziger Jahren vollzogene Kehrtwende zur

Moderne. Wo immer man also die Kaschnitz-Gedichte einordnete – einem Teil dieser Gedichte geschähe dadurch Unrecht. Ein weiteres Argument, das gegen die Chronologie der Entstehungsdaten spricht, ist natürlich die Tatsache, daß sich von vielen Gedichten kein exaktes Entstehungsdatum ermitteln läßt. So spricht alles in allem mehr für die an den Autoren orientierte Chronologie. Wann immer es möglich war, wurden die Gedichte eines Autors in ihrer chronologischen Abfolge wiedergegeben. Beispielsweise bei Rilke, wo den vier Jugendgedichten exakt datierbare Gedichte folgen: »Römische Fontäne« stammt vom Juli 1906, »Lied vom Meer« vom Januar 1907, »Römische Campagna«, »Venezianischer Morgen«, »Spätherbst in Venedig« und »San Marco« vom Frühsommer 1908. Auch bei Marie Luise Kaschnitz läßt sich die Reihenfolge klar bestimmen: »Rom« 1936, »Amalfi« 1940, »Rom. Ewige Stadt XXV« 1952, »Segesta«, »Taormina«, »Reggio«, »Piazza Vittorio«, »Genazano« 1957 publiziert (also wohl früher entstanden), »Vedere Napoli« um 1954 entstanden, »Rom 1961« auch 1961 publiziert.

Die Entscheidung für die historische und autororientierte Anordnung wirkt sich auf die *Auswahlkriterien* aus. Das erste der schwierigen Probleme, vor dem ein Anthologist – und gerade beim herzerwärmenden Thema »Italien« – steht, lautet: Nehme ich nur die wirklich guten Gedichte auf oder die typischen? Und schon kommt das zweite und dritte Problem: Was sind »gute« und was sind »typische« Gedichte? Liegen die geistes- und dichtungsgeschichtlich geprägten Epochen fest, so läßt sich das Typische einigermaßen fixieren. Mag sein, daß unter rein ästhetischen Gesichtspunkten manch ein Dichter keine Aufnahme gefunden hätte, aber typisch für seine Epoche war vielleicht gerade er. Gleichwohl wollte der Herausgeber das Typische, wenn es nur negativ bestimmt war, ihm jegliche ästhetische Qualität abging, dem Leser doch nicht – oder nur im bescheidensten Ausmaß – zumuten. In aller Kürze waren folgende Gründe wesentlich für die Aufnahme:

Die Gedichte sollen poetische Qualität besitzen, dichterische Formung und individuelle Eigenart. Das Zeitspezifische und Repräsentative spielte bei der Anordnung nach historischen Paradigmen eine wichtige Rolle. Allerdings sollen die aufgenommenen Gedichte nicht nur für die Epoche, sondern auch für den Autor nach Thema und Form charakteristisch sein. Der Anteil, nach dem das Werk eines Dichters in dieser Anthologie vertreten ist, bemißt sich an der Bedeutung, welche die Italienthematik für seine Dichtung gewonnen hat, und an der dichtungsgeschichtlichen Bedeutung seines Werks überhaupt. Bayerns König Ludwig hat zahllose Italiengedichte zu Papier gebracht; dennoch genügt der Abdruck eines Gedichtes, so typisch sie in ihrer Masse auch immer für bestimmte Zeittendenzen gewesen sein mögen. Ihnen fehlt meist die poetische Qualität. Bevorzugt wurden die kürzeren Gedichte; so bedeutsame Dichtungen wie die Rom-Elegie Wilhelm von Humboldts, die Rom-Elegie August Wilhelm Schlegels oder die Elegie »Tivoli« von Rudolf Alexander Schröder verboten sich ausschließlich vom Umfang her. Thematisch wurden Personengedichte ausgeklammert. All die Lob- oder Rüge-Poeme auf italienische Tat- oder Geistmenschen haben mit Italien vielfach herzlich wenig zu tun. Auch soll damit nicht ein Kausalkonnex zwischen Land und Persönlichkeit suggeriert werden. Schließlich noch ein Wort zur Gewichtung: mit Absicht ist das 20. Jahrhundert reichlicher vertreten als die vorausgehenden Epochen – in der Annahme, der heutige Leser interessiere sich für die ihm naheliegenden Zeiträume stärker als für das nur Historische. Denn bei aller Belehrung und allem geistigen Gewinn, den der Leser aus dem gelehrten Einblick in historische Entwicklungen zieht, die Kulinarik sollte darüber auch nicht zu kurz kommen. Der Leser möge sich von den modernen Gedichten, die heutiges Fühlen und Denken repräsentieren, ganz unmittelbar ansprechen lassen, ohne den Brückenschlag einer historischen Hermeneutik.

Die Orthographie der älteren Texte wurde – bei Wahrung des Lautstandes – behutsam dem heutigen Gebrauch angeglichen; die Interpunktion wurde beibehalten.

Für Anregungen und Hilfe beim Aufspüren von Italiengedichten danke ich Herrn Walter Erhart und Herrn Donato Tangredi.

Verzeichnis der Autoren, Gedichte und Quellen

ALFRED ANDERSCH (4. Februar 1914 – 27. Februar 1980)

Silvestro Lega, Il Pergolato 374

Alfred Andersch: empört euch der himmel ist blau. Gedichte und Nachdichtungen 1946–1977. Zürich: Diogenes-Verlag, 1977. S. 79 bis 81. © 1977 Diogenes-Verlag AG, Zürich.

STEFAN ANDRES (26. Juni 1906 – 29. Juni 1970)

Paestum 331

Stefan Andres: Gedichte. München: Piper, 1976. S. 29. © 1976 R. Piper & Co. Verlag, München.

ERICH ARENDT (geb. 15. März 1903)

(1) Unter dem truskischen Mond 346
(2) Goethe zeichnete 347
(3) Erice 348

Erich Arendt: Zeitsaum. Neue Gedichte. Darmstadt: Agora-Verlag, 1978. (1) S. 21. (2) S. 25 f. (3) S. 92–95.

H. C. ARTMANN (geb. 12. Juni 1921)

Nach Italiens feigenhängen 379

H. C. Artmann: Aus meiner Botanisiertrommel. Balladen und Naturgedichte. Salzburg: Residenz-Verlag, 1975. S. 33–36.

ROSE AUSLÄNDER (11. Mai 1907 – 3. Januar 1988)

(1) Rom I 353
(2) Offener Brief an Italien 354
(3) Venedig I 355
(4) Italien I 355
(5) Mein Venedig 356
(6) Italien II 357

Rose Ausländer: Gesammelte Werke in 7 Bänden. Hrsg. von Helmut Braun. Bd. 1: Die Sichel mäht die Zeit zu Heu. Gedichte 1957–1965. Frankfurt a. M.: Fischer, 1984. (1) S. 22. (2) S. 290. (3) S. 291. © 1984 S. Fischer Verlag GmbH, Frankfurt a. M.
– Bd. 5: Wieder ein Tag aus Glut und Wind. Gedichte 1980–1982. Ebd. 1986. (4) S. 239. (5) S. 336. (6) S. 360. © 1986 S. Fischer Verlag GmbH., Frankfurt a. M.

INGEBORG BACHMANN (25. Juni 1926 – 16. Oktober 1973)

(1) Das erstgeborene Land 399
(2) Brief in zwei Fassungen 400
(3) Römisches Nachtbild 402
(4) In Apulien 402

Ingeborg Bachmann: Werke. Hrsg. von Christine Koschel, Inge von Weidenbaum und Clemens Münster. Bd. 1: Gedichte, Hörspiele, Libretti, Übersetzungen. München/Zürich: Piper, 1978. (1) S. 119 f. (2) S. 126 f. (3) S. 128. (4) S. 130. © 1978 R. Piper & Co. Verlag, München.

WOLFGANG BÄCHLER (geb. 22. März 1925)

Solleone 395

Wolfgang Bächler: Ausbrechen. Gedichte aus 30 Jahren. Frankfurt a. M.: Fischer, 1976. S. 61. © 1976 S. Fischer Verlag GmbH, Frankfurt a. M.

JOHANNES R. BECHER (22. Mai 1891 – 11. Oktober 1958)

(1) Rom 309
(2) Florenz 310

Johannes R. Becher: Gesammelte Werke in 12 Bänden. Bd. 4: Gedichte 1936–1941. Berlin/Weimar: Aufbau-Verlag, 1966. (1) S. 285. (2) S. 286. © 1966 Aufbau-Verlag Berlin und Weimar.

WERNER BERGENGRUEN (16. September 1892 – 4. September 1964)

(1) Römische Erde 314
(2) Schlaf, zikadendurchgeigt (Capri I) 314
(3) Opuntien (Capri XI) 315
(4) Sizilische Morgendämmerung 316

Werner Bergengruen: Die heile Welt. Gedichte. Zürich: Verlag Die Arche, 1950. (1) S. 259. © 1950 Verlags-AG Die Arche, Zürich. – Figur und Schatten. Gedichte. Zürich: Verlag Die Arche, 1958. (2) S. 96. (3) S. 106. (4) S. 242. © 1958 Verlags-AG Die Arche, Zürich.

THOMAS BERNHARD (geb. 10. Februar 1931)

(1) Venedig 416
(2) Chioggia 416

Thomas Bernhard: Auf der Erde und in der Hölle. Gedichte. Salzburg: Otto Müller, 1957. (1) S. 50. (2) S. 51–53. © Thomas Bernhard, Ohlsdorf.

HORST BIENEK (geb. 7. Mai 1930)

Begegnung mit Giuseppe Ungaretti 414

Horst Bienek: Gleiwitzer Kindheit. Gedichte aus zwanzig Jahren. München: Hanser, 1976. S. 116–118. © 1976 Carl Hanser Verlag, München/Wien.

OTTO JULIUS BIERBAUM (28. Juni 1865 – 1. Februar 1910)

Täglich fahr ich mit Pietro (*Blätter aus Fiesole* 5) 228

Otto Julius Bierbaum: Gesammelte Werke in zehn Bänden. Hrsg. von Michael Georg Conrad und Hans Brandenburg. Bd. 1: Gedichte. München: Georg Müller, 1912. S. 337–344.

Wolf Biermann (geb. 15. November 1936)

(1) Tiber in Rom 428
(2) Unten am Tevere 429

Wolf Biermann: Affenfels und Barrikade. Gedichte. Lieder. Balladen. Köln: Kiepenheuer & Witsch, 1986. (1) S. 71. (2) S. 72. © 1986 Verlag Kiepenheuer & Witsch, Köln.

Johannes Bobrowski (9. April 1917 – 2. September 1965)

Viktorianisches Lied von der italienischen Schönheit 378

Johannes Bobrowski: Im Windgesträuch. Gedichte aus dem Nachlaß. Stuttgart: Deutsche Verlags-Anstalt; 1970. S. 45–47.

Rudolf Borchardt (9. Juni 1877 – 10. Januar 1945)

Canzone an Florenz [unvollendet] 271

Rudolf Borchardt: Gesammelte Werke in Einzelbänden. Gedichte II. Übertragungen II. Hrsg. von Marie-Luise Borchardt und Ulrich Ott unter Beratung von Ernst Zinn. Stuttgart: Klett-Cotta, 1985. S. 130.

Bertolt Brecht (10. Februar 1898 – 14. August 1956)

O Venezia! (Zu dem Stück *Volpone*) 326

Bertolt Brecht: Gesammelte Werke in 20 Bänden. Hrsg. vom Suhrkamp Verlag in Zsarb. mit Elisabeth Hauptmann. Bd. 10: Gedichte 3. Frankfurt a. M.: Suhrkamp, 1967. S. 1001. © 1967 Suhrkamp Verlag, Frankfurt a. M.

Rolf Dieter Brinkmann (16. April 1940 – 23. April 1975)

(1) Hymne auf einen italienischen Platz 434
(2) Roma die Notte 435

Rolf Dieter Brinkmann: Westwärts 1 & 2. Gedichte. Reinbek bei Hamburg: Rowohlt, 1975. (das neue buch. 63.) (1) S. 85. (2) S. 86 bis 90. © 1975 Rowohlt Taschenbuch Verlag GmbH, Reinbek bei Hamburg.

GEORG BRITTING (17. Februar 1891 – 27. April 1964)

(1) Erste Italienfahrt 310
(2) Überdruß des Südens 311
(3) Venedig 312
(4) Die Katzen Neapels 312
(5) Markt in Verona 313

Georg Britting: Gesamtausgabe. Hrsg. von Ingeborg Britting und Friedrich Podszus. Bd. 1. Gedichte 1919–1939. München: Nymphenburger Verlagshandlung, 1957. (1) S. 98 f. (2) S. 172.
– Bd. 7: Der unverstörte Kalender. Nachgelassene Gedichte. Ebd. 1965. (3) S. 26. (4) S. 32. (5) S. 59.

HERMANN BROCH (1. November 1886 – 30. Mai 1951)

Lago Maggiore 286

Hermann Broch: Kommentierte Werkausgabe. Hrsg. von Paul Michael Lützeler. Bd. 8. Frankfurt a. M.: Suhrkamp, 1980. S. 40.

JACOB BURCKHARDT (25. Mai 1818 – 8. August 1897)

(1) Aus Venedig 179
(2) Was soll mir fürder dieser Norden 180

Jacob Burckhardt: Gedichte. Nach den Handschriften des Jacob Burckhardt-Archivs in Basel. Basel: Schwabe, 1926. (1) S. 67 f. (2) S. 72.

CHRISTINE BUSTA (23. April 1915 – 3. Dezember 1987)

Oktoberabend in Venedig 377

Christine Busta: Die Scheune der Vögel. Gedichte. Salzburg: Otto Müller, 1958. S. 17.

HANS CAROSSA (15. Dezember 1878 – 12. September 1956)

Via Appia 280

Hans Carossa: Sämtliche Werke. Bd. 1. Frankfurt a. M.: Insel-Verlag, 1962. S. 52 f.

Theodor Däubler (17. August 1876 – 13. Juni 1934)

(1) Ode an Florenz [Auszug] 262
(2) Venedig, deine Marmorsäulenwälder 262
(3) Du scheinst den Seelen, Rom 263
(4) Das Frühjahr ist da! 264
(5) Mir ist's, als ob ein Traum zu sein sich schäme! 267
(6) Italien, deiner hohen Seelen Prozessionen 269

Theodor Däubler: Hymne an Italien. Leipzig: Insel-Verlag, 1919. (1) S. 71 f.
– Das Nordlicht. Bd. 1. Leipzig: Insel-Verlag, 1921. (2) S. 78 f. (3) S. 119 f. (4) S. 281 f. (5) S. 316 f. (6) S. 436 f.

Richard Dehmel (18. November 1863 – 8. Februar 1920)

Eine Rundreise in Ansichtspostkarten
(1) Campagna vor Rom (10) 239
(2) In den Abruzzen (12) 239
(3) Bergstraße von Amalfi nach Salerno (17) 239
(4) Florenz (42) 240
(5) Venedig: Punta della Salute (44) 240

Gesammelte Werke von Richard Dehmel in drei Bänden. Bd. 2. Berlin: S. Fischer, 1913. (1) S. 108. (2) S. 108. (3) S. 110. (4) S. 117. (5) S. 118.

F. C. Delius (geb. 13. Februar 1943)

(1) Römische Elegie I 442
(2) Gen Italien 442

F. C. Delius: Ein Bankier auf der Flucht. Gedichte und Reisebilder. Berlin: Rotbuch-Verlag, 1975. (1) S. 54. (2) S. 61 f.

E. C. S.

Hochzeit-lied. Auß Rom nach Königsberg geschrieben . . 67

Benjamin Neukirchs Anthologie: Herrn von Hoffmannswaldau und andrer Deutschen auserlesener und bißher ungedruckter Gedichte anderer Theil. Nach dem Erstdruck vom Jahre 1697 mit einer kritischen Einl. und Lesarten hrsg. von Angelo George de Capua und Ernst Alfred Philippson. Tübingen: Niemeyer, 1965. S. 142 f.

KASIMIR EDSCHMID (5. Oktober 1890 – 31. August 1966)

(1) Sono Ebréi 307
(2) Abschied 308

Kasimir Edschmid: Italienische Gesänge. Darmstadt: Darmstädter Verlag, 1947. (1) S. 30. (2) S. 31.

ALBERT EHRENSTEIN (22. Dezember 1886 – 7. April 1950)

Venetianischer Traum 289

Albert Ehrenstein: Gedichte und Prosa. Hrsg. und eingel. von Karl Otten. Neuwied/Berlin: Luchterhand, 1961. S. 230.

GÜNTER EICH (1. Februar 1907 – 20. Dezember 1972)

Fußnote zu Rom 353

Günter Eich: Gesammelte Werke in vier Bänden. Bd. 1: Die Gedichte. Die Maulwürfe. Frankfurt a. M.: Suhrkamp, 1973. S. 130. © Suhrkamp Verlag, Frankfurt a. M.

JOSEPH VON EICHENDORFF (10. März 1788 – 26. November 1857)

(1) Rückkehr 103
(2) Von kühnen Wunderbildern (*Götterdämmerung* 2) . . 104

Joseph von Eichendorff: Werke. Hrsg. von Wolfdietrich Rasch. München: Hanser, ^{2}1959. (1) S. 46. (2) S. 238–240.

HANS MAGNUS ENZENSBERGER (geb. 11. November 1929)

Ravenna 413

Hans Magnus Enzensberger: Die Gedichte. Frankfurt a. M.: Suhrkamp, 1983. S. 38. © Suhrkamp Verlag, Frankfurt a. M.

NINO ERNÉ (geb. 31. Oktober 1921)

Rom Villa Borghese, 21. Januar 383

Blick auf Rom. Neue Variationen über ein altes Thema. Hrsg. von Karl Alfred Wolken. Gütersloh: Bertelsmann, 1968. S. 74–77. © Nino Erné, Mainz.

ROBERT FAESI (10. April 1883 – 18. September 1972)

Frühling am Po 284

Robert Faesi: Das Antlitz der Erde. Gedichte. Leipzig: Insel-Verlag, 1936. S. 49.

THEODOR FONTANE (30. Dezember 1819 – 20. September 1898)

Der Markuslöwe 181

Theodor Fontane: Sämtliche Werke. Bd. 6: Romane. Erzählungen. Gedichte. München: Hanser, 1964. S. 753 f.

WALTER HELMUT FRITZ (geb. 26. August 1929)

(1) Ostia 409
(2) Mann in Apulien 409
(3) Gewohnheiten des Himmels 410
(4) Fanano, Ort in den Marken 410

Walter Helmut Fritz: Gesammelte Gedichte. Hamburg: Hoffmann und Campe, 1979. (1) S. 38. (2) S. 161. (3) S. 162. (4) S. 163.

PETER GAN (d. i. Richard Moering) (4. Februar 1894 – 6. März 1974)

Südlied 321

Peter Gan: Die Holunderflöte. Gedichte. Zürich: Atlantis-Verlag, 1949. Neuaufl. 1965. S. 63.

Franz von Gaudy (19. April 1800 – 5. Februar 1840)

(1) Auf dem Lago Maggiore 132
(2) Der Schäfer der Campagna 134

Franz Freiherrn v. Gaudys ausgewählte Werke. Hrsg. und mit biographischer Einl. vers. von Alice Freiin v. Gaudy. Bd. 2. Leipzig: Philipp Reclam jun., [o. J.]. (1) S. 242. (2) S. 314 f.

Emanuel Geibel (17. Oktober 1815 – 6. April 1884)

(1) Italien 170
(2) Dich auch hab ich, Venedig, gesehn 172

Emanuel Geibels gesammelte Werke in acht Bänden. Bd. 1: Jugendgedichte. Zeitstimmen. Sonette. Stuttgart: Cotta, ^{2}1888. (1) S. 211 bis 213.
– Bd. 5: Judas Ischarioth. Die Blutrache. Dichtungen in antiker Form. Classisches Liederbuch. Ebd. ^{2}1888. (2) S. 93–95.

Stefan George (12. Juli 1868 – 4. Dezember 1933)

(1) Rom-Fahrer 243
(2) Feld vor Rom 243
(3) Südliche Bucht 244
(4) Südlicher Strand: See 245
(5) Goethes lezte Nacht in Italien 245

Stefan George: Werke. Ausgabe in zwei Bänden. Hrsg. von Robert Boehringer. Bd. 1. Stuttgart: Klett-Cotta, ^{4}1984. (1) S. 199. (2) S. 212. (3) S. 212 f. (4) 313 f. (5) S. 401–403.

Albrecht Goes (geb. 22. März 1908)

(1) Olévano, Blick auf Latium 358
(2) Rom, am Trevibrunnen 358

Albrecht Goes: Tagwerk. Prosa und Verse. Frankfurt a. M.: Fischer, 1976. (1) S. 139. (2) S. 170 f. © 1976 S. Fischer Verlag GmbH, Frankfurt a. M.

JOHANN WOLFGANG GOETHE (28. August 1749 – 22. März 1832)

(1) Mignon 71
(2) Saget, Steine, mir an (*Römische Elegien* I) 71
(3) Froh empfind ich mich nun (*Römische Elegien* V) . . . 72
(4) O wie fühl ich in Rom mich so froh! (*Römische Elegien* VII) 73
(5) Cäsarn wär ich wohl nie zu fernen Britannen gefolget (*Römische Elegien* XV) 74
(6) Das ist Italien, das ich verließ (*Venezianische Epigramme* 4) 76
(7) Ruhig am Arsenal (*Venezianische Epigramme* 20) . . . 76
(8) Emsig wallet der Pilger! (*Venezianische Epigramme* 21) . 76

Johann Wolfgang Goethe: Gedenkausgabe der Werke, Briefe und Gespräche. 28. August 1949. Hrsg. von Ernst Beutler. Bd. 1: Gedichte. Erster Teil. Zürich: Artemis-Verlag, 1961. (1) S. 111. (2) S. 163. (3) S. 167. (4) S. 169. (5) S. 175 f. (6) S. 222. (7) S. 225. (8) S. 225 f.

FERDINAND GREGOROVIUS (19. Januar 1821 – 1. März 1891)

(1) Campagna-Abend 188
(2) Der Pinienbaum 190

Gedichte von Ferdinand Gregorovius. Hrsg. von A. F. Graf von Schack. Leipzig: Brockhaus, 1892. (1) S. 5 f. (2) S. 169 f.

MARTIN GREIF (d. i. Friedrich Hermann Frey)
(18. Juni 1839 – 1. April 1911)

(1) Mittag am Gardasee 216
(2) Venedig 217

Gedichte von Martin Greif. 4. durchges. und stark verm. Aufl. Stuttgart: Cotta, 1886. (1) S. 169. (2) S. 170.

FRANZ GRILLPARZER (15. Januar 1791 – 21. Januar 1872)

(1) Kennst du das Land? 151
(2) Kolosseum 152
(3) Campo vaccino 154

Franz Grillparzer: Sämtliche Werke. Historisch-kritische Gesamtausgabe. Hrsg. von August Sauer. Fortgef. von Reinhold Backmann. Abt. 1. Bd. 10: Gedichte. Erster Teil. Wien: Anton Schroll, 1932. (1) S. 28 f. (3) S. 31–36.
– Bd. 11: Gedichte. Zweiter Teil. Nachlese. Ebd. 1933. (2) S. 17 f.

WALTER GROSS (geb. 12. Oktober 1924)

(1) Aus Sambuca 389
(2) San Stefano Belbo 390

Walter Gross: Botschaften noch im Staub. Gedichte. Hamburg/München: Ellermann, 1957. (1) S. 34 f.
– Antworten. Gedichte. München: Piper, 1964. (2) S. 28 f. © 1964 R. Piper & Co. Verlag, München.

ANASTASIUS GRÜN (d. i. Anton Alexander Graf von Auersperg) (11. April 1806 – 12. September 1876)

Venedig 162

Anastasius Grün's gesammelte Werke. Hrsg. von Ludwig August Frankl. Bd. 1. Berlin: Grote, 1877. S. 72–74.

ANDREAS GRYPHIUS (2. Oktober 1616 – 16. Juli 1664)

(1) An Cleandrum 63
(2) Als Er auß Rom geschieden 64

Andreas Gryphius: Sonette. Hrsg. von Marian Szyrocki. (Gesamtausgabe der deutschsprachigen Werke. Hrsg. von M. S. und Hugh Powell. Bd. 1). Tübingen: Niemeyer, 1963. (1) S. 86 f. (2) S. 87.

RUDOLF HAGELSTANGE (14. Januar 1912 – 5. August 1984)

(1) Verona 361
(2) Römisches Gewitter 362

Rudolf Hagelstange: Lied der Jahre. Gesammelte Gedichte 1931–1961. Frankfurt: Insel-Verlag, 1961. (1) S. 124 f. (2) 135 f.

Ulla Hahn (geb. 30. April 1945)

Katzenmahlzeit 451

Ulla Hahn: Spielende. Gedichte. Stuttgart: Deutsche Verlags-Anstalt, 1983. S. 71.

Robert Hamerling (24. März 1830 – 13. Juli 1889)

(1) Und gönnt es mir, zu weilen hier 209
(2) Das alte Lied (*Lieder aus Venedig* II) 210

Hamerlings sämtliche Werke in sechzehn Bänden. Mit einem Lebensbild und Einleitungen hrsg. von Michael Maria Rabenlechner. Bd. 2. Leipzig: Hesse & Becker, [1922]. (1) S. 87.
– Bd. 4. Ebd. (2) S. 86 f.

Otto Erich Hartleben (3. Juni 1864 – 11. Februar 1905)

Campagna 228

Otto Erich Hartlebens ausgewählte Werke in drei Bänden. Bd. 1: Gedichte. Berlin: S. Fischer, 1913. S. 209.

Harald Hartung (geb. 29. Oktober 1932)

Ein Ort namens Poggibonsi 419

Harald Hartung: Traum im Deutschen Museum. Gedichte 1965 bis 1985. München/Zürich: Piper, 1986. S. 98. © 1986 R. Piper GmbH & Co. KG Verlag, München.

Rolf Haufs (geb. 31. Dezember 1935)

Süden 427

Rolf Haufs: Größer werdende Entfernung. Gedichte 1962–1979. Reinbek bei Hamburg: Rowohlt, 1979. S. 103. © Rolf Haufs, Berlin.

Gerhart Hauptmann (15. November 1862 – 6. Juni 1946)

(1) Madonna, o wie oft zu deinem Haine 237
(2) Nur wenig Schritte 237
(3) Zypressen 238

Gerhart Hauptmann: Sämtliche Werke. Hrsg. von Hans-Egon Hass. Bd. 4: Lyrik und Versepik. Berlin: Propyläen-Verlag, 1964. (1) S. 213. (2) S. 158. (3) S. 136.

Friedrich Hebbel (18. März 1813 – 13. Dezember 1863)

(1) Italiens erster Gruß 168
(2) Rom 168
(3) Ein Scirocco-Tag in Rom 169
(4) Venedig 169

Friedrich Hebbel: Sämtliche Werke. Historisch-kritische Ausgabe. Bes. von Richard Maria Werner. Bd. 6: Berlin: Behr, 1902. (1) S. 331. (2) S. 331. (3) S. 334 f. (4) S. 337.

Eckart Henscheid (geb. 14. November 1941)

Gardasee 441

Eckart Henscheid: Die Vollidioten. Ein historischer Roman aus dem Jahr 1972. Frankfurt a. M., Zweitausendeins-Verlag, 1978. S. 152 f.

Johann Gottfried Herder (25. August 1744 – 18. Dezember 1803)

Angedenken an Neapel 77

Herders Sämmtliche Werke. Hrsg. von Bernhard Suphan. Bd. 29: Poetische Werke 5. Hrsg. von Carl Redlich. Berlin: Weidmann, 1889. S. 573 f.

Max Herrmann-Neisse (23. Mai 1886 – 8. April 1941)

Nord und Süd 286

Max Herrmann-Neisse: Gesammelte Werke. Hrsg. von Klaus Völker. 3 Bde. Um uns die Fremde. Gedichte 2. Frankfurt a. M.: Zweitausendeins-Verlag, 1986. S. 495.

Hermann Hesse (2. Juli 1877 – 9. August 1962)

(1) Blick nach Italien 50
(2) Chioggia 272
(3) Toskanischer Frühling 272
(4) Die Zypressen von San Clemente 273
(5) Ich bin auch in Ravenna gewesen (Ravenna I) 273
(6) Ankunft in Venedig 274
(7) Die venezianische Gondel 274
(8) Wieder im Süden 275
(9) Ankunft in Cremona 276

Hermann Hesse: Gesammelte Dichtungen. Bd. 5. Frankfurt a. M.: Suhrkamp, 1959. (1) S. 664. (2) S. 498. (4) S. 468. (5) S. 452. (6) S. 515. (9) S. 599. © Suhrkamp Verlag, Frankfurt a. M.
– Italien. Schilderungen, Tagebücher, Gedichte, Aufsätze, Buchbesprechungen und Erzählungen. Hrsg. und mit einem Nachw. von Volker Michels. Frankfurt a. M.: Suhrkamp, 1983. (3) S. 256 f. (7) S. 289. (8) S. 290. © Suhrkamp Verlag, Frankfurt a. M.

Georg Heym (30. Oktober 1887 – 16. Januar 1912)

Römische Nacht 294

Georg Heym: Dichtungen und Schriften. Gesamtausgabe. Hrsg. von Karl Ludwig Schneider. Bd. 1: Lyrik. Hamburg/München: Ellermann, 1964. S. 61.

Paul Heyse (15. März 1830 – 2. April 1914)

(1) Lied von Sorrent 205
(2) Abendstimmung 206
(3) Sie hielten, vierzig Ladendiener (*Bilder aus Neapel* V) . 206
(4) Im Museum (*Bilder aus Neapel* VII) 207
(5) Abschied von Rom 208
(6) Verona 208

Gedichte von Paul Heyse. 5., durchges. Aufl. Berlin: Hertz, 1893. (1) S. 30 f. (2) S. 248 f. (3) S. 265. (4) S. 266. (5) S. 281. (6) S. 288.

Rolf Hochhuth (geb. 1. April 1931)

Ostern 419

Rolf Hochhuth: Die Berliner Antigone. Prosa und Verse. Einführung von Nino Erné. Reinbek bei Hamburg: Rowohlt, 1975. (rororo 1842.) S. 121. © 1975 Rowohlt Taschenbuch Verlag GmbH, Reinbek bei Hamburg.

Jakob van Hoddis (16. Mai 1887 – 30. April 1942)

Italien I–V 291

Jakob van Hoddis: Dichtungen und Briefe. Hrsg. von Regina Nörtemann. Zürich: Arche-Verlag, 1987. (Arche-Editionen des Expressionismus.) S. 33–37. © 1987 Arche Verlag AG, Raabe + Vitali, Zürich.

Walter Höllerer (geb. 19. Dezember 1922)

(1) Der Wind aus Süden kommt 387
(3) Jetzt gehts nach Süden zu 388

Walter Höllerer: Gedichte 1942–1982. Frankfurt a. M.: Suhrkamp, 1982. (1) S. 14. (2) S. 42. © Suhrkamp Verlag, Frankfurt a. M.

Dieter Hoffmann (geb. 2. August 1934)

(1) Palestrina 420
(2) Capri 421
(3) Blumenfest in Genzano 421
(4) Fondamente Nuove 422

Dieter Hoffmann: Lebende Bilder. Gedichte aus einem Jahrzehnt. Mainz: v. Hase & Koehler, 1971. (1) S. 109.
– Ziselierte Blutbahn. Gedichte. Stuttgart: Deutsche Verlags-Anstalt, 1964. (2) S. 63.
– Veduten. Gedichte. Frankfurt a. M.: Fischer, 1969. (3) S. 44. (4) S. 50. © 1969 S. Fischer Verlag GmbH, Frankfurt a. M.

August Heinrich Hoffmann von Fallersleben
(2. April 1798 – 19. Januar 1874)

(1) Römisches Helldunkel 37
(2) Vierfüßige Epigonen 38
(3) Via mala 158
(4) Der hl. Goethe 158
(5) Konservativer Boden 159
(6) Michel – Kunstkenner 160
(7) Addio! 161

August Heinrich Hoffmann von Fallersleben. Auswahl in drei Teilen. Hrsg. mit Einl. und Anm. vers. von Augusta Weldler-Steinberg. Tl. 1: Lyrische Gedichte. Berlin: Bong, 1912. Reprogr. Nachdr. Hildesheim / New York: Olms, 1973. (1) S. 128. (2) S. 131. (3) S. 126 f. (4) S. 127. (5) S. 128. (6) S. 129. (7) S. 134.

Christian Hoffmann von Hoffmannswaldau
(25. Dezember 1617 – 18. April 1679)

Die allgemeine Vergängligkeit [Auszüge] 66

Christian Hoffmann von Hoffmannswaldau: Gesammelte Werke. Hrsg. von Franz Heiduk. Bd. 1: Deutsche Übersetzungen und Getichte. (Reprogr. Nachdr. der Ausg. Breslau: Fellgibel, 1679.) Hildesheim / Zürich / New York: Olms, 1984. S. 733–738.

Hugo von Hofmannsthal (1. Februar 1874 – 15. Juli 1929)

Reiselied 253

Hugo von Hofmannsthal: Gedichte und lyrische Dramen. Frankfurt a. M.: Fischer, 1963. (Gesammelte Werke in Einzelausgaben.) S. 11. © 1934 Insel-Verlag.

Karl August Horst (geb. 10. August 1913)

Memento 365

Blick auf Rom. Neue Variationen über ein altes Thema. Hrsg. von Karl Alfred Wolken. Gütersloh: Bertelsmann, 1968. S. 134.

RICARDA HUCH (18. Juli 1864 – 17. November 1947)

(1) Venedig 241
(2) Das Denkmal 241

Ricarda Huch: Herbstfeuer. Frankfurt a. M.: Insel-Verlag, 1966. (1) S. 25. (2) S. 26. © 1966 Insel Verlag, Frankfurt a. M.

PETER HUCHEL (3. April 1903 – 30. April 1981)

(1) Haus bei Olmitello 349
(2) Venedig im Regen 349
(3) Subiaco 350
(4) Ein Toscaner 352

Peter Huchel: Chausseen, Chausseen. Frankfurt a. M.: Fischer, 1963. (1) S. 18. © 1963 S. Fischer Verlag GmbH, Frankfurt a. M. – Gesammelte Werke in zwei Bänden. Hrsg. von Axel Vieregg. Bd. 1: Die Gedichte. Frankfurt a. M.: Suhrkamp, 1984. (2) S. 181 f. (3) S. 183. (4) S. 248 f. © Suhrkamp Verlag, Frankfurt a. M.

WILHELM VON HUMBOLDT (22. Juni 1767 – 8. April 1835)

(1) Der Publicische Weg 88
(2) Rom 89

Wilhelm von Humboldts Werke. Hrsg. von Albert Leitzmann. Gedichte. (Wilhelm von Humboldts Gesammelte Schriften. Hrsg. von der Königlich Preussischen Akademie der Wissenschaften. Bd. 9. Berlin: Behr, 1912. Reprogr. Nachdr. Berlin: de Gruyter, 1968. (1) S. 16. (2) S. 303 f.

ERNST JANDL (geb. 1. August 1925)

fremdarbeiter 396

Ernst Jandl: Gesammelte Werke. Bd. 1: Gedichte 1. Darmstadt/Neuwied: Luchterhand, 1985. S. 708. © 1985, 1988 Luchterhand Literaturverlag, Darmstadt.

Georg Kaiser (25. November 1878 – 4. Juni 1945)

Lago M I 279

Georg Kaiser: Werke. Hrsg. von Walther Huder. Bd. 4: Filme, Romane, Erzählungen, Aufsätze, Gedichte. Berlin: Propyläen-Verlag, 1971. S. 685.

Gottfried Kapp (27. März 1897 – 21. November 1938)

Vor den Toren 325

Gottfried Kapp: Gedichte. Der starke Helmes. Dülmen i. W.: A. Laumann, 1961. S. 112.

Marie Luise Kaschnitz (31. Januar 1901 – 10. Oktober 1974)

(1) Rom 327
(2) Amalfi 328
(3) Es reden die Steine von Rom (*Rom. Ewige Stadt* XXV) . 338
(4) Segesta 338
(5) Taormina 339
(6) Reggio 340
(7) Piazza Vittorio 342
(8) Genazzano 342
(9) Vedere Napoli 343
(10) Rom 1961 344

Marie Luise Kaschnitz: Gesammelte Werke. Hrsg. von Christian Büttrich und Norbert Miller. Bd. 5: Die Gedichte. Frankfurt a. M.: Insel-Verlag, 1986. (1) S. 25 f. (2) S. 35–37. (3) S. 241. (4) S. 263 f. (5) S. 269. (6) S. 269 f. (7) S. 287. (8) S. 288. (9) S. 698 f. (10) S. 359. (1)-(7), (10) © claassen Verlag, Hamburg. (8) © Scherpe Verlag, Krefeld. (9) © Insel-Verlag, Frankfurt a. M.

Gottfried Keller (19. Juli 1819 – 15. Juli 1890)

Lacrimae Christi 183

Gottfried Keller: Sämtliche Werke und ausgewählte Briefe. Bd. 3: München: Hanser, 1958. S. 230 f.

ALFRED KERR (25. Dezember 1867 – 12. Oktober 1948)

Der neue Campanile 242

Alfred Kerr: Gesammelte Schriften in zwei Reihen. R. 2: Die Welt im Licht. Bd. 2: Du bist so schön. Berlin: S. Fischer, 1920. S. 24. © Argon-Verlag GmbH, Berlin.

SARAH KIRSCH (geb. 16. April 1935)

(1) Rot 424
(2) Viele Farben 424

Sarah Kirsch: Drachensteigen. Ebenhausen: Langewiesche-Brandt, 1979. (1) S. 43. (2) S. 49.

ANGELIKA KOLLER (geb. 2. Dezember 1955)

Bologna, media vita 455

Angelika Koller: Die Reise nach Bologna. Stuttgart: Flugasche-Verlag, 1985. (edition walfisch.) S. 21.

AUGUST KOPISCH (26. Mai 1799 – 3. Februar 1835)

Schwärmerei für Sorrent 131

Gesammelte Werke von August Kopisch. Geordnet und hrsg. von Freundes Hand [C. Bötticher]. Bd. 3. Berlin: Weidmannsche Buchhandlung, 1856. S. 176 f.

KARL KROLOW (geb. 11. März 1915)

Südwärts 376

Karl Krolow: Gesammelte Gedichte 3. Frankfurt a. M.: Suhrkamp, 1985. S. 253 f. © Suhrkamp Verlag, Frankfurt a. M.

Michael Krüger (geb. 9. Dezember 1943)

(1) Eine Vorrede 444
(2) Eine römische Geschichte 445

Michael Krüger: Die Dronte. Gedichte. München: Hanser, 1985. (1) S. 7f. (2) S. 105. © 1985 Carl Hanser Verlag, München/Wien.

Günter Kunert (geb. 6. März 1929)

(1) Verlangen nach Bomarzo 404
(2) Venedig I 405
(3) Venedig II 406
(4) Venedig III 407
(5) Venedig IV 408

Günter Kunert: Verlangen nach Bomarzo. Reisegedichte. München: Hanser, 1978. (1) S. 34f. (2) S. 36. (3) S. 37. (4) S. 39f. (5) S. 40. © Carl Hanser Verlag, München.

Isolde Kurz (21. Dezember 1853 – 5. April 1944)

(1) Italien 224
(2) Abschied 224

Gedichte von Isolde Kurz. Frauenfeld: Huber, [1888]. (1) S. 52. (2) S. 104.

Wilhelm Lehmann (4. Mai 1882 – 17. November 1968)

Blick auf Rom 283

Wilhelm Lehmann: Gesammelte Werke in acht Bänden. Bd. 1: Sämtliche Gedichte. Hrsg. von Hans Dieter Schäfer. Stuttgart: Klett-Cotta, 1982. S. 282.

Hans Leifhelm (2. Februar 1891 – 1. März 1947)

Apennin 308

Hans Leifhelm: Sämtliche Gedichte. Hrsg. von Norbert Langer. Salzburg: Otto Müller, 1955. S. 62.

Josef Leitgeb (17. August 1897 – 9. April 1952)

Malcesine 324

Josef Leitgeb: Vita somnium breve. München: Alber, 1943. S. 103 f.

Hermann Lenz (geb. 26. Februar 1913)

(1) Neue (römische) Zeit 364
(2) Unkraut bei Rom 364

Hermann Lenz: Zeitlebens. Gedichte 1934–1980. München: Schneekluth, 1981. (1) S. 132. (2) S. 133.

Heinrich Lersch (12. September 1889 – 18. Juni 1936)

Deine Anmut, Land Italien 296

Heinrich Lersch: Gedichte. Hrsg. und mit Einl. und Anm. vers. von Johannes Klein. Düsseldorf/Köln: Diederichs, 1965. S. 217 f.

Heinrich Leuthold (9. August 1827 – 1. Juli 1879)

(1) Bei Nervi 201
(2) Neapel 201
(3) Venedig 202
(4) Wo, stolzes Genua! sind deine Flotten? (Genua 8) . . . 203
(5) Im Welschlande 203

Heinrich Leutholds Gedichte. Nach den Handschriften wiederhergestellt. [Hrsg.: Arthur Schurig.] Leipzig: Insel-Verlag, 1910. (1) S. 41. (2) S. 46 f. (3) S. 55 f. (4) S. 60. (5) S. 104 f.

Detlev von Liliencron (3. Juni 1844 – 22. Juli 1909)

(1) Italienische Nacht 218
(2) Unvermutetes Zusammentreffen 219

Detlev von Liliencron: Gesammelte Werke in acht Bänden. Hrsg. von Richard Dehmel. Bd. 2: Gedichte. Berlin: Schuster & Loeffler, 1917. (1) S. 262–264.
– Bd. 3: Gedichte. Ebd. 1918. (2) S. 130.

Hermann von Lingg (22. Januar 1820 – 18. Juni 1905)

(1) Die See geht hoch (Neapels Golf 1) 184
(2) Pästum 185
(3) Deutsch-italische Grenzstädte 186
(4) Abschied von Venedig 187

Gedichte von Hermann Lingg. Bd. 1. Stuttgart: Cotta, ^{7}1871. (1) S. 188 f. (2) S. 200. (3) S. 379 f. (4) S. 381.

Oskar Loerke (13. März 1884 – 24. April 1941)

Abstieg nach Süden 285

Oskar Loerke: Die Gedichte. Frankfurt a. M.: Suhrkamp, 1983. S. 283 f. © Suhrkamp Verlag, Frankfurt a. M.

Ludwig Fürst zu Anhalt-Köthen (17. Juni 1579 – 7. Januar 1650)

Der Nadelseulen vier in Rom seind wolzusehen [aus: *Reise-Beschreibung, von ihm selbst in deutsche Verse gebracht*] . . 62

Auch ich in Arcadien. Kunstreisen nach Italien 1600–1900. Sonderausstellung des Schiller-Nationalmuseums. Hrsg. von Dorothea Kuhn unter Mitarb. von Anneliese Hofmann und Anneliese Kurz. Stuttgart: Turmhaus-Verlag, 1966. S. 10 f.

Ludwig I., König von Bayern (25. August 1786 – 29. Februar 1868)

Tivoli, II. Elegie 102

Gedichte Ludwigs des Ersten, Königs von Bayern. Tl. 1. München: Cotta, ^{3}1839. S. 10 f.

Rainer Malkowski (geb. 26. Dezember 1939)

(1) Zu Gast bei Emilio 430
(2) Frutta? Dolce? 430
(3) Blitzaktion 431
(4) Die Zypresse 432
(5) Die Männer auf den Stühlen 432

Rainer Malkowski: Zu Gast. Gedichte. Frankfurt a. M.: Suhrkamp, 1983. (1) S. 52. (2) S. 58. (3) S. 63. (4) S. 72. (5) S. 75. © Suhrkamp Verlag, Frankfurt a. M.

FRIEDRICH VON MATTHISSON (23. Januar 1761 – 12. März 1831)

(1) Die Landschaft 83
(2) Villa Pliniana 84
(3) Campo Vaccino 85
(4) Symposium in Tivoli 86

Gedichte von Matthisson. 5., verm. Aufl. Zürich: Orell, Füssli & Co., 1802. (1) S. 242. (2) S. 243 f. (3) S. 247 f. (4) S. 250 f.

FRIEDERIKE MAYRÖCKER (geb. 20. Dezember 1924)

(1) Ostia wird dich empfangen 392
(2) eine Postkarte aus Treviso 393

Friederike Mayröcker: Ausgewählte Gedichte 1944–1978. Frankfurt a. M.: Suhrkamp, 1979. (1) S. 15. © Suhrkamp Verlag, Frankfurt a. M.
(2) Erstveröffentlichung. © Friederike Mayröcker, Wien.

CHRISTOPH MECKEL (geb. 12. Juni 1935)

Ballade 425

Christoph Meckel: Wildnisse. Gedichte. Frankfurt a. M.: Fischer, 1962. S. 12 f. © 1962 S. Fischer Verlag GmbH, Frankfurt a. M.

ERNST MEISTER (3. September 1911 – 15. Juni 1979)

Gedanke Umbrien 360

Ernst Meister: Die Formel und die Stätte, Gedichte. Wiesbaden: Limes, 1960. S. 48.

Conrad Ferdinand Meyer (11. Oktober 1825 – 28. November 1898)

(1) Römische Mondnacht 194
(2) La Röse 194
(3) Venedig 195
(4) Der römische Brunnen 196
(5) Auf Ponte Sisto 197
(6) Auf dem Canal Grande 197

Gedichte Conrad Ferdinand Meyers. Wege ihrer Vollendung. Hrsg. von Heinrich Henel. Tübingen: Niemeyer, 1962. (Deutsche Texte. 8.) (1) S. 95 f.
Conrad Ferdinand Meyer: Sämtliche Werke. Historisch-kritische Ausgabe. Bes. von Hans Zeller und Alfred Zäch. Bd. 1: Gedichte. Bern: Benteli, 1963. (2) S. 156 f. (3) S. 163. (4) S. 170. (5) S. 354. (6) S. 164.

Alfred Mombert (6. Februar 1872 – 8. April 1942)

Venedig (Sfaira der Alte. Mythos. Erster Teil. Die Sage von Radha-Hari VII) 249

Alfred Mombert: Dichtungen. Bd. 2: Dramen. Mythen. Hrsg. von Elisabeth Herberg. München: Kösel, 1963. S. 379–382.

Christian Morgenstern (6. Mai 1871 – 31. März 1914)

(1) An Sirmio 248
(2) Porto fino, kleiner Hafen 248
(3) San Gimignano 249

Christian Morgenstern: Sämtliche Dichtungen. Bd. 7: Melencolia. Gedichte. Basel: Zbinden, 1972. (1) S. 67. (2) S. 91. (3) S. 188.

Erich Mühsam (6. April 1878 – 11. Juli 1934)

(1) Der beleidigte Duce 277
(2) Mignon 1925 278

Erich Mühsam: Gedichte. Hrsg. von Günther Emig. Berlin: Verlag europäische ideen 1983. (1) S. 401 f. (2) S. 404.

Wilhelm Müller (17. Oktober 1794 – 30. September 1827)

(1) Goethes Osterie in Rom 112
(2) Der Einsame 115
(3) Amor, ein Cicerone (*Epigramme aus Rom 1818* 6) . . . 117
(4) Sehnsucht nach Italien 117

Wilhelm Müller: Gedichte. Vollständige kritische Ausgabe. Mit Einl. und Anm. bes. von James Taft Hatfield nebst Porträt und einer Facsimilebeigabe. Berlin: Behr, 1906. (1) S. 381–384. (2) S. 384 f. (3) S. 387. (4) S. 441 f.

Gerhard Neumann (geb. 22. Juni 1934)

Exil 423

Blick auf Rom. Neue Variationen über ein altes Thema. Hrsg. von Karl Alfred Wolken. Gütersloh: Bertelsmann, 1968. S. 66.

Friedrich Nietzsche (15. Oktober 1844 – 25. August 1900)

(1) Im Süden 220
(2) »Mein Glück!« 221
(3) An der Brücke stand 222

Friedrich Nietzsche: Werke. Kritische Gesamtausgabe. Hrsg. von Giorgio Colli und Mazzino Montinari. Abt. 5. Bd. 2. Berlin: de Gruyter, 1973. (1) S. 325 f. (2) S. 332.
– Abt. 6. Bd. 3. Ebd. 1969. (3) S. 289.

Oswald von Wolkenstein (2. Mai 1377 – 2. August 1455)

Wer die ougen wil verschüren mit den brenden 61

Die Lieder Oswalds von Wolkenstein. Unter Mitw. von Walter Weiß und Notburga Wolf hrsg. von Karl Kurt Klein. Tübingen: Niemeyer, 1962. S. 246 f.

Karl Otten (29. Juli 1889 – 20. März 1963)

(1) In tabakbrauner Schlucht
(Lombardische Landschaft III) 297
(2) Bergamo 298
(3) Ravenna 299

Karl Otten: Herbstgesang. Gesammelte Gedichte. Neuwied/Berlin: Luchterhand, 1961. (1) S. 30. (2) S. 32. (3) S. 48 f. © Ellen Otten, Minusio.

Eckart Peterich (16. Dezember 1900 – 13. April 1968)

(1) Im Hafen von Neapel 345
(2) Römische Reliquie 346

Eckart Peterich: Gesammelte Gedichte. München: Prestel, 1967. (1) S. 131. (2) S. 196 f.

Heinz Piontek (geb. 15. November 1925)

(1) Apulische Ebene 397
(2) Latinisch 398

Heinz Piontek: Gesammelte Gedichte. Hamburg: Hoffmann und Campe, 1975. (1) S. 139 f. (2) S. 141 f. © Heinz Piontek, München.

August von Platen (24. Oktober 1796 – 5. Dezember 1835)

(1) Mein Auge ließ das hohe Meer zurücke
(*Sonette aus Venedig* XVIII) 119
(2) Wie lieblich ist's, wenn sich der Tag verkühlet
(*Sonette aus Venedig* XX) 119
(3) Venedig liegt nur noch im Land der Träume
(*Sonette aus Venedig* XXII) 120
(4) Wenn tiefe Schwermut meine Seele wieget
(*Sonette aus Venedig* XXXI) 120
(5) Florenz 122
(6) Die Pyramide des Cestius 124
(7) Bilder Neapels 126
(8) Flucht nach Toskana 129
(9) Der Vesuv im Dezember 1830 130

August Graf von Platens sämtliche Werke in zwölf Bänden. Historisch-kritische Ausgabe mit Einschluß des handschriftlichen Nachlasses. Hrsg. von Max Koch und Erich Petzet. Bd. 2: Gedichte. Erster Teil. Leipzig: Hesse, [o. J.]. (1) S. 175. (2) S. 177. (3) S. 179. (4) S. 189. (8) S. 125–127.
– Bd. 4: Gedichte. Dritter Teil. Ebd. (5) S. 38–41. (6) S. 41–43. (7) S. 141–145. (9) S. 79 f.

CHRISTA REINIG (geb. 6. August 1926)

Rom 403

Christa Reinig: Sämtliche Gedichte. Mit einem Vorw. von Horst Bienek. Düsseldorf: Eremiten-Presse, 1984. S. 107.

MAX REUSCHLE (19. Januar 1890 – 31. Oktober 1947)

Pan auf Capri 306

Max Reuschle: Wesensbild. Ausgewählte Gedichte. Hrsg. von Frieda Margarete Reuschle. Stuttgart: Röhm, 1955. S. 35.

RAINER MARIA RILKE (4. Dezember 1875 – 29. Dezember 1926)

(1) Die Kurtisane 45
(2) Fremdes Rufen (Venedig I) 254
(3) Immer ist mir (Venedig II) 254
(4) Ave weht von den Türmen her (Venedig IV) 255
(5) Arco 255
(6) Römische Fontäne 256
(7) Lied vom Meer 256
(8) Römische Campagna 257
(9) Venezianischer Morgen 258
(10) Spätherbst in Venedig 259
(11) San Marco 260
(12) Vor-Ostern 260

Rainer Maria Rilke: Sämtliche Werke. Bd. 1. Frankfurt a. M.: Insel-Verlag, 1965. (1) S. 282. (2) S. 116. (3) S. 116 f. (4) S. 118. (5) S. 120. (6) S. 529. (7) S. 600 f. (8) S. 599 f. (9) S. 609. (10) S. 609 f. (11) S. 610 f. (12) S. 595–597.

EUGEN ROTH (24. Januar 1895 – 28. April 1976)

(1) Lärm 335
(2) Italienische Reise 336
(3) Venedig 337

Eugen Roth: Sämtliche Werke. Bd. 1: Heitere Verse. München/Wien: Hanser, 1977. (1) S. 587. (2) S. 614 f. (3) S. 709.

FRIEDRICH RÜCKERT (16. Mai 1788 – 31. Januar 1866)

(1) Hochzeitgedicht aus Rom 106
(2) Nachklang 110
(3) Auf Monte Mario bin ich heut gestanden
(*Aus dem römischen Tagebuch* 88) 112

Friedrich Rückerts Werke in sechs Bänden. Hrsg. von Conrad Beyer. Bd. 1. Leipzig: Hesse, [1897]. (1) S. 148–151. (2) S. 170 f. – Bd. 3. Ebd. (3) S. 121.

PETER RÜHMKORF (geb. 26. Oktober 1929)

Gruß aus Rom 411

Peter Rühmkorf: Gesammelte Gedichte. Reinbek bei Hamburg: Rowohlt, 1976. S. 101 f. © 1976 Rowohlt Verlag GmbH, Reinbek bei Hamburg.

FERDINAND VON SAAR (30. September 1833 – 24. Juli 1906)

(1) Nach dir allein, du Zauberstadt im Meere (Italia III) . . 211
(2) Italien 212

Ferdinand von Saars sämtliche Werke in zwölf Bänden. Im Auftrage des Wiener Zweigvereins der Deutschen Schillerstiftung mit einer Biographie des Dichters von Anton Bettelheim hrsg. von Jakob Minor. Bd. 2: Gedichte. Erster Teil. Leipzig: Hesse, [o. J.]. (1) S. 59 f. (2) S. 183 f.

ADOLF FRIEDRICH VON SCHACK (2. August 1815 – 14. April 1894)

(1) La Zisa bei Palermo 174
(2) Auf einen Granatenzweig 175
(3) Italien 177

Gesammelte Werke des Grafen Adolf Friedrich v. Schack. In sechs Bänden. 2., verb. und verm. Aufl. Bd. 2: Stuttgart: Cotta 1885. (1) S. 219 f. (2) S. 362 f. (3) 567 f.

RICHARD SCHAUKAL (27. Mai 1874 – 10. Oktober 1942)

Capri 253

Richard von Schaukal: Gedichte, München: Georg Müller 1918, S. 74.

LEOPOLD SCHEFER (30. Juli 1784 – 16. Februar 1862)

Eintritt in das geweihte Land 101

Gedichte von Leopold Schefer. Berlin: Veit & Co., ^{3}1847. S. 293.

JOSEPH VICTOR VON SCHEFFEL (16. Februar 1826 – 9. April 1886)

(1) Durst in Venedig 198
(2) Fontana Trevi 199
(3) Sehnsucht 200
(4) Heimkehr aus Italien 200
(5) Resignation 201

Scheffels Werke. Hrsg. von Friedrich Panzer. Kritisch durchges. und erl. Ausg. Bd. 1. Leipzig: Bibliographisches Institut, [o. J.]. (1) S. 247 f. (2) S. 257. (3) S. 258. (4) S. 259. (5) S. 259.

FRIEDRICH SCHILLER (10. November 1759 – 9. Mai 1805)

Pompeji und Herkulanum 80

Friedrich Schiller: Sämtliche Werke. Bd. 1: Gedichte/Dramen I. Auf Grund der Originaldrucke hrsg. von Gerhard Fricke und Herbert G. Göpfert. 5., durchges. Aufl. München: Hanser, 1973. S. 234–236.

August Wilhelm von Schlegel (5. September 1767 – 12. Mai 1845)

Der Dom zu Mailand 90

August Wilhelm von Schlegel's sämmtliche Werke. Hrsg. von Eduard Böcking. Bd. 1. Leipzig: Weidmannsche Buchhandlung, 1846. S. 373.

Anton Schnack (21. Juli 1892 – 26. September 1973)

Südlicher Mittag 317

Anton Schnack: Mittagswein. Ein Gedichtbuch. Hamburg: Hoffmann und Campe, 1949. S. 61.

Reinhold Schneider (13. Mai 1903 – 6. April 1958)

(1) Madonna del Carmine 330
(2) Küstenstadt Selinunt 331

Reinhold Schneider: Gesammelte Werke. Hrsg. von Edwin Maria Landau. Bd. 5: Lyrik. Ausw. und Nachw. von Christoph Perels. Frankfurt a. M.: Insel-Verlag, 1981. (1) S. 101. (2) S. 201. © Insel-Verlag, Frankfurt a. M.

Emil von Schönaich-Carolath (8. April 1852 – 30. April 1908)

Gruß an Venedig 223

Dichtungen von Prinz Emil zu Schönaich-Carolath. Stuttgart: Göschen, 1883. S. 162.

Rudolf Alexander Schröder (26. Januar 1878 – 22. August 1962)

Da nun des Meeres blasser Streif verlischt
(Aus der Villa Torlonia 4) 279

Rudolf Alexander Schröder: Gesammelte Werke in fünf Bänden. Bd. 1: Die Gedichte. Frankfurt a. M.: Suhrkamp, 1952. S. 215. © Suhrkamp Verlag, Frankfurt a. M.

Johann Gottfried Seume (29. Januar 1763 – 13. Juni 1810)

Ich eilte fort 86

Johann Gottfried Seume: Prosaschriften. Mit einer Einl. von Werner Kraft. Köln: Melzer, 1962. S. 466 f.

Karl Stauffer-Bern (2. September 1857 – 24. Januar 1891)

Ferentum presso Viterbo 227

Familienbriefe und Gedichte von Karl Stauffer-Bern. Hrsg. von U. W. Züricher. Leipzig: Insel-Verlag / München: Verlag der Süddeutschen Monatshefte, 1914, S. 361 f.

Friedrich Leopold von Stolberg
(7. November 1750 – 5. Dezember 1819)

An meine Schwester Henriette Catharine in Rom 78

Gesammelte Werke der Brüder Christian und Friedrich Leopold Grafen zu Stolberg. Bd. 1. Hamburg: Perthes, 1827. S. 369–372.

Moritz von Strachwitz (13. März 1822 – 11. Dezember 1847)

(1) Kannst du das Leben nicht lebendig leben (Venedig 6) . 192
(2) Venedig schwindet in des Meeres Düften (Venedig 9) . 193

Moritz Graf Strachwitz: Sämtliche Lieder und Balladen. Mit einem Lebensbilde des Dichters und Anm. hrsg. von Hanns Martin Elster. Berlin: Grote, 1912. (1) S. 275. (2) S. 278.

Otto von Taube (21. Juni 1879 – 30. Juni 1973)

Die Weine 281

Italien im deutschen Gedicht. Ges., geordnet und hrsg. von Werner Riemerschmid und Karlheinz de Bruyn. München: Alber, 1943. S. 53 f. [Dort Erstpublikation.]

Jürgen Theobaldy (geb. 7. März 1944)

(1) Imperium der Eiscreme 446
(2) Steine 447
(3) Abendgruß 448
(4) Die Feste 448
(5) Nach Italien hinein 449

Jürgen Theobaldy: Midlands. Drinks. Heidelberg: Verlag Das Wunderhorn, 1984. (1) S. 50. (2) S. 56. (3) S. 58. (4) S. 59. (5) S. 64 f.

Ludwig Tieck (31. Mai 1773 – 28. April 1853)

(1) Anblick von Florenz 95
(2) Die spanische Treppe 96
(3) Olevano 97
(4) Subiaco 98
(5) Tivoli 99
(6) Bologna 99

Ludwig Tieck: Gedichte. 3 Bände. Dritter Teil. Faksimiledruck nach der Ausgabe von 1821–23. Mit einem Nachwort von Gerhard Kluge. Tl. 3. Heidelberg: Lambert Schneider 1967. (1) S. 138 f. (2) S. 159 f. (3) S. 220 f. (4) S. 230 f. (5) S. 233 f. (6) S. 278.

Georg Trakl (3. Februar 1887 – 4. November 1914)

In Venedig 290

Georg Trakl: Dichtungen und Briefe. Salzburg: Otto Müller, 1969. S. 131.

Hans-Ulrich Treichel (geb. 12. August 1952)

Wintersonntag in Pisa 454

Hans-Ulrich Treichel: Liebe Not. Gedichte. Frankfurt a. M.: Suhrkamp, 1986. S. 30.

Franz Tumler (geb. 16. Januar 1912)

Rom Villa Giulia 363

Franz Tumler: Welche Sprache ich lernte. Texte von und über Franz Tumler. Hrsg. von Hans Dieter Zimmermann. München/Zürich: Piper, 1986. S. 26. © 1986 R. Piper & Co. Verlag, München.

Heinrich Vierordt (1. Oktober 1855 – nach 1935)

(1) Porto Venere 225
(2) Die Zikaden 226

Heinrich Vierordt: Ausgewählte Dichtungen. Mit einem Vorw. von Ludwig Fulda. Heidelberg: Winter, 1906. (1) S. 91. (2) S. 92 f.

Friedrich Theodor Vischer (30. Juni 1807 – 14. Juni 1887)

(1) Dies linde Säuseln in der Luft (Perugia I) 164
(2) Italienisch 168

Friedrich Theodor Vischer: Dichterische Werke. Bd. 3: Lyrische Gänge. Leipzig: Verlag der Weißen Bücher. 1917. (1) S. 50–54. – Bd. 5: Allotria. Ebd. (2) S. 213 f.

Georg von der Vring (30. Dezember 1889 – 1. März 1968)

(1) Golino 300
(2) Shelleys Woge 301
(3) Verona 302
(4) Die Wasserorgel der Villa d'Este 302

Georg von der Vring: Verse. Bremen: Schünemann, 1930. (1) S. 94.
Die Lieder des Georg von der Vring 1906–1956. München: Langen Müller, 1956. (2) S. 184–186.
– Der Schwan. Lieder und Gedichte. München: Langen Müller, 1961. (3) S. 24.
Deutsche Akademie in Rom. Villa Massimo 1914–1964. Hrsg. im Auftrage des Bundesministers des Innern. Red.: Anton Henze. Rom 1964. [Privatdruck.] (4) S. 56.

Wilhelm Heinrich Wackenroder
(13. Juli 1773 – 13. Dezember 1798)

Soll ich in mir selbst verschmachten 100

Wilhelm Wackenroder: Werke und Briefe. München/Wien: Hanser, 1964. S. 148

Christian Wagner (5. Dezember 1835 – 15. Februar 1918)

(1) Der Dom zu Mailand 213
(2) Capri 214
(3) Piacenza 214
(4) Venedig 215
(5) Am Tiber 216

Italien in Gesängen von Christian Wagner. Stuttgart: Strecker & Schröder, 1914. (1) S. 4. (2) S. 15. (3) S. 25. (4) S. 26. (5) S. 51. Mit freundlicher Genehmigung der Christian-Wagner-Gesellschaft in Warmbronn und des Jürgen Schweier Verlages, Kirchheim/Teck.

Wilhelm Waiblinger (21. November 1804 – 17. Januar 1830)

(1) Grab der Cäcilia Metella 135
(2) Deutscher Künstler in Rom 139
(3) Abschied von Olevano 142
(4) Dränge keck den Toledo dich durch
(*Bilder aus Neapel* 13) 144
(5) Immer schwebst du vor Augen und Herz
(*Bilder aus Neapel* 34) 145
(6) Endlich sah ich ein Volk (*Bilder aus Neapel* 47) 145
(7) Vesuv (*Bilder aus Neapel* 75) 147

Wilhelm Waiblinger: Blüthen der Muse aus Rom. 1827. Berlin: Reimer, 1829. (1) S. 32–35. (2) S. 231–235. (3) S. 127–130.
Taschenbuch aus Italien und Griechenland auf das Jahr 1830. Hrsg. von Wilhelm Waiblinger. Zweites Buch: Neapel und Rom. Berlin: Reimer, 1830. (4) S. 98 f. (5) S. 108. (6) S. 111 f. (7) S. 123–125.

KONSTANTIN WECKER (geb. 1. Juni 1947)

(1) ich will noch eine ganze Menge leben 451
(2) Venedig 452
(3) Rom 453

Konstantin Wecker: Lieder und Gedichte. München: Ehrenwirth, 1981. (1) S. 171. (2) S. 84. (3) S. 85. © 1981 Franz Ehrenwirth Verlag GmbH & Co. KG, München.

GEORG RODOLF WECKHERLIN (15. September 1584 – 13. Februar 1653)

Venedig gegen seiner Liebsten verglichen 63

Georg Rudolf Weckherlins Gedichte. Hrsg. von Hermann Fischer. Bd. 1. Tübingen: Selbstverlag des Literarischen Vereins, 1894. Reprogr. Nachdr. Hildesheim: Olms, ^{2}1968. S. 466.

ARMIN T. WEGNER (16. Oktober 1886 – 17. Mai 1978)

(1) Venedigs Dirnen 288
(2) Nächtliche Prozession in Maderno 289

Armin T. Wegner: Die Strasse mit den tausend Zielen. Dresden: Sibyllen-Verlag, 1924. (1) S. 21. (2) S. 36.

JOSEF WEINHEBER (9. März 1892 – 8. April 1945)

(1) Gasse in Neapel 317
(2) Toskanische Landschaft 318
(3) Poebene 318
(4) Römische Osteria 320

Josef Weinheber: Sämtliche Werke. Neu hrsg. von Friedrich Jenaczek. 3., veränd. Aufl. Bd. 1: Jugendwerke. Salzburg: Otto Müller, 1972. (1) S. 401 f. (2) S. 402. (3) S. 403.
– Bd. 2: Die Hauptwerke. Ebd. 1972. (4) S. 246 f.

FRANZ WERFEL (10. September 1890 – 26. August 1945)

(1) Der Volksplatz von Santa Margarita 303
(2) Fondamenta Labia 304

(3) Weltaugenblick Portofino 305
(4) San Vitale zu Ravenna 306

Franz Werfel: Gesammelte Werke. Das lyrische Werk. Hrsg. von Adolf D. Klarmann. Frankfurt a. M.: Fischer, 1967. (1) S. 391 f. (2) S. 392 f. (3) S. 602. (4) S. 603. © 1967 S. Fischer Verlag GmbH, Frankfurt a. M.

Zacharias Werner (18. November 1768 – 17. Januar 1823)

(1) Roms Springwässer 91
(2) Abschied von Rom 91

Zacharias Werner's Poetische Werke. Zweiter Band. Gedichte vom Jahre 1810 bis 1823. (Sämmtliche Werke. Aus seinem handschriftlichen Nachlasse hrsg. von seinen Freunden. Bd. 2.) Grimma: Verlags-Comptoir, [o. J.]. (1) S. 55 f. (2) S. 83–87.

Eugen Gottlob Winkler (1. Dezember 1912 – 28. Oktober 1936)

Italische Ankunft 332

Eugen Gottlob Winkler: Dichtungen, Gestalten und Probleme. Nachlaß. Pfullingen: Neske, 1956. S. 18. © Franz Schneekluth Verlag, München.

Alfred Wolfenstein (28. Dezember 1888 – 22. Januar 1945)

Mittelmeer 294

Alfred Wolfenstein: Werke. Hrsg. von Hermann Haarmann und Günter Holtz. Bd. 1: Gedichte. Hrsg. von Günter Holtz. Mainz: v. Hase & Koehler, 1982. S. 310.

Karl Alfred Wolken (geb. 26. August 1913)

(1) Rom 366
(2) Appia Antica 367
(3) Überblick 367
(4) Das Ende der Campagna I 368
(5) Bildersammeln 368

(6) Hausbesitzer 369
(7) Die geduldige Arbeit des Lichts 371
(8) Was immer wieder guttut 372
(9) Unter dem Hitzebann 373

Karl Alfred Wolken: Wortwechsel. Gedichte. Stuttgart: Deutsche Verlags-Anstalt, 1964. (1) S. 44. (2) S. 48.
– Außer Landes. Gedichte 1974 bis 1978. Düsseldorf: Böhme und Erb, 1979. (3) S. 9. (4) S. 20. (5) S. 106.
– Eigenleben. Gedichte aus der Villa Massimo. München: Schneekluth, 1987. (6) S. 30. (7) S. 93. (8) S. 94. (9) S. 105.

ALBIN ZOLLINGER (24. Januar 1895 – 7. November 1941)

(1) Südliche Gesichte 322
(2) Volk Italiens 322
(3) Die italienischen Gärten 323

Albin Zollinger: Gesammelte Werke. Bd. 4: Gedichte. Zürich: Atlantis-Verlag, 1962. (1) S. 47. (2) S. 284 f. (3) S. 425 f.

STEFAN ZWEIG (28. November 1881 – 23. Februar 1942)

Sonnenaufgang in Venedig 282

Stefan Zweig: Silberne Saiten. Gedichte. (Gesammelte Werke in Einzelausgaben). Frankfurt a. M.: Fischer, 1982. S. 94. © 1982 S. Fischer Verlag GmbH, Frankfurt a. M.

Der Verlag Philipp Reclam jun. dankt für die Nachdruckgenehmigungen den Rechteinhabern, die durch den Quellennachweis oder einen folgenden Copyrightvermerk bezeichnet sind. Für einige Autoren waren die Rechtsnachfolger nicht festzustellen. Hier ist der Verlag bereit, nach Anforderung rechtmäßige Ansprüche abzugelten.

Abbildungsnachweis

65 Giovanni Volpato (1733–1803): Fassade von St. Peter und Petersplatz. Kolorierter Umrißstich. Goethe-Museum, Düsseldorf.

79 Domenico Amici (geb. 1808): Tempel des Jupiter stator auf dem Forum Romanum. Kupferstich.

121 Michele Marieschi (1710–44): Canal Grande bei Cà Pescaro. Gemälde. Alte Pinakothek, München.

137 Domenico Amici (geb. 1808): Grabmal der Caecilia Metella. Kupferstich.

191 Heinrich Reinhold: (1788–1825): Pinien und Feigenbäume. 1820. Bleistift, weiß gehöht.

257 Albrecht Dürer (1471–1528): Burg und Stadt Arco. Aquarell, Deckfarben, weiß gehöht. Louvre, Paris.

265 Friedrich Nerly (1807–78): Karneval in Rom. Um 1830. Kupferstich. Goethe-Museum, Düsseldorf.

295 Werner Gilles (1894–1961): Fischer auf Ischia. Gemälde.

319 Thomas Jones (1742–1803): Häuser in Neapel. 1782. Öl auf Papier. Nationale Museum of Wales, Cardiff.

341 C. Gayet: Das griechisch-römische Theater von Taormina mit Küste und Ätna. Um 1800. Öl auf Leinwand.

351 Friedrich Nerly (1807–78): Die Anio-Brücke bei Subiaco. Feder, mit Tusche laviert. Kunsthalle, Hamburg.

359 Alexander Kanoldt (1881–1939): Olevano. 1924. Bleistift. Staatliche Kunsthalle, Karlsruhe.

381 Philipp Hackert (1737–1807): Blick auf Eboli östlich von Salerno. Feder, Pinsel in Sepia. Kunsthalle, Hamburg.

433 Samuel Palmer (1805–81): Die Zypressen der Villa d'Este. 1838. Bleistift, Aquarell, Deckfarbe auf blauem Papier. Yale Center for British Art, New Haven (Conn.).

*

Umschlagabbildung von Band 1 der gebundenen Ausgabe

William Turner (1775–1851): Florenz, von San Miniato al Monte aus gesehen. Um 1828. Wasser- und Deckfarben. – Reproduced by Courtesy of the Trustees of the British Museum, London.

Umschlagabbildung von Band 2 der gebundenen Ausgabe
William Turner: Neapel von Capodimonte aus. 1819. Bleistift und Wasserfarben.

Kassettenabbildung
William Turner: Venedig, Campanile von San Marco und Dogenpalast. 1819. Aquarell. – Reproduced by Courtesy of the Tate Gallery, London.

Gestaltung von Einband und Kassette:
Reichert Buchgestaltung Stuttgart

Register der Gedichtüberschriften und -anfänge

Ab und zu morgens in italienischen Kneipen hocken (Wecker) 451
Abendgruß (Theobaldy) 448
Abendstimmung (Heyse) 206
Abschied (Edschmid) 308
Abschied (Kurz) 224
Abschied von Olevano (Waiblinger) 142
Abschied von Rom (Heyse) 208
Abschied von Rom (Werner) 91
Abschied von Venedig (Lingg) 187
Abstieg nach Süden (Loerke) 285
Ach, lieber noch als blutenden Etrusker (Taube) 281
Addio! (Hoffmann von Fallersleben) 161
Ade, ade du herrlich Rom (Werner) 91
Ade' begriff der welt' Stadt der nichts gleich gewesen (Gryphius) 64
Alle Tage leuchteten azuren (Wolfenstein) 295
Alles ist in Roma eßbar (Hahn) 451
Als der Bernina Felsentor (Meyer) 194
Als der Jugend letztes Sonnenblinken (Werfel) 303
Als Er auß Rom geschieden (Gryphius) 64
Als ob an ihren angefreßnen Pfählen (Wecker) 452
als Rom noch ein kaff war (Biermann) 428
Am Eingang zu dem Zauberlande (Lingg) 186
am liebsten betrete ich die po-ebene bei einem ort (Andersch) 374
Am Sonntag stets und Feiertags mitunter (Heyse) 207
Am Tiber (Wagner) 216
Amalfi (Kaschnitz) 328
Amor, ein Cicerone (Müller) 117
An Cleandrum (Gryphius) 63
An der Brücke stand / Jüngst ich in brauner Nacht (Nietzsche) 222
An grünen klippen laden selige gärten (George) 244
An meine Schwester Henriette Catharine in Rom (Stolberg) 78
An niedrigen Steinmauern entlang (Fritz) 409
An Sirmio (Morgenstern) 248
Anblick von Florenz (Tieck) 95
Angedenken an Neapel (Herder) 77
Ankunft in Cremona (Hesse) 276
Ankunft in Venedig (Hesse) 274
Apennin (Leifhelm) 308
Appia Antica (Wolken) 367
Apulische Ebene (Piontek) 397
Arco (Rilke) 255
Auch unter Pinien läßt es sich leben, gewiß doch (Rühmkorf) 411
Auf dem Canal Grande (Meyer) 197

Auf dem Canal Grande betten (Meyer) 197
Auf dem Lago Maggiore (Gaudy) 132
Auf einen Granatenzweig (Schack) 175
Auf Monte Mario bin ich heut gestanden (Rückert) 112
Auf Ponte Sisto (Meyer) 197
Aufflog Venedig (Meckel) 425
Aufragt der Dom in seiner Marmorpracht (Wagner) 213
Aufsteigt der Strahl und fallend gießt (Meyer) 196
Aus dem römischen Tagebuch (Nr. 88) (Rückert) 112
Aus den faulen Fischen (Bernhard) 416
Aus der Villa Torlonia (Schröder) 279
Aus der vollgestellten Stadt, die lieber / Schliefe (Rilke) 257
Aus kiesgefülltem Bette kommt der Tiber (Wagner) 216
Aus Raum ist dieser Raum gehauen (Werfel) 306
Aus Sambuca (Gross) 389
Aus Sambuca war er, da ist nur Staub (Gross) 389
Aus Venedig (Burckhardt) 179
Aus viertausend Jahren / kehrten wir heim (Bernhard) 416
Ave weht von den Türmen her (Rilke) 255

Ballade (Meckel) 425
Barken! Yachten! Fischerhafen! (Werfel) 305
Begegnung mit Giuseppe Ungaretti (Bienek) 414
Bei Nervi (Leuthold) 201
Beim Erwachen schau verwundert (von der Vring) 301
Bergamo (Otten) 298
Bergstraße von Amalfi nach Salerno (Dehmel) 239
Bierdosen im Grabmal (Theobaldy) 447
Bilder aus Neapel (Waiblinger) 144
Bilder aus Neapel (Heyse) 206
Bilder Neapels (Platen) 126
Bildersammeln (Wolken) 368
Blätter aus Fiesole (Bierbaum) 228
Blech, das Autoblech: Blech über uns (Biermann) 429
Blick auf Rom (Lehmann) 283
Blick nach Italien (Hesse) 50
Blitzaktion (Malkowski) 431
Blumenfest in Genzano (Hoffmann) 421
Bologna (Tieck) 99
Bologna, media vita (Koller) 455
Brief in zwei Fassungen (Bachmann) 400
Briten die sah ich in Rom, auch Deutsche, die auf den Ruinen (Müller) . . 117
Bruchstücke des Himmels, verklärte Trümmer (Zollinger) 323
Bruder / sieh / wie wol dieß fällt (E. C. S.) 67
Brütend liegt der Mittag über / Pästums öder Fiebergegend (Lingg) . . . 185

Campagna (Hartleben) 228
Campagna vor Rom (Dehmel) 239

Campagna-Abend (Gregorovius) 188
Campanile! Campanile! (Kerr) 242
Campo Vaccino (Matthisson) 85
Campo vaccino (Grillparzer) 154
Canzone an Florenz (Borchardt) 271
Capri (Bergengruen) 314
Capri (Hoffmann) 421
Capri (Schaukal) 253
Capri (Wagner) 214
Cäsarn wär ich wohl nie zu fernen Britannen gefolget (Goethe) 74
Chioggia (Bernhard) 416
Chioggia (Hesse) 272
Corvo (Taube) 282

Da ich still die Ruder eingezogen (Kaiser) 279
Da nun des Meeres blasser Streif verlischt (Schröder) 279
Da verstummt die Zikade! (Bergengruen) 315
Da wo der Palmenhain sich mit den Herden (Edschmid) 307
Dank, Freundin, daß dem Wintermüden (Schack) 175
Das alte Lied (Hamerling) 210
Das Denkmal (Huch) 241
Das Ende der Campagna I (Wolken) 368
Das erstgeborene Land (Bachmann) 399
Das Frühjahr ist da! Und am Korso erscheinen (Däubler) 264
Das ist der rechte Trott (Höllerer) 388
Das ist Italien, das ich verließ. Noch stäuben die Wege (Goethe) 76
Das muß man gesehen haben (Malkowski) 430
Daß alle Welt so reiselustig (Roth) 335
Deine Anmut, Land Italien (Lersch) 296
Deine Gestalt / groß / vor dem Himmel von Paestum (Bobrowski) . . . 378
Den kleinen Ort / vergesse ich nicht (Gross) 390
Den Vesuv, doch ohne Feuer (Leuthold) 201
Der beleidigte Duce (Mühsam) 277
Der Dom zu Mailand (Schlegel) 90
Der Dom zu Mailand (Wagner) 213
Der Einsame (Müller) 115
Der Erwartung bin ich gegeben (Schnack) 317
Der hl. Goethe (Hoffmann von Fallersleben) 158
Der Kanal zwischen Fassaden (Kunert) 408
Der Markuslöwe (Fontane) 181
Der Mauern mächtige, verfallene Reste (Kapp) 325
Der Mittag kam mit Staub und sehr viel Hitze (van Hoddis) 293
Der Nadelseulen vier in Rom seind wolzusehen
(Ludwig Fürst zu Anhalt-Köthen) 62
Der neue Campanile (Kerr) 242
Der Park der Villa Torlonia (Lenz) 364
Der Paß ist gefunden, ich bin dir entgangen (Loerke) 285

Der Pinienbaum (Gregorovius) 190
Der Publicische Weg (Humboldt) 88
Der Regen singt, die Ebene liegt voll Nacht (Hesse) 276
Der römische Brunnen (Meyer) 196
Der Schäfer der Campagna (Gaudy) 134
Der Ströme Lust erfreut die Stadt des Herrn! (Werner) 91
Der Vesuv im Dezember 1830 (Platen) 130
Der Volksplatz von Santa Margarita (Werfel) 303
Der Wind aus Süden kommt (Höllerer) 387
Der Wind aus Süden kommt an das Felsentor (Höllerer) 387
Deutsch-italische Grenzstädte (Lingg) 186
Deutscher Künstler in Rom (Waiblinger) 139
Dich auch hab ich, Venedig, gesehn (Geibel) 172
Dich hat, Florenz, dein altes Etruskervolk (Platen) 122
Dich rühm ich wieder, Stadt, dem weiten Bogen (Kaschnitz) 328
Die allgemeine Vergängligkeit (Hoffmannswaldau) 66
Die Alpen hat er überschritten (Hoffmann von Fallersleben) 160
Die Brücke der hundert Zinnen hält (von der Vring) 302
Die Deutung liegt in deiner Hand (Otten) 299
Die Ebene zwischen Rom und dem Meer (Wolken) 367
Die Eisenbahn geistert lang über das Wasser (Hoffmann) 422
Die Feste (Theobaldy) 448
Die geduldige Arbeit des Lichts (Wolken) 371
Die gelbe Katze, brandrot gestreift (Britting) 312
Die Geleise ziehen in den Dunst (Theobaldy) 449
Die Hochschneezinne, schartig scharf (Rilke) 255
Die italienischen Gärten (Zollinger) 323
Die Katzen Neapels (Britting) 312
Die Kurtisane (Rilke) 45
Die Landschaft (Matthisson) 83
Die Lilie blüht am Markte unterm Staube (Schneider) 330
Die Luft ist klar in Palestrina (Hoffmann) 420
Die Männer auf den Stühlen (Malkowski) 432
Die Pyramide des Cestius (Platen) 124
Die ruhigen Schatten (Fritz) 410
Die See geht hoch, die Sterne glänzen (Lingg) 184
Die spanische Treppe (Tieck) 96
Die summende Stille des Pan (Reuschle) 306
Die Traumstadt muß zum Märchen passen (Roth) 337
Die Tauben von San Marco seh ich wieder (Nietzsche) 221
Die venezianische Gondel (Hesse) 274
Die Wasserorgel der Villa d'Este (von der Vring) 302
Die Weine (Taube) 281
Die wir von den Cadore-Hügeln schauten (Edschmid) 308
Die Wohltat der Gräser (Lenz) 364
Die Zikaden (Vierordt) 226
Die Zypresse (Malkowski) 432

Die Zypressen von San Clemente (Hesse) 273
Dies Buch wär unvollständig, böte (Roth) 336
Dies ist die blassende Stunde (Bergengruen) 316
Dies linde Säuseln in der Luft (Vischer) 164
Dies sind die Tage der fünften Jahreszeit (Erné) 383
Doch ein Palast stand huldvoll in Florenz (van Hoddis) 292
Dränge keck den Toledo dich durch (Waiblinger) 144
Du Allerschönste, Liebling aller Welt (Dehmel) 240
Du fragst wie Bibulus die Zeit zu Rom vertreibe? (Gryphius) 63
Du gleichst mit deinem purpurschwarzen Bluten (Taube) 282
Du Glockenmund (Ausländer) 357
Du lautlos dunkler Kanal (Hesse) 274
Du niegesehne Stadt! Du nur geträumte! (Becher) 309
Du scheinst den Seelen, Rom, dazu erkoren (Däubler) 263
Durch Dich begeistert, hab ich Dich besungen (Humboldt) 89
Durch die dunkelgrünen Zweige (Müller) 115
Durch Hügel, überhaucht von sanftem Grau (Weinheber) 318
Durst in Venedig (Scheffel) 198
Düsendonner über der Lagune (Kunert) 405

Ein feierliches Mondenlicht ergießt (Meyer) 194
Ein Gartenviereck. Weindach, Bambusstroh (Weinheber) 320
Ein langer Blumenteppich (Hoffmann) 421
Ein Ort namens Poggibonsi (Hartung) 419
Ein paar Stunden umhergelaufen (Wolken) 368
Ein schwerer Luftzug (Kunert) 407
Ein Scirocco-Tag in Rom (Hebbel) 169
Ein Toscaner (Huchel) 352
Ein unerhörter Fall hat sich begeben (Liliencron) 219
eine Postkarte aus Treviso (Mayröcker) 393
Eine römische Geschichte (Krüger) 445
Eine Rundreise in Ansichtspostkarten (Dehmel) 239
Eine Vorrede (Krüger) 444
Eintritt in das geweihte Land (Schefer) 101
Emsig wallet der Pilger! Und wird er den Heiligen finden? (Goethe) . . 76
Endlich dem Bann der Museen entronnen (Dehmel) 239
Endlich den letzten Hügel hinauf (Tieck) 95
Endlich sah ich ein Volk im Schlaraffenleben sich taumeln (Waiblinger) . 145
Epigramme aus Rom 1818 (Rückert) 117
Erice (Arendt) 348
Erste Italienfahrt (Britting) 310
Erwachende Glocken. – In allen Kanälen (Zweig) 282
Es ist kein Übergang, auf leerem Strande (Andres) 331
Es reden die Steine von Rom, blühend im Neonlicht (Kaschnitz) 338
Es war Samstag / Rom verfluchte die Sonne (Bienek) 414
Es zeiget sich der Tod in iedem Augenblicke (Hoffmannswaldau) 66

Europas reichste Damen (Dehmel) 239
Exil (Neumann) 423

Fanano, Ort in den Marken (Fritz) 410
feines gespinst der Pinien (Tumler) 363
Feld vor Rom (George) 243
Ferentum presso Viterbo (Stauffer-Bern) 227
Fern liegt die heimat noch als schwarze wüste (George) 245
Finale Marina (von der Vring) 301
Florenz (Becher) 310
Florenz (Dehmel) 240
Florenz (Platen) 122
Flucht nach Toskana (Platen) 129
Fondamenta Labia (Werfel) 304
Fondamente Nuove (Hoffmann) 422
Fontana Trevi (Scheffel) 199
fremdarbeiter (Jandl) 396
Fremdes Rufen. Und wir wählen / eine Gondel (Rilke) 254
Fremdling, komm in das große Neapel, und sieh's, und stirb! (Platen) . . 126
Freunde, wohin steht der Sinn? (Müller) 112
Freut euch dass nie euch fremdes land geworden (George) 243
Froh empfind ich mich nun auf klassischem Boden begeistert (Goethe) . . 72
Frühling am Po (Faesi) 284
Frutta? Dolce? (Malkowski) 430
Fürstlich verwöhnte Fenster sehen immer (Rilke) 258
Fußnote zu Rom (Eich) 353

Gardasee (Henscheid) 441
Gasse in Neapel (Weinheber) 317
Gebirge du von Pfeilern, Bogen, Mauern (Schlegel) 90
Gedanke Umbrien (Meister) 360
Gelobt sei Gott! die Stund' ist da! (Grillparzer) 151
Gemüsemarkt – doch unter den Schirmen klagt (Britting) 313
Gen Italien (Delius) 442
Genazzano (Kaschnitz) 342
Genazzano am Abend (Kaschnitz) 342
Genua (Leuthold) 203
Gewaltig und milde offenbart sich hier / das Göttliche (Broch) 286
Gewohnheiten des Himmels (Fritz) 410
Goethe zeichnete (Arendt) 347
Goethes lezte Nacht in Italien (George) 245
Goethes Osterie in Rom (Müller) 112
Götterdämmerung 2 (Eichendorff) 104
Golden glänzen die Dächer der Stadt Venedig (Mombert) 249
Goldner Schmutz (Ausländer) 355
Golino (von der Vring) 300
Grab der Cäcilia Metella (Waiblinger) 135

Grandioses Volk der legendären Reiche (Zollinger) 322
Grauer Wandrer sucht im Grase (Carossa) 280
Große Raubvögel wart ihr, prächtige (Morgenstern) 249
Gruß an Venedig (Schönaich-Carolath) 223
Gruß aus Rom (Rühmkorf) 411

Halb Sardinien und Sizilien (Wolken) 373
Häuser, klein von Erinnerungen (Fritz) 409
Haus bei Olmitello (Huchel) 349
Hausbesitzer (Wolken) 369
Heimkehr aus Italien (Scheffel) 200
Heliogabalus ließ die Gäste ersticken mit Veilchen (Hebbel) 168
Heute bin ich in Rom, wiewohl die Winde des Ostmeers (Stolberg) . . . 78
Hie Tal des Po: So weit die Blicke schweifen (Wagner) 214
Hier an deutscher Zitterpappel (Rückert) 110
Hier in des Feigenbaums dunkler Umlaubung das friedliche Moosdach (Matthisson) 83
Hier kann ich leben, im Straßenstaub (Theobaldy) 446
Hier möcht ich sterben, alt, wie Tizian starb (Dehmel) 240
Hier schäumt noch klar der Wein (Otten) 298
Hier spannt sich alles, Landschaft, Bäume, Tiere (Dehmel) 239
Hier wartet niemand auf dich (Wolken) 366
Hier wird viel fotografiert (Malkowski) 431
Hinab vom Schloß arabischer Emire (Schack) 174
Hingestreckt zwischen beiden Meeren (Kurz) 224
Hochzeitgedicht aus Rom (Rückert) 106
Hochzeit-lied. Auß Rom nach Königsberg geschrieben (E. C. S.) 67
Höret ihr's stöhnen hieselbst aus des tiefen Gemäuers Gewölben? (Ludwig I., König von Bayern) 102
Hurtig, mein wackrer Francesco, den Tempel der Vesta zu schmücken! (Matthisson) 86
Hymne auf einen italienischen Platz (Brinkmann) 434

Ich bin auch in Ravenna gewesen (Hesse) 273
Ich eilte fort, und Nachtigallen schlugen (Seume) 86
Ich frühstückte und ging (Reinig) 403
Ich habe geträumt einen langen Traum (Scheffel) 200
Ich sitze auf dämmerndem Hügel (Gregorovius) 190
ich werde in Ostia sein (Mayröcker) 392
Ich werfe keine Münzen in den Brunnen (Eich) 353
ich will noch eine ganze Menge leben (Wecker) 451
Ihr Helden, ruhm- und tatenreich (Leuthold) 203
Ihr scheltet, Lieben, meine Hast! (Kurz) 224
Im alten Olivenhaine (Greif) 216
Im Boden verschollen (Lehmann) 283
Im Boulevard Gambetta schließen (von der Vring) 301
Im Garten lagen wir. Um die Zisterne (Heym) 294

Im Hafen von Neapel (Peterich) 345
Im Morgennebel des Schlummers (Ehrenstein) 289
Im Museum (Heyse) 207
Im nächtigen Gäßchen, winklig, steil gestuft (Leitgeb) 324
Im sonnigen Land Italia (Scheffel) 201
Im Süden (Nietzsche) 220
Im teerigen Wasser reiten tote Ratten (Peterich) 345
Im Welschlande (Leuthold) 203
Immer ist mir, daß die leisen / Gondeln (Rilke) 254
Immer schwebst du vor Augen und Herz, erhabenes Rom mir (Waiblinger) 145
Immer träume ich zurück (Ausländer) 355
Immer wieder treibt es uns / Hinunter in den Süden (Haufs) 427
Imperium der Eiscreme (Theobaldy) 446
In Apulien (Bachmann) 402
In den Abruzzen (Dehmel) 239
In den Schleifen, die der Fluß warf (Hagelstange) 361
In der Gondel steuernd nach Torcello (Vierordt) 226
In der Hand das Gefühl von winzigen Schneckenhäusern (Kaschnitz) . . 338
In der Luft sind Bildhauer (Zollinger) 322
In diesem Innern, das wie ausgehöhlt (Rilke) 260
In diesem Lande iß dich satt! (Winkler) 332
In diesen Silberhainen von Oliven (Leuthold) 201
In mein erstgeborenes Land, in den Süden (Bachmann) 399
In Olevano / Fangen die Berge / Im Schlafzimmer an (Kirsch) 424
In tabakbrauner Schlucht (Otten) 297
In Venedig (Trakl) 290
Ist es die Stunde, / das Silber von den Dächern zu nehmen (Huchel) . . . 352
Italia (Saar) 211
Italia, Italia! Ich bin am Ziel (Schefer) 101
Italien I (Ausländer) 355
Italien II (Ausländer) 357
Italien (Geibel) 170
Italien (van Hoddis) 291
Italien (Kurz) 224
Italien (Saar) 212
Italien (Schack) 177
Italien, deiner hohen Seelen Prozessionen (Däubler) 269
Italien / mein Land der Terrassen und Trauben (Ausländer) 354
Italienisch (Vischer) 168
Italienische Augen sind schön (Krolow) 376
Italienische Nacht (Liliencron) 218
Italienische Reise (Roth) 336
Italiens erster Gruß (Hebbel) 168
Italische Ankunft (Winkler) 332

Ja! Die Ebne ruht in satten Düften (Hartleben) 228
Ja, erzittere nur auf dem glühenden Berg (Piontek) 398
Ja, verschwunden sind sie, sind verschwunden (Herder) 77
Ja, Zyperwein und schöne Fraun (Burckhardt) 179
Jeder ein Fernglas, den Blick auf / irgendeine Ferne (Delius) 442
Jetzt, da die Welt an des Jahrhunderts Wende (Saar) 212
Jetzt gehts nach Süden zu (Höllerer) 388

Kalkboden, Olivenbäume (Fritz) 410
Kannst du das Leben nicht lebendig leben (Strachwitz) 192
Katzen am Grashang (Kaschnitz) 342
Katzenmahlzeit (Hahn) 451
Kaum glaub ich's noch! Catull, du bist daheim? (Morgenstern) 248
Kein Baum, unter dem man rastet (Malkowski) 432
Kennst du das Land? (Grillparzer) 151
Kennst du das Land, wo die Faschisten blühn (Mühsam) 278
Kennst du das Land, wo die Zitronen blühn (Goethe) 71
Kennt ihr vom hehren Venedig (Hamerling) 210
Königlich, Rom, hast du mich immer empfangen (Kaschnitz) 327
Kolosseum (Grillparzer) 152
Kommt, o kommt / zu dem feurig gedeckten Tisch! (Piontek) 397
Konservativer Boden (Hoffmann von Fallersleben) 159
Kostbarkeiten in den Kammern (Ausländer) 353
Kühler Gassen enge Schattenkluft (Hesse) 275
Kürbisguirlanden und Melonenschnüre (Weinheber) 317
Küstenstadt Selinunt (Schneider) 331

La Röse (Meyer) 194
La Zisa bei Palermo (Schack) 174
Lacht ihr mich an, ihr jauchzenden Wasserbäche (Tieck) 99
Lacrimae Christi (Keller) 183
Lärm (Roth) 335
Lago Maggiore (Broch) 286
Lago M I (Kaiser) 279
Lambrusco (Taube) 281
Land des Stillstands, der Erhaltung (Hoffmann von Fallersleben) 159
Langsam spannt sich / über dem Becken (Hagelstange) 362
Laß ab mit Gesten trauriger Poeten (van Hoddis) 291
Latinisch (Piontek) 398
Leb wohl, du unvergeßliches Felsendorf (Waiblinger) 142
Licht Schwaden Dünste Menschen (Hartung) 419
Liebliches Städtchen am Lagio di Garda (Henscheid) 441
Lied vom Meer (Rilke) 256
Lieder aus Venedig (Hamerling) 210
Lied von Sorrent (Heyse) 205
Lombardische Landschaft (Otten) 297

Madonna del Carmine (Schneider) 330
Madonna, o wie oft zu deinem Haine (Hauptmann) 237
Malcesine (Leitgeb) 324
Man schützt vor Aria cattiva sich (Hoffmann von Fallersleben) 158
Manchmal, wenn ich nachts hier (Krüger) 445
Mann in Apulien (Fritz) 409
Markt in Verona (Britting) 313
Meerstadt im Süden (Huch) 241
Mein Auge ließ das hohe Meer zurücke (Platen) 119
»Mein Glück!« (Nietzsche) 221
Mein Venedig (Ausländer) 356
Memento (Horst) 365
Michel-Kunstkenner (Hoffmann von Fallersleben) 160
Mignon (Goethe) 71
Mignon 1925 (Mühsam) 278
Mir ists, als ob ein Traum zu sein sich schäme! (Däubler) 267
mit dem Zeitungslappen oval (Mayröcker) 393
Mittag am Gardasee (Greif) 216
Mittelmeer (Wolfenstein) 295
Morgen wird in diesen tiefgekerbten / Gassen (Rilke) 260
Müde bin ich angelangt (Tieck) 97

Nach dem Untergang Venedigs (Kunert) 406
Nach dir allein, du Zauberstadt im Meere (Saar) 211
Nach einer Nacht ohne Kühlung (Wolken) 371
Nach Italien hinein (Theobaldy) 449
Nach Italiens feigenhängen (Artmann) 379
Nachklang (Rückert) 110
Nächtliche Prozession in Maderno (Wegner) 289
Neapel (Leuthold) 201
Neapels Golf (Lingg) 184
Neue (römische) Zeit (Lenz) 364
Nicht die flammendsten Gesänge (Vierordt) 225
Niemand sah den Engel der Frühe (Huchel) 349
Nizza (von der Vring) 301
Noch im Nebel / leuchtet das Gold des Löwen (Huchel) 349
Noch tief im Morgenschlummer ruht (Lingg) 187
Nord und Süd (Herrmann-Neisse) 286
Nun da die braune Nacht den dunklen Bogen (Wegner) 289
Nun endlich, ganz zuletzt, auch dies begreifen (Goes) 358
Nun kommt die Zeit der großen Anemonen (Hesse) 272
Nun, so will ich fröhlich scheiden (Hoffmann von Fallersleben) 161
Nun stehe ich schon (Treichel) 454
Nun treibt die Stadt schon nicht mehr wie ein Köder (Rilke) 259
Nun versprühn die Strahlengarben (Heyse) 206
Nur wenig Schritte (Hauptmann) 237
Nur wenig Schritte von der breiten Straße (Hauptmann) 237

O dieser letzte Abend auf dem Festland (Kaschnitz) 343
O Land der Gegensätze! (Hoffmann von Fallersleben) 38
O Piazza Bologna in Rom! (Brinkmann) 434
O Venezia! (Brecht) 327
O Venezia, Stadt der Träume (Brecht) 327
O wann kehret die Zeit, die unschätzbare, alte, vergangne (Waiblinger) . 139
O wie eigen wird dem Wandrer (Geibel) 170
O wie fühl ich in Rom mich so froh! gedenk ich der Zeiten (Goethe) . . . 73
O wie hör ich sie gern, Italiens reinere Sprache (Vischer) 168
O Zeit der römischen Wonnen (Scheffel) 199
Ode an Florenz (Däubler) 262
Öder Denkstein, riesig und ernst beschaust du (Platen) 124
Offener Brief an Italien (Ausländer) 354
Oktoberabend in Venedig (Busta) 377
Olevano (Tieck) 97
Olévano, Blick auf Latium (Goes) 358
Opuntien (Bergengruen) 315
Ostern (Hochhuth) 419
Ostia (Fritz) 409
Ostia wird dich empfangen (Mayröcker) 392

Paestum (Andres) 331
Pästum (Lingg) 185
Palestrina (Hoffmann) 420
Pan auf Capri (Reuschle) 306
Perugia (Vischer) 164
Piacenza (Wagner) 214
Piazza Vittorio (Kaschnitz) 342
Poebene (Weinheber) 318
Pompeji und Herkulanum (Schiller) 81
Porto fino, kleiner Hafen (Morgenstern) 248
Porto Venere (Vierordt) 225
Postkartenblau / fällt das Meer in den Fels (Hoffmann) 421

Ravenna (Enzensberger) 413
Ravenna (Hesse) 273
Ravenna (Otten) 299
Reden die Steine, tönen die Masken noch (Horst) 365
Reggio (Kaschnitz) 340
Reiselied (Hofmannsthal) 253
Resignation (Scheffel) 201
Römer sollten den Goethe doch ehren (Hoffmann von Fallersleben) . . . 158
Römische Campagna (Rilke) 257
Römische Elegie I (Delius) 442
Römische Elegien (Goethe) 71
Römische Erde (Bergengruen) 314
Römische Fontäne (Rilke) 256

Römische Mondnacht (Meyer) 194
Römische Nacht (Heym) 294
Römische Osteria (Weinheber) 320
Römische Reliquie (Peterich) 346
Römische Sonnen, italische Lüfte (Rückert) 106
Römisches Gewitter (Hagelstange) 362
Römisches Helldunkel (Hoffmann von Fallersleben) 37
Römisches Nachtbild (Bachmann) 402
Rom I (Ausländer) 353
Rom (Becher) 309
Rom (Hebbel) 168
Rom (Humboldt) 89
Rom (Kaschnitz) 327
Rom 1961 (Kaschnitz) 344
Rom (Reinig) 403
Rom (Wecker) 453
Rom (Wolken) 366
Rom, am Trevibrunnen (Goes) 358
Rom. Ewige Stadt (Kaschnitz) 338
Rom im November abends besten Dank (Bachmann) 400
Rom, schon bist du Ruine und wirst noch weniger werden (Hebbel) . . . 168
Rom Villa Borghese, 21. Januar (Erné) 383
Rom Villa Giulia (Tumler) 363
Rom-Fahrer (George) 243
Roma, dicke Mutter, die Brüste doppelt (Theobaldy) 448
Roma die Notte (Brinkmann) 435
Roms Springwässer (Werner) 91
Rosig glühen alle Berge (Gregorovius) 188
Rot (Kirsch) 424
Rückkehr (Eichendorff) 103
Ruhig am Arsenal stehn zwei altgriechische Löwen (Goethe) 76

Saget, Steine, mir an, o sprecht, ihr hohen Paläste (Goethe) 71
Samstagsonntage an der See (Wolken) 371
San Gimignano (Morgenstern) 249
San Marco (Rilke) 260
San Stefano Belbo (Gross) 390
San Vitale zu Ravenna (Werfel) 306
Sanft blaut das Meer in leichtem Wogenfluß (Wagner) 214
Schicksals Stadt aller Leiden und der meinen (Borchardt) 271
Schlaf, zikadendurchgeigt, hüllt dich Schwebenden ein (Bergengruen) . . 314
Schmerzbelastet schweifen die Gedanken (Scheffel) 200
Schön und glanzreich ist des bewegten Meeres (Platen) 130
Schon mit dem ersten Licht ist diese Stadt (Wecker) 453
Schon schön, was unser alter Malerfreund (Wolken) 369
Schon schwillt die Stadt, verglimmt der Hügel Flut (Peterich) 346
Schoß der Erde, willig hingebreitet (Faesi) 284

Schwärmerei für Sorrent (Kopisch) 131
Segesta (Kaschnitz) 338
Sehnsucht (Scheffel) 200
Sehnsucht nach Italien (Müller) 117
Seht! wie der bärtige Mönch zur Kanzel die Tonne sich aufstellt (Matthisson) 85
Seid mir gegrüßt ihr heil'gen Trümmer (Grillparzer) 154
Seit ich Florenz verließ (Tieck) 99
Selber ein Fels sein (Kunert) 404
Setz dich zu mir und sieh, wie rings im Glanz (Stauffer-Bern) 227
Shelleys Woge (von der Vring) 301
Sie gibt sich alle Mühe (Wolken) 367
Sie hielten, vierzig Ladendiener, heuer / ihr Bundesfestmahl (Heyse) . . 206
Sie wollte dich nicht loslassen (Delius) 442
Sieh, Desdemonens Haus und die umflorten Brücken (Huch) 241
Silvestro Lega, Il Pergolato (Andersch) 374
Sizilische Morgendämmerung (Bergengruen) 316
So häng ich denn auf krummem Aste (Nietzsche) 220
So tief durchdrungen und so überzeugt (Becher) 310
So ward er klug und hat sich tief entzückt (van Hoddis) 291
So waren wir auch in Italien Gäste (van Hoddis) 293
Soll ich in mir selbst verschmachten (Wackenroder) 100
Solleone (Bächler) 395
Sonette aus Venedig (Platen) 119
Sonnenaufgang in Venedig (Zweig) 282
Sono Ebréi (Edschmid) 307
Spätherbst in Venedig (Rilke) 259
Stadt, / verschwistert / der heiteren Klarheit der Berge (Huchel) 350
Steht in Flammen die Welt? Sind rings die Meere verdünstet (Hebbel) . . 169
Steig' ich, o Berg, auf dein rauchendes Haupt (Waiblinger) 147
Steine (Theobaldy) 447
Stille in nächtigem Zimmer (Trakl) 290
Straußens Walzer auf San Marco (Hochhuth) 419
Subiaco (Tieck) 98
Subiaco (Huchel) 350
Süden (Haufs) 427
Südliche Bucht (George) 244
Südliche Gesichte (Zollinger) 322
Südlicher Mittag (Schnack) 317
Südlicher Strand: See (George) 245
Südlied (Gan) 321
Südwärts (Krolow) 376
Süß ist das Dunkel nach Gluten des Tags! (Meyer) 197
Süße, liebliche Wildnis (Tieck) 98
Symposium in Tivoli (Matthisson) 86

Täglich fahr ich mit Pietro (Bierbaum) 228
Taormina (Kaschnitz) 339
Tiber in Rom (Biermann) 428
tief aus italien (Jandl) 396
Tief im Tal verscholl das Glockenrufen (Leifhelm) 308
Tivoli (Tieck) 99
Tivoli, II. Elegie (Ludwig I., König von Bayern) 102
Tönern ruht die Kuppel: schweigend geht der Priester um (Enzensberger) 413
Toskanische Landschaft (Weinheber) 318
Toskanischer Frühling (Hesse) 272
Träumend schwanken die Kronen (Gaudy) 132
Turm der Einsamkeit, den ich lieb (Waiblinger) 135

Über dem Apennino eß ich mein Ei (Kirsch) 424
Über dem Meer (Arendt) 348
Über dem See und hinter den rosigen Bergen (Hesse) 50
Überblick (Wolken) 367
Überdruß des Südens (Britting) 311
Um Sorrent rauschet das Meer auf! (Kopisch) 131
Und als der Zug übern Brenner fuhr (Britting) 310
Und gönnt es mir, zu weilen hier im schönen Land (Hamerling) 209
Und so entläßt dich, wie sie dich empfangen (Heyse) 208
Und wär ich / ein Arges (Meister) 360
[und]: & was gestaut ist, natura morta (Brinkmann) 345
Unkraut bei Rom (Lenz) 364
Unten am Tevere (Biermann) 429
Unter dem Hitzebann (Wolken) 373
Unter dem truskischen Mond (Arendt) 346
Unter den Olivenbäumen schüttet Licht die Samen aus (Bachmann) . . . 402
Unter einem Himmel von ereignislosem Blau (Malkowski) 430
Unter Zypressen und Lorbeern, am luftigen Sturze der Quelle
(Matthisson) 84
Unvermutetes Zusammentreffen (Liliencron) 219
Uraltes Wehn vom Meer (Rilke) 256

Vedere Napoli (Kaschnitz) 343
Venedig I (Ausländer) 355
Venedig (Bernhard) 416
Venedig (Britting) 312
Venedig (Greif) 217
Venedig (Grün) 162
Venedig (Hebbel) 169
Venedig (Huch) 241
Venedig I–IV (Kunert) 405
Venedig (Leuthold) 202
Venedig (Meyer) 195
Venedig (Mombert) 249

Venedig (Rilke) 254
Venedig (Roth) 337
Venedig (Strachwitz) 192
Venedig (Wagner) 215
Venedig (Wecker) 452
Venedig, deine Marmorsäulenwälder (Däubler) 262
Venedig, einen Winter lebt' ich dort (Meyer) 195
Venedig gegen seiner Liebsten verglichen (Weckherlin) 63
Venedig im Regen (Huchel) 349
Venedig ist eine schöne Stadt (Scheffel) 198
Venedig liegt nur noch im Land der Träume (Platen) 120
Venedig / meine Stadt (Ausländer) 356
Venedig: Punta della Salute (Dehmel) 240
Venedig ragt aus den Wogen (Schönaich-Carolath) 223
Venedig schläft; doch schlummerscheu (Fontane) 181
Venedig schwindet in des Meeres Düften (Strachwitz) 193
Venedig steigt mit den Sternen (Greif) 217
Venedigs Dirnen (Wegner) 288
Venedigs Dirnen in schwarzem Mantel und Kragen (Wenger) 288
Venedigs Sonne wird in meinem Haar (Rilke) 45
Venetia, wie bist du tief gesunken! (Leuthold) 202
Venetianischer Traum (Ehrenstein) 289
Venezia! In deiner Wogen Glanz (Wagner) 215
Venezianische Epigramme (Goethe) 76
Venezianischer Morgen (Rilke) 258
Verlangen nach Bomarzo (Kunert) 404
Vermählt hat sich das Gold den Schatten (Busta) 377
Verona (Hagelstange) 361
Verona (Heyse) 208
Verona (von der Vring) 302
Vesuv (Waiblinger) 147
Via Appia (Carossa) 280
Via mala (Hoffmann von Fallersleben) 158
Viel schon seit Wochen (Tieck) 96
Viele Farben (Kirsch) 424
Vierfüßige Epigonen (Hoffmann von Fallersleben) 38
Viktorianisches Lied von der italienischen Schönheit (Bobrowski) 378
Villa Pliniana (Matthisson) 84
Volk Italiens (Zollinger) 322
Voll gießet die Mittagssonne (Gaudy) 134
Voll Unmut, wie ein Waldkauz blinzelnd (Britting) 311
Vom Gesirr der Zikaden betäubt (Bächler) 395
Von höhen maassen wir die abendgegend (George) 243
Von kühnen Wunderbildern (Eichendorff) 104
Von Maulbeerbäumen im Geviert umgrenzt (Weinheber) 318
Vor den Toren (Kapp) 325

Vor gestürzten Ruhmessteinen (Bergengruen) 314
Vor-Ostern (Rilke) 260

Wäre dies die freudenreiche (Grün) 162
Warum, warum hast du mir die nackte (Gan) 321
Was hat er denn, der Mussolini? (Mühsam) 277
Was immer wieder guttut (Wolken) 372
Was soll mir fürder dieser Norden (Burckhardt) 180
Was stehst du da, du stolzer Bau (Grillparzer) 152
Wasser stürzt, uns zu verschlingen (Hofmannsthal) 253
Wasserstäubend, wasserschallend (von der Vring) 302
Weiße leuchtende Säulen. Rebenranken (Schaukal) 253
Weit weg, im sündlichen Italien war es (Liliencron) 218
Welch ein schimmer traf mich vom südlichen meer? (George) 245
Welcher Choreograph / plazierte sie so (Malkowski) 432
Welches Wunder begibt sich? Wir flehten um trinkbare Quellen (Schiller) 81
Weltaugenblick Portofino (Werfel) 305
Wenn das Schaukelbrett die sieben Hügel / nach oben entführt (Bachmann) 402
Wenn die Luken der Taverne in den Angeln kreischen (Neumann) 423
Wenn Erklärungen nicht mehr gelingen (Theobaldy) 448
Wenn ich die vielen Pfaffen sehe (Hoffmann von Fallersleben) 37
Wenn ich seh ein Vöglein fliegen (Müller) 117
Wenn tiefe Schwermut meine Seele wieget (Platen) 120
Wenn wir es wollen, sind wir hoch im Norden (Herrmann-Neisse) 286
Wer den Fisch verfehlt (Kaschnitz) 340
Wer dich erkannt hat, scheidet nie von dir (Heyse) 208
Wer die ougen wil verschüren mit den brenden (Oswald von Wolkenstein) 61
Wer hier am Telephon die Verantwortung übernimmt (Koller) 455
Wer steht hier draußen? – Macht auf geschwind! (Eichendorff) 103
Werf ich noch einmal meine kleine Münze (Goes) 358
Wetterbraune, dichtgedrängte Fassaden (Hesse) 272
Wie des Rauches Silbersäumlein (Keller) 183
Wie die Tage so golden verfliegen (Heyse) 205
Wie ein Lied, zur Dämmerung gesungen (Hesse) 274
Wie ein verwirklichter Traum begrüßt dich das bunte Venedig (Hebbel) . 169
Wie eine ausgehöhlte Frucht (von der Vring) 300
Wie flog der Wagen leicht dahin (Platen) 129
Wie gelbe abgetropfte Kirchenkerzen (Werfel) 304
Wie lieblich ist's, wenn sich der Tag verkühlet (Platen) 119
Wie schwarze Schwäne gleiten die Kähne hin (Britting) 312
Wie Seume auf seinem Spaziergang (Wolken) 368
Wieder im Süden (Hesse) 275
Wieder in Rom, im Wegkreuz, im Stein (Krüger) 444
Wieder und wieder hat / der irrsinnige Heizer Hephaistos (Kaschnitz) . . 339
Wiedergesehen die Stadt (Kaschnitz) 344

Wintersonntag in Pisa (Treichel) 454
Wir biegen flammend schlanke Wipfel im Wind (Hesse) 273
Witzloß war die fürwitz, aufsätzig der fürsatz (Weckherlin) 63
Wo, stolzes Genua! sind deine Flotten? (Leuthold) 203
Wo zum Junonischen Tempel der Zug der Gläubigen aufstieg
(Humboldt) 88

Zu Gast bei Emilio (Malkowski) 430
Zu ihr, zu der die Gletscherbäche (Schack) 177
Zuweilen, wenn der Regen niederwallt (Schneider) 331
Zwei Becken, eins das andre übersteigend (Rilke) 256
Zypressen (Hauptmann) 238
Zypressen stehen da als hohe Pforte (Däubler) 262
Zypressen, Zypressen bewohnen / mein Jugendparadies (Hauptmann) . . 238

Italien-Dichtung

Band 1

Erzählungen
von der Romantik bis zur Gegenwart

MIT 15 ABBILDUNGEN

HERAUSGEGEBEN VON
GUNTER E. GRIMM

PHILIPP RECLAM JUN. STUTTGART

Universal-Bibliothek Nr. 8462 [5]

Gesamtherstellung: Reclam, Ditzingen. Printed in Germany 1988
ISBN 3-15-008462-8
Band 1 und 2 gebunden in Kassette:
ISBN 3-15-030004-5

Inhalt

Einleitung 7

JOSEPH VON EICHENDORFF
Das Marmorbild 35

WILHELM WAIBLINGER
Wie es einem deutschen Poeten auf dem Capitol ergangen, oder das Abenteuer von der Sohle 80

HEINRICH LAUBE
Begegnung am Gardasee 98

FRANZ VON GAUDY
Die Braut von Ariccia 129

JOHANN GABRIEL SEIDL
Cornelia Fieramonti 148

PAUL HEYSE
Die Witwe von Pisa 177

ISOLDE KURZ
Mittagsgespenst 211

OTTO ERICH HARTLEBEN
Der römische Maler 232

HERMANN HESSE
Der Zwerg 253

HEINRICH MANN
Die Ehrgeizige 278

PAUL ERNST
Der Carneol 296

Heinrich Federer
Die Buchbinderin Mala Golzi 320

Albin Zollinger
Labyrinth der Vergangenheit 387

Stefan Andres
Das goldene Gitter 400

Marie Luise Kaschnitz
Silberne Mandeln 433

Anhang
Zur Auswahl der Texte 443
Zu den Autoren und Druckvorlagen 445
Literaturhinweise 471
Abbildungsnachweis 475

Einleitung

Italien, Land deutscher Sehnsucht

Kaltes Wetter, Nebel und Regen vertreiben die Deutschen seit jeher aus ihren unwirtlichen Landen. Ausgefroren und bleich, gieren sie hemmungslos nach Sonnenglut, und um ihre Haut gebräunt nach Hause zu tragen, ist ihnen kein Opfer zu teuer. Andere Reisende suchen dagegen Nahrung für Kopf und Gemüt, spüren den Anfängen europäischer Kultur und Kunst nach, wieder andere freuen sich am heiteren Sinn der Landesbewohner, am unbeschwerten Leben im Freien und an den Genüssen, die Küche und Keller reichlich zu bieten haben. »Italien, das klassische Urlaubsland« – lautet die Devise der modernen Ferienwerbung; die Gründe, die im einzelnen für die Wahl Italiens aufgeführt werden, leuchten unmittelbar ein: »schnell erreichbar«, »durchgehende Autobahn«, »strahlende Sonne«, »angenehme Wassertemperaturen von Mai bis September«, »weltbekannte Kurorte«, »gepflegte Hotels mit preisgünstigen Angeboten«, »vielseitige Gastronomie« und, last not least, »eine Fülle von kulturellen Sehenswürdigkeiten«. Natürlich ist diese Anpreisung ein platter Auswuchs des modernen Massentourismus, dennoch – Italien galt schon seit je als das klassische Land, in dem das nebeltrübe Auge sich an den kräftigen Farben des Südens erfreuen, die melancholische Seele frischen Mut fassen und der von Alltagspflichten abgenutzte Geist eine lebendige Erneuerung erhoffen durfte.

Die systematische Italien-Panegyrik setzte mit dem Tourismus des 18. Jahrhunderts ein, als die wohlsituierten Bürgersleute in hochrädrigen Kutschen über die Alpenstraßen gen Süden rumpelten. Johann Jakob Volkmann, der Verfasser eines vielkonsultierten Italienhandbuchs *Historisch-kritische Nachrichten aus Italien* (1770/71) lenkt mit seinen einfühlsamen Schilderungen eine ganze Generation: »Ein Reisender, der feine Empfindung genug hat, um durch die Schönheiten, woran die Natur in Italien so reich ist, und welche die Kunst weit übertreffen, gerührt zu werden, der trifft in diesem Lande eine Menge von Scenen an, welche ihm die größte Abwechselung darbieten.«[1] Der Glanz der schönen Künste, das »schöne fruchtbare Land«, der freundlich-sorglose Charakter der Einwohner gehören zu den stärksten Eindrücken, die Volkmann in Italien aufnimmt. Noch Goethe reiste mit diesem Handbuch in der Tasche nach Italien. In der schöngeistigen Literatur erhält Italien geradezu topischen Charakter – als sorgenfreies Paradies, wo Sonne, Muße und Schönheit ein dauerhaft-glückliches Leben gewährleisten. Kein Wunder, daß Italien gerade bei Autoren, denen die eigene Anschauung fehlt, als Wunschbild des irdischen Glücks figuriert. So erzählt in Eichendorffs *Taugenichts*-Novelle ein Portier, Italien sei ein schönes Land, in dem der liebe Gott für alles sorge – »da kann man sich im Sonnenschein auf den Rücken legen, so wachsen einem die Rosinen ins Maul«[2]; so siedelt Georg Büchners Lustspielheld Leonce die Vision seines Glückszustandes in Italien an: »Und dann umstellen wir das Ländchen mit Brennspiegeln, daß es keinen Winter mehr gibt und wir uns im Sommer bis Ischia und Capri hinaufdestillieren, und wir das ganze Jahr zwischen Rosen und Veilchen, zwischen Orangen und Lorbeern stecken.«[3] Auch im 20. Jahrhundert klingt das Loblied nicht weniger enthusiastisch. In Heinrich Manns Roman *Zwischen den Rassen* bekennt der eher pedantisch-nüchterne Arnold der Freundin in verzückten Worten: »Ich fand nach Italien; – und da war mir's, als hätte ich nach Haus gefunden. Welch ein Jubel! Ich erkannte mich selbst in den Bildern, die alle auf

1 Zit. nach: Dorothea Kuhn (Hrsg.), *Auch ich in Arcadien. Kunstreisen nach Italien 1600–1900*, Sonderausstellung des Schiller-Nationalmuseums, Nr. 16, Stuttgart 1966, S. 45 f. (Im folgenden zit. als: K.)

2 *Aus dem Leben eines Taugenichts*, in: Joseph von Eichendorff, *Ausgewählte Werke*, hrsg. von Ansgar Hillach, Bd. 2, München 1970, S. 585.

3 *Leonce und Lena* 3,3, in: Georg Büchner, *Sämtliche Werke und Briefe*, Bd. 1, hrsg. von Werner R. Lehmann, Hamburg 1967, S. 134.

Größe und Lust aus sind, in den Landschaften der Helden, worin keine Träne lange hängenbleibt, in dem ewig jünglinghaften Volk. Hier war eine heftigere Welt wie aus meinem Herzen ans Licht getreten. Die ersten vier Wochen in Rom ging ich umher wie im ununterbrochenen Zustand dessen, den der erste Liebesblick trifft: in seinem ungläubigen Entzücken.«[4]

Im Laufe der letzten Jahrhunderte haben sich zahlreiche Klischees über Italien etabliert. Nicht immer sind es nur positive Stereotypen; fast jedem Plus steht auch ein Minus gegenüber. Viele Reisende sind von der Vergleichungssucht gepackt. Sie vermissen vieles, empfinden das Trennende stärker als das Verbindende, vermögen nicht, das Andersartige als reinen Eindruck auf sich wirken zu lassen. Der eine nimmt nur die Lichtseiten wahr, das angenehme Klima, das Licht und die Wärme, die Schönheiten der Natur und die Höhepunkte der Kunst; der andere sieht nur die Schattenseiten: daß das bequeme »dolce far niente« in Unordnung, Unpünktlichkeit und Schlamperei mündet, daß dem leidenschaftlichen Italiener das Messer lockerer sitzt als dem phlegmatischen Deutschen, daß sich Verbrecherorganisationen etabliert haben und daß Unsicherheit im privaten wie im politischen Leben herrscht. Wer sich mit der Geschichte dieser Italienklischees beschäftigt, kennt die Litanei, die der preußische Divisionsauditeur Gustav Nicolai in seinem berüchtigten Buch *Italien, wie es wirklich ist* (1834) anstimmt. Nicolai, eine lederne Beamtenseele, hatte das Buch bewußt als realistische Kontrafaktur zu Goethes verführerischem Italienbild angelegt und den »Bericht über eine merkwürdige Reise in den hesperischen Gefilden« ausdrücklich als »Warnungsstimme für Alle, welche sich dahin sehnen« bezeichnet. Sein Vorwort benennt deutlich die Gegenposition, deren verklärendem Italienbild er die ungeschminkte Wahrheit entgegen-

4 Heinrich Mann, *Zwischen den Rassen* [1907], Frankfurt a. M. 1977, S. 106.

hält. »Allerdings muß die Frage entstehen, wie es denn komme, daß Italien so außerordentlich gelobt und als so reizend geschildert werde? – Gegen das Ende des vorigen Jahrhunderts war, besonders von Engländern, die Wahrheit schon ziemlich unverschleiert zu erkennen gegeben worden, als Goethe in Deutschland über Italien seine Stimme erhob, und weniger die Wahrheit, als die Schönheit der darstellenden Farben vor Augen hatte. Es konnte auch ihm, der überall nur an sich selbst dachte, nicht darauf ankommen, ob er im Interesse seiner Landsleute schrieb. Bald tummelten, durch Goethe angeregt, auch andere Dichter ihre Phantasie in den hesperischen Gefilden, wiewohl sie dieselben gewöhnlich nie selbst gesehen hatten. In der Nebelschwebelperiode, durch Tieck, Novalis und Wackenroder begründet, entstand eine überspannte Verehrung für die Kunstsammlungen Italiens, Kunstschwärmerei und schwärmende Kunstphilosophie; mit derselben aber die krankhafte Sehnsucht nach dem Süden, welche seit Jean Pauls Titan in Manie ausartete. Von dieser Manie sind jetzt alle Künstler angesteckt. Haben diese nun das Land ihrer Sehnsucht erreicht, so sehen sie entweder aus Enthusiasmus falsch, oder sie vermeiden, im Dankgefühl für das einzelne Schöne, welches ihnen dort geboten wird, die Schattenseiten Italiens aufzudecken. Antiquitätenkrämer aber fühlen sich an jedem Orte überselig, wo sie in alten Schutthaufen umherkriechen können. Wo fänden sie deren mehr als in Italien? Mit dem Livius oder Florus in der Hand starren sie dort süß weinend die Steinklumpen an, die ihnen italienische Schlauheit für Ueberbleibsel der alten Zeit ausgiebt; beim Anblick Roms gerathen sie in Verzückung.«[5] Und der pedantische Auditeur, dessen Lieblingslamento den beißenden Flöhen Italiens gilt, schließt seinen Bericht über den römischen Aufenthalt mit dem Ausruf: »Welch ein trübseliges Land ist dies Italien! Bis jetzt haben wir fast nur reizlose, öde Felder, Wüsten, Kloaken, Ruinen und schmutzige

5 Gustav Nicolai, *Italien wie es wirklich ist*, Erster Theil, Leipzig 1834, S. 3 f.

Höhlen gesehen, und jetzt sollen wir nun einen Landstrich durcheilen, in welchem der Pesthauch der Vernichtung weht und das Mordmesser des Räubers blinkt. Mein theures, zurückgesetztes deutsches Vaterland, wie bist Du so schön, so reizend, so gesund! Du bist das Abbild einer holden, mütterlichen Frau, Germania! Zürne nicht über Deine entarteten Kinder, die das freundliche, farbige Haus mit der grünen Flur, welches Du ihnen öffnest, verlassen, um sich in der Schmutzhöhle der Buhlerin Italia zu entnerven!«[6] Italien, das Inbild der Heimtücke, des Lasters und der Verführung, Deutschland, die Verkörperung des Biedersinns, der Tugend und der Reinheit – zu diesem Gegensatzklischee verstieg sich nicht nur der Biedermann aus Berlin, die Antinomien begegnen in vielen Berichten deutscher Italienreisender, wenn auch differenziert und mit freundlichen Augen gesehen. Italien, auch wo es als das Andere erscheint, ergänzt und vervollständigt deutsches Wesen, läutert und erhöht es. Daher ein Blick auf positive Erlebnisse deutscher Dichter, auf fruchtbare Auseinandersetzung und künstlerischen Gewinn.

*

Während Kreuzfahrer und Pilger, die während des ganzen Mittelalters nach Rom zogen, wenig von den Schönheiten des Landes oder von der antiken Kunst wahrnahmen, wandelt sich im 17. Jahrhundert die Motivation. Epochenüblich wurde die Kavalierstour, auf der ein jugendlicher Adeliger fremde Länder und Sitten kennenlernen sollte; welterfahren zurückgekehrt, trat er ein wohldotiertes Amt an. Die Kavaliere interessierten sich im allgemeinen für weltliche Angelegenheiten, für italienische Gesellschaft und Sprache, für sportliche Ereignisse, für erotische Erlebnisse und ein wenig für die römische Vergangenheit. Ihr Hauptaugenmerk richtete sich jedoch auf Kuriositäten: galt doch Italien als Raritä-

6 Ebd., S. 237.

tenkammer par excellence, als Eldorado mirakulöser Sehenswürdigkeiten.

Einen Markstein in der Geschichte der Italienwahrnehmung bedeutete das Erscheinen von Johann Joachim Winckelmanns *Geschichte der Kunst des Altertums* (1764). Mit dieser epochemachenden Monographie begann die Entdekkung der griechisch-römischen Kunst; hier lagen die Anfänge für historisches Verstehen von Kunst und Kultur. Zugleich trat fortan das Schöne als neues ästhetisches Ideal neben die traditionellen religiösen und gelehrten Werte. Die *Nachahmung der antiken Kunst* avancierte zum künstlerischen Leitprinzip. Winckelmann, der seit 1755 in Rom weilte, seit 1763 als päpstlicher Kommissär für alle Altertümer des Kirchenstaats, notierte bereits 1756 sein künstlerisch-weltanschauliches Credo: »Ich glaube, ich bin nach Rom gekommen, denenjenigen, die Rom nach mir sehen werden, die Augen ein wenig zu öffnen: ich rede nur von Künstlern: denn alle Cavalier kommen als Narren hier und gehen als Esel wieder weg«.[7] Kein Wunder, daß die Archäologie, die Suche nach antiken Kunstwerken, einen Aufschwung sondersgleichen erlebte und daß die neueren Künste ganz ins Fahrwasser dieser klassizistischen Anschauungen gerieten. Winckelmann war der erste in einer langen Reihe deutscher Gelehrter und Künstler, die sich ein Leben außerhalb Roms nicht mehr vorstellen konnten, ja, denen Rom zum persönlichkeitsbildenden Erlebnis wurde.

Ein völlig andersgeartetes, doch nicht minder wirkungsmächtiges Ereignis war Jean-Jacques Rousseaus Roman *Julie ou la nouvelle Héloise* (1761). Rousseaus Werk hat ein ganz neues Verständnis für Natur erweckt; erst jetzt nahm der Reisende, schwärmerisch und sentimental, Landschaft in ihrer eigentümlichen Schönheit wahr, und zwar ohne Ansehen ihres pragmatischen Nutzwerts. Zu den neuen künstlerischen Idealen gesellte sich die Vorliebe für die malerischen

7 Zit. nach: Eberhard Haufe (Hrsg.), *Deutsche Briefe aus Italien. Von Winckelmann bis Gregorovius*, Hamburg 1965, S. 11. (Im folgenden zit. als: H.)

Reize südlicher Natur. Die *Hinwendung zur Natur* war dem Barockzeitalter ganz fremd gewesen; erst im 18. Jahrhundert gab es eine allgemeine Tendenz zu objektiver Realitätserfahrung und einen Drang zu ihrer individuellen Aneignung. Nicht von ungefähr waren es Bürger, die sich für idyllische und erhabene Natur begeisterten. Landschaftspreis und -schilderung bildeten einen festen Bestandteil der »empfindsamen« Dichtung. Das Ideal der freien, wild gewachsenen Natur verdrängte die gepflegten und geometrisch gezirkelten Parkanlagen. Die Ästhetisierung der Natur gipfelte in der Apotheose der sentimentalen »Landschaft mit Ruine«. Wilhelm Heinse, der in den Jahren 1780–1783 durch Italien reiste, schilderte mit enthusiastischen Worten italienische Landschaft, Kunst der Antike und der Renaissance. Sein Italienerlebnis, das ihn als Schriftsteller entscheidend prägte, hat er in dem von Sinnlichkeit geradezu überschäumenden Roman *Ardinghello oder die glückseligen Inseln* (1787) künstlerisch gestaltet, in seiner Apotheose der Kunst und der Vitalität ein Vorläufer Jakob Burckhardts und Friedrich Nietzsches.

Goethes Italienerlebnis vereinigte beide Strömungen, die Liebe zur Natur und zur antiken Kunst. Goethe überhöhte sie jedoch im Credo der großen Persönlichkeit, die sich am Reise-Erlebnis bilden und – frei von den Zwängen des Berufslebens – die angeborenen Anlagen entfalten und entwikkeln wollte. Persönlichkeitsbildung hieß das große Programm, das Goethe nach Hause brachte, und das Schlagwort von der »geistigen Wiedergeburt« durchzog seitdem zahlreiche Reiseberichte, Briefe und Tagebuchaufzeichnungen deutscher Italienfahrer. Von Goethes klassischem Werk *Die italienische Reise* (1816 f./1829) datiert das Ideal der *modernen Bildungsreise*, die nicht bloß dem Kennenlernen historischer und künstlerischer Sehenswürdigkeiten, sondern vor allem der Selbstbildung zugute kommt. Winckelmanns und Rousseaus gegenständliche Wahrnehmung erscheint durch eine innengeleitete Zweckbestimmung ergänzt und vertieft.

Natur- und Kunststudium dienen der Vervollkommnung des Ichs. Wer nach Goethe Italien besucht, kommt nicht um die Auseinandersetzung mit seinem Italienbild herum.

*

Wilhelm Waetzoldt hat in seiner Studie *Das klassische Land* (1927) über die »Wandlungen der Italiensehnsucht« versucht, zwischen Italien als buntem Stoff, als idealer Form und als seelischem Gehalt zu unterscheiden. Die ideengeschichtliche Ikonographie, der Blick auf historische Italienbilder, rückt immer wieder dieselben Gegenstände in den Vordergrund. Einmal ist es das Land mit seinen Naturschönheiten; zum andern ist es die Kultur, von der Antike über die Renaissance bis zur Gegenwart; schließlich sind es die Menschen selbst, die Bewohner der verschiedenen italienischen Landstriche.

Bereits im 18. Jahrhundert begeisterten sich einzelne Reisende an der *landschaftlichen Schönheit* Italiens, der Harmonie von Farben und Formen. Beispielhaft klingt die Äußerung des Kunsttheoretikers Carl Ludwig Fernow von 1794, je tiefer er nach Italien komme, je interessanter werde alles. »Jedes Fleckchen Erde ist hier bedeutend, entweder durch Schönheiten der Gegenwart oder durch den Geist der Vorzeit, der unter den gesunkenen Trümmern der stolzen Werke eines mächtigen, einst die Welt beherrschenden Volkes [...] den Wandrer anwehet. Immer wird darum Italien das interessanteste Land der Welt bleiben, auch wenn es nicht diese üppigen Fluren, diese reizenden Hügel, diese gesegneten Täler, diesen wollüstigen Himmel und diesen ewigen Frühling hätte.« (H 116.) Ähnlich lautende Berichte gibt es in Fülle, ob sie nun von Wilhelm Heinse, Wilhelm von Humboldt oder Dorothea Schlegel, von Wilhelm Waiblinger, Julius Schnorr von Carolsfeld oder von Adolf von Hildebrandt stammen. Selbst Heine erweist in der Darstellung seiner Italienreise den Schönheiten des Landes ironisch Reverenz: »Italien geht über alles. Wie gefällt Ihnen hier diese Naturgegend? Welche Schöpfung! Sehen Sie mal die Bäume, den Himmel, da unten das Wasser – ist nicht alles wie gemalt? Haben Sie es je im Theater schöner gesehen? Man wird, sozusagen, ein Dichter!« (K 197.) Auch der nüchterne Jakob Grimm, den man kaum unter den Italienschwärmern vermuten würde, kommt um den enthusiastischen Lobpreis nicht herum: »Drei Gegenstände sind es, an denen sich in Italien ein offener Sinn laben kann: die Größe und Herrlichkeit der Natur, die reiche Geschichte des Landes, [. . .] und die allenthalben auf ihm ausgestreuten Denkmäler der Kunst. Über alles andere aber reicht die Macht der Natur« (1844).[8] Der Begriff der Schönheit wird zum magischen Zauberwort, ob man nun, wie Hans Thoma, Italien als »wahres Zauberland« oder wie Karl Stauffer-Bern als Eldorado für den Schönheitssinn apostrophiert: »Wo ich gehe und stehe, sehe ich Schönes, schöne Menschen, schöne Landschaft, überhaupt schöne Natur.« (H 441, 470.)

Einzelne Landschaften finden immer ihre Bewunderer: so die öde und doch großartige Campagna, so die romantischen Albanerberge südöstlich von Rom, so die sanft hügelige Toscana oder die herbe Bergwelt Siziliens. Insbesondere Neapel und seine Umgebung erscheinen vielen Besuchern als irdisches Paradies. Die impressionistischen Beschreibungen und die überschwenglichen Huldigungen ließen sich dutzendweise zitieren. Kein Reisender, der innerlich ungerührt diese Küstenstraße befahren hätte. Friedrich (Maler) Müller und Wilhelm Heinse, der Neapel mit einer aus dem Meer aufgestiegenen Liebesgöttin vergleicht, bilden den Anfang. Goethe erinnert sich an den »unauslöschlichen Eindruck«, den Neapel bei seinem Vater hinterlassen habe, und gesteht, er selbst sei »ganz stille und mache nur, wenns gar zu toll wird, große, große Augen«.[9] Selbst Herder, dem Rom nur widrige Eindrücke erzeugte, schreibt beim »Zauberanblick« Neapels,

8 Zit. nach: Herbert Nette (Hrsg.), *Die großen Deutschen in Italien. Dichtung, Briefe und Berichte*, Darmstadt 1938, S. 14. (Im folgenden zit. als: N.)
9 Zit. nach: Carl Brinitzer (Hrsg.), *Deutsche Dichter führen nach Italien. Ein Reise-Handbuch*, Mainz/Berlin 1964, S. 79. (Im folgenden zit. als: B.)

daß er »hier« in der Tat »wiedergeboren« werden könne. (H 99.) Im 19. Jahrhundert nimmt die Empfänglichkeit für Naturschönheiten an Intensität zu. Karl Friedrich Schinkel versteigt sich zum Panegyrikus: »Die Gegend Neapels hat immer etwas Unglaubliches, und so sehr man sie kennen mag und sich ihr Bild in der Phantasie zurückrufen konnte, sie erscheint immer wie ein überirdischer Traum.« (H 150.) Der unbehauste Deutschlandflüchtling August von Platen fühlt sich, nach dem Aufenthalt im melancholisch stimmenden Rom, erst in Neapel genesen: »Hier werde ich meinen bleibenden Aufenthalt aufschlagen, hier ist heilsame Luft, ein unwandelbarer Himmel und ringsher Elysium.« (H 257.) Der Historiker Ranke kommt vor lauter »Sehen, Aneignen, Genießen« nicht zum Arbeiten. (H 280.) Ferdinand Gregorovius, ergriffen von der Majestät Roms, schwingt sich in Neapel zu einem wahren Hymnus auf: »Weiße Mauern auf gelbbraunen Felsen, Gärten in der Tiefe, ein Tal voll Zitronen, Tulpenbäumen, Granaten, ein narkotisch süßer Duft überall; ein Hain von Pinien, über dem der Vesuv in dem zartesten Violett schwebt. Ach, wer kann alle jene schönen Bilder nennen! Meer, Himmel und Erde tanzen hier im Licht, und die Seele wird von dem Duft der Pflanzen berauscht. Sie wogt vor Lust in den Lüften wie eine Bacchantin mit dem Thyrsusstab, von der Erde weg schwingt sie sich, hebt sich über sich, wird ganz ein Jauchzen schwebender Lust. Die Größe und Weite dieses Gemäldes ist wohl ohnegleichen in der Welt.«[10] Und selbst der nüchtern-skeptische Fontane, der 1874 Neapel besucht, macht eine Ausnahme, wenn er über den allgemein in Gesellschaft und Kunst herrschenden Schwindelgeist herzieht: »Nur eines ist nicht Schwindel: der Golf von Neapel.« (H 450.) Ein poetischer Bericht der Schriftstellerin Malwida von Meysenbug, die vom November 1876 bis Juni 1877 in Sorrent weilte, beschließe die Lobeshymnen: »[. . .] die Straße längs des Meers eine der schönsten

10 Zit. nach: Jonas Lesser, »Deutsche Südsehnsucht«, in: *Deutsche Rundschau* 89 (1963) H. 8, S. 37–50, hier S. 46.

der Erde; dort tranken wir Kaffee auf der Loggia einer Trattoria, wo Capri ganz nah vor uns lag, bläulich schwarz vor dem reinsten Gold der untergehenden Sonne sich abzeichnend, und als wir zurückfuhren, stieg gegenüber, über den hohen Bergen der Küste, die alle rosa schimmerten vom Abglanz der Abendröte, der Mond herauf, umgeben von einer sanft grauen und rosa Atmosphäre, die Oliven, die Pinien standen still feiernd auf den stolzen Felsenhöhen und in den Schluchten, die zum Meer hinabstürzten. [. . .] es war so schön, daß wir alle in Entzücken schwelgten. Auch Nietzsche vergaß seine Leiden und war außer sich vor Bewunderung und wiederholte, daß es ihm in seinem Leben noch nicht so gut geworden.« (H 427.) In der Tat, für Nietzsche wurde Italien zur Metapher des vollkommenen Lebens, der Süden galt ihm als »große Schule der Genesung, im Geistigsten und Sinnlichsten, als eine unbändige Sonnenfülle und Sonnen-Verklärung.«[11]

*

Das Hauptinteresse der Italienfahrer konzentrierte sich schon immer auf die drei Städte Rom, Florenz und Venedig. Sie lassen in der Gunst der Betrachter alle übrigen Städte weit hinter sich.

Rom galt jahrhundertelang als Inbegriff weltlicher und christlicher Geschichte, als Caput mundi, als Ewige Stadt, als Kosmos im kleinen. Wer immer nach Italien reiste, der mußte der Hauptstadt der Welt den obligatorischen Besuch abstatten – von den Pilgern des Mittelalters bis zu den Kavalieren des Barockzeitalters, von den Dichtern und Malern der Goethezeit bis zu den Historikern und Kulturgeschichtlern der Moderne. Neuerdings haben deutsche Künstler und Dichter in der Villa Massimo sogar ein ständiges Domizil erhalten. – Andreas Gryphius und Christian Hofmann von Hofmannswaldau, die Rom in den vierziger Jahren des

11 Friedrich Nietzsche, *Jenseits von Gut und Böse*, in: F. N.: *Werke*, Bd. 3, hrsg. von Karl Schlechta, Frankfurt a. M./ Berlin/Wien 1976, S. 169.

17. Jahrhunderts besuchten, betrachteten die Metropole als Exemplum für den Verfall irdischer Größe, als Sinnbild der Vanitas. Um so erstaunlicher, daß gerade der vergänglichkeitssüchtige Gryphius die bleibende Herrlichkeit der Ewigen Stadt gefeiert hat.

Ade ›begriff der welt‹ Stadt der nichts gleich gewesen /
Vnd nichts zu gleichen ist / In der man alles siht
Was zwischen Ost vnd West / vnd Nord vnd Suden blüht.
Was die Natur erdacht / was je ein Mensch gelesen.

Du / derer Aschen man / nur nicht vorhin mit Bäsen
Auff einen hauffen kährt / in der man sich bemüht
Zu suchen wo dein grauß / (fliht trüben Jahre! fliht /)
Bist nach dem fall erhöht / nach langem Ach / genäsen.

Ihr Wunder der gemäld / jhr prächtigen Palläst /
Ob den die kunst erstarr't / du starck bewehrte Fest /
Du Herrlichs Vatican / dem man nichts gleich kan bawen;

Ihr Bücher / Gärten / grüfft'; Ihr Bilder / Nadeln / Stein/
Ihr / die diß vnd noch mehr schliß't in die Sinnen eyn /
Ade! Man kan euch nicht satt mit zwey Augen schawen.
(K 26 f.)

Die Melancholie, die hinter der barocken Todesmanie, dem Vergänglichkeitskult steckte, wich im 18. Jahrhundert einem optimistischeren Lebensgefühl. Winckelmann lenkte den Blick der staunenden Zeitgenossen auf die Kunst der griechischen und römischen Antike. Für ihn bildete Rom das Zentrum seiner italienischen Studienorte, nicht nur der antiken Statuen und Bildwerke wegen, auch die »himmlischen Villen« übten einen lyrisch-sentimentalen Reiz auf den kunstbesessenen Mann aus. »Izo ist die Zeit«, so schreibt er 1756, »die Gärten in und um Rom zu besuchen. Mein Freund! es ist nicht zu beschreiben, wie schön die Natur in diesem Lande ist. Man gehet in schattichten Lorbeerwäldern und in Alleen von hohen Cypressen, und an Gatterwerken von Orangerien, an eine Viertelmeile weit in etlichen Villen, sonderlich in der Villa Borghese. Je mehr man Rom kennen lernet, je besser gefällt es. Ich wünschte, beständig hier bleiben zu können«. (B 161.)

Wenige Jahre später reiste Wilhelm Heinse über Bologna und Florenz, durch die Toscana über Siena nach Rom. Die prächtige, mitten aus der elegischen Öde der Campagna sich erhebende Stadt überwältigte den schönheitstrunkenen Dichter. »Nichts aber hat einen so starken Eindruck auf mich gemacht als Rom. Es war mir, wie ich anlangte, als ob ich mich der eigentlichen Herrschungssphäre näherte. Die triumphierende Lage, ungeheuer lang und breit, um den wilden Tiberstrom herum, mit den gebietrischen Hügeln voll stolzer Paläste in babylonischen Gärten und despotischer Tempel mit himmelhohen Kuppeln, an dem prächtigen Amphitheater der Gebürge von Frescati und Tivoli; die Brückengewölbe, türmenden Tore, flammenden Obelisken, bemoosten und mit Grün überzognen Ruinen alter Herrlichkeit und das kühle Rauschen von Schritt zu Schritt von tausend und abertausend lebendigen Springbrunnen [...] erweckten eine Wunderempfindung von einer neuen Natur in mir, die ich noch nicht gehabt habe.« (1781; H 37 f.)

Während andere Städte, wie Florenz oder Bologna, Padua oder Neapel, ein geschlossenes Stadtbild besitzen, dessen Anlage sich nach kurzer Zeit erschließt, birgt Rom so viele verborgene Schätze, die man selbst bei wochenlangem Durchstreifen erst langsam entdeckt. »Es ist ein unaufhörlich Vergnügen, in Rom zu sein«, heißt es in Heinses *Ardinghello*. »Man findet immer Neues, was von der Gewalt und Herrlichkeit des alten Volkes zeugt und oft einen entzückt oder erschüttert. Es ist eine wahre Tiefe von Menschheit. Die andern Städte sind dagegen wie erst angepflanzt.« (B 134.)

Was den meisten Rombesuchern sogleich ins Auge sticht, ist die Vielfalt der Monumente, die historische Gewachsenheit dieser Stadt, des Produktes einer ununterbrochenen, fast dreitausendjährigen Bautätigkeit. Hier haben Antike, Mittelalter, Renaissance und Barock ihre unauslöschlichen Spuren hinterlassen, hier umweht den Besucher mächtig der Geist der Geschichte, das Bewußtsein, auf demselben Boden zu wandeln wie Cäsar und Augustus, wie Apostel Paulus und Volkstribun Rienzi, wie Michelangelo und Raffael. Schon Goethe, der in seiner Begierde, nach Rom zu kommen, die anderen Städte nur flüchtig durcheilte, sah sich dieser Geschichtsmächtigkeit konfrontiert: »Wenn man so eine Existenz ansieht, die zweitausend Jahre und darüber alt ist, durch den Wechsel der Zeiten so mannigfaltig und von Grund aus verändert, und doch noch derselbe Boden, derselbe Berg, ja oft dieselbe Säule und Mauer, und im Volke noch die Spuren des alten Charakters, so wird man ein Mitgenosse der großen Ratschlüsse des Schicksals«.[12] Der Romaufenthalt stand für ihn an der Spitze der italienischen Eindrücke. Er fand nach eigenem Bekenntnis erst hier zu sich selbst, sei »übereinstimmend« mit sich selbst »glücklich und vernünftig« geworden. Auf der Heimreise schrieb er an Herder, in Rom sei er das erste Mal in seinem Leben unbedingt glücklich gewesen, und noch 1828 bekannte er Eckermann: »Ja ich kann sagen, daß ich nur in Rom empfunden habe, was eigentlich ein Mensch sei. Zu dieser Höhe, zu diesem Glück der Empfindung bin ich später nie wieder gekommen; ich bin, mit meinem Zustande in Rom verglichen, eigentlich nachher nie wieder froh geworden.«[13] Auch Wilhelm von Humboldt, der von 1802 bis 1808 in preußischen Diensten am Vatikan wirkte, war von Rom fasziniert; wen diese Stadt mit ihren »ungeheuren Monumenten« anspreche, der finde »die Welt« hier. (H 135, 138.) Wilhelm Waiblinger, der in Rom ein kärgliches Leben gefristet hat, dachte keinen Augenblick an die Rückkehr ins verhaßte Württemberg. »Ich habe nur noch Eine Liebe in der Welt, und die ist Rom«, schrieb er program-

12 *Italienische Reise*, 1. und 5. November 1786.
13 *Italienische Reise*, 14. März 1788; Brief vom 5. Juni (?) 1788 an Herder, so auch im Gespräch vom 30. Mai 1814 mit Kanzler von Müller; Gespräch mit Eckermann vom 9. Oktober 1828.

matisch an den Stuttgarter Literaturkritiker Wolfgang Menzel. »Ich kann Ihnen diese heilige Liebe nicht schildern; sie ist so unsäglich heiß und stark, daß meine Tage ziemlich heiter sind, und ich mich an keinen andern Platz in der Welt wünsche.«[14] Seinen Freund August von Platen stimmte dagegen die Größe Roms eher melancholisch; er fühlte sich in Neapel wohler. (H 257.) Ähnliche Vergleiche zwischen Rom und Neapel zogen die Historiker Leopold von Ranke und Heinrich von Treitschke, gaben jedoch dem »stillen und gesetzten« Rom mit seinem »eigentümlichen würdigen Ernst« deutlich den Vorzug vor dem »beweglichen, schreienden« ja »gedankenlosen« Neapel. (H 282, 452.) Eben dieses Ernsthafte und »heiter Erhebende« betonte auch Mendelssohn-Bartholdy; ihn erinnerten Roms Trümmer gerade nicht an Zerstörung und Untergang, sondern an eine »reiche Vergangenheit« und deren »ewig bleibende Größe und Allgewalt«: »Ich kann nicht sagen, wie ungleich mehr ich Rom liebe als Neapel.« (H 293 f., 298.) Erstaunlich die Tatsache, daß gerade der Kulturhistoriker Jakob Burckhardt Rom allen anderen Städten Italiens vorzog; alles zusammen genommen, sei Rom, möglicher Einwände ungeachtet, »eben doch die Königin der Welt und gibt einen aus Erinnerung und Genuß so wundersam zusammengesetzten Eindruck wie keine andere Stadt.« (H 347.) Nirgends in Italien wollte er auch nur vier Monate bleiben außer in Rom, ja er hätte es am liebsten zu seinem »Lebensaufenthalt« gemacht. Burckhardts mehrfach geäußertes Bekenntnis, außerhalb der Mauern Roms werde er »nie mehr ganz glücklich sein« (H 347, 350), Conrad Ferdinand Meyers begeisterter Stoßseufzer, nur Rom könne eine Heimat ersetzen, Adolf von Hildebrandts hymnischer Ausruf, Rom sei »die ganze Welt im kurzen«, Hans Thomas ergriffener Ausspruch, an keinem Ort wie in Rom begreife man besser die Psalmworte: ›Tausend Jahre sind vor dir

14 Brief vom 15. Mai 1827 an Wolfgang Menzel, in: Wilhelm Waiblinger, *Werke und Briefe*, hrsg. von Hans Königer, Bd. 5,1: *Sämtliche Briefe*, Stuttgart 1982, Nr. 208, S. 355.

wie der Tag, der gestern vergangen ist, und wie eine Nachtwache‹, ließen sich beliebig vermehren. (H 389, 423, 440.) Die Zeugnisse reichen von Frank Wedekind über Alfred Andersch bis Marie Luise Kaschnitz, Heinrich Böll und Ernst Jünger. Immer ist es die großgeartete Atmosphäre, die den Besucher fesselt, die monumentale Ganzheit des Eindrucks und die unendliche Vielfalt im Einzelnen.

Florenz stand lange Zeit im Schatten Roms. Wer von Florenz nach Rom fuhr, der vergaß alsbald die Stadt am Arno; wer die Städte in umgekehrter Reihenfolge besuchte, dem wollte Florenz nach der römischen Vielfalt und Monumentalität auch nicht recht schmecken. Erst in der zweiten Hälfte des 19. Jahrhunderts, als die Vorliebe für Geschichte und Kunst der Renaissance geweckt war, erhielt Florenz einen eigenen Rang in der Perlenkette städtischer Attraktionen. Der Kunstschriftsteller Johann Heinrich Meyer, Goethes Berater in Sachen Kunst, charakterisierte 1796 Florenz als einen »gedrungenen, mächtigen Klumpen von Häusern« und schränkte sein Lob der schönen, von Fiesole aus genossenen Aussicht sogleich wieder ein: »Ich will nicht sagen, daß es nicht schönere, malerischere Aussichten gebe und daß diese in solcher Rücksicht zu den vorzüglichsten gerechnet werden könne, aber erfreulich ist sie.« (H 128.) Positiver klang das Urteil des Naturforschers, Philosophen und Malers Carl Gustav Carus, dem Florenz der interessanten Kontraste wegen als »der am meisten poetische Ort« erschien. (H 270.) Ebenso äußerte sich Heine: »[. . .] der Markt von Florenz ist der herrlichste und interessanteste Anblick, den nur ein Mensch finden kann. Die Altertümlichkeit, die bedeutungsvollen Statuen, die hohen Arkaden, die Großartigkeit, dabei dennoch überall der Hauch altflorentinischer Grazie, überall Blüte des Mediceertums, und oben im Palast Uffizi die griechischen Götterwohnungen!« (H 274.) Daß Florenz und Venedig ihm nach Rom »gar nicht mehr recht munden« wollten – dieses Urteil verwundert bei Jakob Burckhardt, dem Historiker der italienischen Renaissance, doch ein wenig.

(H 251.) Indes lautete das Urteil Conrad Ferdinand Meyers ganz ähnlich, der Rom bei weitem Florenz vorzog: »Toscana, Florenz, wie schön sind sie nicht für den Unbefangenen. Aber nach Rom!« (H 389.) Ohne solche ständige Vergleichung mit Rom kommt das hoheitsvolle Florenz entschieden besser weg. Die Maler Hans von Marées und Hans Thoma haben die Schönheit der Stadt gewürdigt, die Schriftstellerin Isolde Kurz, die von 1877–1913 in Florenz gelebt hat, wurde zur Chronistin dieser Stadt (*Florentiner Novellen*, 1890). Viele ihrer italienischen Novellen spielen in der Renaissance-Ära, deren beherrschende Metropole Florenz war. In den *Florentinischen Erinnerungen* (1911) verglich sie die Arnostadt mit einer »stillen Königin«: »Fiorenza will gesucht sein. Ihre Seele kann der Uneingeweihte nicht einmal ahnen, und auch ihre äußere Schönheit enthüllt sich nicht auf den ersten Blick. Sie sieht langsam durch ihre göttliche Harmonie und wird dem Auge mit den Jahren immer schöner. Durch Licht und Luft nimmt sie dem Stofflichen seine Schwere. Durch ihre wundervollen Verhältnisse gibt sie uns das beruhigende Gefühl, daß die Welt vollkommen sei. Wer sie kennt, dem wird sie das Maß der Dinge.«[15]

Venedig, die dritte Stadtattraktion Italiens, mußte noch nie den Vergleich mit Rom scheuen. Schon immer galt es als exotische Perle des Mittelmeers, als Märchenstadt, wo Orient und Okzident einander die Hand reichen, Meer und Land sich begegnen. Eine Stadt für Träumer, die schon seit jeher Maler, Dichter und Komponisten inspiriert hat. Nicht von ungefähr spielen viele deutsche Novellen in Venedig – etwa E. T. A. Hoffmanns Erzählung *Doge und Dogaresse*, Franz von Gaudys *Venetianische Novellen*, Friedrich Halms Novelle *Das Haus an der Veronabrücke* –, nicht zufällig bedient sich auch der Film dieser Stadt mit Vorliebe als Kulisse.

15 Zit. nach: Georg Jacob Wolf (Hrsg.), *Kennst du das Land? Das Schönste, was Deutsche über Italien schrieben*, München 1925, S. 115.

Goethe, der im September 1786 erstmals nach Venedig kam, verglich die »wunderbare Lagunenstadt« mit einer »Biberrepublik« und begriff ihre Entstehung als historische Notwendigkeit. »Dieses Geschlecht hat sich nicht zum Spaß auf diese Inseln geflüchtet, es war keine Willkür, welche die Folgenden trieb, sich mit ihnen zu vereinigen; die Not lehrte sie, ihre Sicherheit in der unvorteilhaftesten Lage suchen, die ihnen nachher so vorteilhaft ward und sie klug machte, als noch die ganze nördliche Welt im Düstern gefangen lag; ihre Vermehrung, ihr Reichtum war notwendige Folge. Nun drängten sich die Wohnungen enger und enger, Sand und Sumpf wurden durch Felsen ersetzt, die Häuser suchten die Luft wie Bäume, die geschlossen stehen, sie mußten an Höhe zu gewinnen suchen, was ihnen an Breite abging. Auf jede Spanne des Bodens geizig und gleich anfangs in enge Räume gedrängt, ließen sie zu Gassen nicht mehr Breite, als nötig war, eine Hausreihe von der gegenüberstehenden zu trennen und dem Bürger notdürftige Durchgänge zu erhalten. Übrigens war ihnen das Wasser statt Straße, Platz und Spaziergang. Der Venezianer mußte eine neue Art von Geschöpf werden, wie man denn auch Venedig nur mit sich selbst vergleichen kann. Der große, schlangenförmig gewundene Kanal weicht keiner Straße in der Welt, dem Raum vor dem Marcusplatze kann wohl nichts an die Seite gesetzt werden.«[16] Schon wenige Jahre danach, 1794, registrierte der Kunstschriftsteller Carl Ludwig Fernow seine ausschließlich widrigen Eindrücke: »Venedig ist, die Eigentümlichkeiten, die es zu Venedig machen und vor allen andern Städten der Welt auszeichnen, abgerechnet, die stinkendste, schmutzigste, häßlichste Stadt, die ich gesehen habe; es hat die engsten, krummsten Gassen, die man sich denken kann«. (H 117.) Für Herder, der auf seiner Rückreise auch die Lagunenstadt streifte, konnte Venedig vor Neapel nicht bestehen: Venedig sei keine Parthenope wie Neapel »mit sanften lockenden

16 *Italienische Reise*, 29. September 1786.

Armen, sondern ein Seeungeheuer mit zehntausend Händen [...], eine Seespinne mit hundert Füßen und Millionen Gelenken.« (B 218.) Andere Beobachter hoben die Lebendigkeit dieser Stadt hervor, die alles andere als museal sei; so empfanden der Historiker Barthold Georg Niebuhr, so Wilhelm von Humboldt, so Franz Grillparzer. Niebuhr nannte Venedig gerade im Vergleich mit Florenz und Rom »das Größte«, was er je gesehen (H 201); Humboldt rühmte das »fabelhaft Schöne, Wunderbare« an den venezianischen Kirchen und Palästen (H 210); Grillparzer schwang sich zu einem Hymnus auf die einzige Stadt auf: »Venedig übertrifft alles, was ich bisher von Herrlichem gesehen habe, selbst Rom, ja selbst das ewige Rom, was nämlich die Macht des ersten Eindrucks betrifft.« (H 234; vgl. B 218 f.) Freilich blieben die Gefühle der Reisenden immer zwiespältig gegenüber Venedig; die einen empfanden den Zauber, die andern sahen den Schmutz, die einen rochen den Duft des salzigen Meers, die andern witterten Verfall. Nüchtern das Urteil Theodor Fontanes vom Oktober 1874: »Venedig ist interessant von Schritt zu Schritt, landschaftlich zauberhaft, poetisch durch und durch; aber es repräsentiert doch nicht *die* Form der Schönheit, die ich *dauernd* vor Augen haben möchte. Dazu ist mir, rund herausgesagt, die ganze Geschichte doch zu schmutzig. Sie bedarf des Mondlichts, bei dem man nur halb sieht. Sie bedarf der Verschleierungen, um immer wieder zu entzücken.« (H 443.) Negativer akzentuierte der Altphilologe Arnold Ruge seine Eindrücke. »Man kommt«, so berichtete er 1833 dem Vater, »hier immer mit dem Gedanken an, dies sei eine in Verfall geratene Herrlichkeit, und glaubt dies denn auch gleich den Häusern und den Gondeln anzusehen. Denn alles sieht traurig aus, alle Gondeln teerschwarz und alle Häuser schwarz und schmutzig mit abgefressener Bekleidung.« (H 303.) Hier deutet sich bereits die melancholisch-elegische Stimmung an, die August von Platens *Venezianische Sonette* beherrscht und geradezu zum Markenzeichen des Fin de siècle wird. Nicht von ungefähr steht Venedig im Zentrum dieser Untergangs-Dichtung. Der Tod in Venedig kündigt sich an. Richard Wagner komponierte 1858/59 im Palazzo Giustiniani den zweiten Akt von *Tristan und Isolde*, 1883 starb er im Palazzo Vendramin. Wie könnte es anders sein, als daß der Komponist die Reize des Morbiden, ja Moribunden lebhaft fühlte: »Auf der Fahrt den großen Kanal entlang zur Piazetta melancholischer Eindruck und ernste Stimmung: Größe, Schönheit und Verfall dicht nebeneinander.« (5. 9. 1858; B 220.) Für Nietzsche wurde die Stadt zur musikalischen Offenbarung: »Wenn ich ein andres Wort für Musik suche, so finde ich immer nur das Wort Venedig.«[17] Die Aura der Verfalls prägt auch die lyrische Impression des jungen Rilke:

> Ave weht von den Türmen her,
> immer noch hörst du die Kirchen erzählen;
> doch die Paläste an stillen Kanälen
> verraten nichts mehr.
> Und vorbei an der Traumesruh
> ihrer schlafenden Stirnen schwanken
> leise Gondeln wie schwarze Gedanken
> dem Abend zu.[18]

Für die Dichtung Hugo von Hofmannsthals spielt Venedig eine bedeutende Rolle: im frühen Trauerspiel *Das gerettete Venedig* als stimmungsvolle Kulisse, im Romanfragment *Andreas oder die Vereinigten* als Ausdruck der Ambivalenz, ja der Maskenhaftigkeit menschlicher Existenz, in der Elend und Verbrechertum die Kehrseite der prächtigen Fassaden sind. Ein wenig fängt Hermann Hesses Märchenerzählung *Der Zwerg* vom exotisch-abenteuerlichen Reiz der Lagunenstadt ein. Den Höhepunkt neuerer Venedig-Literatur bildet Thomas Manns Novelle *Der Tod in Venedig* (1912), die einige der glanzvollsten Beschreibungen dieser nur noch im

17 *Ecce Homo* (1888), in: Friedrich Nietzsche (s. Anm. 11), Bd. 3, S. 538 f.
18 »Venedig IV«, aus der Sammlung *Advent* (1897), in: Rainer Maria Rilke, *Die Gedichte*, Frankfurt a. M. 1986, S. 114.

»Land der Träume« vorhandenen Stadt enthält. Für seinen Protagonisten Gustav von Aschenbach wird Venedig zum Schicksal. »Die Luft war still und riechend, schwer brannte die Sonne durch den Dunst, der den Himmel schieferig färbte. Wasser schlug glucksend gegen Holz und Stein. Der Ruf des Gondoliers, halb Warnung, halb Gruß, ward fernher aus der Stille des Labyrinths nach sonderbarer Übereinkunft beantwortet. Aus kleinen, hochliegenden Gärten hingen Blütendolden, weiß und purpurn, nach Mandeln duftend, über morsches Gemäuer. Arabische Fensterrahmungen bildeten sich im Trüben ab. Die Marmorstufen einer Kirche stiegen in die Flut; ein Bettler, darauf kauernd, sein Elend beteuernd, hielt seinen Hut hin und zeigte das Weiße seiner Augen, als sei er blind; ein Altertumshändler, vor seiner Spelunke, lud den Vorüberziehenden mit kriecherischen Gebärden zum Aufenthalt ein, in der Hoffnung, ihn zu betrügen. Das war Venedig, die schmeichlerische und verdächtige Schöne –, diese Stadt, halb Märchen, halb Fremdenfalle, in deren fauliger Luft die Kunst einst schwelgerisch aufwucherte und welche den Musikern Klänge eingab, die wiegen und buhlerisch einlullen.«[19] In neuerer deutscher Literatur begegnet ein entromantisiertes, brüchiges Venedigbild – als winterliche Ruine des Verfalls in Alfred Anderschs Roman *Die Rote*, als futuristische Untergangsgroteske in Wolfgang Hildesheimers *Masante*, als labyrinthische Drogenhöhle in Peter Roseis Kurzroman *Wer war Edgar Allan?*, als Plattform des Aufbruchs ins »ewige Eis« in Gerhard Roths Roman *Winterreise*.

*

Das Interesse an *Land und Leuten*, an der zunehmend unromantischen Gegenwart, erwachte im Grunde erst um 1800. Johann Gottfried Seume war der erste, der – aus der Sicht des Fußwanderers – die Perspektive »von unten« konsequent in die Literatur einbrachte. Sein berühmter *Spaziergang nach*

19 *Der Tod in Venedig*, in: Thomas Mann, *Sämtliche Erzählungen*, Frankfurt a. M. 1963, S. 399.

Syrakus im Jahre 1802 hat den Zeitgenossen erst die Augen geöffnet für die Diskrepanz zwischen Winckelmanns apollinisch-heiterer Kunstwelt und der sozial und politisch zerrütteten italienischen Wirklichkeit. Auch wenn Seume in seiner bewußt einseitigen, Kunst und Geschichte rigid vernachlässigenden Wahrnehmung ein Einzelfall war, so blieb der von ihm eingebrachte Realitätsbezug weiterhin im Blick: von Wilhelm Müllers lebendigem Sittengemälde *Rom, Römer, Römerinnen* (1820) bis zu Heinrich Heines ironisch-polemischer *Reise von München nach Genua* (1830/31). Das Interesse für das Leben der Gegenwart trat gleichberechtigt neben die künstlerischen und antiquarischen Neigungen.

Eine Crux freilich zahlreicher Italienreisender bildete die Unkenntnis der Sprache. Nicht ein jeder bereitete sich so gründlich vor wie Seume, der schon wegen der von ihm gewählten Reiseart auf die Beherrschung des Italienischen angewiesen war. Heine etwa beklagte seinen »Mangel an Kenntnis der italienischen Sprache«: »Ich sehe Italien, aber ich höre es nicht.« (H 272.) In der Tat sind Urteile von Italienreisenden über Land und Leute, wenn sie selbst des Italienischen unkundig sind, nur mit Vorsicht zu genießen. Was nehmen sie anderes wahr als Fassade? Und das heutzutage rasch angeeignete Urlaubs- und Hotel-Italienisch reicht eben doch nicht aus, um sich ein Urteil über die Italiener, ihr Denken und Fühlen zu bilden. Nicht jeder wird sich damit trösten wie Heinrich Heine, daß die schönere Hälfte des Menschengeschlechts eine andere Sprache versteht: »Diese Sprache blüht in Italien ganz besonders. Wozu Worte, wo solche Augen mit ihrer Beredtsamkeit einem armen Tedesco so tief ins Herz hineinglänzen, Augen, die besser sprechen als Demosthenes und Cicero, Augen – ich lüge nicht –, die so groß sind wie Sterne in Lebensgröße.« (H 273.) Weniger an der Sprache – Jakob Grimm etwa hielt das Italienische für die »reichste und wohllautendste«, die »Königin« aller romanischen Sprachen (N 17) – als an den Menschen scheiden sich die Urteile. Rühmen die einen Schönheit und Rasse der Italiener, so sind die anderen auf Häßlichkeit und Schmutz fixiert. Niebuhrs Bemerkung »In ganz Italien haben wir [...] nicht ein einziges schönes Gesicht gesehen [...]; wohl aber weit mehr Häßlichkeit als in Deutschland« (H 203) steht Waiblingers Entzückung über die weiblichen »Wunder von Schönheit« (H 264) gegenüber.

Freilich gibt es auch das andere Geschlecht und andere Erfahrungen! Als August Ludwig von Schlözer, der Göttinger Professor der Philosophie und Geschichte, 1781/82 in Begleitung seiner Tochter Dorothea, eines Dieners und dreier Studenten nach Italien reiste, berichtete er seiner Frau auch weniger Angenehmes: »Pompös fuhren wir gestern in Italien ein! O mein Gott, welche Freude! Es war ein Tag, wie – nicht im Mai – sondern – im Junis-Tag in Göttingen: lauter Maul-Beer-, Pommeranzen-, Cypressen-Bäume unterwegs. Doch ich mache mir nichts aus Gegenden: aber die Menschen sind so scharmant! Von Augsburg an bis nach Italien prellten uns die Leute, wie Höllen-Teufel [...]. Niemand bringt einen in Italien um; aber das Prellen, die Sauerei, das Hundefressen: allmächtiger Gott, das ist arg!« (K 67.)

Über die Italiener liegen die konträrsten Urteile vor. Nicht nur, daß die Reisenden den gesetzten und ernsthaften Römer dem lebenslustigen und beweglichen Neapolitaner konfrontieren; auch die Urteile über einen Menschenschlag divergieren oft. Während Friedrich Karl von Savigny im Mai 1827 bekannte, daß ihm die Neapolitaner »weit besser als alle übrigen Italiener« gefallen (H 260), berichtete Ernst Rietschel im November 1830 an Christian Daniel Rauch, die Neapolitaner Gegend wäre das »Paradies der Erde«, »wenn keine Menschen dort wären«. Sie seien »die niedrigste Brut«, die ihm je vorgekommen. (H 288.) Unwahrscheinlich, daß sich die Menschen einer Region innerhalb von drei Jahren so grundlegend verändert haben sollten! Gewiß, dies sind Touristenurteile, die sich auf die eigenen, oft sehr privaten Erlebnisse gründen. Doch auch ein Kenner des italienischen Wesens wie Wilhelm Waiblinger hat bei aller Zugänglichkeit und Freundlichkeit, die er am Südländer schätzte, nicht die andere, die sinnliche und leidenschaftliche Gemütsart verkannt: »Gegenwärtig wird ausnehmend viel gemordet«, schrieb er 1827 aus Rom an die Eltern. »Vorigen Sonntag wurden drei erstochen. Alle Wochen wenigstens einige. Da hier jedes Weib noch ihren Geliebten, oder mehrere hat, so gibt das leicht Dolchstiche. Wo der Deutsche Ohrfeigen gibt, zuckt der Römer das Messer.« Wie kaum ein zweiter hat Waiblinger die Unterschiede des nordischen und des südlichen Typus wahrgenommen; auf die Segnungen des Südens wollte der Feind des engstirnigen Philisterunwesens nicht mehr verzichten: »Freilich, wenn ich einmal nach Deutschland ginge«, bekennt er einem Freund, »so möcht ich als Lebensgefährtin am liebsten eines der schönen Kinder des Südens mitnehmen und in seiner Sprache das verlorene Paradies ewig gegenwärtig haben. [...] Schaffen und wirken, das ist unser Lebens*zweck*. Freilich in Italien möcht' es sich verändern. Dem Italiener ist es nur Lebens*mittel*, und ich weiß nicht, ob er Recht hat. Wenn ich diesen Himmel ansehe, der den ganzen Winter blau herablächelte, diese Gärten, die immer grün geblieben sind, diese Blüten, diese Veilchenwiesen der Pamphili im Januar, diese sinnlich glühenden lebenswarmen Weiber, so wundert es mich nicht, daß der Italiener genießt, ohne zu arbeiten, statt daß wir arbeiten, ohne zu genießen.«[20]

An den Mißständen stößt sich seit Seumes harten Einsichten mancher Besucher, an der Mißwirtschaft der weltlichen Regierungen oder des Kirchenregiments, am sozialen Elend und am allenthalben anzutreffenden Schmutz. Und manch einer kommt, nach längerem Aufenthalt in Italien, zu dem ernüchternden Fazit des Malers Hans von Marées: »Nur so viel, daß, je länger man hier ist, man um so mehr die Schönheit von Stadt und Land usw. sieht und fühlt. Freilich ist auch dafür gesorgt, daß man sich nicht im Paradiese zu

20 Brief vom 30. Juli 1827 an Johann Friedrich Waiblinger, in: Wilhelm Waiblinger (s. Anm. 12), Bd. 5,1, Nr. 214, S. 385.

sein wähnt. Man bleibt eben Fremder und wenn man auch 100 Jahre hier lebte. Ein wahres, gegenseitiges Zutrauen wird zwischen Deutschen und Italienern, so liebenswürdig letztere auch sein können, niemals stattfinden« (H 415). Ganz andere Erfahrungen haben Jakob Burckhardt und Friedrich Nietzsche gemacht. Beide fühlten sich in Italien wie zu Hause, wohler als im verzwängten Deutschland und der engen Schweiz. »O wie ist mir diesmal der Abschied von Italien schwer geworden!« klagte Burckhardt 1846. Die »innere Freude«, die er in Rom empfunden hat, konzentrierte sein ganzes Sinnen und Trachten »törichterweise« im Gedanken, einmal wiederzukommen – »und wäre es auch als Lakai eines Engländers« (H 350). Nietzsche hielt sich an mehreren Orten Italiens längere Zeit auf: in Venedig, in Neapel, in Genua und in Turin. Italienisches Klima und italienische Lebensart beflügelten sein schriftstellerisches Schaffen. Das autobiographische *Ecce homo* (entstanden 1888) ist ein glühendes Bekenntnis zur italienischen Welt. Vergleichbare Affinität zum italienischen Wesen läßt sich schon bei Ferdinand Gregorovius, dem Historiker des mittelalterlichen Rom und Autor des klassischen Reisebuchs *Wanderjahre in Italien* (1856), bei Victor Hehn, dem Verfasser eines vielgerühmten und immer noch lesenswerten *Italien*-Buches (1866), beim vagabundierenden Hermann Hesse und beim frühen Heinrich Mann feststellen. Im 20. Jahrhundert schließlich sind eine ganze Reihe deutscher Autoren, nicht zuletzt aus Unbehagen an Deutschland, nach Italien emigriert oder haben doch ihren Wohnsitz über längere Zeit dort aufgeschlagen: Stefan Andres, Alfred Andersch, Ingeborg Bachmann, Marie Luise Kaschnitz, Wolfgang Hildesheimer, Karl Alfred Wolken.

*

Ein Land ist, wie Wilhelm Emrich in seiner Studie *Das Bild Italiens in der deutschen Dichtung* betont hat, nicht bloß eine geographische, politische, wirtschaftliche oder geschichtliche

Größe, sondern auch »ein geistig-seelisches Sinngebilde«.[21] Als solches gewährt es, von deutschen Reisenden und Schriftstellern geschaffen, nicht nur Aufschluß über das Land Italien und dessen Bewohner, es liefert geradezu einen Schlüssel zur Mentalität der deutschen Italienfahrer selbst. Deren Wünsche und Vorurteile, Träume und Sehnsüchte spiegeln sich im »Italienbild«, der literarischen Verdichtung des Wahrgenommenen und des Imaginierten. Man hat den deutschen Drang nach Süden existentiell begründet und das Italienerlebnis als »entscheidende Hilfe« im »Streben nach Ordnung und Klarheit, nach Maß und Form, nach Ruhe und Sein« gewürdigt.[22] Ein ebenso wichtiges Motiv ist die »Freiheit«, die Ungebundenheit, die der schwerblütigere Nordländer seit Jahrhunderten im Süden sucht. Heinrich Mann hat in seinem Roman *Zwischen den Rassen* (1905–07) in den Figuren des Deutschen Arnold und des Italieners Pardi zwei Prototypen des geistig-moralischen Nordmenschen und des sinnenhaft-animalischen Südländers gestaltet. Dem Ideal der Privatheit steht der Primat des Öffentlichkeitslebens, der inneren Tiefe der äußere Glanz gegenüber. Derlei Antagonismen enthalten immer ein Körnchen Wahrheit, greifen jedoch aufs Ganze gesehen zu kurz, schreiben einen historischen Moment für alle Zeiten fest, stilisieren die Augenblicksaufnahme zum überzeitlichen Wesensmerkmal, werden jedoch der Vielfalt, in der beide Nationen sich äußern, nicht annähernd gerecht.

Die Romantiker haben sich des Themas »Italien« mit Verve angenommen. Ihr Italienerlebnis führt in gewisser Weise die sentimentalische Wahrnehmung des 18. Jahrhunderts fort. Bezeichnend für viele Romantiker ist es, daß sie, denen Phan-

21 In: Wilhelm Emrich, *Geist und Widergeist. Wahrheit und Lüge der Literatur*, Frankfurt a. M. 1965, S. 256–286, hier S. 263.

22 Joachim Wieder, »Vom deutschen Italienerlebnis. Ein Beitrag zur Kulturgeschichte der Italienreisen«, in: *Nisus in librorum nitore. Werner Goebel zum 65. Geburtstag*, hrsg. von Max Leonhard, München 1980, S. 132–172, hier S. 134.

tasie oberstes poetologisches Gebot war, keine Kenntnis der italienischen Wirklichkeit brauchten, um Italien dichterisch zu gestalten. So bleibt ihr Italienbild reine Imagination, ob es sich nun um die Italiendarstellungen bei E. T. A. Hoffmann, bei Fouqué, bei Novalis, bei Arnim, beim frühen Tieck und bei Eichendorff oder bei Jean Paul handelt. Das rauschhaft-visionäre Erleben von Landschaft in idealtypischer Weise prägt diese Literatur. Daß viele der Schilderungen – trotz großer Unterschiede im Detail und in der »ideologischen« Einstellung – reichlich ubiquitär sind und oft nur aus Topoi und Klischees aufgebaut, ist die Kehrseite der romantischen Italien-Metaphorik.

Eine eigene Gattung »Italien-Novelle« gibt es natürlich nicht. Wohl aber schlagen sich Imaginationen und Erfahrungen in der Literatur nieder. Viele der zuvor geschilderten realen Italienerfahrungen deutscher Reisender spiegeln sich in den Erzählungen. Die literarische Gestaltung des Themas »Italien« folgt den *allgemeinen* historischen Wahrnehmungsweisen und den *zeitspezifischen* Kunstformen: von klassizistischer über schwärmerisch-romantische Wahrnehmung zu historischer und ästhetisierender Sichtweise; im 20. Jahrhundert nähern sich, auf den Spuren der großen Realisten und Naturalisten, die Erzähler immer mehr der Darstellung von Gegenwart und bevorzugen das Individuelle und Spezifische. Nicht von ungefähr löst sich die strenge Form der Novelle auf und geht in die offene Erzählung oder die Kurzgeschichte über. Skizzenhafter Abriß und dramatische Verdichtung, bissige Satire und Entlarvung stehen neben Genrebild und Momentaufnahme.

*

Deutschland und Italien, sicherlich in vielem Antipoden, in vielem aber auch Ausgleich und Ergänzung! Zweifellos hat die moderne Technik die Völker einander näher gerückt, im eigentlichen Wortsinn: In wenigen Stunden sind Autofahrer und Bahnreisende in Italien, von den Flugreisenden ganz zu schweigen. Italien liegt unmittelbar vor der Haustür, muß nicht erst mühsam »erkämpft« werden. Schon 1927 hat Wilhelm Waetzoldt konstatiert, daß die Farbigkeit, die Unmittelbarkeit und Eindringlichkeit, mit der frühere Reisende Italien aufgenommen haben, für die Gegenwart nicht mehr erlebbar sei. »Es ist zu nah gerückt, zu bekannt und zu verwandt geworden. Distanz und Pathos sind aus dem Verhältnis der nordischen Menschen zum Süden verschwunden. Ja, das Erlebnis der Italienreise ist banalisiert worden.«[23] Wieviel mehr gilt dies für das moderne Zeitalter des Massentourismus! Sicherlich verwischt das Zusammenrücken der europäischen Völker einige ihrer Unterschiede, öffnet jedoch auch Tore zum gegenseitigen Verstehen. Wer durch die Augen deutscher Schriftsteller Italien betrachtet, bemerkt bald, welche Unterschiede und welche Konstanten eine jede Epoche aufzuweisen hat, und er erkennt, welchen Gewinn jede Nationalliteratur aus der Begegnung mit dem anders gearteten Nachbarn schöpft. Die Italienerzählungen legen nicht zuletzt Zeugnis ab für die deutsch-italienische Begegnung, für die Perspektive, aus der die nördlichen Nachbarn Italien sehen. So spiegeln sich in ihnen denn auch die Vorlieben und Abneigungen der Deutschen, ihre Wahrnehmung der Landschaften und Städte, der Geschichte, der Kunst und der Menschen. Und es verdichten sich in ihnen, künstlerisch gestaltet, die verschiedenen Italienbilder zum vielgesichtigen Panorama der Wunsch- und der Schreckbilder, des Dauerhaften und des Zeitverhafteten – ein Zeugnis der heimlichen und der offenen, nie versiegten Liebe zum »Land der Sehnsucht«.

23 Wilhelm Waetzoldt, *Das klassische Land. Wandlungen der Italiensehnsucht*, Leipzig 1927, S. 6.

JOSEPH VON EICHENDORFF

Das Marmorbild

Eine Novelle

Es war ein schöner Sommerabend, als Florio, ein junger Edelmann, langsam auf die Tore von Lucca zuritt, sich erfreuend an dem feinen Dufte, der über der wunderschönen Landschaft und den Türmen und Dächern der Stadt vor ihm zitterte, so wie an den bunten Zügen zierlicher Damen und Herren, welche sich zu beiden Seiten der Straße unter den hohen Kastanien-Alleen fröhlichschwärmend ergingen.

Da gesellte sich, auf zierlichem Zelter desselben Weges ziehend, ein anderer Reiter in bunter Tracht, eine goldene Kette um den Hals und ein samtnes Barett mit Federn über den dunkelbraunen Locken, freundlich grüßend zu ihm. Beide hatten, so nebeneinander in den dunkelnden Abend hineinreitend, gar bald ein Gespräch angeknüpft, und dem jungen Florio dünkte die schlanke Gestalt des Fremden, sein frisches keckes Wesen, ja selbst seine fröhliche Stimme so überaus anmutig, daß er gar nicht von demselben wegsehen konnte.

»Welches Geschäft führt Euch nach Lucca?« fragte endlich der Fremde. »Ich habe eigentlich gar keine Geschäfte«, antwortete Florio ein wenig schüchtern. »Gar keine Geschäfte? – Nun, so seid Ihr sicherlich ein Poet!« versetzte jener lustig lachend. »Das wohl eben nicht«, erwiderte Florio und wurde über und über rot. »Ich habe mich wohl zuweilen in der fröhlichen Sangeskunst versucht, aber wenn ich dann wieder die alten großen Meister las, wie da alles wirklich da ist und leibt und lebt, was ich mir manchmal heimlich nur wünschte und ahnete, da komm ich mir vor wie ein schwaches, vom Winde verwehtes Lerchenstimmlein unter dem unermeßlichen Himmelsdom.« – »Jeder lobt Gott auf seine

Weise«, sagte der Fremde, »und alle Stimmen zusammen machen den Frühling.« Dabei ruhten seine großen geistreichen Augen mit sichtbarem Wohlgefallen auf dem schönen Jünglinge, der so unschuldig in die dämmernde Welt vor sich hinaussah.

»Ich habe jetzt«, fuhr dieser nun kühner und vertraulicher fort, »das Reisen erwählt, und befinde mich wie aus einem Gefängnis erlöst, alle alten Wünsche und Freuden sind nun auf einmal in Freiheit gesetzt. Auf dem Lande in der Stille aufgewachsen, wie lange habe ich da die fernen blauen Berge sehnsüchtig betrachtet, wenn der Frühling wie ein zauberischer Spielmann durch unsern Garten ging und von der wunderschönen Ferne verlockend sang und von großer unermeßlicher Lust.« – Der Fremde war über den letzten Worten in tiefe Gedanken versunken. »Habt Ihr wohl jemals«, sagte er zerstreut aber sehr ernsthaft, »von dem wunderbaren Spielmann gehört, der durch seine Töne die Jugend in einen Zauberberg hinein verlockt, aus dem keiner wieder zurückgekehrt ist? Hütet Euch!« –

Florio wußte nicht, was er aus diesen Worten des Fremden machen sollte, konnte ihn auch weiter darum nicht befragen; denn sie waren soeben, statt zu dem Tore, unvermerkt dem Zuge der Spaziergänger folgend, an einen weiten grünen Platz gekommen, auf dem sich ein fröhlichschallendes Reich von Musik, bunten Zelten, Reitern und Spazierengehenden in den letzten Abendgluten schimmernd hin und her bewegte.

»Hier ist gut wohnen«, sagte der Fremde lustig, sich vom Zelter schwingend; »auf baldiges Wiedersehn!« und hiermit war er schnell in dem Gewühle verschwunden.

Florio stand vor freudigem Erstaunen einen Augenblick still vor der unerwarteten Aussicht. Dann folgte auch er dem Beispiele seines Begleiters, übergab das Pferd seinem Diener und mischte sich in den muntern Schwarm.

Versteckte Musikchöre erschallten da von allen Seiten aus den blühenden Gebüschen, unter den hohen Bäumen wandelten sittige Frauen auf und nieder und ließen die schönen

Augen musternd ergehen über die glänzende Wiese, lachend und plaudernd und mit den bunten Federn nickend im lauen Abendgolde wie ein Blumenbeet, das sich im Winde wiegt. Weiterhin auf einem heitergrünen Plan vergnügten sich mehrere Mädchen mit Ballspielen. Die buntgefiederten Bälle flatterten wie Schmetterlinge, glänzende Bogen hin und her beschreibend, durch die blaue Luft, während die unten im Grünen auf und nieder schwebenden Mädchenbilder den lieblichsten Anblick gewährten. Besonders zog die eine durch ihre zierliche, fast noch kindliche Gestalt und die Anmut aller ihrer Bewegungen Florio's Augen auf sich. Sie hatte einen vollen, bunten Blumenkranz in den Haaren und war recht wie ein fröhliches Bild des Frühlings anzuschauen, wie sie so überaus frisch bald über den Rasen dahinflog, bald sich neigte, bald wieder mit ihren anmutigen Gliedern in die heitere Luft hinauflangte. – Durch ein Versehen ihrer Gegnerin nahm ihr Federball eine falsche Richtung und flatterte gerade vor Florio nieder. Er hob ihn auf und überreichte ihn der nacheilenden Bekränzten. Sie stand fast wie erschrocken vor ihm und sah ihn schweigend aus den schönen großen Augen an. Dann verneigte sie sich errötend und eilte schnell wieder zu ihren Gespielinnen zurück.

Der größere funkelnde Strom von Wagen und Reitern, der sich in der Haupt-Allee langsam und prächtig fortbewegte, wendete indes auch Florio'n von jenem reizenden Spiele wieder ab, und er schweifte wohl eine Stunde lang allein zwischen den ewigwechselnden Bildern umher.

»Da ist der Sänger Fortunato!« hörte er da auf einmal mehrere Frauen und Ritter neben sich ausrufen. Er sah sich schnell nach dem Platze um, wohin sie wiesen, und erblickte zu seinem großen Erstaunen den anmutigen Fremden, der ihn vorhin hieher begleitet. Abseits auf der Wiese an einen Baum gelehnt, stand er soeben immitten eines zierlichen Kranzes von Frauen und Rittern, welche seinem Gesange zuhörten, der zuweilen von einigen Stimmen aus dem Kreise holdselig erwidert wurde. Unter ihnen bemerkte Florio auch die schöne Ballspielerin wieder, die in stiller Freudigkeit mit weiten offenen Augen in die Klänge vor sich hinaussah.

Ordentlich erschrocken gedachte da Florio, wie er vorhin mit dem berühmten Sänger, den er lange dem Rufe nach verehrte, so vertraulich geplaudert, und blieb scheu in einiger Entfernung stehen, um den lieblichen Wettstreit mit zu vernehmen. Er hätte gern die ganze Nacht hindurch dort gestanden, so ermutigend flogen diese Töne ihn an, und er ärgerte sich recht, als Fortunato nun so bald endigte, und die ganze Gesellschaft sich von dem Rasen erhob.

Da gewahrte der Sänger den Jüngling in der Ferne und kam sogleich auf ihn zu. Freundlich faßte er ihn bei beiden Händen und führte den Blöden, ungeachtet aller Gegenreden, wie einen lieblichen Gefangenen nach dem nahgelegenen offenen Zelte, wo sich die Gesellschaft nun versammelte und ein fröhliches Nachtmahl bereitet hatte. Alle begrüßten ihn wie alte Bekannte, manche schöne Augen ruhten in freudigem Erstaunen auf der jungen blühenden Gestalt.

Nach mancherlei lustigem Gespräch lagerten sich bald alle um den runden Tisch, der in der Mitte des Zeltes stand. Erquickliche Früchte und Wein in hellgeschliffenen Gläsern funkelte von dem blendendweißen Gedeck, in silbernen Gefäßen dufteten große Blumensträuße, zwischen denen die hübschen Mädchengesichter anmutig hervorsahen; draußen spielten die letzten Abendlichter golden auf dem Rasen und dem Flusse, der spiegelglatt vor dem Zelte dahinglitt. Florio hatte sich fast unwillkürlich zu der niedlichen Ballspielerin gesellt. Sie erkannte ihn sogleich wieder und saß still und schüchtern da, aber die langen furchtsamen Augenwimpern hüteten nur schlecht die tiefen dunkelglühenden Blicke.

Es war ausgemacht worden, daß jeder in die Runde seinem Liebchen mit einem kleinen improvisierten Liedchen zutrinken solle. Der leichte Gesang, der nur gaukelnd wie ein Frühlingswind die Oberfläche des Lebens berührte, ohne es in sich selbst zu versenken, bewegte fröhlich den Kranz heiterer Bilder um die Tafel. Florio war recht innerlichst vergnügt, alle blöde Bangigkeit war von seiner Seele genommen, und er sah fast träumerischstill vor fröhlichen Gedanken zwischen den Lichtern und Blumen in die wunderschöne, langsam in die Abendgluten versinkende Landschaft vor sich hinaus. Und als nun auch an ihn die Reihe kam, seinen Trinkspruch zu sagen, hob er sein Glas in die Höh und sang:

Jeder nennet froh die Seine,
Ich nur stehe hier alleine,
Denn was früge wohl die Eine:
Wen der Fremdling eben meine?
Und so muß ich wie im Strome dort die Welle
Ungehört verrauschen an des Frühlings Schwelle.

Seine schöne Nachbarin sah bei diesen Worten beinah schelmisch an ihm herauf und senkte schnell wieder das Köpfchen, da sie seinem Blicke begegnete. Aber er hatte so herzlich bewegt gesungen und neigte sich nun mit den schönen bittenden Augen so dringend herüber, daß sie es willig geschehen ließ, als er sie schnell auf die roten heißen Lippen küßte. – »Bravo, Bravo!« riefen mehrere Herren, ein mutwilliges aber argloses Lachen erschallte um den Tisch. – Florio stürzte hastig und verwirrt sein Glas hinunter, die schöne Geküßte schauete hochrot in den Schoß und sah so unter dem vollen Blumenkranze unbeschreiblich reizend aus.

So hatte ein jeder der Glücklichen sein Liebchen in dem Kreise sich heiter erkoren. Nur Fortunato allein gehörte allen, oder keiner an und erschien fast einsam in dieser anmutigen Verwirrung. Er war ausgelassen lustig und mancher hätte ihn wohl übermütig genannt, wie er so wildwechselnd in Witz, Ernst und Scherz sich ganz und gar losließ, hätte er dabei nicht wieder mit so frommklaren Augen beinah wunderbar dreingeschaut. Florio hatte sich fest vorgenommen ihm über Tische einmal so recht seine Liebe und Ehrfurcht, die er längst für ihn hegte, zu sagen. Aber es wollte heute nicht gelingen, alle leisen Versuche glitten an der spröden Lustigkeit des Sängers ab. Er konnte ihn gar nicht begreifen. –

Draußen war indes die Gegend schon stiller geworden, und feierlich, einzelne Sterne traten zwischen den Wipfeln der dunkelnden Bäume hervor, der Fluß rauschte stärker durch die erquickende Kühle. Da war auch zuletzt an Fortunato die Reihe zu singen gekommen. Er sprang rasch auf, griff in seine Gitarre und sang:

Was klingt mir so heiter
Durch Busen und Sinn?
Zu Wolken und weiter
Wo trägt es mich hin?

Wie auf Bergen hoch bin ich
So einsam gestellt
Und grüße herzinnig,
Was schön auf der Welt.

Ja, Bacchus, dich seh ich,
Wie göttlich bist du!
Dein Glühen versteh ich,
Die träumende Ruh.

O rosenbekränztes
Jünglingesbild,
Dein Auge, wie glänzt es,
Die Flammen so mild!

Ist's Liebe, ist's Andacht,
Was so dich beglückt?
Rings Frühling dich anlacht,
Du sinnest entzückt. –

Frau Venus, du Frohe,
So klingend und weich,
In Morgenrots Lohe
Erblick ich dein Reich

Auf sonnigen Hügeln
Wie ein Zauberring. –

Zart' Bübchen mit Flügeln
Bedienen dich flink,

Durchsäuseln die Räume
Und laden, was fein,
Als goldene Träume
Zur Königin ein.

Und Ritter und Frauen
Im grünen Revier
Durchschwärmen die Auen
Wie Blumen zur Zier.

Und jeglicher hegt sich
Sein Liebchen im Arm,
So wirrt und bewegt sich
Der selige Schwarm. –

Hier änderte er plötzlich Weise und Ton und fuhr fort:

Die Klänge verrinnen,
Es bleichet das Grün,
Die Frauen stehn sinnend,
Die Ritter schaun kühn.

Und himmliches Sehnen
Geht singend durchs Blau,
Da schimmert von Tränen
Rings Garten und Au. –

Und mitten im Feste
Erblick ich, wie mild!
Den stillsten der Gäste. –
Woher, einsam Bild?

Mit blühendem Mohne,
Der träumerisch glänzt,
Und Lilienkronen
Erscheint er bekränzt.

Sein Mund schwillt zum Küssen
So lieblich und bleich,
Als brächt' er ein Grüßen
Aus himmlischem Reich.

Eine Fackel wohl trägt er,
Die wunderbar prangt.
»Wo ist einer«, frägt er,
»Dem heimwärts verlangt?«

Und manchmal da drehet
Die Fackel er um –
Tiefschauernd vergehet
Die Welt und wird stumm.

Und was hier versunken
Als Blumen zum Spiel,
Siehst oben du funkeln
Als Sterne nun kühl. –

O Jüngling vom Himmel,
Wie bist du so schön!
Ich laß das Gewimmel,
Mit dir will ich gehn!

Was will ich noch hoffen?
Hinauf, ach hinauf!
Der Himmel ist offen,
Nimm, Vater, mich auf!

Fortunato war still und alle die übrigen auch, denn wirklich draußen waren nun die Klänge verronnen und die Musik, das Gewimmel und alle die gaukelnde Zauberei nach und nach verhallend untergegangen vor dem unermeßlichen Sternenhimmel und dem gewaltigern Nachtgesange der Ströme und Wälder. Da trat ein hoher schlanker Ritter in reichem Geschmeide, das grünlichgoldene Scheine zwischen die im Winde flackernden Lichter warf, in das Zelt herein. Sein Blick aus tiefen Augenhöhlen war irre flammend, das Gesicht schön, aber blaß und wüst. Alle dachten bei seinem plötzlichen Erscheinen unwillkürlich schaudernd an den stillen Gast in Fortunato's Liede. – Er aber begab sich nach einer flüchtigen Verbeugung gegen die Gesellschaft zu dem Bufet des Zeltwirtes und schlürfte hastig dunkelroten Wein mit den bleichen feinen Lippen in langen Zügen hinunter.

Florio fuhr ordentlich zusammen, als der Seltsame sich darauf vor allen andern zu ihm wandte und ihn als einen früheren Bekannten in Lucca willkommen hieß. Erstaunt und nachsinnend betrachtete er ihn von oben bis unten, denn er wußte sich durchaus nicht zu erinnern, ihn jemals gesehen zu haben. Doch war der Ritter ausnehmend beredt und sprach viel über mancherlei Begebenheiten aus Florio's früheren Tagen. Auch war er so genau bekannt mit der Gegend seiner Heimat, dem Garten und jedem heimischen Platz, der Florio'n herzlich lieb war aus alter Zeit, daß sich derselbe bald mit der dunkeln Gestalt auszusöhnen anfing.

In die übrige Gesellschaft indes schien Donati, so nannte sich der Ritter, nirgends hinein zu passen. Eine ängstliche Störung, deren Grund sich niemand anzugeben wußte, wurde überall sichtbar. Und da unterdes auch die Nacht nun völlig hereingekommen war, so brachen bald alle auf.

Es begann nun ein wunderliches Gewimmel von Wagen, Pferden, Dienern und hohen Windlichtern, die seltsame Scheine auf das nahe Wasser, zwischen die Bäume und die schönen wirrenden Gestalten umherwarfen. Donati erschien in der wilden Beleuchtung noch viel bleicher und schauerlicher als vorher. Das schöne Fräulein mit dem Blumenkranze hatte ihn beständig mit heimlicher Furcht von der Seite angesehen. Nun, da er gar auf sie loskam, um ihr mit ritterlicher Artigkeit auf den Zelter zu helfen, drängte sie sich scheu an den zurückstehenden Florio, der die Liebliche mit klopfendem Herzen in den Sattel hob. Alles war unterdes reisefertig, sie nickte ihm noch einmal von ihrem zierlichen Sitze freundlich zu, und bald war die ganze schimmernde Erscheinung in der Nacht verschwunden.

Es war Florio'n recht sonderbar zumute, als er sich plötzlich so allein mit Donati und dem Sänger auf dem weiten, leeren Platze befand. Seine Gitarre im Arm, ging der letztere am Ufer des Flusses vor dem Zelte auf und nieder und schien auf neue Weisen zu sinnen, während er einzelne Töne griff, die beschwichtigend über die stille Wiese dahinzogen. Dann brach er plötzlich ab. Ein seltsamer Mißmut schien über seine sonst immer klaren Züge zu fliegen, er verlangte ungeduldig fort.

Alle drei bestiegen daher nun auch ihre Pferde und zogen miteinander der nahen Stadt zu. Fortunato sprach kein Wort unterweges, desto freundlicher ergoß sich Donati in wohlgesetzten zierlichen Reden; Florio, noch im Nachklange der Luft, ritt still wie ein träumendes Mädchen zwischen beiden.

Als sie ans Tor kamen, stellte sich Donati's Roß, das schon vorher vor manchem Vorübergehenden gescheuet, plötzlich fast gerade in die Höh und wollte nicht hinein. Ein funkelnder Zornesblitz fuhr, fast verzerrend, über das Gesicht des Reiters und ein wilder, nur halbausgesprochener Fluch aus den zuckenden Lippen, worüber Florio nicht wenig erstaunte, da ihm solches Wesen zu der sonstigen feinen und besonnenen Anständigkeit des Ritters ganz und gar nicht zu passen schien. Doch faßte sich dieser bald wieder. »Ich wollte Euch bis in die Herberg begleiten«, sagte er lächelnd und mit der gewohnten Zierlichkeit, zu Florio gewendet, »aber mein Pferd will es anders, wie Ihr seht. Ich bewohne hier vor der Stadt ein Landhaus, wo ich Euch recht bald bei mir zu sehen hoffe.« – Und hiermit verneigte er sich, und das Pferd, in unbegreiflicher Hast und Angst kaum mehr zu halten, flog pfeilschnell mit ihm in die Dunkelheit fort, daß der Wind hinter ihm dreinpfiff.

»Gott sei Dank«, rief Fortunato aus, »daß ihn die Nacht wieder verschlungen hat! Kam er mir doch wahrhaftig vor, wie einer von den falben ungestalten Nachtschmetterlingen, die, wie aus einem phantastischen Traume entflogen, durch die Dämmerung schwirren und mit ihrem langen Katzenbarte und gräßlich großen Augen ordentlich ein Gesicht haben wollen.« Florio, der sich mit Donati schon ziemlich befreundet hatte, äußerte seine Verwunderung über dieses harte Urteil. Aber der Sänger, durch solche erstaunliche Sanftmut nur immer mehr gereizt, schimpfte lustig fort und nannte den Ritter, zu Florio's heimlichen Ärger, einen Mondscheinjäger, einen Schmachthahn, einen Renommisten in der Melancholie.

Unter solcherlei Gesprächen waren sie endlich bei der Herberge angelangt, und jeder begab sich bald in das ihm angewiesene Gemach.

Florio warf sich angekleidet auf das Ruhebett hin, aber er konnte lange nicht schlafen. In seiner von den Bildern des Tages aufgeregten Seele wogte und hallte und sang es noch immer fort. Und wie die Türen im Hause nun immer seltner auf- und zugingen, nur manchmal noch eine Stimme erschallte, bis endlich Haus, Stadt und Feld in tiefe Stille versank: da war es ihm, als führe er mit schwanenweißen Segeln einsam auf einem mondbeglänzten Meer. Leise schlugen die Wellen an das Schiff, Sirenen tauchten aus dem Wasser, die alle aussahen wie das schöne Mädchen mit dem Blumenkranze vom vorigen Abend. Sie sang so wunderbar, traurig und ohne Ende, als müsse er vor Wehmut untergehen. Das Schiff neigte sich unmerklich und sank langsam immer tiefer und tiefer – da wachte er erschrocken auf.

Er sprang von seinem Bett und öffnete das Fenster. Das Haus lag am Ausgange der Stadt, er übersah einen weiten stillen Kreis von Hügeln, Gärten und Tälern, vom Monde klar beschienen. Auch da draußen war es überall in den Bäumen und Strömen noch wie im Verhallen und Nachhallen der vergangenen Lust, als sänge die ganze Gegend leise, gleich den Sirenen, die er im Schlummer gehört. Da konnte er der Versuchung nicht widerstehen. Er ergriff die Gitarre, die Fortunato bei ihm zurückgelassen, verließ das Zimmer und ging leise durch das ruhige Haus hinab. Die Türe unten war nur angelehnt, ein Diener lag eingeschlafen auf der Schwelle.

So kam er unbemerkt ins Freie und wandelte fröhlich zwischen Weingärten durch leere Alleen an schlummernden Hütten vorüber immer weiter fort.

Zwischen den Rebengeländern hinaus sah er den Fluß im Tale; viele weißglänzende Schlösser, hin und wieder zerstreut, ruhten wie eingeschlafene Schwäne unten in dem Meer von Stille. Da sang er mit fröhlicher Stimme:

Wie kühl schweift's sich bei nächt'ger Stunde,
Die Zither treulich in der Hand!
Vom Hügel grüß ich die Runde
Den Himmel und das stille Land.

Wie ist da alles so verwandelt,
Wo ich so fröhlich war, im Tal,
Im Wald wie still! der Mond nur wandelt
Nun durch den hohen Buchensaal.

Der Winzer Jauchzen ist verklungen
Und all der bunte Lebenslauf,
Die Ströme nur, im Tal geschlungen,
Sie blicken manchmal silbern auf.

Und Nachtigallen wie aus Träumen
Erwachen oft mit süßem Schall,
Erinnernd rühren sich die Bäume,
Ein heimlich Flüstern überall. –

Die Freude kann nicht gleich verklingen,
Und von des Tages Glanz und Lust
Ist so auch mir ein heimlich Singen
Geblieben in der tiefsten Brust.

Und fröhlich greif ich in die Saiten,
O Mädchen, jenseits überm Fluß,
Du lauschest wohl und hörst's von weitem
Und kennst den Sänger an dem Gruß!

Er mußte über sich selber lachen, da er am Ende nicht wußte, wem er das Ständchen brachte. Denn die reizende Kleine mit dem Blumenkranze war es lange nicht mehr, die er eigentlich meinte. Die Musik bei den Zelten, der Traum auf seinem Zimmer, und sein, die Klänge und den Traum und die zierliche Erscheinung des Mädchens nachträumendes Herz hatte ihr Bild unmerklich und wundersam verwandelt in ein viel schöneres, größeres und herrliches, wie er es noch nirgend gesehen.

So in Gedanken schritt er noch lange fort, als er unerwartet bei einem großen, von hohen Bäumen rings umgebenen Weiher anlangte. Der Mond, der eben über die Wipfel trat, beleuchtete scharf ein marmornes Venusbild, das dort dicht am Ufer auf einem Steine stand, als wäre die Göttin soeben erst aus den Wellen aufgetaucht und betrachte nun, selber verzaubert, das Bild der eigenen Schönheit, das der trunkene Wasserspiegel zwischen den leise aus dem Grunde aufblühenden Sternen widerstrahlte. Einige Schwäne beschrieben still ihre einförmigen Kreise um das Bild, ein leises Rauschen ging durch die Bäume rings umher.

Florio stand wie eingewurzelt im Schauen, denn ihm kam jenes Bild wie eine lang gesuchte, nun plötzlich erkannte Geliebte vor, wie eine Wunderblume, aus der Frühlingsdämmerung und träumerischen Stille seiner frühesten Jugend heraufgewachsen. Je länger er hinsah, je mehr schien es ihm, als schlüge es die seelenvollen Augen langsam auf, als wollten sich die Lippen bewegen zum Gruße, als blühe Leben wie ein lieblicher Gesang erwärmend durch die schönen Glieder herauf. Er hielt die Augen lange geschlossen vor Blendung, Wehmut und Entzücken. –

Als er wieder aufblickte, schien auf einmal alles wie verwandelt. Der Mond sah seltsam zwischen Wolken hervor, ein stärkerer Wind kräuselte den Weiher in trübe Wellen, das Venusbild, so fürchterlich weiß und regungslos, sah ihn fast schreckhaft mit den steinernen Augenhöhlen aus der grenzenlosen Stille an. Ein nie gefühltes Grausen überfiel da den

Jüngling. Er verließ schnell den Ort, und immer schneller und ohne auszuruhen, eilte er durch die Gärten und Weinberge wieder fort der ruhigen Stadt zu; denn auch das Rauschen der Bäume kam ihm nun wie ein verständiges vernehmliches Geflüster vor, und die langen gespenstischen Pappeln schienen mit ihren weitgestreckten Schatten hinter ihm dreinzulangen.

So kam er sichtbar verstört an der Herberge an. Da lag der Schlafende noch auf der Schwelle und fuhr erschrocken auf, als Florio an ihm vorüberstreifte. Florio aber schlug schnell die Türe hinter sich zu und atmete erst tief auf, als er oben sein Zimmer betrat. – Hier ging er noch lange auf und nieder, ehe er sich beruhigte. Dann warf er sich aufs Bett und schlummerte endlich unter den seltsamsten Träumen ein.

*

Am folgenden Morgen saßen Florio und Fortunato unter den hohen von der Morgensonne durchfunkelten Bäumen vor der Herberge miteinander beim Frühstück. Florio sah blässer, als gewöhnlich, und angenehm überwacht aus. – »Der Morgen«, sagte Fortunato lustig, »ist ein recht kerngesunder, wildschöner Gesell, wie er so von den höchsten Bergen in die schlafende Welt hinunterjauchzt und von den Blumen und Bäumen die Tränen schüttelt und wogt und lärmt und singt. Der macht eben nicht sonderlich viel aus den sanften Empfindungen, sondern greift kühl an alle Glieder und lacht einem ins lange Gesicht, wenn man so preßhaft und noch ganz wie in Mondschein getaucht, vor ihn hinaustritt.« – Florio schämte sich nun, dem Sänger, wie er sich anfangs vorgenommen, etwas von dem schönen Venusbilde zu sagen, und schwieg betreten still. Sein Spaziergang in der Nacht war aber von dem Diener an der Haustür bemerkt und wahrscheinlich verraten worden, und Fortunato fuhr lachend fort: »Nun, wenn Ihr's nicht glaubt, versucht es nur einmal, stellt Euch jetzt hierher und sagt zum Exempel: ›O schöne, holde Seele, o Mondschein, du Blütenstaub zärtlicher Herzen‹ usw., ob das nicht recht zum Lachen wäre! Und doch, wette ich, habt Ihr diese Nacht dergleichen oft gesagt und gewiß ordentlich ernsthaft dabei ausgesehen.« –

Florio hatte sich Fortunato'n ehedem immer so still und sanftmütig vorgestellt, nun verwundete ihn recht innerlichst die kecke Lustigkeit des geliebten Sängers. Er sagte hastig, und die Tränen traten ihm dabei in die seelenvollen Augen: »Ihr sprecht da sicherlich anders, als Euch selber zumute ist, und das solltet Ihr nimmermehr tun. Aber ich lasse mich von Euch nicht irre machen, es gibt noch sanfte und hohe Empfindungen, die wohl schamhaft sind, aber sich nicht zu schämen brauchen, und ein stilles Glück, das sich vor dem lauten Tage verschließt und nur dem Sternenhimmel den heiligen Kelch öffnet wie eine Blume, in der ein Engel wohnt.« Fortunato sah den Jüngling verwundert an, dann rief er aus: »Nun wahrhaftig, Ihr seid recht ordentlich verliebt!«

Man hatte unterdes Fortunato'n, der spazieren reiten wollte, sein Pferd vorgeführt. Freundlich streichelte er den gebogenen Hals des zierlich aufgeputzten Rößleins, das mit fröhlicher Ungeduld den Rasen stampfte. Dann wandte er sich noch einmal zu Florio und reichte ihm gutmütig lächelnd die Hand. »Ihr tut mir doch leid«, sagte er, »es gibt gar zu viele sanfte, gute, besonders verliebte junge Leute, die ordentlich recht versessen sind aufs Unglücklichsein. Laßt das, die Melancholie, den Mondschein und alle den Plunder; und geht's auch manchmal wirklich schlimm, nur frisch heraus in Gottes freien Morgen und da draußen sich recht abgeschüttelt; im Gebet aus Herzensgrund – und es müßte wahrlich mit dem Bösen zugehen, wenn Ihr nicht so recht durch und durch fröhlich und stark werdet!« – Und hiermit schwang er sich schnell auf sein Pferd und ritt zwischen den Weinbergen und blühenden Gärten in das farbige, schallende Land hinein, selber so bunt und freudig anzuschauen wie der Morgen vor ihm.

Florio sah ihm lange nach, bis die Glanzeswogen über dem fernen Reiter zusammenschlugen. Dann ging er hastig unter den Bäumen auf und nieder. Ein tiefes, unbestimmtes Verlangen war von den Erscheinungen der Nacht in seiner Seele zurückgeblieben. Dagegen hatte ihn Fortunato durch seine Reden seltsam verstört und verwirrt. Er wußte nun selbst nicht mehr, was er wollte, gleich einem Nachtwandler, der plötzlich bei seinem Namen gerufen wird. Sinnend blieb er oftmals vor der wunderreichen Aussicht in das Land hinab stehen, als wollte er das freudigkräftige Walten da draußen um Auskunft fragen. Aber der Morgen spielte nur einzelne Zauberlichter wie durch die Bäume über ihm in sein träumerisch funkelndes Herz hinein, das noch in anderer Macht stand. Denn drinnen zogen die Sterne noch immer fort ihre magischen Kreise, zwischen denen das wunderschöne Marmorbild mit neuer, unwiderstehlicher Gewalt heraufsah. – So beschloß er denn endlich, den Weiher wieder aufzusuchen, und schlug rasch denselben Pfad ein, den er in der Nacht gewandelt.

Wie sah aber dort nun alles so anders aus! Fröhliche Menschen durchirrten geschäftig die Weinberge, Gärten und Alleen, Kinder spielten ruhig auf dem sonnigen Rasen vor den Hütten, die ihn in der Nacht unter den traumhaften Bäumen oft gleich eingeschlafenen Sphinxen erschreckt hatten, der Mond stand fern und verblaßt am klaren Himmel, unzählige Vögel sangen lustig im Walde durcheinander. Er konnte gar nicht begreifen, wie ihn damals hier so seltsame Furcht überfallen konnte.

Bald bemerkte er indes, daß er in Gedanken den rechten Weg verfehlt. Er betrachtete aufmerksam alle Plätze und ging zweifelhaft bald zurück, bald wieder vorwärts; aber vergeblich; je emsiger er suchte, je unbekannter und ganz anders kam ihm alles vor.

Lange war er so umhergeirrt. Die Vögel schwiegen schon, der Kreis der Hügel wurde nach und nach immer stiller, die Strahlen der Mittagssonne schillerten segnend über der ganzen Gegend draußen, die wie unter einem Schleier von Schwüle zu schlummern und zu träumen schien. Da kam er unerwartet an ein Tor von Eisengittern, zwischen dessen zierlich vergoldeten Stäben hindurch man in einen weiten prächtigen Lustgarten hineinsehen konnte. Ein Strom von Kühle und Duft wehte den Ermüdeten erquickend daraus an. Das Tor war nicht verschlossen, er öffnete es leise und trat hinein.

Hohe Buchenhallen empfingen ihn da mit ihren feierlichen Schatten, zwischen denen goldene Vögel wie abgewehte Blüten hin und wieder flatterten, während große seltsame Blumen, wie sie Florio niemals gesehen, traumhaft mit ihren gelben und roten Glocken in dem leisen Winde hin und her schwankten. Unzählige Springbrunnen plätscherten, mit vergoldeten Kugeln spielend, einförmig in der großen Einsamkeit. Zwischen den Bäumen hindurch sah man in der Ferne einen prächtigen Palast mit hohen schlanken Säulen hereinschimmern. Kein Mensch war ringsum zu sehen, tiefe Stille herrschte überall. Nur hin und wieder erwachte manchmal eine Nachtigall und sang wie im Schlummer fast schluchzend. Florio betrachtete verwundert Bäume, Brunnen und Blumen, denn es war ihm, als sei das alles lange versunken, und über ihm ginge der Strom der Tage mit leichten, klaren Wellen, und unten läge nur der Garten gebunden und verzaubert und träumte von dem vergangnen Leben.

Er war noch nicht weit vorgedrungen, als er Lautenklänge vernahm, bald stärker, bald wieder in dem Rauschen der Springbrunnen leise verhallend. Lauschend blieb er stehn, die Töne kamen immer näher und näher, da trat plötzlich in dem stillen Bogengange eine hohe schlanke Dame von wundersamer Schönheit zwischen den grünen Bäumen hervor, langsam wandelnd und ohne aufzublicken. Sie trug eine prächtige mit goldnem Bildwerk gezierte Laute im Arm, auf der sie, wie in tiefe Gedanken versunken, einzelne Akkorde griff. Ihr langes goldenes Haar fiel in reichen Locken über die fast blassen, blendendweißen Achseln bis in den Rücken hinab, die langen weiten Ärmel, wie vom Blütenschnee gewoben, wurden von zierlichen goldnen Spangen gehalten, den schönen Leib umschloß ein himmelblaues Gewand, ringsum an den Enden mit buntglühenden, wunderbar ineinander verschlungenen Blumen gestickt. Ein heller Sonnenblick durch eine Öffnung des Bogenganges schweifte soeben scharfbeleuchtend über die blühende Gestalt. Florio fuhr innerlichst zusammen – es waren unverkennbar die Züge, die Gestalt des schönen Venusbildes, das er heute nacht am Weiher gesehen. – Sie aber sang, ohne den Fremden zu bemerken:

Was weckst du, Frühling, mich von neuem wieder?
Daß all die alten Wünsche auferstehen,
Geht übers Land ein wunderbares Wehen.
Das schauert mir so lieblich durch die Glieder.
Die schöne Mutter grüßen tausend Lieder,
Die, wieder jung, im Brautkranz süß zu sehen.
Der Wald will sprechen, rauschend Ströme gehen,
Najaden tauchen singend auf und nieder.
Die Rose seh ich gehn aus grüner Klause
Und, wie so buhlerisch die Lüfte fächeln,
Errötend in die laue Flut sich dehnen.
So mich auch ruft ihr aus dem stillen Hause –
Und schmerzlich nun muß ich im Frühling lächeln,
Versinkend zwischen Duft und Klang vor Sehnen.

So singend wandelte sie fort, bald in dem Grünen verschwindend, bald wieder erscheinend, immer ferner und ferner, bis sie sich endlich in der Gegend des Palastes ganz verlor. Nun war es auf einmal wieder stille, nur die Bäume und die Wasserkünste rauschten wie vorher. Florio stand in blühende Träume versunken, es war ihm, als hätte er die schöne Lautenspielerin schon lange gekannt und nur in der Zerstreuung des Lebens wieder vergessen und verloren, als ginge sie nun vor Wehmut zwischen dem Quellenrauschen unter und riefe ihn unaufhörlich, ihr zu folgen. – Tiefbewegt eilte er weiter in den Garten hinein auf die Gegend zu, wo sie verschwunden war. Da kam er unter uralten Bäumen an ein verfallen Mauerwerk, an dem noch hin und wieder schöne Bildereien halb kenntlich waren. Unter der Mauer auf zerschlagenen Marmorsteinen und Säulenknäufen, zwischen denen hohes Gras und Blumen üppig hervorschossen, lag ein schlafender Mann ausgestreckt. Erstaunt erkannte Florio den Ritter Donati. Aber seine Mienen schienen im Schlafe sonderbar verändert, er sah fast wie ein Toter aus. Ein heimlicher Schauer überlief Florio'n bei diesem Anblick. Er rüttelte den Schlafenden heftig. Donati schlug langsam die Augen auf und sein erster Blick war so fremd, stier und wild, daß sich Florio ordentlich vor ihm entsetzte. Dabei murmelte er noch zwischen Schlaf und Wachen einige dunkele Worte, die Florio nicht verstand. Als er sich endlich völlig ermuntert hatte, sprang er rasch auf und sah Florio, wie es schien, mit großem Erstaunen an. »Wo bin ich?« rief dieser hastig, »wer ist die edle Herrin, die in diesem schönen Garten wohnt?« »Wie seid Ihr«, frug dagegen Donati sehr ernst, »in diesen Garten gekommen?« Florio erzählte kurz den Hergang, worüber der Ritter in ein tiefes Nachdenken versank. Der Jüngling wiederholte darauf dringend seine vorigen Fragen, und Donati sagte zerstreut: »Die Dame ist eine Verwandte von mir, reich und gewaltig, ihr Besitztum ist weit im Lande verbreitet – Ihr findet sie bald da, bald dort – auch in der Stadt Lucca ist sie zuweilen.« – Florio fielen diese flüchtig hingeworfenen Worte seltsam aufs Herz, denn es wurde ihm nun immer deutlicher, was ihm vorher nur vorübergehend angeflogen, nämlich, daß er die Dame schon einmal in früherer Jugend irgendwo gesehen, doch konnte er sich durchaus nicht klar besinnen.

Sie waren unterdes rasch fortgehend unvermerkt an das vergoldete Gittertor des Gartens gekommen. Es war nicht dasselbe, durch welches Florio vorhin eingetreten. Verwundert sah er sich in der unbekannten Gegend um, weit über die Felder weg lagen die Türme der Stadt im heitern Sonnenglanze. Am Gitter stand Donati's Pferd angebunden und scharrte schnaubend den Boden.

Schüchtern äußerte nun Florio den Wunsch, die schöne Herrin des Gartens künftig einmal wieder zu sehen. Donati, der bis dahin noch immer in sich versunken war, schien sich erst hier plötzlich zu besinnen. »Die Dame«, sagte er mit der gewohnten umsichtigen Höflichkeit, »wird sich freuen, Euch kennen zu lernen. Heute jedoch würden wir sie stören, und auch mich rufen dringende Geschäfte nach Hause. Vielleicht kann ich Euch morgen abholen.« – Und hierauf nahm er in wohlgesetzten Reden Abschied von dem Jüngling, bestieg sein Roß und war bald zwischen den Hügeln verschwunden.

Florio sah ihm lange nach, dann eilte er wie ein Trunkener der Stadt zu. Dort hielt die Schwüle noch alle lebendigen Wesen in den Häusern, hinter den dunkelkühlen Jalousien. Alle Gassen und Plätze waren so leer, Fortunato auch noch nicht zurückgekehrt. Dem Glücklichen wurde es hier zu enge, in trauriger Einsamkeit. Er bestieg schnell sein Pferd und ritt noch einmal ins Freie hinaus.

»Morgen, morgen!« schallte es in einem fort durch seine Seele. Ihm war so unbeschreiblich wohl. Das schöne Marmorbild war ja lebend geworden und von seinem Steine in den Frühling hinunter gestiegen, der stille Weiher plötzlich verwandelt zur unermeßlichen Landschaft, die Sterne darin zu Blumen und der ganze Frühling ein Bild der Schönen. – Und so durchschweifte er lange die schönen Täler um Lucca, den prächtigen Landhäusern, Kaskaden und Grotten wechselnd vorüber, bis die Wellen des Abendrots über dem Fröhlichen zusammenschlugen.

Die Sterne standen schon klar am Himmel, als er langsam durch die stillen Gassen nach seiner Herberge zog. Auf einem der einsamen Plätze stand ein großes schönes Haus vom Monde hell erleuchtet. Ein Fenster war oben geöffnet, an dem er zwischen künstlich gezogenen Blumen hindurch zwei weibliche Gestalten bemerkte, die in ein lebhaftes Gespräch vertieft schienen. Mit Verwunderung hörte er mehreremal deutlich seinen Namen nennen. Auch glaubte er in den einzelnen abgerißnen Worten, die die Luft herüberwehte, die Stimme der wunderbaren Sängerin wieder zu erkennen. Doch konnte er vor den im Mondesglanz zitternden Blättern und Blüten nichts genau unterscheiden. Er hielt an, um mehr zu vernehmen. Da bemerkten ihn die beiden Damen, und es wurde auf einmal stille droben.

Unbefriedigt ritt Florio weiter, aber wie er soeben um die Straßenecke bog, sah er, daß sich die eine von den Damen noch einmal ihm nachblickend zwischen den Blumen hinauslehnte und dann schnell das Fenster schloß.

*

Am folgenden Morgen, als Florio soeben seine Traumblüten abgeschüttelt und vergnügt aus dem Fenster über die in der Morgensonne funkelnden Türme und Kuppeln der Stadt hinaussah, trat unerwartet der Ritter Donati in das Zimmer. Er war ganz schwarz gekleidet und sah heute ungewöhnlich verstört, hastig und beinah wild aus. Florio erschrak ordentlich vor Freude, als er ihn erblickte, denn er gedachte sogleich der schönen Frau. »Kann ich sie sehen?« rief er ihm schnell entgegen. Donati schüttelte verneinend mit dem Kopfe und sagte, traurig vor sich auf den Boden hinsehend: »Heute ist Sonntag.« – Dann fuhr er rasch fort, sich sogleich wieder ermannend: »Aber zur Jagd wollt' ich Euch abholen.« – »Zur Jagd?« – erwiderte Florio höchst verwundert, »heute am heiligen Tage!« – »Nun wahrhaftig«, fiel ihm der Ritter mit einem ingrimmigen, abscheulichen Lachen ins Wort, »Ihr wollt doch nicht etwa mit der Buhlerin unterm Arm zur Kirche wandern und im Winkel auf dem Fußschemel knien und andächtig ›Gotthelf‹ sagen, wenn die Frau Base niest.« – »Ich weiß nicht, wie Ihr das meint«, sagte Florio, »und Ihr mögt immer über mich lachen, aber ich könnte heut nicht jagen. Wie da draußen alle Arbeit rastet, und Wälder und Felder so geschmückt aussehen zu Gottes Ehre, als zögen Engel durch das Himmelblau über sie hinweg – so still; so feierlich und gnadenreich ist diese Zeit!« – Donati stand in Gedanken am Fenster, und Florio glaubte zu bemerken, daß er heimlich schauerte, wie er so in die Sonntagsstille der Felder hinaus sah.

Unterdes hatte sich Glockenklang von den Türmen der Stadt erhoben und ging wie ein Beten durch die klare Luft. Da schien Donati erschrocken, er griff nach seinem Hut und drang beinah ängstlich in Florio, ihn zu begleiten, der es aber beharrlich verweigerte. »Fort, hinaus!« – rief endlich der Ritter halblaut und wie aus tiefster, geklemmter Brust herauf, drückte dem erstaunten Jüngling die Hand, und stürzte aus dem Hause fort.

Florio'n wurde recht heimatlich zumute, als darauf der frische klare Sänger Fortunato, wie ein Bote des Friedens, zu ihm ins Zimmer trat. Er brachte eine Einladung auf morgen abend nach einem Landhause vor der Stadt. »Macht Euch nur gefaßt«, setzte er hinzu, »Ihr werdet dort eine alte Bekannte treffen!« Florio erschrak ordentlich und fragte hastig: »Wen?« Aber Fortunato lehnte lustig alle Erklärungen ab und entfernte sich bald. »Sollte es die schöne Sängerin sein –« dachte Florio still bei sich, und sein Herz schlug heftig.

Er begab sich dann in die Kirche, aber er konnte nicht beten, er war zu fröhlich zerstreut. Müßig schlenderte er durch die Gassen. Da sah alles so rein und festlich aus, schöngeputzte Herren und Damen zogen fröhlich und schimmernd nach den Kirchen. Aber, ach! die Schönste war nicht unter ihnen! – Ihm fiel dabei sein Abenteuer beim gestrigen Heimzuge ein. Er suchte die Gasse auf und fand bald das große schöne Haus wieder; aber sonderbar! die Türe war geschlossen, alle Fenster fest zu, es schien niemand darin zu wohnen.

Vergeblich schweifte er den ganzen folgenden Tag in der Gegend umher, um nähere Auskunft über seine unbekannte Geliebte zu erhalten, oder sie, wo möglich, gar wieder zu sehen. Ihr Palast, so wie der Garten, den er in jener Mittagsstunde zufällig gefunden, war wie versunken, auch Donati ließ sich nicht erblicken. Ungeduldig schlug daher sein Herz vor Freude und Erwartung, als er endlich am Abend der Einladung zufolge mit Fortunato, der fortwährend den Geheimnisvollen spielte, zum Tore hinaus dem Landhause zuritt.

Es war schon völlig dunkel, als sie draußen ankamen. Mitten in einem Garten, wie es schien, lag eine zierliche Villa mit schlanken Säulen, über denen sich von der Zinne ein zweiter Garten von Orangen und vielerlei Blumen duftig erhob. Große Kastanienbäume standen umher und streckten kühn und seltsam beleuchtet ihre Riesenarme zwischen den aus den Fenstern dringenden Scheinen in die Nacht hinaus. Der Herr vom Hause, ein feiner fröhlicher Mann von mittleren Jahren, den aber Florio früher jemals gesehen zu haben sich nicht erinnerte, empfing den Sänger und seinen Freund herzlich an der Schwelle des Hauses und führte sie die breiten Stufen hinan in den Saal.

Eine fröhliche Tanzmusik scholl ihnen dort entgegen, eine große Gesellschaft bewegte sich bunt und zierlich durcheinander im Glanze unzähliger Lichter, die, gleich Sternenkreisen, in kristallenen Leuchtern über dem lustigen Schwarme schwebten. Einige tanzten, andere ergötzten sich in lebhaftem Gespräch, viele waren maskiert und gaben unwillkürlich durch ihre wunderliche Erscheinung dem anmutigen Spiele oft plötzlich eine tiefe fast schauerliche Bedeutung.

Florio stand noch still geblendet, selber wie ein anmutiges Bild, zwischen den schönen schweifenden Bildern. Da trat ein zierliches Mädchen an ihn heran, in griechischem Gewande leicht geschürzt, die schönen Haare in künstliche Kränze geflochten. Eine Larve verbarg ihr halbes Gesicht und ließ die untere Hälfte nun desto rosiger und reizender sehen. Sie verneigte sich flüchtig, überreichte ihm eine Rose und war schnell wieder in dem Schwarme verloren.

In demselben Augenblick bemerkte er auch, daß der Herr vom Hause dicht bei ihm stand, ihn prüfend ansah, aber schnell wegblickte, als Florio sich umwandte. –

Verwundert durchstrich nun der letztere die rauschende Menge. Was er heimlich gehofft, fand er nirgends, und er machte sich beinah Vorwürfe, dem fröhlichen Fortunato so leichtsinnig auf dieses Meer von Lust gefolgt zu sein, das ihn nun immer weiter von jener einsamen hohen Gestalt zu verschlagen schien. Sorglos umspülten indes die losen Wellen, schmeichlerisch neckend, den Gedankenvollen und tauschten ihm unmerklich die Gedanken aus. Wohl kommt die Tanzmusik, wenn sie auch nicht unser Innerstes erschüttert und umkehrt, recht wie ein Frühling leise und gewaltig über uns, die Töne tasten zauberisch wie die ersten Sommerblicke nach der Tiefe und wecken alle die Lieder, die unten gebunden schliefen, und die Quellen und Blumen und uralte Erinnerungen und das ganze eingefrorne, schwere, stockende Leben wird ein leichter klarer Strom, auf dem das Herz mit rauschenden Wimpeln den lange aufgegebenen Wünschen fröhlich wieder zufährt. So hatte die allgemeine Lust auch Florio'n gar bald angesteckt, ihm war recht leicht zumute, als müßten sich alle Rätsel, die so schwül auf ihm lasteten, lösen.

Neugierig suchte er nun die niedliche Griechin wieder auf. Er fand sie in einem lebhaften Gespräch mit andern Masken, aber er bemerkte wohl, daß auch ihre Augen mitten im Gespräch suchend abseits schweiften und ihn schon von ferne wahrgenommen hatten. Er forderte sie zum Tanze. Sie verneigte sich freundlich, aber ihre bewegliche Lebhaftigkeit schien wie gebrochen, als er ihre Hand berührte und festhielt. Sie folgte ihm still und mit gesenktem Köpfchen, man wußte nicht, ob schelmisch, oder traurig. Die Musik begann, und er konnte keinen Blick verwenden von der reizenden Gauklerin, die ihn gleich den Zaubergestalten auf den alten fabelhaften Schildereien umschwebte. »Du kennst mich«, flüsterte sie kaum hörbar ihm zu, als sich einmal im Tanze ihre Lippen flüchtig beinah berührten.

Der Tanz war endlich aus, die Musik hielt plötzlich inne; da glaubte Florio seine schöne Tänzerin am anderen Ende des Saales *noch einmal* wieder zu sehen. Es war dieselbe Tracht, dieselben Farben des Gewandes, derselbe Haarschmuck. Das schöne Bild schien unverwandt auf ihn herzusehen und stand fortwährend still im Schwarme der nun überall zerstreuten Tänzer, wie ein heiteres Gestirn zwischen dem leichten fliegenden Gewölk bald untergeht, bald lieblich wieder erscheint. Die zierliche Griechin schien die Erscheinung nicht zu bemerken, oder doch nicht zu beachten, sondern verließ, ohne ein Wort zu sagen, mit einem leisen flüchtigen Händedruck eilig ihren Tänzer.

Der Saal war unterdes ziemlich leer geworden. Alles schwärmte in den Garten hinab, um sich in der lauen Luft zu ergehen, auch jenes seltsame Doppelbild war verschwunden. Florio folgte dem Zuge und schlenderte gedankenvoll durch die hohen Bogengänge. Die vielen Lichter warfen einen zauberischen Schein zwischen das zitternde Laub. Die hin und her schweifenden Masken mit ihren veränderten grellen Stimmen und wunderbarem Aufzuge nahmen sich hier in der ungewissen Beleuchtung noch viel seltsamer und fast gespenstisch aus.

Er war eben, unwillkürlich einen einsamen Pfad einschlagend, ein wenig von der Gesellschaft abgekommen, als er eine liebliche Stimme zwischen den Gebüschen singen hörte:

Über die beglänzten Gipfel
Fernher kommt es wie ein Grüßen,
Flüsternd neigen sich die Wipfel
Als ob sie sich wollten küssen.

Ist er doch so schön und milde!
Stimmen gehen durch die Nacht,
Singen heimlich von dem Bilde –
Ach, ich bin so froh erwacht!

Plaudert nicht so laut, ihr Quellen!
Wissen darf es nicht der Morgen!
In der Mondnacht linde Wellen,
Senk ich stille Glück und Sorgen. –

Florio folgte dem Gesange und kam auf einen offnen runden Rasenplatz, in dessen Mitte ein Springbrunnen lustig mit den Funken des Mondlichts spielte. Die Griechin saß, wie eine schöne Najade, auf dem steinernen Becken. Sie hatte die Larve abgenommen und spielte gedankenvoll mit einer

Rose in dem schimmernden Wasserspiegel. Schmeichlerisch schweifte der Mondschein über den blendendweißen Nacken auf und nieder, ihr Gesicht konnte er nicht sehen, denn sie hatte ihm den Rücken zugekehrt. – Als sie die Zweige hinter sich rauschen hörte, sprang das schöne Bildchen rasch auf, steckte die Larve vor und floh, schnell wie ein aufgescheuchtes Reh, wieder zur Gesellschaft zurück.

Florio mischte sich nun auch wieder in die bunten Reihen der Spaziergehenden. Manch zierliches Liebeswort schallte da leise durch die laue Luft, der Mondschein hatte mit seinen unsichtbaren Fäden alle die Bilder wie in ein goldnes Liebesnetz verstrickt, in das nur die Masken mit ihren ungeselligen Parodien manche komische Lücke rissen. Besonders hatte Fortunato sich diesen Abend mehreremal verkleidet und trieb fortwährend seltsam wechselnd sinnreichen Spuk, immer neu und unerkannt, und oft sich selber überraschend durch die Kühnheit und tiefe Bedeutsamkeit seines Spieles, so daß er manchmal plötzlich still wurde vor Wehmut, wenn die anderen sich halb totlachen wollten. –

Die schöne Griechin ließ sich indes nirgends sehen, sie schien es absichtlich zu vermeiden, dem Florio wieder zu begegnen.

Dagegen hatte ihn der Herr vom Hause recht in Beschlag genommen. Künstlich und weit ausholend befragte ihn derselbe weitläuftig um sein früheres Leben, seine Reisen und seinen künftigen Lebensplan. Florio konnte dabei gar nicht vertraulich werden, denn Pietro, so hieß jener, sah fortwährend so beobachtend aus, als läge hinter alle den feinen Redensarten irgendein besonderer Anschlag auf der Lauer. Vergebens sann er hin und her, dem Grunde dieser zudringlichen Neugier auf die Spur zu kommen.

Er hatte sich soeben wieder von ihm losgemacht, als er, um den Ausgang einer Allee herumbeugend, mehreren Masken begegnete, unter denen er unerwartet die Griechin wieder erblickte. Die Masken sprachen viel und seltsam durcheinander, die eine Stimme schien ihm bekannt, doch konnte er sich nicht deutlich besinnen. Bald darauf verlor sich eine Gestalt nach der andern, bis er sich am Ende, eh er sich dessen recht versah, allein mit dem Mädchen befand. Sie blieb zögernd stehen und sah ihn einige Augenblicke schweigend an. Die Larve war fort, aber ein kurzer blütenweißer Schleier, mit allerlei wunderlichen goldgestickten Figuren verziert, verdeckte das Gesichtchen. Er wunderte sich, daß die Scheue nun so allein bei ihm aushielt.

»Ihr habt mich in meinem Gesange belauscht«, sagte sie endlich freundlich. Es waren die ersten lauten Worte, die er von ihr vernahm. Der melodische Klang ihrer Stimme drang ihm durch die Seele, es war, als rührte sie erinnernd an alles Liebe, Schöne und Fröhliche, was er im Leben erfahren. Er entschuldigte seine Kühnheit und sprach verwirrt von der Einsamkeit, die ihn verlockt, seiner Zerstreuung, dem Rauschen der Wasserkunst. – Einige Stimmen näherten sich währenddes dem Platze. Das Mädchen blickte scheu um sich und ging rasch tiefer in die Nacht hinein. Sie schien es gern zu sehen, daß Florio ihr folgte.

Kühn und vertraulicher bat er sie nun, sich nicht länger zu verbergen, oder doch ihren Namen zu sagen, damit ihre liebliche Erscheinung unter den tausend verwirrenden Bildern des Tages ihm nicht wieder verloren ginge. »Laßt das«, erwiderte sie träumerisch, »nehmet die Blumen des Lebens fröhlich, wie sie der Augenblick gibt, und forscht nicht nach den Wurzeln im Grunde, denn unten ist es freudlos und still.« Florio sah sie erstaunt an, er begriff nicht, wie solche rätselhafte Worte in den Mund des heitern Mädchens kamen. Das Mondlicht fiel eben wechselnd zwischen den Bäumen auf ihre Gestalt. Da kam es ihm auch vor, als sei sie nun größer, schlanker und edler, als vorhin beim Tanze und am Springbrunnen.

Sie waren indes bis an den Ausgang des Gartens gekommen. Keine Lampe brannte mehr hier, nur manchmal hörte man noch eine Stimme in der Ferne verhallend. Draußen ruhte der weite Kreis der Gegend still und feierlich im prächtigen Mondschein. Auf einer Wiese, die vor ihnen lag, bemerkte Florio mehrere Pferde und Menschen, in dem Dämmerlichte halbkenntlich durcheinander wirrend.

Hier blieb seine Begleiterin plötzlich stehen. »Es wird mich freuen«, sagte sie, »Euch einmal in meinem Hause zu sehen. Unser Freund wird Euch hingeleiten. – Lebt wohl!« – Bei diesen Worten schlug sie den Schleier zurück, und Florio fuhr erschrocken zusammen. – Es war die wunderbare Schöne, deren Gesang er in jenem mittagschwülen Garten belauscht. – Aber ihr Gesicht, das der Mond hell beschien, kam ihm bleich und regungslos vor, fast wie damals das Marmorbild am Weiher.

Er sah nun, wie sie über die Wiese dahinging, von mehreren reichgeschmückten Dienern empfangen wurde, und in einem schnell umgeworfenen schimmernden Jagdkleide einen schneeweißen Zelter bestieg. Wie festgebannt von Staunen, Freude und einem heimlichen Grauen, das ihn innerlichst überschlich, blieb er stehen, bis Pferde, Reiter und die ganze seltsame Erscheinung in der Nacht verschwunden war.

Ein Rufen aus dem Garten weckte ihn endlich aus seinen Träumen. Er erkannte Fortunato's Stimme und eilte, den Freund zu erreichen, der ihn schon längst vermißt und vergebens aufgesucht hatte. Dieser wurde seiner kaum gewahr, als er ihm schon entgegen sang:

Still in Luft
Es gebart
Aus dem Duft
Hebt's sich zart
Liebchen ruft
Liebster schweift
Durch die Luft,
Sternwärts greift
Seufzt und ruft,
Herz wird bang
Matt wird Duft,

Zeit wird lang. –
Mondscheinduft
Luft in Luft
Bleibt Liebe und Liebste, wie sie gewesen!

»Aber wo seid Ihr denn auch so lange herumgeschwebt?« schloß er endlich lachend. – Um keinen Preis hätte Florio sein Geheimnis verraten können. »Lange?« – erwiderte er nur, selber erstaunt. Denn in der Tat war der Garten unterdes ganz leer geworden, alle Beleuchtung fast erloschen, nur wenige Lampen flackerten noch ungewiß, wie Irrlichter, im Winde hin und her.

Fortunato drang nicht weiter in den Jüngling, und schweigend stiegen sie in dem stillgewordnen Hause die Stufen hinan. »Ich löse nun mein Wort«, sagte Fortunato, indem sie auf der Terrasse über dem Dache der Villa anlangten, wo noch eine kleine Gesellschaft unter dem heiter gestirnten Himmel versammelt war. Florio erkannte sogleich mehrere Gesichter, die er an jenem ersten fröhlichen Abend bei den Zelten gesehen. Mitten unter ihnen erblickte er auch seine schöne Nachbarin wieder. Aber der fröhliche Blumenkranz fehlte heute in den Haaren, ohne Band, ohne Schmuck wallten die schönen Locken um das Köpfchen und den zierlichen Hals. Er stand fast betroffen still bei dem Anblick. Die Erinnerung an jenen Abend überflog ihn mit einer seltsam wehmütigen Gewalt. Es war ihm, als sei das schon lange her, so ganz anders war alles seitdem geworden.

Das Fräulein wurden Bianka genannt und ihm als Pietro's Nichte vorgestellt. Sie schien ganz verschüchtert, als er sich ihr näherte, und wagte es kaum, zu ihm aufzublicken. Er äußerte ihr seine Verwunderung, sie diesen Abend hindurch nicht gesehen zu haben. »Ihr habt mich öfter gesehen«, sagte sie leise, und er glaubte dieses Flüstern wieder zu erkennen. – Währenddes wurde sie die Rose an seiner Brust gewahr, welche er von der Griechin erhalten, und schlug errötend die Augen nieder. Florio bemerkte es wohl, ihm fiel dabei ein, wie er nach dem Tanze die Griechin doppelt gesehen.

»Mein Gott!« dachte er verwirrt bei sich, »wer war denn das?« –

»Es ist gar seltsam«, unterbrach sie ablenkend das Stillschweigen, »so plötzlich aus der lauten Lust in die weite Nacht hinauszutreten. Seht nur, die Wolken gehn oft so schreckhaft wechselnd über den Himmel, daß man wahnsinnig werden müßte, wenn man lange hineinsähe, bald wie ungeheure Mondgebirge mit schwindligen Abgründen und schrecklichen Zacken, ordentlich wie Gesichter, bald wieder wie Drachen, oft plötzlich lange Hälse ausstreckend, und drunter schießt der Fluß heimlich wie eine goldne Schlange durch das Dunkel, das weiße Haus da drüben sieht aus wie ein stilles Marmorbild –« – »Wo?« fuhr Florio, bei diesem Worte heftig erschreckt, aus seinen Gedanken auf. – Das Mädchen sah ihn verwundert an, und beide schwiegen einige Augenblicke still. – »Ihr werdet Lucca verlassen?« sagte sie endlich wieder zögernd und leise, als fürchtete sie sich vor einer Antwort. »Nein«, erwiderte Florio zerstreut, »doch ja, ja, bald, recht sehr bald!« – Sie schien noch etwas sagen zu wollen, wandte aber plötzlich, die Worte zurückdrängend, ihr Gesicht ab in die Dunkelheit.

Er konnte endlich den Zwang nicht länger aushalten. Sein Herz war so voll und gepreßt und doch so überselig. Er nahm schnell Abschied, eilte hinab und ritt ohne Fortunato und alle Begleitung in die Stadt zurück.

Das Fenster in seinem Zimmer stand offen, er blickte flüchtig noch einmal hinaus. Die Gegend draußen lag unkenntlich und still wie eine wunderbar verschränkte Hieroglyphe im zauberischen Mondschein. Er schloß das Fenster fast erschrocken und warf sich auf sein Ruhebett hin, wo er als wie ein Fieberkranker in die wunderlichsten Träume versank.

Bianka aber saß noch lange auf der Terrasse oben. Alle andern hatten sich zur Ruhe begeben, hin und wieder erwachte schon manche Lerche, mit ungewissem Liede hoch durch die stille Luft schweifend, die Wipfel der Bäume fingen an sich unten zu rühren, falbe Morgenlichter flogen wechselnd über ihr verwachtes, von den freigelaßnen Locken nachlässig umwalltes Gesicht. – Man sagt, daß einem Mädchen, wenn sie in einem aus neunerlei Blumen geflochtenen Kranze einschläft, ihr künftiger Bräutigam im Traume erscheine. So eingeschlummert hatte Bianka nach jenem Abend bei den Zelten Florio'n im Traume gesehen. – Nun war alles Lüge, er war ja so zerstreut, so kalt und fremde! – Sie zerpflückte die trügerischen Blumen, die sie bis jetzt wie einen Brautkranz aufbewahrt. Dann lehnte sie die Stirn an das kalte Geländer und weinte aus Herzensgrunde.

*

Mehrere Tage waren seitdem vergangen, da befand sich Florio eines Nachmittags bei Donati auf seinem Landhause vor der Stadt. An einem mit Früchten und kühlem Wein besetzten Tische verbrachten sie die schwülen Stunden unter anmutigen Gesprächen, bis die Sonne schon tief hinabgesunken war. Währenddes ließ Donati seinen Diener auf der Gitarre spielen, der ihr gar liebliche Töne zu entlocken wußte. Die großen, weiten Fenster standen dabei offen, durch welche die lauen Abendlüfte den Duft vielfacher Blumen, mit denen das Fenster besetzt war, hineinwehten. Draußen lag die Stadt im farbigen Duft zwischen den Gärten und Weinbergen, von denen ein fröhliches Schallen durch die Fenster heraufkam. Florio war innerlichst vergnügt, denn er gedachte im stillen immerfort der schönen Frau.

Währenddem ließen sich draußen Waldhörner aus der Ferne vernehmen. Bald näher, bald weit, gaben sie einander unablässig anmutig Antwort von den grünen Bergen. Donati trat ans Fenster. »Das ist die Dame«, sagte er, »die Ihr in dem schönen Garten gesehen habt, sie kehrt soeben von der Jagd nach ihrem Schlosse zurück.« Florio blickte hinaus. Da sah er das Fräulein auf einem schönen Zelter unten über den grünen Anger ziehen. Ein Falke, mit einer goldenen Schnur an ihren Gürtel befestigt, saß auf ihrer Hand, ein Edelstein an ihrer Brust warf in der Abendsonne lange grünlichgoldne Scheine über die Wiese hin. Sie nickte freundlich zu ihnen herauf.

»Das Fräulein ist nur selten zu Hause«, sagte Donati, »wenn es Euch gefällig wäre, könnten wir sie noch heute besuchen.« Florio fuhr bei diesen Worten freudig aus dem träumerischen Schauen, in das er versunken stand, er hätte dem Ritter um den Hals fallen mögen. – Und bald saßen beide draußen zu Pferde.

Sie waren noch nicht lange geritten, als sich der Palast mit seiner heitern Säulenpracht vor ihnen erhob, ringsum von dem schönen Garten, wie von einem fröhlichen Blumenkranz umgeben. Von Zeit zu Zeit schwangen sich Wasserstrahlen von den vielen Springbrunnen, wie jauchzend, bis über die Wipfel der Gebüsche, hell im Abendgolde funkelnd. – Florio verwunderte sich, wie er bisher niemals den Garten wiederfinden konnte. Sein Herz schlug laut vor Entzücken und Erwartung, als sie endlich bei dem Schlosse anlangten.

Mehrere Diener eilten herbei, ihnen die Pferde abzunehmen. Das Schloß selbst war ganz von Marmor, und seltsam, fast wie ein heidnischer Tempel erbaut. Das schöne Ebenmaß aller Teile, die wie jugendliche Gedanken hochaufstrebenden Säulen, die künstlichen Verzierungen, sämtliche Geschichten aus einer fröhlichen, lange versunkenen Welt darstellend, die schönen marmornen Götterbilder endlich, die überall in den Nischen umher standen, alles erfüllte die Seele mit einer unbeschreiblichen Heiterkeit. Sie betraten nun die weite Halle, die durch das ganze Schloß hindurchging. Zwischen den luftigen Säulen glänzte und wehte ihnen überall der Garten duftig entgegen.

Auf den breiten glattpolierten Stufen, die in den Garten hinabführten, trafen sie endlich auch die schöne Herrin des Palastes, die sie mit großer Anmut willkommen hieß. – Sie ruhte, halb liegend, auf einem Ruhebett von köstlichen Stoffen. Das Jagdkleid hatte sie abgelegt, ein himmelblaues Gewand, von einem wunderbar zierlichen Gürtel zusammengehalten, umschloß die schönen Glieder. Ein Mädchen neben ihr kniend hielt ihr einen reich verzierten Spiegel vor, während mehrere andere beschäftigt waren, ihre anmutige

Johann Christian Reinhart: Landschaft in Italien

Gebieterin mit Rosen zu schmücken. Zu ihren Füßen war ein Kreis von Jungfrauen auf den Rasen gelagert, die sangen mit abwechselnden Stimmen zur Laute, bald hinreißend fröhlich, bald leise klagend, wie Nachtigallen in warmen Sommernächten einander Antwort geben.

In dem Garten selbst sah man überall ein erfrischendes Wehen und Regen. Viele fremde Herren und Damen wandelten da zwischen den Rosengebüschen und Wasserkünsten in artigen Gesprächen auf und nieder. Reichgeschmückte Edelknaben reichten Wein und mit Blumen verdeckte Orangen und Früchte in silbernen Schalen umher. Weiter in der Ferne, wie die Lautenklänge und die Abendstrahlen so über die Blumenfelder dahinglitten, erhoben sich hin und her schöne Mädchen, wie aus Mittagsträumen erwachend, aus den Blumen, schüttelten die dunkeln Locken aus der Stirn, wuschen sich die Augen in den klaren Springbrunnen, und mischten sich dann auch in den fröhlichen Schwarm.

Florio's Blicke schweiften wie geblendet über die bunten Bilder, immer mit neuer Trunkenheit wieder zu der schönen Herrin des Schlosses zurückkehrend. Diese ließ sich in ihrem kleinen anmutigen Geschäft nicht stören. Bald etwas an ihrem dunkeln duftenden Lockengeflecht verbessernd, bald wieder im Spiegel sich betrachtend, sprach sie dabei fortwährend zu dem Jüngling, mit gleichgültigen Dingen in zierlichen Worten holdselig spielend. Zuweilen wandte sie sich plötzlich um und blickte ihn unter den Rosenkränzen so unbeschreiblich lieblich an, daß es ihm durch die innerste Seele ging. –

Die Nacht hatte indes schon angefangen, zwischen die fliegenden Abendlichter hinein zu dunkeln, das lustige Schallen im Garten wurde nach und nach zum leisen Liebesgeflüster, der Mondschein legte sich zauberisch über die schönen Bilder. Da erhob sich die Dame von ihrem blumigen Sitze und faßte Florio'n freundlich bei der Hand, um ihn in das Innere ihres Schlosses zu führen, von dem er bewundernd gesprochen. Viele von den andern folgten ihnen nach. Sie gingen einige Stufen auf und nieder, die Gesellschaft zerstreute sich inzwischen lustig, lachend und scherzend durch die vielfachen Säulengänge, auch Donati war im Schwarme verloren, und bald befand sich Florio mit der Dame allein in einem der prächtigen Gemächer des Schlosses.

Die schöne Führerin ließ sich hier auf mehrere am Boden liegende seidene Kissen nieder. Sie warf dabei, zierlich wechselnd, ihren weiten, blütenweißen Schleier in die mannigfaltigsten Richtungen, immer schönere Formen bald enthüllend, bald lose verbergend. Florio betrachtete sie mit flammenden Augen. Da begann auf einmal draußen in dem Garten ein wunderschöner Gesang. Es war ein altes frommes Lied, das er in seiner Kindheit oft gehört und seitdem über den wechselnden Bildern der Reise fast vergessen hatte. Er wurde ganz zerstreut, denn es kam ihm zugleich vor, als wäre es Fortunato's Stimme. – »Kennt Ihr den Sänger?« fragte er rasch die Dame. Diese schien ordentlich erschrocken und verneinte es verwirrt. Dann saß sie lange im stummen Nachsinnen da.

Florio hatte unterdes Zeit und Freiheit, die wunderlichen Verzierungen des Gemaches genau zu betrachten. Es war nur matt durch einige Kerzen erleuchtet, die von zwei ungeheuren, aus der Wand hervorragenden Armen gehalten wurden. Hohe, ausländische Blumen, die in künstlichen Krügen umherstanden, verbreiteten einen berauschenden Duft. Gegenüber stand eine Reihe marmorner Bildsäulen, über deren reizende Formen die schwankenden Lichter lüstern auf und nieder schweiften. Die übrigen Wände füllten köstliche Tapeten mit in Seide gewirkten lebensgroßen Historien von ausnehmender Frische.

Mit Verwunderung glaubte Florio, in allen den Damen, die er in diesen letzteren Schildereien erblickte, die schöne Herrin des Hauses deutlich wieder zu erkennen. Bald erschien sie, den Falken auf der Hand, wie er sie vorhin gesehen hatte, mit einem jungen Ritter auf die Jagd reitend, bald war sie in einem prächtigen Rosengarten vorgestellt, wie ein andrer schöner Edelknabe auf den Knien zu ihren Füßen lag.

Da flog es ihn plötzlich wie von den Klängen des Liedes draußen an, daß er zu Hause in früher Kindheit oftmals ein solches Bild gesehen, eine wunderschöne Dame in derselben Kleidung, einen Ritter zu ihren Füßen, hinten einen weiten Garten mit vielen Springbrunnen und künstlich geschnittenen Alleen, gerade so wie vorhin der Garten draußen erschienen. Auch Abbildungen von Lucca und anderen berühmten Städten erinnerte er sich dort gesehen zu haben.

Er erzählte es nicht ohne tiefe Bewegung der Dame. »Damals«, sagte er in Erinnerungen verloren, »wenn ich so an schwülen Nachmittagen in dem einsamen Lusthause unseres Gartens vor den alten Bildern stand und die wunderlichen Türme der Städte, die Brücken und Alleen betrachtete, wie da prächtige Karossen fuhren und stattliche Kavaliers einherritten, die Damen in den Wagen begrüßend – da dachte ich nicht, daß das alles einmal lebendig werden würde um mich herum. Mein Vater trat dabei oft zu mir und erzählte mir manch lustiges Abenteuer, das ihm auf seinen jugendlichen Heeresfahrten in der und jener von den abgemalten Städten begegnet. Dann pflegte er gewöhnlich lange Zeit nachdenklich in dem stillen Garten auf und ab zu gehen. – Ich aber warf mich in das tiefste Gras und sah stundenlang zu, wie die Wolken über die schwüle Gegend wegzogen. Die Gräser und Blumen schwankten leise hin und her über mir, als wollten sie seltsame Träume weben, die Bienen summten dazwischen so sommerhaft und in einem fort – ach! das ist alles wie ein Meer von Stille, in dem das Herz vor Wehmut untergehen möchte!« – »Laßt nur das!« sagte hier die Dame wie in Zerstreuung, »ein jeder glaubt mich schon einmal gesehen zu haben, denn mein Bild dämmert und blüht wohl in allen Jugendträumen mit herauf.« Sie streichelte dabei beschwichtigend dem schönen Jüngling die braunen Locken aus der klaren Stirn. – Florio aber stand auf, sein Herz war zu voll und tief bewegt, er trat ans offene Fenster. Da rauschten die Bäume, hin und her schlug eine Nachtigall, in der Ferne blitzte es zuweilen. Über den stillen Garten weg zog immer fort der Gesang wie ein klarer kühler Strom, aus dem die alten Jugendträume herauf tauchten. Die Gewalt dieser Töne hatte seine ganze Seele in tiefe Gedanken versenkt, er kam sich auf einmal hier so fremde, und wie aus sich selber verirrt vor. Selbst die letzten Worte der Dame, die er sich nicht recht zu deuten wußte, beängstigten ihn sonderbar – da sagte er leise aus tiefstem Grunde der Seele: »Herr Gott, laß mich nicht verloren gehen in der Welt!« Kaum hatte er die Worte innerlichst ausgesprochen, als sich draußen ein trüber Wind wie von dem herannahenden Gewitter erhob und ihn verwirrend anwehte. Zu gleicher Zeit bemerkte er an dem Fenstergesimse Gras und einzelne Büschel von Kräutern wie auf altem Gemäuer. Eine Schlange fuhr zischend daraus hervor und stürzte mit dem grünlichgoldenen Schweife sich ringelnd in den Abgrund hinunter.

Erschrocken verließ Florio das Fenster und kehrte zu der Dame zurück. Diese saß unbeweglich still, als lausche sie. Dann stand sie rasch auf, ging ans Fenster und sprach mit anmutiger Stimme scheltend in die Nacht hinaus. Florio konnte aber nichts verstehen, denn der Sturm riß die Worte gleich mit sich fort. – Das Gewitter schien indes immer näher zu kommen, der Wind, zwischen dem noch immerfort einzelne Töne des Gesanges herzzerreißend heraufflogen, strich pfeifend durch das ganze Haus und drohte die wild hin und her flackernden Kerzen zu verlöschen. Ein langer Blitz erleuchtete soeben das dämmernde Gemach. Da fuhr Florio plötzlich einige Schritte zurück, denn es war ihm, als stünde die Dame starr mit geschlossenen Augen und ganz weißem Antlitz und Armen vor ihm. – Mit dem flüchtigen Blitzesscheine jedoch verschwand auch das schreckliche Gesicht wieder wie es entstanden. Die alte Dämmerung füllte wieder das Gemach, die Dame sah ihn wieder lächelnd an wie vorhin, aber stillschweigend und wehmütig wie mit schwerverhaltenen Tränen.

Florio hatte indes, im Schreck zurücktaumelnd, eines von den steinernen Bildern, die an der Wand herumstanden, angestoßen. In demselben Augenblicke begann dasselbe sich zu rühren, die Regung teilte sich schnell den andern mit, und bald erhoben sich alle die Bilder mit furchtbarem Schweigen von ihrem Gestelle. Florio zog seinen Degen und warf einen ungewissen Blick auf die Dame. Als er aber bemerkte, daß dieselbe, bei den indes immer gewaltiger verschwellenden Tönen des Gesanges im Garten, immer bleicher und bleicher wurde, gleich einer versinkenden Abendröte, worin endlich auch die lieblich spielenden Augensterne unterzugehen schienen, da erfaßte ihn ein tödliches Grauen. Denn auch die hohen Blumen in den Gefäßen fingen an, sich wie buntgefleckte bäumende Schlangen gräßlich durcheinander zu winden, alle Ritter auf den Wandtapeten sahen auf einmal aus wie er und lachten ihn hämisch an, die beiden Arme, welche die Kerzen hielten, rangen und reckten sich immer länger, als wollte ein ungeheurer Mann aus der Wand sich hervorarbeiten, der Saal füllte sich mehr und mehr, die Flammen des Blitzes warfen gräßliche Scheine zwischen die Gestalten, durch deren Gewimmel Florio die steinernen Bilder mit solcher Gewalt auf sich losdringen sah, daß ihm die Haare zu Berge standen. Das Grausen überwältigte alle seine Sinne, er stürzte verworren aus dem Zimmer durch die öden widerhallenden Gemächer und Säulengänge hinab.

Unten im Garten lag seitwärts der stille Weiher, den er in jener ersten Nacht gesehen, mit dem marmornen Venusbilde. – Der Sänger Fortunato, so kam es ihm vor, fuhr abgewendet und hoch aufrecht stehend im Kahne mitten auf dem Weiher, noch einzelne Akkorde in seine Gitarre greifend. – Florio aber hielt auch diese Erscheinung für ein verwirrendes Blendwerk der Nacht und eilte fort und fort, ohne sich umzusehen, bis Weiher, Garten und Palast weit hinter ihm versunken waren. Die Stadt ruhte, hell vom Monde beschienen, vor ihm. Fernab am Horizonte verhallte nur leise ein leichtes Gewitter, es war eine prächtig klare Sommernacht.

Schon flogen einzelne Lichtstreifen über den Morgenhimmel, als er vor den Toren ankam. Er suchte dort heftig Donati's Wohnung auf, ihn wegen der Begebenheiten dieser Nacht zur Rede zu stellen. Das Landhaus lag auf einem der höchsten Plätze mit der Aussicht über die Stadt und die ganze umliegende Gegend. Er fand daher die anmutige Stelle bald wieder. Aber anstatt der zierlichen Villa, in der er gestern gewesen, stand nur eine niedere Hütte da, ganz von Weinlaub überrankt und von einem kleinen Gärtchen umschlossen. Tauben, in den ersten Morgenstrahlen spiegelnd, gingen girrend auf dem Dache auf und nieder, ein tiefer heiterer Friede herrschte überall. Ein Mann mit dem Spaten auf der Achsel kam soeben aus dem Hause und sang:

Vergangen ist die finstre Nacht,
Des Bösen Trug und Zaubermacht,
Zur Arbeit weckt der lichte Tag;
Frisch auf, wer Gott noch loben mag!

Er brach sein Lied plötzlich ab, als er den Fremden so bleich und mit verworrenem Haar daherfliegen sah. – Ganz verwirrt fragte Florio nach Donati. Der Gärtner aber kannte den Namen nicht und schien den Fragenden für wahnsinnig zu halten. Seine Tochter dehnte sich auf der Schwelle in die kühle Morgenluft hinaus und sah den Fremden frisch und morgenklar mit den großen, verwunderten Augen an. – »Mein Gott! wo bin ich denn so lange gewesen!« sagte Florio halb leise in sich, und floh eilig zurück durch das Tor und die noch leeren Gassen in die Herberge.

Hier verschloß er sich in sein Zimmer und versank ganz und gar in ein hinstarrendes Nachsinnen. Die unbeschreibliche Schönheit der Dame, wie sie so langsam vor ihm verblich, und die anmutigen Augen untergingen, hatte in seinem tiefsten Herzen eine solche unendliche Wehmut zurückgelassen, daß er sich unwiderstehlich sehnte, hier zu sterben. –

In solchem unseligen Brüten und Träumen blieb er den ganzen Tag und die darauf folgende Nacht hindurch.

*

Die früheste Morgendämmerung fand ihn schon zu Pferde vor den Toren der Stadt. Das unermüdliche Zureden seines getreuen Dieners hatte ihn endlich zu dem Entschlusse bewogen, diese Gegend gänzlich zu verlassen. Langsam und in sich gekehrt zog er nun die schöne Straße, die von Lucca in das Land hinausführte, zwischen den dunkelnden Bäumen, in denen die Vögel noch schliefen, dahin. Da gesellten sich, nicht gar fern der Stadt, noch drei andere Reiter zu ihm. Nicht ohne heimlichen Schauer erkannte er in dem einen den Sänger Fortunato. Der andere war Fräulein Bianka's Oheim, in dessen Landhause er an jenem verhängnisvollen Abende getanzt. Er wurde von einem Knaben begleitet, der stillschweigend und ohne viel aufzublicken, neben ihm her ritt. Alle drei hatten sich vorgenommen, miteinander das schöne Italien zu durchschweifen und luden Florio freudig ein, mit ihnen zu reisen. Er aber verneigte sich schweigend, weder einwilligend, noch verneinend, und nahm fortwährend an allen ihren Gesprächen nur geringen Anteil.

Die Morgenröte erhob sich indes immer höher und kühler über der wunderschönen Landschaft vor ihnen. Da sagte der heitre Pietro zu Fortunato: »Seht nur, wie seltsam das Zwielicht über dem Gestein der alten Ruine auf dem Berge dort spielt! Wie oft bin ich, schon als Knabe, mit Erstaunen, Neugier und heimlicher Scheu dort herumgeklettert! Ihr seid so vieler Sagen kundig, könnt Ihr uns nicht Auskunft geben von dem Ursprung und Verfall dieses Schlosses, von dem so wunderliche Gerüchte im Lande gehen?« – Florio warf einen Blick nach dem Berge. In einer großen Einsamkeit lag da altes verfallenes Gemäuer umher, schöne halb in die Erde versunkene Säulen und künstlich gehauene Steine, alles von einer üppig blühenden Wildnis grünverschlungener Ranken, Hekken und hohen Unkrauts überdeckt. Ein Weiher befand sich daneben, über dem sich ein zum Teil zertrümmertes Marmorbild erhob, hell vom Morgen angeglüht. Es war offenbar dieselbe Gegend, dieselbe Stelle, wo er den schönen Garten und die Dame gesehen hatte. – Er schauerte innerlichst zusammen bei dem Anblicke. – Fortunato aber sagte: »Ich weiß ein altes Lied darauf, wenn ihr damit fürlieb nehmen wollt.« – Und hiermit sang er, ohne sich lange zu besinnen, mit seiner klaren fröhlichen Stimme in die heitere Morgenluft hinaus:

Von kühnen Wunderbildern
Ein großer Trümmerhauf,
In reizendem Verwildern
Ein blühnder Garten drauf.

Versunknes Reich zu Füßen,
Vom Himmel fern und nah,
Aus andrem Reich ein Grüßen –
Das ist Italia!

Wenn Frühlingslüfte wehen
Hold übern grünen Plan,
Ein leises Auferstehen
Hebt in den Tälern an.

Da will sich's unten rühren
Im stillen Göttergrab,
Der Mensch kann's schauernd spüren
Tief in die Brust hinab.

Verwirrend durch die Bäume
Gehn Stimmen hin und her,
Ein sehnsuchtsvolles Träumen
Weht übers blaue Meer.

Und unterm duft'gen Schleier,
So oft der Lenz erwacht,
Webt in geheimer Feier
Die alte Zaubermacht.

Frau Venus hört das Locken,
Der Vögel heitern Chor
Und richtet froh erschrocken
Aus Blumen sich empor.

Sie sucht die alten Stellen,
Das luft'ge Säulenhaus,
Schaut lächelnd in die Wellen
Der Frühlingsluft hinaus.

Doch öd sind nun die Stellen,
Stumm liegt ihr Säulenhaus,
Gras wächst da auf den Schwellen,
Der Wind zieht ein und aus.

Wo sind nun die Gespielen?
Diana schläft im Wald,
Neptunus ruht im kühlen
Meerschloß, das einsam hallt.

Zuweilen nur Sirenen
Noch tauchen aus dem Grund
Und tun in irren Tönen
Die tiefe Wehmut kund. –

Sie selbst muß sinnend stehen
So bleich im Frühlingsschein,
Die Augen untergehen,
Der schöne Leib wird Stein. –

Denn über Land und Wogen
Erscheint, so still und mild,
Hoch auf dem Regenbogen
Ein andres Frauenbild.

Ein Kindlein in den Armen
Die Wunderbare hält,
Und himmlisches Erbarmen
Durchdringt die ganze Welt.

Da in den lichten Räumen
Erwacht das Menschenkind
Und schüttelt böse Träume
Von seinem Haupt geschwind.

Und, wie die Lerche singend,
Aus schwülen Zaubers Kluft
Erhebt die Seele ringend
Sich in die Morgenluft.

Alle waren still geworden über dem Liede. – »Jene Ruine«, sagte endlich Pietro, »wäre also ein ehemaliger Tempel der Venus, wenn ich Euch sonst recht verstanden?« – »Allerdings«, erwiderte Fortunato, »soviel man an der Anordnung des Ganzen und den noch übrig gebliebenen Verzierungen abnehmen kann. Auch sagt man, der Geist der schönen Heidengöttin habe keine Ruhe gefunden. Aus der erschrecklichen Stille des Grabes heißt sie das Andenken an die irdische Luft jeden Frühling immer wieder in die grüne Einsamkeit ihres verfallenen Hauses heraufsteigen und durch teufelisches Blendwerk die alte Verführung üben an jungen sorglosen Gemütern, die dann vom Leben abgeschieden, und doch auch noch nicht aufgenommen in den Frieden der Toten, zwischen wilder Lust und schrecklicher Reue, an Leib und Seele verloren, umherirren, und in der entsetzlichsten Täuschung sich selber verzehren. Gar häufig will man auf demselben Platze Anfechtungen von Gespenstern verspürt haben, wo sich bald eine wunderschöne Dame, bald mehrere ansehnliche Kavaliers sehen lassen und die Vorübergehenden in einen dem Auge vorgestellten erdichteten Garten und Palast führen.« – »Seid Ihr jemals droben gewesen?« fragte hier Florio rasch, aus seinen Gedanken erwachend. – »Erst vorgestern abends«, entgegnete Fortunato. – »Und habt Ihr nichts Erschreckliches gesehen?« – »Nichts«, sagte der Sänger, »als den stillen Weiher und die weißen rätselhaften Steine im Mondlicht umher und den weiten unendlichen Sternenhimmel darüber. Ich sang ein altes frommes Lied, eines von jenen ursprünglichen Liedern, die, wie Erinnerungen und Nachklänge aus einer andern heimatlichen Welt, durch das Paradiesgärtlein unsrer Kindheit ziehn und ein rechtes Wahrzeichen sind, an dem sich alle Poetische später in dem ältergewordnen Leben immer wieder erkennen. Glaubt mir, ein redlicher Dichter kann viel wagen, denn die Kunst, die ohne Stolz und Frevel, bespricht und bändigt die wilden Erdengeister, die aus der Tiefe nach uns langen.«

Alle schwiegen, die Sonne ging soeben auf vor ihnen und warf ihre funkelnden Lichter über die Erde. Da schüttelte Florio sich an allen Gliedern, sprengte rasch eine Strecke den andern voraus, und sang mit heller Stimme:

Hier bin ich, Herr! Gegrüßt das Licht,
Das durch die stille Schwüle
Der müden Brust gewaltig bricht
Mit seiner strengen Kühle.

Nun bin ich frei! Ich taumle noch
Und kann mich noch nicht fassen –
O Vater, du erkennst mich doch,
Und wirst nicht von mir lassen!

Es kommt nach allen heftigen Gemütsbewegungen, die unser ganzes Wesen durchschüttern, eine stillklare Heiterkeit über die Seele, gleich wie die Felder nach einem Gewitter frischer grünen und aufatmen. So fühlte sich auch Florio nun innerlichst erquickt, er blickte wieder recht mutig um sich und erwartete beruhigt die Gefährten, die langsam im Grünen nachgezogen kamen.

Der zierliche Knabe, welcher Pietro'n begleitete, hatte unterdes auch, wie Blumen vor den ersten Morgenstrahlen, das Köpfchen erhoben. – Da erkannte Florio mit Erstaunen Fräulein Bianka. Er erschrak, wie sie so bleich aussah gegen jenen Abend, da er sie zum erstenmal unter den Zelten im reizenden Mutwillen gesehen. Die Arme war mitten in ihren sorglosen Kinderspielen von der Gewalt der ersten Liebe überrascht worden. Und als dann der heißgeliebte Florio, den dunkeln Mächten folgend, so fremde wurde und sich immer weiter von ihr entfernte, bis sie ihn endlich ganz verloren geben mußte, da versank sie in eine tiefe Schwermut, deren

Geheimnis sie niemanden anzuvertrauen wagte. Der kluge Pietro wußte es aber wohl und hatte beschlossen, seine Nichte weit fortzuführen und sie in fremden Gegenden und in einem andern Himmelsstrich, wo nicht zu heilen, doch zu zerstreuen und zu erhalten. Um ungehinderter reisen zu können, und zugleich alles Vergangene gleichsam von sich abzustreifen, hatte sie Knabentracht anlegen müssen.

Mit Wohlgefallen ruhten Florio's Blicke auf der lieblichen Gestalt. Eine seltsame Verblendung hatte bisher seine Augen wie mit einem Zaubernebel umfangen. Nun erstaunte er ordentlich, wie schön sie war! Er sprach vielerlei gerührt und mit tiefer Innigkeit zu ihr. Da ritt sie, ganz überrascht von dem unverhofften Glück, und in freudiger Demut, als verdiene sie solche Gnade nicht, mit niedergeschlagenen Augen, schweigend neben ihm her. Nur manchmal blickte sie unter den langen schwarzen Augenwimpern nach ihm hinauf, die ganze klare Seele lag in dem Blick, als wollte sie bittend sagen: »Täusche mich nicht wieder!«

Sie waren unterdes auf einer luftigen Höhe angelangt, hinter ihnen versank die Stadt Lucca mit ihren dunkeln Türmen in dem schimmernden Duft. Da sagte Florio, zu Bianka gewendet: »Ich bin wie neu geboren, es ist mir, als würde noch alles gut werden, seit ich Euch wiedergefunden. Ich möchte niemals wieder scheiden, wenn Ihr es vergönnt.« –

Bianka blickte ihn, statt aller Antwort selber wie fragend, mit ungewisser, noch halb zurückgehaltener Freude an und sah recht wie ein heiteres Engelsbild auf dem tiefblauen Grunde des Morgenhimmels aus. Der Morgen schien ihnen, in langen goldenen Strahlen über die Fläche schießend, gerad entgegen. Die Bäume standen hell angeglüht, unzählige Lerchen sangen schwirrend in der klaren Luft. Und so zogen die Glücklichen fröhlich durch die überglänzten Auen in das blühende Mailand hinunter.

Wie es einem deutschen Poeten auf dem Capitol ergangen, oder das Abenteuer von der Sohle

*Mitteilung eines Anonymus durch W. Waiblinger**

Es ist sonderbar gegangen mit dem Stückchen Selbstbiographie, welches ich hier den Lesern über die Alpen hinüber schicke; ich selbst für meine Person hätte nimmermehr daran gedacht, es gar drucken zu lassen, indem es der Deutungen manche zuläßt, und Angriffe auf manches, besonders aber auf des Selbstbiographen Persönlichkeit enthält, welche bloß in meinem Tagebuche aber in keinem öffentlichen Blatte gemacht werden dürfen. Es sind der Mißgünstigen gar zu viele in Deutschland und Italien, welche, wie ich glaube, mit Wut über die Fußreiter aufs Capitol herfallen, und wenn sie den Namen des Poeten wüßten, sich in die Faust lachen, ihn wakker durchziehen würden, und viele sprächen wohl gar von Sündenschuld, göttlicher Providenz, und wären schadenfroh über die Maßen. Allein es ging folgendermaßen zu. Der Poet, ich nenne ein für allemal seinen Namen nicht, denn das hat er mir verboten, der Poet kam einen Morgen zu mir, und gab mir im Ton der Entrüstung das fragliche Blatt. Ich las und wollte mich totlachen. »Armer Schelm«, rief ich, was hast du zu erdulden! Zu allen deinen Leiden auch noch dieses! Aber es ist zum Sterben lustig!« – »Lustig«, schrie er, »lustig? es ist vielmehr entsetzlich! Es muß bekannt werden, ganz Deutschland soll es wissen, alle Poeten sollen ein Beispiel daran nehmen, alle Mäcenasse in Unmut entbrennen, alle Harpaxe sich hinter die Ohren kratzen, alle Buchhändler beschämt werden. Es muß gedruckt sein, gedruckt, und mit einem Worte, du sollst es drucken lassen.«

»Aber«, versetzte ich, noch immer lachend, »um's Himmels willen, willst du dich dergestalt vor dem ganzen Lese-Publikum prostituieren?«

* Aus Rom gesandt.

»Ich mich prostituieren?« rief der wütende Dichter. »Was kann ich dafür, daß mir das schreckliche Malheur widerfahren, daß ich nicht in eigner Equipage herumfahre, daß ich dem Schuhmacher meinen Pegasus so teuer abkaufen muß. – O ganz andere, nicht ich, sind prostituiert! Schlechterdings soll's bekannt werden, als ein Beitrag zur Geschichte deutscher Literatur! Nur nicht mit meinem Namen, ich will unbekannt bleiben! Es soll im allgemeinen etwas sagen, und die Wahrheit ist allgemein! Gib mir das Wort, mich nie zu verraten, geh' es wie es wolle, und laß es hinauswandern, und laß sie wissen drüben im Vaterland, alle, die in Kanzeleien, Consistorien, Kammern, am Schreibtisch, Rezensententisch, im Museum, an der Toilette, auf dem Kanapee, hinter dem Ofen sitzen, laß sie in Gottes Namen wissen, wie das undankbare Vaterland einen Poeten auf dem Capitol stehen läßt!«

Ich erwiderte, erschöpft beinahe vor Gelächter, »glaubst du denn, daß deine Geschichte wirklich so ganz neu und einzig in ihrer Art ist? Oh, denke dir das nicht! Stelle dir die Unzahl der Poeten und Poetinnen in unseren Tagen vor, welche das kranke Vaterland mit ihren Spezereiwaren, Abführungspillen, Vomitiven, tragischen Cremor Tartari, Zuckerküchelchen, vergoldeten leeren Nüssen, Eau de Parnasse und unzähligen Tropfen versorgen, weil ihnen der Magen schon so arg verdorben ist, daß er keine gesunde, derbe, frische Kost mehr ertragen kann! Glaubst du, daß diese alle vom Apollo und seinem Finanz-Ministerium versorgt, pensioniert und besoldet seien? Wie viele kleine Dienstchen gibt es in einem so großen und unruhigen Staat, in einer so tumultuarischen Aristokratie, wie die deutsche Literatur ist? Laufbuben, Kanzeleidiener, Kopisten, Platzbedienten, Stubenausfeger, Einheizer, Stiefelputzer, Spione, Polizeidiener, Nachtwächter, Leichenansager, Perückenmacher und Barbiere zum Ausbreiten der Lügen, und hundert andere Pöstchen, mit denen der Pöbel abgespeist wird, und mit denen seine commune Natur auch zufrieden ist. Aber gibt es nicht auch viele Subjekte, die dem Auge des Fürsten oder der Aristokraten entgangen, weil sie nicht feil sind, und eher einen Szepter, als in niedriger Sklaverei den Besen führen wollen, um den großen und kleinen Herren auf dem Parnaß den Unrat wegzuputzen! So etwa Marquis Posas, die von einem glücklichen Reiche träumen und zu stolz sind, um dem wirklichen die Art Dienste zu weihen, die es verlangt! die lieber in unbekannter ehrenvoller Stille, als in gerühmter Schmach, in Armut und Freiheit, als in Reichtum und Fron leben wollen? Und glaubst du nicht, daß diesen eigensinnigen Geistern schon andere Dinge widerfahren sind, als dir gestern auf dem Capitol?« – Solches und anderes sagte ich ihm, um ihm den Druck seines Malheurs auszureden, aber ich redete in den Wind, und mußt' es ihm endlich versprechen. So hört es denn, Leser von aller Art, ihr Mißgünstigen, denen ich ein Dorn im Auge bin, oder die ihr mich nicht leiden mögt, laßt es unsern Poeten nicht fühlen, daß er sein Abenteuer durch mich euch bekannt macht! Lacht, wie ich auch gelacht habe, und nehmt euch daraus, was ihr könnt, und was sich euch von Raisonnements aufdrängt! Ihr Reichen, die ihr die Fülle habt, und Mittel und Gelegenheit, Kunst und Wissenschaft in ihren Pflegesöhnen zu beschützen, greift in euer zeitiges Herz, oder in euren Beutel, was ganz dasselbe ist, und sucht in Zukunft durch eure Vermittelung dererlei, für einen so heiligen Ort wie das Capitol, für die Ehre der Menschheit und besonders des Vaterlandes, mehr noch, als für die Subjekte selbst, die leiden müssen, so tief erniedrigende Auftritte zu verhüten!

*

»Ach, um's Himmels willen!« war mein erstes Wort, als ich heute früh erwachte. Mein Freund Scarramuzza, der auf meinem Zimmer sich bereits rasierte, sah mich erschrocken an, und es fehlte wenig, so hätte er sich empfindlich ins Kinn geschnitten. »Du beginnst deinen Tag«, sagte er, »mit einem hübschen Augurium. Was fährt dir denn schon durch den Kopf, daß du seufzest, als ob du heute noch eine Stunde vor Ave Maria das Cavalletto vor allen römischen Künstlern bekommen, und in drei Tagen auf dem Corso in effigie auf dem Pranger paradieren solltest?« – »O Freund«, rief ich, »warum sollte es nicht mein erster Gedanke sein, was gestern abend mein letzter war und was mich peinigend ins milde Reich der Träume hinüber begleitete.« – »Ich weiß nicht, was du hast, es scheint mir, als wärest du reif für die Longara!« – »Ach nein, noch nicht! O um's Himmels willen!« – »Du bist nicht bei Trost? Was fällt dir ein?« – »Was mir einfällt! Oh, mir fällt ein schrecklicher Gedanke ein! Ich muß heut einen Besuch machen!« – »Und sonst nichts, du bist ein Narr!« – »Das ist gleich gesagt, ein Narr! Aber du weißt nicht, was das für lange Auftritte kosten wird.« – »Und warum denn!« – »Du fragst blöde, stelle dir vor, ich muß mich in Putz begeben!« – »Und das ist alles?« – »Alles leider! o das ist so viel, als wenn man ein altes römisches Ruinenstück modern anweißen, mit Jalousieläden und einem Wetterableiter dekorieren wollte!« – »Aber sage mir denn bei Gott und allen Heiligen, warum?« – »Kurzsichtiger Mensch, warum? Wo werde ich ein weißes Halstuch, wo ein Gilet, wo Chapeau und Vatermörder, wo all das Zeug finden, das ich nötig habe? Und wer wird mich anziehen? Du bist im Vatikan, und die Padrona hat ein zu wüstes Gesicht, als daß ich's so lange vor mir leiden möchte, bis sie mir den Walter-Scott-Knoten ins Halstuch geknüpft! O Scarramuzza! es fällt mir manchmal so ein, es wäre doch gut, wenn ich eine Frau hätte; ich meine, alsdann hätte ich doch nicht mehr so viel zu denken, und meine Frau müßte im Gedächtnis behalten, wie viel ich Tücher in die Wäsche gebe. O Lieber, verlaß mich nicht in dieser Not, stehe mir bei und hilf mir mit deiner Geschicklichkeit und deinem Wissen! Ich will dich dafür geduldig anhören, wenn du pfeifst und singst einen ganzen Abend lang, und wenn du mir vorliesest und ich schlafe, so will ich dir dennoch aufmerksam zuhören!« – »Du bist ein Unverschämter.« – »Nein, mein lieber Checchino, höre mich an, ich will eine ganze Comedie von Goldoni aushalten.« –

»Wann hast du denn diesen so wichtigen Besuch zu machen?« – »Ach heute abend, Checchino, so um 23 Uhr muß ich mich ankleiden!« – »Und wohin gehst du dann?« – »Zum Herrn von X. aufs Capitol! Du weißt, er ist der vorzüglichste Herr und der humanste auf der Welt! Aber das Zeremoniell, und es ist wegen den andern! Er, glaub ich, nähm' es gleichgültig! Aber die andern, wie würden sie die Nasen rümpfen, wie auf mich herab blicken, du kennst sie ja, wie sie sind. Die Vornehmen selbst sind oft zehnmal weniger zeremoniell, als die, welche ihnen den Hof machen.« – »Nun, ich komme bis dahin aus dem Vatikan zurück.« – »O du Parmegianer Engel, o idolo del mio cuore, nume adorato! Ist's wahr, daß du mich nicht in dieser grenzenlosen Bedrängnis verlassen willst?« – Er versprach's und ließ mich allein. Nun war ich zufrieden.

Der Tag zerfloß mir im süßesten Genuß der Muse. Noch erfüllt von den Wonnen der Sabiner Gebirge und meines verborgenen Elysiums, träumt' ich mich in etlichen Liedern, die ich schrieb, wieder in jene Fernen hinüber, und baute mir dort unter dem Schatten von Limonien und Feigen eine Hütte, wo ich nicht allein, wie bisher auf diesen unglücklichen Wanderungen durchs wilde Leben, sondern mit einem Wesen lebte, in dem sich die ganze Milde und Schönheit des hesperischen Himmels, die ganze Fülle und aller Reiz italienischer Natur abspiegelte. Schon hab ich meine Lieder geendet und bleibe noch lange versunken und vertieft in diesem unendlichen Rauschen und Wogen von Gedanken und Empfindungen, ins Meer dieses unüberschwenglichen Glücks, das ich träumend und dichtend genieße, als mein Freund mich weckt, indem er mit gewaltigem Geräusch in mein Zimmer herein kommt.

»Eccome qua«, ruft er, »hast du alles gerüstet?« – »Was gerüstet?« – »Cospetto di Bacco, du erfreust mich! Wo ist Hemde, Halstuch, Gilet, wo –« – »Hemd, Halstuch, Gilet?« – »Ich glaube du schläfst noch?« – »Mein Kind, ich schlafe nicht! Aber was willst du denn von mir?« – »Was ich von dir will? Wirst du denn die Visite nicht machen?« – »Ach ja, mir fällt ein, ich wollte eine Visite auf dem Capitol machen, ich wollte es heute früh! Aber sieh, ich denke nun, daß ich's auch morgen tun könnte, wenn das Wetter günstiger ist. Es ist so ein weiter Weg dahin und es ist auch schon zu spät!« – »Zu spät! Eine Stunde früher, als du gehn wolltest, das beste Wetter auf der Welt, aber du der nachlässigste und trägste Mensch!« – »Du hast recht, ich bin zuweilen etwas träg, besonders wenn's ans Putzen und Anziehen geht, aber siehe, Freund, ich bin nun auch nicht gestimmt, ich bin zu sehr in Gedanken, ich könnte eine zu schlechte Figur machen – es wird mir wohl besser sein, wenn ich ein andermal gehe.« – »Aber der Hr. v. X. reist ab!« – – »Es ist wahr, daß er abreist, es fällt mir nun auch ein, allein was machen wir?« – »Bist du doch wie von Leim! Du ziehst dich augenblicklich an, und machst die Visite.« – »Aber, lieber, lieber Freund, bedenke –« – »Hier ist nichts zu bedenken! Schnell, hast du einen weißen Hemdekragen?« – »Nein, Freund!« – »Laß sehen.« Damit machte sich mein lieber Hausgenosse an die Kommode und suchte nach. »Ei«, rief er, »du hast ja Hemd und Hemdkragen!« – »Desto besser, Scaramuzza, so brauchst du mir nichts zu borgen.«

Nun ging's an ein Bürsten und Falten und Steifen und Legen, daß mir noch die Pein davon im Herzen geblieben. Das Hemde hatte den Knopf verloren, und der Freund fragte nach der Tuchnadel: »Bester Freund«, antwortete ich, »du fragst nach etwas, was nicht vorhanden ist; ich wollte mir eine kaufen, aber sie sagten mir, ich würde sie doch nur verlieren, und so hab ich's unterbleiben lassen. Jedoch wird die Padrona der Stecknadeln genug haben, und so eine ist, denk ich, gut genug für mich.« Die Padrona brachte in der Tat auch eine herbei, und sie wurde sofort von meinem servierenden Freund angeheftet, und mit vieler Kunst verborgen. Nun ging's ans Halstuch. Das erste wollte ihm nicht gefallen. »Das ist ja voll Dintenflecken«, behauptete er, »und es wird Mühe kosten, die Seiten zu verbergen, wo es durch deine Unreinlichkeit beschmutzt ist!« – »Nenne nicht Unreinlichkeit, mein Teurer, was sich mir von irdischem Stoff in der Stunde der Begeisterung an meine Kleider und an alle meine Umgebungen ansetzt. Es ist das bloß ein sympathetisches –« – »Schweige und gib ein anderes Halstuch, denn das ist unbrauchbar.« – Zum Glück fand er ein anderes und besseres, und so wurd' es mir um den Hals gedreht und gewunden, daß ich ausrief: »O Lieber, soll denn das durchaus meine letzte Stunde sein? willst du ein Assassinium an mir verüben, und mich erdrosseln.« Aber da war keine Hülfe. Kaum war es angeknüpft, als mein Amicus ausrief: »O du hast dich ja nicht rasieren lassen! so kannst du nicht auftreten, ich muß dir das Halstuch wieder abnehmen.«

Aber jetzt in der Todesangst begann ich: »Ich beschwöre dich, bei dem Heiligsten, was du kennst, bei allem was im Himmel und auf Erden ist, ich beschwöre dich bei dem ersten Bart, den du dir abnahmst, laß mich ungeschoren!«

Diese vehemente Bitte machte Eindruck, und erweckte Teilnahme, denn ich hatte mit einer humanen Seele zu tun. Die Weste wurde jetzt gesucht, aber vergebens. Die Padrona kam herbei, um Hülfe zu leisten. Nach langem Forschen ward sie glücklich entdeckt, sie war von meinem Dante breitgedrückt. Wiewohl das geübte Auge meines Garderobeserviteur da und dort Stellen entdecken wollte, welche mit vieler Wahrscheinlichkeit vermuten lassen, daß besagte gelbe werthersche Weste dem Dichter schon mehreremal am Leib gelegen, während er begeistert war, so wurde doch dahin abgestimmt, daß er sie wohl tragen könne und daß sie zum übrigen Kostüm ohne weiteres passe. Jetzt aber kam ein wichtiger Punkt, ich meine die Modesten. Hier hatte man so viel auszusetzen, daß man schlechterdings sie für untauglich erklärte, und nach andern suchte. Allein die übrigen waren teils nicht gewaschen, zwei Paar hatte sich der Dichter gekauft, und als er sie anzog, waren sie um einen Schuh zu kurz, und die schwarzen Winter- und Galahosen waren schamrot, nicht über ihr Alter, sondern über ihre Strapazen und den unordentlichen Herren. Dennoch blieb nach reifem Überdenken nichts übrig, als mit denen, die ich am Leibe hatte, oder lieber gar als Sansculotte den Besuch zu machen. Das erstere wurde vorgezogen, und dabei als ein wichtiger Grund angeführt, daß es der Nacht zugehe, und bis ich vorgelassen werde, bereits Lichter angezündet seien. Die Padrona jedoch bemerkte am linken Fuß noch ein kleines Loch von etlichen Zoll, was sie vermeinte vorher zunähen zu müssen, und es fiel mir ein, daß mir's auch vor einigen Wochen in den Sabinergebirgen eine Frau bemerkte. Ich gestattete ihr also meinen Fuß auf einen Sessel stellend, es pünktlich zuzunähen, während ich meinem Freund sagte: »Wahrlich nun bringt mir dieser kleinliche Umstand wieder das ganze Bild jenes Zauberlebens zurück, das sich in jenen echt dichterischen Tagen in und außer mir bewegte, ich spann mir in jenen arkadischen Bergen ein Gedicht aus, das, wenn es zustande kommen sollte, gewiß an Leben, Frische, und Wahrheit alle übertreffen sollte, die von seiner Art Italien bereichert: denn mich bedünkt, man kann noch etwas ganz Neues, Niegesagtes für dieses Land tun, man kann es noch in einem großen Lebensgemälde darstellen, in welchem nach Shakespeares Weise auch das Pöbelhafte seine Stelle finden müßte, man könnte sich dadurch aufs ruhmvollste auszeichnen, sich einen bleibenden Namen erwerben, und es wäre eine würdige Vorarbeitung in betreff der Selbstüberwindung auf die dramatische Laufbahn, ja denke dir, daß ich schon den Plan gemacht, daß ich meine ganze Fabel bis aufs Einzelnste ausgesponnen, eine Fabel, die an sich schon auf jedem Boden interessierte, und die noch dazu Gelegenheit gibt, italienische Eigentümlichkeit in Natur und Leben aufs vollkommenste anschaulich zu machen – ja mein Lieber, ich darf nur beginnen – hier ist die Skizze, die ich dir ins Italienische übersetzen will.« Damit eilt' ich an den Tisch, und wollte eben ein Buch aufschlagen, als die Padrona in ein Zetergeschrei und der Freund in ein Gelächter ausbrach, das meine Eitelkeit zuerst auf meinen poetischen Plan setzte. Allein ich merkte bald den unwürdigen Grund dieses

Geschreies, indem die Frau nach ihrer Nadel rief, und ich mich erinnerte, daß ich im Begriff war, meine Hosen von ihr flicken zu lassen. Ich mußte also nachgeben, wiewohl ich versprach, jene skizzierte Composition nach abgelegter Visite ins Italienische zu übersetzen, und es entstand nun, nachdem das kleine von den Sabinergesträuchen 40 Miglien von hier zustande gebrachte Loch aufs anmutigste zugeflickt war, die ernsthafte Frage, was ich zu meiner Fußbekleidung wählen müsse. Es wurde also nachgesehen, und man fand zwei Paar Stiefel vor, welche seit Jahr und Tag übrigens, und wenn mir recht, in Genua oder Florenz vor grauer Zeit so unbrauchbar und wüst geworden, als meine Padrona.

Die Schuhe betreffend, so fand man ein Paar noch von gutem Leder, allein sie waren seit der Gebirgreise weder getragen noch geputzt worden, und man hatte deswegen den klassischen Boden daran zu tadeln, welcher sich dergestalt an sie angesetzt hatte, daß ich selbst sagte, die halbe Via Praenestina hange noch daran. Man machte also Gebrauch vom andern Paar, woran aber das Band zerrissen war. In dieser Not, wie schon so oft in meinem abenteuerlichen Leben, erschien unversehens eine Hülfe, die alles ins reine brachte, Scarramuzza brachte seine grauen Stivaletti, welche die vom Unglimpf der Zeit getroffenen Teile der Schuhe vollkommen bedecken und dem Auge der schadenfrohen Landsleute entziehen konnten. Allein zuvor mußte von der Padrona ein Lederriemen angenäht werden, und da dieses Geschäft fertig war, war der ganze Mann fertig. Ich befahl also der Alten, den Spiegel etwas zu reinigen, damit ich meine ganze Figur von Kopf zu Füßen in verschiedenen Bewegungen betrachten und mit dem Ideal vergleichen konnte, das ich von meiner Person und überhaupt einem Galant homme im Kopfe habe. Es ward fast alles aufs beste angeordnet gefunden, nun der schwarze Frack angezogen und, weil er auf dem Rücken, von gestern abend weiß war, durch den Freund säuberlich gebürstet. So war denn der schwere Strauß überstanden, und ich wurde ermahnt, mich auf den Weg zu machen. Wiewohl ich

François Morel: Ansicht des Kapitols

behauptete, daß ich mich auch auf einige Zeit vor dem Fenster vor den Nachbaren und Nachbarinnen sehn lassen müsse, um sie durch meine gänzliche Verwandlung in Verwirrung zu setzen, so schob man mich doch zur Türe hinaus, wünschte mir Glück zur Reise, und ich ging nun, wie ein aus dem Türkischen oder Taprobanischen ins feinste, moderne Französisch übersetztes Heldengedicht, aus dem Hause. Nichts natürlicher, als daß ich den kleinen Umweg über den Corso machte, wo ich sehen oder gesehen werden konnte, und wo ich meine Figur mit dem ersten Stutzer zu messen und vergleichen gesonnen war.

So oft ich den Corso auf und ab wandle, und wenn's Jahre lang geschieht, macht der Hintergrund des Capitols und die pittoreske Masse von alter Architektur, der Turm und die Kirche Ara Cieli einen tiefen Eindruck auf mich, und ich fühle stets das Glück, das so wenige fühlen, das Glück in Rom zu sein, mit einem Feuer von Empfindung, und einer Fülle von Gedanken, die alle meine Leiden, selbst all meine wenigen kleinen Freuden aus der Seele hinwegweht. So war ich denn auch diesmal ganz dem Eindruck des Capitols hingegeben, dem ich entgegen wandelte: ich entzückte mein Herz an der Riesensäule des Antoninus, und langte auf der Piazza di Venezia an. Jetzt schlug ich meinen Weg gerade der Façade des Capitols zu ein, schon hatte ich ums Eck gebogen, und die Treppen führten vor meinem Auge zwischen den Löwen auf den einst, mit seinen Göttern, Helden, Liktoren und Triumphatoren, so viele Jahrhunderte die Welt beherrschenden Hügel hinauf. Schon gewahrte ich oben die Reiterstatue des Marc Aurel und die kolossalen Gestalten der Dioskuren, und die Trophäen des Marius, und die Paläste des Senators und der Conservatoren, und die alte Façade von Ara Cieli mahnte mich melancholisch an den Tempel des Jupiters Capitolinus und jener Schar von römischen Göttern, deren halb aristokratische Regierungsform Rom größer machte als die streng theistische Monarchie, unter der es jetzt lebt. Eine Schar Mönche stieg die Treppe hinauf, wo einst die Sieger von Gallien, Spanien, Germanien, Afrika und Asien mit gefangenen Königen emporzogen, und eine Menge andächtigen Volkes rutschte auf den Knien die Treppe nach der Basilika hinauf, wo Jupiter einst gethront.

So mit aller Seele und allen Gedanken der Gewalt dieses nie geschwächten, immer wieder neuen Anblicks, und der stürmischen Folge so herzerhebender Erinnerungen von drei Jahrtausenden hingegeben, wach ich jetzt auf, und glaube mit Schrecken im Schlaf gewandelt zu haben. Wie es uns oft träumt, daß man einen wichtigen Besuch bei vielbedeutenden Männern zu machen habe, und wie man sich plötzlich vor ihnen in Pantoffeln findet, so erging mir's diesmal in der Tat. Ich hatte Not mich zu überzeugen, daß ich nicht träume. Denn, verwundere sich alle Welt, unter meinen Füßen hörte ich ein solches Klappen, daß ich des Gedankens nicht los werden konnte, meine Pantoffeln anstatt der Schuhe angelegt zu haben. Aber, o ihr Götter des alten Capitols; ich überzeugte mich schrecklich von der Wahrheit, daß es wirklich meine guten, besten, durch die Kamaschen von meinem Freunde bedeckten Schuhe waren, von denen sich die Sohle dermaßen losgerissen, daß sie nur noch in der Nachbarschaft der Zehen an einem Fetzen Leder hing. Voll Entsetzen hielt ich also einen Augenblick still, in mir beratschlagend, was in diesem kritischen Moment für ein Auskunfts- und Rettungsmittel gefunden werden könne. »Es ist noch nicht alles verloren«, sagt' ich mir selbst, »das beste ist, ich mache mich nun in jenes Eck, wo der Weg zum Palast des Herrn von — und zum Tarpejischen Felsen hinauf führt, und versuche daselbst, mir die verwünschte Sohle vollends ganz abzureißen. Alsdann tret ich nur desto graziöser und feiner auf, weil ich fast auf den Strümpfen gehe.« Gesagt, aber – getan! Langsam mit äußerster Vorsicht, daß mich niemand klappen hören sollte, gelangte ich in obgemeldete Ecke, und begann nun daselbst mit aller ersinnlichen Heftigkeit an der Sohle zu reißen. Aber all mein Bemühen war vergeblich! Sie war so fest an dem übrigen Leder angeklebt, als mein Fuß am Leibe. »Nun«, sagt' ich,

»warte nur, du spitzbübische, vermaledeite Sohle, dich will ich schon hinweg kriegen, ich nehme mein Messer heraus, und habe dich im Moment hinweg, und schmeiße dich den Tarpejischen Fels hinab, wie's auch in alten Zeiten den schlechten, verräterischen Lumpen geschah.« Dies gesagt, such ich in meinen Taschen, aber ich finde nur Bajocci drin, ein Schnupftuch, Tabak, eine alte Poesie, aber kein Messer. »Nun wird der Handel ernst!« begann ich für mich hin. »O du miserables Federmesser, warum bist du zu Haus geblieben! Du, das ich doch also schone, daß ich nur alle Vierteljahr' meine poetische Feder mit dir akkommodiere, du willst mir nicht einmal diesen kleinen Dienst tun! Du liegst nun vielleicht im trägen Müßiggang unter meinen Büchern und Papieren, oder auf dem Kamin, oder bei den Stiefeln, oder trennt meine Padrona ihre alte Haube mit dir auf, poetisches Federmesser! Ist denn keiner der Götter, Halbgötter, Heroen, Märtyrer oder Heiligen, der mir in dieser wahrhaftigen Seelenangst beistände und sich meiner erbarmte, indem er gewahrte, wie ich reiße und zerre, um die lästerliche Sohle wegzukriegen, und wie sich bereits die Arbeit zweier Menschen und zweier Stunden, meine Hals- und Brust-Dekoration, verschiebt und zerdrückt, und wie mir schon der Schweiß auf der Stirne steht? Muß ich denn hier absolut zur Schmach und Schande des deutschen Parnasses stehen, und die verdammten Menschen, die das Capitol hinauf laufen, mit meiner Schusterarbeit belustigen? Hat nicht ein abgefeimter, witziger Kopf dich schon als Repräsentanten der deutschen Literatur karikiert, und auf vielfache Bestellung gemalt? Denkst du nun gar daran, daß er jetzt nicht mehr bloß seine Schulden, sondern auch eine kleine Schuld, ich meine, eine poetische Nachkommenschaft, bezahlen muß, o um wie viel mehr wird er jetzt dir aufpassen, ob du ihm nicht einen neuen Broderwerb schaffen könntest? Wenn mein böser Dämon ihn hierher führte! Würde nicht schon morgen früh das ganze deutsche Rom um die Geschichte wissen, und dich verlachen und verlästern, dich an die Wände zeichnen! Was würden sie sagen, die Maler, Architekten, und die ehemaligen Servitoris, die nun als Bildhauer servieren? Ist denn hier kein Pizzicarol in der Nähe, der mir geschwind sein Wurst- oder Käsemesser leihe, hier in der Nähe, wo einst Virginius durch jene heldenmütige Tat mit dem Messer eines Macellaro die Tugend und Ehre seiner Tochter gerettet! und ist nicht auch meine in Gefahr? ich, der ich herausgeputzt bin, wie der erste Paino, ich ohne Sohle! Und wann wird meine Visite angehen? Die Minuten entfliehen – o Jupiter Capitolinus!« – Mit diesem Ausruf zog ich mit aller Macht an der Sohle, aber umsonst.

Ich entfernte mich also aus der Ecke, in Desperation und völliger Ratlosigkeit. Ich versuchte einige Schritte zu machen, aber klapp, klapp, klapp, wie in einer Bürgerschen Ballade. Indem zeigte sich ein Herr im Fenster, der, wie es schien, meiner Not auf die Spur gekommen war, und ein Frauenzimmer – der Himmel lasse sie nie den Pantoffel führen – auf den Balkon rief. Es war also nichts Besseres zu tun, als einige Zeit in dieser Ruhe hinzustehen, und das Capitol anzuschauen, als wenn ich's heut zum erstenmal sähe. So nach und nach, scheinbar in die Herrlichkeit des Anblicks versunken, mach ich einen, zwei, drei Schritte, und werde nicht gehört. Aber nun grade klappt's entsetzlich, und ich bleibe still, wie eine Statue. Das Ärgste ist, daß ich um die Ecke, und die Löwin zu traversieren habe, und unglücklicherweise ein rechter Vasallo und Pancianera auf dem Eckstein sitzt. Mit wahrer Strategik komme ich also an diesem vorüber.

Ich suche, während ich die heißesten Wünsche und Gelübde zu den capitolinischen Göttern schicke, die Sohle mit sympathetischer Kraft am Fuße zu halten, und denselben hoch und leicht wegschwingend, nicht an die klassischen Steine anzustoßen. Das geschieht und glückt nicht übel, außer daß der Tagedieb und Spitzbube von Pancianera mir mit einem Gesicht auf die Füße schaut, als wollte er fragen, ob denn der Carneval schon anfange.

Nun entsteht die Frage, welchen Weg soll ich einschlagen? Soll ich die Nacht erwarten, und die Visite morgen machen? So stand ich lange, aufmerksam die antiken Statuen betrachtend, und endlich erschien mir ein Gedanke, der ohne weiteres durch übernatürliche Einflüsse und die Bekanntschaft mit Vater Bacchus, die jeder Dichter haben muß, oder, wie sich der Materialist und der gemeine Mann ausdrücken würden, durch ein Gefühl von Durst in mir rege geworden war. Allein die Frage nur, wie da beikommen? Geh ich das Capitol hinauf, und auf der anderen Seite nach Campo vaccino hinab? Das ist zu gefährlich, der bergigte Weg gibt zu viel Veranlassung zu klapp, klapp. Also bleib ich unten. Schon gut, wenn ich nur dort an der Obsthändlerin vorbei wäre und, o dort an der Ecke liegen gar ein paar Kerle auf dem Boden! Also links, und nur fein langsam, nach jedem Schritt gewartet, und wieder einen Blick der Beobachtung und Verwunderung auf das Campidoglio geworfen. So komm ich herrlich durch diese Charybdis, außer daß die Citronen- und Feigenhändlerin lachte. Ich bin nun in der engen Gasse, die gegen die Trajanssäule hinführt. Hier ist es nun freilich zu Ende mit Stehenbleiben, denn da ist nichts von Altertümern zu sehen, als Kot. Allein fällt mir ein, ich kann ja tun, als ob ich auf einen Freund warte, oder auf eine Freundin, wenn ich an eine gefährliche Stelle gelange, und dieser pfiffige Einfall deuchte mir so anwendbar, daß ich also bald stehen blieb, als ich an eine offne Bottega kam, wo eine Menge Menschen an der Tür standen. Ich schaute also herum, und wartete, und wartete, und als er endlich nicht kam, machte ich, die Sohle mit aller Gewalt anziehend, einen Schritt, der mich über die Türe herüberbrachte und dergestalt klappte, daß die Gesellschaft erschrak. Jetzt war's Zeit zum Aufbrechen, und ich machte Schritte zum Entsetzen, indem mich die Verzweiflung blind, oder vielmehr taub machte und jeden Funken von Ehrgefühl in mir auf einige Momente erstickte. Das gab mir ein gewaltig Stück. Ich war wenigstens funfzig bis sechzig Fuß weit vorwärts gekommen, als ich mich wieder stellte, und sofort mit steigender Kunstfertigkeit in die Winkelgasse einbog, die am Abhange des Capitols nach dem Triumphbogen des Septimius Severus führt. Ich dachte mit Schmerzen an meinen so wenig triumphähnlichen Marsch und ging die Gasse empor, wohl wissend, daß hier wenig Volk ist.

Jetzt stand ich an der Bottega eines Schuhmachers. Ich habe schon bemerkt, daß der Schuhmacher dem Vorübergehenden eher auf die Füße, als ins Gesicht schaut, und diese traurige Erfahrung regte in mir den Gedanken auf, ob es nicht vielleicht besser wäre, wenn ich Mut faßte, und keck in die Bottega hineinginge, und mir die Sohle abschneiden ließe. Aber es war ein wichtiger Grund dagegen. Ich war nämlich entschlossen, sie mir schlechterdings nur an einem gewissen Orte abzuschneiden, und somit ermanne ich mich, und gehe leise, wie ein Geist, das heißt ein Geist mit Pantoffeln, vorüber. An einem abgelegenen melancholischen Eckstein versuchte ich abermals die Sohle abzureißen, und wenn der ganze Schuh draufgehen sollte, aber ich brachte nichts zustande, als daß ein Mädchen, das neugierig war, zu wissen, wer denn da unten stöhne, und einen »corpo del diavolo« und »Bacco« nach dem andren hören ließe, mich tüchtig auslachte. Also unverrichteter Dinge setzte ich die Reise fort. Schon ist's Ave Maria geworden, und die Nacht ist da. Allein diese schützt keinen Poeten in zerrissenen Schuhen vor fremden Augen und Ohren. Denn just um diese Zeit laufen die Eminentis wie besessen herum, und die Weiber sitzen alleweil vor dem Hause und säugen ihre Kinder.

Aber wo die Not am größten ist, da ist die Hülfe am nächsten. Es kömmt ein Kardinalswagen angefahren, und ich höre nicht so bald den schweren Tritt der Hengste, als ich gleichsam in Begeisterung gerate und die Straße hinrenne, als wären die Sbirren hinter mir. »Gesegnet seist du«, rief ich dem Kardinal zu, »der du vermöge deiner trefflichen, kräftig beschlagenen Rosse meine Sohle aus dem Fegefeuer rettest«, und siehe, schon ist das Paradies vor meinem Auge, sie hören mich nicht, o wie einzig, sie glauben, meine Schuhe seien so gut wie neu, ein Sprung über die Via del Arco Pantano und ich bin am Paradiese, wo mich St. Peter in Gestalt eines Cameriere empfängt, und sich erkundigt, ob ich gedeckt haben wolle.

Mit einem Wort, ich bin in der uralten, berühmten Osteria, wo Michel Angelo Buonarotti trank und heutzutage noch im Frühjahr vorzügliche Carciofoli und das ganze Jahr ein herrlicher Wein zu haben ist. Wer kann sich meine Freude denken, als der Cameriere die schwarzfunkelnde Foglietta und – ein Messer brachte! Eh' ich einen Bissen genoß, schnitt ich die verhängnis- und unheilsvolle Sohle ab und sie vors Auge haltend, sprach ich voll Verachtung die Worte zu ihr: »Niedrige, elende Tochter einer Bestie! Du niedrigstes von allem, was ich wert halte, an meinem Leibe zu sein, fahre hin, du Verruchte, die einen armen Poeten im Angesicht des Capitols, wo die fromme Vorwelt einen Petrarca krönte, in die verzweifelte Notwendigkeit versetzte, sich von Pancianeris, Vasallis, Obsthändlerinnen, Schuhflickern und dererlei Volkshefe, auslachen zu lassen, die du mich heute um eine Visite gebracht, welche mich Qualen der Tortur gekostet, und mein ganzes Haus und alle meine Garderobe in Bewegung gesetzt hat! die du mir den peinigendsten Traum, barfuß in der Stadt herumzulaufen, beinahe wörtlich verwirklicht hast, und die du mich sicherlich wieder zum Gegenstand des Spottes und Witzes, Fürwitzes, Aberwitzes und Künstlerwitzes machen wirst, wenn anders dieser unselige, gleichsam rutschende Gang nicht im Schleier einer wohltätigen Dunkelheit bleibt! Fahre hin –« und damit warf ich sie voll tiefer Verachtung in eine Grube vor der Osteria. Nun befand ich mich leicht, wie es einem etwa sein mag, der in den Stock geschraubt war, auf dem Cavalletto einem müßigen Publikum seine unschuldigen Posteriora zeigen zu müssen, und nun urplötzlich aufs allerevidenteste Satisfaktion erhält! Es wurde mir deswegen unsäglich wohl, ich ließ mir den edlen erquickenden Wein vortrefflich schmecken, und nachdem ich seltsam gestärkt war, ging ich leicht, wie der geflügelte Merkur, hinaus, um meinem Freunde Scaramuzza die Botschaft meiner verunglückten Visite zu bringen. Vorher aber zog mich die Nähe des Campo vaccino und der Triumphbogen des Septimius, samt den Tempelsäulen des Donnerers, die man auf der Schwelle der Osteria erblickt, zu sehr an, als daß ich meinen Unglimpf nicht vollends ganz mit einem Spaziergang auf dem römischen Forum auslöschen und vergessen wollte. Das geschah, und der schöne Mond, der über der schwarzen Säulen-Kolonnade des Tempels der Concordia stand, und über die wilden Trümmer am Abhang des Capitols hereinschien, die melancholische Allee, die das Forum entlang führt, und die alte Via sacra bezeichnet, der herrliche Palatin mit dem Tempel des Romulus und den gigantischen Ruinen der cäsarischen Paläste, die drei majestätischen Wölbungen des Friedenstempels und endlich das aufsteigende, mondhelle Bild des Colosseums, das reichte hin, um mich dergestalt in seine Größe und Fülle zu versenken, daß ich, als ich spät nach Hause kam, vergaß, meinem Freunde das Abenteuer von der Sohle zu erzählen, daß es also somit auch den deutschen Landsleuten verborgen bleibt, und nur auf diesem Wege anonym zu Nutz und Frommen derer bekannt wird, die sich daraus etwas abnehmen können.

*

Ich habe nur noch hinzuzusetzen, daß dem Übel bereits abgeholfen ist, und daß ich dem anonymen Poeten, auf das zu erwartende Honorar hin, so viel geborgt habe, daß er sich bereits ein Paar Stiefel machen lassen konnte. Das noch den Lesern, die den Unglücklichen vielleicht noch in Not glauben, und den weichmütigen Seelen, die wohl gar ein Mitleid für ihn fühlen möchten, für das er sich bedanken muß.

Heinrich Laube

Begegnung am Gardasee

Ich hatte nie etwas so Schönes gesehen; wie bürgerlich und ordinär erschienen mir daneben unsre Landseen, diese übergetretenen oder zurückgebliebenen Flüsse, von denen jeder eben so gut wo anders, an deren Stelle eben so gut etwas andres sein könnte. Die steil aufsteigenden Ufer an beiden Seiten des Garda sahen ernst und gebieterisch aus wie stolze Diener eines reichen Herrn, man sah ihnen an, daß der Herr zu Haus in seinem Palast sei, Signore Garda il primo. In schmalem Bett, ungefähr so breit wie zwei breite Hauptströme geht der See eine Strecke weit hin und her, dann wirft er sich die Locken aus dem Gesicht, schiebt die Zeltvorhänge und seine Dienerschaft beiseite und geht breit und fliegend tief ins Land hinein, und feuriger und fröhlicher senkt sich seine Lippe zum Kusse in das sonnenhelle Antlitz der Lombardei. –

Ein feiner Schleier von blauem Duft hing über dem Antlitze des Garda; er ist einer der altitalischen Götter, und die Götter erscheinen dem Menschen nie unverhüllt, und die großen historischen Ereignisse flüchten sich in ihren Schoß, um sich dem dreisten Auge eines frivolen Geschlechts zu entziehen. Es ist viel Poesie in dem Kultus derjenigen Völker, die einen See oder einen einzelnen hohen Berg anbeten, sie glauben dabei auch das Archiv ihrer Geschichte zu verehren und die unsterblichen Taten ihrer Vorfahren, die darin verborgen ruhen. Es wollte mich bedünken, als ich von da oben die blauen Wellen des Garda sich kräuseln sah, die Cimbern und Teutonen tanzten mit klirrenden Waffen unter ihnen, und ihre melancholisch gewordnen Kriegsgesänge bewegten die Wellen von unten auf. Ich bedauerte nur, daß ich nicht teutonisch verstünde, und zum ersten Male ward mir's leid, daß ich Jahns »Volkstum« und »Merke«, und die Akten des

Wiener Kongresses nicht genauer studiert hätte. – Der Doktor aber belehrte mich, es sei durchaus nicht erwiesen, ob sich die Cimbern oder die Ambronen, oder die Tiguriner oder die Teutonen im Garda gebadet hätten – das schlug mich sehr nieder und ich gab meine ganze historische Poesie auf, mit welcher ich in Gestalt einer Note bei den teutschen Universitäten mein Glück machen konnte.

Wir sprangen aus dem Wagen, und stiegen auf höchsteignen Füßen abwärts zum Garda, und meine Gelehrsamkeit ließ ich zurück, mich aber ließ ich gehen, und nun sah ich mit unverfälschten Augen, wer der Garda eigentlich sei. Mit der wichtigsten Entdeckung begann ich: er ist kein Masculinum sondern ein Femininum. Er ist die erste italische Jungfrau, welche dem blöden, blonden Germanen, der von den Alpen heruntersteigt, mit dunklem südlichen Blicke ins Herz hineinsieht, mit jenem Zauberblicke, von dem die Poeten erzählen, man vergäße ihn nimmer wieder, und wenn man in späten Jahren daran denke, so wende sich das Herz noch um vor süßem Schmerz. Daher stamme die teutsche Sehnsucht nach Italien. Damit man aber den Blick versteht, denn das teutsche Herz ist bisweilen etwas hartnäckig, fliege noch jener nordische Reif um die Schläfe und Wimpern der Signora Garda, der uns heimatlich befängt und verlockt.

Und wirklich, der Gardasee ist das Kompendium Italiens für den Teutschen, aus dem er die Anfangsgründe italischer Schönheit in einem Sommermorgen erlernt. In saphirblauen Smaragd ist es gebunden, und mit sonnengoldnem Schnitt geziert. Man glaubt in Teutschland nicht daran, daß Wasser so schön aussehen könne, unser Wasser ist bleich, farblos, charakterlos, höchstens einmal traurig dunkel, acherontisch – schon in Tirol wird das Wasser lebendig, und im Gardasee liegt es vor uns wie eitel Schönheit im blau glänzenden Seidengewande, was auf und nieder schillert, aus dem die Äuglein locken mit lachenden Tränen. Die Sagen von Wassernixen sind mir immer unglaublich gewesen, wer wohnt an der Spree oder Pleiße und traut irgendeinem göttlichen Wesen den schlechten Geschmack zu, in dem schmutzigen Wasser zu hausen! Aber hier am Garda sieht man den Fischerknaben sitzen, die warme Sonne über ihm, das wollüstige Wasser geheimnisvoll plätschern zu seinen Füßen, mit seinem erfrischenden Schmeicheln »kühl bis ans Herz hinan« sich drängend. Hier oder nirgends glaubt man an Wassermärchen, denn geheimnisvoll prächtig öffnen die geschäftigen Wellen ihren blauen Schoß und der Blick drängt sich hastig und sehnsüchtig hinein und verfolgt stürmisch die tiefabgleitende schimmernde Schönheit – da schließt sich die neidische, kokette Woge, und eine andre kommt, und dasselbe Spiel beginnt, und Kopf und Herz wird irr und schwankend und die phantastische Welt bedeckt uns mit ihren weichen, dichten Gewändern. –

– Ich hatte die Augen nicht abwenden können von dem verführerischen See, wenn mir die Gegend ihn versteckte, schloß ich sie, und so war ich nach Torbole gekommen, und stand auf dem Molo, und setzte mich auf seine Steine, der See ging hoch, die Wellen schlugen mir bis an die Füße, meine Augen waren den Wellen anheim gegeben, ich träumte meine erste italienische Novelle, und ich weiß nicht, wer in mir die Worte hörte: »Lassen wir ihn, er kann ja schwimmen und Wasser macht wieder nüchtern.« –

Aus meinen Träumen weckte mich plötzlich ein lautes Freudengeschrei, und der gellende Ruf: »Alphonso – Alphonso.« Ich sah in die Höhe, seitwärts stand ein Haus, noch tiefer in den See hinaus gebaut, der Molo lief an seinem Grunde weiter. Da stand im weit offnen Fenster des ersten Stocks eine Frauengestalt, die rief lauter lebendige Worte zu mir hin und breitete die Arme aus und ihr Taschentuch flatterte wie Rezias Flagge. Noch war ich wirr von meinen Träumen, richtete mich auf und eilte auf das Haus zu. Sie kam mir entgegengeflogen, riß mich an ihre Brust, küßte, herzte, drückte mich mit wildem Feuer und männlicher Kraft. Ich ließ mir alles gefallen, es war ja hübsch. Dann drängte sie mich einen Augenblick von sich und betrachtete mich von oben bis unten, und als ich lachte, da rief sie: »– si – si – si«, und eine Menge anderer Worte; ich konnte aber noch nicht italienisch und verstand bloß ihre Augen und ihre Mienen, und freute mich, daß sie sich freute. Sie nahm mich beim Arme, und stürmisch ging's ins Haus hinauf in jenes Zimmer, und dabei sprach sie fortwährend und liebkoste mich ohne Ende. Ich fand mich allmählich in meine Rolle, und dachte nicht weiter darüber nach, das konnte ja in Italien so Mode sein und zur Schönheit des Gardasees gehören. Umwälzung alter Sitten war nicht der Zweck meiner Reise, namentlich Volksgebräuche acht' ich immer hoch; ich fing an, ihre Liebkosungen lebhafter zu erwidern. Wir standen am Fenster, und sie erzählte mit unglaublichem Eifer eine lange Geschichte, von der ich natürlich nichts verstand, wenn sie zuweilen fragend inne hielt, antwortete ich »– si Signora«, und küßte sie auf den Mund und wir tanzten einmal in der Stube herum. Das Mädchen hatte ein schmerzhaft edles Gesicht, große tränenweiche Augen und die feinen Mundwinkel waren wie vom Schmerze ein wenig nach unten gedrängt, selbst die Freude, welche jetzt über das ganze Gesicht verbreitet lag, konnte diesen Ausdruck nicht ganz zerstören, aber sie machte das braungelbe klare Antlitz doppelt reizend. Es war ein warmer Tag, und sie hatte sich auf das Leichteste gekleidet, nur ein dünnes braunes Kleid bedeckte sie, und um die offnen vollen Schultern flog ein leichtsinniges, gelbes Tüchlein. So stand sie vor mir, lehnte sich auf meine Schulter, hatte den Arm um meinen Hals geschlagen, und sah mit mir über den See hinaus. Das war der erste Moment, in welchem sie schwieg, und in welchem ich mein »no capisco« anbringen, und ihr begreiflich machen konnte, daß ich noch gar nicht wisse, was es für eine Bewandtnis mit uns beiden habe. Sie sah mich mit weiten, verwunderten Augen, und ein wenig geöffnetem Munde an. –

– Da kamen meine Gefährten aus dem Wirtshause, wahrscheinlich um mich zu suchen. Ihre Blicke schweiften umher, da sie mich nicht am Strande, wo sie mich verlassen, fanden, bald entdeckten sie mich, und machten verwunderte Gesichter. Sie waren auch schon romantisch genug, um keine Konvenienz zu beachten und kamen eiligst zu uns aufs Zimmer. Meine Signora ließ sich nicht im mindesten befangen, und stellte mich als ihren endlich gefundnen Geliebten vor, den ihr zärtlichst scheidender Alphonso zu senden versprochen, und auf welchen sie nun schon 15 Monate am Gardasee gewartet habe. –

Die Sache wurde nun klar, da der Starost ihre Worte übersetzte. Sie war aus Livorno gebürtig, und gehörte dort einer vornehmen Familie an. Eines Abends, als sie eine Lustfahrt auf dem Hafen gemacht, sei das Meer unruhig geworden, und ein junger Mann, der sich allein in einem kleinen, schlechten Nachen gerudert habe, sei plötzlich in ihr größeres, wohlbemanntes Boot gestiegen, sein unsichres Schifflein den stürmischen Wogen überlassend, und sich flüchtig bei ihrer Gesellschaft entschuldigend: Er sei der Meerfahrt unkundig, und habe nicht Lust zu ersaufen. Dieser Fremde, welcher einen reinen toskanesischen Dialekt gesprochen, sei von hohem schönen Wuchs gewesen, blonde Haare seien um das erhitzte edle Gesicht geflogen, keck und dreist habe er mit allen sich bekannt gemacht, vorzüglich mit ihr, unsrer eifrigst erzählenden Hortensia. –

– Es waren zu wenig Stühle im Zimmer, nur der Starost saß hoch zu Gericht auf einem stuhlähnlichen Gerüst, Hortensia auf dem Fenstertritt, vor ihr wie die Jünger zu Gamaliels Füßen der Archivarius und ich an der platten Erde. Das Mädchen sah schön aus. Der Eifer des Erzählens hatte ihre dunkle Wange leicht gerötet. –

– Als die Barke gelandet, habe er sie auf den Strand gehoben, und ihr dabei drängend tief in die Augen gesehen. Wie eine bunte neckische Welt sei es in jenem Augenblicke in ihrem Innern aufgesprungen, es sei ein Jubel, ein Sehnen, ein Entzücken in ihrem Wesen laut geworden, wie sie es nie vorher gekannt. – Der blonde Mann habe ihren Arm genommen und sie nach Haus geleitet, weil aber der Regen allzu stark geworden sei, hätten sie in eine Kirche eintreten müssen. Dort wäre in einer dunklen Ecke ein breiter Beichtstuhl, der habe offen gestanden, und sie hätten sich hineingesetzt, und das Ende des Regens abgewartet. Der Regen habe aber lang gedauert, und der fremde, blonde Mann habe sie unterdessen küssen gelehrt, und glühend heiß und glühend wohl sei sie erst bei einbrechender Nacht vor ihrer Eltern Hause angekommen. –

– Der Starost fragte Hortensien, ob sich die Eltern ihrer späten Heimkehr nicht gewundert hätten, aber Hortensia erwiderte ernsthaft: »Ich sagte ihnen, daß ich einen Sturm erlebt, und sie beruhigten sich bald, und ich küßte innig meinen Vater und meine Brüder. Des Nachts schlief ich nicht, sondern träumte, und als es Morgen wurde, warf ich meinen Schleier über und eilte nach dem Beichtstuhle. Meine Mutter begegnete mir, und sie dachte sich's alsbald, daß ich mit ihr zur Kirche gehen wollte, meinem Schutzpatron für das Glück im gestrigen Sturme zu danken. Bis nach Monte Nero gedachte sie zu pilgern, denn sie wollte ein Opfer bringen für meine Rettung, ich sagte ihr aber, daß ich meinem Heiligen, dem ich gestern nur flüchtig gedankt, versprochen habe, heute wieder zu kommen. Darauf ermahnte sie mich, mein Versprechen zu halten, wir zogen unsere Schleier über das Gesicht, und sie ging mit der Dienerin nach Monte Nero, ich aber zu meinem Heiligen. –

– In unserm breiten Beichtstuhle saß ein alter, magrer Mönch mit strengem apostolischen Gesichte, der wartete auf Sünden und Sünder. Ich kniete zu seinem Ohre hin, und beichtete ihm, daß ich nichts zu beichten wüßte, wenn es nicht eine Sünde sei, sich sehr glücklich zu fühlen. Darauf erzählte ich ihm, was mir den Tag vorher Fröhliches widerfahren, und daß ich an seinem Platze gesessen und eine andre Beichte gehört habe. Während ich aber so sprach, sah mein herumschweifendes Auge den blonden Fremden an eine nahe Säule treten, und mit den Augen mir lauter Küsse winken. Da erzählte ich noch eifriger und feuriger, bis mich plötzlich der

Pater mit strengster Stimme unterbrach. Das Glück sei allerdings eine Sünde, und ich sei eine tiefe verworfene Kreatur, die er nicht absolvieren könne. Und mehr dergleichen sprach er, und schrieb mir die Bußen vor, ich hing aber an des Fremden Lippen und vor dem Küssen hört' ich nichts mehr von des Paters Worten. Als er seinen Zorn beendigt, schloß ich die Falte meines Schleiers, welche ich nach der Säule zu geöffnet hatte, stand auf, ging an dem blonden Mann vorüber, hinaus ins Freie bis vor die Stadt ans Meeresufer. Und er folgte mir Schritt für Schritt.

Die Sonne war eben aufgegangen, und es war sehr schön. Wir setzten uns auf einen überhängenden Felsen, und sahen ins Meer hinaus. Aber es dauerte nicht lang, und wir sahen einander nur in die Augen, und die Seligkeit wurde so groß, daß ich auch die Augen schloß. Der Fels schützte uns vor der Mittagshitze, und als es Abend ward, gingen wir über die Gli sparti, wo die Leute spazieren gehen, und setzten uns noch einmal nieder auf dem englischen Gottesacker unter einem Monumente, um Abschied zu nehmen bis zur ersten Stunde der Nacht, wo er durch den Garten über den Balkon in mein Zimmer kommen wollte.

Es war wiederum Nacht, als ich zu Hause ankam. Unsre ganze Familie war im Saale versammelt, und alle fuhren mir mit den heftigsten Reden entgegen; man hatte ihnen erzählt, ich sei am frühen Morgen außerhalb der Stadt gesehen worden, und ein Mann sei hinterdrein gegangen, mein jüngster Bruder wollte mich des Abends auf den Gli sparti am Arme eines Mannes promenieren gesehen haben. Meine Mutter weinte, mein Vater fragte, nur mein älterer Bruder schwieg und sah mich zuweilen nachdrücklich an. Ich hatte wenig Aufmerksamkeit für all die Dinge, und sagte, ich sei von den gestrigen Anstrengungen und der schlaflosen Nacht erschöpft in der Kirche eingeschlafen, und erst spät am Abende erwacht. Man möge mir zu essen geben, denn ich hungerte sehr. Meine Familie verließ den Saal, nur mein älterer Bruder blieb noch eine Zeitlang sitzen und sah mir schweigend zu, wie ich eifrigst aß. Dann stand auch er auf und ging schweigend fort. Er war mir der liebste von meinen Geschwistern. Das Mädchen leuchtete mir auf mein Zimmer und ich legte mich ruhig schlafen, denn ich war müde. Der Blonde kannte genau den Weg zu mir, und ich freute mich, von ihm geweckt zu werden.

– Ein Geräusch auf dem Vorsaal weckte mich auf; ich wußte nicht, wie tief in der Nacht es wäre. Ein Flüstern gedämpfter Stimmen dringt an mein Ohr, ich erkenne meines älteren Bruders Stimme, ich höre die Worte: ›schamloser teutscher Ketzer‹ – aber keine Antwort. Feste, schnelle Fußtritte, die immer heftiger und eiliger werden, sich aber nicht von der Stelle entfernen, deuten mir an, daß zwei Männer miteinander ringen. Nicht lange dauert's, so fällt etwas zu Boden, und es wird ganz still. Eine Weile darauf wird meine Tür geöffnet, ich fühle die heißen Küsse meines Geliebten. Ihn zu fragen, fand ich keine Zeit. Als die dichte Nacht ein wenig zu weichen begann, hieß er mich meine Kleider anlegen und ihm folgen, in meiner Eltern Hause könne ich nicht bleiben. Schweigend tat ich's, und er führte mich an der Hand zum Balkon. Es schien mir, als läge eine Gestalt am Boden, aber ich sah nicht genauer hin. Mein Geliebter hob mich über den Balkon so tief er konnte hinunter in den Garten – er war stark und gewaltig – so wurde mein Sprung abgekürzt, und ich kam unverletzt unten an. Er sprang mir nach, und wir schlichen uns durch den Garten. Mein Vater schlief den Sommer über im Gartenhause, bei welchem wir vorüber mußten. Es war Frühsommer, ich sah ihn in der Dämmerung schon am offnen Fenster stehen, und mir schien's, als sähe sein ernstes Gesicht noch ernster aus. Wir mußten langsam gehn, um kein Geräusch zu machen, vor dem Anblick schützten uns die Bäume, es schien mir aber doch, als sähe er uns, und winkte mir mit der Hand, zu gehen.

Wir eilten fort durch die Straßen bis an den Hafen. Hier sagte mir mein Geliebter, daß er Alphonso heiße, und mich mitnehmen wolle an den Gardasee, wo wir uns des Himmels und der Erde freuen würden. So sind wir über das Meer gefahren und über die Berge gestiegen, und ich habe den Weg nicht beachtet und fände ihn nicht zurück. Hier in diesem Zimmer haben wir dann eine Zeitlang gewohnt. Alphonso sagte zwar, es sei eine lange Zeit gewesen, aber er irrte sich, es war nicht lang. Und eines Morgens trat er zu mir und sagte: ›Hortensia, wir müssen scheiden, in mein Vaterland kann ich dich nicht mit nehmen, dort ist's zu kalt. Aber ich will dir einen Freund schicken, der soll dich trösten und wärmen.‹ Darauf sagte ich ihm, ich brauche keinen Trost, aber Liebe, und küßte ihn auf die Augen, und legte mich schlafen. Er aber ging. Und es ist schon funfzehn Monde her, daß er gegangen ist, und viele sind gekommen, aber umsonst hab ich auf den Freund Alphonsos gewartet. Wenn nicht die Sonne so schön geschienen hätte und der See so blau wäre, so wären die Tage sehr traurig gewesen. Aber jetzt ist er da, und nun ist die Welt noch einmal so schön.«

Und wenn wir sie fragten, woran sie mich erkenne, so sagte sie: »am Herzen«. Damit meinte sie die Augen, und noch einmal: »am Herzen!« damit meinte sie die Stimme. Alphonso habe gerade so teutsch gesprochen wie ich.

Ich fand es nicht für nötig, alle diese Angelegenheiten gründlich zu untersuchen. Wir ließen unsre Mittagstafel aus dem Wirtshause bei Hortensien aufschlagen, aßen Fische aus dem See, und weiße Polenta und tranken dunkeln Rotwein, und spielten homerische Helden, die kein Geld haben und keine Polizei kennen. Die Sonne ging vorwärts, wir aber saßen und schwatzten von diesem und jenem.

Am Garda erhält man den ersten Vorschmack von italienischem Volkscharakter. Man sieht schon überall die wohlgebildeten Männergestalten mit den scharf geschnittenen Formen und Zügen, das Stumpfe, Unklare, Verwischte im Äußeren des teutschen gemeinen Mannes findet man nirgends. Jeder einzelne hat ein Gesicht, während bei uns oft zehn dazu gehören. Die wärmere Sonne, das mildere Klima zeitigt und reift auch die Gesichtszüge mehr; bei uns werden wenige reif,

Friedrich Nerly: Italienische Weinlaube

darum fehlt uns das Ausgebildete. Der Italiener aber wird ausgebrütet bis die Eierschale trocken an ihm abfällt, er kennt den Ausdruck »Grünnase« gar nicht. Der Italiener hat nicht nötig, gleich von früh auf seiner Erde ein sorgenvolles, arbeitsames Gesicht zuzuwenden, daß sie ihn ernähre und erhalte, die italienische Erde ist liebevoller und freigebiger, die Furcht vor dem Erhungern nistet sich nicht in die jungen Gesichter, wie in Teutschland. Da gehen natürlich auch die Züge mutiger auseinander, und das Gesicht wird klar und klassisch, eine Hebamme der Romantik, die bleiche Sorge, ist völlig unbekannt. Die natürliche Entwickelung wird in nichts gestört, und alles, was wild wächst, ist schön. Man findet schon unter den Schiffern vom Garda schöne Köpfe. Die Leute fangen auch nicht so früh an zu lernen, sie siedeln nicht die Altklugheit so zeitig auf den Lippen an, sie lernen später lesen und schreiben, aber dafür behalten sie bessere Augen und geschicktere Hände. Mit fünf Jahren geht ja bei uns schon der Teufel los, und die Herrschaft des Herrn Bakel beginnt mit aller Angst und Hast des Knaben. Da liegt der italienische Bube noch fünf Jahr in der Sonne, und sein Verstand übt sich in eignen Sprüngen, und wenn er dann in die Schule kommt, so ist er in einigen kräftigen Sätzen da, bis wohin wir uns bleich und kränklich gekrochen haben. –

Aber der Körper und die Lebensklugheit sind das einzige, was sie voraus haben. In allem anderen sind sie ein depraviertes Volk, die christlichen Juden Europas. Und es wären Bestien aus ihnen geworden, befänden sie sich schon so lange in einer so schauderhaften Sklaverei wie dies Volk aus Palästina. Die moralische Kraft des Italieners ist bereits gebrochen wie Binse – er ist nicht mehr tapfer. Er kann mitunter noch eine tapfere Hand haben, aber das tapfere Herz ist durchlöchert. Er hat Feuer, Leidenschaft, er haßt mit durchdringender Kraft, aber der edelste dieser Affekte, der Zorn, ist ihm lange schon entwendet, der Stolz ist gebrochen und spreizt sich nur noch als Hochmut.

Man ist gewohnt, sich den südlichen gemeinen Mann aus edleren Stoffen gebildet zu denken; weiß man auch, daß der teutsche Bauer von Nationalruhm und dergleichen nichts versteht, daß sein Streben nur von der Hand bis zum Munde reicht, so denkt man sich doch immer den Südländer idealischer. Und man hat ein Recht dazu, denn dieser bedarf nicht jenes harten Kampfs mit der Scholle Erde um das magre Brot, die Nahrung fällt ihm in den Schoß.

Die Schiffer von Garda sind nicht viel besser als unsere Bauern: wenn sie von der Herrschaft ihres Landes sprechen, so reden sie auch nur von den Steuern. Die Poeten sind ein trügerisch Volk, wenn sie von fremden Ländern reden, und doch ist's ein Glück, daß sie lügen. Die schöne Lüge und der goldne Traum bleiben das Beste an der Welt, und doch muß etwas Wahres an ihnen sein, wie kämen wir sonst zu Lüge und Traum. Wir erfinden nichts, nicht einmal dies. Wüßten wir nur erst, wer am richtigsten steht, das Auge oder das Herz. Die kritische Philosophie und die Naturphilosophie sind nicht so unwichtig mit ihrem Suchen nach Subjekt und Objekt, nur die Philosophen sind oft unwichtig. –

– Es war eine Volksszene, deren sich die Gracchen wie Cato geschämt hätten, als wir die Zeche bezahlen, und uns einschiffen wollten. Im Hintergrunde des Saales standen wohl zwanzig Schiffer, im Vordergrunde eine unverschämte italienische Wirtin, uns gegenüber am Fenster saß unbekümmert um alles, was vorging, Hortensia. Die Wirtin verlangte eine Summe für unser karges Mahl, als hätten drei Luculle bei ihr gegessen. Ich bat den Starost, ihr zu sagen, daß wir keine Engländer seien. Das nützte nichts. Er rapportierte, wir seien zwei teutsche Doktoren, die von Büchern lebten, und in Teutschland seien die Bücher sehr mager. Das ginge sie nichts an, und bei ihr hätten wir von schönen Fischen gelebt, übrigens habe sie bei Durchreisenden schon dicke und fette teutsche Bücher gesehen, und Signore – der Starost – sähe ja so golden und silbern aus, daß es ihm auf solch eine Kleinigkeit nicht ankommen werde.

Dadurch war er aus dem Felde geschlagen, er drehte ihr lächelnd den Rücken und schlug Chamade.

Jetzt kam die Reihe an mich; denn der Archivarius hatte keinen Anstand dazu, den Leuten auf den Leib zu gehn. Er steckte zwar die Hände in die Taschen als mimische Andeutung, dort sei alles unter Kuratel gelegt, hing den Kopf vor, sah das Banditenvolk unter den Augenlidern hervor spitzfindig an, sprach ein paar sehr vernünftige Worte; aber er räumte immer nach einigen gelinden Streichen das Schlachtfeld. Ich räusperte mich also, und fragte den Starosten, was auf italienisch »niederträchtig« und »Himmel-tausend-Donnerwetter« heiße. Das zweite wußte er nicht, ich gab's also teutsch, und sprach fünf Minuten lang in vermischten Sprachen alle Grobheit über eine unverschämte Rechnung durch. Dabei ging ich der Wirtin mit drohenden Gebärden nahe; sie zog sich auf das zahlreiche Corps ihrer Landsleute zurück, was eine schweigende Sauvegarde bildete. Manch teutsches Theater hätte was gegeben für zwanzig solche Statisten zur »Stummen von Portici«. Und doch waren die Kerle nicht einen Centesimo wert, sie öffneten der Wirtin eine Rückzugsgasse, ließen mich sogar hineindringen, ohne mich in Beschlag zu nehmen, duldeten, daß jene ihren Rückzug als vollkommene Niederlage in der Küche schließen mußte. Und zu dieser Landesverräterei trieb sie nur die Gewinnsucht. Jeder von ihnen rechnete darauf, zu unsern Fährleuten zu gehören, keiner wollte sich durch unnötigen Zorn verhaßt machen, die Geschichte von den dreißig Silberlingen hat einen tiefen Sinn. Ich feierte, wie die späteren römischen Imperatoren nach einem unblutigen Siege, wobei ich nur Heldenworte geliefert, einen glänzenden Triumph, und wir zogen ab, dem Dienstmädchen die uns beliebige Summe einhändigend. Unten vermißte ich den Starost, und ich fürchte heute noch, er hat es nicht übers Herz bringen können, daß der Anstand so verletzt und die Rechnung nicht ganz berichtigt wurde. Er war sehr delikat, und hat wahrscheinlich mein mühsam erobertes Terrain wieder aufgegeben.

Hortensia hing an meinem Arme, um ihre Schultern die kleine italienische Laute, sonstiges Gepäck hatte sie nicht, unsere Mantelsäcke lagen auf dem Molo in der Sonne. Die Assisenverhandlungen mit den Schiffern begannen. Der Jude verlangt das Doppelte für seine Ware, der Italiener das Dreifache. Kann solch ein Volk stolz sein, kann eine Nation ohne Stolz etwas leisten? Die Lizitation ging los. Bei solchen Gelegenheiten entwickelt der Italiener sein ganzes Erbteil Ciceros und Dantes, er häuft rhetorische Figuren, detailliert den Catilina bis auf alle möglichen Defekte in den Unterbeinkleidern, erfindet Höllen- und Himmelszustände. Er ist der geborne improvisatorische Redner und Dichter. Es ist aber alles nur Renommisterei, sein Argument und sein Gedicht, wenn der Teutsche sein ordinäres Talglicht dran hält, so verschwindet der leichte Spuk. Drum haben die Italiener auch nie anderswo etwas geleistet als in der dreisten Täuschung des Epos, sie sind geschwätzig wie die Spatze und lügnerisch wie die Gaskogner. Jedes Volk, das lügt, hat einen Grad lebhafter Phantasie, die auf den Bergen herumspringt, wenn sie sich auch niemals hineinwagt. Nur Dante macht eine Ausnahme, weil er ein welt- und himmelsgeschichtlicher Epiker war, man sieht ihn aber auch immer eisgrau unzufrieden mit seinen Landsleuten, darum halt' ich ihn auch nie für einen reinen Italiener. Dieser hat die trefflichsten Anlagen und Anfänge zu allen Dingen in sich, er ist vielleicht der reichste Embryo unter allen europäischen Völkern, aber er braucht ein Huhn, um seine Enteneier auszubrüten, er allein bringt nichts Großlebendiges zustande. Wenn man sich Mühe gibt, wird man die fremde Zeitigung bei allem großen Italienischen finden. Auch der Italiener Napoleone gedieh durch Frankreich. Ist solch eine Hypothese auch wie im Latein die Regeln, welche so reich an Ausnahmen sind, sie hilft doch ordnen und lernen.

Daß sich nicht öfter ein Tasso findet, liegt an den neueren Jahrhunderten, welche keine ordentliche neue Religion mit phantastischen Taten, also auch keinen Glauben, keine

Begeisterung mehr brachten für blau und rote Geschichten. Petrarka ist mir immer der redendste Beweis gewesen, daß es mager um die italienische Poesie stände, ein saubrer Drechslermeister kann nirgends anders so viel Glück machen, eine Putzblumenmacherin ist anderswo eine Putzblumenmacherin, aber keine Göttin, die Blumen schafft, auch wenn jene geschickte Person neue Blumen erfände. Nur in Italien wird ein Petrarka daraus. Die Italiener machen viel Geschrei, mitunter auch ein künstlich Geschrei, aber von den Urtönen der Menschheit, von der eigentlichen Poesie wissen sie nichts. Wenn wir ihnen auf ein paar Jahre einen unsrer Romantiker, z. B. nur Herrn Novalis leihen – wir werden uns wundern, zu welchem kapitolinischen Helden herausstaffiert wir den wieder bekommen! Sie haben den Zauberborn der berauschenden christlichen Mythe in der Nähe gehabt, das ganze katholische Land war ein romantisches Gedicht, sie durften nur abschreiben – haben sie's wohl vermocht?! Wie feinfühlend sind statt ihrer die Teutschen jenen mystischen christlichen Nerven tastend nachgegangen, Teutsche, die in der Mark oder Lausitz wohnten, und auch die Anregung improvisieren mußten. Und da sie nun den Gefühlen keine Gedanken erfinden konnten, haben sie denn wenigstens bei dem Mangel an Romantik plastische Figuren erfunden, haben sie Dramen geschaffen?! Sind die Alfierischen Marionetten-Republikaner, die im Draht auf und niedergehen, sind diese Menuettentänzer der Rede wert?

Was Auge und Ohr kitzelte, was Aufsehn und Lärm machte, war immer ihr Wesen, Töne und Farben haben sie erfunden, und das ist alles. Und weil das schöne Dinge sind, so kommt uns noch heutzutag ihre Renommisterei so schön vor. Dazu sehe man Italien an, und frage: wie kommt ihr zu Farben? man höre das Volk sprechen und singen, und frage, wie kommt ihr zu Tönen?! Sie haben ein Land wie gemalt, und haben alle Stimmritzen fürs Konservatoire in Wien. Der Herrgott muß bei Schöpfung Italiens fürtrefflich bei Stimme gewesen sein – der jämmerlichste Kerl jenseits der Alpen hat ein Organ voll Klang und Klarheit.

Aus dem Chaos von Stimmen und Vorschlägen sonderten sich endlich vier rüstige Ruderer heraus, Hortensia sprang in das breite, geräumige Boot, und machte sich und mir an seinem Haupte bequeme Sitze zurecht. Das Geschrei und Unterhandeln ward immer stärker, wir waren taub geworden, und antworteten nicht mehr darauf, die vier Ruder klatschten in den See, wir fuhren davon, ohne daß wir nach so vielem Geschwätz gewußt hätten, was wir eigentlich zahlen sollten. Im Zahlen ist der Italiener romantisch, diese Ungewißheit ist sein Element, da spintisiert er nun über die ungewisse Forderung oder Schuld. Eine Art Ambition in Geldangelegenheiten habe ich nirgends gefunden. –

Hortensia hatte sich zu meinen Füßen gesetzt, und sah mit dem ruhigsten Gesicht von der Welt bald mich, bald das scheidende Torbole an. Der Archivarius saß neben mir, war aber eigentlich schon seit einer halben Stunde im Fenster eines Fruchthändlers, wo ein sehr braunes Mädchen ein Hemd nähte, und von weitem mit ihm schäkerte. Der Spaß wurde ihm sehr dadurch erschwert, daß er ein kurzes Auge hat, und sich einer zerbrochnen, antiken Lorgnette bedienen mußte, zu deren Gebrauch viel Geschicklichkeit gehörte. Aber durch die schlechte Lorgnette wurde ihm das Mädchen wahrscheinlich interessanter – das Boot wendete sich, es ging ans Abschiednehmen mit der Fruchthändlerstochter, und nun ging die teutsche Romantik los. Beinahe einen Tag über hatte er sie in der Nähe gehabt, und sie war ihm reizlos gewesen, jetzt verlangte er, wir sollten ein Stück umkehren, er wolle telegraphische Geleitsvorschläge machen. Der Vorschlag ward mit allgemeinem Murren aufgenommen, und halb verdrießlich, halb lachend legte er sich auf den Rücken, und sah in den Himmel. Der Starost war durch die Ruderer total von uns abgeschnitten, und lag im jenseitigen Ende des Bootes, seine Türkenpfeife rauchend, und die Schiffer nach allerlei unnützen Dingen fragend. Der See ging hoch mit seinen blauen, blauen, ach, so reizend blauen Wellen, der Archivarius lispelte mir etwas von möglicher Seekrankheit zu, ich widersprach nicht. Torbole, das Stürmische, verschwand mehr und mehr, Riva trat seitwärts vor die Augen. Die Kerle ruderten, als hätten sie Schmuggelwaren. Hortensia griff leise über die Saiten hin. –

Ich bin es nie imstande gewesen, mehrere Stunden lang ununterbrochen erregt, entzückt, begeistert zu sein – wenn's durchaus sein muß, so wird mir die schönste Sache langweilig oder komisch. Eben weil ich den Napoleon nur einmal als kleiner Bube gesehen, bleibt er mir ewig so interessant und groß. Die Gewohnheit kann lang dehnen, aber nicht groß machen. Sogar die Schönheit kann langweilig werden, drum gibt es immer noch etwas, was für unsre verwöhnten revolutionären Sinne über die Schönheit geht, das ist die Jugend, ist der Reiz.

Der Eindruck des Garda war mir schon historisch geworden, Hortensiens Augen hatte ich vielfach geküßt – ich schlug die italienische Grammatik auf, und lernte konjugieren, die Beispiele lagen nahe, der Archivarius warf sich eifrigst zum Kollegen auf, es wurde in einer Viertelstunde so viel gelernt, daß wir einen ganzen Tag davon leben konnten. – Da erhob Hortensia ihre klare Stimme, und griff voll in die Saiten, und ich war so erschrocken von dem schönen Tone, daß mir die Grammatik in den See fiel. Mit einer merkwürdigen Feierlichkeit beginnt die Italienerin ihren Gesang. Das kommt wohl zum Teil von der vollrunden, majestätischen Stimme, den vollen Vokalworten, mit denen sie anheben, und dem halbkirchlichen Rhythmus, der ihnen in seiner katholischen Weichheit eigentümlich geworden ist. Sie sind alle weltliche Nonnen, und eh' sie heiß und lustig werden, ist Auge und Stimme erst feierlich. Das ist keine Koketterie, es liegt tiefer. Man könnte allenfalls sagen: hinter dem üppigen Sonnenscheinleben liegt eine dunkle Nacht, die aus Auge und Stimme heraus schlägt, wenn sie plötzlich sich erheben. Die italienischen Männer sind meist schlechte Männer für die Weiber, es ist wenig Zärtlichkeit in ihnen, und – sie sind Sklaven. Wenn sie's versucht haben, die Ketten zu brechen, so sind sie ausgelacht worden, weil sie keinen Mut bewiesen. Was finden die Weiber bei ihnen? Und die Weiber sind römischer geblieben, als die Männer; man findet es bei allen Völkern, daß das Grundelement der Nation bei den Männern eher verwittert; die Weiber werden weniger verwirrt durch viele Eindrücke, ihr Schatz ist kleiner, aber gedrängter.

Es ist noch heut etwas vom alten Rom, ein Gedanke Cornelias, der Gracchenmutter, oder so etwas in Aug' und Stimme des italienischen Weibes. Ich sah und hörte staunend nach Hortensien hin. Sie sang ein Lied von »Napoleone«, dem »imperatore grande«, und die bärtigen Schiffer streckten die Rücken gerade, riegelten die Augen auf, und stimmten mit tiefen Stimmen ein. Es war ein Lied aus jener fabelhaften Zeit, wo der junge Bonaparte mager, wüstendürr und trokkenbraun im Gesicht aus Ägypten und Syrien zurückkam, und das Auge ruhmeswollüstig überall herumirrte. Es ist dies immer die interessanteste Zeit in Napoleons Leben für mich gewesen. Damals brachte er sich den ersten Araber mit, er glich dem Cäsar auf ein Haar, und er hatte nur mehr Poesie und weniger Egoismus im Gesicht, als jener. In dem Auge lag noch die ganze Wollust des jungen Ruhms, die Züge waren noch durstig, die Haare noch lang, der Körper bog sich noch geschmeidig, seine ganze geistige Jugend stieg wie damals zu Pferde, als er mit den barfüßigen und barhäuptigen Sanskülotten von Montenotte und Millesimo, die jetzt Schuhe und Narben hatten, wieder nach Italien zog. Die Uniform war ihm weit, es sollte alles erst erfüllt werden, es stand erst alles auf dem Spiele – und das Fertige ist groß, das Werdende reizend. Wie ein zweifelhaftes arabisches Epos brachten seine Soldaten damals die Geschichte von der Pyramidenschlacht nach Europa, man sah in dämmerndem Sonnenlichte auf der unabsehbaren trocknen Fläche das große Schauspiel, Turbane in endlosen Reihen und blinkende Säbel flogen im Galopp vorüber, »Allah il Allah«, der alte fabelhafte Ruf, klang gespensterartig in das moderne »Vive la republique«, augenlos, stumm sahen von fernem Horizonte die märchenartigen riesenhohen Spitzsäulen zu; wie ein berittner junger indischer Bramine, der nur Geschichte studiert hat am Ganges, sprach der junge Bonaparte zu seinen Soldaten von den vierzig Jahrhunderten, die von jenen Spitzen ihnen zusähen, man schwieg vor Staunen über all die wunderbaren Dinge. Die Pestkranken in Jaffa mit ihrem fürchterlichen einsamen Tode drängten sich auch in jene befremdlichen Tableaus, wo blaue und rote Franzosen unter asiatischer und afrikanischer Sonne herumschritten. Wie ein Geist war der junge Held durch den Meeresnebel und Nelsons lauernde Schiffe zurück nach Frankreich geflogen. Man wartete begierig auf den neuen Feldzug, ob denn das alles wahr sei. Napoleons ganze Herrlichkeit, die man schon zu ahnen anfing, stand auf dem Spiele, und aus Hoffen und Fürchten braut die Welt ihr Interesse.

Von jener glänzendsten Zeit des jungen afrikanischen Napoleon, und von den frühern galoppierenden Siegen bei Lodi, Arcole, Castiglione und all den Namen, die wie Goldstücke bei tollem glücklichen Glücksspiele, übereinander stürzten, von jenen fliegenden, brausenden, jähen Taten des jungen Genies, des olympischen Adlers sang das Lied. Es drängte alle Kraft auf den Moment zusammen, wo er zur Schlacht bei Marengo abging, wo Cäsar in den Kahn bei Brindisi steigt, und den Schiffer im Sturme tröstet: »Du trägst Cäsar und sein Glück.« Und es sang von dem emporgesprungenen Weibe Italia, das sich mit offnem Busen dem willkommen schönen Cäsar an die Lippen geworfen, dem er den heißen ägyptischen Kuß auf die geöffneten Lippen gedrückt habe. Oh, es sang das Lied wunderbar schöne Dinge von neuer Römerherrlichkeit, und als es zu Ende war, schwieg alles und die Schiffer tauchten die Ruder leise und geräuschlos in den See.

Nach einer Weile fragte ich sie leise, ob sie wohl den Napoleon liebten, und wünschten daß er noch gebiete. »Oh si Signore«, sagten sie, aber er habe doch zwei große Fehler gehabt, erstlich hätten sie zu viel Steuern zahlen, und zweitens alle Soldaten werden müssen. Dabei reichte mir einer die Grammatik, die er aus dem See gefischt hatte, und erbat sich dafür einige Centesimi.

Wahrlich, es ist eine tief poetische Nation, und die Kerle hatten Köpfe, als kämen sie eben aus dem Senate in Rom! Sie haben eine viel abscheulichere Prosa, als wir in Teutschland, weil sie umringt sind von schönen Veranlassungen. Wir lieben den Napoleon, obwohl er uns mit Füßen getreten, die Italiener hat er wiedergeboren, und sie fürchten ihn nur. Ich will indes nicht ungerecht sein, und nicht vergessen, daß meine Helden Gardaschiffer, und daß die meisten Italiener, die ich gesehn, nicht von der vornehmsten Klasse waren. Aber es ist leider alles, was man in jenem Lande sieht, von niedriger Art, denn offner oder versteckter streckt jeder die Hand nach Geld aus. Man haßt in jenen Gegenden Österreich nur wegen des Kopfgeldes und des Tabaks, man liebt noch am meisten Baiern, weil es am wenigsten Steuern verlangt hat. Unsere honorige, intelligente Mittelklasse, die sich zur guten Stunde doch einmal für etwas interessiert, was über Essen und Trinken hinausgeht, existiert gar nicht. Und die höheren Klassen und die strebende Jugend halten sich den Mund zu, und lassen sich nicht sehen oder dürfen sich nicht sehen lassen. Ein Land der kleinen Konspiration hat viel kleine Menschen. Es ist gar zu viel Täuschung in diesem Lande; nur bei Privatangelegenheiten gilt ihnen das Leben nichts, bei öffentlichen Dingen sind sie feig. Der bessere Teutsche macht es doch umgekehrt, er ist humaner, und der Franzose hat privatim und öffentlich alle Taschen voll Kourage. Wahrlich, es glaubt's kein Mensch, wenn er diese bedeutungsvollen Gesichter sieht. Wie ein gefallener Herrscher sah der vor mir sitzende Schiffer aus, vornehm schaute er auf die Arbeit, als erniedrige er sich durch sie, stolze Züge, große geheimnisvolle Augen, scharfgeschnittner Mund, die edelste Nase, ein krauser dichter Backenbart, eine starke, hohe und schöne Figur schienen der Einband des schönsten Buches zu sein. Und wenn man die Züge auseinander blätterte, so kauerte hinter den gewaltigen Formen eine jämmerliche, innere Mutlosigkeit.

Nur die Weiber haben alle Mut, wenigstens zur Liebe, keine weicht einem Gefechte dieser Art aus. Die Männer sind die Schauspieler Europas, sie führen ums Geld Komödie auf wie Tragödie, Kulissenreißer sind sie auch ohne Geld von Hause aus. Um nichts den entsetzlichsten Spektakel zu machen, das versteht der Italiener vortrefflich. –

Wir legten am jenseitigen Ufer des Sees an, um den Eselsberg zu besteigen. Man geht neben kleinen maliziösen Eseln aufwärts, und hat sich vor ihnen zu hüten: es gibt eine Sorte dummes Volk, was nicht nur dumm, sondern auch brutal ist: wenn sie sich satt gegessen haben, schlagen sie hinten aus. Oben sieht man nichts als ein unbedeutendes Stück Wasserfall, und weiter unten Mist in allen Winkeln. Es waren viel Käfer da und das Volk machte viel Wesens; ich hatte nicht Zeit, mich um das eigentliche Wesen dieser Spelunke zu kümmern; nicht einmal zu einem Hause war Platz da, der steile Fels verengte alles. Sonst kleben aber an jedem Einbug des Sees die kleinen italienischen Städte wie Schwalbennester, und die fremden Spatze finden überall in Italien ein Plätzchen. –

– Hortensia war im Boote zurückgeblieben, und mir schien's, als habe sie geweint. Ich nahm sie um den Hals, und fragte sie, was ihr fehle. Sie machte ein sehr ernsthaftes Antlitz und sagte: »Du liebst mich nicht!« Ich versicherte sie natürlich des Gegenteils, setzte hinzu, daß ich eben nicht viel Zeit hätte wegen der neuen Gegenstände, und wollte sie eben zärtlichst küssen, da stieß der Starost den Kahn ab, und wir purzelten auseinander, sie in die Arme des Schiffers, ich auf den Schoß des Archivarius, der über die maskuline Zudringlichkeit sehr ungehalten war. Wir lachten und setzten uns an den Boden des Kahns, und sie lehrte mich Gitarre spielen. Jetzt konnten wir nicht mehr fallen. Es war aber doch sehr zart von den vier Schiffern, daß sie mit dem Abstoßen des Kahns gewartet hatten, bis unsre Zärtlichkeitsangelegenheiten geordnet wären – ohne Zutun des Starosts wären sie nicht abgefahren. Takt für Liebesverhältnisse hat der gemeinste Italiener, er weiß, was sich schickt, wenn man ein Mädchen im Arme hat. –

– Der Tag senkte sich allmählich, und wir steuerten auf hohe, weiße Schlösser zu, die am Ufer des Sees lagen – nach Limone führen sie, sagten die Schiffer. Es waren spanische Schlösser, nämlich terrassenförmig abgesetzte weiße Pfeiler, zwischen denen Citronenwäldchen gepflegt wurden, es wohnte niemand da als ein Gärtner und dichter italienischer Duft der die Sinne befängt. Ich saß mit Hortensia an einem solchen Baume, und wir sahen uns abwechselnd in die Augen, und durch die breiten stillen Blätter auf den See hinaus, auf welchem der Sonnenuntergang mit ausgestreckten Armen sich gelagert hatte. –

– Plötzlich sprang das Mädchen auf, faßte mich krampfhaft bei der Hand, und starrte nach der Seite. Es war mir, als sähe ich eine männliche Gestalt hinter einem entfernten Pfeiler. Mit metalloser Stimme sagte sie: »Es ist mein Bruder«, und stürzte wie ein Reh die Stufen hinunter. Ich ihr nach, sie erraffte unterwegs den Starost bei der Hand, und riß ihn mit sich ins Boot, ich befolgte diese stumme, praktische Schnelligkeit, und griff nach dem unter Citronen wandelnden Archivarius. Der Aufseher trat mir in den Weg, eine »discrezione« erheischend; ich hatte kein kleines Geld und gab ihm, was mir in die Hand kam. Die allzu große Gabe wollte ich aber doch gut haushälterisch ausbeuten, es fehlten mir nur die italienischen Worte. Ich wußte nichts als rückwärts zu deuten, von wo wir jemand die Treppen heruntereilen hörten, und »No – no – no!« zu sagen. Er nickte mit dem Kopfe und eilte zurück; wir fuhren ab. Bald hörten wir einen heftigen Wortwechsel – »oh, questa voce!« rief Hortensia und verbarg ihr Haupt in den Schoß. Der pfiffige Italiener hatte mich verstanden und bezeigte sich dankbar, so weit wir ihn hören konnten. Auf längeres Zutun von seiner Seite war nicht zu rechnen, der Starost mußte also unsern Leuten kund tun, daß wir nicht eingeholt werden dürften. In diesem Lande, wo jeder Nachbar den Nachbar betrügt, wo die Intrige überall zu sehen ist, wie bei uns die Polizei, fällt das nicht auf – sie nickten mit den Köpfen, drückten die Ruder tiefer und flacher ins Wasser, und warfen, ohne ein Wort zu wechseln, den Kahn in eine andere Bahn, als wollten wir gegenüber vor den spanischen Schlössern landen.

Der Abend kam uns zu Hilfe und legte sich sanft wie ein samtner Mantel über den See. Hortensia war totenstill und sah scharf nach der Richtung von Limone hin, der Archivarius sang leise ein teutsches Lied, es ward so heimlich und wohnlich in meinem Herzen, daß ich mich nach freundschaftlichem Besuche sehnte. Da kamen aus den Wipfeln der Citronenbäume alle die Weiber, die ich je geliebt, über den See gerauscht und setzten sich mir auf die Schultern und auf die Westen und Rockflügel, und jede flüsterte die süßen Dinge, welche wir einander gesagt hatten, und jede flüsterte sie mit dem Anfluge ihres Dialekts, die eine nordteutsch, die andre südteutsch etc. Es war ein Flüstern und Kosen wie beim Turmbau zu Babel, und es war mir so menschenfreundlich, so mahometssüß ums Herz, daß ich's nicht anders bezeichnen kann, als mit den Worten: Es war sehr hübsch.

Unterdes fiel die Dunkelheit wie ein Nebel ins Wasser, und die klare Nacht erhob sich, und öffnete ihre goldsilbernen Augen, und der See schloß sich und streckte die Wellen zum Schlaf wie nach vollbrachtem Tagewerke.

Das sind die Augenblicke, wo sich aus nahen und fernen Landen alles um den Menschen versammelt, was je eines seiner besten Gefühle getroffen hat. Die Helden der Geschichte ziehn vorüber, und das geschieht immer nur des Nachts, denn nur des Nachts erscheinen Geister. Selbst die größten Geister des Tages werden erst gesehen, wenn es Nacht wird. Die kleinen menschlichen Geliebten hatten sich bis zum Unsichtbaren zusammengekauert, sie sind Kinder des liebenswürdigsten Taktes und wollten das große Tableau, was sich eben auf dem Wasser aufstellte, nicht stören. Wie Schattenbilder in der Luft zogen die alten Römer vorüber, kein menschlicher Ausdruck des Leides oder der Freude war in ihnen zu sehn, sie waren nie Menschen, sondern sind immer Soldaten gewesen.

Ich kenne wahrhaftig nur aus der schon verfälschten Zeit des heuchlerischen Augustus, des großen Ahnherrn Ludwig Philipps, einen Römer, der auch ein Mensch war. Dieser Mensch heißt Properz, und hat seine Menschlichkeit in Elegien niedergelegt. August geht nach Kleinasien und Properz soll mitgehn, um unsterbliche Lorbeeren zu sammeln. Er hat aber eben einen Feldzug mit den schönsten römischen Mädchen eröffnet, und geht nicht nach Kleinasien. Als August zurückkömmt, und einen pomphaften Triumphzug in Rom hält, da steht Properz mit seinem Mädchen vor der Tür, und lächelt sehr über den bei ihm vorüberziehenden Imperator mit all seiner asiatischen Pracht und Herrlichkeit, und erzählt ihm seine Schlachten und Siege, in denen Rom Rom sich unterworfen.

Ganz hinten auf dem See lagen die Cimbern und Teutonen und schmausten, und ich sah es mit an, wie die römische Klugheit unterdes sie berückte, und die Römer waren eherne Aristokraten, und die Cimbern und Teutonen waren teutsche Stämme. Das Essen und Trinken war von jeher bei den Teutschen die Hauptsache. Ich drückte die Augen zu, und als ich sie wieder öffnete, sah ich die römischen Tier- und Menschenhetzer unter den Kaisern, und die langen germanischen Barbaren, welche den römischen Thron einrissen, und die Langbärte, die Longobarden, die über das Ufer herüberkamen. Und all diesen Gewinn, dieses Mark sah ich hinschwinden vor der römischen Klugheit. Mit ein wenig wohlriechendem Rauch, einem bißchen Musik und Lirum-Larum-Löffelstiel wurde alles wieder genommen. Ich lobe mir die Päpste, und ich sah ein, daß die Klugheit das Beste sei für die Völker. Der Archivarius sang den letzten Vers seines teutschen Liedes. Plötzlich sprang Hortensia auf, hielt ihm den Mund zu, schlug den nächsten Schiffer auf die Schulter, und wies nach Limone hin. Der Schiffer schliff seine Augen, legte sich mit dem Ohr über Bord bis dicht an die Wasserfläche, nickte mit dem Kopfe, gab den Gefährten ein Zeichen, und warf den Kahn auf eine andere Seite. Ich sah und hörte nichts. Mit Blitzesschnelle fuhren wir eine Strecke in andrer Richtung, und hielten plötzlich ganz inne. Kein Mensch regte sich, ich konnt' es hören, wie hinten der Starost, der wie ein Corsar ausgestreckt im Boote lag, den Dampf aus seiner Pfeife stieß. Allmählich schien es auch mir, als hörte ich leise Ruderschläge, mit Hilfe des Glases gewahrte ich ein Boot, was in einiger Entfernung von uns ganz in unsrer frühern Richtung mit aufgespanntem Segel vorüberstrich. Wir bückten uns alle, um den Umriß über dem Wasser so unbedeutend als möglich zu machen. Schon glaubten wir den Feind vorüber, Hortensia hielt sich krampfhaft an meinem Arme fest, da verschwand auf einmal das Segel, und unsre Schiffer fingen aus Leibeskräften an zu rudern. Wir waren entdeckt, das uns verfolgende Boot hatte umgelenkt und kam hinter uns drein. Der Verfolger näherte sich trotz unsrer Schnelligkeit, und die Schiffer sagten, er müsse fünf Ruder haben. Nur *ein* Ruder fand sich noch in unserm Boote, ich ergriff's und arbeitete nach Kräften. Hortensia küßte mich mit kaltem Munde dafür, und nahm meinen Reisestock und half auch rudern. Es war umsonst – das Boot kam immer näher. Ich zog meinen Reiserock aus, Hortensia bekleidete sich damit, und knöpfte ihn bis oben zu, setzte sich meine Mütze auf, legte sich das Gesicht in den Arm, und lagerte sich zum Schlaf zurecht. Alles geschah, ohne daß ein Wort gesprochen wurde. Bei italienischen Schiffern bedarf's aber keines Worts, sie verstanden alles und ließen nach mit heftigem Rudern. Ich begann mit dem Archivarius das Duett: »Bei Männern welche Liebe fühlen, fehlt die Kourage nimmermehr«, und erwartete den Feind. Über die verräterischen Füße Hortensiens warf der Doktor seinen Schlafrock. Das Boot brauste heran. Der Aufseher von Limone, den ich so reichlich beschenkt hatte, war der fünfte Ruderer, ein echter Italiener, der eine neue

»discrezione« verdienen wollte. Hortensiens Bruder war der sechste Mann, und schon hielt ich unsere Mannschaft triumphierend für überlegen an Zahl, als plötzlich im feindlichen Boote noch ein langer bärtiger Kerl sich aufrichtete. »Machen Sie Ihren Reisesack auf, Herr Starost, und setzen sie Kupferhütchen auf ihre Terzerole, antworten Sie so grob, als Ihr Gedächtnis Worte auftreiben kann.«

Der Citronenaufseher griff an unser Boot, um zu entern, mein Stock fiel blitzschnell auf seine Hand und heulend zog er sie zurück. Hortensiens Bruder und der bärtige Kerl machten Anstalt in unsern Kahn zu springen. Ich stellte mich jenem, der Doktor diesem entgegen. Das Handgemenge ward allgemein, da der Citronenaufseher jetzt gegen den Starost ansetzte; nur die Schiffer hielten sich auf beiden Kähnen völlig neutral, wie bloß weiter leitende Elemente. – Da brannte plötzlich der Starost seine zwei Schüsse los, und mit einem Ruck war die Szene geändert, die Schiffer beider Boote duckten sich, und stießen die Kähne auseinander. Hortensiens Bruder und ich schwankten einen Augenblick über den See; – wir stürzten beide hinein.

Ich sank tief, eh ich in meiner halben Sinnenlosigkeit zu den Schwimmoperationen Anstalt machte. Mit Hast drückte ich mich an die Luft hinauf, denn ich hatte, kurz vorher nahe am Ersticktwerden, keinen Atem zuzusetzen. Es war finster und leer, tohu wabohu, als ich Atem schöpfte, nichts zu sehen, nichts zu hören, und ich war so total verworren, daß ich auch keine Richtung unterschied, ich konnte eben so gut den See der Länge nach hinunter schwimmen, statt nach einem Ufer hin. Matt und erschöpft war ich bereits, meine Lage glich der eines Verlorenen. Ich sah mich nach dem Himmelswagen um, der am westlichen Horizonte steht, ich horchte, ob Hortensiens Bruder nicht darin schwimme, die entgegengesetzte Richtung müßte ja die meine sein. Es schien mir, als hörte ich ein fernes, leises Plätschern. Der See war sehr schön, und das Wasser war lind und lau, aber es war eine gefährliche Schönheit; ich wünschte in einem schmalen teutschen Teiche zu sein, die Müllerstube mit dem warmen Ofen und der pausbäckigen, behäbigen Wirtin in der Nähe. Was halfen mir jetzt die Citronenwälder! Da kam dem Starost der glücklichste Gedanke, er schoß sein Pistol ab, und ich warf mich lustig in die Wellen hinein. Bald hört' ich sie mir entgegen kommen, bald lag ich wie ein nasser Robbe in der Barke.

Glücklicherweise war mein Mantelsack auf dem Boote, ich kleidete mich in Eile um, die Schiffer lachten still, der Archivarius und der Starost stellten sich vor Hortensien und lachten ebenfalls.

Unsere Feinde hatten gar keine Kriegserklärung für nötig erachtet, man hatte sich auf gar keine Fragen und Erörterungen eingelassen, es war römisch hergegangen. Wir wußten nicht, ob Hortensia erkannt worden, ob ihr Bruder ersoffen sei. Einem lebhaften Angriffe und Widerstande weicht der Italiener aus. Unsre Schiffer legten bei Malcesini an; dort wollten wir einige Stunden schlafen und vor Anbruch des Morgens weiter fahren. Mit einigen Flüchen und Demonstrationen durch Stock und Faust wurde der Schwarm Gesindels vertrieben, der sich überall wo Fremde ankommen an diese hängt und auf das Gepäck stürzt. Es war wenig Licht in dem kleinen Orte zu sehn, und er bot einen unheimlichen italienischen Anblick dar. Hortensia hing sich beim Aussteigen innig an mich, und als ich sie aufs Auge küßte, küßte ich eine tränenfeuchte Wimper. Ich fragte sie, was ihr fehle, sie schüttelte den Kopf »niente, mio Tedesco«, und drückte mir einen heißen Kuß auf die Lippen. Da ging sie von mir, und machte sich mit dem Gepäck zu schaffen.

Als wir mit einer geschwätzigen Wirtin, die halb hübsch, halb garstig war, Zimmer, Betten und Speisen behandelt hatten, und uns häuslich einrichten wollten, ward Hortensia vermißt. Wir liefen an den See, wir suchten an allen Ecken und Enden und schickten Boten aus – umsonst, sie war nicht aufzufinden. Ein Boot war nicht gelandet, vom See her konnte ihr nichts begegnet sein; es blieb nichts übrig, als sich in des wunderlichen Mädchens Tun zu ergeben.

Es war alles so märchenartig hergegangen, seit ich das Mädchen getroffen, daß ich jetzt nachdenklich an dem großen Tische unsers Zimmers saß, und den Archivarius fragte, ob denn das alles wirklich passiert sei. Er lächelte und sprach: »In Italien kann alles passieren.«

Ich fragte unsre zweifelhafte Wirtin, was sie zur Hortensia meine. Sie lächelte wie eine teutsche Soubrette, machte mir ein Kompliment, warf mir einen verräterischen Blick und hüpfte, ohne Antwort zu geben, hinaus.

Der Starost öffnete einen kleinen Balkon, der auf den See hinaus führte – es war eine rabenschwarze Nacht draußen, trotz dem, daß die Sterne am Himmel glühten, und es war totenstill. Ich saß unbeweglich an meinem Tische, und dachte fortwährend: das also ist Italien!

Da erhub sich plötzlich draußen ein Geschrei, was durch seine Regelmäßigkeit den Charakter eines Gesanges annahm. Es war ein Ständchen; in Teutschland hätten wir's anfänglich für Feuerlärm gehalten, und die Ansicht wäre freilich nicht ganz falsch gewesen. Es mußte entsetzlich brennen bei dem Burschen, denn er schrie wie ein Zahnbrecher, und sang wenigstens funfzehn bis zwanzig Strophen in einem Strich, nach ein und derselben Recitativ-Melodie herunter. Sie haben in Italien alle Stimmen wie die Hähne, und wenn er gegen Ende der Strophe ein wenig erschöpft war, so fing er doch die neue stets wieder mit einer Vehemenz an, daß ich noch bei der zwanzigsten davor erschrak und mich vor dem nächsten Anfange fürchtete.

Ich habe noch niemals einen sanften Trieb wie die Liebe so entschlossen um Hilfe rufen hören. Alles war totenstill, nur der arme verliebte Teufel schrie seine Litanei; es hätte ein Stern herunter fallen mögen.

Wenn man im September oder Oktober durch einen großen, flüsternden teutschen Wald fährt, da hört man den Hirsch sein Ständchen brüllen, just wie diesen Italiener, und es ist lebensgefährlich, ihm nahe zu kommen.

Wir schlossen den Balkon und kletterten auf das himmelhohe Bett, welches in ununterbrochner Breite ein Dritteil der Wand einnahm, und uns dreien überflüssigen Raum gewährte.

Aus süßen italienischen Träumen weckten uns die Schiffer. Wir wollten noch in der Morgenfrühe den See entlang fahren, und wenn die Sonne im Mittag stünde, bereits zu Verona im kühlen Schatten ein schönes Mädchen küssen, von dessen liebenswürdigen Zügen wir jetzt noch keine Ahnung hatten.

Malcesini lag noch tief in seinen nächtlichen Decken. Die Engländer machen viel schöne Stahlstiche, und stellen oft einen kleinen Hafen dar mit einigen kecken Häusern und kecken Piraten – so ist mir Malcesini erschienen in seiner Nachtruhe.

Das Wasser des Sees war warm wie ein schlafendes Mädchen, die Sterne waren lebendiger geworden, die Luft schlief regungslos. Das Schifflein flog rasch in den dunkeln See hinaus. Ich dachte sehr ernsthafte und schöne Dinge, habe sie aber vergessen. Eins weiß ich nur noch: ich beschäftigte mich lebhaft mit Erfindung eines neuen Sonnensystems. Der Mittelpunkt desselben sollte aber nicht mehr eine gelbe Sonne sein, welcher man nicht in die Augen sehen könnte, sondern eine weiß und rote mit zauberischen Augen, um welche alle Planeten und Kometen kreisen und schweifen müßten.

Ich lag meiner ganzen Länge nach auf dem Rücken im Schiffe und sah in die Sterne. Wir sprachen über dies und jenes, das heißt die Sterne und ich, wir machten Gedichte miteinander und sagten uns gegenseitig Schmeicheleien. Die Sterne lassen sich viel gefallen, sie sind das Volk des Himmels, und das Volk ist überall Volk. Wenn die Sonne, ihre Königin, nicht da ist, da regiert der Vizekönig, Signor Mond, und wenn auch der spazieren geht, da haben sie Freiheit und Gleichgültigkeit, und dabei ist's so dunkel, daß eins über das andre fällt. Da spreizen sich die mediatisierten Fürsten des Himmels, der Sirius, die erlauchte Familie des Siebengestirns, die Kassiopeia, der Hund, und wie die willkürlichen Bilder weiter heißen. Die bürgerlichen und schlecht adligen Talente tun sich zusammen als Milchstraße, und sprechen und schimmern allerlei. –

Da flogen graue Blitze über den Himmel; furchtsam traten die Sterne zurück. Und die Blitze wurden heller, und mit ihnen flog der Morgensonnenwind über die Berge des Ufers, die Sterne wichen weiter und weiter, und die Schiffer spannten das Segel auf, und brauchten nicht mehr zu rudern – die Kraft des Tags regiert, der Tag kam vor der Sonne hergeflogen.

Freilich wurde es plötzlich kalt, und als ein Schiffer sah, daß ich am meisten dabei fror, warf er mir seinen braunen Mantel zu, und sagte resigniert: er sei's gewohnt.

Der See öffnete sich eben in stolzer Breite nach dem Süden hinunter, und die ernsthaften Rinaldini-Ufer des nördlichen Sees wurden weich und rund, und verloren sich weiter unten in die Fläche der Lombardei, nach Peschiera und Verona hinab. Die Isola bella – denn eine solche hat jeder italienische See – sprang wie ein Garten der Armide aus dem Gewässer, und es leuchtete aus der Ferne von ihr her, wie weiße Schlösser leuchten, hinter deren Säulen schöne Nymphen tanzen. Die Augen Jean Pauls blitzten mir von den Zinnen entgegen, und ich sah den Titan die hohen Treppen auf- und niedersteigen und in den wollüstigen Gebüschen verschwinden.

Das Schifflein trieb um das Vorgebirge unsrer guten Hoffnung, die Schiffer nannten es die Spitze des heiligen Vigilio. Der gute steinerne Alte steht hier am Eingange in den engeren Garda, und weiß gewiß nicht weshalb. Ich will nicht dafür einstehn, aber es war mir, als trüge er einen Henri quatre, ein Schutzpatron der Wachsamkeit, kommt den Italienern sehr ungelegen, und genießt wenig Ästimation, unsere Schiffer nahmen nicht einmal die Mützen vor ihm ab. –

– Aber eine alte verfallende Kirche hinter ihm von gutem Stein, und weiter am Ufer hin, das immer ergiebiger und gefälliger wurde, weiche, samtne Olivenwäldchen, eine glänzende Morgensonne, ein dampfender See, und in der Fensterblende ein Mensch, der über uns her den See entlang blickt – mußte mir's nicht einfallen, wie das alles ein Goethesches Gedicht sei; ich hörte die Worte in dem Wellenschlage.

In Teutschland ist Goethe gestorben, aber in Italien saß er vielleicht in der Fensterblende der alten Kirche Vigilio am Vorgebirge des Garda. Es war ein schöner katholischer Sonntag, der mit der schönsten Sonne auf Italien herunterfiel. Der Mann da oben war gewiß – er regte sich nicht, und es war zu weit, um genau zu sehn. Ich ließ die Schiffer halten, und sang mit lauter Stimme:

»Kennst du das Land, wo die Citronen blühn?«

»Blühn« antwortete das Echo, und der Starost sagte, der Mann ob St. Vigilio habe mit dem Kopfe genickt.

Ich glaub's, ich glaub's, er ist hier gut bekannt: hier am Garda hat er seine »Iphigenia« geschrieben, und da ihn die Leute noch immer nicht genug kennen, so will ich beim Garda sein Leben schreiben, wie es mir im Sinne ruht. Das Leben Wolfgang Goethes ist zwar keine Novelle aber ein Roman.

Drüben in Melcesini hat man ihn einmal beim Zeichnen der Landschaft verhaften wollen, da hat er das einzige Mal in seinem Leben das Volk harangiert, wie Ariost die Räuber. Ich hätt' es wohl sehen mögen.

Franz von Gaudy

Die Braut von Ariccia

Erst mit dem Ende des Junimondes reift dessen schönste Blüte für den Römer und den Bewohner des Albaner Gebirges – ich meine damit das weltberühmte, wunderherrliche Blumenfest zu Genzano. Von weit und breit strömen an jenem Tage die Leute nach dem auf der neapolitanischen Straße gelegenen Bergstädtchen, wohl nur der kleinere Teil aus Andacht, bei weitem der größere aus Neugier, um zu sehen und gesehen zu werden. Wirft man einen Blick auf die Wagenreihen, auf die Schwärme der Reiter zu Roß und Esel, auf die Fußwanderer, welche vom frühesten Morgen an aus der Porta San Giovanni ziehen, die Appische Straße bedekken, die von Velletri heraufkommen, von Rocca di Papa herniedersteigen, auf die Prozessionen, welche sich durch die Olmata von Genzano drängen – so begreift man kaum, wie alles das Volk in dem engen Städtchen unterkommen will; es ist, als ob die Menschen die Häuser verdrängen müßten. Und bei der Seele des heiligen Francesco von Assisi, ich kann es den Leuten nicht verdenken, wenn sie an jenem Tage den letzten Paolo für die Vettura springen lassen – ist doch im ganzen Jahre kein Fest, welches sich mit diesem messen darf. Ich war Zeuge, wie Se. Heiligkeit der Stadt und der Welt von dem Balkon des Lateran herab den Segen erteilte, wie er ein andermal unter dem Donner der Kanonen von der Engelsburg um den Platz der Peterskirche getragen wurde. Ich habe der kolossalen Grobheit der Schweizersoldaten und ihren Hellebardenstößen, mit denen sie namentlich gegen gut katholische Christen recht freigebig sind, herrisch Trotz geboten, um mich am Ostertage in die Sixtinische Kapelle zu drängen – und dennoch gestehe ich frei und unumwunden, daß ich die Feier des Blumenfestes dem Pomp jener hochheiligen Tage bei weitem vorziehe. Ist dies Bekenntnis Sünde, so hoffe ich, daß sie mir dereinst nicht allzu hoch wird angerechnet werden.

Die Gelehrten behaupten von dem Blumenfest, daß sein Ursprung und die Sitte, die Straßen mit Blumen zu bestreuen, noch aus dem grauen Heidentume herstamme, und halten auch zur Verteidigung ihrer Meinungen ein Dutzend Zitate aus alten, römischen Schriftstellern in Bereitschaft. Ich für meinen Teil habe nichts dagegen einzuwenden, und weiß nur, daß die Feier jenes Tages schon uralt ist, wie dies auch eine Begebenheit, die sich im Jahre 1582 zutrug, beweist. Die Geschichte lebt noch jetzt im Munde des Volkes, und ich erzähle sie wieder, wie ich sie von dem Gärtner des dem Fürsten Chigi zugehörigen Orto di mezzo vernommen habe.

In dem gemeinten Jahre waren in den Nachmittagsstunden des 25. Juni die Straßen der Stadt wieder mit einer unübersehbaren Menschenmasse gefüllt. Das Auge fühlte sich beim Anblick der bunten, durcheinander wogenden Menge verwirrt. Alle die schimmernden Festtrachten des Stadt- und Landvolks strömten dort auf und nieder, der kecke Adelige mit gebauschtem Seidengewand, mit Spitzenkragen und schwanken Federn auf dem Barett, der Weltgeistliche im schwarzen Talar, die Landsmannschaften der fremden Maler, der kräftige Bewohner von Trastevere mit roter Schärpe um die Hüfte und buntseidenem Haarnetz, die Bewohner von Grotta ferrata oder Civita la Vigna mit vollen roten Nelken hinter dem Ohre, der derbe Campagnaschäfer mit Sandalen und der keulenförmigen Mazarella, der winselnde Bettler und der Mönch mit dem riesigen Rosenkranz, dessen Kreuz er den Andächtigen zum Kuß reichte. Dort bewegte sich die Albaneserin mit dem silbernen Pfeil im rabenschwarzen Haare und dem weißen, gebrochnen Kopftuch, dort das Mädchen von Ariccia, kenntlich an den blauen Bändern des Jäckchens, das scharlachrot gekleidete Weib von Nettuno, die schöne Velletrinerin mit freiem Nacken und dem Blumenkranz im Haar.

Alles schob und drängte sich durcheinander, schüttelte die Hände, nickte Willkommen und Lebewohl. Die einen freuten sich der gewirkten Teppiche, welche in farbiger Pracht von allen Balkonen hingen, und der noch weit herrlicheren der überall herniederlauschenden schönen Mädchen. Andere wieder stiegen auf den Schloßberg nach den mit Myrten umflochtenen Säulen, unter denen der von Kerzen umfunkelte Hochaltar mit dem Bilde der Madonna ruhte. Noch andere wanden sich mühsam längs der Häuser hin, um nicht den Blumenteppich, der die Straßen bedeckt, zu beschädigen, und musterten neugierig die zarten, leuchtenden Gemälde, welche der Fleiß der Genzaneserinnen aus feingepflückten Blüten zusammengestellt hatte. Es war ein wunderbar schöner Anblick. Wer vor der Kirche Santa Trinita steht, sieht die drei Hauptstraßen des Städtchens sich gerade und regelmäßig von diesem Punkt wie ein Fächer ausbreiten und den Berg hinanklimmen. Alle waren sie von oben bis unten mit jenem bunten, duftenden Mosaik ausgelegt. Die dunkeln Blätter der Stechpalmen, Myrten und Lorbeern bildeten den Grund, in dem die von Rosen umfaßten Gemälde lagen. Es waren Sterne, Rosetten, Springbrunnen, in welchen sich Tauben baden, das Gotteslamm mit der Fahne, Altäre mit flammenden Herzen, seltsam verschlungene Namenszüge, die Wappen des Papstes oder des damals über Genzano und Ariccia herrschenden Geschlechtes der Savelli, und alle Abstufungen von Licht zu Schatten wurden durch einzelne Blättchen abgespiegelt. Am durchsichtigblauen Himmel war kein Wölkchen zu spüren, und auch nicht das leiseste Lüftchen ging, welches die Blütengemälde hätte zerstreuen können. Wer seine Schaulust auf der Straße befriedigt hatte, suchte ein Plätzchen in den Osterien, um beim Spiel und dem glänzenden, süßen Genzaneser-Wein die Stunden bis zum Beginn der Prozession zu verbringen.

Zu den letztern gehörten auch zwei städtisch, wenn auch gleich nur nach der Weise der minder wohlhabenden Bürger, gekleidete Männer. Der ältere von ihnen hatte eine von den

Physiognomien, welche man nie wieder vergißt, wenn man auch nur einmal mit ihnen in Berührung gekommen ist; ein lauerndes, rastlos bewegliches, überall hinspähendes Auge, hämisch gekniffene Lippen, eine hohe, kahle Stirn. Abstoßender noch war seine kleine, magere Gestalt. Er war am ganzen Leibe verschroben, ohne daß man doch just hätte sagen können, daß und wo er verwachsen gewesen wäre. Die Gliedmaßen wollten nirgends zueinander passen – es schien, als habe er sie auf den Auktionen zusammengekauft. Der jüngere war ein großer, hübscher Blondin von höchstens achtzehn Jahren, dessen regelmäßige Züge und feiner Teint seltsam genug gegen die sonnenverbrannten, bartumbuschten Gesichter der Schäfer und Landleute, welche das Wirtshaus füllten, abstach. Nur mit heimlichem Widerwillen schien er dem ältern zu folgen, und sich in der allerdings mehr als gemischten Gesellschaft nicht besonders heimisch zu fühlen. Ohne sich jedoch an das Mißbehagen seines Gefährten zu kehren, zog ihn der Kleine an einen noch unbesetzten Tisch, und kommandierte mit der trotzigen Sicherheit des Stammgastes die Bottiglia und Artischocken. Die Grüße, welche er rechts und links verteilte, die Gegengrüße: »Willkommen, Signor Carlo! Wir freuen uns, Herrn Pagnotto in unsrer Mitte zu sehen!« bewiesen zur Genüge, daß seine Persönlichkeit eine sattsam bekannte sein müsse, und in der Tat hatte er auch als Verwalter des Fürsten Savelli in Ariccia sattsam Gelegenheit gehabt, mit den Bewohnern des Albaner Gebirges, welches damals fast ausschließlich von seinem Herrn beherrscht wurde, in Berührung zu kommen. Ob diese aber jederzeit eine freundliche gewesen, läßt sich, nach dem Amte zu urteilen, welches Pagnotto mit unumschränkter Vollmacht während der Abwesenheit seiner Gebieter bekleidete, mit ziemlicher Glaubwürdigkeit bezweifeln. Wenigstens verkündeten die scheuen, mißtrauischen Blicke, welche die Anwesenden von Zeit zu Zeit auf ihn warfen, und die Eile, sich wieder aus seinem Bereich zu entfernen, daß jene Begrüßungen wohl mehr aus Furcht, als aus Verehrung herstammten, und daß jeder bei sich zu denken schien: es bleibe doch immer ratsam, dem Teufel dann und wann eine Kerze anzuzünden.

Wirklich blieb der Tisch, an welchem die beiden saßen, verödet. Alles drängte sich in die entfernteren Ecken des Zimmers, so daß die Gemiedenen ihre Bemerkungen ungestört austauschen durften. Eine Weile hindurch schien das wilde Treiben den Jüngling zu belustigen, bald aber flüsterte er seinem Begleiter mit wegwerfendem Kopfnicken zu: »Laß uns gehen, Carlo, dies Toben des betrunkenen, schwarzbraunen Gesindels, das Brüllen beim Moraspiel, dies Gedränge, und vor allem diese verdickte Atmosphäre sind mir unerträglich. Fort von hier.«

Der kleine Pagnotto hielt den Aufstehenden beim Ärmel zurück. »Ei nicht doch, Vossignoria, wo denkt Ihr hin? Jetzt, wo die schönste Lust beginnen soll, treibt Ihr zum Gehen. Schaut doch nur auf diesen ehrwürdigen Bruder Kapuziner, dem der Wein zu Kopfe gestiegen, und wie köstlich er zwischen den handküssenden Bauern umhertaumelt. Werft einen Blick auf dies frische Bauerweib aus Albano, mit Ketten und Ohrringen. Sie ist die Frau des Filippo Agnolo – er wohnt hart am Springbrunnen. Sollte die Euerm Geschmack nicht zusagen? Betrachtet nur den vollen üppigen Busen, den blendenden Nacken. Ha! Corpo di Mercurio! Als ich in Eurem Alter war – – oder weiter rechts das nette Dirnchen mit der Silbernadel im Haar. Sie ist noch nicht verlobt – Ihr seht's an der geballten Hand am Knopf der Nadel – ist auch erst dreizehn Jahre. Mariuccia heißt sie, Tochter des Vignarolen Testi.«

»Ja, ich räume dir's ein, du hast mir nicht zu viel von der Schönheit der Gebirgsbewohnerinnen gesagt – herrliche, stolze Gestalten, zärtliche Augen! Doch wenn man mich in dieser Umgebung sähe, mich erkennte. In Genzano findet sich alles meilenweit zusammen – die Römer – die Römerinnen – sie würden es mir nimmer vergeben.«

»Unbesorgt, Eccellenza«, wisperte der Alte. »Hierzulande denkt man tolerant über dergleichen. Erwägt außerdem nur, daß Ihr erst seit Wochenfrist aus Mailand zurückkehrtet, und wer wird in dem achtzehnjährigen jungen Manne den sechsjährigen Bambino, als welcher Ihr dorthin zoget, wiedersuchen wollen? Wer will in dieser Bauernkneipe, in Eurem schlichten, braunen Gewande, in meinem angeblichen Neffen, den Fürsten Orlando Savelli wiedererkennen? Werft Zweifel und Zagen von Euch und genießet das Leben mit vollen Zügen. Ich habe Euch Götterlust versprochen, und beim Haupte des Apollo, ich will mein Wort lösen. Wartet doch wenigstens die Prozession ab, wo Ihr all die holden Gestalten an Euch vorüberziehen seht, und – was gilt die Wette – sie wiegen Eure Mailänderinnen auf. Wie kann sich ein junger Mann, der auf Abenteuer ausgeht, und seinen Ovid an den Fingern herzusagen weiß, an die Verkleidung stoßen, oder an das rauchschwarze Gewölbe und all dieses heillose Lumpenpack? Nicht die schmutzige Muschel ist es, nach der man fischt, wohl aber nach der verborgenen Perle. Ja freilich hängen in dem alten Theater des Marcellus, Euerm Fürstensitze zu Rom, in Euern Schlössern zu Ariccia und Genzano, seidene Vorhänge, wo hier nur Spinnweben. Freilich klirren dort auf den Marmorfliesen Rittersporen und Degen, und hier in der lichtlosen Osteria nur Gläser und Flaschen. Eure Damen tragen Straußen- und Reiherfedern auf dem Kopf, unsere Landdirnen begnügen sich mit dem Panno und der Nadel. Was sind aber alle die angehängten Reize gegen die angebornen, und in diesen nehmen es Eure Landestöchter mit allen Herzöginnen und Marchesinnen der Welt auf. Fühlt Ihr Euch nicht ein Halbgott in dem Bewußtsein, unumschränkter Herr und Gebieter eines so übervollen Blütenwaldes zu sein, keines andern Werbens, als eines gnädigen Augenwinks zu bedürfen, keiner Liebeserklärung als eines Fingerzeigs? Und ich weiß Euch ein Vöglein, das Euch zum Schlagen bringen soll. Ha! Corpo di Venere! Wenn die Henne gackelt, so ist das Ei nicht mehr weit. Wahrlich, dort kommt sie, die Mutter der Schönsten der Schönen, die alte Benedetta – und hier der Vater! Willkommen, Battista Romagnoli! Willkommen, Frau Benedetta! Hierher geschaut! Verkennt Ihr Euern alten Freund Pagnotto? Nur immer näher heran, und trinkt ein Glas auf das Wohlsein Eures Töchterleins. Wo habt Ihr sie gelassen? doch nicht in Ariccia? Die Sünde vergäb' Euch die Heilige nimmermehr, wenn Ihr ihrem Feste die lieblichste Blüte entzogen hättet. Oder schweift sie mit ihrem Bräutigam, dem wackern Mario Camucci, noch in der Stadt umher? Reicht mir Eure Hand. Seht hier meinen Schwestersohn, den Giorgio Squaldo; ist erst seit acht Tagen aus Mailand, wo er in dem Park der Visconti die Gärtnerei erlernte, zurück. Aber, meiner Treu! Da folgen ja auch die Kinder. Bravo! Gesegnet sei mein holdes Täubchen immerdar und einen Tag, und auch du, mein schmucker Mario. Immer heran nur, hier ist Raum und Wein für uns alle.«

Die herzugetretenen Ariccianer folgten der dringenden Einladung. Die schöne Braut kam zwischen dem angeblichen Gärtnerburschen und ihrem Verlobten zu sitzen. Es war ein reizendes Geschöpf. Ihr glänzendes Schwarzhaar war von keinem Schleier verhüllt, und nur durch den silbernen Pfeil mit der offenen Hand zusammengehalten. Das brennende Augenpaar, welches aus langen Wimpern hervorstrahlte, die hohe, kühne Stirn, der frische, wollustatmende Mund, der Busen, auf dessen süßer Fülle die rote Korallenschnur wogte, das weiße Tuch, welches in hundert zierlichen Falten von dem Nacken herabrollte, die anmutsvolle, königliche Gestalt – der Fürst vermeinte, noch nie etwas Reizenderes gesehen zu haben. Und jetzt ihm so nahe: das Säuseln ihres Atems streifte seine Wange, ihre Hand berührte die seinige, als er ihr den gefüllten Becher reichte, sie lächelte ihn dankend an – wie verzaubert hingen seine Blicke an dem Mädchen.

»Aber sage mir, Giorgio«, lachte der Verwalter dem Prinzen zu, »seit wann hast du die Sprache verlernt? Magst dich auch wohl besser aufs Pflanzen des Rosmarins als auf das der Myrte verstehen. Nun, laß es gut sein, es war nicht so übel gemeint.« Und dann zu dem alten Romagnoli wie entschuldigend gewandt: »Es ist ein braver, tüchtiger Bursch – aber nur noch blöde, schüchtern, wie ein zwölfjährig Mädchen. Angestoßen, Freunde!«

Die Plaudereien des kleinen Pagnotto und einige hastig hinuntergestürzte Gläser halfen dem jungen Prinzen glücklich über die erste Befangenheit hinweg. Binnen kurzem hatte er seine Gesprächigkeit, seine weltmännische Gewandtheit wieder erlangt, und die freundlichen Blicke der schönen Lätitia bekundeten nur allzu deutlich, wie sehr die Unterhaltung nach ihrem Wunsche sei. Nur der Bräutigam ward immer schweigsamer und finsterer, verwandte seine argwöhnischen Blicke nicht einen Moment von den Scherzenden, und rückte unruhig auf der Holzbank hin und her. Es war ein nerviger Bursch, mit düsterem, tückischem Blick; der spitze Hut mit dem Marienbilde und den bunten Bändern, saß ihm verwegen in den krausen, schwarzen Locken, ein wilder Bart, welcher sein Kinn umflocht, die behaarte Brust, die Muskeln des aufgestreiften Armes, zeigten von nicht gewöhnlicher Kraft. Leicht möglich, daß er zur Stunde die vermeintlichen Eingriffe in seine Bräutigamsrechte geahndet hätte, wenn nicht auch zu gleicher Zeit die Glocken von allen Türmen das Beginnen der Prozession ausläuteten. Die Familie stürzte hinaus, der Fürst wollte sich der Schönen anschließen, fühlte sich aber am Arm zurückgehalten, und sein unwilliger Blick begegnete dem bedeutungsvollen Zeichen Pagnottos, welcher das Augenlid mit dem Finger herunter riß.

»Laß mich, Carlo, ich muß ihr nach! Sie entschlüpft uns in dem Gewühl, vielleicht auf immer.«

»Halt, Eccelenza! Keinen Schritt von hier. Seid Ihr bei Sinnen? Wollt Ihr die Tochter unter den Augen der Eltern entführen? Hattet Ihr kein Auge für den Bräutigam, für seine kaum verhehlte Wut, für sein Verstummen, seine Blässe? Nicht von der Stelle lasse ich Euch. Wollt Ihr denn gleich einen Messerstich zwischen die Rippen haben? Corpo di Giove, über das junge Blut! Setzt Euch und hört – aber nein, Ihr seid zu ungeduldig. So kommt denn ins Freie und laßt uns die Prozession mit ansehen, und, wenn Ihr darauf besteht, dem Mädchen auch von weitem folgen, aber auch nur aus der Ferne. Kein Wort mehr für heute. Ihr kennt sie jetzt, ich weiß, wo sie wohnt, ich stehe für den günstigsten Erfolg – in drei Wochen längstens ist sie die Eurige. Hat der alte Carlo Pagnotto wohl jemals die Unwahrheit gesprochen? Kommt, Prinz, aber ruhig, ruhig. Chi va piano, va lontano. In einer halben Stunde sag ich Euch das weitere.«

Sie traten hinaus. Orlandos Blicke vermochten weder die mit wallenden Kirchenfahnen über die Blumenstraße langsam einherziehenden Brüderschaften, noch die Knaben mit Weihkesseln und Lichtern auf sich zu ziehen. Ohne einen tätlichen Wink des Verwalters hätte er es verabsäumt, sich vor dem vorüberziehenden, riesengroßen Kruzifix auf die Knie zu werfen. Nicht der Bischof unter dem blumengeschmückten Baldachin, welcher die Monstranz in den Händen hielt, nicht die Knaben, welche sich hinter ihm her drängten, und die von seinem Schritt geweihten Blätter hastig aufrafften, vermochten seine Aufmerksamkeit zu fesseln. Der Zug der Frauen und Mädchen strömte hinterdrein. Tausende von weißen Kopfschleiern drängten sich aneinander, die Bergstraße schien wie mit Schnee überdeckt zu sein. Lätitia aus diesem Schwarm zu finden, war unmöglich. Die Prozession wallte langsam dem flimmernden Hochaltar zu. Es begann zu dämmern. Die Gruppen lösten sich, und wandten sich unter Scherz und Gesang der Heimat zu. Orlando ergriff mißmütig den Arm seines Begleiters, und drängte ihn durch die Eichenalleen vor dem Tor nach Ariccia zurück.

»Und so seid Ihr denn urplötzlich in so gewaltige Leidenschaft zu der schönen Romagnoli entzündet worden, mein Prinz?« schmunzelte lauernd Pagnotto, als sie in den Ulmenwald von Genzano hinabstiegen.

»Das Mädchen ist ein Engel des Himmels! Sie muß die meinige werden, sie muß, sage ich dir. Versucher, du hast sie mir gezeigt, du hast diese Stürme in meiner Brust geweckt – wehe dir, wenn du sie nicht zu beschwichtigen weißt.«

»Dio mio!« seufzte der Kuppler kopfschüttelnd, »das rast und schäumt und tobt wie die Wellen gegen den Monte-Circello. Dämpft, wenn es Euch beliebt, Eure Liebeswut mit einem winzigen Pulver Geduld, und Ihr sollt an mir sehen, was ein alter, treuer Diener des Hauses vermag. Lätitia ist Braut –«

»Bei allen Dämonen der Unterwelt, erinnere mich nicht daran –«

»Sie ist in ihren Mario vernarrt«, fuhr der Verwalter kaltblütig fort, »und demnach wenig Aussicht, daß sie, fürs erste wenigstens, Ew. Fürstliche Gnaden jenem ungeschlachten, schwarzäugigen Lümmel vorziehen wird. Ihr, Eccellenza, seid aber zu ungestüm, um Euch bis zu jenem Mondeswechsel des Herzens mit trocknem Schmachten begnügen zu wollen, also –«

»Also?«

»Also muß der Bauer beiseite geschafft werden.«

»Bei allen Heiligen, was meinst du, Carlo?« fragte Savelli erschrocken. »Ihn ermorden lassen? Nun und nimmer.«

»Ruhig doch, Herr. Wer spricht, wer denkt denn an Mord. Beiseite schaffen meinte ich, den Schlingel entfernen, auf ein halbes Jährchen höchstens. Dann mag er loskommen – nach Ariccia zurückkehren und sich am Abhub der fürstlich Savelli'schen Tafel den Magen nach Herzenslust verderben. Laßt mich nur machen, Principe. Es müßte ja mit Zauberei zugehen, wenn ich dem Signor Amoroso nicht ein freies Quartier und Kost, letztere freilich mäßiger noch als Fastenspeisen, verschaffte. Er hat ein Häuschen, unfern der Porta Romana bei uns, und ein Gärtchen in der Vertiefung von Valle d'Ariccia, mit einem Dutzend Broccoli und Artischokkenstauden, weiter nichts. Mit diesem Bettelkram reitet er jeden Markttag nach Rom – dort laßt mir freie Hand. Hat der Vogel erst einmal den Kopf durch die Schlinge der Porta San Giovanni gesteckt, so mögt Ihr mich auf die Galeeren schikken, wenn er sich nicht den Hals zuschnürt. Er muß Händel anfangen.«

»Und wenn er nun harmlos und friedfertig wieder heimkehrt?«

»Er muß, sag ich Euch, Herr. Kennt Ihr denn Eure Landsleute so wenig, daß Ihr ihnen noch Lammsblut in den Adern zumutet? Mario ist ein verteufelt hitziger Bursch, an dessen Pelz wir schnell genug eine Klette werfen wollen. Und ist er erst so weit – Corpo di Mercurio! – wofür wärt Ihr denn Fürst Savelli, der Neffe des Senators, wenn Ihr nicht meinen Birbaccione am Fuße des Kapitols einquartieren könntet? Hat er erst ein Dutzend Wochen die Vorübergehenden durch das Gitter angebettelt, und mit dem leinenen Sack an der Schnur nach halben Bajocchi geangelt – was gilt's, der Tölpel wird kirre und fragt fortan nach dem Vergangenen so wenig, als nach den Wolken des verwichenen Jahres.«

Signore Carlo Pagnotto war einer von denen, welchen man kein Unrecht tut, wenn man jeden vor ihnen, als vor den von Gott Gezeichneten, warnt. War sein Äußeres abschreckend, so war es sein Inneres gewiß noch zehnmal mehr. Er war der hartherzigste Schurke im ganzen Latium. Durch Kriecherei und ehrlose Dienstleistungen hatte er sich unter dem verstorbenen Fürsten von Savelli zu dem Posten des Verwalters aufgeschwungen, hatte seine Untergebenen auf das Schamloseste ausgesogen, und durch Bestechungen der nächsten Umgebungen seines Herrn jede Klage zu ersticken gewußt. Wohl ahnend, daß nach dem Tode des alten Fürsten alle Stimmen sich wider ihn erheben würden, hatte er sich beeilt, dem Erben unter dem Scheine ehrfurchtsvoller Huldigung bis Mailand entgegen zu gehen, in der Tat aber, um dessen Schwächen zu erforschen, und, seinen Neigungen schmeichelnd, ihn sich geneigt zu machen. In kurzer Frist hatte der schlaue Pagnotto erkannt, daß Trägheit, Sinnlichkeit und eine gewisse negative Gutmütigkeit, wie sie den meisten Sinnlichen innewohnt, die geistigen Hauptelemente seines Gebieters seien – ihm die erwünschteste Entdeckung. Jetzt begann er dem fürstlichen Weichling die verführerischen Sirenentöne von Herrscherlust, von unbegrenzter Macht, vorzusingen, von der Schönheit der Frauen seines Gebiets, von dem Himmel auf Erden, den er ihm erschließen wolle. Kaum in Rom angelangt, überredete er den jungen Savelli, das Blumenfest verkleidet zu besuchen, fest überzeugt, daß unter den Tausenden reizender Latinerinnen gewiß doch eine den am üppigen Mailänder Hofe Auferzogenen fesseln werde. Mit heimlichem Entzücken gewahrte er, wie schneck sein Plan reifte, wie er der einzige Vertraute der Schwäche seines Herrn, wie er ihm fortan unentbehrlich sei.

Mario Camucci rückte, wie Pagnotto es vorhergesagt hatte, am nächsten Mittwochmorgen durch die Porta San Giovanni, nachlässig auf seinem Esel hinter den vollen Gemüsekörben hängend und mit den Beinen baumelnd. Ein aus Ariccia gebürtiger Diener der Savelli begann unter dem Tore ein gleichgiltiges Gespräch mit dem Reiter, während die Lanzenknechte – eine zu allen schlechten und boshaften Streichen aufgelegte Nation, besonders auf der Wache, wo sie Muße haben, neue auszuhecken – dem Esel heimlich ein Bündel getrockneter Disteln unter den Schweif banden. Das sonst so langmütige Tier hatte kaum die Verleihung dieses molestierenden Distelordens empfunden, als es auch auf das Entschiedenste dagegen protestierte, und, erbärmlich brüllend, erst mit dem rechten, dann mit dem linken Hinterfuß ausschlug, und zuletzt den Kopf zwischen die Beine nahm, und das ganze Hintergestell so ungebührlich erhöhte, daß Reiter, Kohlköpfe und Artischocken unter dem schallenden Gelächter der Soldateska zu Boden kollerten. Mario raffte sich wütend, und ein Maledetto über das andere fluchend, auf, warf einen zornsprühenden Blick auf das zum ersten Male rebellische Saumtier und entdeckte auch augenblicklich die Ursache dieser Widersetzlichkeit. Da biß er auf den Knöchel, schleuderte die fünf gespreizten Finger den Hohnlachenden entgegen, und sprudelte gegen sie alle Ehrentitel und Verwünschungen, welche sich just seinem Gedächtnis darboten, aus. Es waren ihrer genug, um die Soldaten aufzubringen, sie zu bewegen, ihn mit den Schäften der Hellebarden zu Boden zu schlagen und ihn als unmittelbaren Beleidiger der Wachtmannschaft, als mittelbaren Sr. Heiligkeit des damals regierenden Papstes Gregor XIII., zu knebeln und in den Kerker unterhalb des Kapitols zu schleppen. Der von seiner Doppellast befreite Esel galoppierte, die Ohren schüttelnd, nach Ariccia zurück, und brüllte die Trauerbotschaft von dem Verschwinden seines Herrn, dessen Angehörigen zu. Nur über das Wie und Wo vermochte der zur Wahrheit wohl Ermahnte keine Rechenschaft abzulegen.

Pagnotto säumte keinen Augenblick, den Prinzen von dem Gelingen seines Planes in Kenntnis zu setzen, und dieser ebenso wenig, nach Ariccia zu eilen, um in der Familie Romagnoli die Rolle des Trösters zu übernehmen. Er erschien wieder als der arme Gärtnerbursche Giorgio Squaldi, erst wöchentlich, bald täglich. Angeblich diente er in einer Vigna unterhalb Marino. Er nahm so herzlich an dem Kummer der Schwiegereltern teil, so herzlich an dem der verlassenen Braut, wußte seine Worte so hübsch zu setzen, tat so bescheiden, brachte so niedliche Sächelchen aus Mailand mit – sie mußten ihm wohl gewogen werden. Pagnotto hatte dem alten Battista mit gewichtigem Stirnrunzeln zugeraunt, wie Giorgio einst sein einziger Erbe werde: Mario war und blieb verschollen; die Braut hatte sich bereits an die häufigen Besuche des gewandten, blonden Giorgio gewöhnt – und von der Gewöhnung bis zur Liebe soll es ja, wie man sagt, nicht weiter, als vom rechten Augenwinkel bis zum linken sein.

Wer weiß, was noch geschehen, wenn nicht Lätitia eines schönen Tages nach Rom gekommen wäre und auf der Piazza Montanara, gegenüber dem alten Theater des Marcellus, ihren Spargel und Salat zum Verkauf ausgeboten hätte. Eben war sie beschäftigt, ihre in der Hitze welkenden Gemüse mit dem Wasser des dortigen Springquells zu befeuchten, als aus dem Palast ein stolzer Zug Kavaliere sprengte – an ihrer Spitze der blonde Giorgio im seidenen Wams und Mantel, mit lang nachwallenden Federn, dem ritterlichen Schwert an der Seite. Der Korb entsank ihren Händen. »Um der Madonna willen«, stöhnte sie, »wie deute ich das? Täuscht mich mein Auge? Sprecht, ich bitte Euch«, sich zu einem an der Fontäne gähnenden Facchino wendend, »sprecht, wer ist der Reiter auf dem stattlichen Rappen, der eben vorbei reitet?«

»Ei nun, den pflegt ja sonst jedes hübsche Mädchen zu kennen, ebenso wie er wiederum alle kennt. Prinz Orlando Savelli ist's, der junge Erbe.«

Lätitia schüttelte verstummend das Köpfchen – sie mußte sich geirrt haben. Da lenkte der Fürst noch einmal um, und flüsterte einem in dem Tor stehenden Diener ein paar flüchtige Worte zu – der Diener aber war kein anderer, als der häßliche Pagnotto. Nun blieb kein Zweifel mehr – sie war auf das Schmählichste hintergangen, ihr Bräutigam das Opfer der Falschen geworden.

Wie eine Rasende stürzte Lätitia über den Platz und durch die Straßen. Die Leidenschaftlichkeit der Südländerin kennt keine Schranken. Vor den Augen schwimmt es ihr wie Nebel – von dem stürmisch wogenden Busen ist der Achtlosen das Tuch entglitten, die Silbernadel aus dem Geflecht der Haare, die nun wie schwarze Wellen hinter ihr her rauschen. Willenlos führt ihr Fuß sie dem Tore zu. Schon hat sie das Campo vaccino erreicht – da fällt ihr irrer Blick auf den Turm des Kapitols und ein Gedankenblitz durchzuckt ihre Seele: »Hin zum Senator, dem obersten Richter Roms – er muß mir Gerechtigkeit schaffen.« Schon hat sie die Salita mit fliegendem Fuß erklommen, da tönt der Ruf: »Lätitia, meine Lätitia!« in ihr Ohr. Sie blickt auf – ein bleiches, verwildertes Gesicht starrt durch das Gitter des Erdgeschosses – sie erkennt es, es gehört ihrem Mario – sie fliegt auf ihn zu, umklammert die gekreuzten Stangen, preßt ihr vor Wut, vor Entzücken glühendes Gesicht an das kalte Eisen. Tränen stürzen aus ihren Augen und versiegen auf den erhitzten Wangen. Seufzer, Verwünschungen, Ausrufe des freudigsten Taumels, drängen sich auf ihren Lippen – langer Frist bedarf es, eh' sie die gemachte Entdeckung, den Argwohn des zwiefachen Betrugs, hervorstammeln können. Und nun kommen die Furien der Wut über den Gefangenen. Krampfhaft schüttelt er die Kerkerstäbe – er knirscht mit den Zähnen – sein

William Pars: Ariccia mit dem Palazzo Chigi

Auge rollt – er wird leichenbleich. »Rache! blutige Rache!« lallt er. »Nein, nicht zum Senator, Lätitia. Meinst du, daß der hochmütige Nobile für das Krümmen des getretenen Wurmes Gefühl habe? Rache an dem fürstlichen Heuchler, an dem Teufel von einem Kuppler! Frei muß ich sein – heute nacht noch. Schnell, Mädchen, eine Feile. Verbirg sie in der Foglietta – reiche sie mir durchs Gitter im Vorübergehen, wenn erst die Stunde der Siesta für die Lanzenknechte geschlagen hat. Um Mitternacht bin ich in Ariccia.«

Er war's.

Ohne die leiseste Ahnung zu haben, daß der den Liebenden freundliche Zufall sein arglistiges Gewebe ermittelt habe, ritt der Prinz in Begleitung seines Mephistopheles-Pagnotto am Abend des folgenden Tages nach Ariccia. Mit Erstaunen gewahrten sie das bisher leer gebliebene Haus des Mario Camucci hell erleuchtet und von Menschen umdrängt. Ausgelassene Knaben schwangen jauchzend sprühende Kienbrände auf der Straße, feuerten Pistolen ab und warfen die zischenden Schwärmer in die Höhe. Die Frauen hoben sich auf den Zehen, um durch die Fenster zu schauen, und von innen tönte das lustige Schwirren der Mandoline, das Klirren der Tambourinschellen, das Jauchzen der Fröhlichen. Die fragenden Blicke der beiden Reiter begegneten sich. Da trat der alte Romagnoli mit seiner Frau aus der Tür und begrüßte die Ankömmlinge mit herzlichem Handschlag: »Kommt Ihr doch zur Verherrlichung unseres Festes wie gerufen, Ihr guten Herren und Freunde. Steigt ab, steigt ab und tretet ein. Heut ist der Ehrentag unserer Lätitia. In der gestrigen Nacht kehrte der Mario aus dem verdammten Rom zurück – hat lange genug im Gefängnis schmachten müssen, der arme Schelm – und weshalb? Oh sanguinaccio di Dio! – weil er die Lanzenknechte – ha, möge sie ein Unheil treffen – Spitzbuben hat er sie geheißen. Wie? Drei Monate Kerker für die Wahrheit? Es war wohl billig, daß wir seinem Verlangen nachgaben, und ihn gleich heute Hochzeit machen ließen. Aber so steigt doch von den Pferden.«

»Tut's, Principe«, flüsterte Pagnotto seinem Herrn heimlich ins Ohr. »Macht gute Miene zum üblen Spiel, welches uns der Teufel höchst eigenhändig gemischt haben muß. Faßt Euch – noch ist nichts verraten – nichts verloren.«

»Nichts verloren«, grollte Orlando zähneknirschend – »und was wäre jetzt noch zu gewinnen?«

»Das reizende Weib – vielleicht noch die Braut. Bis zur Mitternacht ist es noch weit.«

Der Jüngling folgte dem Versucher ins Gemach. Dort führte das glückliche Paar unter dem »Evviva!« und »Bravi!« der Anwesenden den Saltarello auf. Mit gesenktem Haupt und zierlich gebogenen Armen gaukelte Mario um seine Schöne, deren reizende Formen im anmutigen Tanze nur noch verführerischer hervortraten. Die linke Hand in die Hüfte gestemmt, mit der rechten das Seidentuch schwingend, dem Geliebten entgegen gleitend, ihn schamhaft fliehend und wieder mit vor Glück und Zärtlichkeit leuchtenden Augen nahend, schwebte sie mit bezaubernder Grazie über den Boden. Orlando befand sich in namenloser Aufregung. Die Qualen verschmähter Liebe, Wut, so nahe am Ziele gescheitert zu sein, glühende Begierde kreuzten sich wild in seinem Busen. Mit stierem Blicke und geballten Fäusten stand er auf der Schwelle. Carlos ängstliches Zureden glitt unvernommen an seinem Ohr vorüber.

Der Tanz war beendet. Mario ging frei und ungezwungen auf den Fürsten zu, bot ihm die Hand und gab ihm mit herzlichen Worten die Freude über seinen Besuch zu erkennen. Niemand hätte aus seinen Zügen lesen können, was in der Seele des Rachedurstigen vorging – noch hatte die Stunde der Vergeltung nicht geschlagen. Lätitias Auge flammte, als sie den Heuchler erblickte, doch schnell gefaßt, hieß auch sie ihn willkommen und brach dann kurz das Gespräch ab, um sich wieder ihrem Gatten zuzuwenden.

Und unaufhörlich schwirrte die Zither, dröhnte das Tambourin, drehten sich Tänzerpaare im Reigen, unaufhörlich kreisten die Becher voll feurigen Albaner Weins. Lätitia ruhte vom Tanz. Wie eine Schlange wand sich Orlando hinter ihrem Stuhle; die Worte versagten sich ihm über dem Anschauen der frischen, glutatmenden Gestalt. »Habe ich das um Euch verdient?« flüsterte er ihr endlich mit bebender Stimme zu. »So falsch konntet Ihr sein? Andres verhießen Eure Blicke zu jener Zeit, als ich noch allein um Euch war – damals ließen sie mich das schönste, das einzige Erdenglück hoffen.«

Langsam wandte Lätitia das dunkle Flammenauge nach dem Flehenden um.

»O Lätitia, nur eine Viertelstunde Gehör gewährt mir. Heute – jetzt sind wir unbemerkt in dem Gewühl – eine flüchtige Viertelstunde nur. Mein Leben, meine Seligkeit hängt von der Gewährung ab. Lätitia, ich liebe Euch so sehr, so sehr!«

Das Mädchen wiegte nachdenkend den Kopf; wie plötzlich entschieden, erwiderte sie mit scharfer Stimme: »Es sei darum. Verlaßt jetzt das Zimmer. In einer halben Stunde erwartet mich an der Porta Romana, drei Häuser von hier. Geht und seid verschwiegen.«

Freudestrahlenden Blickes stammelte der Verführer seinen Dank über diese unverhoffte Gunst, und drängte sich durch die Menge dem Stelldichein zu. Mit unaussprechlichem Hohn blickte die Braut dem Abgehenden nach, sprach einige leise Worte zu ihrem Gatten, und verschwand wenige Augenblicke darauf mit ihm im Nebengemach. Der Jubel der jungen Männer schallte den Entfliehenden nach. Die Gäste zerstreuten sich allmählich.

Mit vor Ungeduld hochschlagendem Herzen harrte der Prinz am Tore. Ein schweres Gewitter zog über die Ebene; seine falben Gluten spiegelten sich im Meere, erhellten die öde Campagna mit ihren vereinzelten Pinien und Ruinen und Warttürmen, und ließen auf Augenblicke das schon damals zerfallene Stammschloß der Savelli am Fuße des Berges aus der Nacht auftauchen. Düster blickte sein Besitzer in die Tiefe zu seinen Füßen, und wandte dann wieder den finstern

Blick auf die Straße und das in Nacht versunkene Häuschen des verhaßten Mario. Die Frist, innerhalb welcher die Braut erscheinen wollte, war bereits verflossen. »Sollte sie mich hintergehen wollen?« murmelte er dumpf in sich hinein. »Woher aber die so schnelle, so willfährige Zusage. Nein, fort mit jedem Zweifel, sie hält Wort, sie erscheint. Schon erkenne ich ihren wehenden Schleier, ihr weißes Busentuch. »Lätitia! meine Geliebte!« – Mit ausgebreiteten Armen eilte er ihr entgegen, preßte sie stürmisch an sein Herz, fühlte sich von nerviger Faust gepackt, und ein Dolch fuhr in seinen Nacken. Stöhnend sank er zu Boden.

Als man am folgenden Morgen die Leiche fand, klagte jedermann den bösen Pagnotto, welcher aus gerechter Besorgnis vor gleich blutiger Ahndung, über Nacht landesflüchtig geworden war, des Mordes an. Daß Mario Camucci in die Gewänder seiner Braut vermummt, die Tat vollbracht haben könne, fiel keinem ein – hatten doch alle den Glücklichen mit seiner schönen Lätitia der Brautkammer zufliegen sehen, wußte doch keiner, welchen Anlaß zur Rache ihm der Ermordete gegeben hatte. Erst auf dem Sterbebette bekannte er sein Verbrechen.

Johann Gabriel Seidl

Cornelia Fieramonti

Dreiunddreißig Jahre mögen beiläufig verflossen sein, seit der Major M***, welcher jetzt in einem freundlichen Landstädtchen, wo ich dessen Bekanntschaft machte, seine Pension verzehrt, als Kapitän in der französischen Armee diente. Die gewaltsamen Veränderungen, welche damals über das Königreich beider Sizilien hereingebrochen waren, und die dadurch veranlaßten Truppenbewegungen führten ihn nach dem Lande der Abruzzen, wo er mit seiner Kompagnie in eine schöne, reiche Stadt am Fuße des wildromantischen Felsgebirges verlegt wurde, das sich in schauerlichen Defileen und schluchtenreichen Engpässen, von einem reißenden Bergstrome bald bespült, bald durchbrochen, bis zum nächsten Städtchen, vierzehn Miglien weit hinzieht. Die Wirren der Zeit hatten recht ungünstig auf die Sicherheit des Landes zurückgewirkt. Raub und Mord war so allgemein geworden, daß man sich kaum innerhalb der festen Stadtmauern sicher dünkte. Wer auf Reisen ging, oder wer in manchen Gegenden nur bis zur nächsten Ortschaft zu fahren hatte, nahm von seiner Familie Abschied, als ob es einen Gang aus der Welt gelte, setzte sich bewaffnet bis an die Zähne in die Sedia* und trieb den Vetturin** mit dem quälenden, gewöhnlich nicht ungegründeten Verdacht zur Eile an, daß er seinen gewissen Verräter vor sich selbst auf seinem eigenen Fuhrwerke sitzen sehe. Als die Franzosen ins Land kamen, suchten sie diesem gräßlichen Unfuge zwar nach Kräften Einhalt zu tun, aber das Netz des Raubfrevels war zu fest ums Land gezogen, als daß ihre Maßregeln nach Wunsch fruchten konnten. An allen festen Punkten waren Piketts aufgestellt, auf verdächtigen

* Kutsche.
** Fuhrmann.

Passagen streiften Patrouillen, in den größeren Ortschaften lagen hinlängliche Besatzungen, um beim ersten Rufe nachdrückliche Unterstützung leisten zu können; Reisenden, die darum ansuchten, wurden Schutzwachen bewilligt und über eingefangene Räuber alsogleich Standrecht gehalten. Doch die Kühnheit Verworfener, welche nichts zu verlieren, aber alles zu gewinnen haben, findet in der Strenge selbst nur einen Sporn, der Frechheit auch die List zu gesellen, und so wurden oft jene, welche schützen und helfen sollten, eher ein Opfer der gereizten Banditen, als die Reisenden, zu deren Schutz und Hilfe sie beordert waren.

*

Auch meine Instruktion – (ich lasse den wackern Major selbst erzählen) – lautete dahin, mit meiner Truppe zu jeder Stunde bereit zu sein, gegen die Räuber auszurücken, mich selbst aber, bei Strafe der Kassation, ohne höheren Auftrag keine Miglie weit von meinem Standorte zu entfernen, indem man den Einwohnern der Stadt selbst, in welcher ich lag, nicht unbedingtes Vertrauen schenkte.

Das wäre nun freilich für einen Militär, jung und tatenlustig, wie ich damals war, eine peinliche Aufgabe gewesen, wenn ich nicht in andern Verhältnissen einigen Ersatz gefunden hätte. Mars und Venus stehen, wie bekannt, seit alter Zeit auf vertrautem Fuße. Vielleicht schreibt sich daher die magische Gewalt, welche Säbel und Epaulettes auf die weichen Herzen der Damen üben. Ich war im Hause eines Marchese einquartiert, eines ältlichen Gecken, welcher nichts als Karten und Weiber kannte, übrigens als Hausherr nichts zu wünschen übrig ließ, indem er mir höchst zuvorkommend begegnete, mich wahrhaft fürstlich bewirtete und fetierte und nie glücklicher war, als wenn ich ihn bei irgendeinem verliebten Abenteuer zum Ratgeber oder Hehler wählte. Nur von Ehrensachen wollte er nichts wissen, denn dazu fehlte ihm außer dem Mut auch die Ehre, die er überhaupt nur im Klange des Goldes zu suchen schien. Er schwebte daher gewaltig im

Irrtume, wenn er sich mein Vertrauter zu sein rühmte, denn abgesehen von unserer gänzlich verschiedenen Denkweise, war es mir auch durch meine Stellung verboten, in nähere Beziehungen mit ihm zu treten. Unser Umgang beschränkte sich auf Alltagsgegenstände, auf Konversation, Galanteriesachen, und wie all der Tand heißen mag, der uns oft in unserem Stande die Zeit verkürzen helfen muß, wenn die Gelegenheit mangelt, Männliches zu leisten.

Immer bemüht, mir etwas Angenehmes oder wenigstens etwas Neues zu sagen, war er auch der erste, welcher mir unter dem Siegel des Geheimnisses mitteilte, daß die schöne Kontessa Fieramonti ein Auge auf mich geworfen habe. Er war der erste, der es mir sagte; gemerkt aber hatte ich es schon längst selbst, wenn auch nicht ein zierliches Briefchen auf goldgerändertem Rosapapier mir schwarz auf rosenfarb die schriftliche Überzeugung verschafft hätte. Es ist das nun einmal unser Los im fremden Lande, daß die Damen unsere Alliierten sind, wenn sich die Männer auch noch so trotzig auf die Beine stellen. Anfangs lockt uns Neugier und Zerstreuungssucht, dann tritt die Eitelkeit mit ins Spiel, zumal wenn wir ohne unser Zutun Avancen machen, und zuletzt verstrickt und verkettet man sich so ernstlich, daß man seinem Gotte dankt, wenn an einem Morgen die Chamade* wirbelt und ein unvermuteter Marschbefehl alle Fesseln und Bande wie gordische Knoten zerhaut.

So war auch ich in der Kontessa Fieramonti glänzendem Salon eher heimisch, als ich noch recht daran dachte, ihr den Hof zu machen, und bald wagte ich es, trotz der angedrohten Kassation, meinen Posten zu verlassen, und ihren zärtlichen Einladungen nach ihrer herrlichen, fünf Miglien von der Stadt in einem wunderlieblichen Bergtale gelegenen Villa zu folgen. Um meine Schleichwege wußte niemand als mein Bursche, eine ehrliche Haut, treu wie ein Pudel und verschwiegen wie ein Fisch; dabei war er auch schlau wie ein Fuchs, und ich

* Das Trommelsignal.

konnte mich auf ihn unbedingt in allem verlassen. Da von meinen Ausflügen niemand etwas erfahren durfte, so wählte ich zur Hin- und Rückfahrt immer die Nacht. Zur Bemäntelung meiner Unsichtbarkeit während manchen Tages war ein hinreichender Vorrat plausibler Lügen und Vorwände bereitet, wobei mich mein Bursche wacker unterstützte. – Was ihm aber nie recht zu Sinne wollte, waren meine nächtlichen Fahrten eine Wegstrecke entlang, welche seit jeher schon im Rufe der Unsicherheit stand. So oft ich ihm ankündigte, daß er mir eine flinke Sedia mit einem zuverlässigen Vetturin auftreiben sollte, bat er mich dringend mit kindischer Ängstlichkeit, so gefahrvolle Rendezvous aufzugeben, da sich gewiß innerhalb der Mauern hinlänglicher Ersatz fände. Er schilderte mir das Gefährliche meiner Lage mit so lebhaften und natürlichen Worten, daß ich ihm nichts anderes zu entgegnen wußte, als ein gebieterisches: »Tais toi!« welches er immer mit wehmütigem Achselzucken aufnahm; er warnte mich vor den neugierigen Blicken meiner Kameraden, von welchen meine Neigung für die Kontessa nicht unbemerkt blieb; vor allem aber bezeichnete er mir einen jungen Conte als den Mann, vor dem ich mich am meisten in acht zu nehmen hätte, indem er um die Zeit, wo ich mich heimlich fortstehle, um meine Wohnung herumlauere, als ob er meinen Schlichen auf die Spur gekommen wäre. Dies letztere interessierte mich am meisten, ich ahnte irgendeinen Nebenbuhler und brütete, noch ehe ich mich überzeugt, an einem Plan, ihn abzufertigen. All die anderen Schreckbilder, die mir mein Mentor im Soldatenkittel ausmalte, ließen mich kalt. Fast wöchentlich einmal stieg ich über die Gartenmauer an der Rückseite des Palais, dessen Seitenflügel ich bewohnte, und eilte vermummt der Porta piccola der Stadt zu, welche über einen abgelegenen Anger nach der Straße führte. Dort wartete bereits mein Bursche mit einer Sedia, drang mir noch Pistolen und Säbel auf, machte das Kreuz über mich, als ob ich in die Schlacht zöge, und ich schwang mich hinauf, stopfte mir meine Pfeife, mahnte den Vetturin zur Eile und dachte nun weiter an nichts mehr, als wie freundlich mir, beim ersten Sonnenstrahle, vom Balkone des Gartenhauses meine schöne Cornelia entgegensehen werde.

Mir fiel es gar nicht bei, daß sich in dem Hohlwege, den ich passierte, oder in dem einsamen, verlassenen Hause, an welchem ich auf der Hälfte des Weges vorüber mußte, verdächtiges Gesindel aufhalten könnte, und aller Natur zuwider schien es mir, daß Banditen einen nächtlichen Liebesritter, der nichts bei sich trug als ein tolles, ungestümes Herz, raubgierig anfallen sollten. Dafür, dachte ich, sorgt der blinde Gott am besten selber. Auch der Umstand, daß die Kontessa, welche die Gegend doch genau kannte, nie eine Warnung oder Anspielung über ihre Lippen kommen ließ, bestärkte mich in meiner Zuversicht; denn wer ist besorgter, wer sieht schärfer, wer wacht eifriger, als die Liebe – und daß mich Cornelia liebte, mit aller Leidenschaft des südlichen Himmels liebte, bewies mir jeder Blick aus ihren feurigschwarzen Augen, die sie kaum im Abendzirkel ihres Salons vollkommen zu beherrschen imstande war.

*

Es war der zweite Februar. Cornelia feierte ihr Namensfest durch eine glänzende Abendgesellschaft in ihrem Palais. Ich, nebst zweien meiner Kameraden, waren unter den Geladenen. Es regnete Sonette, Impromptus, Oden und Pfänder der Huldigung und Liebe.

Ganz besonders tat sich Conte Trevolpi hervor, ebenderselbe junge Mann, vor welchem mich mein Bursche gewarnt hatte. Er soll früher von Cornelia gerne gelitten gewesen sein; jetzt schien sie sich seine Bewerbungen nur mehr deshalb gefallen zu lassen, um die Blicke der Späher von ihrem Verhältnisse zu mir abzulenken. Als solchen hatte auch ich bisher ihn geduldet und ihm sogar einige Aufmerksamkeit bewiesen.

Er war über die Maßen reich, was er bei jeder Gelegenheit fühlen ließ. Sogar in seinem Äußeren gab er dieses zu erkennen. Seine Garderobe war verschwenderisch fourniert; täglich wechselte er wenigstens viermal die Kleider, deren eines kostbarer war als das andere. Was von weitem auffiel, war der herrliche blitzende Brillantring, den er am Mittelfinger seiner rechten Hand trug. Er mochte wenigstens zehntausend Scudi im Werte haben, denn die ganz eigentümliche Fassung in Herzform allein schon machte ihn zu einem ausgezeichneten Prachtstücke. Wohlbewußt seines Schatzes, versäumte er daher nicht, den funkelnden Edelstein so zu drehen und zu wenden, daß er beim Kerzenlicht oder im Sonnenstrahle die Leute stechend blendete. Beim Spiele markierte er mit seltenen Goldmünzen, welche, wenn er ging, gewöhnlich als Trinkgeld in die Hände der Domestiken wanderten, die ihn fast vergötterten. – »Trevolpi hat gestern Tausende gewonnen oder verloren!« waren Reden, die man fast täglich führen hörte. Besonders machte er seinen Reichtum gegen jene geltend, welche nichts als ihren Rang in Staatsdiensten, ihre Stellung im Leben, ihr ausgezeichnetes Talent, oder wie wir ihren Säbel dagegen setzen konnten.

Seit einiger Zeit, vielleicht seit er merkte, daß ich der schönen Cornelia nicht ganz gleichgültig sei, kehrte er diese beleidigende Außenseite auch mir zu. Meine Aufmerksamkeit gegen ihn ging daher anfangs in Gleichgültigkeit, und seit ich Argwohn gefaßt, sogar in gereizte Spannung über. Mit Mühe zwang ich mich, manches hingeworfene Wort unbeachtet zu lassen, und nur aus Schonung gegen Cornelias Haus, nahm ich vieles mit Zurückhaltung hin, was mich sonst um alle Mäßigung gebracht hätte. Jedoch ein Vorfall, nicht unerwartet, aber höchst unwillkommen an einem so festlichen Tage, führte plötzlich eine eklatante Szene herbei.

Der Conte saß mit mehreren seines Gelichters an einem Tische, wo Champagner in Strömen floß; das merkte man auch an der Lebhaftigkeit des Gespräches und an dem ununterbrochenen Klirren der Gläser, die auf Cornelias und der ganzen Stadt Wohl und Heil gefüllt und geleert wurden. Dabei schrien die Zechbrüder im neapolitanischen Patois laut und toll durcheinander und taten sich um so weniger Zwang an, als sie meinten, daß sie von den wenigsten, namentlich auch nicht von uns Franzosen, verstanden werden. Allein ich war der Mundart des gemeinen Volkes so ziemlich kundig, indem ich mich, auf meinem Marsche durchs Land, viel mit Bauern und Pöbel herumzubalgen hatte.

Schon längst war mir's vorgekommen, als ob bei mancher Rede des Conte die Augen seiner Tischgesellschaft auf mich hinüberglitten, und wie ein elektrischer Schlag zuckte der Argwohn durch mein Inneres, daß er sich vielleicht über mich lustig mache. Um mir Überzeugung zu verschaffen, schlenderte ich am Arme eines Kameraden ganz nahe am Tische vorüber. – Conte Trevolpi gab, als er mich erblickte, mit seinen Augen auf mich hinwinkend, wieder einen Witz im Patois des Neapolitaners zum besten, welcher von seinen Freunden mit brüllendem Gelächter aufgenommen und mit einem rauschenden Toast erwidert wurde. – Ich hatte den Sinn seiner Schmährede genau verstanden; sie enthielt einen beißenden Sarkasmus und sagte soviel als: »Wieviele solche französische Liebesbettler könnte ich wohl mit meinem Ringe da kaufen?!« – Dabei drehte er seinen Brillantring so boshaft nach außen, als ob er mir den Vorwurf der Nichtigkeit recht blendend in die Augen blitzen wollte.

Denken Sie sich einen zwanzigjährigen Kapitän, einen Franzosen, den höchsten Repräsentanten seiner Nation in einer kaum okkupierten Stadt, den begünstigten Galan der Hausfrau – und Sie werden leicht begreifen, daß ich das Unmögliche leistete, indem ich mich zurückhielt und mich für den Augenblick begnügte hinzutreten, den Bonmotisten auf die Achsel zu klopfen und ihm mit einem durchbohrenden Blick, ebenfalls im Patois seines Landes, zu antworten: »Herr, es gibt schlechte Witze, deren Folgen kein Brillantring ersetzen kann!«

Erblassend bis ins Innerste sah er mir nach, als ich mit meinen Kameraden ohne Abschied zu nehmen fortging.

Am anderen Morgen begab ich mich mit meinen beiden

Kameraden, welche Zeugen des Vorfalles waren, in des Conte Palais. Es hieß: Er sei vor Tagesanbruch schon auf die Jagd geritten! – Mit glühender Ungeduld verschob ich die Sache auf den nächsten Tag.

»Signor schläft noch!« war der Bescheid, womit man uns abfertigen wollte. Ich sah nun, mit wem ich zu tun hätte, und bestand darauf, daß man ihn wecke. Eingeschüchtert entfernte sich der Kammerdiener und kam nach einer kleinen Pause mit der Antwort zurück, daß wir uns gedulden möchten, bis Signor sich angekleidet hätte.

Endlich ging die Türe auf, und der Conte erschien im eleganten Negligee, gegen welches sein verstörtes, totenblasses Gesicht mit dem schwarzen Kinn- und Schnurrbarte seltsam abstach. Die Locken hingen ihm wirr und wild um die Stirne. Sein ganzes Wesen verriet die peinlichste Verlegenheit. Mit erzwungener Nonchalance schob er den schamlos blitzenden Brillantring am Finger auf und ab, bemühte sich, uns unverschämt nachlässig zu grüßen, und fragte, was unser Begehren sei und ob die Sache denn gar keinen Aufschub leide?

»Signor!« begann ich – »Sie wissen, welche Anspielungen auf mich und meinesgleichen Sie sich gestern erlaubten, wahrscheinlich in der Meinung, daß ich Ihres Dialektes unkundig sei. Zum Glücke bin ich es nicht, – und ersuche Sie daher, vor diesen Herren, die Zeugen der empörenden Szene waren, mir Genugtuung zu leisten!«

»Hab ich Ihnen nicht genug getan?« erwiderte der Poltron halblaut mit keckem Doppelsinne.

»Keine Witze, Signor!« – fuhr ich mit erhobener Stimme fort, die seinen Ohren nicht angenehm klang. – »Wir sind nicht aufgelegt zum Scherzen. Versuchen Sie's immerhin mit den französischen Liebesbettlern; einem Liebesmogul wie Sie kann's nicht fehlen, zumal wenn ihm solch ein Talisman am Finger blitzt. – Die Wahl der Waffen steht Ihnen frei: Säbel, Degen, Pistolen; – entscheiden Sie, die Stunde mögen Sie ebenfalls selbst bestimmen, aber heute noch, am liebsten gleich!«

Als der Conte Ernst sah, knickte seine Mannheit – wenn man einen Anflug burschikoser Anmaßung so nennen kann –, wie ein Strohhalm zusammen.

»Nicht als ob ich mich vor Ihrer Klinge fürchtete!« versetzte er mit verändertem Tone, – – »ich bin Kavalier und wenn ein Ebenbürtiger mir gegenüberträte, – wüßte ich wohl, was auf eine solche Aufforderung zu erwidern wäre. Warum ich aber mein Leben aufs Spiel setzen soll wegen eines Scherzes, der gar nicht Ihnen galt, weiß ich in der Tat nicht. Überhaupt finde ich eher, daß ich der Beleidigte bin, indem Sie eine Rede belauschten, die Sie nichts anging, und in Ihrer blinden Leidenschaftlichkeit einen Skandal verursachten, welcher der edlen Hausfrau um so unangenehmer sein mußte, je gütiger sie mich auszuzeichnen gewohnt ist. Ich dächte, es sollte Ihnen selbst daran liegen, über eine Geschichte einen Schleier zu breiten, die weder Ihrer Stellung zusagt, noch dazu beitragen kann, Sie einem Hause akzeptabel zu machen, welches Sie so gastfrei aufnahm.«

»Schweigen Sie, Schamloser!« – donnerte ich ihn an – »häufen Sie nicht Schmähung auf Schmähung! Was aus Ihnen spricht, ist Feigheit! Es brächte meiner Klinge wenig Ehre, mit dem Blute einer Memme besudelt zu werden, sonst lebten Sie vielleicht jetzt nicht mehr! – Wohlan! – Sie wollen nicht Genugtuung leisten, wie ich sie fordere! – So erklären Sie denn vor diesen Zeugen, daß Sie zu niedrig sind, um einen Mann von Ehre beleidigen zu können, daß Sie mir künftig nie und nirgend mehr in den Weg treten wollen und daß ich bei dem geringsten Anlasse das volle Recht habe, Sie, da Sie den Mann verleugnen, wie einen mutwilligen Jungen zu züchtigen!«

Nie in meinem ganzen Leben ist mir ein Mensch verächtlicher vorgekommen, als dieser aufgeblasene Mundfechter, wie er plötzlich vor mir zum bübischen Wichte zusammenschrumpfte, in alles willigend, was wir forderten, die Schilderung seiner Nichtswürdigkeit mit fügsamer Demut bestätigend. Wie ein Pasquille auf die Menschheit stand er da, der junge wohlgewachsene Zungenheld, mit der edlen Römermiene, ein echter Cäsarkopf, bärtig und gelockt, mit Augen, aus denen Geist und Herz zu sprechen schien, – und doch so charakterlos, so unverschämt, so gleichgültig gegen Ehre und Schande! –

Mir war vor Zeugen die größte Satisfaktion zuteil geworden, die ein Beleidigter je erhalten kann. Vollkommen befriedigt, ja in der festen Überzeugung, den widrigen Spötter nicht nur aus meiner Nähe, sondern auch aus Cornelias Nähe für immer verbannt zu haben, begab ich mich am nächsten Abend absichtlich in das Haus der Kontessa, um zu meiner Rechtfertigung öffentlich in ihrem Salon zu erklären, was zwischen mir und dem Grafen vorgefallen war und wie er sich gegen mich benommen habe. Der scheinbare Eindruck war – allgemeine Erbitterung gegen ihn; ob der wirkliche ein gleicher war, ließ mancher schlechtverborgene Seitenblick aus stechenden Augen mich fast bezweifeln. Doch was kümmerte das mich; war doch meine Stellung auf würdige Weise gesichert, war doch Cornelia mit meinem Benehmen so sehr einverstanden, daß sie mir noch an demselben Abende die Versicherung zuflüsterte: Ich sei ihr durch diesen Beweis meines Mutes noch werter geworden! –

*

Einige Wochen lang blieb der Conte verschwunden. Es hieß, er sei in Familienangelegenheiten verreist. Bald aber lieferte er den Beweis, welchen unglaublichen Grad von Unverschämtheit anmaßender Geldstolz erreichen könne. Ich traute meinen Augen kaum, als ich eines Abends den Cercle der Kontessa besuchte und unter den Anwesenden auch den sauberen – Conte Trevolpi bemerkte. Er bewegte sich so unbefangen und vorlaut, als ob nichts geschehen wäre, war über mein Erscheinen so wenig verlegen, daß er durch seine Ansprache sogar mich verlegen machte, und überschüttete Signora mit einem solchen Strome von Artigkeiten, als ob er einbringen wollte, was er durch wochenlange Abwesenheit versäumt hatte. Mir kochte das Blut in allen Adern; ich glaubte, ich müsse den ehrlosen Gecken zum Fenster hinauswerfen; aber je mehr ich es ihn merken ließ, desto zutunlicher ward er gegen mich, desto galanter gegen Cornelia. Ich fühlte lebhaft, daß wir beide länger in einem und demselben Hause nicht aus und ein gehen könnten, und beschloß darüber mündlich oder schriftlich, je nachdem zu dem einen oder dem andern schnellere Gelegenheit sich darböte, gegen Cornelia mich zu erklären.

Der Zufall führte ein neues Intermezzo herbei. Ich kehrte nach ein paar Tagen mit meinen Kameraden von einem Spazierritt zurück. Der Weg führte uns an dem Kaffeehause vorüber. Da saß denn eben wieder der unleidliche Conte, von acht oder zehn Dandys umringt, so breit und vornehm, als ob die ganze Stadt sein Eigentum wäre. Ich hatte ihn wohl von weitem bemerkt – (denn mein ganzes Herz wendete sich, wenn es seine Nähe nur ahnte), tat aber, als ob ich ihn nicht sähe, sprach auf meine Begleiter hinüber, die mir zur Seite ritten, und trabte langsam vorbei. Kaum waren wir einige Schritte entfernt, als uns ein näselndes Spottgelächter, wie Hohnruf neckender Masken, nachscholl, auf welches eine Coda von gellenden Pfeifchen folgte. Ich blickte rasch um, und sah zwanzig Finger gegen uns gerichtet, konnte also keinen Augenblick zweifeln, wem diese ehrenrührige Salve gegolten habe. –

»Ruhig!« sagte ich zu meinen Begleitern, welche wuterfüllt umkehren und den Klub auseinandersprengen wollten, »ruhig! – Wir müssen uns erst überzeugen, dann aber laßt ihn mir, dem es galt!«

Am Ende des Corso wendeten wir unsere Pferde und ritten wieder, als ob es ohne Absicht geschehe, zurück. Der Klub erwartete uns ruhig; kaum waren wir aber vorüber, als uns abermals Gelächter und Pfeifen nachtönte.

Da hielt ich mich nicht länger, sprang von meinem Pferde ab, welches sogleich einer meiner Kameraden am Zügel faßte, stürzte auf die Rotte dieser ungezogenen Laffen zu, die betroffen auseinanderfuhr, trat ohne weiteres meinen Mann, den Conte, an, und versetzte ihm mit den Worten: »Memme, du weißt, wozu du mich berechtiget hast!« ein paar so derbe Streiche in sein schamloses Gesicht, daß er betäubt zurücktaumelte. Seine ganze Leibgarde charakterisierte sich in diesem Augenblicke als ebenso feig, wie er es war. Niemand wagte es, mir nur von ferne ein Hindernis in den Weg zu legen; ruhig schritt ich, während er sich mit blutrünstiger Nase zusammenraffte, meinem Pferde zu, schwang mich hinauf, und ritt mit meinen Freunden so lange den Corso auf und ab, bis sich der letzte jener Lärmer vom Platze verloren hatte.

Eine Erklärung gegen Cornelia schien mir unerläßlich. Ich sandte ihr ein Billett folgenden Inhaltes:

»Signora! So teuer und angenehm mir auch die Stunden sind, die ich in Ihrer Nähe zuzubringen das Glück habe, und so unvergeßlich mir das Andenken daran ewig bleiben wird, so gebietet mir doch die Ehre, meinen sehnlichsten Wünschen Abbruch zu tun. Was vor längerer Zeit in Ihrem Hause, was gestern auf dem Corso vorfiel, ist Ihnen bekannt. Sie werden einsehen, daß ich ein Haus, welches Trevolpi betritt, nicht länger betreten kann, wenn auch mein Leben daran hinge. Ihre Güte beliebe zu entscheiden, wer von uns beiden dem andern weichen muß. Ihrer gefälligen Antwort nicht ohne Beunruhigung entgegensehend« usw.

Noch denselben Tag kam die Antwort, abgefaßt in den zärtlichsten Ausdrücken, mehr im Tone der Bitte und Entschuldigung, als der einfachen Erwiderung. In mancher Wendung sprach sich so glühende Leidenschaft aus, daß ich mich überzeugte von Cornelias Seite sicher zu sein. Sie erklärte sich zu allem bereit, was ich in betreff des Conte fordern würde. Er solle nie mehr über die Schwelle ihres Palais treten, ja sie werde schon einzuleiten wissen, daß er in kurzer Frist die Stadt für immer verlassen müsse. Noch gäbe es Mittel, solchen lästigen Bewerbern, solchen frechen Zungenhelden den Mund zu stopfen. Sie erwarte mit Ungestüm den Augenblick, wo sie wieder in der unbelauschten Einsamkeit ihrer Villa sich davon überzeugen könne, daß ein unangenehmer Vorfall, welcher meine Ehre so glänzend rechtfertigte, meiner Liebe keinen Abbruch getan habe.

Diese Versicherungen genügten mir um so mehr, als Trevolpi wirklich nicht nur aus Cornelias Hause, sondern auch aus dem Angedenken ihrer ganzen Umgebung verbannt schien. Nur abends manchmal war es mir, als ob ich ihn an mir vorüberhuschen oder mir nachschleichen sehe, und mein Bursche wußte mir zu sagen, daß er sich öffentlich gerühmt habe, mir doch noch einmal irgendwo zu begegnen, wo ich am unliebsten gesehen wäre. Daß ich mich vor ihm zu hüten hätte, war gewiß, und ich versäumte nicht, Cornelien meine Besorgnisse mitzuteilen, wenn er von meinen nächtlichen Fahrten, wie ich leider befürchten müßte, wirklich eine Ahnung hätte. Allein sie beruhigte mich mit der bestimmt ausgesprochenen Bemerkung, daß er bis zur Zeit, wo sie ihre Villa bezöge, schon verreist oder mittelbar verhindert sein würde, mich in irgendeiner Hinsicht zu beirren. Bei dem bekannten Einflusse, welchen die Contessa durch Adel und Stellung in der Stadt hatte, schien es mir nicht unwahrscheinlich, daß sie ihrem Versprechen den nötigen Nachdruck geben und es durch ihre Verbindungen wohl dahin bringen könnte, den Conte fernzuhalten oder wenigstens unschädlich zu machen. Ich hatte mehr als einmal früher schon die Erfahrung gemacht, daß Frauen solange sie uns wahrhaft ergeben sind, in dieser Beziehung alle Hebel in Bewegung setzen, und oft das unmöglich Scheinende leisten, um uns von der Stärke ihrer Liebe und der Macht ihres Einflusses zu überzeugen.

Ziemlich beruhigt sah ich daher dem Tage entgegen, wo die Contessa auf die Campagna ging. Und als mein erster Ausflug, den ich allerdings nicht ohne Besorgnis wagte, glücklich abgelaufen war, dünkte ich mich so sicher, als ob nicht das Geringste weiter zu befürchten stände. Cornelias Fürsorge ließ sich auch nicht verkennen. Mein racheschnaubender Nebenbuhler war zwar noch nicht verreist, allein so oft mir eine Fahrt nach der Villa bevorstand, war er zu einer Jagd, zu einer Abendgesellschaft auf einer nahen Villa, zu einem Spiele oder zu irgendeiner andern Partie engagiert, die ihn hinderte, mich beobachten zu können. Auch war ich selbst vorsichtiger geworden, wozu die fortwährenden Warnungen meines Dieners nicht wenig beitrugen; ich wechselte die Plätze, wo ich einstieg, die Orte, von denen aus ich meine Exkursionen unternahm, meine Vermummung, die Zeit meiner Abfahrt.

Eines Sonnabends, welchen ich wieder dazu bestimmt hatte, Signora zu besuchen, warnte mich mein Diener ganz besonders. Seinem Talente als Spion zu meinen Gunsten konnte ich volles Zutrauen schenken, daher ließ es mich nicht ganz gleichgültig, als er mich dringender denn je bat, heute nicht zu verreisen, indem er bestimmt wisse, daß der Conte mir entweder auf dem Hinweg oder auf der Heimfahrt auflauern wolle. Jemand von Cornelias eigener Dienerschaft sollte der Verräter sein. Doch was half das alles! ich hatte der Contessa versprochen zu kommen, ich mußte mein Wort halten, wenn ich nicht für wortbrüchig oder gar für mutlos gelten sollte; zudem waren seit kurzem Nachrichten eingelaufen, welche es nicht unwahrscheinlich machten, daß ich meinen Standort vielleicht bald ganz unerwartet und plötzlich verlassen müßte. War ich da meiner, mir so treu ergebenen Signora nicht schuldig, Wort zu halten, sie von den lautgewordenen Gerüchten in Kenntnis zu setzen, Verständigungsmittel für die Zukunft zu verabreden und, je näher vielleicht der Abschied war, desto fester mich in ihrem Herzen einzubürgern? – Also weg mit allen Skrupeln! – Hatte mir der Gott der Liebe so oft glücklich durchgeholfen, warum sollte er bei dem wichtigsten, vielleicht für lange Zeit sogar letzten Gange mir abhold den Rücken kehren?

Alle Furcht aus meinem Herzen verbannend, bestieg ich daher bei anbrechender Nacht verkleidet, wie gewöhnlich, mein Fuhrwerk, verwies noch meinem Burschen seine übertriebene Ängstlichkeit, und rollte, mancherlei sinnend und träumend, dem Gebirge zu, hinter dessen Ausläufern die Straße sich drei Miglien weit durch den felsenumstarrten Engpaß hinzieht.

Es war indes rabenfinster geworden; kaum, wie eine Ahnung von Weiß, zog sich zwischen den schwarzen Bergwänden die wohlgebahnte Straße hin, gerade nur so viel immer vorwärts sichtbar, als für das jedesmalige Ausgreifen des rüstigen Gaules hinreichte. Schauerlich rauschte jenseits des Steingeländers, welches die Straße rechts umsäumte, der Waldstrom im tiefgewühlten Bette und verlieh der Gegend doch wenigstens einiges Leben, ohne welches sie vielleicht noch unheimlicher gewesen wäre. Ich war jedoch an all diesen nächtlichen Spuk bereits gewöhnt, ohne eben sagen zu können, daß ich die Straße kenne, da ich sie bei Tage noch nie passiert hatte. Nachdem ich aus dem Sinnen und Denken allmählich in einen leisen Schlummer verfallen war und vielleicht anderthalb Miglien verschlafen hatte, erwachte ich wieder, wie es schien eben noch früh genug, um meinen Vetturin vor dem völligen Einnicken zu bewahren.

Mich fröstelte. Mein Mantel war feucht, vom fallenden Tau der Nacht. – »Geschwind ein Pfeifchen geschmaucht«, dachte ich, »und die behagliche Wärme wird wiederkehren.« – Die Pfeife steckte vollgestopft samt Tabaksbeutel, von der Hand meines sorgsamen Burschen bereitet, in der Seitentasche meines Mantels. Mit lüsternen Lippen sog ich einstweilen den lieblichen Vorgeschmack aus dem Bernsteinmundstücke und schickte mich an, Feuer zu schlagen. Ich durchsuchte alle Falten meiner Kleidung, alle Winkel der Sedia, – aber weder Schwamm noch Stahl war zu finden. Die Schuld lag an mir. Ich führte diese Instrumente sonst immer selbst bei mir, weshalb mein Bursche sich darum nicht kümmerte. Bei der Eile, mit der ich die Kleider gewechselt, mochte ich sie vergessen oder verstreut haben. Dessenungeachtet schalt ich auf meinen Burschen, daß er nicht statt meiner daran gedacht hatte; denn niemand ist ungerechter und ungeduldiger, als ein Tabakraucher von Profession, wenn er die Pfeife im Munde hat und sie nicht anzuzünden imstande ist. Ich sprach meinen Vetturin um Feuer an, aber zu meinem Verdrusse war er von der Untugend des Rauchens frei, und

Philipp Hackert: Der Wasserfall von Terni

gab mir noch dazu den schlechten Trost, daß auf der ganzen Straße kein Haus sei, wo man Licht zu finden hoffen könnte. Bitterböse warf ich mich in meine Ecke zurück, schob die ungenießbare Pfeife wieder in die Tasche und suchte mir, nachdem ich den Vetturin zur Eile angetrieben, den Rest des Weges mit meinem gewöhnlichen Mittel zu verkürzen, nämlich mit – Schlafen.

Ein wunderlieblicher Morgen glühte aus zerreißenden Nebeln hervor, als ich in das Tal einlenkte, dessen Mitte Cornelias Villa einnahm. Der ganze unfreundliche Weg war vergessen, als ich sie von weitem, in Begleitung eines vertrauten Dieners hoch zu Rosse wie eine junge Amazone, mir entgegenkommen sah.

In Freuden und Leiden, in Geplauder und Tändeleien verging uns der goldige Sonntag. Sie war zu heiter gestimmt, als daß ich sie durch das Gerücht von der Wahrscheinlichkeit eines baldigen Abmarsches um ihre Laune hätte bringen mögen; und wenn ich ihr so ins Auge sah, so ganz selig war im Bewußtsein, die schönste Dame des Landes mein nennen zu dürfen, so erfaßte mich süße Zuversicht, und ich hielt jede Trennung für unmöglich. – Auch auf Trevolpi kam die Rede, und ich verhehlte meiner süßen Donna nicht, was ich von seiner Rachsucht jetzt mehr als je befürchte.

»Seid unbesorgt, Signor«, sprach sie mit flüchtigem Erröten, – »ich weiß, daß er Euch nachstellt; aber bald wird er diese Gegend für immer zu verlassen haben. Wer meiner Liebe in den Weg treten will, nehme sich in acht! Ich weiß zu schützen, wen ich liebe – zu schützen um jeden Preis!«

Und dabei leuchtete ein so wildes Feuer aus ihren blitzenden Augen, daß ich mich doppelt glücklich fühlte, von ihr geliebt und nicht der Nebenbuhler ihres Erkorenen zu sein.

Die Nacht nahte auf Flügeln. Wenn ich noch vor Tagesanbruch unbemerkt meine Station erreichen wollte, galt kein Säumen mehr, so schwer mir auch der Abschied fiel. Cornelia begleitete mich bis an den Saum des Tales. Ihr glühender

Abschiedskuß brannte mir tief ins Herz. Zerrissen von den widersprechendsten Empfindungen sprang ich auf meine Sedia und winkte ihr so lange noch zu, bis das Tal und mit ihm die reizende Armida*, die es bewohnte, hinter den Felsen verschwand. Meine Seele war erfüllt von den seltsamsten Eindrücken; Hoffnung, Beklommenheit, Sehnsucht, Unruhe und wie all die Gefühle heißen, die sich in einer Brust regen, welche das Bewußtsein leichtsinnig verletzter Pflicht und unbesonnen genährter Liebe, die am Ende doch zu keinem ernsten Ziele führen kann, nicht ganz in den Hintergrund zu drängen vermag, kämpften in meinem Innern. Dumpfe Betäubung und gedankenloses Hinbrüten trat nach und nach an die Stelle träumerischer Aufgeregtheit, und jene quälende Unbehaglichkeit, welche den merkbaren Übersprung aus der Poesie der Leidenschaften in die Prosa der Wirklichkeit immer begleitet, bemächtigte sich meiner mit ganzer Kraft. – Ein himmlisches Weib! rief nachzuckend die fiebernde Phantasie. – Wozu soll's aber am Ende führen? warf der berechnende Verstand hin. – Wenn du wirklich bald von hinnen solltest?! – Schrecklicher Gedanke! schrie das Herz auf. – Gut wär's, gut wär's! verwies der Kopf, – und so gab es einen Zank und einen Hader in mir, daß ich fast müde ward, die Parteien anzuhören, und in den alltäglichen Seufzer ausbrach: »Wär' ich lieber schon wieder glücklich zu Hause!«

»Alle Wetter!« – fuhr ich plötzlich auf, daß der Vetturin ängstlich aufschrak. »Wie man doch im Liebestaumel auf alles vergißt. Da hab ich mir so fest vorgenommen, mich für den Rückweg mit Feuerzeug zu fournieren, und nun führ ich die Pfeife so zurück, wie ich sie hergebracht. Ein eigenes Schicksal! Wenn ich auf Ahnungen hielte, so glaubte ich, daß es etwas zu bedeuten habe.«

Zum zweiten Male die Tantalus-Szene der vorigen Nacht

* In Torquato Tassos »Befreitem Jerusalem« die Tochter des Königs von Damaskus, welche die christlichen Helden durch ihre Schönheit und Zauberkünste bestrickt.

durchlebend, rollte ich schon ins tiefste Dunkel der Bergschlucht hinein, noch mißmutiger als gestern, indem ich heute nicht einmal schlafen konnte. Die erste Hälfte des Rückweges fuhr ich langsam, indem es immer merklich bergan ging; es mochte auf Mitternacht zugehen, als wir den höchsten Punkt der Straße erreicht hatten. Aus flockigem Gewölke trat, wahrhaft ersehnt von mir, der Mond hervor, der mir heute um so willkommener war, je unheimlicher es in meinem Innern aussah. Aber der blasse Mond in einer grotesken Abruzzenlandschaft ist ein gespenstischer Maler, besonders für einen Abenteurer in meiner damaligen Stimmung. Er zauberte mir auf die tiefgefurchten Kalkfelsen, von welchen düstere Bäume und struppige Sträucher in wirrer Unordnung niederhingen, so fratzenhafte Bilder hin, daß ich Mühe hatte, mein Mißbehagen zu unterdrücken. – Ich hätte einen Napoleonsd'or für einen Funken Feuers gegeben, um meine unbehagliche Stimmung in ringelnden Rauchwölkchen verdampfen zu können.

Jetzt näherten wir uns dem verlassenen Hause, welches beiläufig die größere Hälfte des Heimweges bezeichnete. Ich wähnte anfänglich, mein Auge täusche mich – aber mein Vetturin bestätigte mir durch die Worte: »Nun, Signor, dort ist Licht zum Anfeuern der Pfeife!« daß ich recht gesehen hatte. Wirklich schimmerte durch die niedrigen Fenster des Erdgeschosses ein matter Glanz, ob von Lampe oder Kerze, das galt mir gleich; war's doch gewiß Feuer genug für meinen Bedarf.

»Ist hier ein Wirtshaus?« fragte ich meinen Vetturin.

»Gewesen!« – antwortete er. – »Wer jetzt drin sein mag, weiß ich nicht. Seit langem schon wohnte niemand hier; noch gestern war's um diese Zeit finster.«

Ich ließ halten und rief mit lauter Stimme, aber nichts rührte sich; nur von der gegenüberstehenden Felswand scholl mein Ruf kurz abgebrochen zurück.

»Sie werden schlafen!« sagte ich, sprang ab und eilte, nur auf den Genuß denkend, der mir nach langer Entbehrung bevorstehe, dem Hause zu.

Mein Pochen blieb unerwidert. Ich drehte die Klinke, und die Tür sprang knarrend auf. Eine finstere Hausflur, vielleicht die Küche des Hauses – denn unterscheiden konnte ich nichts – nahm mich auf. Rechts flimmerte durch einen Spalt Licht; ich öffnete eine zweite Türe – und trat in eine kleine, räucherige Stube, welche von einer weit herabgebrannten, flackernden Kerze matt erleuchtet war. Ohne eine Menschenseele zu gewahren, näherte ich mich dem Steintische in der Mitte, auf welchem eine Flasche stand, in der die Kerze steckte, und wollte mir die Pfeife anfeuern. Aber plötzlich gerann all mein Blut zu Eis, denn der gräßlichste Anblick, den ich je in meinem Leben gehabt, bot sich mir zur Schau.

Auf dem Tische vor der Flasche, zu welcher ich mich eben hinbeugen wollte, lag ein abgeschnittener Menschenkopf. Frisches Blut träufelte noch auf den Boden, auf welchem in einer Lache Blutes der Rumpf des Gemordeten schwamm. Unfähig ein Glied zu regen, stand ich da; wie kaltes Wasser rieselte es mir über den Rücken, während Todesschweiß auf meine Stirne trat und meine Haare vom Schreck elektrisiert sich auf dem Schädel borstig emporsträubten. – Du bist verloren, dein eigen Bild liegt vor dir! rief's in mir, und ich, der ich (Gott weiß es!) nicht zitterte, wenn die Kugel in der Schlacht die halbe Hirnschale meines Kameraden mir vors Gesicht schmetterte, war so sehr außer Fassung gebracht, daß mir die Zähne aneinander schlugen und die Knie schlotterten. Die Augen weit aufgerissen, wurzelte ich im Estrich, alle Sinne bis auf den des Gesichtes, versagten mir ihren Dienst, und dieser einzige sog sich so voll an Entsetzen, daß ich vergehen zu müssen glaubte. Mir war's, als ob die Wände sich plötzlich auftäten und aus hundert klaffenden Spalten blutgierige Banditen mit gezückten Messern ausspien. Ich wagte, – wiewohl alles ruhig und ausgestorben blieb, nicht mich umzuwenden, denn ich dachte, sie ständen mir schon im Rücken. Aber der gräßliche Anblick vor mir gestaltete sich immer deutlicher. Mir war's, als wäre mir der Kopf trotz seiner wild verzerrten Züge nicht unbekannt. Die schwarzen Locken, der buschige Kinn- und Schnurrbart, die weitgeöffneten Augen – kein Zweifel! – ich kannte diesen Cäsarskopf, er saß noch gestern auf dem Memmenrumpfe meines Nebenbuhlers Trevolpi. Diese Überzeugung erweckte mich halb und halb aus meiner Erstarrung; ich ließ die Augen hinabgleiten auf den Rumpf, der mit ausgebreiteten Armen dalag. Die rechte Hand, krampfhaft ausgestreckt, reichte über den Schatten des Tischrandes hinaus. So viel ich beim heller aufflackernden Scheine des kargen Kerzenstumpfes bemerkte, fehlte ihr der Mittelfinger, an welchem der Conte im Leben jenen wohlbekannten blitzenden Brillantring trug. Gewiß war er von Mördern hieher geschleppt, ermordet und beraubt worden, vielleicht eben als er mir auflauern wollte, um sich an mir zu rächen.

Noch hatt' ich nicht so viel Kraft und Mut gewonnen, um den Versuch des Entkommens zu wagen. Da knisterte die Kerze plötzlich zuckend auf und verlosch, durch den Hals der Flasche fallend, mit zischendem Geprassel. Ich fuhr unwillkürlich zusammen; nicht mit Bewußtsein, sondern von bewußtloser Angst gepeitscht, raffte ich mich auf und rannte mit vorgestreckten Armen, als ob ich durch einen Phalanx bewaffneter Feinde durchbrechen wollte, wohl zehnmal von Wand zu Wand taumelnd, ins Freie, kletterte wie eine gehetzte Katze die Sedia hinan, und schrie mit kreischender Stimme: »Fahr zu, was du kannst! doppelten Ersatz für deine Mähre, wenn sie fällt!«

Der Vetturin rief alle Heiligen an, ohne eigentlich zu wissen warum, und hieb auf sein Pferd los, daß es wie im Sturme dahinschnob. Zum Glücke ging es jetzt abwärts, die Straße war gut, und noch sah ich mich im Geiste rings von Mördern umgeben, als schon mein Bursche, der mich am verabredeten Orte erwartete, dem Vetturin sein »Halt!« zurief. Gut, daß meine Pfeife, deren Rohr ich im Krampfe zum Ringe zusammengebogen hatte, keine Pistole war, sonst hätte ich meinen armen Philibert ohne Gnade zusammengeschossen.

Daß ich meine Pfeife unter solchen Umständen nicht angefeuert, brauch ich Ihnen wohl nicht zu sagen. Ich möchte den Helden kennen, welcher in einer solchen Situation die Kaltblütigkeit besäße, ruhig seine Pfeife ans Licht zu halten, dem rumpflosen Haupte ein gemütliches »Adieu!« zuzuflüstern, und behaglich schmauchend weiterzufahren! – Ich gäbe noch jetzt alle Affairen und Handstreiche meines vielbewegten Lebens darum.

»Herr, was ist Ihnen begegnet?« fragte mich Philibert besorgt, als er bemerkte, daß ich mehr wanke als gehe.

»Nichts, nichts!« sagte ich, dankte meinem Gott, als ich in meine Stube trat, und warf mich erschöpft aufs Bett hin.

Der Tag war noch nicht angebrochen, als mich die Alarmtrommel aus meiner Betäubung weckte.

»Was gibt's?« rief ich meinem eintretenden Burschen zu.

»Wir marschieren, Herr!« erwiderte er freudig. »Ich habe schon alles eingepackt und besorgt. Ich habe es sogar Ihnen selbst schon gesagt, als Sie vom Wagen stiegen und den Vetturin so überaus splendid mit Ihrer ganzen Börse bezahlten; aber Sie antworteten mir nichts. ›Nun‹, dacht' ich bei mir, ›bereitet ist alles; laß den Herrn rasten, solang's noch geht! er scheint der Ruhe zu bedürfen.‹ Gestern ist der Befehl angekommen; ich hatte große Mühe, Ihre Abwesenheit zu verschweigen, und schwebte in tausend Ängsten für den Fall, daß Sie sich etwa verspäteten!«

»Wir marschieren also?« wiederholte ich, mich umkleidend, und wie Zentnerlast fiel es mir vom Herzen. – »Das ist wahrhaft Gnade des Himmels!«

Mein Bursche begriff zwar nicht, warum mir das plötzlich so lieb wäre, aber lieb war es auch ihm, das sah ich ihm an den Augen ab. »Gut, daß wir wegkommen aus diesem Neste!« jubelte er. – – »Bei Gott, ich hatte keine Ruhe, solange ich Sie hier wußte!«

In einer Stunde standen wir in Reih und Glied. Es ging ins Calabresische hinein, wo der Geist der Widersetzlichkeit gegen unsere Waffen eine Truppenverstärkung nötig machte.

Auf dem Marsche hatte ich Zeit genug, über das Abenteuer jener verhängnisvollen Heimfahrt nachzudenken. Seltsame Kombinationen gestalteten sich vor meiner Seele. Doch was ich auch immer ahnen und mutmaßen mochte, es war ja nun alles vorüber, ich war wieder ein freier Mann, und Cornelias Züge schimmerten, gleich dem Widerschein eines Regenbogens, aus der Vergangenheit in die frische Gegenwart herüber. Nur eines beunruhigte mich mehr und mehr, je schwieriger es mir wurde, eine Abhilfe zu treffen. Obgleich es nämlich damals das Leben eines Menschen galt, welcher mir bis ins Innerste verhaßt war, welchen ich nicht unter den Lebenden sehen konnte, von dessen Rachsucht ich mehr zu fürchten hatte, als ich in meiner leidenschaftlichen Verblendung sehen wollte, – so war's denn doch ein Raubmord, ein fürchterliches Attentat gegen die öffentliche Sicherheit, ein Verbrechen, welches augenblicklich hätte angezeigt und aufs Genauste untersucht werden sollen. Konnte ich es aber tun? – Womit hätte ich meine Fahrt durch jenen Engpaß motivieren sollen, da ich strengen Befehlen gemäß mich nicht halb so weit von meiner Garnison entfernen sollte? – Die Sache anzeigen, hieß: mich selbst verraten, mir selbst den Prozeß machen, mich der Strafe der Kassation überliefern. – Wer an meiner Stelle hätte die Selbstverleugnung besessen, auf Gefahr seiner eigenen Ehre und seiner Charge eine Anzeige zu wagen, die am Ende vielleicht doch zu keinem befriedigenden Resultate geführt hätte, indem die Räuber dieser Gegend so sichere Schlupfwinkel im Gebirge hatten, daß unsere Vorsicht und Strenge wohl manchen Frevel verhinderte, wenn aber einer begangen war, man dem Täter nur äußerst selten auf die Spur kam.

So sehr mich daher das Bewußtsein auch drückte, so gerne ich wenigstens einem vertrauten Freunde mein Abenteuer mitgeteilt hätte, so hatte ich doch nie den Mut dazu, und war in der Tat froh, durch neue Ereignisse, militärische Strapazen, unerwartete Begebenheiten und Geschäfte zerstreut, und von der täglich wiederkehrenden Erinnerung an mein

Verhältnis zur schönen Kontessa und an das blutige Haupt des Conte abgelenkt zu werden.

Ein Jahr mochte bereits vergangen sein. Wie der Abglanz eines unheimlichen Traumes zuckte es nur manchmal noch durch mein Gehirn, wenn ich Corneliens gedachte. Dazu gesellte sich eine leise Neugier zu wissen, wie nach meinem plötzlichen Verschwinden alles sich gestaltet und gelöst haben mochte, und eben diese Neugier gab mir den sichersten Beweis, daß die Zeit bereits das ihrige getan habe, meine gestörte Ruhe wieder ins Gleichgewicht zu setzen. Indes war auch in Calabrien die Ruhe hergestellt, und unsere Truppe folgte dem Ruf nach Capitanata, also in die Nähe der Landschaft, wo ich jenes Abenteuer bestanden hatte. Unsere Bestimmung war abermal, als Reserve in einer nördlichen Grenzstadt zu bleiben und den Räubern, falls sie, von unseren Soldaten herabgedrängt, südwärts durchbrechen wollten, den Weg zu sperren.

Die Unsicherheit hatte wieder um vieles zugenommen; je enger man das Mordgesindel einschloß, desto härter nahm es die Gegend mit, auf deren Umkreis es beschränkt war, desto grausamer verfuhr es bei seinen Streifzügen und Überfällen. Man nahm, durch die Not gezwungen, zu den äußersten Mitteln seine Zuflucht. Tod war die Strafe für jeden, der einen Räuber beherbergte, ihn verbarg, ihm Speise oder Trank gab, ihm zur Flucht verhalf, ja nur unterließ, sein Erscheinen an irgendeinem Orte anzuzeigen. Eine Ortschaft, in deren Bereich Raub oder Mord verübt wurde, hatte die Verpflichtung auf sich, binnen kürzester Frist die Täter ausfindig zu machen und einzubringen, widrigenfalls sie ohne Gnade rasiert wurde, eine harte Maßregel, aber vom kräftigsten Erfolge. Eingebrachte Verbrecher wurden standrechtlich behandelt, ihre Köpfe an der Außenseite des Hauses, welchem sie angehörten, oder in welchem die Tat verübt worden, eingemauert, durch ein eisernes Gitter geschützt, und darunter mit kurzen Worten der Name des Verbrechers und die Art des Verbrechens bezeichnet. – Die Familie des Gerichteten oder der Bezirk, zu welchem er dienstpflichtig war, hatte unter strenger Haftung zu sorgen, daß solch ein Schandmal unversehrt an Ort und Stelle blieb. Nur auf diese Weise war es möglich, dem furchtbaren Unfuge der Räuber Einhalt zu tun, wiewohl selbst jetzt noch keine Woche verging, ohne daß Berichte über verübte oder versuchte Frevel einliefen. Sogar auf der meilenlangen Ebene, unfern vor der Hauptstadt der Provinz, wohin wir Offiziere öfter zu fahren hatten, um aus der Kriegskasse den Sold für unsere Mannschaft zu fassen, war es nicht allzu sicher. Dessenungeachtet beneideten wir fast einander um jede solche Fahrt, indem sie uns doch aus der traurigen Garnisonierung in einer abgelegenen Landstadt wieder für ein paar Tage unter Menschen brachte.

Der gewöhnliche Sammelplatz, wo wir Militärs uns dann zusammenfanden, war das Hotel, dem schönen Zollhause gegenüber, wo Meister Stefano Pharao-Bank hielt. Manche Rolle Scudi trug ich aus der rauchdurchqualmten Spielstube mit, und manchen Napoleonsd'or ließ ich dort sitzen; denn wiewohl ich eben kein Spieler aus Leidenschaft war, so konnte ich doch der Lockung nicht ganz widerstehen, wenn ich einen der Pointeurs recht im vollsten Glücke sah, auf seine Karte zu setzen. Auch war es mir von jeher interessant, Spielergruppen zu beobachten und den grellen Wechsel der Mienen zu beobachten, welchen jede Wendung des Glückes in ihren Gesichtern hervorbringt. Am meisten fiel mir ein langer, hagerer Mann auf, den ich jedesmal als Zuseher, aber nie als Pointeur sah. Sein ovales, gelbes Gesicht, von struppigen, aus schwarz ins grau spielenden Haaren umstarrt, sein spärlicher Backenbart, seine kleinen stechenden Augen, zwischen denen eine mächtige Adlernase hervorragte, deren Spitze fast über den zahnlosen Mund zum aufwärtsgebogenen Kinne hinabreichte, gaben ihm ein unheimliches Ansehen. Immer schwarz gekleidet, saß er lässig hingestreckt hinter einem der Pointeurs, sprach nie ein Wort, zog die Handschuhe nie aus, legte auch den Hut nie ab, als ob er jeden Augenblick zum Fortgehen bereit wäre, und verfolgte dabei den Gang des

Spieles mit solcher Aufmerksamkeit, als ob er die Kontrolle der ganzen Galerie führte. Er kam mir mit seinem gespenstischen Ernste, mit seiner unverbrüchlichen Schweigsamkeit wie ein Nekromant vor, wie einer jener Zauberer oder Alchimisten, deren Schilderung man häufig in unseren alten Volksbüchern findet, und ich muß gestehen, daß ich eine förmliche Scheu vor ihm fühlte; dennoch wußte, wie gesagt, gerade dieses sein unheimliches Wesen meine besondere Aufmerksamkeit auf sich zu lenken, und es kam mir vor, als ob es nur von ihm abhinge, jede Bank zu sprengen, jeden Pointeur gewinnen oder verlieren zu machen.

Eines Abends fand ich eine besonders zahlreiche Spielgesellschaft. Es war, als wenn die Offiziere von allen fünf Straßen der Seeprovinz, welche sich in der Hauptstadt vereinigen, zusammengekommen wären. »Paroli« – »Sept le va« – »Pace« – »Quatorce le va!« scholl es in bunten Stimmen durcheinander, und Gold und Silber klang so lockend und blitzte so verführerisch, daß es Mühe kostete, sich von dem tollen Spielfieber nicht auch anstecken zu lassen. Ich suchte mit den Augen, wie gewöhnlich meinen Nekromanten auf. Er saß hinter einem blutjungen, kaum siebzehnjährigen See-Kadetten, dem man es ansah, daß er im Kriegsleben wohl noch ebenso sehr Neuling war als am Pharao-Tische. Er pointierte ganz wütend drauf los, bog ein ums andere Mal Paroli ein,* verlor aber bei jedem Abzuge, und wenn ja einmal seine Karte mit der linksgelegten des Bankiers übereintraf, so gab's ein Plié**, und seine Hoffnung ward wieder zu Wasser. Ich hätte dem jungen Manne nicht so viel Geld zugetraut. Eine Rolle nach der andern wanderte auf den Tisch vor die Karte; immer stand voller Satz, – und sobald er verlor, schnell vor der quer geschobenen Karte der Gleichbetrag.

* Im Pharaospiel das Aufwärtsbiegen der Ecke einer Karte, um dadurch anzuzeigen, daß der Inhaber seinen Gewinn zusammen mit dem ursprünglichen Einsatze neuerdings aufs Spiel setze.

** Beim Abheben zweier gleicher Karten (Doublet, Plié) fließt der Bank die Hälfte des Einsatzes zu.

Aber Rolle um Rolle verschwand; die Farben wechselten im Gesichte des leidenschaftlichen Spielers rascher als in den Taillen*, die hellen Schweißtropfen perlten ihm über die Stirne, man sah ihm die Höllenangst an; aber je hartnäckiger er das Glück forcieren wollte, desto höhnender floh es ihn. – »Jetzt bin ich blank!« rief er halblaut, sich unwillkürlich umwendend zu dem schwarzen Niemandsfreunde, der wie der Tod hinter ihm saß, und schob eine Rolle Napoleonsd'ors hin.

»Junger Mann, überlassen Sie mir das Spiel!« sprach ihn plötzlich der Schwarze an. Es waren die ersten Laute, die ich aus seinem Munde hörte, aber sie klangen so hohl, so hölzern wie aus dem Grabe.

Der Verlierende ließ es fast bewußtlos geschehen. Der Bankier machte eben den letzten Abzug, nur eine Karte restierte.

»Fausse taille!« bemerkte der neue Pointeur tonlos und strich den Satz samt Äquivalent ein.

»Der Same ist da!« flüsterte er seinem Klienten zu und besetzte zwei neue Karten mit dem ganzen Gelde. Seine Karte zog wieder. Er ließ den Satz stehen und bog die Ecke der Karte aufwärts. – »Paroli!« »Gewonnen!« »Sept le va!« – »Gewonnen« – und so ging's fort, daß sich die Züge des jungen Schützlings freudig verklärten und süße Hoffnung aus seinen Augen leuchtete, während die übrigen Pointeurs die Bank reichlich fütterten, und der rettende Unbekannte mit eisigem Phlegma sein Geschäft fortsetzte.

Schon hatte der Kadett seinen ganzen Verlust zurückgewonnen und wollte eben retirieren, als der Fremde mit lauter Stimme »Bank« rief, den Handschuh abstreifte, und statt des Satzes einen blitzenden Brillantring, den er vom Finger zog, vor die Karte legte.

Mir fuhr es wie ein Messer durch die Seele, als ich den funkelnden Stein sah. – Die herzförmige Fassung, das helle Wasser, die Größe – alles sagte mir: »Das ist Trevolpis Ring!«

Mit unveränderter Miene strich der Geheimnisvolle die

* Taille, das Abziehen der Karten.

ganze Bank ein, die ihm der Croupeur erblassend zuschob, und gab sie dem Seekadetten, welcher verlegen sich weigerte. – »Da, junger Mann«, sprach er, den Ring wieder ruhig an den Finger steckend, – »da! jetzt aber gehen Sie, – und greifen Sie nie mehr öffentliche Gelder an, um Spiele zu spielen, die Sie nicht verstehen. Wohl bekomme die Summe!« Ein grinsendes Lächeln begleitete diese schneidenden Worte.

Errötend bis in den Hals zog sich der Beschämte, welcher sich schwer getroffen fühlte, zurück, stammelte einige halbverständliche Worte des Dankes und verlor sich aus dem Zimmer, während der Nekromant wieder seinen vorigen Posten einnahm und stumm, als ob nichts geschehen wäre, zusah.

Ein eisiges Grauen überlief mich, als ich so hinter seinem Stuhle stand. Jetzt nahm er langsam den Handschuh hervor, um ihn wieder anzuziehen, wobei ich den Ring ganz nahe zu betrachten Gelegenheit fand. Ich hätte darauf schwören mögen, daß ich recht ahne, und faßte alsogleich den Entschluß, meinen Argwohn geeigneten Ohren mitzuteilen, was innerhalb der beiden Tage, die ich noch hier zu verweilen hatte, geschehen sollte. In der Zwischenzeit hoffte ich mich wo möglich noch besser zu überzeugen, daß meine Augen mich nicht täuschten.

In den Morgenstunden des folgenden Tages hatte ich Geschäfte. An der Mittagstafel sprach man von nichts anderem, als von Kriegsaffairen, Räubergeschichten, politischen Chancen und dergleichen. Ein Offizier, der später an unsern Tisch kam, brachte die Neuigkeit, daß man auf der Ebene vor der Stadt in einem Graben einen jungen Militär von der Marine, welcher, wie man wisse, gestern Geld gefaßt, ermordet und beraubt gefunden habe. Die Sache schien mir zu auffallend mit dem Betragen des geheimnisvollen Unbekannten zusammenzuhängen, als daß ich es hätte über mich bringen können, keine Notiz davon zu nehmen. Abends fand ich ihn wie gewöhnlich am Pharaotische; auch des Ringes wurde ich wieder ansichtig. Am andern Tage teilte ich dem Stadtkommandanten bei meiner Abschiedsvisite meinen Verdacht mit und reiste ab.

Als ich im nächsten Monate wieder zu Meister Stefano kam, war der Unbekannte verschwunden. – Auf meine Nachfrage hieß es: Er sei, als verdächtig, eingezogen und seither nicht mehr gesehen worden.

*

Nach langen Jahren kam ich als Rittmeister in Diensten einer fremden Macht, zu deren Fahnen ich, teils aus veränderter Neigung, teils durch Zeitereignisse veranlaßt, indes übergetreten war, noch einmal in die Stadt, wo die Liebe zur schönen Cornelia mich so nahe an den Rand des Verderbens geführt hatte. Ich erkundigte mich um die Familie Fieramonti. – Sie sei ausgewandert, erwiderte man mir; warum? wohin? konnte oder wollte mir niemand genau sagen. Vielleicht wußte ich den Grund besser, als alle andern.

Neugierde trieb mich sogar in den Engpaß, wo das verhängnisvolle Haus stand. Ich fand es noch halb verfallen, tür- und fensterlos. Unter dem Simse grinste durch ein Eisendrahtgitter ein halbeingemauerter Totenschädel herab, darunter kaum lesbar mehr die Inschrift: »Gaetano Bramarba verübte in diesem Hause an Conte Carlo Trevolpi einen gräßlichen Raubmord, wofür er gerichtet wurde, am – – – –« Das Datum war schon verwischt und verwittert. Ein eisiger Schauder überlief mich, als ich in die dielenlose Stube trat und den Tisch erblickte, vor welchem ich damals in atemloser Todesangst gezittert hatte.

PAUL HEYSE

Die Witwe von Pisa

Überhaupt scheint mir, daß Sie von den italienischen Frauen eine zu günstige Meinung haben.

Wieso? fragte ich.

Ich habe einige Ihrer Novellen gelesen. Nun, daß diese Arrabbiatas und Anninas doch auch im Süden etwas dünner gesäet sind, als der geneigte Leser sich einbildet, werden Sie selber zugeben. Beiläufig, und ganz unter uns: sind es Geschöpfe Ihrer Phantasie, oder Studien nach dem Leben?

Frei nach dem lieben Herrgott, der schwerlich finden wird, daß seine Originale durch meine Bearbeitung gewonnen haben.

Mag sein! Aber Sie leugnen doch nicht, daß Sie sich absichtlich immer die besten Exemplare ausgesucht haben? Da dürfen Sie sich denn nicht beklagen, wenn man Sie zu den Idealisten rechnet.

Beklagen? Wie sollte ich wohl! Ich finde mich da in so guter Gesellschaft, daß ich froh bin, wenn ich darin geduldet werde. Ebenfalls im tiefsten Vertrauen, Verehrtester: Ich habe nie eine Figur zeichnen können, die nicht irgend etwas Liebenswürdiges gehabt hätte, vollends nie einen weiblichen Charakter, in den ich nicht bis zu einem gewissen Grade verliebt gewesen wäre. Was mir schon im Leben gleichgültig war, oder gar widerwärtig, warum sollte ich mich in der Posie damit befassen? Es gibt genug andere, die es vorziehn, das Häßliche zu malen. Sehe jeder, wie er's treibe!

Schön! und vielleicht sogar richtig! Ich verstehe diese Dinge nicht. Aber ich habe immer sagen hören, die Poesie solle das Leben widerspiegeln. Nun denn, das Leben hat doch auch seine Kehrseite. Und zur *Wahrheit* gehört Licht und Schatten. Glauben Sie nicht, daß Sie es der Wahrheit schuldig sind, auch von den minder liebenswürdigen Figuren, die zum Beispiel in Italien herumlaufen, Notiz zu nehmen?

Sobald ich ein Buch über den italienischen Volkscharakter ankündige – gewiß! Aber ich gebe Geschichten. Wenn ich lieber Geschichten schreibe, die mir selbst gefallen, als Schattenrisse von der Kehrseite der Natur, wen betrüge ich, als solche, die ihr Interesse dabei finden, sich betrügen zu lassen? Aber Sie haben mich auf die vielberufene Kehrseite neugierig gemacht. Was verstehen Sie darunter?

Hm! Das ist leicht gesagt. Wenn ich nicht sehr irre, ist es die unverfälschte Naturkraft, die Sie an diesen Weibern anzieht, der Mangel der zahmen und lahmen Pensionats- und Institutserziehung, das Wildwüchsige mit einem Wort.

Und die edle Rasse, nicht zu vergessen; eben jene reiche Anlage, die man viel getroster sich selbst überlassen darf als eine von Hause aus dürftigere Natur – schaltete ich ein.

Einverstanden! Und ich gebe Ihnen auch das noch zu, daß die Leidenschaften unter diesem Himmel sich in einem gewissen großen Stil, in einer natürlichen Erhabenheit austoben, selbst die allerverrücktesten; daß sogar die Hauptleidenschaft des Geschlechts – diesseits wie jenseits der Berge – bei aller Komik hier etwas Grandioses behält.

Eine Hauptleidenschaft?

Ich meine die Sucht, einen Mann zu bekommen. Sie lachen? Ich kann Ihnen sagen, daß mir die Sache außer Spaß ist, seit ich Gelegenheit gehabt habe, über diesen Punkt nähere Studien zu machen.

Auf die ich begierig wäre.

Ich will Ihnen das Abenteuer nicht vorenthalten, obwohl es für einen Idealisten, wie Sie sind, kein dankbarer Stoff sein wird. Nur soll mir unser Kondukteur erst etwas Feuer geben. Un po' di fuoco, s'il vous plaît, Monsieur? – –

Dieses Gespräch wurde in einer schönen Sommernacht hoch oben in der Imperiale einer französischen Diligence geführt, die von zwei Pferden und vierzehn Maultieren in kurzem Trabe die breite Straße des Mont Cenis hinaufgeschleppt wurde. Obwohl der Himmel herrlich ausgestirnt war, lag doch nur ein schwacher Schein auf den Tälern zur Seite des Weges, aus denen die schweren Wipfel der Kastanien heraufragten, so daß man auf den Genuß der Aussicht verzichten mußte. Und da Peitschenknall, Zuruf der Maultiertreiber, die neben ihren langgespannten Tieren bergan liefen, und das hundertfache Schellengeläute auch einen gesunden Schlaf nicht aufkommen ließen, mußte ein deutscher Schriftsteller noch zufrieden sein, wenn er dreitausend Fuß über dem Meeresspiegel einen so wohlwollenden Rezensenten neben sich fand, wie mein Coupénachbar bei aller Meinungsverschiedenheit zu sein schien. Wir waren schon von Turin aus die Bahnstrecke bis ans Gebirge zusammen gefahren, schweigsam jeder in einen Winkel gedrückt. Erst der Namensaufruf bei der Verteilung der Plätze hatte das Eis gebrochen, da wir uns beide nicht ganz fremd waren.

Kennen Sie Pisa? fragte er, nachdem er seine Zigarre an der Pfeife des Franzosen angezündet hatte.

Ich erzählte ihm, daß ich erst vor kurzem volle vierzehn Tage in dieser stillsten aller Universitätsstädte der Welt Studierens halber zugebracht hätte.

Nun, dann kennen Sie am Ende meine Witwe vom Sehen oder doch vom Hören. Sind Sie nie in der breiten Straße, die der Borgo heißt, an einem Hause mit grünen Jalousien vorbeigekommen und haben aus einem Fenster des ersten Stockwerkes eine schmetternde Sopranstimme jenes Duett aus der »Norma« singen hören: »Ah sin' all' ore all' ore estreme –«?

Ich verneinte.

Danken Sie Ihrem Schöpfer, sagte er mit einem Seufzer, der aus einer hartgeprüften Brust zu kommen schien. Sehen Sie, diese Stimme war mein Verderben. Ich bin leider ganz unmusikalisch, sonst hätte sie mich vielleicht gewarnt, statt mich ins Netz zu locken. Aber wenn man in ein paar Dutzend unsäuberlichen Studentenwohnungen herumgekrochen ist – die besseren möblierten Zimmer waren, mitten im Semester, schon längst vergeben –, und hört dann aus einem reinlichen

Hause, an dem der Mietszettel hängt, eine Frauenstimme flöten, so werden Sie begreifen, daß man eine Stimme des Himmels zu vernehmen glaubt, auch wenn man ein besserer Musikus ist als ich. Ich muß aber erst voranschicken, was ich eigentlich in Pisa zu suchen hatte. Sehen Sie, das hängt so zusammen. Ich bin Architekt, wie Sie wissen. In dem kleinen deutschen Raubstaat, den ich als mein engeres, leider viel zu enges Vaterland pflichtschuldigst liebe und ehre, bin ich, ohne Ruhm zu melden, so ziemlich der einzige meines Faches, der etwas zu bauen versteht, was über die landläufigen Menschenställe von drei Stockwerken hinausgeht. Wenn Sie einmal durch N. kommen sollten, versäumen Sie nicht unser neues Zeughaus anzusehen, worin die sieben Landeskanonen sorgfältig unter Schloß und Riegel gehalten werden, damit sie nicht über die Landesgrenze wegschießen. Dieses Arsenal habe ich gebaut und mir dadurch nicht nur den Dank des Vaterlandes, sondern auch die besondere Gunst unseres Serenissimus erworben. Wenn er noch einmal seinen Lieblingsplan ausführt, eine Mauer um sein Land aufführen zu lassen nach dem Muster der chinesischen, kann ich dieses ruhmreichen Auftrages sicher sein. Vorläufig hat er mir seine Huld auf eine unscheinbarere, aber mir angenehmere Weise bezeigt, indem er mich mit einem wissenschaftlichen Auftrage nach Italien schickte. Wir besitzen nämlich als eine der Hauptsehenswürdigkeiten unserer Residenz mitten im Schloßpark einen schiefen Turm. Böswillige, unpatriotische Menschen behaupten, es sei mit dieser künstlerischen Merkwürdigkeit sehr natürlich zugegangen, da ein später angelegter Karpfenteich in der Nähe dieses ehemaligen Wachttürmchens den Boden ringsumher aufgeweicht und so die Senkung verursacht habe. Man kann unseren Landesvater nicht stärker beleidigen, als wenn man diese hochverräterische Meinung äußert. Als er daher eines Tages auch mich um mein sachverständiges Urteil befragte, war ich Diplomat genug, zu antworten: ich sei, da ich Italien nicht kenne, außerstande, nachzuweisen, in welchem historischen Zusammenhange unser schiefer Turm mit den berühmteren von Pisa, Bologna, Modena usw. stehen möchte. Nur ein umfassendes Studium des gesamten mittelalterlichen Schiefbaues könne zu einer gerechten Würdigung unserer heimatlichen monumentalen Romantik das Material liefern. Das wirkte. Schon tags darauf erhielt ich durch Kabinettsschreiben den allerhöchsten Auftrag, eine Kunstreise nach Italien auf ein ganzes Jahr anzutreten, um auf Kosten der Kabinettskasse Studien zu einem umfassenden Werk über die schiefen Türme Italiens und Deutschlands zu machen. Ich ging um so freudiger darauf ein, weil ich mich vor kurzem verlobt hatte und ohne eine solche höhere Mission mich schwerlich so bald losgerissen hätte, das gelobte Land endlich mit Augen zu sehen, was ich doch meinem Beruf längst schuldig gewesen wäre.

Erlauben Sie mir zu bemerken, sagte ich, daß nach *diesen* Mitteilungen Ihre Erfahrungen mit italienischen Mädchen und Frauen mir nicht mehr so beweiskräftig scheinen wie vorher. Ein deutscher *Bräutigam*, der besonders auf alles *Schiefgewachsene* sein Augenmerk zu richten hat –

Im allerhöchsten Auftrage! fiel er mir lachend ins Wort. Aber ein Jahr ist lang, und sowohl der Herr des Landes als die Herrin meines Herzens werden es verzeihlich finden, daß ich mich in den Mußestunden auch mit geradegewachsenen Schönheiten beschäftigt habe. Nein, hören Sie erst meine Pisaner Fata. Diese Stadt hatte ich mir für den Rückweg aufgespart. Den Kampanile des Pisaner Doms –

den hebt mir auf,
Daß ich zuletzt ihn speise! –

sagte ich bei mir selbst und dachte volle vier Wochen in Pisa meinen Messungen obzuliegen und vielleicht schon ein Stück meines Buches über den Schiefbau hier in der Stille niederzuschreiben, damit ich außer Rissen und Zeichnungen Serenissimo auch etwas zu lesen mitbringen könnte. Nun aber, wie gesagt, hatte ich es fast schon aufgegeben, eine anständige Privatwohnung zu finden, als ich todmüde am schwülen Mittag durch den Borgo schlendere und da auf einmal wie vom Himmel herab aus einem Fenster gerade über dem »Camere da affittare« den schmetternden Gesang höre. Hinaufstürzen, anpochen und dem Aschenputtel von Küchenmädchen meine obdachlose Lage schildern, war, wie geistreiche Erzähler sagen, das Werk eines Augenblicks. Das Ding musterte mich von der Hutkrempe bis zu den Schuhen. Dabei lachte sie und schüttelte den Kopf. Nein, nein, sagte sie, hier wird nichts vermietet. – Aber der Zettel? sagt' ich. Und es steht doch deutlich darauf: Im ersten Stock! – Ja, aber nicht per gli uomini! meinte sie und wollte schon die Türe wieder zuschlagen. – Was? rief ich, nicht für Menschen? Nun beim Himmel, so sollt ihr erleben, daß selbst ein geduldiger Deutscher zu einer Bestie werden kann, wenn nur die Bestien in Pisa ein menschliches Quartier finden! – Chè, chè! sagte sie, und wollte sich ausschütten vor Lachen, so sei es nicht gemeint. Nur an *männliche* Menschen würden die Zimmer nicht vergeben. Ihre Herrin sei eine Witwe und beherberge nur Damen. Indessen wolle sie erst einmal anfragen; ich möchte nur eintreten. – So führte sie mich, immer lachend, durch die Küche in ein sehr sauberes Gemach, wo ein großes, vierschläfriges Himmelbett stand, eine alte Kommode und einige Rohrstühle, der Steinboden mit geflochtenen Matten sorgfältig belegt; aber was mir am meisten ins Auge stach: ein mächtiger viereckiger Tisch mitten im Zimmer, gerade so einer, wie er meine Sehnsucht war, um Reißbretter und Mappen bequem darauf ausbreiten zu können. Hier bleibst du! rief eine Stimme in mir, und wenn es um den Preis wäre, daß du dein Geschlecht verleugnen und am Rocken dieser Omphale Garn spinnen müßtest. Indem höre ich, wie nebenan der Gesang und das Klavierspiel plötzlich abgebrochen wird und Aschenputtel seine Botschaft unter beständigem Kichern ausrichtet. Ich hatte kaum Zeit, mir eine herzbewegende Rede einzustudieren, da geht die Türe auf und meine Witwe tritt herein, in einem Nachtgewande von verdächtiger Weiße, aber unzweifelhafter Sittsamkeit, die starken, schwarzen

Haare in Papilloten, mit einer Haltung und Miene, daß ich sogleich wußte: die war schon einmal auf den Brettern! Aber sie war gar nicht übel, kann ich Ihnen sagen. Etwas Anlage zum Fettwerden, die Nase für meinen Geschmack vielleicht ein wenig zu stumpf, nicht mehr die allererste Frische, aber für eine Witwe äußerst wohlkonserviert, und ein Paar große, schwarze Augen im Kopf, wie – nun Sie können sich selbst ein passendes Gleichnis dazu suchen; wofür sind Sie Poet?

Ich, als bildender Künstler, hatte auf den ersten Blick alle Vorzüge dieser Dame weg; aber selbst wenn sie zum Titelkupfer für mein Werk über den Schiefbau getaugt hätte: der schöne große Tisch hätte sie mir reizend erscheinen lassen. Ich glaube, ich habe in meinem Leben keine größere Beredsamkeit in einer fremden Sprache entwickelt, als jetzt, wo es galt, ihre tugendhaften Vorurteile zu besiegen. Ich sei zwar, sagt' ich, allerdings eine Mannsperson (persona maschia – ausgesuchtes Italienisch, nicht wahr?); aber von einer so weiblichen Gemütsart, daß ich sogar in meiner Jugend von einer schönen Frau das Filetstricken gelernt hätte. Niemand im ganzen Stadtviertel werde mich jemals betrunken nach Hause kommen sehn, und sittenlose Bekanntschaften hier in Pisa zu machen, liege mir fern. Sogar des Rauchens wolle ich mich enthalten, wenn es ihr unangenehm sei, und gern jeden Preis, den sie für das Quartier fordere, unbedenklich vorauszahlen.

Sie hörte mich ruhig an, und meine rührende Beschwörung schien Eindruck auf sie zu machen. Wenigstens sagte sie endlich, sie selbst habe gar nichts dagegen, aber sie sei eine junge Witwe, und ihr Oheim, der Vormund ihrer Kinder, wünsche nicht, daß sie ihren Ruf in Gefahr bringe, indem sie die jetzt überflüssig gewordenen Zimmer an *Herren* vermiete. Ich fragte sogleich nach der Wohnung dieses klugen Mannes und hörte zu meinem Schrecken, daß ich nicht hoffen durfte, auch an ihm meine Überredungskünste zu versuchen, da er gerade nach Florenz gereist sei. – So muß ich denn wirklich verzweifeln? rief ich mit so unverstelltem Kummer (ich hatte eben wieder mit dem Tisch geliebäugelt), daß die gute, ohnehin nicht sehr steinerne Witwenseele zu schmelzen anfing. Kommen sie nachmittags wieder, sagte sie; ich will sehen, ob es zu machen ist. Erminia, begleite den Herrn hinaus! – Damit machte sie mir eine Reverenz wie eine Fürstin, die einen Ambassadeur empfangen hat, und ich war in Huld und Gnaden entlassen.

Sie können sich denken, daß ich in einer nicht geringen Aufregung meinen Risotto in jener Mustertrattorie Italiens, dem »Nettuno« am Lungarno, verzehrte und gerade das Doppelte meiner gewöhnlichen Weinration dazu trank. Ich mußte mich stärken für den Fall, an den ich nur mit Schrecken denken konnte, daß ich einen solchen Tisch in Pisa wissen und mich doch wieder, wie schon so oft, jämmerlich mit einem aus Stühlen, Stock und Regenschirm gezimmerten Notgestell behelfen müßte.

Und wie ich so gegen drei Uhr wieder die steinerne Treppe hinauf stieg, klopfte mir ordentlich das Herz, als ob es sich nicht um ein Stück Holz, sondern um die Besitzerin selbst handelte und ich sollte mir eben den Bescheid auf einen viel bedenklicheren Antrag holen. Diesmal kam sie mir, schwarz angetan, in etwas gewählterer Haartracht entgegen und schien ebenfalls nicht ganz unbefangen. Ich legte mir das zu meinen Gunsten aus und erschrak nicht wenig, als sie mir ohne viel Vorreden eröffnete, sie habe in Abwesenheit des Onkels die Tante befragt, die ebenfalls meine, diesen Schritt nicht wohl verantworten zu können. Eine junge Witwe – und dabei senkte sie mit recht täuschender Verschämtheit ihre schwarzen Augen – noch dazu wenn sie Künstlerin war – und in den Jahren, wo man noch nicht auf ein neues Lebensglück verzichtet – Sie werden begreifen, daß es Rücksichten gibt, die man den Seinigen schuldig ist, und der Wunsch meines Oheims, mich wieder vermählt zu sehen – ein Galantuomo wie Sie, mein Herr, wird dem Glück einer einzelstehenden jungen Frau nichts in den Weg legen wollen.

Ganz im Gegenteil, meine beste Dame, rief ich lebhaft aus – immer die Augen auf meinen schönen Tisch geheftet – vielmehr würde ich überglücklich sein, Ihnen beweisen zu können, wie sehr ich Ihre Zurückhaltung schätze, wie sehr ich Sie wegen der Reize, Talente und Tugenden, die Ihre Person schmücken, bewundere und verehre. Ja, Sie haben recht, und Ihr würdiger Oheim hat recht: ein Wesen wie Sie ist geschaffen, glücklich zu sein und glücklich zu machen. Der Ärmste, der dieses Glück nur so kurze Zeit genossen hat! Wie lange ist er Ihnen schon entrissen?

Zehn Monate, sagte sie, ohne daß die Erinnerung sie besonders anzugreifen schien. Er reiste nach Neapel, fiel unter die Briganten – und kam nicht wieder. Soll ich Ihnen seine Photographie zeigen?

Damit ging sie mir voran in das Nebenzimmer, das etwas reichlicher möbliert war und offenbar als eine Art Salon benützt wurde. Hier stand der Flügel, ein eleganter Schreibtisch nahe am Fenster, einige bunte Vogelkäfige hingen von der Decke herab, und die Wände waren mit Porträts berühmter Theatergrößen bedeckt. Im unscheinbarsten Rahmen über dem Sofa, mit einem verstaubten Lorbeerkranz umgeben, sah ich das Bild eines ernsten Mannes in mittleren Jahren, den sie mir als ihren Seligen vorstellte. Auch jetzt konnte ich keine Spur einer Gemütsbewegung auf ihrem Gesicht entdecken. Die Kanarienvögel schrien, ein kleines Wachtelhündchen kroch unter dem Sofa hervor und fing an zu bellen, Aschenputtel hörte ich durchs Schlüsselloch hereinkichern, und mitten in diesem Tumult stand meine Schöne und sprach ganz gelassen von einem neuen Lebensglück, wobei sie mich einlud, auf dem Sofa neben ihr Platz zu nehmen.

Ich äußerte ihr meine Verwunderung, daß sie schon zehn Monate allein stehe, ohne von allen Seiten umworben zu werden. – Ich bin wählerisch, sagte sie. Ich war zu glücklich mit meinem Carlo, um mich der Gefahr auszusetzen, mich an jemand zu binden, der mich weniger liebte als er. Mehrere haben um mich angehalten, noch erst vorgestern ein junger

Graf; den hätte ich auch wohl genommen, aber er war zu jung für mich, erst neunzehn Jahre, und ich bin doch schon dreiundzwanzig. Der arme Mensch dauerte mich freilich; aber was wollen Sie? Man kann doch nicht alle heiraten, die vor Liebe zu einem den Verstand verlieren.

Freilich nicht, erwiderte ich. Was wollten Sie auch mit einem solchen Kinde anfangen? Nur ein reiferer Mann, der das Leben schon kennt, würde Ihren Wert ganz zu schätzen wissen und Ihnen einigermaßen den Verlorenen ersetzen.

Sie seufzte. O die Männer! sagte sie. Alle sind sie Egoisten! Nur die Jugend hat noch Hingebung und Begeisterung für das Schöne. Die Reiferen werden kalt und sind nicht mehr fähig, glücklich zu machen.

Es käme auf den Versuch an, sagte ich, halb arglos, halb um sie zu versuchen; denn ich merkte nun wohl, wie die Dinge standen, und daß auch die Tante unter gewissen Voraussetzungen ihr Veto gern zurückziehen würde. Dabei kam mir das ganze Abenteuer so drollig vor, daß der Übermut sich in mir regte, die Posse noch etwas weiter zu spielen.

Schöne Frau, sagte ich, wie heißen Sie eigentlich?

Lucrezia, erwiderte sie und sah mich mit unbeweglichen Augen forschend an.

Schöne Lucrezia, fuhr ich fort, vielleicht ist es ein Werk der Vorsehung, daß ich jetzt auf diesem Sofa sitze. Ich bin viel herumgeschweift (ich meinte: in Pisa, nach Wohnungen; sie verstand: in der Welt) und habe nirgend gefunden, was ich suchte. Erst in diesem Hause – und dabei schielte ich wieder durch die Türe nach dem schönen Zeichentisch – ja, Madonna Lucrezia, erst *hier* fühle ich den Drang, zu bleiben und Hütten zu bauen. Sie kennen mich nicht und ich kenne Sie nicht, und es wäre voreilig, heute schon über die Zukunft entscheiden zu wollen. ›Chi va piano, va sano.‹

Aber auch ›lontano‹, schaltete sie ein. Sie reisen wieder nach Hause?

Es kommt ganz auf Euch an, wie lange ich Pisas Lüfte atmen werde, sagte ich mit schamloser Doppelzüngigkeit und antwortete ebenso hinterhaltig auf ihre Frage, ob ich schon eine Frau habe: nein, noch nicht, aber ich sei entschlossen, kein halbes Jahr mehr ein Junggeselle zu bleiben. – Da beschämte mich diese große Seele mit dem offenen Geständnis, sie habe vier Kinder; die zwei jüngsten seien über Tag meist bei der Tante, die beiden älteren, von fünf und vier Jahren, in Florenz bei der Mutter ihres Seligen. – Schön, sagte ich, ich hoffe, ich lerne die kleinen Engel bald kennen; ich habe eine wahre Passion für alle Haustiere, Kinder, Hunde und Kanarienvögel. – O Sie sind eine Ausnahme! rief sie schwärmerisch; mein Carlo wollte immer aus der Haut fahren, wenn die Kinder schrien und die Vögel zwitscherten und ich dazwischen Solfeggien sang. Sie sind gewiß ein Engländer, die haben immer so einen aparten Geschmack. – Nur ein Deutscher, sagte ich; aber auch bei uns gibt es Narren genug, die es entweder schon *sind*, oder doch für ein Paar schöne Augen sich nicht lange besinnen, es zu *werden*. Also meinen Koffer darf ich herbringen lassen?

Ich begleitete diese Frage mit einem ehrerbietigen Handkuß, stand auf und empfahl mich so eilig, als ich höflicherweise konnte, um meinen Sieg nicht wieder aufs Spiel zu setzen. Denn wenn sie mir einen Mietsvertrag vorgelegt hätte, um mich in Paragraph Eins ausdrücklich zum Heiraten zu verpflichten, wäre meine ganze Doppelzüngigkeit zu Schanden geworden. – Ich drückte dem Aschenputtel Erminia ein paar Franken in die Hand, und schon eine Stunde nachher war ich mit Sack und Pack wieder vor der Tür und hielt triumphierend meinen Einzug.

Auch hatte ich die ersten Tage keine weiteren Unbequemlichkeiten von meiner Kriegslist, keine Anfechtungen, weder in meinem Gewissen, noch in meinen vier Pfählen. Der überrumpelte schöne Feind begnügte sich offenbar damit, mich zu beobachten; denn bei der Kaltblütigkeit, mit der das »neue Lebensglück« betrieben wurde, konnte sie sich Zeit lassen, zu untersuchen, ob sie auch kein schlechtes Geschäft mache mit diesem wildfremden Zukünftigen. Leider schien das Ergebnis ihrer Forschungen täglich mehr zu meinen Gunsten auszufallen. Und ich machte es auch danach! Einen stilleren, geduldigeren, fleißigeren zweiten Mann, als ich in diesen Tagen darstellte, kann sich keine junge Witwe wünschen, und wenn ich im Punkte der Zärtlichkeit manches zu wünschen übrig ließ, so war dies mit der ritterlichen Diskretion zu entschuldigen, die unsere Zimmernachbarschaft mir zur Pflicht machte. Kam ich von meinen Vermessungsgeschäften am Kampanile nach Hause, so pflanzte ich mich sofort hinter den bewußten Tisch, um die Resultate in meine Zeichnung einzutragen. Währenddessen konnte sie nebenan ihr »Ah sin' all' ore all' ore estreme« oder eine andere schmelzende Kantilene schmettern, so viel sie wollte: ich pries, zum ersten Male im Leben, mein stumpfes Ohr, das mir half, dieser Lockung mannhaft zu widerstehen. Ein paarmal schickte sie mir die Kinder herein, die einen greulichen Unfug mit meinen Mappen und anderen Habseligkeiten anstellten, bis ich mit einigen Orangen den Frieden von ihnen erkaufte. Auch in dieser Prüfung benahm ich mich musterhaft. Ging ich dann in der Abendkühle am Lungarno spazieren unter dem Schwarm von Studenten, Pisaner Bürgern mit ihren Familien und einigen wenigen Stutzern, die auch hier nicht fehlten – nun Sie kennen ja das alles aus eigener Anschauung –, so begegnete ich regelmäßig einige Male meiner schönen Hauswirtin, die an der Seite einer Freundin mit züchtigen Witwenschritten dichtverschleiert lustwandelte und, wie ich merken konnte, viele Verehrer hatte. Mancher von diesen hätte mich wohl beneidet, wenn er gewußt hätte, wie bequem es mir gemacht wurde. Ich aber begnügte mich mit devotem Hutabziehen und kam regelmäßig erst nach Hause, wenn ich wußte, daß sie schon Nacht gemacht hatte. Das geschah sehr früh; denn da sie, wie die meisten Italienerinnen, völlig ungebildet war und höchstens einen französischen Roman in der Übersetzung las, so langweilte sie sich entsetzlich, sobald es dunkel wurde und sie nicht mehr aus dem Fenster sehen und sich bewundern lassen konnte.

Dieser friedfertige Zustand, der meinen Wünschen sehr entsprach – ein Leben wie im Paradiese, wo Wolf und Lamm in Unschuld neben einander hausten – hatte etwa eine Woche gedauert, da merkte ich, daß das Lamm sich zu wundern anfing, wie zahm der Wolf sich betrage; ja es schien der armen Unschuld ordentlich gegen die Ehre zu gehen, daß sie noch immer ungefressen blieb, da sie sich selbst doch appetitlich genug vorkam. Nun kehrte sich der Naturzustand um, und das Lamm rüstete sich, den Wolf nach allen Regeln zu belagern. Einige Tage blieb es bei frischen Blumensträußen, mit denen ich meinen Zeichentisch geschmückt fand, wenn ich nach Hause kam. Dann fand ich, da meine Hausschuhe in ziemlich desolatem Zustande waren, abends ein Paar warme türkische Pantoffeln vor meinem Bett, die offenbar dem Seligen, meinem Vor-Wolf, gehört hatten; übrigens waren sie noch so gut wie neu. Mittags mußte ich mit aller Gewalt ein Fritto von Artischocken und kleinen Kürbissen kosten, das Madonna Lucrezia selbst bereitet haben wollte, und ihr in einem Glase Chianti Bescheid tun. Erminia, die mit am Tisch aß und die beiden Bimbi fütterte, hatte wieder genug zu kichern, und nur das Hündchen knurrte mich feindselig an, als einen Eindringling, der ihm seine Ration zu verkümmern drohte. Dabei führten wir tiefsinnige Gespräche über deutsche und toskanische Kochkunst, und ich abtrünniger Sohn meines Vaterlandes verleugnete sogar das deutsche Sauerkraut gegenüber den italienischen Artischocken. Das schien ihr bedeutsam genug, um andern Tags einen noch lebhafteren Sturm zu wagen. Denken Sie, was das verschmitzte Geschöpf sich einfallen ließ! Ich bin am Vormittag wie gewöhnlich auf meinem schiefen Turm, nun schon in den obersten Geschossen, und denke an nichts Arges, da höre ich unten aus der Tiefe zu mir heraufsingen, das nur zu wohlbekannte: »Ah sin' all' ore all' ore estreme«, und richtig, meine schöne Freundin ersteigt herzhaft die langen Wendeltreppen, so daß an ein Entrinnen nicht zu denken war, ich hätte denn hinter den Pfeilergalerien Versteckens spielen müssen. Was sie eigentlich beabsichtigte, ist mir heute noch nicht recht klar; denn von der obersten Zinne sich, entweder allein, oder Arm in Arm mit mir, hinabzustürzen, wenn ich ihr nicht endlich ein festes Heiratsversprechen gäbe, dazu war sie ein viel zu praktischer Charakter, viel zu sehr – Italienerin, hätt' ich beinahe gesagt. Aber ich will Ihren Idealismus nicht kränken. Am Ende war es auch bloß die Langeweile, die sie zu mir trieb. Ich natürlich stellte mich sehr erfreut, machte die Honneurs des Turmes aufs Liebenswürdigste, und da wir ganz allein waren, hielt ich es für angebracht, ihr wenigstens wieder einmal die Hand zu küssen. Sie hatte auch gerade ihren guten Tag. Vom Steigen war ihr wachsbleiches Gesicht etwas gerötet, und wie sie so die kohlschwarzen Augen über Dom und Baptisterium und Stadt und fernes Gebirge funkeln ließ, schien sie mir wirklich keine üble Partie, Notabene für einen Italiener, der keine Gemütsansprüche machte. Ich sagte ihr sehr viel schöne Dinge, die das arme Lamm, nach der langen schlechten Behandlung von meiner Seite, mit sichtlichem Behagen einschlürfte. Natürlich wurde ich durch einige zärtliche Anspielungen und sehr ermutigende Blicke belohnt. Aber ich hatte nicht nötig, durch Umdrehung meines Verlobungsringes einen guten Geist zu beschwören, daß er mich in dieser Versuchung beschütze, denn ich wußte es ganz deutlich, daß ich ihr bei all ihren kleinen schmachtenden Manövres im Grunde der Seele so gleichgültig war, wie die Marmorstufe, auf der sie stand. Und so kamen wir denn nach Verlauf einer Stunde beide ganz wohlbehalten unten auf dem Domplatze wieder an.

Sie aber mußte doch wohl glauben, das Eisen zum Glühen gebracht zu haben, denn sie verlor keine Zeit, es zu schmieden. Noch denselben Nachmittag schleppte sie mich in eines der offenen Theater, – ich glaubte, das sogenannte Politeama war's – Sie werden sich erinnern. Vergebens wandte ich ein, daß ich sie zu kompromittieren fürchte, wenn man uns zwei so öffentlich miteinander das Schauspiel besuchen sähe. – Die Sachen sind nun doch schon so weit gediehn, gab sie ganz gelassen zur Antwort, daß Sie mich *viel* stärker, als Sie schon getan, überhaupt nicht mehr kompromittieren können. Und wird nicht doch einmal der Schleier fallen müssen? – Jawohl, seufzte ich bei mir selbst, die Schuppen werden dir von den Augen fallen, armes Lamm! – und so begleitete ich sie mit heroischer Fassung ins Theater.

Ich glaubte erst, sie habe dieses gemeinsame Vergnügen nur darum arrangiert, um sich wirklich recht geflissentlich vor aller Welt zu kompromittieren und mich dadurch moralisch zu binden. Aber sie hatte noch eine Nebenabsicht. In den Zwischenakten der ziemlich langweiligen modernen Tragödie, während deren Lucrezia beständig kandierte Früchte naschte, trat nämlich ein Sänger auf, den ich als eine ungewöhnliche Figur schon öfters auf den Straßen von Pisa studiert hatte. Er schlenderte gewöhnlich, in ein zimmetbraunes, malerisch geschnittenes Tuchwams und weite Hosen von derselben Farbe gekleidet, einen breiten, phantastischen Hut auf die dicken schwarzen Haare gedrückt, in Begleitung eines kleinen braunen Weibchens, das ihn führte, durch die Straßen, immer vor sich hin lächelnd mit einem halb gutmütigen, halb ironischen Ausdruck, während das feine scharfe Gesichtchen der Frau einen versteinerten Leidenszug hatte. Ich hatte mir sagen lassen, dies sei ein ehemals berühmter Sänger, Tobia Seresi, ein prachtvoller Bariton, der leider den Verstand verloren habe und darum als Opernsänger nicht mehr zu brauchen sei. Denn er habe zuweilen Anfälle von Tobsucht, wo dann nur seine kleine Frau, die er zärtlich liebe, ihn zu behandeln und wieder zahm zu machen verstehe. Zuweilen singe er auf den Theatern in den Zwischenakten, um sich etwas zu verdienen; dann stehe das kleine Weibchen immer hinter den Kulissen und beobachte ängstlich jede Miene in seinem Gesicht.

Dieser Sor Tobia nun sang, wie gesagt, auch an jenem Nachmittage, und seinetwegen hatte meine Witwe mich hingeschleppt. Denn kaum hatte er die ersten Töne seiner Arie gesungen, so wandte sich Frau Lucrezia nach mir um, der ich hinter ihr in der Loge saß, und erzählte mir weitläufig, daß sie selbst eigentlich die Ursache dieses Unglücks sei. Vor sechs Jahren, mitten in einem verliebten Duett, das sie mit ihm gesungen – die Oper, die sie mir auch nannte, habe ich vergessen – sei der Wahnsinn bei ihm ausgebrochen. Er habe sie nämlich heftig an sich gezogen, wie es die Rolle mit sich brachte, und ihr mit rollenden Augen zugeflüstert, wenn sie ihn nicht erhöre, so werde er sie und sich mit einem vergifteten Kartoffelsalat umbringen. Was an dem tollen Zeug wahr sein mochte, weiß ich nicht. Genug, sie schwatzte mir in diesem Stil noch eine Menge Abenteuer vor, damit ich recht einsehen sollte, was sie damals für ein lebensgefährliches Frauenzimmer gewesen sei. Ich hörte nur halb zu, um nicht den Gesang ganz zu verlieren, der ihr, obwohl sie Sängerin war, sehr gleichgültig zu sein schien. Als es dann zu Ende war, warf sie ihren Strauß auf die Bühne und klatschte mit Ostentation. Einige Amateurs drängten sich aus dem Parterre ins Orchester und reichten dem Sor Tobia einen riesenhaften Strauß, wie ein Wagenrad, auf die Szene hinauf, den er mit seinem stillen ironischen Lachen annahm, unter wütendem Applaus. Das Volk war sehr liebenswürdig gegen den armen Irren, und ich hörte links und rechts Ausrufe des Bedauerns und der Teilnahme an seinem Geschicke. Nur meine Witwe lorgnierte ihn ganz kaltblütig, fächerte sich beständig Kühlung zu und fing gleich wieder an, verzuckerte Orangenscheibchen zu essen.

Ich gestehe Ihnen, es überlief mich eiskalt neben dieser meiner Eroberung; ich war froh, daß sie bald aufbrach, und wie sie meinen Arm nahm und wir nach Hause gingen, kam ich mir recht erbärmlich vor; ich fühlte mich in einer so schiefen Lage, daß ich längst zusammengestürzt wäre, wenn ich ein Glockenturm und nicht ein elastischer Organismus von Fleisch und Bein gewesen wäre. An diesen Tag werde ich denken! Denn glauben Sie nicht, daß es damit schon vorbei war. Meine Schöne hatte sich offenbar vorgenommen, heute noch die Sache zwischen uns ins reine zu bringen, unterhielt mich daher von ihren Vermögensumständen, die ganz annehmlich schienen, von dem Glück, das sie ihrem Seligen bereitet, der sie ihrer Schönheit wegen von der Bühne weggeheiratet habe, obwohl er selbst Komponist gewesen und ihren Gesang zu schätzen gewußt habe. Sehen Sie, sagte ich in meiner Herzensangst und versuchte dabei eine scherzhafte Miene zu machen, das würde nun doch ein Hindernis für uns bilden. Denn in Deutschland gehen alle südlichen Stimmen bei dem beständigen Schneewetter zugrunde. – Sie erwiderte, daß sie dieses Opfer gern bringen würde. Die Ehe, setzte sie mit einem pathetischen Seufzer hinzu, die Ehe ist ja ein beständiges Opfer auf dem Altar der Liebe! – Aber, sagte ich, die lieben Kinder, wie werden die das rauhe Klima ertragen? – Auch das machte ihr keinen Kummer. Die Bimbi sind ja wohl aufgehoben, sagte sie. Die Tante übernimmt die beiden kleinsten, die ältesten bleiben in Florenz. – Schön! sagte ich und dachte bei mir selbst: O du Rabenmutter! Aber ich lächelte dabei so verbindlich, daß sie kein Arg hatte; denn das sah ich ihr an, daß sie zum Äußersten entschlossen war und sich nicht besonnen hätte, mir ebenfalls einen bitteren Kartoffelsalat anzurichten, wenn sie hinter meine wahre Stimmung gekommen wäre.

Da kam mir eine Eingebung, die ich für sehr glücklich hielt. Schöne Frau, sagte ich, Ihr müßt mich erst über einen Punkt beruhigen. Ihr sagt, Euer Seliger sei unter die Briganten gefallen und nicht wiedergekommen. Wißt Ihr denn aber gewiß, daß er nicht mehr am Leben ist? Wenn er nun eines schönen Tages zurückkehrte und Euch reklamierte, oder gar mir einfach den Hals bräche, zum Dank dafür, daß ich ihm sein Eigentum inzwischen so gut aufgehoben hätte?

Diese Frage tat ich, als wir schon wieder oben in ihrem Salon auf dem bewußten Sofa saßen, gerade unter dem Bilde des seligen Komponisten. Ich fügte noch einige weise Reden über die Zweckmäßigkeit offizieller Totenscheine hinzu und über den Greuel der Bigamie – Warten Sie! sagte sie ruhig, stand auf und schloß ein Fach ihres Schreibtisches auf. Was zog sie daraus hervor? Sie werden es kaum glauben, aber es ist so buchstäblich wahr, wie diese ganze Historie: zwei Fläschchen, beide wohlverkorkt und mit einer Schweinsblase luftdicht zugeklebt, und in jedem ein natürliches Menschenohr, kunstreich mit einem reinlichen Schnitt vom Kopfe abgetrennt und hier in Spiritus aufbewahrt! Ecco! sagte sie und hielt mir die Fläschchen hin, die ich vor Grausen nicht in die Hand zu nehmen vermochte. Dies ist wohl besser als mancher Totenschein. Es sind Carlos Ohren, ich erkannte sie auf der Stelle. Erst kam das rechte; das schickte mir einer seiner Freunde aus Neapel, und ich mußte fünftausend Lire als Lösegeld schicken, was ich auch sogleich tat. Aber es kam doch zu spät an; denn bald darauf erhielt ich das zweite Fläschchen und einen zweiten Brief des Freundes, worin stand, die Mordgesellen hätten das Geld genommen, aber als Quittung darüber eben nur das zweite Ohr ausgeliefert; was aus dem Menschen geworden, der daran gesessen habe, sei gänzlich dunkel, und ich müsse mich in Geduld fassen. Was sagen Sie zu dieser Zumutung an eine zärtliche Gattin? Ich mich in Geduld fassen? Nein, bei mir stand es sogleich fest: mein Carlo ist nicht mehr! O er hatte so empfindliche Ohren – und nun wollte man mir einreden, er hätte ihren Verlust überleben können? Arme und Beine hätten sie ihm amputieren können und er hätte weiter gelebt! Aber mein Carlo ohne seine Ohren – nimmermehr!

Ihr müßt das wissen, schöne Frau, sagte ich, und in der Tat, wenn diese traurigen Reliquien wirklich Eurem Seligen gehört haben –

So gewiß wie dies mein kleiner Finger ist, sagte sie mit großer Überzeugung und betrachtete dabei die Fläschchen mit so wissenschaftlichem Ernst, wie etwa ein Naturforscher eine neue Amphibienspezies, die man ihm in Spiritus zugeschickt hat. Mich überlief eine Gänsehaut.

Dennoch, sagte ich, reicht dieses Vermächtnis schwerlich hin, Euch ganz frei zu machen. Die Gerichte sind sehr eigensinnig. Sie verlangen ganz andere Beweise, ehe sie einen Menschen aus dem Register der Lebendigen streichen.

Darum ist eben der Oheim nach Florenz, versetzte sie gelassen. Er kennt einige Minister und hofft, daß es ihm gelingen werde, die legalen Zeugnisse zu erhalten. Mein Mann ist nicht unbekannt, und sein plötzliches Verschwinden hat Aufsehen gemacht. Die Wahrheit muß endlich an den Tag kommen.

Damit ging sie wieder an ihren Schreibtisch, verschloß die teuren Andenken an ihren Seligen und setzte sich ans Klavier, um nun noch durch den Zauber der Töne auf mich zu wirken. Aber ich *konnte* nicht mehr! Es war mir in der Nähe dieses entsetzlichen Frauenzimmers zumute, als hätte ich mich mit einer Wachsfigur eingelassen, in deren hohlem Innern eine Spieluhr angebracht sei. Die Haare standen mir zu Berge, als sie ihr beliebtes »Ah sin' all' ore« anstimmte; ich schützte Kopfweh vor und stürmte aus dem Hause ins Freie.

Ich flüchtete zu meinem lieben »Nettuno«, aber ich konnte keinen Bissen hinunterbringen; alles widerstand mir, bis auf den Wein, dem es aber doch nicht gelang, mich ganz in Bewußtlosigkeit einzutauchen. Immer sah ich die beiden Fläschchen und die kaltblütigen schwarzen Augen darauf gerichtet und hörte den Klang der Spieluhr aus der hohlen Automatenbrust. Daß ich unter diesem Dach nicht länger aushalten könne, stand bei mir fest. Aber wie sollte ich entrinnen, ohne daß dieses erbarmungslose Weib Himmel und Hölle in Bewegung setzte, um mich aus jedem Schlupfwinkel, den ich in der Stadt nur ersinnen könnte, wieder hervorzuziehen? Schade, daß Toskana keine Abbruzzen hat! Wie gern wäre ich ebenfalls in die Hände der Briganten geraten, unter der Bedingung, daß sie mich um keinen Preis wieder auslösen dürften.

Endlich brachte mir der treffliche rote Wein eine Erleuchtung. Ich mußte nicht nur das Haus, sondern die *Stadt* verlassen, wenn auch meine Studien am Kampanile noch sehr einer Revision bedurft hätten. Die Schwierigkeit bestand vor allem darin, wie ich, ohne Aufsehen zu erregen, meine Habseligkeiten an den Bahnhof schaffen sollte. Aber in der Desperation hatte ich einen Einfall, den ich Ihnen für künftige Notfälle empfehle, sei es im Leben, sei es in Novellen oder Lustspielen. Ich kaufte noch denselben Abend einen Koffer, den ich in den »Nettuno« tragen ließ und meinem getreuen Kellner überantwortete. Das weitere sollte der morgende Tag bringen.

Erst aber brachte die Nacht noch eine letzte Gefahr, nicht die geringste von allen. Stellen Sie sich vor, was diese Lucrezia für einen Spuk arrangierte. Ich war zu Bett gegangen, wie gewöhnlich, ohne ihr noch eine gute Nacht gewünscht zu haben, und die Hoffnung auf ein glückliches Entkommen ließ mich rasch und sanft einschlafen. Da werde ich etwa um Mitternacht durch ein heftiges Bellen des Hündchens und einen plötzlichen Lichtschein aufgeweckt und sehe meine schöne Witwe vor meinem Bette stehen in einer sehr fragwürdigen Gestalt, nicht gerade unschicklich, aber immerhin das verfänglichste Kostüm, in dem sie mir noch erschienen war. Sie haben ja wohl die »Nachtwandlerin« gesehn und den »Fra Diavolo«? Aus einer dieser Opern mochte meine Primadonna das weiße gestickte Unterröckchen noch übrig behalten haben, in welchem sie sich zu mir flüchtete, die Haare aufgelöst über die schönen Schultern, das Gesicht tragisch verzerrt. Um Gottes willen, was ist geschehen? rief ich und stützte mich im Bette auf. – Er ist mir erschienen wie er leibte und lebte, sagte sie; er steht noch drinnen an meinem Bette, ich bin halbtot vor Schrecken und getraue mich nicht wieder hinein! – Possen! sagte ich, ganz ärgerlich. Ihr habt geträumt, Lucrezia. Legt Euch wieder schlafen und laßt mich in Frieden. – Nein, nein, sagte sie; kommt und seht ihn selbst und sagt dann, ob ich träume. – Und dabei faßte sie meine Hand, wie beschwörend, mit ihren beiden Händen; es fehlte nur noch, daß sie wie auf dem Theater zu singen anfing. Da wurde mir die Sache doch zu toll. Gut, sagte ich, ich will jetzt aufstehen und mitkommen. Steht er wirklich als Geist an Eurem Bette, so daß ich ihn mit diesen meinen Augen sehe, so ist es meine Ritterpflicht, mir in Eurem Namen diese ganz zwecklosen und unbequemen Nachtbesuche zu verbitten. Ist aber von einem Gespenst nichts zu sehen, so tut es mir herzlich leid, aber ich muß auf Eure Hand verzichten, Lucrezia; denn ich habe einen angeborenen Abscheu vor Nachtwandlerinnen und bin fest entschlossen, lieber ledig zu bleiben, als eine Somnambüle zu heiraten. – Indem ich dies sagte, machte ich Miene aufzustehen. Aber sie ließ es nicht so weit kommen. Sie schüttelte abwehrend ihre schwarzen Haare, winkte mir mit den schönen weißen Armen eine gute Nacht und verschwand ohne jede weitere Auseinandersetzung.

Nun mußte ich trotz meines Ärgers aus vollem Halse lachen und schlief darüber friedlich wieder ein, wurde auch nicht zum zweiten Male gestört. Aber die ganze Affäre bestärkte mich natürlich in meinem Entschluß, mich heimlich davonzuschleichen. Denn der Oheim wurde täglich zurückerwartet, und wer konnte wissen, was sie dem bereits über mich geschrieben, und wie weit dieser Ehrenmann seine schöne Nichte durch mich »kompromittiert« glauben mochte. Ich ließ mir am Morgen nicht das geringste merken, zeichnete erst eine Weile, ging dann, als die Straße schon sehr belebt war, wie gewöhnlich aus, ein Päckchen unter dem Arm, das niemand auffiel, und in dem ich einen Teil meiner Wäsche nach dem »Nettuno« transportierte, wo mein neuer Koffer übernachtet hatte. Auf die Art schaffte ich im Laufe des Vormittags nach und nach meine sämtliche Habe aus dem Hause, und als ich zuletzt die Risse und Zeichnungen in einen großen Blechzylinder verpackt den übrigen Sachen nachtrug, sah es doch in meinem Zimmer nicht anders aus als sonst, da ich den leeren Koffer, einige leere Mappen und mein Waschgerät dem Feind als Beute zurückgelassen hatte. Auch die türkischen Pantoffeln des Seligen standen mit der unschuldigsten Miene von der Welt unter dem Bette. Die Miete hatte ich auf einen Monat vorausbezahlt.

Nun können Sie sich denken, mit welchem Hochgefühl der Befreiung und Errettung ich die schöne Straße nach La Spezia hinsauste, wie ein Verbrecher, der zu lebenslängchem »Ah sin' all' ore all' ore estreme« verurteilt war und glücklich ausgebrochen ist. Die Gegend ist dort so schön, daß es mich zu jeder anderen Zeit gewiß verdrossen hätte, auf der Eisenbahn hindurchzufliegen. Aber wer eine zärtliche Witwe zurückläßt, kann nicht rasch genug von der Stelle kommen. Erst als ich spät abends in La Spezia ankam und in der »Croce di Malta« abstieg, glaubte ich mich geborgen und aß, trank und schlief mit leichtem Herzen. In meinem Zimmerchen war nur ein ganz kleiner Tisch, auf dem man kaum einen Waschzettel schreiben konnte. Aber – so wandelbar ist das Gemüt des Menschen – er gefiel mir in seiner Zwerghaftigkeit ganz ausnehmend, und ich konnte nicht ohne stillen Schauder an jenen Riesen zurückdenken, der mich ins Netz meiner Armida gelockt hatte. – Seit Wochen war ich nicht so fröhlich aufgewacht, wie am andern Morgen, und weil es ein wundervoller Tag war, die reinste Junisonne und das Meer spiegelglatt, beschloß ich eine Fahrt auf dem Golf zu machen nach jenem alten Fischer- und Piratennest Portovenere, von dem mir meine Freunde in Rom so viel erzählt hatten. Da der geringe Wind uns entgegenstand, mußte mein alter Schiffer zu den Rudern greifen, und zwei ganze Stunden brauchten wir, bis wir um das Vorgebirge bogen und nun der verwitterte Häuserhaufen, das malerische Kirchlein und die Insel Palmaria gegenüber in der vollen Sommersonne vor uns auftauchten. Sie werden diesen wundersamen Erdenwinkel ohne Zweifel auch besucht haben. Ist es nicht wirklich, als befände man sich da viele Meilen südlicher in einem jener Klippennester am Busen von Salern, wo noch Abkömmlinge der griechischen Kolonisten in homerischer Unbekümmertheit ihre Tage hinleben? Derselbe schöne Menschenwuchs, dieselbe vorsündflutliche Kochkunst und ein urweltlicher Schmutz, der in allen Ecken bergehoch versteinert. Ich traute meinen Augen nicht, als ich die einzige Hauptgasse hinaufschlenderte durch die Reihen der spinnenden, singenden und schwatzenden Weiber, die mit losen Haaren und halb im Hemde unter den Türen saßen und mich anstarrten wie ein Meerwunder,

Karl Friedrich Schinkel:
Baptisterium, Camposanto, Dom und Schiefer Turm zu Pisa

das die Wellen eben ausgespien. Ach, und die herrliche Vegetation, das benedeite Aloe-Unkraut auf den Mauertrümmern der verfallenen Festungswerke, Kaktus, Wein und Oliven bunt durcheinander in den Gärtchen hinter den grauen Häusern, und die kolossalen Feigenbäume, die sich vor Früchten nicht zu lassen wußten! Wenn man sich in dem reinlichen Toskana einen Monat lang herumgetrieben hat, tut einem diese Rückkehr in das Paradies, das der Besen einer löblichen Polizei noch niemals ausgefegt hat, über alle Maßen wohl. Ich wurde nicht müde, die Gäßchen hinauf- und hinunterzuklettern, aus den leeren Fensterbögen des alten Kirchleins auf dem äußersten Felsenvorsprung in die schöne Brandung hinunterzustarren, und dann wieder im Schatten der Festungsmauer im dürren Grase zu liegen und über die weißen Dächer weg auf den blauen Golf hinabzusehen, wo die Schiffe kamen und gingen, alles ganz wie vor tausend Jahren, bis auf die Rauchwolken, die aus den Schornsteinen der Dampfer gen Himmel stiegen. Ich war so völlig der Gegenwart entrückt, daß ich auch meine jüngsten Abenteuer nur wie etwas längst Vergangenes bedachte und mich sogar auf den Namen meiner Witwe einen Augenblick nicht mehr besinnen konnte.

Endlich trieb mich denn doch der Hunger wieder in das Nest zurück, und nachdem ich einige Male zwischen den beiden Häusern auf und ab gewandelt war, über deren Türe »albergo e trattoria« geschrieben stand, entschied ich mich für das obere, vor dessen Tür ein paar piemontesische Soldaten Limonade gazeuse tranken und Karten spielten, während das andere von Matrosen wimmelte. Drinnen sah es freilich hier wie dort zigeunermäßig genug aus. Aber die gutmütige Wirtin wies mich eine Treppe hinauf in den »Salone« und versprach, mir in fünf Minuten ein Mittagessen herzurichten. Während ich darauf wartete und die Tochter, ein stummes halbwüchsiges Mädchen, den Tisch deckte, sah ich mir die Bilder an, die eingerahmt an den Wänden hingen, einige französische Stahlstiche aus der Geschichte von Paul und Virginie, eine Madonna, mit goldenen Herzen beklebt, und die italienischen Nationalheiligen: Cavour, Garibaldi und der König-Ehrenmann. Der Saal hatte noch eine Tür zur Linken. Ohne mir was dabei zu denken, hatte ich schon die Klinke in der Hand, als die Wirtin eben hereintrat und mit einer halb erschrockenen, halb unwilligen Gebärde mir winkte, von dieser Türe zurückzubleiben. Ich entschuldigte mich, daß ich es ganz arglos getan, um zu sehn, ob sie nicht noch Zimmer hätten, wo man etwa übernachten könne. Nein, nein, gab die Frau hastig zur Antwort. Die übrigen Zimmer brauchen wir selbst. – Ich tröstete mich leicht hierüber. Denn der Gedanke, in dieser verräucherten Herberge hausen zu müssen, war nicht eben verführerisch. So setzte ich mich zu Tische und fand das Essen, mit Ausnahme einer fossilen Kotelette und des ranzigen Öles, das sie mir an die grünen Bohnen gegossen hatten, noch erträglicher, als ich gefürchtet. Sie trugen mir ein paar delikate gebackene Fischchen auf, und der Wein war sehr trinkbar, so daß ich, nach dem heißen Tage, mich in vollen Zügen daran labte und noch ehe sie mir die trockenen Feigen und die versteinerten Biskuits zum Nachtisch gebracht hatten, auf dem Stuhl, wo ich saß, in einen festen Nachmittagsschlaf versank.

Ich mochte wohl ein paar Stunden in dem totenstillen Saal geschlummert haben, als mich plötzlich ein wunderliches Klingen ganz in meiner Nähe aufweckte. Ich öffnete die Augen, blieb aber ganz ruhig sitzen und horchte umher. Es klang, als würde auf einem uralten Klavezimbel gespielt, und die Töne kamen aus dem Zimmer nebenan, das zu betreten mir die Wirtin verboten hatte.

Daß ich neugierig wurde und auf den Zehen an die Türe schlich, um durchs Schlüsselloch zu sehen, werden Sie mir nicht verdenken. Wenn bloß ihr Novellisten das Vorrecht hättet, in fremden Ländern eurer Neugier die Zügel schießen zu lassen, könnten wir andern ehrlichen Menschen nur lieber gleich zu Hause bleiben. Und welches Glück, daß ich mich hier aufs Horchen legte! Zwar die Musik verriet mir nicht viel. Eine heisere Männerstimme sang allerlei abgerissene Verse eines Operntextes, von denen ich nur die üblichen Naturlaute:

Deh perfida! Ah barbaro!
und: Come? Tiranna! O dio!
Strappami il cor dal seno –

verstand. Das alte Instrument stand an der Wand gegenüber, so daß der Sänger, der davor saß, mir den Rücken zugekehrt hatte. Aber jetzt drehte er sich nach der Seite, um in einem Haufen geschriebener Noten zu wühlen, die neben ihm auf dem Bette lagen. Und nun raten Sie einmal, wer es war?

Doch nicht der verrückte Bariton, Tobia Seresi?

Noch toller! Noch erstaunlicher! So abenteuerlich, daß ich Ihnen nicht raten würde, dies zu erfinden, und nicht zumuten könnte, es zu glauben, wenn ich es nicht erlebt hätte: *Sor Carlo*, der Mann meiner Witwe!

Das ist stark, sagte ich. Ich bin sehr geneigt zu glauben, daß der Wein von Portovenere Ihnen zu dieser Vision verhalf, oder daß alles nur ein Sommernachmittagstraum war.

Sie irren sich sehr, fuhr er fort. Hören Sie nur weiter. Daß ich anfangs selbst zu träumen meinte, können Sie wohl denken. Aber es war Zug für Zug dasselbe Gesicht, das ich über dem Sofa der Frau Lucrezia unter Glas und Rahmen oft genug studiert hatte.

Und die Ohren? fragte ich.

Die konnte ich nicht sehen. Die Haare schienen schon seit Monaten nicht mehr geschnitten worden zu sein, und hingen dicht um den Kopf bis auf die Schultern herab. In der Überraschung muß ich wohl an der Tür gerappelt haben. Denn plötzlich drehte er sich vollends herum und rief: Seid Ihr's, Frau Beatrice? – So hieß nämlich die Wirtin.

Nun war ich doch einmal verraten und beschloß, mich lieber ganz und gar zu enthüllen. Ich rief ihm durchs Schlüsselloch zu, die Frau sei es nicht, aber ein Freund, der zwei Worte mit ihm zu sprechen wünsche. Dabei nannte ich seinen

Namen und sah, wie er heftig erschrak und einen Augenblick zu überlegen schien, ob er sich nicht verleugnen solle. Aber was konnte das helfen, wenn er doch einmal von einem Fremden entdeckt war? So schloß er denn die Tür auf, und ich werde niemals den wunderlichen Blick vergessen, mit dem er mich musterte, etwa wie Lazarus, als er von den Toten auferweckt wurde. Lieber Sor Carlo, sagte ich, was Teufel haben Sie gemacht? Warum begraben Sie sich bei lebendigem Leibe in diesem elenden Fischernest, während ganz Pisa in Alarm ist um Ihr Verschwinden, und Ihre trauernde Witwe Tag und Nacht keine Ruhe hat bis sie –

Hier fiel er mir zum Glück ins Wort; ich hätte sonst am Ende die gute Lucrezia verleumderischerweise als untröstlich geschildert. Was? sagte er. Meine *Witwe*? Weiß denn meine Frau nicht, daß ich wohl aufgehoben bin?

Nun erzählte ich ihm, natürlich ohne meine eigenen zarten Beziehungen zu dieser liebevollen Seele zu verraten, wie ich die Dinge in Pisa gefunden, gestand ihm auch, daß ich in seinem Hause gewohnt und Zeuge von dem Kummer der einsamen Verlassenen gewesen sei. Wie ich aber auf die beiden Reliquienfläschchen zu reden kam, unterbrach er mich in heftiger Aufregung. Unerhört! rief er, und zerwühlte sich das Haar, so daß ich nun das Vorhandensein eines ungestutzten Ohrenpaares konstatieren konnte. Oh, ich bin schändlich betrogen worden! Man hat mir eine Rolle in einem Possenspiel zugeteilt, die mich bis an mein Lebensende lächerlich machen wird! – So schrie und tobte er in seinem kleinen Stübchen herum, und es dauerte lange, bis er sich so weit beruhigte, um sich aufs Bett zu setzen und mir den Zusammenhang dieser tragikomischen Geschichte zu enthüllen.

Da er mich mit Recht wie einen Hausfreund betrachtete – ich war es gottlob nicht in der verwegensten Bedeutung – so suchte er durchaus nichts zu verstecken oder zu beschönigen, sondern erzählte mir von Anfang an seine Liebes-, Heirats- und Leidensgeschichte. Er hatte seine Frau auf der Bühne kennen gelernt und sich ebenso heftig in ihre Schönheit verliebt, wie er ihren Gesang verabscheute. Denn sie habe so ganz unheilbar falsch gesungen, daß sie die Ohren ebenso gemartert habe, wie sie die Augen entzückte. Er gestand mir sogar, seiner festen Überzeugung nach sei der arme Tobia Seresi bloß dadurch um den Verstand gekommen, daß er genötigt gewesen sei, einen ganzen Winter hindurch Duette mit ihr zu singen. Unter solchen Umständen habe er, Sor Carlo, sich endlich nicht anders zu helfen gewußt, als indem er sie von der Bühne wegheiratete. Aber leider habe selbst das häusliche Glück und ihre Hausfrauen- und Mutterpflichten das verhängnisvolle Talent nicht ersticken können. Dazu nun ihre Liebhaberei für geräuschvolle Haustiere, das unvermeidliche Kindergeschrei, der Lärm auf der Straße – kurz, seine Nerven hätten endlich so sehr gelitten, daß an Komponieren kein Gedanke mehr gewesen sei. Nun habe sie alles Mögliche ihm zuliebe getan. Aber sein Gehör sei jetzt schon so überreizt gewesen, daß er sich eingebildet habe, sie niese sogar falsch und ihre Schuhe knarrten um einen Viertelston zu hoch. Endlich habe er sich entschlossen, eine Erholungsreise nach Neapel anzutreten, und hier sei das Leiden auch bald milder geworden, zumal da er in dem stillen Landhause eines Schulfreundes, eines Arztes, ganz ungestört seinen Lieblingsarbeiten nachgehen konnte. Überdies fand er endlich hier unten einen jungen Poeten, der ihm einen Operntext ganz nach seinen Wünschen dichtete. Jetzt nur sechs Monate in ungestörter Arbeitsruhe, und er wollte ein Werk zustande bringen, das ihn auf einen Schlag in ganz Italien berühmt machen sollte. Aber schon kamen die ungeduldigsten, sehnsüchtigsten Briefe seiner jungen Frau. Wenn er nicht zurückkehre, werde sie alles, Haus und Kinder, im Stiche lassen und ihren heißgeliebten Carlo aufsuchen. Und sie wäre es imstande gewesen! seufzte der Gatte; denn sie konnte nicht ohne mich leben, und ihre Eifersucht war nicht die geringste meiner häuslichen Annehmlichkeiten. – In dieser Not fragte er seinen Freund um Rat, der ebenfalls nichts lebhafter wünschte, als den Ruhm und das schöpferische

Glück des Freundes. Laß du mich nur machen! habe jener gesagt. Ich verspreche dir, daß sie dich bis zur Vollendung deines Werks in Ruhe lassen soll. Nur mußt du mir dagegen geloben, in der ganzen Zeit weder an sie zu schreiben, noch dich vor irgend einem Menschen sehen zu lassen, der ihr mündlich Nachricht von dir bringen könnte. Im übrigen werde ich es so einrichten, wie es für alle Teile das zuträglichste ist. – Diesen Vertrag sei er unbedenklich eingegangen, da er schon ganz von seiner Arbeit erfüllt gewesen sei und ja auch gewußt habe, daß inzwischen zu Hause alles wohl stehe. Die ersten Monate des Winters habe er in einem stillen Hause nahe bei Amalfi zugebracht, und hier die Skizze seiner Oper vollendet. Sein Freund, der Arzt, habe ihn mit Geld versehen und alle vier Wochen geschrieben, Frau und Kinder seien wohl und ließen ihn grüßen. Als er dann so weit war, daß die vollständige Partitur geschrieben werden mußte, was er ohne Instrument nicht gut zustande bringen konnte, habe er Amalfi verlassen und sich nach einem kurzen Besuch in Neapel nach Portovenere zurückgezogen, wohin von La Spezia aus ein altes Klavier leichter zu schaffen war. Hier hause er nun friedlich seit fünf Monaten. Nur noch eine Woche, so sei auch das Finale des letzten Aktes glücklich instrumentiert, und nun erfahre er zu seinem Entsetzen, daß sein Freund seine Arglosigkeit aufs Schnödeste mißbraucht und auf seine Kosten eine Farce in Szene gesetzt habe, die ihn, da er eben an die Schwelle des Ruhmes gelangt sei, ohne Erbarmen vor ganz Italien zum Gelächter machen müsse.

Fassen Sie sich nur, sagte ich, während ich selbst Mühe hatte, mein Lachen zu unterdrücken. Es ist noch gar nichts verloren. Von den beiden herrenlosen Ohren, die Ihr cynischer Freund auf der Anatomie irgend einem stillen Mann abgeschnitten haben wird, wissen bis jetzt sehr wenige. Ihre trauernde Witwe hat sie nur den nächsten Teilnehmenden gezeigt. Im übrigen – was ist da zu lachen, wenn ein glücklicher Familienvater vor lärmenden Kindern und Haustieren die Flucht ergreift um irgendwo in der Stille ein unsterbliches

Werk zu schaffen? Freilich ist es nachgerade Zeit, daß Sie nach Hause kommen; denn Ihre schöne Frau wird natürlich umworben, wie weiland Penelope, und wenn Sie länger tot bleiben –

Herr, sagte er und faßte mich erschrocken am Arm, Sie wollen doch nicht etwa sagen –

Nicht das geringste, was Ihrer Ehre zu nahe treten könnte, fuhr ich eilig fort. In ganz Pisa kann niemand Ihrer Frau etwas Böses nachsagen, und daß sie mir eines ihrer überflüssigen Zimmer abgetreten, kann sie vor ihrem Gewissen verantworten. Ich habe eine Braut in Deutschland und gebe Ihnen meine heiligste Versicherung, daß mir in Pisa nichts ferner lag als Liebesaffären.

Er sah mich mit einem forschenden Blicke an, der mich überzeugte, daß seine alte Leidenschaft für diese Frau durchaus noch nicht erloschen sei. Als ich ihm aber von meinem Werk über den Schiefbau erzählte, beruhigte er sich, da er mich nun für einen ausgemachten Narren hielt. Ich will Ihnen glauben, sagte er. Aber was soll ich jetzt beginnen? Raten Sie mir! Ich war mein Lebtag ein ganz unpraktischer Mensch und habe nur für meine Kunst gelebt.

Wissen Sie was? sagte ich. Das beste wird sein, ich fahre sogleich nach Pisa zurück und bereite Ihre Frau auf Ihr Wiedererscheinen vor. Wenn Sie plötzlich unangemeldet ins Zimmer träten, könnte die zärtliche Seele den Tod vor Schrecken haben, oder doch zum wenigsten ein Nervenfieber. Sie packen indes Ihre Oper ein und folgen mir morgenden Tages nach.

Das schien denn auch dem guten Mann, der ziemlich kopflos und tiefsinnig immer noch auf dem Bette saß, das Zweckmäßigste, und so nahmen wir kurz Abschied voneinander; ich bezahlte mein Mittagessen und wanderte die schmale Gasse hinunter, die jetzt schon recht kühl und dämmrig war. Nun erst konnte ich stille für mich in Lachen ausbrechen und mich an dem tiefen Sinn in diesem kindischen Spiel ergötzen. Je mehr ich drüber nachdachte, je mehr mußte ich der Menschenkenntnis des Neapolitaners Gerechtigkeit widerfahren lassen. Denn daß Frau Lucrezia mit gelinderen Mitteln nicht zu bewegen gewesen wäre, auf ihren Carlo zehn Monate zu verzichten, stand auch mir felsenfest. Das Lustigste an der ganzen Posse war mir aber der Vorgenuß der Schadenfreude, mit der ich in mein Zimmer in Pisa zu treten dachte, auf einmal wieder ein freier Mann und ohne Gefahr, »sin' all' ore all' ore estreme« im Schatten des schiefen Turmes für das »zweite Lebensglück« meiner schönen Wirtin haften zu müssen.

Was aber geschieht? Wie ich schon das verfallene Tor durchschritten habe und um die Ecke biege, um unten an dem Landungsplatz meinen alten Schiffer wieder aufzutreiben, sehe ich eine verschleierte Dame mir entgegenkommen, die eben aus einem Nachen gestiegen war und bei meinem Anblick einen unverständlichen Ausruf tut. Ich achte nicht weiter darauf, da ich immer nur Pisa im Kopfe habe, und will spornstreichs an ihr vorbei. Plötzlich ergreift sie mich beim Arm, schlägt den Schleier zurück und ruft mit dem Tone sittlicher Entrüstung: Ha, Verräter, meint Ihr mir auch *hier* zu entrinnen? – Meinen Schrecken können Sie sich denken. Lucrezia! rief ich und weiter konnte ich nichts sagen, denn ich überlegte im Nu, wie sehr sie ihre Lage durch diesen Geniestreich verschlimmerte. Was sagen Sie aber *dazu*? War mir dieses unentrinnbare Frauenzimmer richtig nachgereist und machte Miene, mich zu Lande und zu Wasser, lebend und tot, wieder einzufangen. Um des Himmels willen! rief ich, und zog sie in der ersten Bestürzung in den dunklen Torbogen, was fällt Ihnen ein, Lucrezia? Wissen Sie denn – O Ferdinando, unterbrach sie mich mit sehr erhabener Gebärde, ich flüchte mich zu Euch vor der Bosheit der Menschen. Der Oheim ist aus Florenz zurück. Er ist wie rasend und hat geschworen, mich umzubringen, wenn der Fremde, der hinter seinem Rücken sich bei mir eingeschlichen habe, meine Ehre nicht wiederherstelle, wie es einem Galantuomo gezieme. Die Tante hat ihn vergebens zu besänftigen gesucht, er will von nichts hören; er sagt nur immer, daß er Euch nacheilen und Genugtuung von Euch verlangen oder Euch niederschießen wolle, wie einen Räuber und Mörder. Was sollte ich tun, ich Ärmste? Ich habe mit vielen Tränen und Bitten eine Frist von drei Tagen erlangt; eine innere Stimme sagte mir, daß ich Euch finden und das Schlimmste noch verhüten würde. Im »Nettuno« erfuhr ich, Ihr seiet nach La Spezia. Dort hatten sie Euch nach Portovenere fahren sehen. Und nun, Ferdinando –

Ihr kommt wie gerufen, sagte ich. Ihr spart mir einen Weg. Denn ich war eben im Begriff, wieder umzukehren und Euch die Nachricht zu bringen, daß Eure Witwenschaft zu Ende ist.

Wirklich? So ist es gut, so laßt uns eilig wieder in den Kahn steigen, sagte sie. Ich wußte es ja, Ihr würdet ein alleinstehendes Weib nicht so schwer kompromittieren, wenn Ihr es nicht gut und ehrlich mit ihr meintet.

Halt! sagte ich. Ihr wißt noch nicht alles. Die Toten stehn wieder auf. Euer Seliger sitzt droben im Wirtshaus und läßt Euch grüßen. Er ist frisch und gesund und im Besitz seiner sämtlichen Ohren, die Ihr von jetzt an hoffentlich etwas schonender behandeln werdet.

Nun war die Reihe zu versteinern an ihr. Während sie mich aber anstarrte, als ob ich ihr ein Märchen aus Tausend und einer Nacht erzählte, verlor ich keine Zeit, sondern berichtete ihr im Auszuge alles, was ich selber wußte. Und damit Ihr nun seht, schloß ich, daß ich es wirklich gut und ehrlich mit Euch meine, will ich Euch einen Rat geben, wie Ihr alles noch ganz herrlich wieder in Ordnung bringen könnt. Ihr geht jetzt auf der Stelle zu Eurem Seligen und erzählt ihm, daß ein unbestimmtes Gerücht, er halte sich hier in Portovenere versteckt, Euch von Pisa weggelockt habe. Der treffliche Mann, der Euch trotz mancher kleinen Schattenseiten noch immer blindlings zu lieben scheint, wird Euch nicht allzu scharf examinieren. Ein paar Zeilen, die Ihr an den Oheim vorausschickt, werden auch diesen Biedermann in die rechte Stimmung bringen, und wenn Ihr sonstiges Gerede der Nachbarn scheut, so macht eine kleine Hochzeitsreise längs der Riviera und kehrt erst heim, wenn die Schwätzer stille geworden sind. Auf *meine* Diskretion könnt Ihr Euch natürlich verlassen. Ich werde Euch ewig dankbar sein, daß Ihr mich nicht unwürdig gefunden habt, Euch ein zweites Lebensglück begründen zu helfen.

Während ich ihr diesen langen Sermon hielt, belustigte es mich sehr, den Wechsel der Gemütsbewegungen auf ihrem Gesicht zu beobachten. Aber das Spaßhafteste war der Ausdruck von zeremonieller Kälte, den sie zum Schluß gegen mich annahm, als sie sich von der Furcht vor allen verdrießlichen Folgen dieses Abenteuers durch meine weisen Winke befreit sah. Va bene, sagte sie. Ich wünsche Ihnen eine glückliche Reise, mein Herr! – Damit nickte sie mir huldvoll wie einem völlig Fremden meine Entlassung zu, zog den Schleier wieder über das Gesicht und ging majestätisch, als hätte sie sich eben nur bei einem Vorübergehenden nach dem Wege erkundigt, die Gasse hinauf, dem Wiedersehen mit ihrem Carlo entgegen. Ich zweifle nicht, daß sie den Auferstandenen aufs zärtlichste begrüßt und aufs unbefangenste belogen haben wird. O die Weiber! Sie sind niemals größer, furchtbarer, erfinderischer und bezaubernder, als wenn sie ein schlechtes Gewissen haben!

*

Dies ist mein Abenteuer mit der Witwe von Pisa, sagte mein Nachbar und zündete eine frische Zigarre an. Was sagen Sie dazu? Wollen Sie nicht eine Novelle daraus machen?

Behüte mich der Himmel! rief ich. Ich würde mich schön damit »kompromittieren«. Welcher deutsche Leser glaubte mir diese tolle Geschichte?

Mag sein, sagte er. Aber daran wären Sie selber schuld. Warum haben Sie die Meinung verbreitet, die Frauenzimmer jenseits der Alpen (wir waren nämlich schon über die Höhe des Mont Cenis gekommen und rollten nach Savoyen hinunter) seien aus ganz besonderem Stoff und von dem schönen Geschlecht in Deutschland grundverschieden? Könnte diese Geschichte nicht ebensogut in unserem teueren Vaterlande sich zugetragen haben?

Was? rief ich erstaunt, Sie glauben im Ernst –

Bis auf das Intermezzo mit den beiden Ohren, sagte er feierlich. Denn gottlob, wir leben in wohlpolizierten Verhältnissen, und die Spitzbuben schneiden höchstens Beutel und Zöpfe ab. Was aber die Witwen betrifft –

Hier hielt die Diligence vor einem Stationshause, und eine Tasse Kaffee unterbrach unser Gespräch, da es eben drohte, eine sehr bedenkliche Wendung zu nehmen.

Isolde Kurz

Mittagsgespenst

Man saß am Abend vor der Abreise noch in Florenz beisammen, ein Häuflein deutscher Freunde, das den Winter in Italien verbracht und das Land auf den bekannten Touristenwegen durcheilt hatte. Alle waren freudensatt und sehnten sich nach Hause. Die erschöpfte Bewunderung, die schon seit lange keine Worte mehr fand, schlug in Mißmut um, und man begann dem Lande gram zu werden, das man mit so großem Entzücken betreten hatte, denn man fühlte, daß ein Menschenalter nicht ausreichen würde, um die ganze Tiefe seines Reichtums zu ergründen.

Ein junger Künstler, der am weitesten gekommen war und am schärfsten gesehen hatte, gab dieser Stimmung zuerst Ausdruck.

»Ich möchte doch nicht in einem Lande leben, wo schon alles getan ist«, sagte er, »es würde mich entmutigen und erdrücken. Überall vertreten uns hier die Toten den Weg, und Schillers berühmter Vers verkehrt sich hier ins Gegenteil, denn ihnen gehören die Stunden und der Lebende hat unrecht.«

»Und die italienische Natur ist eigentlich gar keine Natur«, warf eine junge Frau ein, »sondern nur wie ein Staffeleibild, ein Ding zum Anschauen. Man kommt nie hinein, immer ist man draußen. Da lob ich mir unsre deutschen Eichenwälder mit ihren feuchten Moosbänken und rieselnden Bächlein. Die sind uns nahe und reden unsre Sprache. Aber gibt es etwas Hochnasigeres als diese Cypressen und Pinien, die mit sich selber glücklich sind und dem Menschen zu sagen scheinen: ›Bleib mir vom Leib, – ich habe nichts mit dir gemein.‹ – Oder vielmehr, sie sagen ihm gar nichts, sie übersehen einfach seine Gegenwart.«

»Ich«, sagte ein andrer, »habe an Italien nichts auszusetzen, als daß es hier zu hell ist, und daß das Sonnenlicht in jede Ritze dringt. Da ist gar nichts Verschleiertes, kein Dämmerwinkelchen für die Phantasie, kein Platz für Geister, Irrlichter und Kobolde. Ich möchte nicht in einem Lande leben, das keine Gespenster hat.«

»Steht es denn fest, daß Italien keine Gespenster hat?« fragte die Gesellschaft.

»Felsenfest. Ich berufe mich auf den jungen Vetturino, der uns durch die Maremma führte. Den habe ich nach Geistergeschichten ausgefragt, solange ich neben ihm auf dem Kutschbock saß. Zuerst verstand er mich gar nicht, bis ich ihm erklärte, was Gespenster seien – die Seelen der Verstorbenen, die wiederkämen. Darauf sah er mich mit ernsthafter Verwunderung an und schüttelte den Kopf. Bei ihm daheim im Sienesischen, sagte er, wisse man nichts von solchen Dingen, da seien die Toten noch immer ruhig liegen geblieben, wo man sie eingescharrt habe. Aber auf einmal ging ihm ein Verständnis auf und er fügte hinzu: ›Ja, jetzt erinnere ich mich – als ich noch klein war und zur Schule ging, da hörte ich von einem gewissen – wie hieß er nur? – Lazarus, mein' ich – der soll wieder aufgestanden sein. Aber man muß nicht alles glauben, was die Leute sagen.‹«

Alle lachten. Aber einer, der bisher geschwiegen, ergriff jetzt das Wort, und die Gesellschaft hörte ihm aufmerksam zu, denn er war ein Sonderling, der nur redete, wenn er etwas zu sagen hatte, und überdies bewohnte er das Land, das die andern im Flug durchreisten, schon seit zwanzig Jahren.

»Keine Gespenster?« begann er langsam und monoton. – »Ja, wenn Sie von den grauen oder schwarzen huschenden Schattengestalten des Nordens reden, dann stimme ich Ihnen bei, die gibt es hier nicht, die Sonne würde sie sofort aufzehren. Aber wären Sie meinem Rat gefolgt und hätten einen Hochsommer in Italien verlebt, statt beim ersten Sonnenstrahl das Weite zu suchen, dann wüßten Sie, was italienische Gespenster sind.«

Er sprach mit einer tiefen, wenig modulierten Stimme, die etwas Hypnotisierendes hatte.

»Gespenster im Hochsommer?« fragten einige zweifelnde Stimmen.

»Allerdings. Sie kommen eben von dem gewohnten Vorstellungskreis nicht los. Wenn Sie von Gespenstern hören, so denken Sie an eine Winternacht, verschneite Felder, an Sturmgeheul, Nebelgeriesel und tiefe Mitternachtstunde. Dann kommen die ängstlichen, schleichenden Schatten, die sich fast mehr noch vor dem Lebenden fürchten als er vor ihnen. Hier aber hat die Nacht keine Stille und Einkehr in sich, also hat sie auch keine Gespenster, sie ist voll Lärm und Musik und gehört den Lebenden. Doch man zeige mir das verschwommene nordische Spukbild, das sich an Grauen mit dem weißen Phantom des Südens messen kann. Wie rette ich mich vor dem Mittagsgespenst, wenn es mich allein in der sonnverbrannten schattenlosen Campagna findet, wenn es mich anstiert mit seinen kalten, wie von der Helle abgeblaßten Seemannsaugen, die die ungeheuren Weiten von Wüste und Ozean in sich getrunken haben. Um die Sommersonnwend, zur Mittagszeit, beim betäubenden Geschmetter der Cikaden, auf weiten glühenden Ebenen, unter goldgelben Weizenfeldern, wo die Luft vor Hitze flimmert und sogar die Lerche schweigt, am flachen Meergestad, wo der brennende Sand zu spiegeln anfängt, da ist es zu Hause. Es kommt von Afrika herüber und bläst unterwegs den Schiffern seinen heißen Atem ins Gesicht, daß sie entseelt vom Bord taumeln. Wo es vorübergeht, da wagt kein Blümchen mehr zu blühen und kein Halm ist mehr grün. Und doch ist es ebenso schön wie es schrecklich ist. Ganz nahe bin ich ihm nur zweimal gekommen, das erste Mal in Pisa. Sie kennen Pisa? – Aber nein, Sie haben es ja nur bei Regenwetter gesehen. Nun stellen Sie sich den Domplatz vor unter der grellen Mittagssonne, abseits der Stadt, in weltverlorener Einsamkeit, seine steinernen Wundergewächse umwoben von der sinnverwirrenden überirdischen Helle, die ihnen das Körperliche nimmt und alle Gegenstände zu Visionen macht. Ein marmornes Märchen, ein versteinerter Mittagstraum inmitten einer smaragdgrünen Wiese. Der schiefe Turm, der dem Gesetz des Gleichgewichts Hohn spricht und das Auge erschreckt, Dom und Battistero blendend wie Schnee und gleichsam durchsichtig vor Helligkeit, dahinter das Camposanto und ganz im Hintergrunde die schwarze, finstere Stadtmauer wie die Grenze der Welt. Die Luft ist dann leicht wie Äther und aus der Erde, die nicht mehr lastet, dringen die Geister herauf und lagern sich vor der Friedhoftür. Das ist der rechte Ort für das Mittagsgespenst, seine fürstliche Metropole, und dort habe ich es zum erstenmal geahnt mit seinem Grauen, das aus dem Urgrund der Dinge heraufsteigt. Aber das war noch nichts – ein paar Jahre später sah ich es wirklich im Pesatal –«

Er verstummte auf einmal und versank in Nachdenken, wie es Einsiedler tun, die nur gewohnt sind, mit sich selbst zu reden.

»Erzählen!« rief es von allen Seiten.

»Da ist eigentlich nichts zu erzählen, es ist nur ein Zustand und keine Geschichte.«

Da ihn aber die Gesellschaft nicht mehr loslassen wollte, so gab er nach und begann:

»Ich hatte an einem Frühsommer in den achtziger Jahren eines schönen Tags den Weg unter die Füße genommen, um, wie alljährlich um diese Zeit, meinen ganzen Menschen auszulüften und zu durchsonnen. Von San Casciano aus wanderte ich planlos ins Land hinein, mein Skizzenbuch unter dem Arm, in das ich mit dilettantischem Vergnügen Schlösser, Villen, phantastische Steinbrüche und Baumgruppen eintrug. Die Nacht verbrachte ich in einer schlechten Kneipe, aus der es mich schon vor Tagesanbruch wieder forttrieb. Nichts Wunderbareres, als so in kühler Morgenfrühe auf einsamen taufeuchten Campagnawegen der Sonne den Vorrang ablaufen, wenn der Himmel noch grau ist und das goldene W der Kassiopeia wie durch einen Gazeflor schimmert, bis ein rosiges Leuchten über den östlichen Hügeln beginnt, und, rollende Wolkenmassen vor sich her schiebend, die Sonne erscheint. Gewaltsam, chaotisch wiederholt sich jeden Morgen das Fiat lux, wie es Michelangelo gedacht hat, man meint den Schöpfergreis selbst zu sehen, wie er ringend Licht und Finsternis scheidet, und es ist nicht zu sagen, welch ungeheure Summe von Glück täglich dem Kulturmenschen verloren geht, der seine Morgenstunden zwischen zwei Bettüchern verdämmert.

Ich hatte bald einen Punkt erreicht, wo die Landschaft ihren florentinischen Charakter verlor; die Berge rückten in die Ferne, die Gegend erweiterte sich, und ich tauchte in ein ganzes Meer von niederen Hügeln hinein. Zahllos und gleichmäßig wie erstarrte Wellen erhoben sie ihre Häupter, von roten Backsteinvillen oder grauen, steinernen Gehöften bekrönt, die man für Schlösser halten könnte, wenn nicht der Mangel an Fensterläden sie als Bauernhäuser kenntlich machte. Mein Weg führte eine Zeitlang an einem blinkenden, noch wasserreichen Flüßchen hin, das sie die Elsa nannten. Endlose Rebengirlanden faßten die Straße ein und boten mit ihren mageren Schatten wenig Schutz vor der höher steigenden Sonne. Die Hügel bildeten keine Ketten, sondern stiegen einzeln als kleine Kegel aus dem Boden auf, wenige rund geschnittene Oliven standen darauf wie Kinderspielzeug und schmale, hellglänzende Pfade schlängelten sich zwischen Cypressen hinan wie von Benozzo Gozzoli gemalt.

Bald wurde es sengend heiß, die reifenden Kornfelder, die kein Lufthauch regte, lagen da und glühten wie ein Stück herabgefallener goldgelber Sonne. Ich begegnete keiner lebenden Seele, denn es war Sonntag, wo die Leute in ihren Gehöften beisammen hocken; nur dann und wann sah ich eine Herde weißer Hämmel gleich einer dichten Staubwolke um einen grünen Berghang gelagert, oder vernahm das Klingeln unsichtbarer Glöckchen hinter den Hügeln hervor. Mein Weg, der lange den Fluß verlassen hatte, führte durch keine Dorfschaft, sondern immer tiefer in das Hügelmeer hinein; hatte ich eine Anhöhe erklommen, so stiegen, so weit das

Auge reichte, unzählige neue Höhen empor, nur nach Süden schloß eine lichte blaue Bergkette den Horizont ab. Die Villen hörten auf und die bebaute Gegend schien ganz verlassen. Hügel auf, Hügel ab, wie eine lange weiße Schlange, wand sich die Straße, das Gefühl der Unendlichkeit weckend; ich mußte wieder an Benozzo Gozzoli denken, dem solche Landschaften auf seinen Bildern vorschwebten, und ich hätte mich nicht gewundert, wenn mir seine ›Drei Könige‹ mit ihren schön geschirrten Rossen und ihren kecken Pagen entgegengezogen wären.

Schon vor geraumer Zeit hatte ich einen einzelstehenden Berg mit flachem Rücken beobachtet, der aus der Ferne von einem Wald ungewöhnlich hoher Bäume besetzt schien und der, je nachdem mein Weg sich wand, bald links, bald rechts, bald vor mir und bald hinter mir auftauchte. Im Näherkommen bemerkte ich, daß, was ich zuerst für Bäume gehalten, schlanke, viereckige Türme waren, die wie Pfeile hinaufschossen, einige himmelhoch, andre wie auf halber Höhe gehemmt, aber alle von einem starren Trotz, von einer eisernen Verwegenheit, die den Blitzen die Stirn zu bieten schien. Das ganze Hochplateau war von einer starken, durch vorspringende Basteien und Türmchen unterbrochenen Mauer umzogen und erweckte so aus der Ferne gesehen die Vorstellung eines zur Hälfte abgespielten Schachbretts, von dem nur die Türme und ein paar Bauern stehengeblieben sind. Es mußte San Gimignano sein, die merkwürdige Stadt, die ich schon seit Jahren zu sehen wünschte, und ich brauchte jetzt nur der Straße zu folgen, um geradeswegs vor das Tor zu gelangen.

Im Weitergehen entdeckte ich mit Verwunderung, daß das Weiße, das zwischen der grobscholligen Wegböschung vorglänzte, keine Steine, sondern Muscheln und Austernschalen waren, und auch die Straße zeigte sich mit Gebilden des Meeres beschottert. Weiße Muscheln, groß und klein, in allen denkbaren Arten, bestreuten die Äcker und halfen die Hügel bilden, die gar kein festes Gebein hatten; einige darunter

Franz Horny: Blick auf Olevano

waren tellergroß. Ich stieß auf ganze Austernbänke und auf versteinerte Korallen, die in den Boden verwachsen waren. Dieser lachende toskanische Garten liegt auf altem Meeresgrund, auf einer lockeren Sandwüste, über die einst die breite Woge hinrollte, und ich stand jetzt schon hoch genug, um das ganze ungeheure Becken zu überblicken, das eine ferne, ferne Bergkette wie eine Küste umschloß.

Die geheimnisvolle Stadt lag jetzt wieder einmal zu meiner Linken und so nah, daß ich hätte können die Sonntagsglocken läuten hören. Die Türme standen auf dem höchsten Punkt und eng beisammen wie zu Schutz und Trutz, während der Rest der Stadt hinter mächtigen grauen Mauern sich auf dem Hügelabhang lagerte. Aber die Straße zog sich mit ihren Windungen noch eine gute Meile hin und nirgends fand ich eine Spur von Schatten. Unsichtbar begleitete mich das schrille Geschmetter der Cikaden, eintönig und gespensterhaft, als habe das grelle, unerbittlich weiße Licht selber eine Stimme bekommen und schreie mir zu. Die Oliven, die in vielfachen Girlanden allen Linien des Bodens folgten, waren der Wipfel beraubt und zu weiten, leeren Kränzen zugeschnitten, damit die Sonne bis ins Mark dringe. Sonst waren keine Bäume da, nur Brombeergestrüpp und wilde Rosenhecken, die mit den filzigen Büscheln des Lavendels abwechselten.

Endlich hatte ich den Fuß des Berges erreicht und wanderte eine gepflasterte Straße hinauf. Hinter mir dröhnte es wie Pferdegetrappel, zwei Männer mit breiten Filzhüten galoppierten auf Maultieren finster und stumm vorüber; ohne den Widerhall der Hufe hätte ich sie für Schatten gehalten.

Ich stand vor einem prachtvollen Tor aus verwittertem Backstein mit gezacktem Gesimse. Ein paar Schritte abseits, unter dem Schatten dürftiger Akazien, floß ein einfaches Röhrenbrünnlein, aus dem ich einen Trunk nehmen wollte, aber das Wasser, durch einen Windhauch zur Seite getrieben, entwich meiner Hand. Ich stand wie im Traume. Während in der Ebene unten die Sonne auf unbeweglichen Halmen brannte, wehte und sauste es hier oben um den Berg, als sei ich in die Heimat der Winde gekommen.

Auf einer verwitterten Holzbank unter der Akazie saß ein junges Weib mit einem Kinde an der Brust, regungslos wie ein Bild von Stein, und sah müde und resigniert vor sich nieder.

Ich trat grüßend zu ihr und fragte, ob ich in San Gimignano sei.

Sie nickte und sah mich mit einem traurigen Blick an, der mich bewog, ihr eine Münze in den Schoß zu legen.

Eine lange, leere Straße, kühl und finster wie ein Keller, nahm mich auf, und ich wanderte zwischen zwei Reihen hoher Paläste, die zuweilen durch schwebende Brücken verbunden waren, in die Stadt hinein. Da und dort gab ein Quergäßchen, durch das der Wind pfiff, eine plötzliche Durchsicht auf das dunkle Blau des Himmels bis tief hinab zum Horizont frei. Die Straße mündete auf den Kirchplatz, wo die erstaunlichen Türme standen, der höchste, am Rathaus, mit Schmuck und Kranzgesimse, die andern ohne Bekrönung, stumpf, wie oben abgeschnitten, und ich erschrak vor der trotzigen Kühnheit dieser Bauten; nur ein Frevel konnte sie so hoch und himmelandrohend hinaufgeführt haben.

Trotz der Hitze auf der im grellsten Sonnenlicht gebadeten Piazza lief mir ein kalter Schauder über den Leib – ich spürte die Luft eines fernen Jahrhunderts um mich her. Ein eisernes Volk mußte hier gewohnt haben, gefährlich und grausam, dem für die Größe seiner Vaterstadt alles erlaubt war, und ich bedauerte die Nachgeborenen, die verdammt waren, im Schatten dieser Türme ein sieches, gedrücktes Dasein hinzuschleppen. Die wenigen, denen ich beim Eintritt begegnet war, schlichen mir mit scheuen Schritten aus der Entfernung nach. Ein etwa dreizehnjähriger Junge, von dem ich nichts erfahren konnte, als daß er Orazio hieß, hatte sich mir schon unter dem Stadttor angeschlossen und begleitete mich hartnäckig, aber ohne ein Wort zu reden. Ich gab ihm unbedachterweise ein paar Soldi, um ihn loszuwerden, und machte ihn dadurch erst recht zu meinem Schatten.

Auch die andern lungernden Schemen, die wir unterwegs trafen, hingen sich an meine Fersen, und mit der stummen Begleitung hinter mir wanderte ich weiter durch lange hallende Gassen und ausgestorbene Plätze, und ich staunte zu den finsteren Baukolossen hinauf, die die Straßen in tiefe Schatten hüllten. Schlanke Marmorsäulchen stützten die runden Fensterbögen, und Ornamente von maurischer Zierlichkeit liefen über die Vorderseite der Häuser hin und erhellten den gewaltigen Ernst der alten Quadern und Backsteine mit einer Fülle von Phantasie. Seit den Tagen des Mittelalters war hier kein Stein verrückt worden, keine Neubauten drängten sich dazwischen, und die Paläste waren vollkommen erhalten, als ob die Zeit, die alles wegfegt, was sie nicht umgestalten kann, diese Stadt allein auf ihrem Lauf vergessen habe.

Ich passierte monumentale Tore mit den Resten römischen Mauerwerks im Stadtinnern, die augenscheinlich von einem früheren Mauerkreis herrührten und noch viel älter waren als die äußeren Befestigungen, ich sah wundersame Tempelfassaden, die aus vorchristlichen Zeiten stammen mochten, prächtige Steintreppen und reich geschmückte Säulenhöfe. Durch eine Seitengasse kam ich auf den Domplatz zurück, als eben die Kirchenportale aufgingen und eine dunkle Menschenwoge sich die Stufen herunter in die mittagshelle Piazza ergoß.

Im Nu war ich umringt, man starrte mich an wie ein fremdartiges Tier und schien sich zu wundern, durch welchen Zauber ich den Weg heraufgefunden habe. Männer, Weiber, Kinder umstanden mich stumm, ein ganzes Volk von gaffenden, hohläugigen Gespenstern. Ihre Kleider waren abgenutzt, ihre Gesichter müde wie übernächtig, und die Blicke, mit denen sie an mir hingen, schienen zu fragen: Was will dieser Mensch aus einer andern Zeit?

Sei es, daß meine Ausrüstung etwas Auffallendes hatte, sei es, daß überhaupt selten Fremde nach San Gimignano kommen, sicher ist, daß ich nie ein neugierigeres und mißtrauischeres Volk gesehen habe. Auf jede Frage antworteten sie mit der Gegenfrage, wer ich sei, was ich hier suche und wie lang ich zu bleiben gedenke. Die einen bettelten, andre boten mir wertloses Gerümpel zum Kauf an, und ihre ernsten Gesichter paßten so wenig zu dieser Verkommenheit, als ob sie gar nicht ihnen selbst gehörten, sondern alte Erbstücke wären, die ihre ursprüngliche höhere Bestimmung eingebüßt haben. Wohin ich ging, da zogen sie mit, schweigend, eine immer wachsende Prozession, denn auch die andern Kirchen hatten sich mittlerweile entleert. Da und dort blickte wohl ein hübsches Mädchengesicht aus dem Haufen, aber auch sie hatten etwas Fahles, Freudloses, als ob ein unerträglicher Druck auf ihnen laste, und die Stadt erschien mir mit ihren Bewohnern noch viel unheimlicher als zuvor, da ich nur die leeren Plätze und Gassen gesehen hatte.

Nachdem ich noch die Kirchen mit ihren berühmten Chormalereien betrachtet, trat ich endlich etwas abgespannt in eine Herberge, und ganz San Gimignano wälzte sich natürlich nach. Der Wirt, der womöglich noch abstoßender aussah als seine Mitbürger, hatte Mühe, mir Luft zu schaffen und die Leute aus der Gaststube zu entfernen, während ich zwei Gläser Wein leerte und dazu mit Überwindung ein paar Bissen aß.

Aber auch so wurde mir das Bleiben unerträglich, denn die Stube roch nach unbewohnten Räumen, und obwohl ich sogleich alle Fenster aufsperrte, war ein dumpfer, kellerartiger Geruch nicht zu vertreiben.

An der geschwärzten Wand hingen zwei Bilder, die ich mir aufmerksam besah. Das eine, in rohen Farben auf Leinwand gemalt, war offenbar die nicht sehr geschickte Kopie eines alten Gemäldes und stellte den Schutzpatron von San Gimignano dar, einen heiligen Bischof mit Inful und Hirtenstab, der die ganze Stadt mit allen ihren Türmen wie ein Schachbrett auf dem Schoße hielt. Die Stadt und wieder die Stadt! Wie seltsam und ehrwürdig zugleich erscheinen sie uns mit ihrem Heimatkultus, diese Alten, denen kein Opfer zu groß war für die Scholle, von der sie stammten. Welch glühender

Gemeinsinn, welche Leidenschaft, stark wie der Tod, muß ein ganzes Volk verbunden haben, damit eine Stadt entstehen konnte, wie diese, wo jedem Stein der Wille einer ewigen Dauer eingeflößt ist! Wie hat jeder einzelne gerungen und gedarbt, um seine Geliebte, die Stadt, desto reicher zu schmücken! Und wie fern fühlen wir uns von diesen trotzigen Ansiedlern, wir Modernen, die auf der Erde keinen festen Fuß mehr fassen können, und denen mit dem Bedürfnis auch die Fähigkeit zu bauen abhanden gekommen ist! Respekt vor diesen Alten!

Das andre Bild, auf einer zersprungenen Holztafel und stark von der Zeit beschädigt, schien Original zu sein und aus den guten Tagen der Kunst zu stammen. Es zeigte ein junges Mädchen mit aufgewundenem Haar, das eine tellerartig ausgehöhlte Muschel mit einem durchschnittenen Granatapfel in der Hand trug. Gestalt und Gewandung waren verwischt, aber die anmutigen Züge ließen sich gerade noch erkennen. Je länger ich sie ansah, desto mehr fesselten sie mich mit einem seltsam persönlichen Interesse. Die Wangen waren von zwei breiten Feuchtigkeitsflecken zerfressen, und gerade diese Verletzungen gaben ihrer Schönheit einen melancholischen Reiz, als ob sie mit dazu gehörten.

Es lag etwas in diesem Gesicht, das mich nicht losließ, das mich quälte, das mein Mitleid anrief wie ein unverdienter und ungesühnter Schmerz.

Der Wirt, der mir keinen Augenblick von der Seite wich, als ob er einen Staatsgefangenen zu bewachen habe, bestätigte meine Vermutung wegen des ersten Bildes: ein junger Künstler, der eine Zeitlang hier gewohnt, hatte es nach einem alten, im Rathaus befindlichen Gemälde kopiert und bei der Abreise zurückgelassen. Von dem zweiten konnte oder wollte er mir nichts sagen, als daß es sich seit undenklichen Zeiten in seiner Familie befinde und daß man nicht mehr wisse, wen es vorstelle. Sobald er mein Interesse bemerkte, schlug er mir vor, das Bild zu kaufen und ließ nicht ab, bis ich ihm eine unbedeutende Summe dafür bot. Dann aber tat er plötzlich kostbar, redete von einer geheimnisvollen Bewandtnis, die es mit dem Mädchen haben sollte, und wünschte, daß ich lieber das andre Bild nehme, worauf ich ihn einfach auslachte und meiner Wege ging.

Vor der Tür fand ich wieder eine große Menschenansammlung, die auf mich wartete, und Orazio, der offenbar durch die längere Bekanntschaft ein näheres Recht an mich erworben zu haben glaubte, nahm mich schon im Korridor in Empfang. Ich stieg nach dem märchenhaft verwilderten Festungsgarten hinauf, um mich ins schattige Gras zu strecken, und bedeutete dem Haufen mit Nachdruck, daß ich kein Gefangener sei und daß ich endlich allein zu bleiben wünsche. Die Leute zerstreuten sich murrend, aber den stummen Jungen ließen sie als Wache neben mir zurück. Er kauerte sich wie ein Hund ganz dicht zu meinen Füßen nieder und hing unbeweglich mit den hungrigen, immer wachen Blicken an mir, als habe er etwas zu forschen, zu begehren, wofür ihm die Sprache fehlte. Ich saß wie gebannt, so seltsam schien mir das alles. Wahrlich, ein Fluch, der forterbt, muß schuld sein, daß dieses Volk nicht lachen kann. Als der Junge endlich eingeschlummert war und ich mich leise wegstehlen wollte, tauchten oberhalb der Mauer zwei Männer auf, die ihn mit Steinwürfen weckten. Nun griff ich zur List und schickte ihn mit etwas Geld und einem Auftrag fort, indem ich von Herzen hoffte, daß er sich die Gelegenheit zunutze machen und mit der Beute verschwinden werde.

Als er mich verlassen hatte, wurde mir erst wohl und leicht. Von meiner Warte aus überblickte ich die ganze unendliche Ebene mit den zahllosen Olivenhügeln, die ihre Häupter reckten wie schaumgekrönte Wellen. Wie lange mochte es her sein, daß das Meer über dieses Becken hinrauschte. Und wenn es jetzt wieder käme mit ungeheurem Schwall zurückzufordern, was einst sein war, und es nähme all diesen blühenden Menschenfleiß mit fort, um sich erst ganz unten an der blauen Schranke des Gebirgs zu brechen! Ob es wohl auch diese Stadt mit ihren Türmen fortnähme oder ob sie dann als einsame Insel aus den Fluten ragen und nach wie vor den Jahrhunderten Trotz bieten würde?

Ja, diese Türme, sie hatten es mir mit dämonischem Zauber angetan. Wer gab ihnen das Recht, sich so festen Fußes in den Boden einzurammen? Woher brachte man nur die Steine, um diese himmelhohen Bauten aufzuführen? Welcher Zauber ist in ihren Grundmauern eingeschlossen? –

Ich vergrub meinen Kopf in Thymian und blühenden Erdrauch und blinzelte durch die Ritzen meines Strohhuts. Der Wind hatte sich gelegt, und es wurde so still, als ob die Zeit schliefe. Die unbeweglichen Blätter einer Olive über mir sahen aus wie vom Goldschmied ziseliert, und wo der Himmel durch das silberne Laubwerk blickte, ging sein tiefes Blau ins Schwärzliche.

Nun schlug es Mittag. Langsam und bleiern fielen die zwölf Schläge vom nahen Glockenturm und verzitterten in der glühenden Stille. Nach dem letzten aber schütterte die Luft immer weiter, als wolle der Nachhall kein Ende nehmen. Es war nicht das Ausklingen des Stundenschlags, sondern ein seltsamer, mir unerklärlicher, lautloser Lärm, wie von Tausenden von Menschentritten jenseits der Festungsmauer, die keinen Hall auf dem Pflaster weckten. Das Schwingen und Zittern wuchs, es kam heran wie summende Stimmen, ein Murmeln und Psalmodieren – war's fern, war's nahe, war's über mir in der Luft, war's im Boden? Ich riß die Augen auf, aber ich sah nichts, mein Blick durchdrang den Raum und faßte nichts als die körperlose Helle. Und doch fühlte ich, daß etwas um mich war, und mir wurde eiskalt in der sengenden Hitze.

Aber die durchsichtige Luft verdichtete sich allmählich unter der Anstrengung meiner Sehkraft, schwankende, unbestimmte Umrisse traten hervor, die ich weiße Schatten nennen möchte, halbzerflossene Gestalten, nicht wie leibhaft gegenwärtig, sondern wie durch eine Fata Morgana von weither gespiegelt. Sie hatten zuerst nur zwei Dimensionen und ließen die Gegenstände hindurchscheinen. Je länger ich aber hinstarrte, desto runder und körperlicher wurden sie, ich begann auch die Farben zu unterscheiden, das Violett einer Kirchenfahne drang zuerst hindurch, dann erkannte ich Priester in Meßgewändern mit Kreuzen und Weihwedeln, Magistrate in seltsamen wallenden Talaren und eine ungeheure Menge Volk, von der ich nicht begriff, wie sie auf dem engen Plateau Raum hatte. Schulter an Schulter standen sie, einer auf die Fersen des andern tretend, und so seltsam ineinander geschoben, als ob mehrere Generationen zugleich ihren Fuß auf denselben Fleck Erde gesetzt hätten. Aber was für Gesichter! Der verbissenste Trotz, die rücksichtsloseste Härte, verbunden mit einer tückischen Verschlagenheit, sprachen sich darin aus. Der unheimliche Typus, den ich von Anfang an mit Befremden unter der Bevölkerung wahrgenommen, erschien bei ihnen ins Furchtbare gesteigert, eine saugende Gier, etwas wie Hunger, aber nicht nach irdischer Speise, lag in ihren Augen. Ich zitterte, daß ihre Blicke auf mich fallen könnten, aber sie sahen alle an mir vorüber, als wäre ich nicht vorhanden, und ihre Augen hefteten sich auf einen gemeinsamen Mittelpunkt, einen kellerähnlichen Schacht zunächst der Mauer, an dessen Rand ein riesiger Haufe bearbeiteter Steine aufgeschichtet lag. Die Spitze einer Leiter sah daraus hervor und Hammerschläge tönten von innen. Rechts und links von diesem Schacht hatten sich die Würdenträger aufgestellt und bewaffnete Männer hielten dahin eine Gasse frei, indem sie die angehäufte Menge von beiden Seiten zurückstauten.

Was geht hier vor? dachte ich und wagte vor Beklemmung nicht zu atmen. Ganz zufällig fiel mein Blick über die Köpfe der Menge weg nach der glühenden, vor Hitze zitternden Ebene hinunter, denn ich hatte mich auf die Zehen gestellt, und ich gewahrte einen schwarzen beweglichen Strich, den ich zuvor nicht gesehen hatte. Er glich aufs Haar einer wimmelnden Ameisenprozession und zog sich vom Fuß unsres Hügels in unabsehbare Ferne bis an die Berge hinüber. Erst allmählich erkannte ich, daß es eine lange Kette von Menschen war, und ihre Unruhe rührte von der Bewegung her, mit der sie schwere Steine von Hand zu Hand reichten.

Mich durchzuckte es wie ein Blitz: Die Wahnsinnigen, sie bauen einen neuen Turm!

Ehe ich mir diesen Gedanken völlig klar gemacht hatte, erscholl eine fremdartige Musik, die nur aus wenigen, immer wiederholten Tönen bestand und etwas unendlich Klagendes hatte. Über die Menge lief eine wallende Bewegung, alle Köpfe drehten sich nach der Seite, von der die Töne kamen. Durch die Menschengasse schritten Musikanten daher, mit seltsam geformten, mir unbekannten Blasinstrumenten, ihre Beine steckten in grellfarbigen engen Geweben, dergleichen auch viele von den Zuschauern trugen, und ich fand es gar nicht auffallend, daß sich auch die altertümliche Tracht erhalten hatte in dieser Stadt, die selber ein Stück versteinerter Vergangenheit ist. Sie bewegten sich jetzt vor mir in vollkommen greifbarer Deutlichkeit und ich verstand nicht mehr, wie es kam, daß ich sie vorher nur so blaß und wesenlos wahrgenommen hatte; es war, als habe sich mein Auge jetzt an eine neue Art von Sehen gewöhnt.

Den Musikanten folgten zwei Männer, deren Anblick mir unvergeßlich bleibt. Der eine zur Rechten, im schwarzen, mit Sternbildern besäten Mantel, hatte eine ernste, unnahbare Haltung, und als er den Kopf wandte, so daß sein Blick nah an mir vorüberstreifte, erinnerte er mich an ein Gesicht, das ich kurz zuvor gesehen hatte; ob es aber der gemalte Stadtheilige war oder eines von den Bildern an den Kirchenwänden, wüßte ich jetzt nicht mehr zu sagen. Der andre dagegen ist mir noch so lebhaft im Gedächtnis, daß ich ihn zeichnen könnte, – eine lange, hagere Gestalt im gegürteten Arbeitsrock, Meßstab und Hammer in der Hand, ich hielt ihn für den Baumeister. Sein Gesicht war zerrüttet wie eine Stadt, die vom Erdbeben heimgesucht worden ist, und hatte einen furchterregenden Ausdruck, als sei einmal ein übermenschlicher Jammer darüber hingegangen und von einem übermenschlichen Willen niedergekämpft worden. In seinen hohlen Augen glühte eine erbarmungslose Energie; so mag ein Verdammter blicken, der um einen hohen Preis seine Seele verkauft hat und sich noch des Handels freut. Den beiden folgte ein Diener, einen verhüllten Gegenstand in den Armen haltend.

Am Rand des Schachtes erhob der Schwarze seinen Stab, der in verschnörkelte astrologische Zeichen auslief. Das Glöckchen bimmelte, das Volk fiel auf die Knie und Totenstille breitete sich über die Versammlung. Ich sah, wie von innen die Leiter fester angelegt wurde, und der, welchen ich für den Baumeister hielt, streckte die Arme nach dem Gegenstand aus, den der Diener aus den Tüchern schälte. Da begann sich etwas zu regen und man vernahm das Wimmern eines Kindes, das sofort durch eine Männerhand erstickt ward.

Kalter Schweiß trat mir auf die Stirn und im Nu kam mir ein Aberglaube aus finstern Zeiten zum Bewußtsein, wonach ein Lebendiges, in die Grundsteine vermauert, einem Gebäude Dauer sichern soll bis ans Ende der Tage.

Jetzt aber zerriß ein Schrei die Stille – ich darf nicht sagen ein Schrei, es war nur wie das Gespenst eines Schreies, denn man hörte nichts, man fühlte nur das scharfe Schneiden durch die Luft. Ein Weib kam durch die offene Gasse dahergerannt und wollte sich auf den Baumeister werfen, aber die Bewaffneten stießen sie zurück. Sie trat und schlug um sich wie rasend und stieß im Ringen kurze schrille Schreie der Verzweiflung aus, die sich in kurzen Absätzen folgten und mir durch Mark und Bein schnitten. Einer von den Männern preßte ihr die Hand auf den Mund, andre ergriffen sie bei Armen und Beinen und schleppten sie durch die Menge heraus. Ich wollte ihr zu Hilfe kommen, ich wollte rufen: Wozu die nutzlose Grausamkeit, der Zauber ist ja doch gebrochen! – denn ich verstand wie durch Erleuchtung den ganzen Vorgang, ich begriff, daß das Werk nur gelingen konnte, wenn kein Ton laut ward.

Aber mein Körper blieb gelähmt, mein Mund versiegelt. Das Weib wurde ganz nahe vor mir ohnmächtig vorbeigetragen; ich sah in ihr Gesicht, es war die Bettlerin, die ich beim Stadttor neben dem Brünnlein gesehen hatte – oder nein, es war nicht sie selbst, aber eine, die ihr glich, eine, von der das Weib am Brunnen das verjüngte Abbild war. Auch trug sie eine von der heutigen ganz verschiedene Tracht.

Mit einem Ruck ließ mich der Bann los, ich fand meine Kraft wieder und warf mich unter das Volk, aber die dichte Menge, die Bewaffneten, die Priester, alles spaltete sich vor mir wie Luft. Ich fand im Herausstürzen gar keinen Widerstand und mein Anlauf war so heftig, daß ich fiel. Wohin, ins Leere, in die offene Grube? Ich weiß es nicht.

Ich war gleich wieder auf den Füßen und fühlte mich unverletzt, aber um mich her war es stichdunkel. Ich suchte die Leiter, die ich vorher gesehen hatte, aber ich stieß nur auf gemauerte Wände. Kein Strahl drang von oben herein und Totenstille umgab mich. Was war geschehen? Wo befand ich mich? War ich selber eingemauert? Ein Krampf der Angst befiel mich, und im Umhertappen merkte ich, daß ich in einen Gang geriet, ich bekam eine feuchte Erdwand zu fassen und der Grund, auf dem ich mich forttastete, senkte sich nach abwärts. Tiefer, immer tiefer ging's in zahllosen Windungen, ich mußte mich unterhalb der Straße befinden, denn über meinem Kopfe wanderten hallende Schritte auf dem Pflaster. Plötzlich stieß ich mit der Zehe schmerzhaft an einen herabgefallenen Stein, und durch den Gang, der hier zu Ende war, fiel ein schwaches Licht.

Ich untersuchte das zerbröckelte Gemäuer und geriet an eine Öffnung, die groß genug war, um einer Person Einlaß zu gewähren. Mühselig zwängte ich mich hindurch und fand unter meinen Füßen ein paar Stufen, die ich vorsichtig hinunterstieg. Ich war auf eine große Tiefe gefaßt, aber unversehens trat ich wieder auf erdigen Grund und sah mich in einem verließartigen Raum tief unter den menschlichen Fußtritten. Ein Lämpchen stand in der Ecke am Boden und warf seinen unsicheren Schein auf feuchte Tuffsteinwände.

Im Halbdunkel, auf einem moosbewachsenen Stein regte

sich eine sitzende Gestalt. Es war das Mädchen von der zersprungenen Holztafel, ich erkannte sie auf der Stelle. Ihre langen Haare waren aufgekämmt und lagen wie ein faltiges Gewand um sie her am Boden. Und richtig, zu ihren Füßen stand auch der Muschelteller mit der durchschnittenen Granate.

Es kam über mich wie ein großes Glück und ein großer Schmerz. ›Silvia!‹ rief ich, denn ich wußte auf einmal sicher, daß sie so hieß, aber als sie den Kopf aufhob, sah ich auf ihrem wunderschönen Gesicht dieselben Moderflecken wie auf dem Gemälde, und sie lächelte traurig über meine Bestürzung.

›Ja, ich bin sehr verändert‹, sagte sie leise.

Ich drückte ihre Hände, um ihr zu sagen, daß ich sie auch so noch schöner fand, als jedes schöne glückliche Geschöpf, und ich weiß nicht genau wie es zuging, daß ich mich gleich danach auf jenem bemoosten Steine sitzend fand, wobei mein Arm um ihren Nacken lag.

›Erschrick nicht, daß ich so häßlich bin‹, sagte sie, ›ich liege schon so lange hier unten und höre, wie der Sturm an den Türmen rüttelt, aber sie stehen noch immer.‹

›Und wer – wer hat das getan?‹ wollte ich fragen, aber ich konnte es nur denken, denn meine Stimme hatte keinen Ton.

Sie verstand mich doch, denn sie sagte so leise, als spreche sie ein furchtbares Wort aus: ›Mein Vater.‹

Ihr Vater! – Ja, das war's! Ich wußte es ja bereits – es war die alte gräßliche Geschichte, die ich schon einmal gehört und wieder vergessen hatte; so wenigstens schien es mir jetzt.

Ihr Vater war der größte Baumeister von San Gimignano gewesen und sein Ehrgeiz flog so hoch, daß er sich verschwor, seine Türme sollten dauern bis ans Ende der Tage. Ein Astrolog stand ihm zur Seite, der die Sternenstunde ansagte, dann wurde der Grundstein gelegt und ein Kind lebendig in den Schacht vermauert. So viel Türme, so viel Verbrechen. Aber als er den höchsten und stärksten Turm baute, da zwang ihn das Volk, seine eigene Tochter lebendig zu begraben. Sie war das schönste Mädchen der Stadt und hieß Silvia.

Sie schmiegte sich näher an mich, daß ich die Kälte ihres Körpers fühlte, und sagte, wie um meine Gedanken fortzusetzen: ›Ich war verlobt mit einem edlen Jüngling – der hat nun längst eine andre heimgeführt, während ich hier unten liege und verzweifle. – Wollen denn die Reiter auf den weißen Rossen noch immer nicht kommen?‹ fragte sie nach einer Weile.

›Ich habe keine Reiter gesehen‹, sagte ich.

Nun erfuhr ich, daß einmal in ferner, ferner Zeit, am Ende der Tage, von Westen her die weißen Reiter kommen und alles Land zurückholen werden, denn die weißen Reiter, sagte sie mir, seien die Urbewohner des Bodens. Dann würden nach einer uralten Prophezeiung auch diese Türme fallen, aber eher nicht.

Kaum hatte sie diese Worte gesprochen, als mir ein brennender Durst, den ich vorher nicht gespürt, zum Bewußtsein kam. Sie schien auch das zu wissen, denn sie reichte mir mit einem seltsamen Lächeln den Muschelteller mit der Granatfrucht. Ich wollte zugreifen, aber erschrocken fuhr ich zurück, denn die Flecken auf ihren Wangen wurden tiefer, das Gesicht hohler, immer hohler, bis die Knochen durchschienen, ein Totenkopf starrte mich an – nur einen Augenblick, dann lief ein Ruck durch ihre Glieder und ein Gerippe zerbrach in meinen Armen.

Mit einem fürchterlichen Schrei fuhr ich zurück und schlug den Kopf ans Gemäuer. Ich lag noch immer im Schatten der Olive, aber mit der Stirn auf einer Steinkante und mit dem Körper in dornigem Gestrüpp. Alles war verändert, anstelle des gemauerten Schachts befand sich eine mit Kies gefüllte Grube und zerbröckeltes Gestein, zwischen dem der graue, scharfriechende Wermut rankte. Ich blutete aus der Stirn und hatte mir beim Herabrutschen ins Geröll die Hände zerschürft, daß ich mich an dem tiefen Ziehbrunnen reinigen mußte. Alles ging mit mir im Kreise, und der Boden war so unsicher unter meinen Füßen, als könnte ich jeden Augenblick hinunterstürzen in ein neues Schrecknis hinein. Die silbernen Olivenhügel in der Ebene drunten erschienen mir jetzt wie zahllose Reitergeschwader auf milchweißen Rossen, und ich meinte den Schaum von den Mähnen spritzen zu sehen.

Von Grauen geschüttelt, kam ich in meiner Herberge an, wo das Unglücksbild schon verpackt und verschnürt meiner wartete. Ich gab dem Wirt eine kleine Entschädigung, damit er es behalte, und um keinen Preis hätte ich mich entschlossen, eine Nacht unter diesen Türmen zu verbringen.

Sobald die Sonne sich neigte, stieg ich den Berg hinunter, von dem stummen Orazio noch eine weite Strecke begleitet, und trat den Rückweg durch das Hügelmeer an. Die Türme sahen mir noch lange nach, aber ich wandte nicht eher den Kopf zurück, als bis das steinerne Alpdrücken hinter mir in blauem Duft versunken war.« – –

Als er geendet hatte, fragte man ihn von allen Seiten: »Und das Bild? Haben Sie nie etwas Näheres darüber erfahren?«

»Ich bin nie nach San Gimignano zurückgekehrt.«

»Solch ein Angsttraum kann einem freilich das Wiederkommen verleiden«, meinte jemand.

Der Erzähler antwortete nicht, sondern sagte mit seiner dunklen Stimme nachdenklich vor sich hin: »Es gibt auch Ereignisse, die nicht schlafen können.«

»Es gibt auch Gespenster von geschehenen Dingen«, setzte er hinzu und sah sich auf eine Weise im Zimmer um, daß es alle überlief.

Otto Erich Hartleben

Der römische Maler

I

Er kommt nach Rom, hat die Taschen voller Geld und wird sich an deiner Eigenart freuen. – Mit diesen Worten hatte mich ein etwas schadenfroher Freund bei ihm, dem römischen Maler, angemeldet in einem Briefe, der mir vorausgeeilt war. Ich erfuhr diese Form der Empfehlung erst zwei Jahre später durch die Indiskretion eines zweiten schadenfrohen Freundes, nachdem ich inzwischen bereits sattsam Gelegenheit gehabt hatte, mich – an seiner Eigenart zu freuen, und ihm schon lange nichts mehr pumpte.

Um gleich vorweg von seiner Kunst zu reden, so hat er damit entschieden Glück. Er ist nämlich Porträtmaler, und da sich seine Porträts sämtlich in dem Privatbesitz der Gemalten befinden, so ist es klar, daß fast nur günstige Urteile darüber gefällt werden, denn nur wenige Menschen sind so gemütsroh, einem gütigen Gastgeber die Laune dadurch zu verderben, daß sie seine ihm schließlich von Gott verliehene Visage, wenn auch nur in der Wiedergabe, scheußlich finden. Was mich betrifft, so bin ich außerdem so vorsichtig, das lebensgroße Bild meiner Frau, das er damals vor fünf Jahren gemalt hat, nur solchen Menschen zu zeigen, von deren reiner Herzensgüte ich untrügliche Beweise habe.

Jedoch ebensosehr, wie man Michelangelo Unrecht tun würde, wollte man ihn ausschließlich als Tafelmaler betrachten; ebenso falsch wäre es, in Ludovico, dem römischen Maler, lediglich den Porträtisten und bildenden Künstler zu schätzen. Zu allen Zeiten einer rege werdenden Kultur hat es Persönlichkeiten gegeben, deren Geist und Wesen mehr bedeuteten, als das Werk ihrer Kunst: die weit weniger durch ihre fertigen Schöpfungen als durch das Wollen, das in ihnen lebte, durch den ganzen Zauber ihrer Individualität auf andere wirkten. Ludovico, der Porträtmaler, wäre wohl kaum würdig, einen Geschichtsschreiber zu finden, Ludovico, der Mensch, verdient einen solchen im höchsten Grade.

Er besitzt ein ganz merkwürdiges Sprachtalent. Schon in seiner frühesten Jünglingszeit, als er noch in seiner ostpreußischen Heimat bei einem Rechtsanwalt Akten kopierte, lernte er heimlich auf eigene Faust Englisch, Französisch und Italienisch und bildete sich im geheimen durch Lektüre in diesen Sprachen fort. Kein Wunder also, daß er jetzt, wo er schon zehn Jahre in Italien lebt, die italienische Sprache in der vollendetsten Weise beherrscht und daher in der Lage ist, den nach Rom kommenden Fremden ein idealer Führer zu sein.

Sein psychologisches Interesse an dem ewig wandelbaren Menschenbilde ist so stark, daß es seinen Trieb nach eigener künstlerischer Betätigung fast stets überwiegt – so daß er weit lieber mit den immer wieder frisch ankommenden nordischen Fremden die Straßen und Plätze der ewigen Stadt durchwandert, oder auch wohl in kühlen Osterien die besten Quellen des Frascatanerweines mit ihnen aufsucht, als daß er daheim im dumpfen Atelier unbedeutende Menschenköpfe in Öl setzt. – Es bietet meiner künstlerischen Natur – so pflegt er etwa zu sagen – unendlich mehr künstlerische Anregung, wenn ich mit meinem unbefangenen Künstlerauge die verschiedenen Typen meiner Landsleute betrachten kann – weshalb immer gleich malen?

Es ist nicht mehr als recht und billig, daß die Fremden, denen er in solcher Weise seine Tage und oft auch seine Nächte weiht, sich hierfür in taktvoller Manier erkenntlich zeigen, seine Eigenart zu schätzen wissen und nicht durch mutwillige Verweigerung eines Darlehens das meist noch junge und schöne Verhältnis zerstören. Auch werden jüngere feurige Naturen kaum umhin können, mit ihm am zweiten Abend der Bekanntschaft und nach dem zweiten Fiasco Chianti Brüderschaft zu trinken: in diesem Punkte versteht er keinen Spaß, sondern ist, wenn man Miene macht, sich dem zu entziehen, sofort bis zu Tränen gekränkt.

Übrigens hat ihn die Natur zur Erfüllung seines Berufes entschieden mit bedeutenden äußeren Mitteln versehen. Zwar ist er nur klein von Statur, etwa von der Größe Napoleons oder Carl Bleibtreus, aber gewaltige buschige Augenbrauen, ein durchbohrender Blick und ein an persische Vorbilder gemahnender dunkler Vollbart geben seinem Kopfe mit der hohen, breiten Stirn etwas finster Majestätisches. Er spricht sehr wenig und fast nur in kurzen Sätzen, lapidaren Epigrammen, deren Sinn nicht immer jedem verständlich ist, die aber – wenigstens im Anfang der Bekanntschaft – sehr bedeutend klingen.

II

Als ich das zweitemal nach Rom kam, fand ich ihn in eine Aktiengesellschaft verwandelt. Ich traf in Gesellschaft des Rechtsanwalts Rosenthal aus München, den ich zufällig in Florenz getroffen hatte, mit dem Abendschnellzuge in Rom ein. Unterwegs hatte ich meinem Reisegefährten manches von Ludovico erzählt und in ihm den Wunsch zu erzeugen gewußt, sich unverzüglich an seiner Eigenart zu erfreuen. Es sollte ihm über Erwarten gelingen.

Vom Bahnhof fuhren wir ins Hotel und dann machten wir uns auf den Weg, die deutschen Brüder in den mir bekannten nächtlichen Lokalen aufzusuchen. Wir fanden sie bald in einem Café am nördlichen Corso, unweit der Chambre-garnie-Wohnung Goethes. Ludovico war nicht wenig erfreut, mich wiederzusehen, und auch den Rechtsanwalt, hinter dessen jovialer Beleibtheit er sofort den Aktionär wittern mochte, begrüßte er mit Herzlichkeit. Er war gerade dabei, Aktien auszuschreiben, und es dauerte noch keine Stunde, da war mein glücklicher Reisegefährte bereits im Besitze einer solchen.

Das Unternehmen war ebenso einfach wie sinnig erdacht und ruhte auf den solidesten Grundlagen.

Von der Erwägung ausgehend, daß Ludovico während der

Giovanni Battista Piranesi: Der Corso in Rom

Zeit der Anwesenheit seiner Freunde und neugewonnener Gönner in Rom nicht dazu kommen konnte, etwaige Aufträge, die ihm diese zuteil werden ließen, auszuführen, weil – nun eben, weil die Freunde und Gönner anwesend waren und doch vor allem anderen seinen persönlichen Umgang genießen wollten, in der weiteren Erwägung jedoch, daß man das Eisen schmieden soll, solange es heiß ist, und dem reisenden Kunstfreund ein Bild verkaufen, so lange man ihn da hat – verkaufte Ludovico Anteilscheine an den Ergebnissen seiner demnächstigen künstlerischen Tätigkeit – den Anteilschein zu 50 Lire – und verpflichtete sich, dafür dem Aktionär später, wenn dieser wieder daheim und er wieder Ruhe zum Arbeiten haben würde, mindestens ein Tamburin mit einem Ciociarenknabenkopf zu schicken.

Die Folgen eines derartigen Gesellschaftsverhältnisses blieben nicht aus. Im Herbst – oder je nach dem Temperamente des Aktionärs schon im Hochsommer – entspann sich ein reger, anfänglich freundlicher Briefwechsel zwischen dem Aktionär und Ludovico, der in seinem weiteren Verlaufe den römischen Maler fast immer zu der traurigen Überzeugung führte, daß der deutsche Philister doch keine Ahnung habe von den geheimnisvollen Bedingungen eines wahrhaft künstlerischen Schaffens. Er müßte doch einsehen, daß es ihm gerade jetzt bei dieser drückenden Hitze oder zur Zeit der Weinernte ganz unmöglich war, zu arbeiten . . und überhaupt: was bildete sich jener ein: womit begründete er seinen Anspruch, den andern vorgezogen zu werden – den andern, die doch auch noch kein Tamburin hatten.

Das Ende des Gesellschaftsverhältnisses war dann meist der Bruch des gesellschaftlichen Verkehrs und die Einstellung des Briefwechsels. Beide Teile sahen ein, daß sie sich ineinander getäuscht hatten. – –

Indessen, an jenem Abende unserer Ankunft in Rom wurde unsere Stimmung durch keine Wolke getrübt. Ludovico, gehoben durch den erfreulichen Fortschritt seines Unternehmens, war leutseliger und gesprächiger als sonst – und über uns kam der Zauber der Nächte Roms.

III

Rom ist eine Gemütskrankheit. Wenn man erst mal eine Reihe von Jahren im Frühling hinuntergefahren ist, wird man es nur mit schweren Schmerzen des Heimwehs bleiben lassen. Und hat man sich's im vorigen Sommer noch so fest vorgenommen, nicht wieder hinzugehen, sondern seine Zeit nützlicher zu verwenden – wenn der März zu Ende geht und der April wächst, überfällt es einen wie heiße Angst, und eines Abends sitzt man doch wieder in dem üblichen D-Zuge.

Als ich Tertianer war, mußte ich einen Aufsatz schreiben: ›Was zog die deutschen Kaiser immer wieder nach Rom?‹ Ich erklärte diese Tatsache sehr einfach daraus, daß unsere Kaiser immer romantische Naturen gewesen seien und daß schon das Wort ›romantisch‹ von Rom herkomme. Ich hielt das aber damals selber für Schwindel und ahnte nicht, daß ich später einmal – zwar Gott sei Dank kein deutscher Kaiser, aber ebenso romantisch werden würde.

Es ist wirklich wahr: den Mai sollte der Mensch, der es sich irgendwie leisten kann, in Rom zubringen. Der Mai ist dort etwas wie eine Erlösung; das Leben im Freien beginnt wieder. Mein Freund Peter Behrens will zwar auch dann nicht recht was wissen von Rom: es ist ihm nun einmal die Stadt der Archäologen. – Aber selbst zugegeben, daß man die Archäologen in Rom weniger leicht vermeiden kann als in anderen Großstädten, und daß einem die Nächstenliebe dadurch erschwert wird, so lernt ein leidlich geschickter und vorsichtiger Mensch diese Sandbänke bald umschiffen, zumal wenn ihm ein kundiger Lotse zur Seite steht.

Ludovico ist solch ein tüchtiger Lotse in Tiefen und Untiefen des römischen Lebens. Ich kann ihn jedem, dem es um einen archäologisch stubenreinen Aufenthalt in Rom zu tun ist, nur auf das wärmste empfehlen. Ein doppelter Instinkt leitet ihn sicher an all den Aufenthaltsorten vorbei, welche von deutschen Archäologen besucht werden. Einmal sein Instinkt als schaffender Künstler, dem eine Sorte von Menschen unmöglich ist, welche die Kunst für die Schule ausschlachten, und zweitens der Instinkt der Selbstachtung: denn es kann ihm unmöglich angenehm sein, Leuten zu begegnen, an deren frühere, wenn auch lose geschäftliche Beziehungen zu ihm er sich nur ungern erinnert.

Aber ich schwatze mal wieder, statt zu erzählen. – Was mich, je häufiger ich Ludovico wiedersah, immer stärker interessieren mußte, war die Frage, wie es zugegangen, daß dieser Sohn des Nordens nach Rom verschlagen wurde und welche Schicksale ihn zu der markanten Rolle, die er hier spielte, vorbereitet hatten.

Die Gelegenheit, ihn danach zu fragen, ergab sich erst im dritten Jahre unserer Bekanntschaft. Es war da eine neue Wandlung mit ihm geschehen. Er fühlte sich als ›Weltauge‹ und sprach ein eigenes pantheistisches Idiom. Sor Rodolfo war daran schuld. Angeregt durch meine Herausgabe des alten Gottesdichters Angelus Silesius, hatte dieser es auch nicht unterlassen können. Er hatte ein »Pantheistisches Laienbrevier« drucken lassen, in dem derselbe Angelus Silesius, zum Katechismus der Zukunftsreligion zurechtgemacht, wiederum erschien. Nun brauchte Sor Rodolfo, während er die Korrekturen zu diesem, seinem Jungfernbuche las, jemanden, mit dem oder gegen den er mit seinem stark- und wohltönenden Organ über Mystik und andere letzte Dinge reden konnte. Ludovico war ihm da sehr willkommen: er widersprach ihm nie, saß unentwegt mit tiefernster Miene da und bestärkte ihn durch gelegentliches gewichtiges Nicken des Kopfes in seinen theosophischen Überzeugungen. Leider benahm sich Sor Rodolfo hiergegen recht undankbar, denn wenn er Ludovico auch schon mal einen Anzug schenkte, so ließ er ihn doch nicht entsprechend enger machen. Und Sor Rodolfo war wesentlich dicker als Ludovico.

In diesem Jahre nun, während der pantheistischen Lebensperiode des römischen Malers war es, daß ich Gelegenheit fand, ihn nach seiner Vergangenheit zu fragen. Er war damals noch ernster gestimmt als früher, und seine kurzen Worte klangen noch tiefsinniger als sonst.

Es geschah, daß ich ihn einmal allein in seinem Atelier draußen an der Via Flaminia antraf. Er saß gebückt auf einem Stuhl, hatte die Füße auf eine alte Kiste gestellt und ein Tamburin zwischen die Knie geklemmt. Auf das Tamburin malte er das Profil eines schönen Mädchens, wie es die Fremden, welche nach Rom kommen, so gern an den häuslichen Herd mitnehmen. Sie bringen es ihren Gattinnen mit und bemerken dabei schelmisch: Schmücke dein Heim!

Wenn man bedenkt, daß Ludovico in der geschilderten, unbequemen Stellung nicht nur Pinsel und Palette hielt, sondern auch ununterbrochen selbstgedrehte Zigaretten zu rauchen fertigbrachte, so wird man wieder einsehen, daß man es in ihm mit keinem gewöhnlichen Maler zu tun hat, vor allem nicht mit einem von denen, die sich ihre Arbeit durch allerlei raffinierte Bequemlichkeiten zu erleichtern suchen. Der Schweiß lief ihm von der Stirn und er mußte ihn immer wieder mit dem Rockärmel abwischen.

– Bitte, setz dich, sagte er kurz, nachdem er mir gleichgültig geöffnet hatte, und ohne seine Miene zu verändern, setzte er sich wieder in Position und malte weiter. Manchmal liebte er es, seine angespannte künstlerische Tätigkeit ein wenig zur Schau zu stellen.

Ich setzte mich auf ein Möbel, das am Nachmittage den Namen Sofa trug, einen Teil der Nacht und vormittags dagegen dem Künstler als Bett diente. Es war mit etlichen Stücken schönfarbiger Stoffe bedeckt, die von den Malern mittwochs auf dem Campo de' fiori so gern erworben werden, weil sie ihren schwelgerischen Augen wohltun.

Nach einigen einleitenden knappen Worten der Alltäglichkeit äußerte Ludovico die Ansicht, das Schicksal jedes Menschen sei von Ewigkeit her mit Notwendigkeit in sich bedingt.

Mir kam das nicht überraschend, denn ich wußte, daß Sor Rodolfo seit einigen Wochen nachts in den tönenden Straßen

Roms in seiner durch Strakosch gebildeten Vortragsweise die orphischen Urworte donnerte:

Wie an dem Tag, der dich der Welt verliehen,
Die Sonne stand zum Gruße der Planeten,
Bist alsobald und fort und fort gediehen
Nach dem Gesetz, wonach du angetreten.

Ich erinnerte ihn daran und er neigte bedeutend das Haupt, indem er seiner Römerin ein fesches Glanzlicht auf die feingeschwungene Nase setzte.

Die Gelegenheit war günstig: ich fand einen glücklichen Übergang und fragte ihn, wie es denn eigentlich mit seinem eigenen Schicksale bestellt sei und ob er auch bei diesem die bedingenden Notwendigkeiten begriffen habe.

– Was führte dich nach Rom?

Er drehte sich eine Zigarette, und als sie fertig war, antwortete er dumpfen Tones:

– Die Liebe.

– Ach! Pardon! Ich möchte nicht unzart sein, aber . . würdest du wohl . . könntest du mir das wohl erzählen?

Über sein Tamburin gebeugt, murmelte er:

– Du rührst an meine bitterste Stelle.

Ich muß bemerken, daß es eine seiner Eigenarten war, die Adjektiva in besonders kühner Weise zu verwenden, wodurch seine Sprache fast immer außerordentlich originell wirkte.

– Du rührst an meine bitterste Stelle. Aber es sei. Schon zu lange trag ich es. Kein Mensch weiß darum. Nicht einmal Sor Rodolfo hab ich es erzählt. Er ist, wie du weißt, schwerhörig wie die Nacht und eine Geschichte wie die meinige ist nicht zu brüllen. – Aber komm! Fahren wir nach Trastevere hinüber, in die Cisterna, da gibt es jetzt den besten Frascati pastoso. Die Pupille des Weltauges dürstet.

Das Tamburin flog neben mir aufs Sofa. Auch mir war's lieber, daß wir gingen. Es hatte etwas Beängstigendes, Ludovico arbeiten zu sehen.

IV

Eine Würdigung der römischen Osterien, zu der unsere Fahrt zur Cisterna mich verführen könnte, will ich mir jetzt versagen und lieber auf ein anderes Mal verschieben, wenn ich auf Sor Rodolfo zurückkomme, an dessen Hand ich meine Erfahrungen gesammelt habe. Es genüge hier zu bemerken, daß die Cisterna in Trastevere – kein Bädeker nennt ihren Namen – ein fürstliches Lokal ist, dem ich zu unauslöschlichem Danke verpflichtet bin.

Ludovico hatte nach römischem Ritus die Gläser ausgeschwenkt, mir eingeschenkt und ich ihm. – Er begann:

– Ja, lieber Freund: es ist so. Eine Frau ist schuld daran. Eine Frau hat mich heruntergelockt: ihr verdank ich es, daß ich nun hier festsitze, daß meine Kunst versauert, daß nichts aus mir geworden ist . . .

– Nichts geworden ist?

– Nun ja. Nichts – oder alles. Das ist dasselbe. Du weißt, wie Faust zu Mephisto sagt: In deinem Nichts hoff ich das All zu finden.

– Ich weiß es. Sor Rodolfo zitiert es ja täglich. Aber bitte, erzähle mir nun, wie ist das alles zugegangen.

– Ja, siehst du: Anton von Werner . . .

Ich zuckte zusammen.

– Was hast du? fragte er.

– O nichts. Ich erschrak nur etwas. Diesen Namen hört man sonst in Rom nicht nennen.

– Ja, ich muß von der Zeit sprechen, als ich in Berlin auf der Akademie war. Damals stand ich mit einem Fuße auf dem Zenith meines Lebens. Anton von Werner – du gehörst vielleicht auch zu denen, die ihn verkennen – aber das geniert mich nicht. Ich halte ihn immer noch für einen unserer größten Künstler und werde ihm Treue und Dankbarkeit bewahren bis in die Nacht meines Lebens.

– Ja, ja, das ist sehr schön von dir. Aber ich . . . mir ist er zu phantastisch. Ich kann mir nicht helfen.

– Streiten wir uns nicht über diesen Mann. Er steht zu hoch dazu. – Hör weiter: Ich habe sehr lange und sehr gründlich bei ihm studiert, hatte ein Maleratelier in der Akademie und war bereits so weit, daß er Aufträge, die ihm zuviel wurden, mir zuwandte. So hab ich damals zum Beispiel durch ihn den Auftrag bekommen, die Gattin des Inhabers einer der größten deutschen Glanzwichsefabriken zu malen. Der Mann hatte in seiner riesigen Verehrung für Werner beschlossen, sich, seine Frau und seine sämtlichen drei Töchter von des Meisters Hand malen zu lassen. Anton von Werner nahm den Mann und die Töchter – die Frau gab er mir. Sie wurde sehr schön.

Er schwieg, versunken in die Erinnerung an die schönen Zeiten der Vergangenheit und tat einen tiefen Schluck.

– Siehst du: so ging es mir schon! Und ich hätte nun bloß dazubleiben brauchen, hätte bloß noch 'ne Malschule für Damen aufzumachen brauchen, und ich könnte heute meine Bilder Stück für Stück mit 2000 Mark verkaufen. Na, 20 im Jahre bringt man leicht zustande – 20 mal 2000 macht 40 000 – kurz, ich wäre heute so gut wie ein Millionär. Und statt dessen . . . . Hm! – Prost! – Also denk dir: Eines schönen Morgens brachte mir Werner einen Mann ins Atelier, der so aussah, wie er hieß. Er hieß Levkojowitz, alter, alter mesopotamischer Adel. Irgendwo in Asien hatte er sich kolossale Gelder verdient, niemand wußte, womit. Werner stellte ihn mir vor und sagte dann zu ihm: Hier, Herr von Levkojowitz, sehen Sie meinen hoffnungsvollsten, talentvollsten, tüchtigsten Schüler. Reden Sie mit ihm! Damit ließ er uns allein. – Wollen Sie malen meine Frau? – Er hatte nicht mal seinen Hut abgesetzt. Ich hielt es für das einzig Würdige, schweigend zu überlegen. – Ich zahle Ihnen 1000 Mark. Wollen Sie? Nun konnt ich nicht mehr. Ich erhob mich und drückte ihm stumm die Hand. Als ich mich einigermaßen gesammelt hatte, sagte ich: Herr von Levkojowitz, es ist nicht meine Art, vorschnell zuzugreifen – indes, da mich der Meister Ihnen empfahl, will ich nicht zögern, zu versuchen usw. –

Der Mann war glücklich. Er setzte seinen Hut ab und erzählte mir in aller Geschwindigkeit die Geschichte seiner Ehe. Er war erst vierzehn Tage verheiratet und erst vor sechs Wochen nach Berlin gekommen. Sein erster Gang war in Castans Panoptikum gewesen. Dort hatte er ein lebendes Bild »Haremszauber« gesehen, die junge Sultanin hatte es ihm angetan: er war mit ihr soupieren gegangen und hatte sie dann ohne Aufenthalt geheiratet.

– Ein verwegener Bursche! Nun – und sie?

– Anderen Tages brachte er sie. Es war an einem Donnerstage! Ich weiß es noch wie heute.

– Wie sah sie aus?

– Wie sie aussah? Hm. Kennst du die Donna adultera vom Tintoretto? Weißt du: die mit der doppelten Haube, mit den hochgezogenen Augenbrauen . . . ihre Augenlider sind müde, als hätte sie geweint, aber die großen dunklen Augen blicken gespannt auf Jesus, der sich abgewendet hat und den alten Herren etwas demonstriert . . ihr Mündchen verharrt dabei in alter Holdseligkeit . . sie weiß noch nicht genau: ist Er nun auch auf sie hereingefallen, wird Er die andern noch einmal herumkriegen? Dann wäre alles gewonnen! – Ich habe das Bild erst später kennengelernt, mir aber dann sofort eine Photographie davon verschafft, die ich bisher noch immer auch aus den traurigsten Mietsverhältnissen gerettet habe. Wenn die Dinge brenzlig wurden, rollte ich sie zusammen und steckte sie in die Brusttasche. Augenblicklich siehst du sie mit einigen besseren Stecknadeln an meine Tür geheftet.

– Ach, das zerknitterte Ding!

– Das zerknitterte Ding! Jawohl: das ist sie – so sah sie aus. Nun weißt du's ganz genau. – – Ja, also: ich fing nun an, sie zu malen. Wenn es nach ihrem Gatten gegangen wäre, hätte ich sie im Trikot malen müssen. So hatte er sie kennengelernt, und so wollte er sie ursprünglich dargestellt sehen. Aber ich protestierte. Ich konnte ihm nicht auseinandersetzen, daß ich mich – ganz abgesehen von meiner privaten Schamhaftigkeit – einer solchen Aufgabe einfach *physisch* nicht gewachsen fühlte – ich erklärte ihm kurzweg, das sei wider die Kunst. Erstens wider die Kunst im allgemeinen, weil mir meine persönliche künstlerische Auffassung der gnädigen Frau – die damals einem religiösen Empfinden nahekam – derartiges absolut verböte, und zweitens wider die Berliner Kunst, die ich bei meinem Meister Anton von Werner mit heißem Bemühen studiert habe. – Nach langen, ernsten Debatten, die sie, ohne ein Wort zu sagen, lächelnd mit anhörte, gab Herr von Levkojowitz schließlich nach. Auf zwei Punkten bestand er jedoch mit aller Entschiedenheit: auf den Armen und auf den Füßen. Sie sollte in einem weißen Morgenkleide in halbliegender Stellung dargestellt werden: mit entblößten Armen und nackten Füßen. Das letztere tat mir besonders leid, denn ich hatte es gerade in der Wiedergabe bekleideter Füße bereits zu einer nicht gewöhnlichen Geschicklichkeit gebracht.

Ludovico schwieg und sah mich mit seinem tiefen Blick durchdringend an. Ich wollte gar nichts sagen – trotzdem rief er:

– Bitte, schweig! Ich weiß, was du sagen willst – aber ein für allemal: ich lasse nichts auf Anton von Werner kommen! – – Also: die Sitzungen begannen. Ich bin der Ansicht, daß man zu einem Porträt gar nicht lange genug sitzen kann. Die Frivolität gewisser Kollegen, die das Bildnis eines Menschen nach sechs, sieben Sitzungen zusammenstreichen, ist mir ganz unverständlich. In mir steckt Gott sei Dank noch die alte Solidität. Auch, mein ich, darf der echte Künstler sich nicht in Stunden zur Arbeit zwingen, wo er keine Lust hat, wo ihm alles zuwider ist. Wie sagt doch Rodolfo immer: ›Hast in der bösen Stund geruht – ist dir die gute doppelt gut.‹ Kurz: es war etwa Weihnachten, als ich angefangen hatte, der April kam und ich war noch immer nicht fertig. Dies war jedoch zum großen Teil auch Schuld der gnädigen Frau. Anfänglich begleitete sie stets ihr Gemahl, aber als dieser später vielfach auf Geschäftsreisen abwesend war, erschien sie entweder in Begleitung anderer Herren, die sie mir vorstellte, oder auch gar nicht, und dann konnt ich mit dem seidenen Morgenkleide, das immer bei mir hing, allein auch nichts anfangen.

Nun hatten die Herrschaften sich aber eine längere Reise nach dem Süden vorgenommen, die sie Anfang April antreten wollten. Es wurde immer später und der Levkojowitz drängte. Mein Bild war fertig – bis auf die Füße. Vor diesen hatte ich eine unerklärliche Angst und suchte mich von Tag zu Tag drum herumzudrücken. Ich steckte mich schließlich hinter Werner und bat ihn, mir zu helfen. Er kam in eine Sitzung, in der auch der Gemahl zugegen war. Er lobte das Bild sehr und meinte schließlich, es würde koloristisch noch bedeutend gehoben werden, wenn unter dem weißen Kleide, gewissermaßen als Schlußpunkt, die beiden zierlichen, schwarzen Lackstiefeletten der Gnädigen zum Vorschein kämen. – Damit empfahl er sich.

Levkojowitz hatte schweigend zugehört, und ich atmete schon heimlich auf und glaubte gewonnenes Spiel zu haben. So ein Paar Lackstiefeletten malte ich virtuos, mit Verve und Temperament in einer halben Stunde herunter. Statt sich jedoch zu äußern, lud mich Levko, wie ich ihn für mich und meinen Kollegen gegenüber zu nennen pflegte, zum Abendessen ein. Klopfenden Herzens, in dunkler Vorahnung einer wichtigen Entscheidung, ging ich zu ihm ins Hotel, und nach Tisch eröffnete er mir dann folgendes:

– Ihr Bild gefällt mir sehr. Es ist schön, meine Frau ist darauf getroffen. Aber es fehlen die Füß. Was der Herr Professor sagt, mag richtig sein für die Kunst. Aber will ich ein Bild für die Kunst – oder will ich ein Bild für mich? Ich will ein Bild für mich. Ich will meine Frau mit die Füß. Sie haben übernommen zu malen mit Arme und mit Füß. Sie müssen noch malen die Füß.

Er hatte recht. Ich war gezwungen, die Füße noch zu malen – um so mehr, als er mir von dem ausgemachten Preise von 1000 Mark erst die Hälfte bezahlt hatte. Ich versprach also seufzend, seinen Wunsch zu erfüllen.

– Nu, bis wann werden Sie fertig? Können Sie's morgen machen?

– O nein! Einige Sitzungen brauch ich da noch.

Er sprang auf:

– Das hab ich mir gedacht . . hab ich mir gedacht. Aber es geht nicht. Wir müssen reisen . . übermorgen müssen wir reisen . . bestimmt. Es wird mir sonst zu spät, es wird mir sonst zu heiß!

Mich packte eine tödliche Angst: die ganze Sache mit den Füßen war vielleicht nur ein Vorwand, um die restierenden 500 Mark zu sparen? Aber er beruhigte mich:

– Ich werd Ihnen einen Vorschlag machen. Was wollen Sie immer hier in Berlin? Ein Künstler wie Sie! Die ganze Welt müssen Sie kennenlernen, Italien, das Land der Schönheit, müssen Sie kennenlernen. Soll ich Ihnen was sagen – kommen Sie mit uns! Ich engagier Sie.

Ich war betäubt – wie vor den Kopf geschlagen. Zwar war es schon seit langem ein heißer Herzenswunsch von mir, einmal nach Italien zu kommen, aber ich hatte mir die Erfüllung dieses Wunsches immer als vorläufig unerreichbar gedacht: ich mußte mir ja zunächst erst in Berlin eine Position schaffen, einen Namen machen, Geld verdienen. Während mir das im Kopf herumging, redete Levko immer weiter auf mich ein. Er stellte mir folgende Bedingungen. Zunächst wollte er mir den Rest von 500 Mark zahlen, ja ich glaube sogar, er gab sie mir noch denselben Abend, sodann sollte ich während der ganzen Reise, die auf etwa ein Jahr berechnet war, sein Gast sein und außerdem ein Taschengeld von monatlich 200 Mark beziehen. Nach Ablauf der Reise würden wir dann alle drei wieder in Berlin eintreffen, wo ich, um so viele Eindrücke bereichert, meine Laufbahn mit verdoppelter Kraft wieder aufnehmen würde. Dagegen sollte ich mich verpflichten, von den landschaftlichen Punkten, die ihm besonders gefielen, Aquarelle oder Skizzen in Öl zu malen, und diese sollten ohne weiteres sein Eigentum sein. Vor allem aber sollte ich zunächst mal die Füße der gnädigen Frau vollenden.

Allen diesen Auseinandersetzungen hatte die gnädige Frau, die fast nie ein Wort sprach, von ihrer Sofaecke aus, in der sie, Zigaretten rauchend, mehr lag als saß, aufmerksam zugehört, und das Lächeln, mit dem sie mich immer ansah, verwirrte mich noch mehr. –

Du wirst es nur begreiflich finden, daß ich schließlich solchem Angebote nicht widerstehen konnte. Obwohl eine innere Stimme mir warnend zurief: Tu's nicht! – sagte ich schließlich doch zu allem Ja. Und so entschied sich noch in jener Stunde mein Schicksal. Ich habe Berlin, ich habe Deutschland seitdem nicht wiedergesehen. Flügellahm sitz ich seit zehn Jahren hier unten – und werde wohl so sitzen bleiben.

V

Ludovico war in ein düsteres Sinnen versunken, er paffte seine Zigarette und trank ein ganzes Glas auf einen Zug aus. Ich mochte ihn eine geraume Zeitlang nicht stören. Schließlich fragte ich ihn sanften Tones:

– Aber damals fühltest du dich doch jedenfalls zunächst sehr glücklich?

– Oh, und wie! Die Reise war herrlich. Wir fuhren von Genua nach Neapel mit dem Dampfer. Ich hatte einen ganz neuen Anzug an und die ganze Welt lag vor mir . . Aber schon bald trübte sich der Himmel. Noch auf dem Schiff war es. Die gnädige Frau war nicht wohl und hatte sich niedergelegt. Da nahm mich Levko beiseite: Mein lieber, junger Freund, sagte er, ich werd Ihnen was anvertrauen. Haben Sie was gemerkt? – Was soll ich gemerkt haben? – Nu, was macht meine Frau für ein Gesicht? Freut sie sich? Ist sie froh? Die ganze Welt soll sie sehen – ist sie vergnügt? Ist sie glücklich? Nichts ist sie! Seit wir fort sind von Berlin, ist ihr mies. Meinen Sie, ich hätt es nicht gemerkt? Mein lieber, junger Freund, ich werd Ihnen was sagen. Es war die höchste Zeit, daß wir abreisten von Berlin. Sie haben mir erzählt von den Freunden meiner

Frau, mit denen sie zu Ihnen gekommen ist ins Atelier. Was heißt Freunde meiner Frau? Sind es meine Freunde? Wozu brauch ich Freunde meiner Frau? Lieber Freund – was ich Ihnen sage – es war die höchste Zeit.

Ich fragte mich vergeblich, warum Levko mir das alles verriet. Aber ich sollt es nur zu bald erfahren. Er fuhr fort: Sehen Sie, mein lieber, junger Freund: Marianne – so hieß nämlich die Gnädige – Marianne ist eine schöne Frau, eine kluge Frau, eine gute Frau . . ich lebe glücklich mit ihr. Warum? Weil sie mir niemals widerspricht . . und warum widerspricht sie nie? Weil sie überhaupt nicht spricht. Man sollte glauben, sie wär eine ruhige Natur. Aber ich weiß es besser: ich trau ihr nicht über den Weg.

Nun wurd es mir aber doch zu bunt, ich fragte ihn direkt: Sagen Sie mir, Herr von Levkojowitz: wozu sagen Sie mir das alles? – Wozu soll ich es Ihnen *nicht* sagen? Sehen nicht vier Augen mehr als zwei Augen?

Jetzt ging mir ein Licht auf. Also ich sollte . . Mein Herr! fuhr ich ihn an – wenn Sie glauben, daß ich Ihnen als Ihr ehelicher Privatdetektiv dienen werde, dann haben Sie sich in mir getäuscht. Ich bin ein Künstler, verstehen Sie! Und kein Spion.

Er sah mich einen Augenblick verdutzt an, aber dann lächelte er sanft und milde: Reden Sie nicht, lieber junger Freund, reden Sie nicht. – Hab ich gesagt: Spion? Ich habe gesagt: Freund! Sind Sie nicht mein Freund? Ich weiß: Sie sind ein Ehrenmann, Sie sind ein Gentleman. Hab ich was anders gesagt? Wie? Oder sind Sie einer von den Freunden meiner Frau ? – O nein! – Nu also!

Kurz, er beschwatzte mich nach allen Regeln der Kunst. Ich bin stets eine innerlich moralische Natur gewesen und da er doch nun mal der Ehemann war, so wurd es ihm auch nicht allzuschwer: ich gelobte ihm schließlich feierlich, in seiner Abwesenheit stets ein wachsames Auge auf die gnädige Frau zu haben und ihm sofort einen Wink zu geben, wenn mir die Ehre seines Hauses gefährdet schiene.

So kamen wir nach Neapel. Die wenigen Tage, die wir dort blieben, verliefen bei schlechtem Wetter still und friedlich. Marianne war sanft und melancholisch. Mit niedergeschlagenen Augen ging sie an Levkos Seite von Sehenswürdigkeit zu Sehenswürdigkeit.

Von Neapel ging es wiederum auf dem Seewege nach Palermo. Dort wollten wir den ersten längeren Aufenthalt nehmen, dorthin war das Gros unseres Gepäcks, unter anderem auch mein Bild, dirigiert.

Wir hatten etwas bewegte See, und die gnädige Frau wurde sofort seekrank. Wir beide hielten uns wacker auf Deck und wurden immer befreundeter. Levko schien mir ein lieber, braver Kerl, der auf die Welt gekommen war, um mich aus meinem engen, norddeutschen Gesichtskreise herauszureißen und mein Glück zu machen.

Ich neckte ihn mit seinen eifersüchtigen Sorgen. Ich hielt ihm vor, wie tadellos Marianne sich in Neapel geführt hatte, wie sie tatsächlich weder rechts noch links geschaut hatte. Und außerdem – so schloß ich meine neckische Rede: – Ihre Frau Gemahlin versteht ja kein Wort Italienisch – was kann sie denn da machen?

Er faßte mich unter den Arm und sagte gewichtig: Mein lieber, junger Freund – wie reden Sie zu mir? Wie ein junger Mensch. Unser Gott hat uns gegeben die Sprache. Sei er gedankt! Aber was hat er uns noch gegeben? Die Augen, die Hände und die Füß. Nu! Wenn wir nicht reden können mit der Sprache – womit werden wir reden? Mit den Augen, mit den Händen, mit die Füß. – Mein lieber, junger Freund: ich habe meine Frau kennengelernt – was ist sie gewesen? Ein lebendes Bild! Was braucht ein lebendes Bild zu sprechen? Ich habe nicht gewußt: ist sie deutsch, ist sie französisch, ist sie englisch oder ist sie italienisch?

Wir kamen in Palermo an. Frühmorgens. Ich brauche dir nicht zu erzählen, wie wundervoll die Einfahrt in den Hafen von Palermo ist – du kennst sie. Als das Schiff stillstand, kam Marianne die Treppe herauf – schweigend wie immer sah sie sich um – und da war es nun ganz entzückend: wie auf ihrem hübschen Gesichte – das anfänglich noch ganz matt und schlaff erschien – die Größe und die Schönheit der Natur sich wiedergab – wie ein herrlicher Abglanz das süße, müde Köpfchen wieder aufleben ließ.

Und nun kehrte die bisherige Apathie überhaupt nicht mehr zurück. Es mag auch wohl das veränderte Wetter dabei mitgewirkt haben – die sizilianischen Offiziere wirkten wie ein Frühlingsregen . . .

Sie war ganz anders wie in Neapel. Levko sagte: Nu sehen Sie: bis jetzt hat sie getrauert. Alle Achtung! Vierzehn Tage sind wir unterwegs . . . Jetzt ist sie's los. Und nun passen Sie auf! Ich bitte Sie, lieber, junger Freund – ich bitte Sie um meinetwillen – passen Sie auf!

Dabei ließ er sie selber nicht aus den Augen. Wir hatten eine möblierte Etage gemietet, und mein Bild war angekommen. Ich zitterte! Drei Tage lang wußte ich es zu verhindern, daß die Kiste geöffnet wurde. Als ich eines Nachmittags heimkam, war es doch geschehen. Und nun fing Levko an zu drängen.

Ich erinnere mich eines gemeinschaftlichen Spazierganges zu dreien.

Ich war innerlich beschäftigt mit der schweren Aufgabe, die mir bevorstand, und neben Marianne gehend, blickte ich unwillkürlich auf ihre Füße. Sie merkte es – wir sahen uns auf einmal an – sie lächelte – o Gott, wenn ich dieses Lächeln malen könnte! – Die Mona Lisa ist dagegen ein Unteroffizier der Heilsarmee – sie lächelte mich an, und ich wurde rot, dunkelrot.

Lieber Otto Erich! Du bist kein Maler . . aber ich hoffe, du kannst es dir vorstellen . . .

– Was?

– Was es heißt, einer solchen Frau die Füße zu – malen. Bleib ernst! Es ist die Klippe, an der mein Leben gescheitert ist. – Ich konnte mich schließlich vor Levko nicht mehr retten. Ich aquarellierte am Strande im Schweiße meines Angesichts – aber ich konnte machen, was ich wollte . . wenn ich heimkam, fragte mich Levko sicher: Nu, mein lieber, junger Freund, was machen die Füß?

Ich wurde sie nicht mehr los – weder aus den Gedanken bei Tage, noch aus den Träumen bei Nacht . . .

Und schließlich . . . Ja: wie es zugegangen ist, weiß ich dir wirklich nicht zu sagen . . . Jedenfalls: am Morgen nach der ersten Sitzung – bei Füßen kann man wohl eigentlich nicht von Sitzungen reden – am nächsten Morgen sagte ich zu mir: Ludovico, du bist ein Schuft. Du hast das Vertrauen des Mannes, der dein Bestes gewollt hat, schmählich mißbraucht. Geh jetzt zu ihm, schlage dich an die Brust und bekenne ihm . . . Na, ich hab es natürlich nicht getan.

Aber nun hatte ich doppelte Qualen zu ertragen. Ich war nun scharf wie ein bissiger Kettenhund: jeder Blick, den Marianne ihren sizilianischen Offizieren zuwarf, brannte in meiner Seele und nebenbei, wenn ich in das trauliche Antlitz Levkos sah, empfand ich die schmerzlichsten Gewissensbisse.

Das dauerte so etwa drei Monate. Ihre Füße hatte ich längst gemalt: es wird wohl das Beste gewesen sein, was ich je gemacht habe. Da, eines Tages – ertappte ich sie. – Er war Hauptmann. – Der Augenschein überzeugte mich.

Und nun wurd ich ganz wild. Ich vergaß jede Vorsicht, stürmte zu Levko, Levko stürmte zu ihr, ich stürmte an den Strand und dort – nu ja – dort stürmte das Meer.

Ich ging die Nacht nicht heim. Erst am andern Mittag kam ich wieder in unsere Wohnung. Sie war leer. Ich trat in den Salon: da stand mein fertiges Bild. Aber es war nicht mehr fertig . . nur noch einige Fetzen hingen in dem Rahmen, der Rest lag in verschiedene Formate zerschnitten auf dem Boden des Hauses, ich meine auf dem Teppich.

In meinem Zimmer fand ich zwei Briefe, einen von ihm und einen von ihr.

Er schrieb ohne Überschrift: Ich hab mich überzeugt: Sie sind der gemeinste Lügner und Verleumder, und weil Sie selber ein Wollüstling sind, haben Sie meine Marianne bei mir in einen falschen Verdacht bringen wollen. Fertig. Ignaz von Levkojowitz.

Sie schrieb . . auch ohne Überschrift: Du bist ein Esel.

Die Kürze dieses Briefes entsprach durchaus ihrer sonstigen Schweigsamkeit. Das Wesentliche wußte sie trotzdem immer zum Ausdruck zu bringen. – –

Aber was war nun? Ich erfuhr, daß die Herrschaften am frühen Morgen nach Marsala gefahren waren und ihr Gepäck nach Tunis beordert hatten. Sie waren zweifellos bereits auf Deck nach Afrika.

Und ich saß da. Ich hatte zwar noch einiges Geld, etwa 50 Lire – die Skizzen, die ich gemalt hatte, waren vom tüchtigen Levko alle mitgenommen oder heimgeschickt, was weiß ich –

Ich machte ein paar verfehlte Selbstmordversuche – das heißt, Pardon: ich stieg gelegentlich auf einen Felsen am Meer und – die Welt ist eine ewige Einheit . . Alles lebt in Allem . . also, nicht wahr: da lohnt es sich gar nicht. Man bleibt lieber leben. –

Was soll ich dir noch sagen? Mein Geld reichte bis Rom. Und hier . . Nun ja: hier siehst du mich ja. Ich werde doch hier nicht wieder weggehen? Was? Wo's hier diesen wundervollen Frascati gibt? Wie? – – *Na Prost!*

Hermann Hesse

Der Zwerg

Eine alte venezianische Aventiure

Wenn es euch recht ist, meine Herrschaften, will ich heute einmal eine alte Geschichte erzählen, von einer schönen Dame, einem Zwerg und einem Liebestrank, von Treue und Untreue, Liebe und Tod, wovon ja alle alten Abenteuer und Mären handeln.

Das Fräulein Margherita Cadorin, die Tochter des Edlen Battista Cadorin, war zu ihrer Zeit unter den schönen Damen von Venedig die schönste, und die auf sie gedichteten Strophen und Lieder waren zahlreicher als die Bogenfenster der Paläste am großen Kanal und als die Gondeln, die an einem Sommerabend zwischen dem Ponte del Vin und der Dogana schwimmen. Hundert junge und alte Edelleute, von Venedig wie von Murano, und auch solche aus Padua, konnten in keiner Nacht die Augen schließen ohne von ihr zu träumen, noch am Morgen erwachen, ohne sich nach ihrem Anblick zu sehnen; und in der ganzen Stadt gab es kaum eine Gentildonna, welche den Namen der Margherita Cadorin vernehmen konnte, ohne vor Eifersucht zu erblassen. Sie zu beschreiben steht mir nicht zu, der ich weder ein großer Maler noch auch nur ein mittelmäßiger Erzähler bin, und ich kann nur sagen, daß sie blond, und groß und schlank wie eine junge Zypresse gewachsen war, daß ihren Haaren die Luft und ihren Sohlen der Boden schmeichelte, und daß ich gerne zur Schar der Toten gerechnet würde, wenn ich das Glück genossen hätte, zu ihren Zeiten zu leben und sie einigemal mit meinen Augen gesehen zu haben.

An Kleidern, an Spitzen, an byzantinischem Goldbrokat, an Steinen und Schmuck litt die Schöne keinen Mangel, vielmehr ging es in ihrem Palaste reich und prächtig her: der

Fuß trat auf farbige und dicke Teppiche aus Kleinasien, die Schränke verbargen goldenes Gerät genug, die Tische erglänzten von feinen Tüchern und herrlichem Silberzeug, die Fußböden und Treppen waren vom besten Mosaik, und die Decken und Wände teils mit Stickereien auf Brokat und Seide, teils mit heiteren und schönen Malereien bedeckt. Ebenso war keinerlei Mangel an Dienerschaft, noch an Gondeln und Ruderern.

Alle diese köstlichen und erfreulichen Dinge gab es aber freilich auch in anderen Häusern; es gab größere und reichere Paläste als den ihrigen, vollere Schränke, herrlichere Geräte, Tapeten und Schmucksachen. Das Kleinod jedoch, welches die junge Margheritha allein besaß und das den Neid vieler Reicheren erregte, war ein Zwerg, Filippo genannt, nicht ganz drei Ellen hoch und mit zwei lustigen Höckerchen versehen.

Filippo war aus Cypern gebürtig und hatte, als ihn Herr Vittorio Battista mit sich von Reisen heimbrachte, nur Griechisch und Syrisch gekonnt, nun aber sprach er ein so reines Venezianisch, als wäre er in San Vio oder im Kirchspiel von San Giobbe zur Welt gekommen. So schön seine Herrin war, so häßlich war der Zwerg, neben dessen verkrüppeltem Wuchse die Donna doppelt schlank und königlich erschien, wie der Turm einer Inselkirche neben einer Fischerhütte. Seine Hände waren braun und gekrümmt, sein Gang unsäglich lächerlich, seine Nase ungeheuer, seine Füße breit und einwärts gestellt. Gekleidet ging er wie ein Fürst, in lauter Seide und Goldstoff.

Schon dies Äußere machte den Zwerg zu einem Kleinod; vielleicht gab es nicht nur in Venedig, sondern in ganz Italien, Mailand nicht ausgenommen, keine seltsamere und possierlichere Figur; und manche Majestät, Hoheit oder Exzellenz hätte gewiß den kleinen Mann gern mit Gold aufgewogen, wenn er nur dafür feil gewesen wäre.

Aber wenn es auch vielleicht an Höfen oder in reichen Städten einige Zwerge geben mochte, welche dem Filippo an

Antonio Canaletto:
Die Brücke mit den drei Bogen am Canareggio

Kleinheit und Häßlichkeit gleichkamen oder ihn gar übertrafen, so blieben doch an geistigen Fähigkeiten alle weit hinter ihm zurück. Wäre es allein auf die Klugheit angekommen, so hätte er ruhig im Rat der Zehne sitzen oder eine Gesandtschaft verwalten können. Nicht allein sprach er drei Sprachen, sondern er war auch in Historien, Ratschlägen und Erfindungen wohl erfahren, konnte ebensowohl alte Geschichten erzählen als neue erfinden und verstand sich nicht weniger auf guten Rat denn auf böse Streiche, und vermochte jeden, wenn er nur wollte, so leicht zum Lachen wie zum Verzweifeln zu bringen.

An heiteren Tagen, wenn die Donna auf ihrem Söller saß, um ihr wundervolles Haar in der Sonne zu bleichen, war sie stets von ihren beiden Kammerdienerinnen, von ihrem afrikanischen Papagei und von dem Zwerg Filippo begleitet. Die Dienerinnen befeuchteten und kämmten ihr langes Haar und breiteten es über dem großen Schattenhute zum Bleichen aus, bespritzten es mit Rosentau und mit griechischen Wassern, und dazu erzählten sie alles, was in der Stadt vorging oder vorzugehen im Begriff war: Sterbefälle, Feierlichkeiten, Hochzeiten und Geburten, Diebstähle und komische Ereignisse. Der Papagei schlug mit seinen schönfarbigen Flügeln und machte seine drei Kunststücke: ein Lied pfeifen, wie eine Ziege meckern und »gute Nacht« rufen. Der Zwerg saß daneben, still in der Sonne gekauert, und las in alten Büchern und Rollen, auf das Mädchengeschwätz so wenig achtend, wie auf die schwärmenden Mücken. Alsdann geschah es jedesmal, daß nach einiger Zeit der bunte Vogel nickte, gähnte und entschlief, daß die Mägde langsamer plauderten und endlich verstummten und ihren Dienst lautlos mit müden Gebärden versahen; denn gibt es einen Ort, wo die Mittagssonne heißer und schläfernder brennen kann, als auf dem Söller eines venezianischen Palastdaches? Dann wurde die Herrin mißmutig und schalt heftig, sobald die Mädchen ihre Haare zu trocken werden ließen oder gar ungeschickt anfaßten. Und dann rief sie: »Nehmt ihm das Buch weg!«

Die Mägde nahmen das Buch von Filippos Knien, und der Zwerg schaute zornig auf, fragte aber sogleich aufs höflichste, was der Herrin beliebe.

Und sie befahl: »Erzähl mir eine Geschichte!«

Darauf antwortete der Zwerg: »Ich will nachdenken«, und dachte nach.

Hierbei geschah es zuweilen, daß er zu lange zögerte, so daß Margherita ihn scheltend anrief. Er schüttelte aber ruhig den Kopf und antwortete gleichmütig: »Ihr müßt noch ein wenig Geduld haben. Gute Geschichten sind wie ein edles Wild. Sie hausen verborgen und man muß lange am Eingang der Schluchten stehen und sie erwarten. Lasset mich nachdenken.«

Wenn er aber genugsam gesonnen hatte und zu erzählen begann, dann hielt er nicht inne, bis er zu Ende war, und seine Erzählung lief ununterbrochen wie ein vom Berge kommender Fluß dahin, in welchem alle Dinge sich spiegeln von den kleinen Gräsern bis zum blauen Gewölbe des Himmels. Der Papagei schlief, im Traum zuweilen mit dem krummen Schnabel knarrend, die kleinen Kanäle lagen unbeweglich, so daß die Spiegelbilder der Häuser stillstanden wie wirkliche Mauern, die Sonne brannte auf das flache Dach herab und die Mägde kämpften unterliegend gegen den Schlummer. Der Zwerg aber löschte die Sonne aus und führte seine Herrin bald durch schwarze, schauerliche Wälder, bald auf den blauen Grund des kühlen Meeres, bald durch die Straßen fremder und fabelhafter Städte; denn er hatte die Kunst des Erzählens im Morgenlande gelernt, wo die Erzähler kunstreich und mächtig wie die Zauberer sind und mit den Seelen der Zuhörenden spielen, wie ein Kind mit dem Balle spielt.

Beinahe niemals begannen seine Geschichten in fremden Ländern, wohin die Seele des Zuhörenden nicht leicht aus eigenen Kräften zu steigen vermag. Sondern er begann stets mit dem, was man mit Augen sehen kann, sei es mit einer goldenen Spange, sei es mit einem seidenen Tuche, und leitete die Einbildung seiner Herrin unmerklich wohin er wollte, indem er von früheren Besitzern solcher Kleinode oder von ihren Meistern und Verkäufern zu berichten anhob, so daß die Geschichte vom Söller des Palastes in die Barke des Händlers, von der Barke in den Hafen und auf das Schiff und an jeden entferntesten Ort der Welt sich hinüber wiegte. Wer ihm zuhörte, der glaubte selbst die Fahrt zu machen, und während er noch ruhig zu Venedig saß, irrte sein Geist schon fröhlich oder ängstlich auf fernen Meeren und in fabelhaften Gegenden umher. Auf eine solche Art erzählte Filippo.

Außer solchen wunderbaren, zumeist morgenländischen Märchen berichtete er aber auch wirkliche Abenteuer und Begebenheiten aus alter und neuer Zeit, von des Königs Aeneas Fahrten und Leiden, vom Reiche Cypern, vom Könige Johannes, vom Zauberer Vergilius und von den gewaltigen Reisen des Amerigo Vespucci. Obendrein verstand er selbst die merkwürdigsten Geschichten zu erfinden und vorzutragen. Als ihn eines Tages seine Herrin beim Anblick des schlummernden Papageien fragte: »Du Alleswisser, wovon träumt denn jetzt mein Vogel?«, da besann er sich nur eine kleine Weile und begann sogleich einen langen Traum zu erzählen, so, als wäre er selbst der Papagei, und als er zu Ende war, da erwachte gerade das Tier, meckerte wie eine Ziege und schlug mit den Flügeln um sich. Oder nahm die Dame ein Steinchen, warf es über die Brüstung ins Wasser hinab, daß man es klatschen hörte, und fragte: »Nun, Filippo, wohin kommt jetzt mein Steinchen?« Und sogleich hub der Zwerg zu berichten an, wie das Steinchen im Wasser zu Quallen, Fischen, Krabben und Austern kam, zu ertrunkenen Schiffern und Wassergeistern, Kobolden und Meerfrauen, deren Leben und Begebenheiten er wohl kannte, und die er genau und deutlich zu schildern wußte.

Obwohl nun das Fräulein Margherita, gleich so vielen schönen Damen, hochmütig und eines harten Herzens war, hatte sie doch zu ihrem Zwerge viele Zuneigung und achtete darauf, daß jedermann ihn gut und ehrenhaft behandelte. Nur sie selber machte sich zuweilen einen Spaß daraus, ihn ein wenig zu quälen. Bald nahm sie ihm alle seine Bücher weg, bald sperrte sie ihn in den Käfig ihres Papageien, bald brachte sie ihn auf der Treppe zum Straucheln. Dies tat sie jedoch alles nicht in böser Absicht, auch beklagte sich Filippo niemals, aber er vergaß nichts und brachte zuweilen in seinen Märchen kleine Anmerkungen und Stiche an, welche das Fräulein sich denn auch ruhig gefallen ließ. Sie hütete sich wohl, ihn allzu sehr zu reizen, denn jedermann glaubte ihn im Besitz verborgener Wissenschaften und heimlicher Mittel. Mit Sicherheit wußte man, daß er die Kunst verstand, mit mancherlei Tieren zu reden, und daß er im Vorhersagen von Witterung und Stürmen unfehlbar war. Doch schwieg er zumeist still, wenn jemand mit solchen Fragen in ihn drang, und wenn er dann die schiefen Achseln zuckte und den schweren steifen Kopf zu schütteln versuchte, vergaßen die Fragenden ihr Anliegen vor lauter Lachen.

Wie ein jeder Mensch das Bedürfnis hat, irgend einer lebendigen Seele zugetan zu sein und Liebe zu erweisen, so hatte auch Filippo außer seinen Büchern noch eine absonderliche Freundschaft, nämlich mit einem schwarzen Hündlein, das ihm gehörte und sogar bei ihm schlief. Es war das Geschenk eines unerhört gebliebenen Liebhabers an das Fräulein Margherita, und dem Zwerg von seiner Dame überlassen worden. Gleich am ersten Tage nämlich war es verunglückt und von einer zugeschlagenen Falltür getroffen worden. Es sollte getötet werden, da hatte der Zwerg das Tier für sich erbeten und zum Geschenk erhalten. Unter seiner Pflege war es genesen und hing mit großer Dankbarkeit an seinem Retter. Doch war ihm das geheilte Bein krumm geblieben, so daß es stark hinkte und dadurch noch besser zum Verwachsenen paßte, worüber Filippo manchen Scherz zu hören bekam.

Wenn diese Liebe zwischen Zwerg und Hund lächerlich war, so war sie doch nicht minder aufrichtig und herzlich, und ich glaube, daß mancher reiche Edelmann von seinen besten Freunden nicht so innig geliebt wurde, wie der krummbeinige Bologneser von Filippo. Dieser nannte ihn Filippino, woraus der Kosename Fino entstand, und behandelte ihn so zärtlich wie ein Kind, sprach mit ihm, trug ihm leckere Bissen zu, ließ ihn in seinem Bettlein schlafen und spielte oft lange mit ihm, kurz er übertrug alle Liebe seines heimatlosen und armen Lebens auf das kluge Tierchen und nahm seinetwegen vielen Spott der Dienerschaft und der Herrin auf sich. Und ihr werdet in Bälde sehen, wie wenig lächerlich diese Zuneigung war, denn sie hat nicht allein dem Hunde und dem Zwerge, sondern dem ganzen Hause großes Unheil gebracht. Es möge euch deshalb nicht verdrießen, daß ich so viele Worte über einen kleinen, lahmen Hund verlor, sind doch die Beispiele nicht selten, daß durch viel geringere Ursachen große und schwere Schicksale hervorgerufen wurden.

Während so viele vornehme, reiche und hübsche Männer ihre Augen auf Margherita richteten und ihr Bild in ihrem Herzen trugen, blieb sie selbst so stolz und kalt, als gäbe es keine Männer auf der Welt. Sie war nämlich nicht nur bis zum Tode ihrer Mutter, einer gewissen Donna Maria aus dem Hause der Giustiniani, sehr streng erzogen worden, sondern hatte auch von Natur ein hochmütiges, der Liebe widerstrebendes Wesen und galt mit Recht für die grausamste Schöne von Venedig. Ihretwegen fiel ein junger Edler aus Padua im Duell mit einem Mailänder Hauptmann, und als sie es vernahm und die an sie gerichteten letzten Worte des Gefallenen ihr berichtet wurden, sah man auch nicht den leisesten Schatten über ihre weiße Stirn laufen. Mit den auf sie gedichteten Sonetten trieb sie ewig ihren Spott, und als fast zu gleicher Zeit zwei Freier aus den angesehensten Familien der Stadt sich feierlich um ihre Hand bewarben, zwang sie trotz seines eifrigen Widerstrebens und Zuredens ihren Vater, beide abzuweisen, woraus eine schwere und langwierige Familienzwistigkeit entstand.

Allein der kleine geflügelte Gott ist ein Schelm und läßt sich ungern eine Beute entgehen, zumal aber eine so schöne. Man hat es oft genug erlebt, daß gerade die unzugänglichen und stolzen Frauen sich am raschesten und heftigsten verlieben, wie auf den härtesten Winter gewöhnlich auch der früheste und wärmste Frühling folgt. Es geschah bei Gelegenheit eines Festes in den Muraneser Gärten, daß Margherita ihr Herz an einen jungen Ritter und Seefahrer verlor, der vor kurzem von der Levante zurückgekehrt war. Er hieß Baldassare Morosini und gab der Dame, deren Blick auf ihn gefallen war, weder an Adel noch an Schönheit etwas nach. An ihr war alles licht und leicht, an ihm aber dunkel und stark, und man konnte ihm ansehen, daß er lange Zeit auf der See und in fernen Ländern gewesen und ein Freund der Abenteuer war, denn über seine gebräunte Stirn zuckten die Gedanken wie Blitze, und über seiner kühnen, gebogenen Nase brannten dunkle Augen heiß und scharf.

Es war nicht anders möglich, als daß er auch Margherita sehr bald bemerkte, und sobald er ihren Namen in Erfahrung gebracht hatte, trug er sogleich Sorge, ihrem Vater und ihr selber vorgestellt zu werden, was unter vielen Höflichkeiten und schmeichelhaften Worten geschah. Bis zum Ende der Festlichkeit, welche nahezu bis Mitternacht dauerte, hielt er sich, soweit der Anstand es erlaubte, in ihrer Nähe auf, und sie hörte auf seine Worte, auch wenn sie an andere als an sie selbst gerichtet waren, eifriger als auf das Evangelium. Wie man sich denken kann, ward Herr Baldassare des öfteren genötigt, von seinen Reisen und bestandenen Gefahren zu erzählen, und er tat dieses mit so viel Anstand und Heiterkeit, daß jeder ihn gern anhörte. In Wirklichkeit waren seine Worte nur einer einzigen Zuhörerin zugedacht, und diese ließ sich nicht einen Hauch davon entgehen. Er berichtete von den seltensten Abenteuern so leichthin, als müßte ein jeder sie kennen, und stellte seine Person nicht allzusehr in den Vordergrund, wie es sonst die Seefahrer und zumal die jungen zu machen pflegen. Nur einmal, da er von einem Gefecht mit kleinasiatischen Piraten erzählte, erwähnte er einer schweren Verwundung, deren Narbe quer über seine linke Schulter laufe, und bei diesem Bericht litt die schöne Margherita gewiß nicht weniger Angst und Schmerzen, als er selber dazumal erlitten hatte.

Zum Schlusse begleitete er sie und ihren Vater zu ihrer Gondel, verabschiedete sich und blieb noch lange stehen, um dem Fackelglanz der über die bläuliche Lagune entgleitenden Gondel nachzublicken. Erst als er diesen ganz aus den Augen verloren hatte, kehrte er zu seinen Freunden in ein Gartenhaus zurück, wo die jungen Edelleute, und auch einige schöne Dirnen dabei, noch einen Teil der warmen Nacht beim gelben Griechenwein und beim roten süßen Alkermes verbrachten. Unter ihnen war ein Giambattista Contarini, einer der reichsten und lebenslustigsten jungen Männer von Venedig. Dieser trat dem Baldassare entgegen, berührte seinen Arm und sagte lachend: »Wie sehr hoffte ich, du würdest uns heute nacht die Liebesabenteuer deiner Reisen erzählen! Nun ist es wohl nichts damit, da die schöne Cadorin dein Herz mitgenommen hat. Aber weißt du auch, daß sie von Stein ist und keine Seele hat? Sie ist wie ein Bild des Giorgione, an dessen Frauen nichts zu tadeln ist, als daß sie nur zum Ansehen da sind. Im Ernst, ich rate dir, halte dich fern, – oder hast du Lust, als Dritter abgewiesen und zum Hohn der Cadorinischen Dienerschaft zu werden?«

Baldassare aber lachte nur und hielt es nicht für notwendig, sich zu rechtfertigen. Er leerte ein paar Becher von dem süßen, ölfarbigen Cyperwein und begab sich früher als die andern nach Hause.

Am darauffolgenden Tage suchte er zu guter Stunde den alten Cadorin in seinem hübschen kleinen Palaste auf und bestrebte sich auf jede Weise, dessen Zuneigung vollends ganz zu gewinnen. Am Abend brachte er mit mehreren Sängern und Spielleuten der schönen jungen Dame eine Serenata und hatte das Glück, dieselbe zuhörend am Fenster stehen und sogar für einige Augenblicke auf dem Balkon verweilen zu sehen. Natürlich sprach sofort die ganze Stadt davon, ja die Bummler und Klatschbasen, an welchen Venedig schon damals Überfluß hatte, wußten schon von einer Verlobung und sogar vom mutmaßlichen Hochzeitstage zu reden, noch ehe jener sein Prachtkleid angelegt hatte, um dem Vater Margheritas seine Werbung vorzutragen; er verschmähte es nämlich, der Sitte gemäß nicht in eigener Person, sondern durch einen oder zwei seiner Freunde anzuhalten. Doch bald genug hatten jene gesprächigen Vorauswisser die Freude, ihre Prophezeiungen bestätigt zu sehen.

Als Herr Baldassare Morosini seinen Wunsch aussprach, der Schwiegersohn des alten Cadorin zu werden, kam dieser in eine nicht geringe Verlegenheit.

»Mein teuerster Herr«, sprach er flehend, »ich unterschätze bei Gott die Ehre eines solchen Antrages für mich und meine Tochter nicht. Dennoch weiß ich nichts anderes zu tun, als Euch inständig zu bitten, von Eurem Vorhaben zurückzutreten, um nicht Eure und meine eigene Familie ohne Not in großen Kummer zu versetzen. Da Ihr so lange auf Reisen und fern von Venedig gewesen seid, wisset Ihr nicht, in welche Nöte das unglückselige Mädchen mich schon gestürzt hat, indem sie bereits zwei überaus ehrenvolle Anträge ohne alle Ursache abgewiesen hat. Es scheint fast so, als habe sie kein Herz im Leibe und wolle nie etwas von Liebe wissen, und ich bin zu alt und schwach geworden, um ihre Hartnäckigkeit durch Strenge zu brechen. Darum flehe ich Euch an, Eure schon gesagten Worte wieder zu vergessen und mir diesen neuen Kummer ersparen zu wollen, denn ich darf nicht wagen zu hoffen, die Herzlose habe in dieser kurzen Zeit ihren Sinn geändert.«

Da der Freier den armen alten Herrn so geängstigt und verzweifelt sah, erfand er in der Eile eine List und gab ihm folgende Fabel zu besten:

»Euer Kummer tut mir herzlich leid, mein verehrtester Herr; allein ich glaube zuversichtlich, daß diesmal die Sache anders verlaufen und uns alle zu den glücklichsten Menschen machen wird. Höret nämlich, daß Eure Tochter ohne Zweifel vom Himmel selbst für mich bestimmt ist und nur aus dieser

Ursache jene früheren Werbungen nicht annehmen konnte. Ihr wundert Euch, woher ich dieses weiß? Lasset mich denn erzählen! Wie Ihr wisset, lag ich lange Zeit verwundet und schwerkrank im Hause eines Gastfreundes meines Vaters zu Tripolis. In einer Nacht daselbst, als ich vor Schmerzen nicht schlafen konnte und ganz an meinem Leben verzweifelte, sandte mir der Himmel eine wunderbare Erscheinung. Es trat nämlich eine verschleierte Gestalt vor meine Lagerstatt, welche ein überaus schönes und liebreizendes Mädchen an der Hand führte. ›Tröste dich‹, sprach sie aufs freundlichste, ›du wirst genesen und in deine Heimat zurückkehren und daselbst zum glücklichsten Manne werden.‹ Damit verschwand sie wieder und ließ mich im freudigsten Erstaunen zurück. Das Mädchen aber, das sie mit sich geführt hatte, war das vollkommene Ebenbild Eurer Tochter Margherita, für welche mich denn auch von jener Stunde an die heftigste Liebe erfüllte.«

In Wirklichkeit hatte der junge Mann zu Tripolis mit ganz anderen als mit geträumten Mädchenbildern zu tun gehabt. Auf den alten Herrn Vittorio Battista machte aber die Erzählung großen Eindruck. Immerhin versprach er, mit seiner Tochter zu reden, und forderte den Jüngling auf, nach vier Tagen wiederzukommen.

Man kann sich leicht denken, wie die Antwort des Fräuleins ausfiel. Zwar machte sie zum Schein einige geringfügige Einwände, in ihrem Herzen aber hatte sie schon lange »ja« gesagt, ehe sie noch gefragt worden war. Nach vier Tagen erschien Baldassare mit einem zierlichen und kostbaren Geschenk, steckte seiner Verlobten einen goldenen Brautring an den Finger und küßte zum ersten Mal ihren stolzen, schönen Mund.

Nun hatten die Venezianer etwas zu schauen und zu schwatzen und zu beneiden. Niemand konnte sich erinnern, jemals ein so prächtiges Paar gesehen zu haben. Beide waren groß und hoch gewachsen und keines auch nur um eine Haaresbreite größer oder kleiner als das andere. Sie war blond, er war schwarz, und beide trugen ihre Häupter hoch und frei, denn sie gaben einander weder an Adel noch an Hochmut das geringste nach.

Nur eines gefiel der schönen Margherita nicht, daß nämlich Herr Baldassare erklärte, in Bälde nochmals nach Cypern reisen zu müssen, um daselbst wichtige Geschäfte zum Abschluß zu bringen. Erst nach seiner Rückkehr von dort sollte die Hochzeit stattfinden, auf welche schon jetzt die ganze Stadt sich wie auf eine öffentliche Feier freute. Einstweilen genossen die Brautleute ihres Glückes von Herzen; der Bräutigam ließ es an Veranstaltungen jeder Art, an Geschenken, Ständchen und Überraschungen nicht fehlen, und so oft es irgend anging, war er mit Margherita zusammen; auch machten sie, die Sitte umgehend, insgeheim manche verschwiegene gemeinsame Fahrt in verdeckter Gondel.

Wenn Margherita hochmütig und ein wenig grausam war, so war ihr Verlobter es nicht weniger. Je eifriger er als Freier den Bescheidenen und Angenehmen gespielt hatte, desto mehr gab er jetzt, da sein Ziel erreicht war, den Launen seiner Natur nach. Schon von Hause aus ungestüm und herrisch, hatte er als Seemann sich vollends daran gewöhnt, ganz nach seinen Gelüsten zu leben und sich in nichts um andere Leute zu kümmern. Es war seltsam, daß ihm von Anfang an in der Umgebung seiner Braut mancherlei zuwider war, am meisten der Papagei, das Hündchen Fino und der Zwerg Filippo. So oft er diese sah, ärgerte er sich und tat alles, um sie zu quälen. Und so oft er ins Haus trat und seine starke Stimme auf der gewundenen Treppe erklang, entfloh das Hündlein heulend und fing der Vogel an zu schreien und mit den Flügeln zu schlagen; der Zwerg begnügte sich damit, die Lippen zu verziehen und hartnäckig zu schweigen. Um gerecht zu sein, muß ich sagen, daß Margherita, wenn nicht für die Tiere, so doch für Filippo manches Wort einlegte, und den armen Zwerg zuweilen zu verteidigen suchte; aber freilich wagte sie ihren Geliebten nicht zu reizen und konnte oder wollte manche kleine Quälerei und Grausamkeit nicht verhindern.

Mit dem Papagei nahm es ein schnelles Ende. Eines Tages, da Baldassare ihn wieder quälte, und mit einem Stäbchen nach ihm stieß, hackte der erzürnte Vogel nach seiner Hand und riß ihm mit seinem starken und scharfen Schnabel einen Finger blutig, worauf jener ihm den Hals umdrehen ließ. Er wurde in den schmalen finsteren Kanal an der Rückseite des Hauses geworfen und von niemand betrauert.

Nicht besser erging es bald darauf dem Hündlein Fino. Es hatte sich, als der Bräutigam seiner Herrin einst das Haus betrat, in einem dunklen Winkel der Treppe verborgen. Der junge Herr aber, vielleicht weil er irgend etwas in seiner Gondel hatte liegen lassen, stieg gleich darauf unvermutet wieder die Stufen hinab. Der erschrockene Fino bellte laut auf und sprang so hastig und ungeschickt empor, daß er um ein Haar den Herrn zu Fall gebracht hätte. Stolpernd erreichte dieser, gleichzeitig mit dem Hunde, den Flur, und da das Tierlein in seiner Angst bis zum Portal weiter rannte, wo vier breite Stufen in den Kanal hinabführten, versetzte er ihm unter grimmigem Fluchen einen so heftigen Fußtritt, daß der Hund weit ins Wasser hinaus geschleudert wurde.

In diesem Augenblick erschien der Zwerg, der Finos Bellen und Winseln gehört hatte, im Torgang und stellte sich neben Baldassare, der mit Gelächter zuschaute, wie das halblahme Hündlein angstvoll zu schwimmen versuchte. Zugleich erschien auf dem Balkon des ersten Stockwerks Margherita.

»Schicket die Gondel hinüber, bei Gottes Güte«, rief Filippo ihr atemlos zu. »Lasset ihn holen, Herrin! Er ertrinkt mir! O Fino, Fino!«

Aber Herr Baldassare lachte und hielt den Ruderer, der schon die Gondel lösen wollte, durch einen Wink zurück. Nochmals wollte sich Filippo an seine Herrin wenden und sie anflehen, aber Margherita verließ in diesem Augenblick den Balkon ohne ein Wort zu sagen. Da kniete der Zwerg vor seinem Peiniger nieder und flehte ihn an, dem Hunde das Leben zu lassen. Der Herr wandte sich unwillig ab, befahl ihm streng, ins Haus zurückzukehren, und blieb an der Gon-

Antonio Canaletto: Portikus in Perspektive gesehen

deltreppe so lange stehen, bis der kleine Fino mit leisem Keuchen untersank.

Filippo hatte sich auf den obersten Boden unter dem Dache begeben. Dort saß er in einer Ecke, stützte den schweren, häßlichen Kopf auf die Hände und starrte vor sich hin. Es kam eine Kammerjungfer, um ihn zur Herrin zu rufen, und dann kam und rief ihn ein Diener, aber er rührte sich nicht. Und als er spät am Abend immer noch dort oben saß, stieg seine Herrin selber mit einer Ampel in der Hand zu ihm herauf. Sie blieb vor ihm stehen und sah ihn eine Weile an. »Warum stehst du nicht auf?« fragte sie dann. Er gab keine Antwort. »Warum stehst du nicht auf?« fragte sie nochmals.

Da blickte der Verwachsene sie an und sagte leise: »Warum habt Ihr meinen Hund umgebracht?«

»Ich war es nicht, die es tat«, rechtfertigte sie sich.

»Ihr hättet ihn retten können und habet ihn umkommen lassen«, klagte der Zwerg. »O mein Liebling! O Fino, o Fino!«

Da wurde Margherita ärgerlich und befahl ihm scheltend, aufzustehen und zu Bette zu gehen. Er folgte ihr, ohne ein Wort zu sagen, und blieb drei Tage lang stumm wie ein Toter, berührte die Speisen kaum und achtete auf nichts, was um ihn her geschah und gesprochen wurde.

In diesen Tagen ward die junge Dame von einer großen Unruhe befallen. Sie hatte nämlich von verschiedenen Seiten Dinge über ihren Verlobten vernommen, welche ihr schwere Sorge bereiteten. Man wollte wissen, der junge Herr Morosini sei zeitlebens ein schlimmer Mädchenjäger gewesen und habe namentlich auf seinen Seefahrten wohl mehr als hundert Liebesabenteuer erlebt. Wirklich war dies auch die reine Tatsache, und Margherita wurde voll Zweifel und Angst und konnte namentlich an die bevorstehende neue Reise ihres Bräutigams nur mit den bittersten Seufzern denken. Am Ende hielt sie es nicht mehr aus, und eines morgens, als Baldassare bei ihr in ihrem Hause war, sagte sie ihm alles und verheimlichte ihm keine von ihren Befürchtungen.

Er lächelte. »Was man dir, Schönste, berichtet hat, ist alles wahr. Die Liebe ist gleich einer Woge, sie kommt und erhebt uns und reißt uns mit sich fort, ohne daß wir widerstehen können. Dennoch aber weiß ich wohl, was ich meiner Braut und der Tochter eines Edlen von Venedig schuldig bin; du magst daher ohne Sorge sein.«

Und weil von seiner Kraft und Kühnheit ein Zauber ausging, gab sie sich stille und lächelte und streichelte seine harte, braune Hand. Aber so bald er von ihr ging, kehrten alle ihre Befürchtungen wieder und ließen ihr keine Ruhe, so daß diese so überaus stolze Dame nun das geheime Leid der Liebe erfuhr und in ihren seidenen Decken halbe Nächte lang nicht schlafen konnte.

In ihrer Bedrängnis wandte sie sich ihrem Zwerge Filippo wieder zu. Dieser hatte inzwischen sein früheres Wesen wieder angenommen und stellte sich, als hätte er den schmählichen Tod seines Hündleins nun ganz vergessen. Auf dem Söller saß er wieder wie sonst, lesend oder erzählend, während Margherita ihr herrliches Haar an der Sonne bleichte. Nur einmal erinnerte er sie noch an jene Geschichte. Da sie ihn nämlich fragte, worüber er denn so tief nachsinne, sagte er mit seltsamer Stimme: »Gott segne dieses Haus, gnädige Herrin, das ich tot oder lebendig bald zu verlassen müssen fürchte.« – »Warum denn?« entgegnete sie. Da zuckte er auf seine lächerliche Weise die Achseln: »Der Vogel ist fort, der Hund ist fort, was soll der Zwerg noch da?« Sie untersagte ihm darauf solche Reden ernstlich und er sprach nicht mehr davon. Die Dame war der Meinung, er denke nicht mehr daran, und zog ihn wieder ganz in ihr Vertrauen. Er aber, wenn sie ihm von ihrer Sorge redete, verteidigte Herrn Baldassare und ließ auf keine Weise merken, daß er jenem seine Übeltaten noch nachtrage. So gewann er die Freundschaft seiner Herrin in hohem Grade wieder.

An einem Sommerabend, als vom Meere her ein wenig Kühlung herüberwehte, bestieg Margherita samt dem Zwerge ihre Gondel und ließ sich ins Freie rudern. Als die

Gondel in die Nähe von Murano kam, und die Stadt nur noch wie ein weißes Traumbild in der Ferne auf der glatten, schillernden Lagune schwamm, befahl sie Filippo, eine Geschichte zu erzählen. Sie lag auf dem schwarzen Pfühle ausgestreckt, der Zwerg kauerte ihr gegenüber am Boden, den Rücken dem hohen Schnabel der Gondel zuwendend. Die Sonne hing am Rande der Berge, die vor rotem Dunst kaum sichtbar waren; auf Murano begannen einige Glocken zu läuten. Der Gondelier bewegte von der Wärme betäubt, halb schlafend und langsam sein langes Ruder, und seine gebückte Gestalt samt der Gondel spiegelte sich in dem von Tang durchzogenen Wasser. Zuweilen fuhr in der Nähe eine Frachtbarke vorüber, oder eine Fischerbarke mit einem lateinischen Segel, dessen spitziges Dreieck für einen Augenblick die fernen Türme verdeckte und hoch über sie hinweg bis in die Mitte des Himmels emporragte.

»Erzähl mir eine Geschichte!« befahl Margherita und Filippo neigte seinen schweren Kopf, spielte mit den Goldfransen seines seidenen Leibrockes, sann eine Weile nach und erzählte dann folgende kurze Begebenheit:

»Eine merkwürdige und ungewöhnliche Sache erlebte einst mein Vater zu der Zeit, da er noch in Byzanz lebte, lang ehe ich geboren ward. Er betrieb damals das Gewerbe eines Arztes und Ratgebers in schwierigen Fällen, wie er denn sowohl die Heilkunde als auch die Magie von einem Perser, der in Smyrna lebte, erlernt und in beiden große Kenntnisse erworben hatte. Da er aber ein ehrlicher Mann war und sich weder auf Betrügereien noch auf Schmeicheleien, sondern einzig auf seine Kunst verließ, hatte er vom Neid und Haß mancher Schwindler und Kurpfuscher beständig viel zu leiden und sehnte sich schon lange nach einer Gelegenheit, in seine Heimat zurückzukehren. Doch wollte er das durchaus nicht eher tun, als bis er sich wenigstens ein geringes Vermögen in der Fremde erworben hätte, denn er wußte zu Hause die Seinigen in den erbärmlichsten Verhältnissen schmachten. Je weniger daher sein Glück in Byzanz blühen wollte, während er doch manche Betrüger und Pfuscher ohne Mühe zu Reichtümern gelangen sah, desto trauriger wurde mein guter Vater und verzweifelte nahezu an der Möglichkeit, ohne marktschreierische Mittel sich aus dieser Not zu ziehen. Denn es fehlte ihm keineswegs an Klienten, und er hat Hunderten in den schwierigsten Lagen geholfen, aber es waren zumeist arme und geringe Leute, von denen er sich geschämt hätte, mehr als eine Kleinigkeit für seine Dienste anzunehmen.

In so betrübter Lage sandte mein Vater viele Klagen zum Himmel und war schon entschlossen, die Stadt zu Fuß und ohne Geld zu verlassen oder Dienste auf einem Schiffe zu suchen. Doch beschloß er, noch einen Monat zu warten, ob nicht die Vorsehung doch noch seine Wünsche erhören und ihm aus der Not helfen würde. Aber auch diese Zeit verstrich, ohne daß etwas derartiges geschehen wäre. Traurig packte er also am letzten Tag seine wenigen Habseligkeiten zusammen und beschloß, am nächsten Morgen aufzubrechen.

Am Abend des letzten Tages wandelte er außerhalb der Stadt am Meeresstrande hin und her und man kann sich denken, daß seine Gedanken dabei die trostlosesten waren. Die Sonne war längst untergegangen und schon breiteten die ersten Sterne ihr weißes Licht über das ruhige Meer.

Da vernahm mein Vater plötzlich in größter Nähe ein lautes, klägliches Seufzen. Er schaute rings um sich, und da er niemand erblickte, erschrak er gewaltig, denn er nahm es als böses Vorzeichen für seine Abreise. Als jedoch das Klagen und Seufzen sich noch lauter wiederholte, ermannte er sich und rief: ›Wer ist da?‹ Und sogleich hörte er ein Plätschern am Meeresufer, und als er sich dorthin wandte, sah er im blassen Schimmer der Sterne eine helle Gestalt. Vermeinend, es sei ein Schiffbrüchiger oder Badender, trat er hilfreich hinzu und sah nun mit Erstaunen die schönste, schlanke und schneeweiße Wasserfrau mit halbem Leibe aus dem Wasser ragen. Wer aber beschreibt seine Verwunderung, als die Nereide ihn mit flehender Stimme anredete: ›Bist du nicht der griechische Magier, welcher in der gelben Gasse wohnt?‹

›Der bin ich‹, antwortete er aufs freundlichste, ›was wollt Ihr von mir?‹

Da begann das junge Meerweib von neuem zu klagen und ihre schönen Arme zu recken und bat unter vielen Seufzern, mein Vater möge ihrer Sehnsucht barmherzig sein und ihr einen starken Liebestrank bereiten, da sie sich in vergeblichem Verlangen nach ihrem Geliebten verzehre. Dazu blickte sie ihn aus ihren schönen Augen so flehend und traurig an, daß er sogleich beschloß, ihr zu helfen. Doch fragte er zuvor, auf welche Weise sie ihn belohnen wolle. Dazu versprach sie ihm eine Kette von Perlen, so lang, daß ein Weib sie achtmal um den Hals zu schlingen vermöge. ›Aber diesen Schatz‹, fuhr sie fort, ›sollst du nicht eher erhalten, als bis ich gesehen habe, daß dein Trank seine Wirkung getan hat.‹

Sogleich eilte nun mein Vater in die Stadt zurück, brach seine wohlverpackten Bündel wieder auf und bereitete den gewünschten Liebestrank mit solcher Eile, daß er schon um Mitternacht wieder an jener Stelle des Ufers war, wo die Meerfrau auf ihn wartete. Er händigte ihr eine winzig kleine Phiole mit dem kostbaren Safte ein, und sie forderte ihn unter den lebhaftesten Danksagungen auf, in der folgenden Nacht sich wieder einzufinden, um die versprochene reiche Belohnung in Empfang zu nehmen. Er ging davon und verbrachte die Nacht und den Tag in der stärksten Erwartung. Denn er hegte zwar keinerlei Zweifel an der Kraft und Wirkung seines Trankes, wohl aber daran, daß die Nixe ihr Versprechen auch wirklich wahrmachen würde. In solchen Gedanken verfügte er sich beim Einbruch der folgenden Nacht wieder an denselben Ort, und er brauchte nicht lange zu warten, bis auch das Meerweib in seiner Nähe aus den Wellen tauchte.

Wie erschrak jedoch mein Vater, als er sah, was er mit seiner Kunst angerichtet hatte! Als nämlich die Nixe lächelnd näher kam und ihm in der Rechten die schwere Perlenkette entgegenhielt, erblickte er in ihrem Arme den Leichnam eines ungewöhnlich schönen Jünglings, welchen er an seiner Kleidung als einen griechischen Schiffer erkannte. Sein Gesicht war totenblaß, und seine Locken schwammen auf den Wellen, die Nixe drückte ihn zärtlich an sich und wiegte ihn wie einen Knaben.

Sobald mein Vater dies gesehen hatte, tat er einen lauten Schrei und verwünschte sich und seine Kunst, worauf das Weib mit ihrem toten Geliebten plötzlich in die Tiefe versank. Auf den Steinen des Ufers aber lag die Perlenkette, und da nun doch das Unheil nicht wieder gut zu machen war, nahm er sie an sich und trug sie unter dem Mantel in seine Wohnung, wo er sie zertrennte, um die Perlen einzeln zu verkaufen. Mit dem erlösten Gelde begab er sich auf ein nach Cypern abgehendes Schiff und glaubte nun aller Not für immer entronnen zu sein. Allein das an dem Gelde hängende Blut eines Unschuldigen brachte ihn von einem Unglück ins andere, so daß er, durch Stürme und Seeräuber aller seiner Habe beraubt, seine Heimat erst nach zwei Jahren als ein schiffbrüchiger Bettler erreichte.«

Während dieser ganzen Erzählung lag die Herrin auf ihrem Polster und hörte mit der äußersten Aufmerksamkeit zu. Als der Zwerg zu Ende war und schwieg, sprach auch sie kein Wort und verharrte in tiefem Nachdenken, bis der Ruderer innehielt und auf den Befehl zur Heimkehr wartete. Dann schrak sie wie aus einem Traum auf, winkte dem Gondelier und zog die Vorhänge vor sich zusammen. Das Ruder drehte sich eilig, die Gondel flog wie ein schwarzer Vogel der Stadt entgegen, und der allein dasitzende Zwerg blickte ruhig und ernsthaft über die dunkelnde Lagune, als sänne er schon wieder einer neuen Geschichte nach. In Bälde war die Stadt erreicht, und die Gondel eilte durch den Rio Panada und mehrere kleine Kanäle nach Hause.

In dieser Nacht schlief Margherita sehr unruhig. Durch die Geschichte vom Liebestrank war sie, wie der Zwerg vorausgesehen hatte, auf den Gedanken gekommen, sich desselben Mittels zu bedienen, um das Herz ihres Verlobten sich für immer zu sichern. Am nächsten Morgen begann sie mit Filippo darüber zu reden, aber nicht gerade heraus, sondern indem sie aus Scheu zuerst allerlei Fragen stellte. Sie legte Neugierde an den Tag, zu erfahren, wie denn ein solcher Trank beschaffen sei, ob wohl heute noch jemand das Geheimnis seiner Zubereitung kenne, ob er keine giftigen und schädlichen Säfte enthalte, und ob sein Geschmack nicht derart sei, daß der Trinkende Argwohn schöpfen müsse. Der schlaue Filippo gab auf alle diese Fragen gleichmütig Antwort und tat, als merke er nichts von den geheimen Wünschen seiner Herrin, so daß diese immer deutlicher reden mußte und ihn schließlich fragte, ob sich wohl in Venedig jemand finden würde, der imstande wäre, jenen Trank herzustellen.

Da lachte der Zwerg und rief: »Ihr scheint mir sehr wenig Fertigkeit zuzutrauen, meine Herrin, wenn Ihr glaubet, daß ich von meinem Vater, der ein so großer Weiser war, nicht einmal diese einfachsten Anfänge der Magie erlernt habe.«

»Also vermöchtest du selbst einen solchen Liebestrank zu bereiten?« rief die Dame mit großer Freude.

»Nichts leichter als dieses«, erwiderte Filippo. »Allein ich kann nicht einsehen, wozu Ihr meiner Kunst bedürfen solltet, da Ihr doch am Ziel Eurer Wünsche seid und einen der schönsten und vornehmsten Jünglinge zum Verlobten habet.«

Aber die Schöne ließ nicht nach, in ihn zu dringen, und am Ende fügte er sich unter scheinbarem Widerstreben. Der Zwerg erhielt drei Dukaten zur Beschaffung der nötigen Gewürze und Mittel und für später, wenn alles gelungen wäre, das Versprechen eines sehr ansehnlichen Geschenkes.

Er war schon in Tagesfrist mit seinen Vorbereitungen fertig und trug den Zaubertrank in einem kleinen blauen Glasfläschchen bei sich, das vom Spiegeltisch seiner Herrin genommen war. Da die Abreise des Herrn Baldassare nach Cypern schon nahe bevorstand, war Eile geboten. Als nun an einem der folgenden Tage Baldassare seiner Braut eine heimliche Lustfahrt am Nachmittag vorschlug, wo der Hitze wegen in dieser Jahreszeit sonst niemand Spazierfahrten unternahm, da schien dies sowohl Margherita als auch dem Zwerg die geeignete Gelegenheit zu sein.

Als zur bezeichneten Stunde am hinteren Tor des Hauses Baldassares Gondel vorfuhr, stand Margherita schon bereit und hatte Filippo bei sich, welcher eine Weinflasche und sein Körbchen Pfirsiche in das Fahrzeug brachte und, nachdem die Herrschaften eingestiegen waren, sich gleichfalls in die Gondel verfügte und hinten zu den Füßen des Ruderers Platz nahm. Dem jungen Herrn war es zuwider, daß der Zwerg mitfuhr, doch enthielt er sich, etwas darüber zu sagen, da er in diesen letzten Tagen vor seiner Abreise mehr als sonst den Wünschen seiner Geliebten nachzugeben für gut hielt.

Der Ruderer stieß ab. Baldassare zog die Vorhänge dicht zusammen und kosete im versteckten und überdachten Sitzraume mit seiner Dame. Der Zwerg saß ruhig im Hinterteile der Gondel und betrachtete die alten, hohen und finsteren Häuser des Rio dei Barcaroli, durch welchen der Ruderer das Fahrzeug trieb, bis es beim alten Palazzo Giustiniani, neben welchem damals noch ein kleiner Garten lag, die Lagune am Ausgang des Canal grande erreichte. Heute steht, wie jedermann weiß, an jener Ecke der schöne Palazzo Barozzi.

Zuweilen drang aus dem verschlossenen Raume ein gedämpftes Gelächter oder das leise Geräusch eines Kusses oder das Bruchstück eines Gespräches. Filippo war nicht neugierig. Er blickte übers Wasser bald nach der sonnigen Riva, bald nach dem schlanken Turme von San Giorgio Maggiore, bald rückwärts gegen die Löwensäule der Piazzetta. Zuweilen blinzelte er dem fleißig arbeitenden Ruderer zu, zuweilen plätscherte er mit einer dünnen Weidengerte, die er am Boden gefunden hatte, im Wasser. Sein Gesicht war so häßlich und unbeweglich wie immer und spiegelte nichts von seinen Gedanken wider. Er dachte aber an sein ertrunkenes Hündlein Fino und an den erdrosselten Papagei, und erwog bei sich, wie allen Wesen, Tieren wie Menschen, beständig das Verderben nahe ist und daß wir auf der Welt nichts Gewisses vorhersehen und erwarten können, als den sicheren Tod. Er dachte seines Vaters und seiner Heimat und seines ganzen Lebens, und ein herber Spott überflog sein Gesicht, da er bedachte, wie fast überall die Weisen im Dienst der Narren stehen und wie das Leben der meisten Menschen einer schlechten Komödie gleicht. Er lächelte, indem er an seinem reichen, seidenen Kleide niedersah.

Und während er noch stille saß und lächelte, geschah das, worauf er schon die ganze Zeit gewartet hatte. Unter dem Gondeldache erklang die Stimme Baldassares und gleich darauf diejenige Margheritas, welche rief: »Wo hast du den Wein und den Becher, Filippo?« Herr Baldassare hatte Durst und es war nun die Zeit, ihm mit dem Weine jenen Trunk beizubringen.

Er öffnete sein kleines blaues Fläschchen, goß den Saft in einen Trinkbecher und füllte ihn mit rotem Wein auf. Margherita öffnete die Vorhänge, und der Zwerg bediente sie, indem er der Dame die Pfirsiche, dem Bräutigam aber den Becher darbot. Sie warf ihm fragende Blicke zu und schien von Unruhe erfüllt.

Herr Baldassare hob den Becher und führte ihn zum Munde. Da fiel sein Blick auf den noch vor ihm stehenden Zwerg und plötzlich stieg ein Argwohn in seiner Seele auf.

»Halt!« rief er, »Schlingeln von deiner Art ist nie zu trauen. Ehe ich trinke, will ich dich vorkosten sehen.«

Filippo verzog keine Miene. »Der Wein ist gut«, sagte er höflich.

Aber Baldassare blieb mißtrauisch. »Wagst du etwa nicht zu trinken, Krummer?« rief er heftig.

»Verzeihet, Herr«, erwiderte der Zwerg, »ich bin nicht gewohnt, Wein zu trinken.«

»So befehle ich es dir. Ehe du nicht davon getrunken hast, soll mir kein Tropfen über die Lippen kommen.«

»Habet keine Sorge!« lächelte Filippo, verneigte sich, nahm den Becher aus Baldassares Händen, trank einen Schluck daraus und gab ihn zurück. Baldassare wartete eine Weile, dann trank er den Rest des Weines mit einem starken Zuge aus.

Es war heiß, und die Lagune glänzte mit blendendem Schimmer. Die Liebenden suchten wieder den Schatten der Gardinen auf, der Zwerg aber setzte sich seitwärts auf den Boden der Gondel, fuhr sich mit der Hand über die breite Stirn und kniff seinen häßlichen Mund zusammen, wie einer, der einen großen Schmerz empfindet.

Er wußte, daß er in einer Stunde nicht mehr am Leben sein würde. Der Trank war Gift gewesen. Eine seltsame Erwartung bemächtigte sich seiner Seele, die so nahe vor dem Tor des Todes stand. Er blickte nach der Stadt zurück und erinnerte sich der Gedanken, denen er sich vor kurzem hingegeben hatte. Schweigend starrte er über die gleißende Wasserfläche und überdachte sein Leben. Es war eintönig und arm gewesen – ein Weiser im Dienste von Narren, eine schale Komödie. Als er spürte, daß sein Herzschlag ungleich wurde und seine Stirn sich mit Schweiß bedeckte, stieß er ein bitteres Gelächter aus.

Niemand hörte darauf. Der Ruderer stand halb im Schlaf, und hinter den Vorhängen war die schöne Margherita erschrocken um den plötzlich erkrankten Baldassare beschäftigt, der ihr in den Armen starb und kalt wurde. Mit einem lauten Weheschrei stürzte sie hervor. Da lag ihr Zwerg, als wäre er eingeschlummert, in seinem prächtigen Seidenkleide tot am Boden der Gondel.

Das war Filippos Rache für den Tod seines Hündleins. Die Heimkehr der unseligen Gondel mit den beiden Toten brachte ganz Venedig in Entsetzen und Trauer.

Donna Margherita verfiel in Wahnsinn, lebte aber noch eine Reihe von Jahren. Zuweilen saß sie an der Brüstung ihres Balkons und rief jeder vorüberfahrenden Gondel oder Barke zu: »Rettet ihn! Rettet den Hund! Rettet den kleinen Fino!« Aber man kannte sie schon und achtete nicht darauf.

Heinrich Mann

Die Ehrgeizige

Daß er der Frau des Gemeindesekretärs die schöne Alba Nardini vorzog, mußte der junge Tenor Nello Gennari mit dem Leben büßen. Frau Camuzzi hatte geschickt gehandelt; niemand ahnte, sie sei es gewesen, die Alba auf die Frau des Schneiders eifersüchtig gemacht und sie in solchen Wahnsinn getrieben hatte, daß sie den Geliebten und sich erstach. Ungefährdet hätte sie weiterleben können. Vier Wochen später aber verschwand sie aus der kleinen Stadt.

Von Florenz schrieb sie ihrem Gatten, daß sie den Gedanken nicht länger habe ertragen können, sie solle an seiner Seite altern. Denn er habe keinen Ehrgeiz. Statt sich in die Politik zu werfen, zu handeln, zu steigen, statt seiner Frau, die nach ihnen lechze, die Höhen der Welt zu erschließen, halte er sie nieder, lasse sie verkümmern im Dunstkreis seiner trägen Skepsis; und die Macht in der Stadt behalte ein Marktheld wie der Advokat Belotti. Noch sei sie jung; und so habe sie denn auf eigene Verantwortung den Schritt getan, den er sie nicht habe führen wollen. Als Geliebte des berühmten Künstlers Cavaliere Giordano trete sie in die große Welt ein, der sie sich gewachsen fühle. Mit vollem Bewußtsein habe sie sich ihr Schicksal geschaffen. Camuzzi solle nicht versuchen, sie zu hindern, es wäre unnütz.

Die Wahrheit war, daß sie sich dem alten Giordano nicht aus Ehrgeiz hingegeben hatte, sondern im Dienst ihrer Rache an Nello Gennari, und daß sie es schon getan hatte, als er in der kleinen Stadt weilte. Ein ahnungsloses Wort des alten Sängers hätte das Mißverständnis zerreißen können, dem der junge erliegen sollte. Darum behielt Frau Camuzzi ihn bei sich im Zimmer, bis endlich die ganze Operntruppe von dannen war und Nello sich im Hause des Schneiders verborgen hatte, unwissend, daß er nicht bestimmt sei, mit Alba zu fliehen, vielmehr mit ihr zu sterben . . . Nun aber waren sie fort, die Komödianten. Die kleine Stadt, die dank ihnen kurze Zeit ein gesteigertes Lebensgefühl gekannt hatte, fiel zurück in um so grauere Nüchternheit, und Frau Camuzzi hinter ihren verschlossenen Fensterläden litt die Qualen der lebendig Begrabenen. Sie hatte sich gezeigt, wer sie war und was sie vermochte. Dort oben in der steinigen Erde des Friedhofes lagen zwei, deren Verhängnis, allen unbekannt, sie gewesen war. Im Bewußtsein ihrer entsetzlichen Macht saß sie stundenlang reglos auf ihrem Bett, die Augen in den großen schwarzen Augen, die aus dem Spiegel starrten. Plötzlich aber drückte sie sie ins Kissen, krümmte sich ganz zusammen und erstickte ihr Stöhnen. Denn ihre Macht war Ohnmacht gewesen: sie hatte nicht machen können, daß Nello sie liebte! Jene beiden verhöhnten sie noch aus dem Grabe. Nachts hörte sie ihre Stimmen; sie sprachen von Umarmungen, die sie ihr stahlen. »Nello, ich töte dich!« – »Das hast du schon getan. Was kannst du noch? Ich liebe Alba.« Dann, Gesicht und Hals naß von Tränen, erwachte sie, und neben ihr atmete wohlig dieser Mann, dem es gut ging, da er sein Leben lang Gemeindesekretär und ihr Gatte zu sein dachte. Das nicht, das nicht! – und eines Morgens in der Dämmerung bestieg sie drunten am Stadttor ein Wägelchen, weil für solch eine kleine Stadt beides zu groß gewesen war, ihre Tat und ihre Liebe.

Der Gemeindesekretär in seiner tiefen Überzeugung, daß die Welt trotz aller menschlichen Anstrengungen doch immer am selben Fleck bleibe und eigentlich nichts geschehe, war sehr erstaunt, als ihm seine Frau durchging. Er machte die Reise nach Florenz, bestellte sie in ein Café, und sie kam auch, denn sie kannte ihn. Er sagte ihr nichts, was ein maßvoller und klarsichtiger Mann nicht sagen konnte. Er wollte sie an keine Empfindung erinnern, die sie daheim zurückhalten könne. Kinder seien nun einmal nicht da, und für sich selbst bitte er nicht. Aber sie sollte ihre eigenen Chancen erwägen. Die seien nicht groß, denn sie kenne die Welt nicht, sei, was sie sich auch einbilde, eine Kleinstädterin und auch nicht schön genug für das, was sie vorhabe, nicht von der verführerischen, den Mann herabziehenden Schönheit, die solchen Frauen zum Erfolg verhelfe.

»Aber jene haben keinen Verstand, und ich weiß, was ich will. Übrigens bleibt mir keine Wahl, denn bei dir kann ich nicht länger leben.«

Der Gatte gab zu, daß man mit dieser Tatsache rechnen müsse. Er halte sie für krank, werde dies zu Hause angeben und ihre Rückkehr innerhalb der nächsten acht Wochen in Aussicht stellen. Sie sei ihm stets willkommen; Gewalt und Skandal lägen nicht in seiner Absicht. Romantische Einflüsse trügen wohl die Schuld an allem, wiederholte er mehrmals; und er nannte sogar den Namen Nello Gennari, wenn auch ohne unvorsichtige Folgerungen. Er war ein kluger Gatte. Frau Camuzzi, die seiner Einladung nur gefolgt war, weil es nichts zu befürchten gab, haßte ihn, wie er nun fortging, ohne sich aufgeregt zu haben, noch heftiger.

Andererseits war das Zusammenleben mit dem Cavaliere Giordano nicht reich an Reizen. In seinem Hause war der Aufenthalt einer Frau nicht vorgesehen. Die Zimmer glichen Ausstellungen von Porzellan und Goldwaren; unter jeder Vase, jedem Schrein eine Tafel: »Von Seiner Majestät dem Kaiser von Rußland«, »Von der Stadt Buenos Aires«; und in seinem Schlafzimmer hingen die alten goldenen Kränze, »Vom Maestro Rossini«, »Von Madame Ratazzi«, über allen Wänden und bis auf das Bett des alten Sängers; dies Prunkbett, mit rotem Damast zwischen den vergoldeten Schnitzereien, war ein Geschenk der Kaiserin Eugénie. Frau Camuzzi saß des Abends mit ihm im Café, als einzige Frau unter seinen Freunden. Wenn alle andern fort waren, blieben sie beide noch sitzen; der Alte wartete auf den Schlaf, und sie spielten Domino.

Er blies sich auf, so oft er mit ihr durch die Straßen ging. Die Grüße nahm er mit bedeutsamem Lächeln an und auf Glückwünsche entgegnete er:

»Man sieht wohl, der Ruhm ist nicht eitel. Wir berühmten Männer haben vor euch andern dennoch etwas voraus; denn in einem Alter, wo Schönheit und Kraft nicht mehr für uns werben, ist es unser großer Name, der eine Frau von weitem herbeizieht. Dies Geschöpf wäre zugrunde gegangen ohne mich.«

Sie hatte es ihm gesagt, und er war überzeugt davon. Geschmeichelt durch die Macht, die ihm, so spät noch, über ein Leben gegeben war, faßte er eine wahre Zuneigung für die junge Frau. Vor dem Schlafengehen, wenn er sie schon auf die Stirn geküßt hatte, behielt er manchmal noch, väterlich und gedemütigt zugleich, ihre Hand in der seinen. Warum hatte er sie nicht früher gekannt, als er einer Frau mehr zu sein vermochte als heute! Freilich würde er damals den Wert einer Liebe wie der ihren vielleicht nicht verstanden haben. Das Leben war grausam, man mußte auf Gott hoffen . . Um so freigebiger kam er allen Wünschen seiner Freundin zuvor. Man begann, wo sie vorüberfuhr, nach dem Namen dieser eleganten Frau zu fragen. Der alte Sänger sah sich nach einer Villa um, die er ihr zu schenken dachte. Denn sein Haus hatte er als Museum seines Ruhmes der Stadt vermacht.

Dies alles aber war nicht geeignet, dem jungen Gino zu gefallen, einem liebenswürdigen Bummler, der neben dem Spiel und den kleinen Geschenken der Frauen mit nichts so sehr rechnete wie mit der offenen Hand seines Onkels, des Cavaliere Giordano. Die hübsche Intrigantin, die sich bei dem armen Alten eingenistet hatte, mochte ihm, Gino, immerhin süße Augen machen, das hinderte nicht, daß er sich bedroht fühlte. Was wollte sie? Den Alten heiraten? Oder ihn selbst, den gesetzlichen Erben? Manchmal verliebte er sich für einen Abend; und manchmal verfolgte er das Ziel, sie zu verführen und sich von seinem Onkel mit ihr erwischen zu lassen. Frau Camuzzi selbst erlöste ihn aus seinen Zweifeln. Die Erbschaft des Sängers schien ihr nicht bedeutend genug, um ihretwegen die Laufbahn, der sie sich bestimmte, mit einem Skandal zu eröffnen. Eines Nachmittags, als der Alte schlief, rief sie den Neffen in ihr Zimmer. Die roten Vorhänge belebten ihre Haut, ihre Matinee war kleidsam; der junge Mann zeigte sich angeregt, sie hatte Mühe, ihn an den Ernst des Lebens zu erinnern. Ihre Interessen widersprächen sich gar nicht. – Nein, erwiderte er, denn er werde glücklich sein, sie zufrieden zu sehen, sogar auf seine Kosten.

»Das ist eine unvorsichtige Äußerung. Aber es ist, als sei sie nicht getan, denn von mir haben Sie nichts zu fürchten, ich werde Florenz bald verlassen haben.«

Und auf seine enttäuschten Ausrufe:

»Warum sollten wir nicht offen miteinander reden? Wir kennen uns, weder Sie noch ich halten uns hier im Hause zu unserm Vergnügen auf. Ich bin hergekommen, um durch den Cavaliere mit Leuten bekannt zu werden, die mir nützen könnten; denn ich habe höhere Zwecke, als Sie glauben.«

Indes er die Augen aufriß, setzte sie ihm auseinander, daß sie sich überzeugt habe, in Florenz sei weder viel Geld noch große Macht zu erwerben. Die Gesellschaft sei vorurteilsvoll, das politische Treiben belanglos. Er rühme sich doch seiner Bekannten in Rom, aller dieser Journalisten, dieser Deputierten.

»Das bewegte Leben, der weitverzweigte Einfluß, die Intrigen, das ist's, was mich anzieht. Welches Spiel mit Menschen treibt ein Mann wie der Conte Malfigi, und welches Spiel würde erst eine Frau treiben, die ihn in der Hand hätte!«

Der junge Gino lächelte überlegen zu den abenteuerlichen Vorstellungen dieser kleinen Provinzlerin; er öffnete den Mund, um über den Conte Malfigi etwas zu erzählen, besann sich aber rechtzeitig. Er wollte ihr helfen, bei seinen Verbindungen sei es leicht. Sie möge auf ihn zählen. Und er nahm Abschied, beruhigt über die Zukunft seines Erbes, aber übelwollend gestimmt, weil in den Plänen der interessanten Frau ihm selbst eine so untergeordnete Rolle zugeteilt war.

Schon tags darauf kam er wieder zur selben Stunde und in Begleitung eines schönen, bedeutenden Mannes gegen vierzig. Er stellte vor: Conte Malfigi. Denn es traf sich außerordentlich, der berühmte Politiker und Lebemann war vorübergehend in Florenz. Er erklärte, die Einladung seines jungen Freundes sei ihm ein längst gesuchter Anlaß gewesen, die schöne und ungewöhnliche Frau kennenzulernen, von der man auch in Rom schon spreche. Er blieb bis kurz vor dem Erwachen des Cavaliere Giordano. Dieselbe Stunde führte ihn das zweite Mal zu Frau Camuzzi, und Gino fehlte. Ihre dritte Zusammenkunft aber verlegten sie bereits in ein möbliertes Hotel außerhalb des Zentrums der Stadt. Der mächtige Mann zeigte sich begeistert von seiner Eroberung; er sei entschlossen, Florenz nur mit ihr zu verlassen. Sie sagte einfach: »Ich liebe dich, ich folge dir.« Garantien zu verlangen, verschmähte sie, sie vertraute ihrer Kunst.

In Rom bezogen sie nicht den Palazzo Malfigi, sondern wählten, um sich einige Tage ungestört zu lieben, ein kleines Hotel, wo der Conte unbekannt war. Erst des Abends gingen sie aus, beschränkten sich im Theater auf die Rückplätze der Logen, in den Restaurants auf die separierten Salons und hatten wirklich das Glück, unbeachtet zu bleiben. Der Conte vermied es sogar, sich Geld zu holen. Als er keins mehr hatte, gab Frau Camuzzi das ihrige her. Endlich erklärte er, den Sitzungen der Kammer nicht länger fernbleiben zu können; er wolle sie nun in sein Haus führen. Sie widerstand nur zum Schein; der Liebestraum währte ihr schon zu lange. Wie sie beim Bahnhof vorüber kamen, wunderte er sich, daß sein Wagen nicht da sei. Sie nahmen eine Droschke. Er war bleich und seufzte oft. Plötzlich sagte er:

»Nun ist das Unglück geschehen, ich liebe dich wirklich.«

»Ist das ein Unglück?« fragte sie.

Er sagte: »Unter diesen Umständen wohl. Denn ich sollte dich nur zum Scherz lieben, da ich ja gar nicht der Conte Malfigi bin.«

Sie sank hart auf das Polster, ihre Augen waren schwarz wie nie, und ihre Lippen lagen weiß aufeinander. Er hatte vollauf Zeit zu berichten. Er war ein Versicherungsbeamter und mit dem jungen Gino befreundet, der ihn angestiftet und ihn mit Geld versehen hatte.

»Aber jetzt liebe ich dich. Verzeih mir und bleibe bei mir!«

Sie ließ den Wagen halten und sagte:

»Steigen Sie aus!«

Dann fuhr sie weiter, ohne zu wissen, wohin. Nach Florenz konnte sie nicht zurückkehren; in ihrem Abschiedsbrief an den Cavaliere Giordano stand ein unvorsichtiger Satz mit Bezug auf die Prahlereien des Alten, die sie so oft gedemütigt hatten. Wie sollte sie auch nur den Kutscher bezahlen? Schließlich ließ sie sich zu einem Juwelier fahren und verkaufte einen Ring.

Sie mietete ein Zimmer, das ärmste, billigste, das zu finden war, und in dem Augenblick, da sie es betrat, schwur sie sich, nur gegen den Palazzo Malfigi werde sie es vertauschen. Sie stellte sich diese Aufgabe als Buße ihrer Einfalt. Je schwerer sie war, desto schauerlicher die Wollust der Anspannung. Eine mittellose Frau, nicht mehr ganz neu angezogen, ohne einen einzigen Bekannten in dem gierigen Gewimmel der Hauptstadt – und nahm sich vor, bis in ihre begehrteste Mitte vorzudringen und eine ihrer Herrinnen zu werden. Sie besuchte das Parlament und ließ sich den Abgeordneten Malfigi zeigen. Es war ein halber Greis von fünfundfünfzig, etwas lächerlich zurechtgestutzt. Er redete auch und machte ein paar Witze über die Priester. Frau Camuzzi mußte an den Advokaten Belotti denken, den großen Freigeist ihrer kleinen Stadt, der den Pfarrer Don Taddeo bekämpfte, aber gleich dem letzten alten Weib an die Evangelina Mancafede glaubte, die Unsichtbare, die aus ihrem dunklen Winkel hinter dem Turm nie hervorkam und dennoch alle Schicksale der Stadt kannte, noch bevor sie eintraten. Die Kammer und ihre Redeschlachten schienen ihr ein vergrößertes Abbild des heimischen Marktplatzes. Wenn zu Hause der Baron Torroni durchaus nicht wollte, daß der Wirt Malandrini zum Stadtverordneten gewählt werde, so fürchtete er von ihm einen Streich, weil er mit seiner Frau etwas gehabt hatte. Und Frau

Camuzzi sah sich auf der Tribüne des Parlaments die Damen an, die den Reden der Abgeordneten zuhörten. Welche von ihnen stak hinter dem, was jetzt gesagt wurde? Später einmal würde es hier gewichtige Herren geben, durch deren Mund sie selbst ihren Einfluß spielen ließ und ihre Geschäfte besorgte!

Dann ging sie ins Café Aragno, um von den Journalisten die Kulissengeheimnisse zu erlauschen. Sie saß da mit ihrer Zigarette, unbeteiligt und unnahbar. Die jungen Leute taten vergeblich wichtig voreinander, damit sie hinsähe. Als eines Tages mitten aus dem Rudel hervor ihr Landsmann Savezzo auf sie zukam, begrüßte sie ihn kühl, obwohl sie die ganze Zeit auf ihn gewartet hatte. Er sah noch abgeschabter aus als daheim, aber auch noch verbissener. Er war auf dem Marsch! Die Gesellschaft korrupter Mittelmäßigkeiten hier hielt zusammen gegen ihn und sein Talent, wie zu Hause die Clique der Herren. Aber er würde eindringen und hindurch, hinan! Er erzwang sich Achtung mit Artikeln in den kleinen Revuen, wo die Kommenden drängten und bohrten. Schon war, beim Krach der Allgemeinen Kreditbank, da die Entrüstung im Publikum überhand nahm, eine große Zeitung genötigt gewesen, ihm ihre Spalten zu öffnen, als der Stimme der Jugend.

Er erlangte mit Mühe die Erlaubnis, ihr seine Freunde vorzustellen, mußte aber sofort bemerken, daß mehrere, die schon über Verbindungen verfügten, besser behandelt wurden als er. Eines Abends erschien sie nicht, und auch einer der jungen Leute blieb fort. Am nächsten Tage erwartete Savezzo sie auf der Straße, um ihr eine Szene zu machen. Sie antwortete, sie sei gestern nicht gekommen, weil sie Gelegenheit gehabt habe, eine ihr wichtige Persönlichkeit kennenzulernen: den Sekretär des Abgeordneten Malfigi. Auch eine Ehre, meinte Savezzo: der Sekretär eines ausgesogenen Lebemannes und erledigten Politikers, den schon keine Frau mehr plündere und kein Finanzmann mehr besteche. Er selbst, Savezzo, habe ihn längst gebrandmarkt. Eine überlebte

Figur, nur noch vorhanden, weil die Provinz fortfahre, an die alten Größen zu glauben. Frau Camuzzi antwortete darauf nicht, und Savezzo, der ihr nachspürte, hatte noch oft die schlimmste Eifersucht zu leiden. Denn sie erhörte ihre jungen Kameraden dafür, daß sie sie in eine Gesellschaft einführten, oder nur für eine nützliche Auskunft, an Tagen der Not sogar, um essen zu können. Sie machte ihre härteste Zeit durch. Savezzo knirschte, weil nur er davon nichts hatte. Welch ein Sieg über die hochmütige Sippe daheim, hätte er eine ihrer Frauen in seine Gewalt bekommen! Frau Camuzzi scheute gerade seine Indiskretion. Wenn er ihr sagte: »Wir werden zusammen steigen! Allen diesen Leuten werden wir den Fuß in den Nacken setzen!« so lächelte sie nur. Sie war überzeugt, er werde nicht durchdringen, mit brutaler Empörung sei nichts zu machen. Sich anschmiegen, sich hineinstehlen in die Welt der großen Diebe, hassen, verführen und betrügen: das war der Weg.

Auch dem Sekretär des Conte Malfigi schlug endlich die Stunde, da Frau Camuzzi ihn glücklich machte; und sie schlug keinen Augenblick früher, als bis er die Bedingung erfüllt und Frau Camuzzi eine Stellung bei seinem Herrn verschafft hatte. Jetzt wohnte sie also im Palazzo Malfigi, und der Abgeordnete diktierte ihr seine Reden, die sie geistreicher niederschrieb als sie waren. Freudig erstaunt über seine Erfolge in der Kammer, ward er aufmerksam auf seine Mitarbeiterin, für deren Eifer es offenbar nur die Erklärung gab, daß sie ihn liebte. So oft er ihr nun diktierte, ließ er jedem andern die Tür verbieten. Er bekundete ihr sein Interesse; und sie widerstand. Sie zeigte sich ihm als Frau von Erziehung und Menschenkenntnis, erworben durch schwere Schicksale; gab ihm Winke über Leute, die ins Haus kamen, und Ratschläge, die sich bewährten. Seine Begriffe von ihr veränderten sich schnell so weit, daß er sie zur Tafel hinzuzog, auch wenn Senatoren und Minister da waren. Die Hausgenossen bekamen Befehl, ihr als einer Dame von Rang zu begegnen. Sie würden ohnedies nichts anderes gewagt haben,

James McNeill Whistler: Nocturne: Paläste

denn Frau Camuzzi hatte längst jeden von ihnen in der Hand. Sie kannte die Diebereien der Diener, machte dem Kaplan Komplimente über sein blühendes Aussehen, wenn er die ganze Nacht dort oben im vierten Stock seinen kleinen Freunden ein Gelage gegeben hatte; und was den Haushofmeister betraf, hatte Frau Camuzzi die Vorsicht geübt, Briefe zu öffnen, die er von der bisherigen Geliebten des Conte Malfigi bekam; sonst hätten die beiden ungestört dem armen Conte die Vaterschaft zuschieben können an dem Kind, das erwartet wurde. Am meisten betroffen aber war der Sekretär. Er hielt es kaum mehr für wahr, daß er einmal vertrauliche Beziehungen gehabt haben sollte zu der Frau, die nun das Haus und den Herrn beherrschte und ihm selbst die Mitwisserschaft an dem, was vorging, schon vollständig abgenommen hatte. Er tröstete sich damit, daß die ganze Herrlichkeit auch sonst nicht mehr lange gedauert haben würde; denn so viel konnte er sich sagen, daß das neuerdings so zerfahrene Wesen seines Prinzipals mit dem bevorstehenden Prozeß der Kreditbank zusammenhänge. Sein Name war auf der Liste der Bestochenen, das wußte im Café jeder; und morgen oder übermorgen konnte es in den Zeitungen stehen.

Frau Camuzzi, die noch mehr wußte, ließ den Conte schon seit acht Tagen keine Minute aus dem Auge. Zu seinen Verabredungen folgte sie ihm heimlich in einem Mietswagen. Zog er sich in sein Arbeitszimmer zurück, blieb sie an der Tür und lauschte. Einmal stöhnte er ungewöhnlich viel, sie hörte ihn Schiebladen öffnen und zustoßen, dann ein merkwürdiges Knacken: da trat sie ein. Malfigi hielt einen Revolver in der Hand. Sie nahm ihn ihm fort und sagte:

»Glauben Sie denn wirklich, daß es so schlimm steht?«

Er deutete nur nach dem Schreibtisch, auf ein neidgelbes Heft des »Morisators«. Sie kenne den Artikel, sagte Frau Camuzzi; schon vor seinem Erscheinen habe sie ihn gekannt. Der Verfasser, dieser Savezzo, sei ihr Freund.

»Und sie haben mir nichts gesagt! Sie sind also auch meine Feindin?«

Sie setzte ihm auseinander, daß dieser Savezzo ein Fanatiker sei, vielmehr ein Mensch, der seinen Erfolg auf der Wahrheit zu begründen hoffe, wie die andern auf dem – Entgegenkommen. Mit Geld sei er nicht aus dem Wege zu räumen, Malfigi habe schon genug Geld ausgeteilt.

»Fast mein letztes«, und er raufte sich das spärliche Haar. »Auch dem Senator Russo habe ich Geld gegeben, damit seine Zeitung schweigt. Und jetzt klagt uns dieser Mensch gemeinsam an!«

»Aber das ist das Beste, was geschehen konnte, und es hat mich unendlich Mühe gekostet, das Material gegen Russo zu beschaffen.«

»Wie? Sie? Sie sind es, die mich umbringt?«

Es dauerte lange, bis sie ihn soweit hatte, daß er ihr zuhörte. Eine Anklage von seiten des Savezzo sei die sicherste Rehabilitierung, die einem Verdächtigen widerfahren könne. Die Presse, die für sein Geld vielleicht nicht immer nach Wunsch gearbeitet haben würde – ihr sei darüber einiges bekannt geworden – jetzt werde sie eine Phalanx des Schweigens bilden gegen den Verräter, der sie selber fortwährend besudle und auch in diesen Angriff einen der Ihren verwickle. Kein Zeuge werde sich noch finden lassen, der vor Gericht die Echtheit der den Abgeordneten und Exminister Malfigi belastenden Schriftstücke zugebe. Sogar die Mühe des Leugnens werde er sich sparen können, denn auch das Gericht werde seinen Namen mit Schweigen verdecken. Schließlich sagte er tiefgerührt:

»Dann wären Sie meine Retterin.«

»Nicht ich«, erwiderte sie langsam. »Ich habe viel zur Madonna gebetet. Auch Sie sollen es tun.«

»Sie sind also fromm?« Er wollte lachen. Aber sie fragte ihn, ob er sicher sei, daß dies alles nicht eine Strafe der Madonna sei, die er so oft verleugnet habe. Sie erhob die gefalteten Hände.

»Die schöne alte Madonna Ihres berühmten Geschlechts, das sie immer beschützt hat! Wie lange schon wartet sie vergebens auf Sie in der Kapelle dieses Hauses! Sie müssen zu ihr zurückkehren, versprechen Sie es mir, noch heute nacht!«

Er gestand, daß er daran gedacht habe. Denn man könne nie wissen. Auch sein Kaplan habe ihm davon gesprochen.

Das wußte Frau Camuzzi, denn sie selbst hatte es bewirkt.

»Aber erst Ihre schönen Augen bestimmen mich.«

Und als alle schliefen, schlich er hinunter. Die Tür der Kapelle kreischte; Malfigi hielt an, er schämte sich, und er ward eigentümlich bedrückt von diesen lange gemiedenen Schatten, aus deren Tiefen es unsicher flimmerte. Vor der Madonna brannte die silberne Lampe wie in seiner Kindheit. Malfigi wollte schon hinknien wie einst, besann sich aber und breitete zuerst sein Taschentuch über die Altarstufe. Dann sah er unschlüssig hinauf in die Augen der Madonna, die groß, schwarz und voll geheimnisvollen Lebens waren. Sie schienen zu wissen, daß sie ihn ansahen, ja, sie schienen Erlaubnis zu nicken . . . und da betete der Abgeordnete. Er betete, daß die Zeitungen schweigen und das Gericht sich nicht mit ihm beschäftigen möge. Die Madonna sah ihn an, als sei sie mit allem einverstanden. Hoffnung überflutete sein Herz, er weinte. Wie er sich aber die Augen trocknete, gewahrte er, daß auch im Auge der Madonna ein Tropfen hing: nun fiel er auf den Altar! Malfigi sprang auf, besinnungslos, zum Schreien bereit. Die Wand entlang schlich er nochmals hin. Hatte er sich nicht getäuscht? Nein! Jesus! Die Augen des Bildes waren ihm gefolgt. Da floh er, stolperte hinaus und hielt sich das Herz. Er beruhigte sich; Malfigi empfand Zorn, weil er sich hatte verjagen lassen und einen fast jugendlichen Drang, den Rausch dieses Wunders weiter zu erleben, ihm auf den Grund zu kommen, sei es mit Gefahr des Lebens. Er lauschte noch im Dunkel des Vestibüls: da schwebte eine Gestalt in langem Mantel aus der Kapelle hervor, an ihm vorbei und die Treppe hinan. Er hastete hinterdrein, verlor sie in den Korridoren, irrte umher und suchte. Wie er dann sein Zimmer betrat und Licht machte, sahen aus dem Vorhang am Bett die Augen der Madonna! Er stürzte darauf los, der Vorhang öffnete sich . . .

»Du hast mir mein Jugendfeuer zurückgegeben«, sagte eine Stunde später der Conte Malfigi. »Jetzt liebe ich dich wirklich.«

»Dann verstehst du auch«, erwiderte Frau Camuzzi, »warum ich früher noch nicht gewollt habe. Fürchtest du dich jetzt noch vor dem Prozeß?«

»Nein. Durch dich bekommt man Mut.«

»Und bedenke, daß du morgen deinem Kaplan von einem Wunder zu berichten hast. Er wird damit in den Vatikan laufen. Jetzt schützt die Kirche dich. Wollen die freimaurerischen Gerichte dir etwas anhaben, wird es heißen, es sei nur die Rache für deine Bekehrung.«

»Daran dachte ich gar nicht. Wie du rechnen kannst!«

Ihm blieb noch eine Sorge.

»Ich verstehe schon, du hast dem Bilde die Augen ausgeschnitten. Aber wird man es nicht sehen?«

»Wie kannst du denken?« sagte Frau Camuzzi. »Dem kostbaren alten Bild! Natürlich habe ich eine Kopie genommen.«

Der Abgeordnete Malfigi ward im Prozeß der Kreditbank nicht genannt, vielmehr berief man ihn an die Spitze dieses Finanzinstituts. Im Parlament war er fortan eine Stütze des patriotischen Klerikalismus. Frau Camuzzi, von Würdenträgern der Kirche belobt, mit Hochachtung behandelt von den hochstehenden Persönlichkeiten, die ins Haus kamen, sah ihre politische Laufbahn glänzend eröffnet. Da das Gesetz über die Ehescheidung ernstlich bevorzustehen schien, leistete sie die nützlichsten Dienste dadurch, daß sie liberale Parlamentarier umstimmte. Bei dem einflußreichsten dieser Herren gelangte sie ans Ziel vermittels eines Schäferstündchens, das sie ihm versprach, und von dem sie gleichzeitig seine Gattin benachrichtigte. Die Frau drohte, sie werde die erste sein, die sich scheiden lasse; und da sie das Geld hatte, war der Mann gehalten, das Zustandekommen des Gesetzes zu verhindern.

Dies geschah in Neapel. In der Nacht, bevor Frau Camuzzi

wieder abzureisen gedachte, bebte die Erde. Ermüdet von ihrer anstrengenden Mission, schlief Frau Camuzzi noch, als im Hotel schon alles in Aufruhr war. Wie sie endlich hervorkam, fand sie im Gang nur eine hilflos umherhuschende alte Dame, im Nachtkostüm wie sie. Frau Camuzzi ergriff sie und zog sie fort. Aber die Treppe brannte, und aus dem Abgrund zwischen eingestürzten Mauern schlug Qualm. Da kniete Frau Camuzzi hin und betete. Sie betete laut und mit einer Inbrunst, die sie schüttelte. Plötzlich senkte der Boden sich schräg und die beiden Frauen glitten hinab. Sie langten unten an wie auf Flügeln und unversehrt. Die alte Dame fuhr mit Frau Camuzzi nach Rom; sie war eine unermeßlich reiche Lady. Sie behauptete, nur das Gebet dieser Heiligen habe sie gerettet. »Ja«, sagte sie vor dem Conte Malfigi, »als sie betete, ging ein Schein von ihr aus.« Und sie schrieb ihrer Retterin einen Scheck über eine Million.

Kurz darauf starb der Gemeindesekretär Camuzzi. Der Abgeordnete Malfigi ward nochmals Minister und heiratete Frau Camuzzi. Der Salon der Contessa Malfigi gehörte ein Jahrzehnt lang und auch noch nach dem Tode des Conte zu den einflußreichsten unter den politischen Salons der Hauptstadt. Den jungen Leuten, die regelmäßig bei ihr dinierten, prophezeite man die Laufbahn des Abgeordneten, denen, die noch weiter bei ihr vordrangen, einen Ministerposten, ihre Herkunft war nicht ganz vergessen; Legenden umrankten sie, und man fand es pikant, ja satanistisch, daß eine ehemalige Kurtisane die neue Generation zur Reaktion und zum Klerikalismus erziehe. Sie hatte Anhänger, ehrgeizige Liebhaber, Verbündete oder Gegner: einen ihr gewachsenen Freund hatte sie nicht. Einmal versuchte sie, sich dem Savezzo zu nähern, der damals auf der Höhe seiner Macht war und in seinem »Jüngsten Gericht« jede Woche die fürchterlichste Musterung unter seinen Zeitgenossen abhielt. Sie erinnerte ihn daran, daß sie eine verwandte Geschichte hätten und zusammen gestiegen seien. Aber er lehnte schroff ab; er wollte mit niemandem gestiegen sein. Sie erreichte nur, daß er in der nächsten Nummer seiner Zeitschrift ihre Vergangenheit entschleierte, einen verjährten Mord durchblicken ließ und sie als Kaffeehausdirnchen erklärte, das sich die Rolle des Weibes von Babylon anmaße. Ihre Frömmigkeit sei erst in zweiter Linie politisches Mittel; vor allem sei sie Betschwester, weil sie vorher den damit korrespondierenden Beruf ausgeübt habe . . . Sie zog Vorteil aus dem einmal begangenen Fehler, indem sie, ohne daß er es ahnte, Persönlichkeiten mit ihm in Verbindung setzte, deren Feindschaft sie brauchte.

Enttäuschungen wechselten mit Erfolgen. Kaum, daß das Herz noch stärker klopfte bei einem Sieg oder einer Niederlage. Am raschesten verging ein Tag, an dem man sich rächen konnte! Dieser unbedeutende Fiorio, als Unterpräfekt daheim in der kleinen Stadt auf ewig vergessen, wenn es nicht der Contessa Malfigi eingefallen wäre, ihn zum Präfekten zu machen: er hatte sich erlaubt, sie verraten zu wollen. Sie hatte ihm den Abgeordneten geschickt, den er wählen zu lassen hatte; sie hatte sogar sichere Leute geschickt, die in ein Fenster der Präfektur schossen, so daß Fiorio die Wahlversammlungen verbieten, den Munizipalrat auflösen und ohne jede Opposition seinen Kandidaten durchbringen konnte. Da, ein Telegramm ihres Schützlings an die Contessa: der Präfekt hatte nicht ihn, sondern seinen eigenen Bruder als Regierungskandidaten aufgestellt. Sie sorgte sofort dafür, daß eine Zeitung, offenbar durch Vertrauensbruch, eine Depesche des Ministers an den Präfekten Fiorio wiedergeben konnte, worin der Minister es mißbilligte, daß der Präfekt aus wahltaktischen Gründen von gedungenen Attentätern in seine Fenster schießen lasse. Angesichts des allgemeinen Entrüstungssturmes wagte der Minister die Depesche, die er nie geschrieben hatte, nicht abzuleugnen; der Präfekt Fiorio ward abgesetzt.

Sie ließ ihre Macht noch höher hinauf fühlen. Der Graf von Benevent, der elegante Vetter des Königs, hatte ein verächtliches Wort über sie gesprochen, und es war ihr zu Ohren gekommen. Sie gab ihm Gelegenheit, sich zu rechtfertigen;

obwohl sie ihn albern fand, zeigte sie ihm, daß er ihr gefalle. Er beging die Torheit, ihr offene Feindschaft zu erklären. Ein Jahr später sah sich seine Geliebte, die russische Tänzerin Lorida, in ein weitläufiges, kaum entwirrbares Netz von Verdächtigungen verstrickt, und der Tag kam, da sie als Spionin verhaftet ward. Nach langen Ängsten, die den Prinzen nicht weniger trafen als sie, und bloßgestellt von der ganzen Presse, war sie noch froh, in ihre Heimat abgeschoben zu werden. Der Graf von Benevent ging nach Afrika. Unter den Mitgliedern der Aristokratie, die sich im Bahnhof eingefunden hatten, war die Contessa Malfigi. Sie sagte: »Ich habe ihm das Billett gekauft, ich muß ihn auch einschiffen.«

Aber es war bestimmt, daß auch ihr ein Billett gekauft werde. Zum zweitenmal in ihrem Leben verfiel sie der Liebe. Ein junger Mann ward ihr zugeführt: sie erschrak, denn sie glaubte, Nella Genari wiederzusehen, den Geliebten von einst, der durch sie gestorben war. Auch dieser hob so die umflorte Stirn und ließ das weichgelockte Haar so schwanken über seinen Augen, seinem beschatteten Lächeln, als betrauere er die eigene Schönheit. Die Contessa Malfigi zeigte sich sofort und vor aller Welt hingerissen, eifersüchtig, voll unbedachter Triebe. Man sah eine Frau, die keiner kannte. Sie behielt den jungen Mann im Hause, ließ ihn, wenn Leute kamen, nicht von ihrer Seite, nahm ihn in ihrem Wagen mit, aber nicht zum Korso, wo man gesehen wird, sondern auf die alten Straßen der Trümmer und Einöden. Sie schwur ihm, daß sie ihn groß machen werde, zum Deputierten, zum Minister, zum Ritter des Annunziaten-Ordens. Er solle sie lieben, er solle sie lieben! Und er: »Ich danke dir so sehr, und ich liebe dich.« Aber sie hörte wohl, es sei nicht wahr und nichts, nichts vermöge sie über ihn; denn er war nicht ehrgeizig. Sie enthüllte ihm ihre Geschäfte, ihre gefährlichen Geheimnisse; ganz ohne Mühe fiel ihm in den Schoß, was sie selbst, als sie zuerst in dies Haus eingedrungen war, mit List und Gewalt an sich gebracht hatte. Er konnte hier der Herr werden, wie sie die Herrin geworden war. »Totò, ich verschaffe dir den

Namen eines Conte Malfigi!« Ach! er glich nicht ihr, er glich jenem Nello. Weich, schwach und träge lag er da, stumm klagend, weil sie ihn nicht mit Geld versah und hinausließ zu seinen jungen Freunden, damit er spiele, lache und sie betrüge, sie, die nur ihn hatte, nur ihn auf der Welt! »Totò, mein Liebling, du bist Sekretär des Ministers Afrano. Liebst du mich?« Nun sank er ihr wohl in die Arme; aber sie wußte, es war nur, weil er hinaus durfte. Um so fester schloß sie ihn ein. Die Stunden kamen, da sie ihn mißhandelte, und die, in denen sie ihn floh, um zu weinen. Sie beweinte vor dem Spiegel ihr Bild von einst, die Reize, die ungenützt verfallen waren. »Was habe ich gehabt? Ich habe Glück und Unglück verteilt. Ich habe das Zittern von Menschen gefühlt. Man hat mich geliebt, weil ich mächtig war. Das alles war nichts. Man hat mich betrogen!« Der Nello von einst hatte sie leiden lassen und jene Alba geliebt; und nun lag dieser dort drinnen, blaß, mit dem hilflosen Blick gefangener Tiere, und ahnte nicht einmal ihr Elend.

»Totò!« rief sie durch die Tür. »Sekretär eines Ministers, das wäre zu wenig für dich. Warte noch, mein süßes Herz, du wirst mehr werden.«

Er antwortete nicht. Sie ging hinein – und fuhr erstickend zurück. Totò hing an der Decke.

Sie war von Sinnen, sie wollte mit ihm ins Grab. Als sie wieder weinen konnte und gerettet war, sagte sie:

»Ich hätte es wissen sollen. Dieser Typus bringt mir Unglück.«

Sie wollte fort, aus allem fort und zurück in ihre kleine Stadt. »Nie hätte ich mich entwurzeln lassen dürfen!« Man hielt ihr vor, daß damit ihren Feinden gedient, ihren Freunden das Verderben bereitet wäre.

»Wer sind meine Freunde? Der Savezzo hat recht, in dieser harten Welt muß jeder allein und gegen alle stehen. Ich war zu gut. Weh' dem, der ein Herz hat!«

Paul Ernst

Der Carneol

Der Marchese von Spinabianka ging an einem schönen Sommerabend mit seiner Gattin am Arm vor seinem Schloß, das an der herrlichen Küste von Calabrien liegt, am Meeresstrande lustwandeln. Er besprach mit ihr, wie schön es wäre, wenn er eine Mauer von etwa anderthalb Mannshöhe gegen das Meer ziehn würde, hinter der man gute Gartenerde auffüllte. Er würde auf diese Mauer in Abständen abwechselnd eine Vase und eine Büste eines römischen Kaisers stellen und an ihr entlang einen Weg führen, der mit sauberem Sand bestreut war, wie man ihn ja vom Strande leicht bekommen konnte. Der ganze Raum nach dem Schloß hin würde in einen zierlichen Blumengarten verwandelt mit runden und länglichen Beeten, die mit Buchsbaum eingefaßt waren, und in der Mitte legte man ein großes Beet an, auf dem man das markgräfliche Wappen in verschiedenfarbigen Blumen bildete; man konnte statt dessen auch die Anfangsbuchstaben des Namens der zärtlich geliebten Gattin wählen. Der Marchese war ein noch jugendlich blickender Herr von sechzig und seine Gattin eine desgleichen frische Dame von fünfzig Jahren, und die beiden wurden lebhaft und freudig in ihren Plänen und Gedanken.

Auf dem Meer näherte sich dem Ufer ein Kahn. Die beiden hatten das Fahrzeug schon länger bemerkt, nun wurde es größer und sie konnten die Insassen erkennen. Es war ein Sturm gewesen und die Wellen rollten noch schwer und groß mit Schaumkronen auf den Sand. Der Marchese schüttelte verdrießlich den Kopf. In der Nähe seiner Besitzungen lag der kleine Ort Fiumefreddo, dessen Einwohner das vorteilhafte Geschäft betrieben, während des Sommers reiche Städter bei sich aufzunehmen. Die Fremden verübten allerhand

Unfug, und so war es auch wohl möglich, daß törichte Leute eine Vergnügungsfahrt ins Meer unternommen hatten, vom Sturm überrascht waren und nun noch sich eben hatten retten können. Der alte Herr wurde verdrießlich, denn er sah kommen, daß er irgendwelchen lästigen Menschen, die man nicht gut abweisen konnte, Unterkunft für die Nacht gewähren mußte.

In der Tat enthielt der Kahn zwei Personen, welche den höheren Ständen angehörten, wie man an der Kleidung sehen konnte. Ein junger Mann ruderte angestrengt, eine junge Frau, ängstlich ein kleines Kind an die Brust gedrückt, saß im Hinterteil des Kahns und schloß jedesmal erschreckt die Augen, wenn das kleine Fahrzeug höher gehoben wurde oder tiefer hinabschoß. Der Marchese winkte dem jungen Mann zu und wies nach einer Stelle, wo er anlegen konnte. Ungeschickt lenkte dieser den Kahn nach dort, der Marchese ging mit seiner Gattin an die Stelle, das Pärchen stieg aus und verbeugte sich höflich. Ärgerlich polterte der Marchese los, die fremden Herrschaften machten immer solchen Unsinn, sicher hätten ihnen doch die Fischer gesagt, daß man bei solchem Wetter keine Lustfahrten mache. Der junge Mann brachte mit geläufiger Rede eine Erzählung vor, sie seien auf der Überfahrt von Lipari nach Paliastro begriffen gewesen, ihr Schiff sei in dem heftigen Sturm untergegangen, er habe sich mit seiner Gattin auf den Kahn gerettet, vierundzwanzig Stunden seien sie auf dem Meer umhergeirrt, ohne zu wissen, nach welcher Richtung das nächste Land liege. Nun sei er durch die Großmut des Herrn Fürsten gerettet, der ihm einen sicheren Anlegeplatz gewiesen, er bäte nur noch, daß seine Durchlaucht die Großmut voll mache und ihm angebe, wie er in den nächsten Gasthof gelange, denn seine Gattin wie er selber seien gänzlich durchnäßt und haben seit vierundzwanzig Stunden nicht ein Stück Brot, geschweige denn einen Löffel Suppe im Munde gehabt.

Der Marchese war besänftigt durch die anmutig gesetzten Worte des Fremden, seine Gattin beschäftigte sich schon mütterlich mit der jungen Frau und dem schönen schreienden Kind, das sie auf den Armen hielt, dick eingewickelt in den Mantel des Gatten, und so luden denn die Herrschaften die Fremden zu sich auf das Schloß.

Die Fremden waren erschöpft, das Kind schien nicht zu beruhigen. Der Marchese hatte sich darauf gefreut, mit dem jungen Herrn nach Tisch ein vernünftiges Gespräch zu führen, aber seine Gattin überzeugte ihn, daß man die armen Menschen in Frieden lassen müsse. Sie war selber ja sehr gespannt auf ihre Geschichte, denn sie mutmaßte, daß sie beide aus vornehmem Hause stammten, daß sie vielleicht hatten fliehen müssen, weil ein hartherziger Vater ihre Vermählung nicht habe zugeben wollen, und was dergleichen Gedanken mehr sind, welche eine Dame in ihrem Alter haben kann, die kinderlos ist, in sichern Verhältnissen lebt, und Zeit hat, die neuesten Erscheinungen des Büchermarktes zu lesen; aber sie sagte sich, daß das Kind die Hauptsache war, denn es konnte sich eine Lungenentzündung geholt haben, und sie fand, daß die Mutter bei dem Kind bleiben mußte und der Gatte bei der Mutter. Sie hatte auch eine Natur, die Freuden gern aufschob, um die Erwartung zu genießen, und malte sich aus, wie am nächsten Tage, wenn das Kind ruhig schlief und die Eltern ausgeruht waren, die junge Frau sich bei ihr melden lassen werde, auf ihr Zimmer komme, ihr zu Füßen falle, und ihr die merkwüdigste und spannendste Liebesgeschichte von der Welt erzähle. Denn sie selber hatte eine merkwürdige Liebesgeschichte gehabt. Seit ihrer Kindheit fast hatte sie ihren jetzigen Gatten geliebt und er sie, aber ihre Eltern hatten die Liebe nicht gebilligt, denn der Marchese war arm und sie hielten ihn auch nicht für hervorragend begabt. So hatten die beiden in treuer Liebe ausgeharrt und hatten immer gehofft, die Eltern zur Zustimmung zu bewegen, sie waren verhutzelt wie die Backpflaumen, aber sie hatten sich immer geliebt, denn auch wie der Marchese schon an die Sechzig kam, da hatte sie ihn immer noch gesehen wie den Fünfundzwanziger, der ihr eine reife Birne darbrachte und mit vornehmer Bewegung überreichte, und er sah sie in seinem Geist noch immer als die Fünfzehnjährige, welcher er eine rosa Schleife geraubt hatte, um sie zu küssen und bis zu seinem Tode auf seinem Herzen zu tragen. Vor einem Jahre waren die Eltern gestorben, und nach halbjähriger Trauerfrist hatten sich die beiden endlich heiraten können.

Indessen die Frau Marchesa die Liebesgeschichte bedachte, welche sie von der Dame zu hören hoffte, und der Marchese sich die politischen Gespräche überlegte, welche er mit dem Herrn führen wollte, saßen die beiden Fremden in geborgten Kleidern auf ihrem Zimmer und besprachen sich mit sorgenvollen Gesichtern, was sie tun sollten. Das Kind schlief, auf dem Tisch standen die Überreste des reichlichen Mahls, das ihnen ein vornehm gekleideter Bedienter gebracht hatte; zwei Kerzen brannten in silbernen Leuchtern; der Herr nötigte seine Gattin zum Trinken, indem er sprach: »Solchen Wein bekommen wir so bald nicht wieder«, und nun fuhren sie in ihren Überlegungen fort.

»Blicke nicht zurück, sondern nach vorn«, sagte der junge Mann. »Hinter dir liegt Fiumefreddo, vor dir liegt die Zukunft. Ich, als ich den Fuß in den Kahn setzte, hatte das Publikum von Fiumefreddo schon vergessen. Die Schwierigkeit ist das Kind. Du weißt, ich habe es dir immer gesagt, wenn wir für das Kind ein gutes Unterkommen treffen, so müssen wir uns von ihm trennen.« Er nahm einen Leuchter hoch und fuhr fort. »Das ist echtes Silber. Ich habe Blick für so etwas, das Kind ist hier gut aufgehoben. Es ist für uns besser, es ist auch für das Kind besser. Du kannst es später immer wieder zu dir nehmen, wenn unsere Verhältnisse einmal geregelt sind.« Die junge Frau weinte: »Ich sehe ja ein, daß du recht hast«, erwiderte sie, »aber das Mutterherz schlägt. Außerdem, wie sollen wir aus dem Schloß kommen? Natürlich sind doch die Tore fest verschlossen.« »Unsere Fenster liegen fast zur ebnen Erde«, sagte der junge Mann; »um drei Uhr geht der Mond auf. Die Kleider werden in der Küche getrocknet; ich habe mir gemerkt, wo die liegt, und hole sie. Wir steigen um drei Uhr wieder in unseren Kahn, das Meer wird sich inzwischen weiter beruhigt haben; wir müssen sehen, daß wir nach Messina kommen, dort habe ich einen Direktor, den ich kenne.«

Der Marchese und seine Gattin gingen pünktlich um neun Uhr zu Bett, die Dienerschaft räumte ab und schlief bald nachher gleichfalls ein, und alles schlief zufrieden und fest; die beiden Fremden besprachen sich weiter, öffneten die Fenster und überblickten die Landschaft, die Lage und das Meer; spät in der Nacht schlich der junge Herr vorsichtig, das Licht in der Hand, zur Küche, um die inzwischen getrockneten Kleider zu holen. Die Mutter war mit dem schlummernden Kind beim Schein der andern Kerze allein. Seufzend zog sie einen großen Siegelring vom Finger, einen Carneol, in welchen ein gräfliches Wappen eingeschnitten war, knüpfte ihn an eine Schnur und hängte ihn dem schlummernden Kinde um den Hals, dann küßte sie das Kind auf die Stirn. Der Gatte erschien mit den Kleidern auf der Schulter, die beiden zogen sich um, stiegen geräuschlos aus dem Fenster, drückten die Flügel von außen wieder zu, damit die Nachtluft nicht an das schlafende Kind kam, und gingen eilig zur See hin zu ihrem Kahn.

Am andern Morgen erwachte das Kind und schrie heftig, denn es hatte Hunger. Die Köchin, welche gefunden, daß das Kind sehr schön und gesund war und so etwas Großartiges und Edles in seinem Wesen hatte, wie es nur Herrschaftskinder haben, strich um die Tür des Zimmers, denn sie hätte gern der Mutter beim Trockenlegen und sonstigen Besorgen des Kindes geholfen. Sie legte das Ohr an die Tür, was sie sonst nie tat, denn sie wußte, was sich für einen Dienstboten in einem vornehmen Hause schickt, und lauschte, ob die Mutter schon bei dem Kind beschäftigt war; sie hörte aber außer dem Schreien des Kindes, das nun bereits in ein empörtes Brüllen mit kurzen Zwischenräumen zum Atemholen überging, keinen Laut im Zimmer. Sie lauschte und lauschte erschreckt, denn diese sonstige Stille beunruhigte sie; sie dachte, den

Eltern könnte durch die Erschöpfung etwas zugestoßen sein. Deshalb klopfte sie zunächst zaghaft, dann lauter; und endlich legte sie die Hand auf die Türklinke und öffnete die unverschlossene Tür.

Da sah sie denn mit einem Blick, was geschehen war. Sie riß das Kind aus dem Bett und drückte es an sich. Das Kind verlangte aber zu trinken, es suchte mit dem gespitzten Mündchen in der Luft, und als es nicht fand, da begann es ein noch lauteres Geschrei. Die gute Frau hatte selber einen Säugling. Sie öffnete ihre Jacke, schob das Hemd beiseite und legte das Kind an ihre Brust. Kaum merkte das, was ihm geboten wurde, als es sich an das Saugen machte und schmatzend mit großem Ernst seiner Beschäftigung oblag. Die Frau beugte sich über und verfolgte selig die Bewegungen des Mündchens, fing auch wohl einmal einen Blick der hellblauen Augen auf, welche ihr eine gerührte Dankbarkeit auszudrükken schienen; so schien ihr denn das Kind auch einen guten Charakter zu haben. Eine lange Weile hatte sie das Kind dergestalt an der Brust; dann legte sie es in das Bett zurück; es war eingeschlafen. Das Auswickeln und Trockenlegen beschloß sie zu verschieben.

Sie mußte nun erst die Schokolade für die Herrschaften zurechtmachen. Das tat sie auch und brachte das silberne Blech mit den Kannen und Tassen selber ins Schlafzimmer. Dort setzte sie es vor dem Bett der Herrschaften nieder, stemmte die Arme in die Hüften und fragte: »Was soll nun werden?« Sie sprach so kräftig, daß die Herrschaften erschraken, denn sie dachten, daß sie etwa den Dienst verlassen wolle, und Lucrezia, denn so hieß die Köchin, war eine ausgezeichnete Dienerin. Deshalb schwiegen sie. Lucrezia aber, da sie keine Antwort bekam, fuhr fort: »Und das sage ich den Herrschaften, lieber gehe ich, aber das Kind nehme ich mit, so ein schönes Kind! Das ist ja ein Jammer, wenn man so ein Kind sieht!« Hier fragte nun die Marchesa, was Lucrezia eigentlich meinte, Lucrezia antwortete, und so erfuhren die Herrschaften allmählich, was geschehen war.

Lucrezia also wollte sich von dem Kinde nicht trennen, und sie war eine wichtige Person im Haushalt. Andererseits sagte sich die Marchesa, daß der Herr Marchese schon sechzig Jahre alt war und sie fünfzig, und daß vielleicht ihre Ehe nicht mit Kindern gesegnet wurde. Das Kind war ein Knabe. Die Eltern waren offenkundig von Stande, ja, als der Ring mit dem gräflichen Wappen gefunden war, hatte man fast einen Beweis für die vornehme Abkunft. Die Herrschaften sagten sich also, daß Gott hier in seiner Güte ihnen vielleicht einen Erben geschickt hatte, um ihnen für ihre alten Tage Trost und Freude zu gewähren. So blieb denn das Kind im Hause. Es wurde getauft und erhielt den Namen Galeazzo. Es wurde von der guten Lucrezia genährt, welche ihr eigenes Söhnchen Calisto an die eine Brust legte und den fast noch geliebteren Galeazzo an die andere; dann wurden beide Knaben entwöhnt, sie wuchsen und entwickelten sich; und es zeigte sich bald in der Gestalt, den Bewegungen, im ganzen Wesen der Unterschied des gräflichen Knaben Galeazzo von dem Kinde der Köchin.

So vergingen sechs Jahre. Galeazzo war ein munteres, aufgewecktes, liebenswürdiges und kluges Knäblein geworden, das seinen Eltern, denn dafür hielt er den Marchese und seine Gattin, große Freude machte; und die Eltern, welche nunmehr die Gewißheit zu haben glaubten, daß eigene Nachkommenschaft ihnen versagt sei, beschlossen, durch eine gesetzliche Annahme als Erben seine Zukunft sicherzustellen. Die Eingaben wurden an Gerichte und Behörden gemacht; und da der Marchese in der ganzen Provinz geschätzt war als ein guter und frommer Mann, der keinen Feind hatte, so ging alles nach seinem Wunsch.

Aber man kann sich vorstellen, daß die Verwandten des Marchese nicht sonderlich erfreut waren. Vor allem vernahm sein Neffe Lodovico sehr ungern das Vorschieben eines Erben, denn da er in jungen Jahren ein sehr leichtsinniges Leben geführt hatte, so war sein Gut ziemlich verschwunden; eine reiche Frau hatte er nicht bekommen können, da er keine sonderlichen Vorzüge des Körpers oder Geistes aufwies; und so lebte er als ein unverheirateter Vierzigjähriger ziemlich dürftig auf einem verfallenden Waldschlößchen mit einer struppigen Köchin und einem Knecht, der den Acker bestellte, und hatte bis nun auf die Erbschaft des Oheims gewartet. Dieser Lodovico beschloß, etwas zu unternehmen.

Die Köchin verstand eine Art von Marzipan zu backen, welches den Kindern ausgezeichnet schmeckte, aber sehr schwer verdaulich war. Aus seiner lustigen Zeit besaß er noch einen großen, buntbemalten Kasten, der damals bestimmt gewesen war, ein schweres seidenes Kleid einzuschließen; er hatte eine heftige Liebe zu einer jungen Witwe gehabt und hatte sie sich durch das Kleid geneigt machen wollen, sie hatte sich aber mit einem Notar verlobt, einem Mann in gesetzten Jahren, ehe er noch mit dem Kleid gekommen war, und so hatte er das denn anderweitig verwendet, indem er sich einen Rock hatte mit der Seide füttern lassen, denn eine Liebschaft mit einer Notarsfrau anzufangen wäre unter seinem Stande gewesen. Den Kasten gab er nun der Köchin und befahl ihr, ihn mit dem schweren Marzipan zu füllen, und sagte auch, daß sie es in allerhand lustigen Figuren backen sollte von Kühen, Pferden, Jägern, Häusern und anderem, denn so wird die Eßlust eines Kindes noch besonders gereizt.

Die Köchin buk also den Marzipan in der befohlenen Weise und füllte den bemalten Kasten an; dann reiste Lodovico zum Oheim und nahm den großen Kasten mit und dachte so, seinen Plan durchzusetzen. Galeazzo freute sich über den guten Oheim mit der bunten Kiste, in welcher die schönen Süßigkeiten waren; er kletterte an ihm hoch, umarmte ihn und küßte ihn zärtlich; er wich nicht von ihm, war immer an seiner Hand, im Haus, im Garten, im Stall; und wenn der Oheim in der gemeinsamen Wohnstube saß und erzählte, so saß er auf seinem Schoß.

Natürlich hatte er sich mit Eifer über die bunte Kiste hergemacht. Aber da er ein gerecht denkender Knabe war, so teilte er ehrlich mit Calisto, seinem Milchbruder, und wenn er ein

Stück aus der Kiste nahm, so gab er Calisto auch ein Stück. Außerdem aber kam er auf den Gedanken, da die Kiste groß war und ihm unerschöpflich schien, er könne auch ganz gut immer den Eltern, dem guten Lodovico, und dem Dienstpersonal mitteilen. Das tat er nun, und dadurch ging denn freilich der Inhalt der Kiste in viele Teile und es kam auf ihn selber nicht so viel, daß er sich ein schweres Unwohlsein hätte zuziehen können. Indessen geschah es doch, daß ihm sowohl wie seinem Milchbruder Calisto heftig übel wurde, daß sie über Bauchgrimmen klagten und sich übergaben, Fieber bekamen und das Bett hüten mußten.

Die Marchesa schob ganz richtig die Ursache der Krankheit auf den Marzipan und machte Lodovico im erregtesten Tone Vorwürfe. Da dieser kein gutes Gewissen hatte, so verantwortete er sich unangemessen, indem er ihr selber die Schuld zuschob, daß sie nicht besser auf den Knaben geachtet hätte. Das war nun ganz richtig, und so stieg die Erregtheit der Marchesa noch mehr, sie mußte sich gleichfalls ins Bett legen. Der Marchese, welcher einsah, daß der Neffe an allem schuld war, verbot dem das Haus, und so wurden für spätere Zeiten Nachstellungen Lodovicos gegen Galeazzo abgeschnitten, und Lodovico erscheint von nun an ebensowenig weiter in dieser Geschichte, wie die richtigen Eltern Galeazzos, welche spurlos verschwunden sind.

Nur hatte die aufgeregte Lage noch eine merkwürdige Folge. Der Arzt hatte immer behauptet, daß die Kinderlosigkeit des Ehepaares an der Marchesa liege. Durch die Aufregungen und Erschütterungen müssen wohl im Körper der Marchesa wichtige Veränderungen vor sich gegangen sein, kurz und gut, sie wurde guter Hoffnung, und das Ehepaar bekam zu seiner größten Überraschung und Freude noch ein eigenes Kind, ein Töchterchen. Leider starb die Marchesa bei der Geburt und ließ ihren Mann als Witwer und die beiden Kinder als Waisen zurück. Das Mädchen erhielt den Namen Sulpizia.

Sulpizia hatte eine Amme, gedieh und wuchs zu einem fröhlichen Kinde auf. Galeazzo und Calisto freuten sich über sie und spielten mit ihr, und die drei Kinder führten ein heiteres Leben in den Zimmern des guten alten Marchese und unter der Obhut der braven Lucrezia, welche inzwischen die Leitung des gesamten Haushaltes in die Hand genommen hatte und sparsam und umsichtig wirtschaftete. Sie liebte Galeazzo und Sulpizia wie ihre eigenen Kinder und sagte sich, daß alles, was sie ihnen tue, auch ihrem rechten Kind zugute komme, denn sie rechnete darauf, daß Calisto einmal Verwalter und Oberaufseher der Besitzungen werden sollte, wenn der alte Herr gestorben war und Galeazzo zu seinen Jahren kam, was eine geachtete und sichere Stelle war, die auch ihren Mann und selbst eine etwaige Familie ernährte.

So ging nun das Leben auf dem Schloß glücklich und zufrieden seinen Gang, bis die Knaben sechzehn und Sulpizia zehn Jahre alt waren; da überfiel den Marchese, der nun ein alter Herr geworden war, eine Krankheit; er bekam einen Schlagfluß, und wenn er nun Wein nahm, so verschüttete er auf das weiße Tischtuch, und den schönen Braten konnte er nicht mehr schneiden. Er weinte über seine Schwäche und war von Herzen der guten Lucrezia dankbar, die ihn pflegte wie ihr Kind. Aber nach einiger Zeit kam ein neuer Schlagfluß, der den Tod zur Folge hatte.

Als man die letzten Bestimmungen des Toten öffnete, da fand sich, daß er väterlich für seine Hinterbliebenen gesorgt hatte. Er hatte beobachtet, daß Galeazzo und Sulpizia eine zärtliche Neigung füreinander hegten, denn was Galeazzo befahl, das führte Sulpizia treu aus, und wenn Sulpizia etwas Verbotenes getan hatte, so nahm Galeazzo die Schuld auf sich und ertrug die Schläge ohne Wimperzucken. So bestimmte der Marchese denn, daß die beiden sich ehelichen sollten, wodurch auch die Frage der Erbschaft auf die beste Weise geordnet wurde, denn nach der Geburt des Töchterchens war natürlich die Erbverschreibung an Galeazzo hinfällig geworden. Lucrezia bekam eine Geldsumme ausgesetzt und sollte außerdem bis an ihr Ende auf dem Schloß leben können, und für Calisto war bestimmt, daß er, wenn er erst die rechte

Gewandtheit im Lesen, Schreiben und Rechnen erworben hatte, die ihm noch fehlte, dem gegenwärtigen Verwalter, der schon ein älterer Mann war, zur Hand gehen sollte, um dann später die Stelle allein zu bekleiden. Als Vormund und Vollstrecker der letzten Bestimmungen war ein Herr aus der weiteren Verwandtschaft genannt, der Graf von Randazzo, der in bedrängten Verhältnissen lebte; der gute Marchese hatte gedacht, daß er während der Vormundschaft im Schloß wohnen solle, wodurch er denn in seinen eigenen Einkünften Ersparnisse machen konnte.

Der Graf von Randazzo nahm die Vormundschaft an und zog auf das Schloß. Er war ein frischer alter Herr, der in seiner Jugend manche Liebschaft genossen hatte und auch jetzt noch den Freuden der Liebe nicht ungeneigt war, wenn ihm von Jagd und Trunk Zeit dazu blieb. Er brachte seinen Sohn mit, einen langaufgeschossenen, blassen und etwas verdrießlichen jungen Mann, der keine eigentliche Beschäftigung hatte, denn er ging weder auf die Jagd, noch trank er, noch hatte er Liebschaften, er studierte noch nicht einmal, sondern er lungerte nur so herum, besah sich alles und hing so seinen Gedanken nach, weshalb er wohl immer benachteiligt werde und alle andern Menschen es besser hatten.

Als dieser Sohn Sulpizien gesehen hatte, die ein gesundes, munteres und hübsches Mädchen war, da sagte er sich, daß das doch ein Unrecht sei, sie so einem Menschen von gänzlich unbekannter Herkunft zu geben, wodurch das schöne Vermögen aus der Familie kam; er ging zu seinem Vater, machte ihm Vorstellungen und erklärte ihm, Galeazzo solle aus dem Hause entfernt werden, und er selber wolle Sulpizien heiraten, wenn sie zu ihren Jahren gekommen sei. Der Graf blies die Backen auf und sah seinen Sohn prüfend an. Dann sagte er: »Was berechtigt dich, anzunehmen, daß dein Vater anders handeln wird wie als ein Edelmann? Habe ich dir je Veranlassung zu einer solchen Annahme gegeben? Hier liegt der letzte Wille des alten Spinabianka, hier stehe ich. Was in dem letzten Willen steht, das wird pünktlich ausgeführt; bis aufs Tüp-

Ferdinand Olivier: Italienisches Gebirge

felchen wird es ausgeführt.« Der Sohn ließ die Ohren hängen und entfernte sich beschämt.

Der alte Graf war aber durch ihn auf einen Gedanken gebracht. Auch er sagte sich, daß es doch ein Unsinn sei, das schöne Vermögen in die Hände des jungen Bengels kommen zu lassen, der wer weiß von welchen Landstreichern abstammen mochte, denn den Glauben des alten Marchese teilte er nicht, daß die Eltern vor der Wut des Vaters der jungen Frau geflohen seien und ihr Leben auf dem Meer verloren hatten. Das Wappen auf dem Carneolring war ihm gänzlich unbekannt, der Ring besaß keinen großen Wert, und wenn wirklich irgendwo eine Familie mit dem Wappen lebte, so war durchaus nicht gesagt, daß Galeazzos Eltern mit ihr zusammenhingen. Kurz und gut, der Graf beschloß, Sulpizien selber zu heiraten. Die Ansicht seines Sohnes, daß man zunächst Galeazzo entfernen müsse, schien ihm richtig zu sein. Er erklärte diesem also, er sei jetzt zu alt, um sich noch weiter mit Calisto und Sulpizien in den Ställen herumzutreiben, er müsse etwas lernen, er werde nach Neapel gehen an den Hof, und dort werde er erzogen werden.

Galeazzo mußte gehorchen, er ahnte ja auch nicht, was der Vormund plante, der Hof von Neapel lockte ihn natürlich sehr, die Trennung von Sulpizien wurde ihm nicht schwer, und so zog er denn ab auf einem Roß von mittlerer Güte und mit einem nicht allzu vollen Beutel, denn der Graf war natürlich sparsam, dachte er doch für sich selber zu sparen.

Am neapolitanischen Hof lebte Galeazzo nun als Page mit andern Pagen, er übte Streiche, machte Schulden und genoß so recht sein Leben. Die gute Sulpizia, welche ein wildes Mädchen gewesen war, kletterte nun nicht mehr auf Bäume und über Zäune, denn seitdem Galeazzo fort war, machten ihr diese Übungen keine Freude mehr; sie wurde von Lucrezien angehalten zum Nähen und Flicken; und während Galeazzo sich in Neapel vom Knaben zum Jüngling entwickelte, bildete sie sich in Spinabianka vom Mädchen zur Jungfrau. Man schrieb damals nicht viele Briefe, und wenn man sie geschrieben hätte, so hätte das Sulpizien nicht viel genutzt, denn sie konnte wohl Gedrucktes lesen, aber nicht Geschriebenes, und konnte auch nicht schreiben, denn damals nahm man an, daß die jungen Mädchen solche Kenntnisse nur zu allerhand Unfug benutzten, und lehrte sie deshalb nicht. Aber irgendwelche Grüße, Nachrichten, Erzählungen und Berichte gingen doch immer zwischen Spinabianka und Neapel und erhielten Gesinnung und Denken der jungen Leute, welche sich verlobt wußten.

Galeazzo bekam von dem alten Grafen einen sehr mäßigen Wechsel, wir hörten schon, daß er Schulden machte. Schulden gehörten schon damals zu den Eigentümlichkeiten der besseren jungen Leute und drückten nicht besonders. Man bezeichnete sie als Bären, die man angebunden hatte, und wenn so ein Bär brummte, so nahm man an, daß das eine natürliche Äußerung von ihm war, die weiter nichts zu bedeuten hatte. Galeazzo aber hatte eine Unvorsichtigkeit begangen, er hatte bei einem andern Pagen eine Anleihe gemacht, dessen Vater nicht eigentlich zur guten Gesellschaft gehörte, und der seinen Sohn nur dadurch an den Hof gebracht hatte, daß er einige Bären vom König selber im Gewahrsam hatte, kurz bei dem Sohn eines Wucherers. Der junge Mann war nun zwar zum Adel aufgerückt und hätte so nach allen Vorgängen die Verpflichtung gehabt, das Geld seines Vaters schnell kleinzumachen; aber das ererbte Blut war noch zu stark in ihm, das Durchbrechen der adligen Gesittung konnte man erst im zweiten Geschlecht erwarten, er selber wucherte noch im Kleinen, wie sein Vater im Großen, und so kam es denn, daß unser Galeazzo, den er unzart mahnte, in Streit mit ihm geriet. Die adlige Gesittung war immerhin schon so stark in dem jungen Wucherer, daß er einverstanden war, den Streit in adeliger Weise auszufechten und nicht in bürgerlicher, aber Galeazzo war ihm natürlich in den Waffen überlegen und stach ihn glänzend ab.

Zum Glück war die Verwundung nicht tödlich; immerhin mußte Galeazzo fliehen, und der Vater des Verwundeten, der noch nicht an die Zufälle des adeligen Lebens gewöhnt war, setzte beim König und bei den Gerichten durch, daß er eifrig verfolgt wurde. Es blieb Galeazzo nichts übrig, als daß er sich in einen andern Staat rettete, und so zog er denn nach Rom. Hier fand er im Haus der Colonna ein Unterkommen in der Art, wie damals die fürstlichen großen Herren junge Leute von Adel bei sich hielten.

Er mußte die Nachricht von dem Geschehenen natürlich nach Spinabianka mitteilen, damit ihm der Vormund Geld übermittelte, und da er sich bei der ganzen Angelegenheit anständig benommen hatte, so scheute er sich nicht, alles mit einiger Ruhmredigkeit und nicht ohne Ausschmückungen zu berichten, mit dem Versprechen, daß dies nicht der letzte seiner Ehrenhändel gewesen sein solle.

Der Vormund hatte schon lange derartiges erhofft. Nun schrieb er an den König und den Vater des Abgestochenen, der junge Mann mache ihm beständig Sorge, er sei ein Taugenichts, er bitte, mit aller Strenge des Gesetzes gegen ihn zu verfahren, indem man ihn keinesfalls wieder ins Land lasse; und an Galeazzo schrieb er kühl: Wie man sich bette, so liege man, Vorgetan und Nachbedacht habe manchem schon viel Not gebracht, die Ernte sei schlecht ausgefallen, und er könne ihm nichts schicken, und wenn er ihm einen Rat geben könne, so sei es das Beste für ihn, wenn er sich gegen die Türken anwerben lasse. Sulpizia ahnte natürlich nichts von der Treulosigkeit des alten Grafen. Dieser machte ihr dunkle Andeutungen von schlechten Streichen, verlornem Sohn und ähnlichem, wodurch er ihr Herz von Galeazzo abzulenken gedachte; dabei verriet er freilich eine mangelhafte Kenntnis des weiblichen Herzens; denn Sulpizia hielt ihn für einen krautjunkerlichen alten Esel, der natürlich einen Hofmann wie Galeazzo nicht verstand, und machte sich vor Lucrezien über seine erbaulichen Reden lustig, indem sie sich breit in einen Lehnstuhl setzte, die Hände auf dem Bauch faltete, die Daumen umeinander drehte und mit tiefer Stimme seine Betrachtungen wiederholte.

Man kann sich vorstellen, daß der Sohn des Vormunds, der begriff, was sein Vater vorhatte, verdrießlich wurde, wenn man bei einem ohnehin beständig verdrossenen Menschen so etwas sagen kann. Es wurde ihm klar, daß er sich Sulpizien gegen seinen Vater erobern mußte. So entwarf er sich denn einen Plan, wie er vorgehen wollte. Er gedachte zunächst ihr Vertrauen zu gewinnen, und dazu schien ihm am besten zu sein, wenn er ihr die Pläne seines Vaters entdeckte und ihr offen sagte, wie der auf diese gekommen war.

Die Eröffnungen erschreckten Sulpizien auf das heftigste. Sie erfuhr, daß der Alte sie heiraten wollte, daß Galeazzo irgendwie ins Unglück gebracht werden sollte, und daß, was schließlich ebenso schlimm war als beides, der Sohn des Vormunds Anspruch an sie machte. Aber in der Gefahr erwachte ihre weibliche Besonnenheit. Sie sah sofort ein, daß sie dem jugendlichen Liebhaber irgendwelche Hoffnungen machen mußte, um ihn gegen den Alten ausspielen zu können, und auch um Nachrichten von ihm zu erhalten, und deshalb sprach sie so zu ihm, daß ihm deuchte, er höre die Englein im Himmel singen. Er erklärte, daß er ihr Sklave sei, daß er alles tun werde, um sie vor seinem Vater zu retten, daß sie über sein Leben verfügen könne, daß ihm nichts zu heilig sei, um es ihr zu opfern.

Nach dem Geständnis des jungen Mannes hatte Sulpizia eine Unterredung mit Lucrezien und Calisto, denen sie fest vertrauen konnte. Die gute Lucrezia hatte schon etwas geahnt von dem Plan des Alten; sie setzte sich hin und weinte dicke Tränen, sie sagte, daß der Marchese sich im Grabe umdrehen würde, und begriff nicht, wie viele schlechte Menschen es in der Welt gab, wo sie doch nie in ihrem Leben jemandem etwas zuleide getan hatte. Der feurige Calisto, der seinen Milchbruder zärtlich liebte und die junge Herrin verehrte, nach seinem Ausdruck wie eine Heilige, wollte dem alten Sünder drei Zoll Eisen zwischen die Rippen stoßen, er zog schon sein Messer und stürzte zur Tür. Sulpizien wurde es klar, daß sie selber die Leitung der Angelegenheiten übernehmen mußte, und das tat sie denn auch.

Es schien ihr das Beste, nach Rom zu fliehen und Galeazzo aufzusuchen, denn von dem hoffte sie als liebendes Mädchen eine Lösung aller Schwierigkeiten. Lucrezia und Calisto waren entschlossen, sie zu begleiten. Aber sie mußte einen Männeranzug haben und brauchte Geld. Für beides nahm sie ihren jungen Liebhaber in Anspruch. Sie eröffnete ihm einen Plan, mit den beiden Dienstleuten und ihm zu fliehen und sich ihm in der nächsten Stadt zu vermählen. Der junge Mann war entzückt und brachte einen Anzug von sich an, den sie mit Lucrezien für ihre Gestalt zurechtschneiderte; dann stahl er seinem Vater die Schlüssel, Sulpizia ging über den Schrank und räumte an Geld und Kostbarkeiten aus, was sie fand, was freilich nicht viel war, denn das eingehende Bargeld verlieh der Vormund zum größten Teil auf Zinsen, und die Kostbarkeiten hatte er fast alle verkauft, um das Geld zinstragend anzulegen; aber sie bekam doch immerhin die Wirtschaftskasse für den Monat in die Hand und einige wertlosere Schmuckstücke, unter ihnen den Carneolring. Calisto hatte für die Pferde gesorgt, und so machten sich die vier auf den Weg, unter beständigem Jammer Lucreziens, daß sie halbtot sei vor Angst, und daß sie sich bei dem Traben des Pferdes immer auf die Zunge beiße. Calisto hatte die andern Pferde aus dem Stall in die Freiheit gelassen, um die Verfolgung zu erschweren. Nachdem die vier eine Weile geritten waren, kamen sie in einen dichten Wald. Hier hielt Calisto sein Pferd an und befahl den übrigen mit ernstem Ton haltzumachen. Dann forderte er den erstaunten Liebhaber mit vorgehaltenem Messer auf, vom Pferd zu steigen; auch Sulpizia stieg ab, die beiden fesselten den Liebhaber und banden ihn an einen Baum, und dann ritten sie eilig weiter und ließen ihn seinen unnützen Betrachtungen und Wehklagen.

Sie ritten und ritten; Calisto wählte die Wege und Zeiten mit Umsicht; und so kamen sie denn wohlbehalten in Rom an, wo sie in einem guten Gasthof abstiegen. Sogleich schickte Sulpizia den treuen Calisto in das Haus der Colonna, um Galeazzo zu erfragen.

Aber Galeazzo war nicht mehr bei den Colonnas.

Man kann sich denken, daß ihm sein Erfolg in Neapel in den Kopf gestiegen war. Er teilte sein Zimmer mit einem anderen jungen Edelmann, der sehr ordentlich und sauber war, seine Kleider immer selber bürstete, ein Bügeleisen hatte und jeden Sonntagvormittag seine Wäsche bügelte, und sich jeden Knopf selber annähte und jeden Riß selber flickte, denn er pflegte zu sagen, daß Kleider Leute machen, deshalb müsse man seine Sachen in Ehren halten, man könne nicht wissen, wie sie einem einmal zu Glück verhelfen. In seinem Übermut zog Galeazzo diesen jungen Mann auf und hänselte ihn; er sagte, sein Vater sei gewiß ein Schneider, oder seine Mutter habe sich an einem Bügeleisen versehen, und was dergleichen beißende, wenn auch nicht gerade geistreiche Scherze mehr waren. So war es einmal zu einem Streit gekommen, beide hatten den Degen gezogen, und Galeazzo hatte den jungen Mann wieder abgestochen.

Er hatte also wieder fliehen müssen, und da die Orsini mit den Colonna verfeindet waren, so war er in das Haus der Orsini geflohen. Sein Gegner war zum Glück wieder nicht tödlich verletzt, aber der Vater strengte natürlich eine Verfolgung durch die Häscher an, und da er ein großer Herr in der Lombardei war, so mußten die Colonna ihn dabei unterstützen. Wie die Dinge bei den Orsini lagen, wurde nicht recht klar; jedenfalls suchte Calisto vergeblich eine Spur von Galeazzo bei den Orsini, nachdem er gerüchtweise gehört hatte nach vielen mühsamen Nachforschungen, daß Galeazzo bei denen sich aufhalte.

So saß nun Sulpizia mit den beiden treuen Dienern in Rom in einem teuren Gasthof. Das mitgebrachte Geld wurde schnell alle, ein Schmuckstück nach dem andern war schon verkauft, es blieb nur noch der Carneolring. Bisher hatte Sulpizia immer Lucrezien fortgeschickt, wenn etwas verkauft werden mußte; da nun das letzte Stück zum Goldschmied wandern sollte, ging sie selber, denn Lucrezia hatte bei diesen Geschäften wohl keine besondere Umsicht entwickelt, und die kleine Gesellschaft mußte nun jeden Bajocco bedenken. Sie ging, immer natürlich noch als Jüngling verkleidet, mit dem Carneolring zu einem Mann, den ihr die Dienstmagd des Gasthauses als zuverlässig empfohlen hatte, und Calisto begleitete sie.

Der Mann saß in seiner Bude und betrachtete den Ring von allen Seiten, Sulpizia mit Calisto hinter sich stand auf der Straße vor der Bude und erwartete beklommen, was der Goldschmied bieten werde. »Das ist Euer Wappen, Herr Graf«, sagte der Goldschmied zu einem Herrn mit grauem Knebelbart und lebendig rötlichem Gesicht, der dastand und eine silberne Pfeffermühle prüfte. Der Herr streckte die Hand aus, erbat sich den Ring und betrachtete ihn. »Von wem habt Ihr den Ring erhalten?« fragte er heftig Sulpizien. Sulpizia wurde über das Ungestüm der Anrede verwirrt und stotterte verlegen, der Ring sei ein Andenken aus ihrer Kindheit. »Aus Eurer Kindheit?« fragte der alte Herr weiter, »wie heißt Ihr?« Sulpizia hatte natürlich einen männlichen Vornamen und andern Geschlechtsnamen angenommen, allein in der Verlegenheit entfuhr ihr der wirkliche Name. Calisto merkte, daß der ungestüme alte Herr seiner Herrin lästig wurde, zog sein Messer und sprach kaltblütig von drei Zoll Eisen, welche er ihm zwischen die Rippen stoßen werde. Der alte Herr erwiderte ihm, er sei nicht gefragt, und wendete sich wieder zu Sulpizien, indem er den Ring starr betrachtete; er bemerkte weder ihre Verlegenheit, noch fiel ihm der weibliche Name auf; er sagte nur treuherzig verwundert: »Einen merkwürdigen Namen habt Ihr, Herr. Aber ich muß weiteres über den Ring wissen, ich muß und verlange es.« Sulpizia, welche immer Angst vor Verfolgern hatte, glaubte, daß der alte Herr ein Abgesandter des Oheims sei; eine Art von Gefolge reihte sich hinter ihm, das ihr vorkam, als seien es Häscher; mit blitzenden Augen zog sie einen kleinen Dolch, richtete ihn auf sich und rief: »Lebend fangt Ihr mich nicht!« Der alte Herr hatte Augen von jener runden, vorstehenden Art, welche immer den Eindruck machen, als ob sie über die Backen herunterkugeln wollen; er rollte sie erstaunt und öffnete eben den Mund zu einer Frage, als Calisto sich auf ihn stürzte, sein Messer schwang und es ihm in die Rippen stieß. Der alte Herr strauchelte, ein Diener fing ihn auf, die andern Leute des Gefolges drangen auf Calisto ein, dieser schwang sein Messer in der Luft, sie sahen ein, daß er gefährlich war, und öffneten ihm eine Gasse, und so entfloh er. Dafür stürzten sie sich auf die zitternde Sulpizia, die ihren Dolch längst aus ihren kraftlosen Händen hatte zur Erde fallen lassen. Der alte Graf aber verbot, ihr etwas zuleide zu tun, indem er sagte: »Er ist unschuldig, der andere Mensch war verrückt, ich bin nicht verletzt.« Dann wandte er sich zu Sulpizien, schob seinen Arm unter den ihrigen, ging einige Schritte zur Seite und sagte: »Ich bitte Euch inständigst, junger Herr, folgt mir zu meiner Wohnung. Ich bin der Graf von Salazar, der Ring war in meinem Besitz, es liegt hier ein Geheimnis vor, welches für mich von der höchsten Wichtigkeit ist und vielleicht auch für Euch, wenn ich wenigstens aus Eurem Äußern schließen darf, daß Ihr zwar aus einer guten Familie stammt und wohlerzogen seid, aber Euch doch nicht der günstigsten Umstände zu erfreuen habt.« Nach diesen Worten winkte er seiner Sänfte, schob ohne Umstände Sulpizien hinein, folgte ihr und schloß sie. »Ich bediene mich immer einer Doppelsänfte«, sagte er. »Ich gebe meinen Leuten reichliches Essen, sie können daraufhin genügende Körperkräfte entwickeln, und ich finde es behaglich, mit einem Freund zu plaudern, indessen man von den Kerls getragen wird.«

Die Wohnung des Grafen war ein reicher und stolzer Palast, der auf ein großes Vermögen und hohen Rang schließen ließ. Sulpizia hatte sich wegen ihres ersten Verdachtes längst beruhigt und beschloß, dem stürmischen alten Herrn die ganze Geschichte des Ringes anzuvertrauen. Sie erzählte also, wie sie es von ihrem Vater, von Lucrezien, Galeazzo und Calisto gehört hatte, wie ihre Eltern an einem stürmischen Tage am Strande stehen und ein Brett angespült wird, an das sich zwei Schiffbrüchige anklammern, ein junges Ehepaar mit einem Knaben, alle drei bildschön, wie ihre Eltern die Schiffbrüchigen mit in ihr Haus nehmen und pflegen, aber beide sind durch die ausgestandenen Leiden schon zu sehr erschöpft; sie erzählen noch ihre Geschichte, daß sie von vornehmer Geburt sind, und daß der junge Mann mit der Frau geflohen ist, weil ihr hartherziger Vater nicht in ihre Verbindung willigen wollte; dann übergaben sie den Knaben der Obhut ihrer Eltern nebst dem Ring, dem einzigen Wertstück, das ihnen geblieben war, und dann starben sie. Sulpizia wurde, indem sie daran dachte, in welcher Gefahr Galeazzo damals geschwebt hatte, so gerührt, daß sie sich die Tränen abwischen mußte, dem alten Grafen purzelten die runden Tränen über die blühenden Backen in den grauen Bart, er hielt ihre Hände und sah ihr aufmerksam ins Gesicht. Sulpizia fuhr fort, ihre Eltern seien kinderlos gewesen und haben den Knaben als ihr eignes Kind aufgezogen. Als sie das gesagt hatte, breitete der Graf seine Arme weit aus, zog die zierliche Sulpizia an seine Brust, drückte sie mit dem Gesicht heftig auf seine gestickte Weste und rief aus: »So habe ich denn mein Kind wieder, das ich verloren glaubte! Gleich als ich dich vor der Bude stehen sah, geliebter Sohn, fühlte ich eine geheime Sympathie, ich fühlte mich zu dir hingezogen, ich sah, wie du nach mir hinstrebtest. Das war die Sprache der Natur! Ja, die Natur kann nicht täuschen, sie ist immer wahr!« Mit diesen Worten schob er Sulpiziens Gesicht vor seinen bartbewachsenen Mund und küßte sie mit überströmenden Tränen.

Man wird bemerkt haben, daß Sulpiziens Erzählung nicht ganz der Wirklichkeit entsprach. Es war mit den Vorgängen geschehen, was leicht geschieht, wenn sie durch die verschönende Erinnerung gehen; zunächst hatten sie sich Sulpiziens Mutter anders dargestellt, wie sie wirklich gewesen waren, Lucrezia hatte die Veränderungen freudig aufgenommen, endlich hatte sie auch der alte Marchese geglaubt, dann war die Geschichte den heranwachsenden Kindern erzählt, hatte sich in deren Gedanken weiter verändert, und so war nun herausgekommen, was die gute Sulpizia berichtet hatte. Aber auch den Grafen Salazar trog sein Gedächtnis. Der alte Herr hatte den lebhaftesten Wunsch, einen Erben zu besitzen. Er war aber nie verheiratet gewesen. Jedesmal, wenn er den Versuch gemacht hatte, eine Frau zu nehmen, war irgendein Unglück dazwischengekommen. Nun, in seinen alten Tagen, gingen ihm die verschiedenen Liebesverhältnisse durcheinander, die gesellschaftlichen wie die zweifelhafteren, und aus seinem lebhaften Wunsch kam ihm die Vorstellung, daß er eine Tochter gehabt habe oder wenigstens hätte haben können oder verloren habe, und da der Ring wirklich einmal ihm gehört hatte, so vereinigte sich seine Vorstellung mit der Erzählung Sulpiziens zu einer Geschichte, die sich wunderbar schloß.

Die Sache mit dem Ring hatte sich eigentlich so verhalten, daß vor langen Jahren in Rom eine wunderschöne Schauspielerin war, in die sich der Graf verliebt hatte. Da sein Vater damals noch lebte, der ihn sehr knapp hielt, so konnte er seine Liebe nur durch Geschenke von Blumen und andern geringwertigen Dingen zu erkennen geben. Er war aber nicht der Mann, der rein durch sich selber auf die Frauen wirken konnte, denn er kam ihnen immer etwas lächerlich vor, deshalb erwiderte auch die Schauspielerin seine Liebe nicht und entfloh mit einem Kollegen, welcher bei einem umherziehenden Unternehmen in Süditalien als Arlecchin beschäftigt war. Der Carneolring war das kostbarste Geschenk des Grafen an sie gewesen, und wenn er auch keinen sehr großen Wert hatte, so hatte sie ihn doch aufgehoben, um ihn beim Theater zeigen zu können und zu erzählen, welche vornehme Herren sich um ihre Liebe beworben hatten.

Wir wollen uns nicht verhehlen, daß es dem Grafen Salazar nicht ganz klar war, ob Sulpiziens Mutter seine eigene Gattin gewesen war, die ihn mit einem Liebhaber verlassen, indem sie seinen Sohn mitgenommen hatte, oder ob sie seine Tochter gewesen war; denn man weiß ja wohl, wie in späteren Lebensjahren einem oft die Geschlechter durcheinander gehen, so daß man Eltern und Kinder verwechselt. Nun, ob Sohn oder Enkel, war ihm ganz gleich, er schloß Sulpizien in seine Arme und war glücklich, daß endlich der sehnlichste Wunsch seines Lebens erfüllt war.

Durch ein peinliches Gefühl wurde Sulpizia gehindert, zu gestehen, daß sie selber ein Mädchen und daß der eigentliche Erbe Galeazzo war; aber wie nun der alte Herr anfing, Zukunftspläne zu machen, von seinen großen Gütern und Schlössern in Spanien erzählte, von dem Ansehen der Familie Salazar, von den bedeutenden Verbindungen, von den Vorfahren, welche in hervorragenden Stellungen gewesen, da konnte sie doch die Wahrheit nicht länger verschweigen; faßte sie ja doch auch nun die Hoffnung, daß ein so bedeutender Mann schon werde seinen Sohn zu schützen wissen, daß er sich nicht müsse gegen die Türken anwerben lassen und auch werde Mittel finden, seinen Aufenthaltsort zu erkunden. Sie faßte sich also ein Herz, und als der alte Herr in seinen Erzählungen einmal innehielt und, ihr Gesicht in beide Hände nehmend, sie liebevoll ansah, begann sie, sie müsse ihm noch eine weitere Mitteilung machen, daß sie selber eigentlich ein Mädchen sei, und die richtige Tochter ihrer Eltern, und sein Sohn sei Galeazzo, und nun erzählte sie weiter von Galeazzos Taten, und von der Schlechtigkeit des Vormunds und von ihrer Reise nach Rom und von dem Verschwinden Galeazzos.

Entzückt haute sich der alte Herr auf die Knie und rief, als er von den Zweikämpfen hörte, daran erkenne er seinen Sohn, so sei er auch gewesen in seiner Jugend, und als Sulpizia von ihrer Liebe sprach, da jubelte er wieder und sagte, auch darin erkenne er sich wieder, denn er habe Liebschaften gehabt, manchmal drei zugleich. Hierüber wurde die gute Sulpizia betroffen; sie hatte noch nie daran gedacht, was eigentlich mit Galeazzos Herzen geschehen sein konnte während der langen Abwesenheit; plötzlich wurde sie von heftiger Eifersucht erfaßt, sie brach in lautes Weinen aus, warf sich dem alten Herrn an die Brust, riß sich dann wieder von ihm los und erklärte, sie wolle ins Wasser gehen, kurz, sie tat und sagte, was junge Mädchen in solchen Fällen zu tun und zu sagen pflegen. Der Graf war viel kälter ihr gegenüber geworden, nachdem er erfahren, daß sie nicht sein Sohn war, und vielleicht war seine Art jetzt die richtige bei ihrer Aufregung; er erklärte, sein Sohn sei ein Ehrenmann, und ein Ehrenmann handle als Ehrenmann, zunächst aber sei es nötig, ihn aufzufinden.

Er war mit dem Fürsten Orsini befreundet. Die Sänfte trug die beiden zum Hause der Orsini; was dem guten Calisto nicht gelungen war, das wurde dem Grafen Salazar gleich gewährt: Galeazzo saß verborgen im innersten Gemach des Hauses, vor einem Tisch, der mit Schinken, kaltem Geflügel aller Art, Wein, Nüssen und andern guten Sachen bedeckt war. Der Graf und die verkleidete Sulpizia wurden vom Fürsten zu ihm geführt; er stutzte, als er Sulpizia sah, als sie an seine Brust flog, dann erkannte er sie, lachte und weinte und küßte sie; der Graf schob Sulpizien fort und umarmte ihn, Sulpizia gab mit einigen Worten die Aufklärung, daß der Graf von Salazar sein wiedergefundener Vater sei, und so umarmten sich nun die drei endlich Vereinten denn glücklich und zufrieden.

Es versteht sich, daß der Graf von Salazar für seinen Sohn bald die Angelegenheiten bei den Colonnas und in Neapel in Ordnung brachte, daß die Hochzeit gefeiert wurde, daß der Vormund mit seinem Sohn Spinabianka verlassen mußten, daß Calisto Verwalter in Spinabianka wurde und Lucrezia bei dem jungen Ehepaar blieb, und daß der gute Graf von Salazar noch viele Jahre in ungetrübtem Glück bei seinen Kindern verlebte und viele schöne Enkelkinder um seine Füße spielen sah.

HEINRICH FEDERER

Die Buchbinderin Mala Golzi

Es ist noch alles unverwüstet – alt im Felsenstädtchen Todi. Aber an der Gassenecke, die zum Garibaldiplatz sieht und sich vor den drei trotzigen Palästen der Stadtherrschaft ringsum nicht fürchtet, gab es vor sechzig Jahren ein Buchbinderlädelchen im erdebenen Stock, das jetzt nicht mehr existiert. Im oberen Boden hielten die Serra eine Gaststube. Es war weder Hotel, noch Wirtschaft, sondern neben der großen, wandgefensterten Küche ein noch größerer düsterer Saal, in dem man durch den Schieber ein gutes hiesiges Mittag- und Nachtessen bekam. Im Notfall ward einem noch ein hartes, knisteriges Laubbett in der Mansarde eingeräumt. Doch davon wußten die Fremden nichts und von den Einheimischen außerhalb des Weichbildes nur wenige.

Im dritten Stock wohnte die Buchbinderfamilie Golzi und hatte die beste Kammer dem Obersten Pigrino eingerichtet. Der alte Soldat hatte aus den achtundvierziger Kämpfen ein schwaches Auge heimgetragen und war nach und nach erblindet. Bei den Golzi und Serra verzehrte er seine kleine Pension, da er keine Verwandten, aber in einem entfernten Vetter der Serra, dem Canonico Massimo droben im Domherrenstift, seinen besten Freund besaß. Don Massimo holte ihn oft aus der Libreria, wie man sonderbarerweise damals das Haus der Buchbinderfamilie hieß, zu einem Spaziergang ab. Gewöhnlich schlenderten sie gemächlich über San Fortunato, wo der Priester jeweilen seufzte: »Ach, diese Fassade! Nie wird sie vollendet. Kasernen, ja! Kirchen nein! – Miserable Zeit!« – Dann geriet man gleich über die Piazza Pignatara, wo der Oberst seinerseits sich jedesmal rächte: »Und das Kloster drüben, lieber Massimo, bleibt ausgefegt, ja, ausgefegt von Dunkelmännern. Helle, saubere Zeit!« – Denn von hier schoß einem die Flanke des einstigen Konvents ins Auge. Das wußte der Blinde, sobald man auf eine bestimmte höckerige Stelle des Platzes trat.

»Soll ich davonlaufen«, drohte der Domherr alsdann, »Sie dunkelster aller Dunkelmänner!« – »O wenn alle wären wie Sie!« beruhigte flink der kleine, breite Oberst und tastete sich fester an seinen Führer. »Sie dürfen sieben Klöster stiften, und ich lasse mir auch noch die Locken scheren.«

Dann lachten beide, denn ihre Häupter waren kahl und geschliffen wie Mühlsteine. Und trotz ihrer Gegensätze im Kirchenpolitischen konnten sie ohneeinander nicht drei Tage auskommen. Das war um die Siebzig, und damals wimmelte das Haus Golzi-Serra von Jugend.

Vierzig Jahre später lagen die Freunde längst unter dem Grabstein. Aber auch im Hause war es merkwürdig still. Oben fast keine Gäste und nur noch zwei alte Schwestern Serra, immer in schwarzen Röcken, da ihr einziger, vergötterter Bruder Piso so seltsam gestorben war. Unten im Laden die lichte Sechzigerin Mala Golzi, über und über von feinen Runzeln durchstrichelt, aber von gesunder apfelroter Farbe, den Hals gerade und mit den prachtvollen braunen, aber etwas harten Augen unter dem halben Lid zufrieden hervorzwinkernd wie einst in den Jüngferchentagen.

Sie arbeitete am offenen Fenster. Man konnte gut hereingucken. Oft saßen Kinder rittlings übers Gesimse und bettelten farbiges Papier oder Goldschnüre. Sonst gab es im Stübchen nur noch einen Schrank, zwei Sessel, einen Liegestuhl, und am Türhaken hing eine alte, grüne Feldjägeruniform. Doch die Alte am Fenstertisch voll Kleistertöpfen, Haftschächtelchen, Kartonscheiben, Drahtnetzen und Beigen von Papier pinselte und schnitt und nähte und besorgte das klebrige Geschäft noch bis ins letzte von Hand, aber von so rascher, geschickter, peinlich solider Hand, daß selbst von Perugia aus der Präfektur, ja vom Kardinal-Erzbischof Aufträge kamen. Ein Einband von ihr überdauert Jahrhunderte.

Doch sie war vermöglich und nahm nur noch an, was ihr behagte, etwa Heiligenleben und vom Profanen, was sich recht kurzweilig las. Denn ehe sie einband, las sie alles Material. Das Werk über die Spezialpflanzen zwischen Tiber und Naia und die Baugeschichte von San Fortunato und alles Fremdsprachige wies sie bündig ab. Dagegen bat sie den Stadtschreiber und Bücherwurm Mossa um Abenteuer und Romanzen. Sie wolle das gratis binden.

Denn Frau Mala wollte all das Interessante mittags und abends dem Manne vorlesen, der ihr zunächst im Lehnstuhl saß mit roten Pantoffeln und einem gefleckten herrlichen Jaguarfell auf den Knien. Sein feines Greisengesicht paßte nicht in diesen schlichten Raum. Er war mager und blank und kahl wie eine dürre Birke. In seinen Beinen und Armen marterte die Gicht mit Millionen Messerchen. Er konnte zeitweise nicht zwei Schritte tun. Doch hielt er standhaft aus. Das Schönste in seinem edelgeformten, aber verdorrten Gesicht waren die zwei silbergrauen Augen, die wie große Monde auf und nieder gingen. Aber meist hielt er die Lider geschlossen, der müde Elvezio dalla Rocca.

Als ich etliche Jahre später da hineintrat, war der alte Herr nicht mehr da. Sie trug noch immer keine Brille und blinzelte noch immer köstlich unter halben Lidern hervor und lächelte aus hundert apfelroten Rünzelchen; aber der Lehnstuhl blieb leer. Indessen lag noch die getigerte Decke darauf und das rote Pantoffelpaar darunter und ein Fußpolster, gerade, als müßte Elvezio dalla Rocca im Augenblick von einem kleinen Spaziergang zurückkommen und ins Tuch schlüpfen. Ich wußte jedoch, daß er jene Reise, die kein Retourbillett kennt, bereits angetreten hatte. An der Türe hing feierlich die grüne Soldatenkleidung.

Frau Mala band immer noch Bücher ein. Das war ihr eine Lebensnotwendigkeit wie das Atmen. Aber sie tat es jetzt gemächlich und nahm nur noch kleine Sachen an, am liebsten Legenden und Gedichte und solches, was vom großen Sohne dieser Stadt, dem Mönch und Dichter Giacopone, veröffentlicht wurde. Die Gaststube zu Häupten war eingegangen, und die beiden schwarzgewandeten Schwestern Serra kamen meistens nach Vesper hinunter und strickten und plauderten leise und schlürften einen Kaffee. Diese drei Siebzigerinnen sahen aus wie drei heiterstille Oktobertage.

Die hellste von ihnen, Mala Golzi, erschien mir, wenn sie so kleisterte und zusammenheftete, selbst wie ein Geschichtenbuch, mit fröhlich bunten Deckeln, aber streng geschlossenen, geheimnisvollen Seiten. Was mochten wohl da drinnen für Kapitel stehen? Denn daß ein Haus voll schallenden Lebens, mit prächtigen Jünglingen und hübschen Fräulein zu diesem greisen Rest zusammenschrumpfte, dazu bedurfte es doch wohl absonderlicher Fügungen.

Ich besaß eine lose Sammlung von Dichtungen Giacopones in deutscher Übersetzung. Damit ging ich zur Buchbinderin.

Aber Frau Mala weigerte sich, diese Blätter einzubinden. »Tedesco, no!« Sie binde ja nicht einmal mehr das schönste liebste Italienisch ein. Noch gestern habe sie Marco Visconti, man denke, so eine famose Geschichte, ohne Umschweife abgelehnt.

»Ich komme wieder und bettle wieder«, sagte ich. »Es handelt sich doch um den größten Bürger von Todi, um sein Armutslied. Sollen das nur die Italiener haben? Sind wir Deutschen nicht auch Christen und möchten probieren wie Giacopone, die Lumpen des Reichtums von uns zu werfen und im stillen Glanz der Armut zum Himmel aufzuleuchten?«

Frau Mala schüttelte den Kopf. Sie verstand mich nicht. Das klang ihr zu großartig.

Öfter kam ich nun und grüßte und bettelte wieder. Und einmal warf ich die berühmten Verse hinein:

Udite nova pazzia
Che mi viene in fantasia!

Gleich zuckte es um Malas Mund, und sie antwortete flüsternd:

Viemmi voglia d'esser morto
Per che io sono visso a torto.

Und ein mild klagender Blick traf den leeren Stuhl mit Decke und Pantoffeln.

Io lasso il mondan conforto
Per pigliar più dritta via

schloß ich die Strophe, mit der jener Mönch des Mittelalters seine Abkehr von der wilden Geschäftigkeit der Welt beginnt.

»Ja, wenn man nur könnte«, seufzte Mala. Es tönte leicht wie ein Vogelseufzer. »Ich lese eben noch immer gar zu gern Abenteuer und Liebesgeschichten.« – Ihr verschrumpftes Gesicht glänzte in rosiger Kindheit.

»So bindet mir jetzt die paar Blätter ein«, bat ich. »Tut das zur Buße! Seht, da steht gerade das Gedicht ›Udite‹.«

»Aber deutsch.«

»Aber kein Wort anders als wie Giacopone dachte.« Ich las:

O hört der neuen Torheit Sang,
Die wundersam ins Herz mir drang.
Sehnsucht des Todes mich umschwebt.
Zu Unrecht, ach, hab ich gelebt.
Ich laß die Welt, die ich erstrebt,
Für einen bessern gradern Gang.

»Oh, oh!« machte die Alte und hielt sich die zarte Hand ans Ohr.

»Gefällt es Euch nicht?«

»O was für eine Musik!« spaßte sie. »Wie ... wie ... das knarrt und ... ja ... hustet ... dieses Deutsch. Wenn Giacopone das hörte ... oh!«

»So würde er sagen: bindet ihm, dem fremden Manne, der nicht schöner reden kann, bindet ihm die Blätter. Froh bin ich, wenn man meine Lieder in allen Sprachen hört. Auch in dieser rauhen da. Gott versteht es schon. Es steckt ja überall das gleiche Gebet drin.«

Langsam überprüfte Frau Mala die deutschen Buchstaben. Es wollte ihr nicht recht in den Kopf, daß in diesen Haken und Häklein der gleiche Franziskaner rede. Aber zuletzt sagte sie kurz: »Gebt her! Ich mach's!«

Und nun kam ich Tag für Tag her, sah zu, wartete, plauderte und brachte den drei Frauen etwa Blumen oder die neueste Zeitung und las ihnen daraus das Feuilleton vor: »Die Tochter des Kastellans«, mit seinen blutroten Unwahrscheinlichkeiten. Diese Tochter liebte, ward geraubt, saß gefangen, schrieb Billettchen und knüpfte Strickleitern, floh, ward nochmals gefangen, ach, man kam nicht aus der Hetze heraus. Aber das greise Kleeblatt legte, sowie ich mit dem Provinzblatt hereinkam, Kaffeelöffel und Rosenkranz und Gummipinsel weg und rief einhellig: »È scapata? ... ist sie nun wieder entschlüpft?« Und ich mußte die Fortsetzung lesen von feuchten Mauern, Ketten, die klirren, Zeichen, die durchs Gitter flattern. O es war sehr romantisch.

Trotz diesen Opfern erlangte ich keine Silbe aus der Vergangenheit Malas. Im Städtchen freilich konnte ich Glaubliches und Unglaubliches zusammenlesen, soviel ich nur wollte. Wenn ich dann mit so einem Bündel Neuigkeiten in die Buchbinderei trat, prüfte ich alles an den drei Gesichtern, ob es stimmen könne, und wußte bald, was übertrieben, was Zutat war, strich aus und verbesserte in Einfalt und wagte dann und wann im Zweifel sogar eine Frage an Mala. Sie lächelte jedesmal wie zu einem Schläuling, aber nickte dann doch oder schüttelte den Kopf. Und zwischen diesen Ja und Nein bildete sich die folgende, kleine, schwere Geschichte.

*

Mala hatte schon als Kind den Eltern beim Buchbinden geholfen. Der Vater kramte ihr Wahres und Unwahres aus, was in den Bogen stand, und eine ungeheuere Leidenschaft, eigentlich die einzige echte Leidenschaft ihres Lebens, wucherte von da in der Kleinen empor, Geschichten zu lesen, Altes, Neues, je wunderbarer je besser.

Im Hause ging es wie in einem Taubenschlag zu. Sie hatte zwei kecke, lärmende Brüder, und die Serra zählten vier Töchter und den Bruder Piso. Toll genug lärmte es unter so vielen Sohlen. Nur Mala ging sachte und wie auf Katzenpfoten so leis. Aber ihr Herz klopfte am neugierigsten von allen.

Da brach jene unvergessene Seuche ein, von den ewigen Kleinkriegen in Italien in die stillsten Orte geschleppt. Einige sagen, es sei eine versteckte Art von Blattern gewesen, andere nennen es gar die Pest. In den Jungwuchs von fünfzehn, sechzehn Jahren fiel sie mit der Wut eines Geiers und riß die Schreienden und Wehrenden in wenigen Stunden so weit weg, als die Ewigkeit mißt. Zwei Mädchen der Serra und beide Brüder Malas glühten am Morgen auf und erfroren vor Sonnenuntergang im Eis des Todes.

Kaum wuchs ein bißchen Gras auf den Gräbern, so legte sich auch der Buchbinder in den Sarg. Die Witwe Mira kränkelte seitdem, und die Einsamkeit ringsum fröstelte sie so eigentümlich an, daß sie meist das Bett hütete und man nach drei Jahren gar keine Änderung empfand, als die Mutter Golzi nicht mehr in der Kammerecke, sondern in der Friedhofecke schlief.

Längst hatte sich das Jüngferchen Mala als Hauptperson an den Kleistertopf gesetzt und versah den Beruf bald besser als Vater und Mutter ehedem zusammen.

Oft kam Piso, während seine zwei übriggebliebenen Schwestern dem alten Serra die Wirtschaft führten, in den Laden hinunter. Er war ein breiter, kurzgewachsener Bursche, mit kleinen unruhigen Augen, starken Backenknochen, einer schmutziggelben Haut, aber einem großen, langsamen Mund, der in purpurdunkler Begehrlichkeit leise fieberte, dürstete, glühte und von wunderbarem Schnitt der Lippen war. ›Will er trinken, küssen, beißen?‹ mußte man sich bei diesem schwülen Anblick unwillkürlich fragen. Etwas Wildes und zugleich Scheues lag im Ausdruck des Jünglings.

Er saß zu Mala, um Geschichten zu hören oder zu lesen. Häufig brachte er eine Flasche Chianti mit und netzte damit unaufhörlich seine schwere Zunge. Stundenlang konnte er Mala zuhören, ohne den Blick von ihren saubern Lippen zu trennen. Auch Mala gewann ihn lieb. Am Sonntag zogen sie die Gardinen nieder, riegelten die Türen und lebten für nichts als ihre gemeinsame Neugier. Dann nötigte Piso das Mädchen, mit ihm aus der Flasche zu trinken. Sein großer voller Mund, der ihr gar wohl gefiel, wurde flinker, er spitzte die breiten Lippen zu einem melodischen Pfeifen. O wie er pfiff, wie Nachtigall und Lerche zusammen! Leise begleitete er ihr Vorlesen mit diesem flötensüßen Pfeifen, blies ihr dazu seinen starken Knabenatem ins Gesicht und küßte sie zuletzt. So fing es an. Sie trug noch kurze Röcke und er noch keinen Flaum.

Sie redeten nun oft zwischen den fremden Ereignissen eines Romans in halb kindlicher Weise vom eigenen Heiraten. Sie solle dann die Buchbinderei aufgeben, meinte er, und hier unten eine Weinlaube eröffnen. Da widersetzte sie sich. Ohne Bücherbinden möge sie nicht leben. Dann wurde sein Mund schwer und roh. Dann zog er die große Hand von ihrer Schulter, schwieg, wurde unheimlich. Und dann kam er ihr häßlich vor.

Auch beim Lesen von herrlichen Prinzen, mit schwarzen Schnurrbärten und gespornten Stiefeln, mit Augen wie Adler, aber Händen wie Lilien und mit Schwüren, die wie rote Flammen von den Lippen flogen, ach, da dünkte ihr Piso ein häßlicher Gesell, der ganz in den Schatten fiel. Aber wenn Piso dann wieder, die Ellbogen auf den Knien, zu ihrem Buch emporlauschte, die Rosenknospe bildete, melodisch mitpfiff und sein graues zappeliges Auge still wie ein Nachtfalter auf ihrem Munde gleichsam absaß, dann war er ihr wieder der liebste und beste Knabe. Wenn er nur nicht schon Chianti wie ein Erwachsener tränke! Das macht ihn so aufsässig!

Einmal bat sie ihn, auch Buchbinder zu werden. Sie könnten dann mitsammen ein tüchtiges Geschäft betreiben. Er bekäme die lustigen Sachen zum Einbinden, sie die ernsten, und wenn er zu sehr lachte, läse sie ihm ihr Trauriges vor, und wenn sie zu düster würde, müßte er ihr von seinen Späßen borgen. Und so würden sie belesen und reich und dazu noch Mann und Weib.

Er könne aber den Kleister nicht ertragen.

Sie wollte solchen beschaffen, der wie Ambra dufte.

Und er könne das Schmieren nicht ansehen.

Das sei viel reinlicher als die Sauereien der Gäste oben im Gastzimmer. Sogar der Oberst spucke ringsum den Boden voll.

Wer seine Frau werden wolle, dürfe kein gesondertes Gewerbe treiben; sie müsse neben ihm stehen und tun, was er tue.

Sie wolle niemals wirten. Nie habe jemand in ihrer Familie gewirtet.

»Nein«, grollte Piso, »dann passen wir nicht zusammen, und ich suche eine andere.«

»Ja, und ich bleibe hier am Buchbindertisch ...«

Das waren noch Kindereien. Aber sie mehrten sich und wurden reifer. Als die zwei gegen die Achtzehn rückten, waren sie einander äußerlich gleichgültiger geworden, und vielleicht war es nur noch das kurzweilige Geschichtenbuch und eine warme Gewohnheit des Zusammenlebens, wenn sie noch oft abends bei einem Roman die Köpfe zusammensteckten.

Da kam die Erhebung um 1868 und weiter. Piso schlüpfte – kein Mensch hätte ihm das zugetraut – freiwillig in die grüne Feldjägeruniform. Zwei Jahre schlug er sich in allen Teilen Italiens herum, und von den zweien schien keines das andere zu entbehren.

Spät nachts vor dem Abmarsch zur Truppe suchte Piso seine Freundin noch im Laden. Er war sicher, daß sie wartete. Sie tat, als ob sie die halbe Nacht an einem pressanten Werk arbeiten müsse. Als er in der buntgrünen Uniform vor ihr stand, wurden beide verlegen, grübelten nach Worten und wußten nicht einmal, ob sie sich umarmen sollten. Daß sie einander so sonderbar fern ständen, fühlten beide gleich schmerzhaft.

»Bücher binden, immer Bücher binden?« fragte er nachlässig. Aber seine schöne Stimme war heiser.

Sie rang nach Atem und Luft.

»Sag doch!« befahl er herrischer.

»Immer!« hauchte sie. »Ich kann nicht anders.«

»Dann leb wohl!«

Geringschätzig zuckte er die Achseln und ging mit flüchtigem Winken der Hand hinaus. Ihr schien, er sei voll von Ferne und Zukunft und vergesse sie leicht.

Aber nie war er ihr so sicher und stattlich vorgekommen wie in dieser blaugrünen Soldatenmontur mit dem flotten Käppi und dem Säbel. Alles Plumpe war verschwunden.

*

Um jene Zeit war Oberst Pigrino schon etliche Jahre im Golzihaus in Pension. Durch ihn gab es wertvolle Kunden in Malas Laden. Der Domherr Massimo ließ den ganzen Cesare Cantù und die Predigten von Segneri binden. Seinetwegen gab die bischöfliche Kanzlei einen Berg amtlicher Erlasse in schweinslederne Folianten. Aber die meisten Aufträge brachte Elvezio, der einzige Sohn des verarmten Aristokraten Paolo dalla Rocca, ein gescheites, elegantes, feingliedriges Herrchen von zweiundzwanzig Nichtstuerjahren. Er brachte alte große Ausgaben von Dante und Ariost, deren dicke Blätter von Mäusen angefressen waren, aber die von wunderlich schönen Bildern im Text wimmelten. Es war eine entsetzliche Mühe, so eine zerrüttete »Divina Commedia« zurechtzuflikken und ordentlich einzuheften. Fast an jedem Blatt mußte herumgedoktert werden.

Der Vater Paolo dalla Rocca war in ganz Todi verschuldet. Er zahlte auch hier nichts, sondern ließ sich nur immer neue

Rechnungen stellen und sagte: »Wartet, bitte, sobald mein Prozeß ...« Aber niemand glaubte mehr, auch Elvezio nicht, daß dieser Prozeß wegen eines fernen amerikanischen dalla Rocca je eine Lösung fände oder auch nur einen roten Saldo ergäbe. Trotzdem sagte Paolo immer: »Geduld! Sobald der Prozeß ...«

Elvezio genierte sich darob nicht im mindesten. Er hatte nichts anderes als Schulden erlebt und ihn bedünkte, solche Herren von Adel könnten gar nicht anders handeln. Und Mala, sonst eine so exakte Kassenführerin, dachte plötzlich auch so gewissenlos und bat Elvezio, nur wacker neue Arbeit zu bringen. Sein Vater würde gewiß noch einmal jenen geheimnisvollen, in Perugia anhängigen Prozeß gewinnen. Aber das sagte sie nur so. Seine schöne, noble Gegenwart ging ihr über jede Zahlung.

Die Abenteuer im »Orlando furioso« kamen an die Reihe, dann Tassos »Befreites Jerusalem« und Alfieris »Saul«. Alles war ihr neu. Nun griff man zu den »Promessi Sposi«. Das züchtige Fräulein Mala hatte sich ganz und gar in die üppigen Szenen des Orlando vernarrt. Aber bei der Lucia Mondella atmete sie wieder erfrischt und reinlich auf. Elvezio freilich behauptete mit einem bübischen Hochmut, auch er wäre imstande, eine hübsche Geliebte zu entführen, aber ohne Helfershelfer täte er den Streich.

Als er das behauptete und sie lustig musterte, der schmale, feingesichtige Junker, mit der kühlen Nase, der scherzhaften, bleichen Lippe und den Augen wie blitzende Silbermonde, da erschauderte sie wie in einem Schüttelfrost, bückte sich tief zum Buche nieder und konnte ein Weilchen keinen Atem tun. Sie hatte zwar ähnliche, wenn auch nicht so mächtige Erschütterungen beim Lesen wilder, gefährlicher Rittergeschichten erlebt. Immerhin, von diesem Augenblick an war Piso ausgewischt, und Tag und Nacht stand der Jüngling mit der geschmeidigen Gestalt, dem kühnen Wort und den weißen Funken im Auge vor ihr.

Stundenlang blieb er in der Libreria. Nie gab er ihr die

Hand, die zarte Faulenzerhand. Dazu stand er noch zu hoch. Aber je länger er erzählte und je mehr ihr Zuhorchen ihn labte, ihr Verstehen und Nicken ihn stolz machte, ihr Staunen ihn beglückte, und je heller er dieses hübsche, rotwangige, reine Gesicht unter seinem Aug' und Mund aufglänzen sah wie eine frische Flut unter der Sonne, um so heftiger zwang es ihn, wiederzukommen und sie wieder so willig und leuchtend unter ihm zu sehen. Denn er saß immer auf der Tischecke, die Füße wippend, und blickte wie ein junger Gott auf das arbeitende und lauschende Menschenkind hinunter.

O ja, da war nun einer wirklich gekommen, so glänzend wie nur je die, von denen die Romane singen. Er hauste in einem zerfallenden Herrschaftshaus, bei seinem verschuldeten Vater, freilich, freilich. Aber Schulden, Zerfall, Staub und graue Armut, einerlei, er schimmerte nur um so sonniger durch diese Verfinsterung des Lebens hindurch. Sie wußte nicht, was mit ihr geschah, blinzelte mit ihren verschleierten Augen über den Arbeitstisch zum Fenster, als versuchte sie zu fliehen, aber merkte gut, daß dieser Bursche nicht bloß ihre Stube, sondern ihre ganze kleine Welt füllte.

Und er? Wer kann herausbuchstabieren, wie das schrittweise vor sich geht, von der Neugier und Herablassung zur Aufmerksamkeit, von der Aufmerksamkeit zum wärmern Interesse, vom Interesse zur Zuneigung und von ihr, der noch so milden Lampe, zur Feuersbrunst der Liebe. Elvezio wußte nach wenigen Wochen, daß er ihr Herr, aber sie zugleich seine Herrin geworden sei.

Aber bald war Mala in diesen Gefühlen die besonnenere. Er dachte an gar nichts, als diese schöne gute Kleine einmal, wenn es sein konnte, bald zu besitzen. Um alles andere kümmerte er sich nicht. Sie jedoch gewann beim Buchbinden, wo man genau, vorsichtig und beinahe kleinlich, aber auch recht solid hantieren muß, immer wieder soviel Überlegung, um sich zu fragen, ob das etwas Haltbares sei, dieses so merkwürdig hereingeplumpste Ereignis, ob es Wurzeln habe, ob Elvezio brenne oder nur flackere ...

Und wie es mit dem Buchbinden wäre? Ob sie das so weitertreiben dürfe? Denn in seinem verlotterten Hause nichtstuerisch sitzen, frieren, magere Kost essen und unbezahlte Rechnungen studieren, nein, das hielte ihr flinkes Wesen nicht aus. Ja, diese Schulden. Wer zahlt denn die einmal? Etwa sie mit ihrem Buchbindervermögen?

Bei solchen Fragen verflogen die romantischen Liebhabereien. Ihre angeborne Nüchternheit regte sich wieder. Lesen ist nicht Leben. Dort mag man schwärmen, hier heißt es rechnen. Sie liebte Elvezio, o kein Zweifel. Dennoch nahm sie sich oft am Ohr und fragte, ob das der richtige Mann für sie sei, nicht eher ihr Prinz aus einem Märchen, ihr Traum, ihr Biskuit?

›Wir müssen uns einmal noch ganz gehörig aussprechen‹, schloß sie.

*

Die beiden Schwestern Serra hätten Mala zu gern mit ihrem Bruder Piso verheiratet gesehen. Sie schienen kurzsichtige, beinahe einfältige Jungfern zu sein. Aber sie hatten sehr gut erkannt, wie es um Piso stand. Vor dem dalla Rocca warnten sie sozusagen mit Händen und Füßen. Seine Besuche waren ihnen ein Greuel. Diese Familie sei am Aussterben, habe kein frisches Blut mehr, Cadaveri!

Das machte Malas Herz nicht schwer. Sie fühlte sich frisch und flink für hundert Matte. Die Aussprache mit Elvezio verschob sie von den Wochen in die Monate, obwohl ihr Rechnungssinn sehr danach dürstete. Er selbst drängte auch gar nicht zur Verlobung und tat auch nicht so stürmisch wie Piso einst, wenn er liebkoste. Es war eine gewisse wohltuende Vornehmheit in allem, was er tat. Er fühlte sich ihrer auch so sicher wie eines hübschen Vogels im Käfig.

Ringsum in den Provinzen knallte und stob es von Kampf. Gerne hätte auch Elvezio zum Degen gegriffen. Das Blut der alten Barone meldete sich leise. Doch er würde für die alten Herrschaften, nicht für die neue, protzige Einheitsregierung fechten. Sein Vater erklärte aber, das wäre nutzlos. Der Piemontese habe den Glücksstern an den Schnauzzipfeln hängen. Da wäre es schade, einen einzigen Tropfen Schweiß zu vergießen.

In der Tat folgten Vittorio Emmanueles Siege Schlag auf Schlag. Rom fiel, Neapel war sein, der letzte Widerstand zerstob im Winde.

Von Piso Serra wußte man nichts Gewisses. Es verlautete, er sei ein rühriger Offizier geworden, habe eine schwere Kopfwunde erlitten, ein paar Frechheiten von Rang verübt und sei rasch zum Hauptmann emporgestiegen, der Jüngste von allen! Aber selbst Oberst Pigrino konnte diese Berichte nicht bestätigen. Piso selbst hatte nie eine Zeile geschickt.

Dann ward es wieder lange totenstill. Die Serra verloren den Vater und ließen die Trauerbotschaft ans Regiment abgehen, in dem sie Piso wußten. Aber es kam keine Antwort. Nun forschten sie durch bekannte Militärpersonen nach dem Bruder und wurden immer ängstlicher, da niemand etwas vom Gesuchten erfahren hatte. »Es hat ihn gewiß eine Kugel getroffen«, klagte Schwester Mira. »Nein«, widersprach Mara, »ich glaube, ein Degenstoß hat ihn getötet.« Und die von der Kugel und die vom Degenstoß weinten abendelang.

Interessant wurden die Dispute zwischen dem Oberst und dem Domherrn. Pigrino schenkte dem Freunde keine schwarze Botschaft.

»Bei Forli sind die Päpstlichen gewichen.«

»Aber der Erzbischof von Bologna schleuderte den Bann.«

»Jetzt geht es auf Rom.«

»Der Papst exkommunizierte den König.«

»Trotzdem gibt es ein einiges Italien.«

»Aber eine uneinige italienische Seele!« –

Das Jüngferchen Mala mußte um diese Zeit viele militärische Flugblätter, Feldberichte und Soldatenzeitungen in Hefte binden. Zuerst hatte sie jede Zeile gelesen. Dann langweilte sie der Text, da es immer ums gleiche ging, und sie schnürte und leimte die Blätter unbesehen.

Einst, beim Zurechtlegen solcher losen Berichte vom Felde, klagte Elvezio ihr neuerdings, wie gerne er ein bißchen mitgekämpft hätte. Aber nun hätten die alten Parteien alles verspielt. Überdies meine der Vater, er, Elvezio, hielte die Strapazen nicht aus. Er verfiele der Gicht. Die dalla Rocca bekämen sie ohnehin alle schon früh. Der Vater könne oft keinen Finger bewegen.

Mala war heimlich zufrieden, daß Elvezio daheim blieb. Dennoch spürte sie etwas Abkühlendes bei seiner Erzählung von der Gicht über sich gehen. So ein sauberer, heller, feiner Jüngling, so gescheit und gelenk! Und rieselte dahinter doch jenes dünne, träge Blut, wovon die Schwestern Serra sprachen?

»Es ist wahr«, fuhr Elvezio fort, während Mala die Bogen nach dem Datum ordnete, »ich habe keine Kraft in der Hand. Ein Gewehr könnte ich nicht lange hochheben.« – Er breitete seine schlanken, blaßgeäderten Hände vor ihr wie ein Spitzenwerk aus. Wirklich Nonnenhände! Mala hätte sie küssen mögen, und doch erschien ihr Elvezio im gleichen Augenblick unmännlich. Wieder ging etwas Erkältendes über sie. Wohl lag in seinen Augen eine große Macht. Aber alles andere war zu fein. Auch die langen, schmalen Füße, die er aus den Sandalenriemen lose heraushängen ließ, ach, das war doch nichts, um fest im Boden zu wurzeln. Das tanzte vielmehr. Wo war der Held?

Dennoch streichelte sie ihn von ihrer tiefen Stabelle aus über das Rist. Er saß auf der Tischecke, und seine Herrensohlen hingen fast in ihren Schoß hinunter. Dann aber kam zur Zartheit etwas Zänkisches über sie.

»Was willst du denn eigentlich tun, Elvezio, wenn wir verheiratet sind? Das möcht ich einmal wissen.«

Er sah sie verwundert an mit seinen Silbermonden.

»Du bist doch aus der Universität weggelaufen und wolltest nicht länger die Rechte studieren. Und seitdem tatest du nichts. Und ins Militär kannst du also auch nicht. Ja, was bleibt dann?« – Mala wurde im Sprechen immer sicherer.

Da lachte er ihr ganz köstlich ins Gesicht.

»Nein, ohne Spaß«, drängte sie, »was willst du tun?«

»Nichts, gar nichts!«

»Aber ...«

»Das heißt lesen werde ich, das Stammhaus hüten, meine Güter ... die alten Urkunden vom Dachboden holen und sortieren. O es wird nie langweilig. Vielleicht schreib ich an der Chronik der dalla Rocca im Winter.«

»Aber«, wagte Mala, »deine Güter sind doch alle überschuldet. Das rinnt dir durch die Finger weg wie Wasser, wenn du nichts verdienst.«

»O so weit ist es noch lange nicht«, erwiderte der Jüngling sorglos. »Mein Vater findet immer Auswege.«

»Und ich? Was ist dann mit mir?«

»Du? Was denn? Du bist doch bei mir und machst mir das Leben schön.« Er spielte in ihrem Haar ... »Ich diktiere dir unsere Chronik.«

»Und die Buchbinderei?« – Sie versuchte, das Haar loszubekommen, aber er erwischte eine andere Flechte und küßte sie.

»Verkaufen wir! Siehst du, da gibt es ja schon Geld. Nein, nein, Kleine, da ist keine Not.« – Er begann mit den Beinen elegant hin und her zu wippen.

Jetzt riß sich Mala los. Ihr war, als hätte man sie mitten auf den Kopf geschlagen. Nein, auf diese Art dachte sie sich weder die Heirat, noch die Zukunft, noch überhaupt eine richtige Liebe.

»Und ich soll aufstecken? Kein Buch mehr binden?«

»Ha, ha, ha, du Plebejerin!« Er lachte, daß seine blassen Lippen safteten.

»Im Ernst, Elvezio!«

»Wo denkst du hin, Kind!« widersprach er nun vernünftiger. »Das würde mein Vater nicht zugeben. Ich muß froh sein ...« Er zauderte.

»Was mußt du froh sein?« zwängte sie rasch.

»Daß . . . daß er mich nach meinem Herzen heiraten läßt. Er versteht das nicht. Auch ich verstand es früher nicht, daß . . .« Wieder zögerte er.

»Rede, rede!«

»Daß ein dalla Rocca eine Bürgerliche ehelicht!«

Sie wollte aufspringen. Er drückte sie nieder. »Seit ich dich kenne, bist du mir zehnmal mehr als die ganze Nobiltà von Perugia. Da! da! Liebe.« Er wollte ihre Stirne küssen. Sein Gesicht glänzte von Zufriedenheit. Aber sie wich zurück und starrte ihn offenen Mundes an.

»Aber Elvezio!« flehte sie fassungslos.

»Ach, jetzt mach dir doch keine Sorgen. Es kommt schon alles von selbst gut.«

Nein, niemals wird sie diesen Laden aufgeben, so wenig als sie eine Weinlaube daraus machen würde. In diesem braun getäfelten Stübchen zu ebener Erde steckt das Glück der Golzi durch viele zufriedene Buchbindergeschlechter, steckt auch ihr eigenes Kindes- und Jugendglück. Nötig genug wird sie übrigens für so einen nobeln Tunichtgut kleistern und helfen müssen. Nein, immer wird sie Bücher binden, selbst wenn sie Königin würde und auf einem Thron sitzen müßte, würde sie Pappendeckel und Gummi mitnehmen.

Doch für heute will sie nicht weiter streiten. Sie legt Bogen auf Bogen, notiert: fünf, sechs, sieben, lächelt wie um Verzeihung zum herrlichen Prinzen empor, der so einen Zauber über sie ausübt, und sagt beschwichtigend: »Ja, reden wir später dav. . .«

In diesem Augenblick will ihr der Puls stocken. »Piso Serra« sieht sie auf der ersten Seite eines Bogens dick gedruckt aus dem Text springen. Sie fuhr sich ins Haar, ob sie denn träume. Nein, da stand es noch immer schwarz auf weiß und erlosch nicht. Und sofort sah sie die blaugrüne Uniform der Feldjäger, den Säbel, das Käppi schief und hörte seinen stolzen Schritt zum Laden hinaus. Wieder sah sie schmerzlich zur Schwelle. Totes erwachte unglaublich frisch.

»Was hast du?« fragte Elvezio und hob mit zwei Fingern ihr Kinn empor. »Was steht da?«

»Etwas von Piso«, stotterte sie scheu, »von Piso, dem Kameraden dieses Hauses ...«

»Ah, der mit der Negerlefze, der?« scherzte Elvezio von oben herab.

»Gar nicht mit der Negerlippe, pfui, wie du redest! Er hat einen schönen Mund und pfiff ... o wie er pfeifen konnte! Wie ein Engel.«

»Pfeifen denn die Engel?« spottete Elvezio. »Ich glaubte, sie sängen bloß.«

»Ach, du wenigstens kannst nicht so pfeifen.«

»Nein«, gestand Elvezio, »ich bekomme zu wenig Luft in die Kehle. Der Atem ist zu kurz.«

»O Piso hatte Luft, daß einem vor Wind das Haar aufwirbelte.«

Sie erschrak, sowie ihr das entschlüpft war. Aber Elvezio kannte keinen Argwohn. – »Das hätte ich hören mögen. Er muß uns zur Hochzeit pfeifen«, scherzte er.

Sie schwieg. Ihre Lippen zitterten.

»Nun, so lies, was da von ihm steht!«

»Lies du!«

»Ich bin zu faul, ich höre lieber zu –« Er reichte ihr das Blatt. »Da!« Seine Stimme näselte, wenn er anfing zu befehlen. Auch das fiel ihr jetzt auf und dünkte sie unangenehm.

Die Buchstaben hüpften ihr wie Heuschrecken auf einer Wiese hin und her. Nicht Elvezios Befehl, die Neugier trieb sie zu lesen:

»Piso Serra, der Ulisse von Todi!

Im Geplänkel, das am 13. Mai auf der Straße nach Sulmona zwischen den Unsrigen und den Sizilischen stattfand und mehr einer Spielerei als einem Gefecht glich, ließen sich zehn Mann von der fünften etruskischen Jägerkompanie trotz der Warnung des jungen Leutnants Serra in einen Verhau locken, wurden umstellt und mußten, um nicht wie zusammengetriebenes Wild niedergeknallt zu werden, in den dortigen Steinbruch kriechen.

Piso Serra schlich nun nachts voll Staub und Sand, in elenden Steinhauerhosen, mit Axt und Stemmeisen, als ob er aus dem Loch hervorkäme, zu den Feinden oben am Ranft und erzählte, er habe da drinnen geschlafen. Da hätten die Teufelskerle ihn überrumpelt, niedergehauen und seine Zehrung aufgefressen.«

Mala mußte vor Aufregung innehalten.

»Weiter«, gebot der feine Herr über ihr.

»Als er erwacht sei, habe er die Burschen durch die Gänge stolpern hören. Er aber sei durch den richtigen Stollen, der beim Spiellobach münde, leise entflohen. Nach kurzem würden die Soldaten wohl auch diesen Weg finden.

Er zeigte eine grausige Wunde überm linken Ohr. Das Haar war da ein gutes Stück ausgerissen und die Kopfhaut in Fetzen.«

Wieder mußte Mala absetzen.

»Gott, wie übel du liesest«, schimpfte Elvezio. »Gib doch auf die Worte acht!«

»Er konnte nur noch sagen: ›Wasser! . . . lauft rechts über den Pingonhügel . . . Spiellobach . . . aber zwei da . . . bleiben . . . still! . . .‹ und fiel in Ohnmacht.«

Immer trauriger las Mala. Jetzt ließ sie die Hand sinken. Tränen tropften aufs Papier.

»Wie wunderlich du tust! Schau mich an!« herrschte Elvezio zur Leserin und strahlte sein himmlisches Silber über sie aus und lachte voll gesunder Neugier ins Papier. »Acht wohl, Kleine, das ist eine Finte deines Piso. Der famose Kerl! Pfeifen muß er uns zur Hochzeit. Hip, hip!«

»Zuerst dachten die Sizilianer an einen Schwindler. Aber die Ohnmacht war echt. Alle bis auf drei Mann sprangen über den Hügel. Diese hier wuschen dem Elenden die Wunde und flößten ihm Schnaps ein. Da kam er zu sich und klapperte vor Fieberfrost mit den Zähnen, aber sagte: ›Nicht so ein weißer Verband, da sähe man uns. Gebt mir eine schwarze Binde, so.

Nun schnell zum Eingang. Blockieren wir ihn, daß die Blaugrünen nicht im Haufen herausfliehen können. Wir drei wären zu schwach.‹«

Jetzt las das Jüngferchen leichter und froher.

»Gesagt, getan. Sie lösten Gurt und Säbel, packten Steine und wälzten sie gegen das Loch. Aber in diesem Moment sahen sie vier Pistolen aus der Höhle auf sie gerichtet. Hände hoch! Aufs Knie! Die zehn springen heraus, binden die Gegner mit ihren eigenen Gürteln und reiten mit ihnen flugs zur Truppe. Aber Piso behandelt die zwei Gefangenen sehr nobel, füttert und tränkt sie unterwegs wie Säuglinge und verspricht ihnen rasche Auswechslung. Aber an die Steinwand hat er noch den Spruch geschmiert: ›Evvivano le marmotte che ingannano le volpi.‹* Man mußte lachen durch die ganze Provinz. Denn der Führer der feindlichen Reitertruppe hieß Andrea Volpi.«

Eher gesungen als gelesen flossen diese Zeilen über Malas Lippen. Sie jubelte geradezu, während Elvezio sich vor Lachen schüttelte und ein übers andere Mal rief: »Der Tausendsassa!«

Da hob Mala den Finger sorglich und endigte gedämpft:

»Aber die Wunde, die sich der Held beigebracht hatte, um das Stück recht glaubhaft zu spielen, war ernster Natur. Piso Serra schwebte wochenlang zwischen Leben und Tod. Jetzt ist er genesen, bekam den Hauptmannsstreifen und wird von der Kompanie vergöttert. Sie nennen ihn den Ulisse von Todi. Ja, Italien, du geeintes Vaterland, du hast deine Hektor, Achilles und Ulisse wie nur je das tapfere Hellas!« . . .

Mala schwieg und versank im Lob des Kameraden wie in einem tiefen, wohligen Meer. Aber Elvezio musterte unwillig seine dünnen Handgelenke und zierlichen Füße. Ein leiser Verdruß umspülte ihn, daß er nicht wie ein Leu oder doch wie ein solches Murmeltier an derlei Abenteuern mitregieren konnte. Aber er dachte auch an den Schmutz und Staub jener

* Ein Lebehoch den Murmeltieren, welche die Füchse überlisten!

Löcher und an das kahle Stück Schädel Pisos und gewann rasch das Gleichgewicht zurück.

»Das muß ich sogleich den Schwestern oben vorlesen«, schrie Mala plötzlich und schnellte vom Sessel auf. »Komm mit!« Und ohne zu warten, hüpfte sie die Stiegen empor. Großmütig, als schenke er unverdient viel Ehre, folgte Elvezio langsam in die Wirtsstube und stieß mit den drei Jungfern sein Glas Spoletaner auf den neuen Ulisse an. Aber er fand die Geschichte zum zweitenmal schon etwas langweilig und begriff nicht, wie Mala sie nochmals so begeistert vorlesen konnte. Schließlich war es doch nur ein Gastwirtsbub mit dunkler Negerlefz... Negerlippe.

*

Von da an schwankte die Buchbinderstochter zwischen zwei peinlich-süßen Gefühlen. Sie liebte Elvezio mit der vollen Freude des Besitzes; und doch quälte sie ein wehmütiges Heimweh nach Piso Serra. Das ganze Städtchen hörte sie von ihm reden. Man wünschte ihn heim, um ihm ein Fest zu bereiten. Die Schwestern Serra schwebten in einem Gewölke von Rührung und Stolz, und wenn sie den Gästen das Glas einschenkten, überlief es jedesmal.

»O wir sind blind vor Freude«, entschuldigten sie. »Unser Piso, so einer, denkt doch!«

Dann verkroch sich Mala vor aller Anfechtung wieder in ihre altgewohnte Buchbinderei, las vergilbte Blätter, die sie zusammenheften sollte, nistete stundenlang in den Turmgelassen, Palästen und Kohlmeilern jener biedern Erzählungen und vergaß dabei sogar ein Weilchen, daß es daneben einen Piso und Elvezio gab. ›Liebst du denn eigentlich niemand?‹ warnte sie dann das Gewissen. ›Liebst du wohl nur das Erdichtete?‹

Eines Tages brachte Elvezio eine prachtvoll illustrierte, aber leider gründlich verlumpte Ausgabe der »Odyssee«. Er las daraus ganz Herrliches, während das Golzifräulein im Papier herumschneiderte, aber immer wieder innehielt, um dem Leser ins Gesicht zu schauen. Dann klang das schöne Lied noch schöner. Was für Männer gab es da, helle, starke, geschmeidige, einer den andern überstrahlend! Natürlich, Elvezio war Achilles, so schlank, fein, schnell, mit so unerbittlichen Augen und die Lippe so unberührbar, stolz, schier etwas Göttliches. Ohne es zu merken, streichelte sie die auf ihren Schemel niederhangenden, behenden, zarten Füße des Jünglings. O wie sie ihn gerade jetzt verehrte! Und wieviel sie in ihn hineindichtete!

Aber dann gab es da einen Odysseus oder Ulisse. Kein Zweifel, das war Piso, der schlaue Bursche mit den fleckigen Katzenaugen, dem gelben Gesicht, aber dem großen vollen Mund, der so scheu schwieg und so süß pfiff. Aber Achill ist viel prächtiger.

Eine merkwürdige, abenteuerliche Sucht faßte sie, ihn auch wirklich als Achill im Leben, nicht nur im Lesen zu erschauen. Er sollte einen Helm aufsetzen, eine schimmernde Uniform umtun, einen Degen schwingen, in hohen Reiterstiefeln über die Böden knarren oder auf einem glühen Rappen durchs Feld stürmen ... Achill, Achill!

Und sie begann ihm davon vorzureden, ihm solches auszumalen, beinahe mit nassen Augen ihn darum zu bitten. Doch er schüttelte den Kopf, nahm sie zornig an beiden Backen und biß ihr in die Lippe. Ob sie seiner schon überdrüssig sei, ihn forthaben, in eine Flintenkugel jagen wolle? Nichts da! Jetzt habe er sie mit den Zähnen gezeichnet. Da lasse ein dalla Rocca nicht mehr von der Beute. »Schau meine Hände, wie dünn, wie bleich meine Fingernägel, wie wenig Blut ist in meiner Lippe! Da kann ich nicht noch Blut verspritzen. 's ist doch auch kein homerisches Ringen. Nein, Blut saugen muß ich von dir, Schätzchen. Blutsauger hieß man uns doch vor alters. Ich habe Durst, Kleine. Bald muß die Hochzeit sein, bald!«

Er mußte über die eigenen Worte lachen. Gerne überhob er sich in grausamen Gebieterworten. Aber dann spottete er sich selbst mit einem freundlichen Lachen aus. Denn er besaß keine Härte, keine Bosheit, nichts Gewalttätiges. Er war ein innerlich zäher, ruhiger Charakter, nach außen ein selbstliebender, froher Faulpelz, der auch allen andern wohlwollte, die ihm mit Respekt und Gefälligkeit begegneten.

»Sag, was du willst, Elvezio«, schwärmte das Ladenfräulein, »aber du solltest wirklich ein paar Monate in den Krieg.«

»Nie mehr will ich das hören«, befahl er jetzt drohend. »Soll ich mir etwa auch die Kopfhaut abreißen?« – Er strich das Haar, das wie blaßbraune Seide glänzte, über die zierlich geschneckelten Ohren hinunter. Aber in diesem Moment sah Mala den Piso im schwarzen Verband, das Haar struppig, die Hosen verschmiert, die Katzenaugen siegreich leuchtend und aus der dunkeln Lippe das süßeste, duftigste Triumphlied pfeifend. Mit einer wahren Andacht dachte sie an ihn, und Elvezios Glanz verblaßte ein wenig. Er war doch nicht Achill, nein. Eher der hübsche Paris. Der war auch etwas frech und ein vornehmer Aristokrat und schöner als alle andern, so daß die Mädchen ihn wie die Mücken eine Nachtlaterne umschwirrten. Ja, das war der Helenaräuber. Sie hatte er geraubt. Wie eigentlich? Im offenen Kampf? Mit Sturm? Im Duell mit Piso? Warum nicht gar! In den Sandalen und Seidenstrümpfen, mit Visiten, Geschichtlein und hundert Zierlichkeiten gewann er sie. Nun, auch so einem Paris konnte man sich ergeben. Freilich, jener Ulisse in der Ferne war eine großartigere Gestalt, sie wuchs unheimlich und warf einen erstaunlichen Schatten bis in den Buchbinderladen. Der guten Mala bangte vor ihm.

*

Es kam nun schließlich doch zur Verlobung, und etliche Wochen später, an einem Sonnabend, da alle Glocken Todis das geeinte Italien vom Felsen hinunterläuteten, forderte Elvezio die rasche Heirat. Sei es, daß Mala zu viel von Piso sprach, sei es, daß Elvezio von dessen Heimkehr Hindernisse befürchtete, einerlei, er bekam plötzlich eine fieberhafte Eile zum Trauring und Altar. Aber nochmals schob Mala die Sache auf.

An einem sonnigen Spätnachmittag stieg Elvezio mit mißfärbigem Gesicht, arg verschwollenen Augen, aber leichtfüßiger als je vom wurmstichigen Palast zum Laden hinunter. Er war bis Mittag im Bett gelegen, um den Wein auszuschlafen, mit dem Vater und Sohn in der Bibliothek einen unerwarteten Glücksfall bis tief in den Morgen gesegnet hatten. Elvezio war das Bechern und Verjubeln der Nacht nicht gewohnt, darum sah er so zerfallen aus.

Die Sache aber war, daß der Prozeß wegen des amerikanischen dalla Rocca sich zugunsten der Linie in Todi entschieden hatte.

Vor etwa dreißig Jahren hatte die Familie einen jungen unverbesserlichen und unerträglichen Sprossen mit dreihundert Goldstücken nach Amerika spediert. Dort hatte die derbe Faust des neuen Weltteils den lockern Gino gehörig durch Not und Schweiß geschüttelt und zu einem Hauptkerl von Arbeit und Erfolg erzogen. Er wollte die blutarme Sippe in Europa vergessen, nur hätte er gerne eine Landsmännin geheiratet, um wenigstens ein bißchen Vaterland in der Pflanzung auf Florida zu erhalten. Aber im Drang der Geschäfte kam er nie dazu. Auch war sein Herz von den frühern Irrungen ziemlich ausgebrannt. Als er nun endlich als hoher Vierziger sich zu einer schnellen, sozusagen geschäftsmäßigen Brautreise nach Italien einschiffte, starb er auf dem verseuchten Dampfer an den Blattern. Paolo Rocca und ein Eugenio von Perugia kamen als sehr ferne Vettern, aber doch als die nächsten Erben in Betracht. Nach und nach ergab sich die Lage jenes Eugenio, eines vermöglichen, ältern Bankiers, als die aussichtsreichere. Einzig weigerte sich jener eingefleischte Umbrier, nach Amerika zu fahren, was laut Testament vom allfälligen Erben bedingungslos verlangt wurde. Er müsse sich persönlich verpflichten, so viele Jahre die Pflanzung selbst zu verwalten, wie der Erblasser es getan. Das wären beinahe dreißig Jahre. Er müsse auch aus dem schlaffen Italiener ein frischer Amerikaner werden. Aber es ging um Millionen.

Nun besaß jener Eugenio einen sechzehnjährigen Sohn. Sowie er mündig würde, übernähme der Junge den überseeischen Besitz. Dieses Verdrehen und Verschleppen des Streites focht Paolo als gesetzwidrig an. Neues Hin und Her. Da half der Löser aller Prozesse, der Tod. Jener Knabe focht in der Romagna wie viele Halbwüchsige mit und verschwand plötzlich. Sicher war er irgendwo gefallen und unerkannt verschüttet. Aber ein Totenzettel lag nicht vor, und der Bankier erstrebte immer neue Fristen für den Fall, daß sein Sohn doch noch lebte, heimkehrte und das Erbe fassen könnte.

Gestern, spät am Abend, kam nun die behördliche Einladung an Paolo dalla Rocca, daß die Güter in Florida ihm zugesprochen würden, wenn er nur in zwei Wochen die Klausel unterschreibe. Man merkte es dem Texte an, wie sehnsüchtig der Fiskus beide Arme nach einem Nein ausstreckte. Denn dann fiel alles in seinen Sack.

Paolo und Elvezio hatten längst nicht mehr an diese goldene Möglichkeit gedacht. Zuerst sahen sie nur die Millionen. Rob, der steife, an Hunger und Faulheit gewöhnte Hausdiener, mußte Champagner holen, und die zwei dalla Rocca tranken sich ins Morgenrot eines neuen, reichen Lebens hinein.

Freilich, die Klausel! Elvezio reiste gerne zum Zeitvertreib und Goldholen übers Meer. Aber dreißig Jahre dort auf einer stadtfernen, fremden, wilden Plantage zu wohnen, ging auch ihm schwierig genug ein. Indessen – eine solche Gelegenheit, aus dem Armuts- und Schuldensumpf zu Macht zu gelangen, gab es nicht mehr. Zum erstenmal im Leben hörte Elvezio den Vater sagen: »Ich bin ein Bettler. Willst du auch einer sein?«

So beschlossen sie, man müsse mit allen zehn Fingern zugreifen. Es gab doch auch viel Tröstliches. Elvezio würde fleißig Geld schicken, dann und wann monatelang mit Negerdienern und Pferden auf Besuch kommen und – das Liebste von allem – er nähme gleich die Mala Golzi als Gattin mit. Dieser Gedanke entzückte ihn. So führen sie Arm in Arm übers grüne Riesenwasser und hätten gleich im wildfremden Florida ein warmes Nestchen.

Fröhlich hüpfte der Junker an San Fortunato vorbei und trällerte dazu die alte Volksweise: »Se venisse il frate e disse: non sposar! ...«* Er hörte den Freudenschrei Malas voraus und sah, wie sie die Arme reisefroh zum Fenster hinausstreckte.

Da und dort hingen rote Teppiche wie am Fronleichnamstag aus den Fenstern. Man sah Blumenstöcke, Girlanden, Kränze an den Türen, Fähnlein an den Balkonen. Elvezio fragte gar nicht, was das bedeute. Er fand es selbstverständlich in seinem Jubel und wiederholte: »Se venisse il frate e disse: non sposar!« und nickte jedesmal: »Doch, doch, sposar!«

»He, he«, rief ihm da der Oberst Pigrino zu. »Wohin so lustig? Wer ist es, Don Massimo?«

Aber der Domherr sah eben die alte, unfertige Baute und schalt: »Diese Fassade, ach, diese Fassade wird nie fertig, miserable Zeiten!«

»Elvezio dalla Rocca«, gab sich der Jüngling zu erkennen.

»Ah, du willst zur Libreria. Mußt dich beeilen. Piso kommt.«

»Oh«, widersprach Don Massimo, »überlauf dich nur nicht. Ihr kommt alle zu früh oder zu spät. Ich kenne die Golzi.«

»Was heißt jetzt das wieder?« fragte Pigrino.

»Das sind Leute, die sich nie entschließen können. So war's mit der Mutter selig. Man hat ihr den Gemahl fast anschmieden müssen. Und er war auch ein Golzi und hätte hundert Jahre gewartet. Sie sind freundlich, sie lieben beinahe, haben gern Freunde, aber dann, so um die elf, bleibt der Zeiger stehen. Die Uhr tickt schon weiter. Aber der Zeiger bekommt Angst vor der zwölf und bleibt stehen.«

* Und käm' auch der Mönch und sagte: »Heirate nicht! ...«

»Eine sonderbare Alte war die Nina, Ihr habt recht. Immer hat sie das, was sie las, und das, was sie erlebte, miteinander verwechselt ... Ah«, der Oberst scharrte mit den Stiefeln, »ah, Piazza Pignattara. Freund, Freund, hier wenigstens hab ich's nicht gelesen, sondern erlebt: das Kloster ist saubergefegt von den Dunkelmännern!«

›Wer redet denn von Dunkelmännern, wenn ihn Gott selbst mit der tiefsten Dunkelheit schlug‹, wollte der Canonico zum ixtenmal sagen. Aber Elvezio kam ihm zuvor und fragte: »Hochwürden, wieso komm ich auch zu Jungfer Mala zu früh oder zu spät? Wir sind doch Verlobte.«

»Verlobte!« lächelte Don Massimo und schwenkte den bezottelten Muschelhut. »Da steht der Zeiger noch immer auf elf.«

»O ich habe einen Magnet, der ihn auf zwölf zieht«, betonte der Junker.

»Auch Piso hat einen Magnet. Siehst du nichts?« Der Domherr zeigte auf die Farben und Fahnen der Häuser. »Piso kommt morgen. Schon rüstet man.«

»Und sein Magnet ist ein Lorbeer«, fügte der Oberst hinzu.

»Der meinige ist von Gold und Adel.«

Damit maß der junge Herr überlegen das greise Kameradenpaar, grüßte und sprang weiter.

»Auch von Gold?« sagte Don Massimo verwundert.

»Gold und dalla Rocca!« lachte Pigrino. »Schaumgold!«

»Ach, lieber Freund«, bat der Geistliche leise, »was ist denn eigentlich nicht Schaum? Mein Altes und dein Neues auch! Seifenblasen, und jede platzt.«

»Bitte, keine Predigt, liebes Pfäfflein.«

*

Als Elvezio in den Laden sprang, hatte Mala gerade eine Historie der Santa Teresa unter den Händen. Sie trennte die Bogen aus dem alten Rücken und las Stück für Stück von dieser außerordentlichen, männerbeherrschenden und doch so unterwürfigen Frau. Wie sie voll Leidenschaft und voll Ruhe war wie ein tiefes Wasser! Sie diente allem und gebot allem. Klein wie Spielzeug erschien um diese Mächtige das Küssen und Kosen verliebter Jugend.

Mala wurde ernst. Sie lehnte sich ins Stühlchen zurück und hielt die Hand vors Auge. O diese liebe Buchbinderei, diese Zuflucht, dieser Trost, dieses Heim! Sie hat den Piso gehen lassen, sie wird auch den Elvezio lieber als ihr teures Klecks- und Klebeamt verabschieden. Hier wurzelt sie; hier bleibt sie.

Es zieht wohl oft das Seelchen dahin, dorthin. Sei klug! Wart', bis der ärgste Wind aufhört. So steht es auch im Theresienbuch. Dann bist du nachher froh genug, daß du nicht im ungewissen verkamst. Bleib bei dir! – Das Buch sagt freilich: bleib beim Gewissen! Ist das denn nicht dasselbe? Wohl, wohl. Mit den zwei Gespanen geht die unsicherste Zukunft, das merkt sie wohl.

Gut, sie wird Elvezio heiraten. Aber sie wird Buchbinderin bleiben. Und er darf nicht mehr faulenzen. Einen Nichtstuer könnte sie nicht dauerhaft lieben. Sie wollen nach und nach die Schulden einlösen, dann soll sich der junge Gemahl an die Bewirtung der Güter machen. Bei Pondero hängt ein verwildertes Gehölze vom Berg. Das gehört ihm. Er soll einen Pfad zur Straße bahnen und dann teures Holz verkaufen. Ein Vermögen verfault jetzt dort. Dann sind die drei Äcker bei Preghia. Er hat sie einem Schlendrian von Pächter sozusagen um nichts vergeben. Nicht Korn, Steine wachsen darauf. Hop, hop! Selber in die Faust nehmen! Sie will Pflug und Geräte kaufen, einen Knecht besolden und für die Stiere aufkommen. Sie hat ja ein hübsches Geld zur Seite, geerbtes viel, erspartes noch mehr.

So kommt der Baron in Wohlstand und wird gut gelitten. Man wählt ihn in die Stadtämter, Sindaco Elvezio dalla Rocca. Er ist gescheit und kann trefflich kommandieren. In ihm steht das niedergeworfene Geschlecht wieder auf und hebt den Kopf hoch.

Derweil er wirtschaftet, wird sie täglich ihre vier, fünf Stunden buchbinden. Daran liegt alles. Von da kommt ihr Kraft, Humor und Geld. Mit Bücherbinden wird sie sich und Elvezio auch das Leben zu einem stattlichen Band zusammenbinden. Am Feierabend, von allem Schaffen gesegnet, lesen sie dann, Wange an Wange, vom Besten zusammen, was sie über Tag gefunden.

Sie rutscht erfrischt auf ihrem Stühlchen herum. Auf diesem Schemel ist sie stark. Hier haftet sie mit Leib und Seele. Auf diesem Schemel will sie dienen und herrschen. Elvezio wird das begrei...

»Mala, Malina, Maletta!« rief und stürzte wie ein Windstoß der flotte Bursche selber herein. Nein, nicht wie ein Wind, wie eine Sonne. Die ganze Kammer schien unter seinen Siegeraugen von Licht zu flimmern. – »Kind, wir zwei gehen nach Amerika!«

Sie wehrte mit beiden Händen wie vor einem Tollhäusler. Aber er war schneller und drückte die Widerstrebende an seinen Mund. Und der Duft des herrschenden Geschlechts und einer echten Liebe betäubten sie einen Augenblick.

»Jetzt gilt kein Zaudern mehr«, sagte er mannhaft. »Der Prozeß ist gewonnen. Ich erbe die große Pflanzung in Florida. Aber ich muß hin, muß sie selber leiten, muß ...«

»Elvezio!« schrie die Jungfer ungläubig.

»Dreißig Jahre lang! Aber das wird wohl nicht so buchstäblich gelten. Amerikanisches Testament, bah!« – Er knipste mit den langen, weißen Fingern.

»Dreißig Jahre ... ich verstehe nicht ...«

»Wenn es uns verleidet, gibt es dann schon Auswege, Reisen, Besuche. Aber ich glaube, wir bleiben gerne dort. Dutzende von Dienern, Neger auf den Feldern, großes, bequemes Landhaus, nur zwei Stufen in die Stube, ganz wie hier. Pfirsiche, Trauben, Orangen, reicher Wald, Jagd, liebe Nachbarn, zu denen man reitet, wir halten Feste in einem grünen Laubsaal, und wir kaufen alle kurzweiligen Bücher für den Abend, und du bekommst Gold, alle Schürzen voll zum Reißen ...«

»Ich verstehe gar nichts«, flehte Mala und wischte sich die schönen Augen wie von einem Schwindel rein. Dann packte sie das Theresienbuch wie eine Waffe und drückte es an die Brust. Auf einmal schien ihr Elvezio, der nach Amerika wollte, ganz fremd.

Als Elvezio ihr das Ereignis nochmals ruhiger erklärt hatte, spitzte sie den Mund scharf wie einen Dolch und sagte fest: »Ich komme nicht mit, ich kann nicht, ich will nicht.«

Elvezio griff nach der Tischkante, so heillos traf ihn diese Antwort. Seine Lippen wurden blau, und in seinen Augen ward es wie Mondfinsternis.

Nein, wirklich nicht. Sie bleibe hier. Es wäre ihr Tod, von Todi wegzugehen. Auch das Buchbinden würde sie nie aufgeben. Ganz anders habe sie sich das Leben mit ihm vorgestellt. Beide würden arbeiten, sie am Tisch hier, er auf seinen Gütern. Dazu hätte ihr Vermögen völlig gereicht. An den Schürzen voll amerikanischem Gold liege ihr nichts. Wie gesagt, für sich habe sie genug Marenghi*. Und auch für ihn, wiederholte sie schon etwas schalkhaft, besäße sie mehr als genug.

»Du!?« Beinahe wie ausgespuckt kam dies Wort.

O das hätte er nicht sagen sollen. Vielleicht hätte es doch noch eine Verständigung gegeben, trotz dem nahen Piso und aller Glorie dabei. Dieses Du, in diesem Tone, wie von einem Turm herab auf die Bettlergasse, nie hätte er es aussprechen sollen. Er sah wohl wunderbar vornehm, hart, elfenbeinern aus in diesem Augenblick, er glänzte wie ein kaltheißer Sirius am Nordhimmel. Aber sie konnte nur anstarren, schaudern, kopfschütteln davor. Gott weiß, was sie spürte im hintersten Herzwinkel. Denn dieses Buchbinderinnenherz war doch auch von rotem rauchendem Blut durchsaftet. Aber dieses hochmütig erhabene Du zeigte ihr auf einmal eine feste

* Zwanziger-Goldstücke.

Schranke zwischen ihnen, die nie umgerissen, nur von der Liebe, diesem Königsadler, überflogen werden konnte. Aber wenn nun die Liebe etwas müder und kleiner würde, nur noch ein Falke oder gar ein Spatz! Wie dann?

Du?!

Vielleicht hätte sie doch noch den Schleier einer reisenden Todifrau umgeworfen, die Schuhe geschnürt, den Laden zugeriegelt und wäre mit ihm gezogen. Denn nicht bloß ihre Augen und ihre Phantasie, sondern auch ihre Liebe hatte etwas Lichtes, Vertrauliches, Hingebungsvolles. Sicher hätte sie von Gummipinsel und Kleistertopf nicht für ewig Abschied genommen, sie hätte sehr wichtig Auf Wiedersehen gesagt und vielleicht einiges Geräte mit übers Meer geschleppt. Aber sie hätte doch ihr Zaudern und ihre Winkelsüße überwunden, und dann wäre das große Leben jenes Weltteils und das größere des Zusammenseins in Fleisch und Blut mit dem bewunderten Jüngling über sie hingegangen und hätte ihr Wesen groß und frei gestaltet.

Aber ein einziges Wort kann töten. Hier geschah es. Vor diesem zu Boden schleudernden Du erlosch ihr Mut und Glauben an ihn. Sie gefror sozusagen in ihrer kleinen, engen Bürgerlichkeit vor diesem Du zu Eis.

Sie redeten nicht mehr viel. Die Sache lag zu klar. Mala hielt sich geduckt, über ihn aber ging eine Art von Versteinerung.

Er war dennoch nicht zornig. Vornehm grüßte er, duldete es leise, daß sie seine schöne Hand suchte und an ihre Lippen drückte, und ging dreimal langsamer, als er gekommen war, davon.

Später hieß es, der junge dalla Rocca liege schwer krank in Perugia. Andere sagten, er fahre bereits über den Ozean. Nach vier Monaten erst bekam der Vater eine Post von Florida: fünf, sechs trockene Worte und fünf- oder sechshundert Goldstücke.

*

Als Elvezio hinausgeschritten war, fühlte Fräulein Mala sich so, als wäre etwas Köstliches, Schweres von ihr gefallen. Ja, etwas Köstliches, und das machte sie düster, aber auch etwas Schweres, und das ließ sie aufatmen wie schon lange nicht mehr. Hurtig setzte sie sich an die Bogen und begann zu heften.

Der Tag war lang. Nach dem Zunachten sollte sie mit den Schwestern Golzi durch die Stadt spazieren und gucken, wie man für Piso schmückte. Es war nur noch ein Bogen von Santa Teresa einzuhaken. Da stand: »An einem Karfreitag abends kam eine stattliche Jungfer zur Heiligen und gestand, sie liebe einen Jüngling und wisse doch, daß er schlecht sei und Tag für Tag trinke, falsch spiele, Mädchen betöre und die Bauern seines Dorfes elend presse. Sie kämpfe umsonst, aber liebe ihn trotzdem.

Ob er denn so schön sei, fragte die Santa freundlich.

Nein, eher garstig. Aber er küsse so herrlich und habe Augen so finster und traurig wie die Mitternacht.«

Mala dachte an Piso. Ihre Füße zitterten.

»Kommst du endlich? Wir gehen«, riefen die Geschwister Serra.

»Geht nur, ich hole euch schon ein.« Die Mädchen verschwanden vom Fenster.

Ob sie denn meine, ihn retten zu können, fragte Santa Teresa mit seltsamem Lächeln.

Sie wisse nicht. Sie habe nie daran gedacht. Sie liebe einfach ganz maßlos.

Maßlos sei nur Gott. Nichts Menschliches könne maßlos sein. Da irre sie. Jedoch ihre Liebe zu jenem Manne sei noch lange nicht groß genug. Sie müsse über alle Menschenköpfe hinausgehen und bis zu Gottes Füßen reichen. Fast übermenschlich sei das.

Die junge Dame meinte, sie liebe so.

Wenn sie ihn wirklich so liebe, so sollte sie ihn auch retten können, das heißt geben, nur geben! Gar nichts für sich wollen ... So fange das Retten an ... Wolle man auch noch einen

Profit für sich, viel oder wenig, so habe man schon eine Hand zur Rettung nicht mehr frei. Man müsse ganz unbelastet sein.

Hier hielt Mala inne und fiel in ein langes Nachsinnen.

»Mala!«

Himmel, Erde ... Mala erbebte. Sie blickte nicht vom Buche auf. Diese schöne, tiefe Stimme klang aus der Zimmerecke, von Piso.

»Mala!«

Sie hielt die Hand vor die Kerze und blickte in den Schatten. Da tauchte etwas langsam auf, kam näher, warf die Kapuze weg, ja er, Piso.

Die Türe war offen gestanden, auf der Piazza lärmte es. Da hatte sie ihn nicht hereinschleichen hören.

»Du, Piso?« schrie sie leise, und eine bange Wohligkeit durchströmte sie.

»Lösche!«

Sie blies die Kerze aus. Nun leuchtete nur von der Piazza her eine schwache Laterne.

Er setzte sich neben sie und schien ihr im Dunkel größer.

»Nun, kannst du nicht grüßen?« sagte er lustig.

»Wenn man so hereinschleicht ...«, nörgelte sie zum Schein.

»Was soll das dumme Zeug da draußen? Das mag ich nicht. Drum bin ich nachts unbemerkt heraufgekommen. Sorget nur, ihr Mädchen, daß man morgen weiß, ich sei schon daheim.«

Sie begriff das. Er war ja im Grunde so schüchtern.

Übrigens habe er es noch zwei Kameraden zugesteckt. Die werden auch helfen. Ein kleines Abenteuer, was ist das? Gott, da gab es andere Helden. Aber die bekamen Erde zu schlucken, kein Mensch kennt das Loch. Wozu dann diese Dummheiten!

Unwillkürlich fanden sich im Dunkel ihre Hände. Die seine war groß und stark und hart. Da hielt man etwas in den

Fingern. Sie vergaß, daß sie vor wenigen Stunden eine viel schwächere Hand verehrt und sogar geküßt hatte.

»Ich muß dich anschauen«, sagte sie und staunte selbst, wie schnell die alte Vertraulichkeit gefunden ward. Flink schloß sie die Laden, zündete wieder an und bestaunte ihn. Er trug einen kleinen, krausen, schwarzen Bart von Ohr zu Ohr. Das Haar fiel schwer wie Nacht in die Stirne. Die Augen brannten etwas trüb und hinterhältig. Aber der Mund war derselbe, groß, reich, glüh wie hoher Sommer und die Stimme daraus wie Nachtigallenschlag.

»Wenn du mich fertig beguckt hast, dann bring mir etwas zum Trinken. Ich laufe schon sechs Stunden ohne Einkehr.«

Nun saßen sie da beisammen, lachten, scherzten, gaben sich leichte Püffe und schwere Spitznamen und fühlten sich wie alte Spielkameraden, die einst vom selben Pfirsich gebissen. Das Stüblein schien total ein anderes, als wenn jeweilen Elvezio drin weilte.

»Und Elvezio?« brach er plötzlich heraus.

»Der! Nach Amerika reist er für immer.«

»Und du nicht mit?« – Sie hörte ihn leise keuchen.

»Warum sollte ich?« machte sie trotzig.

»Waret ihr denn nicht fast versprochen?«

»Ich sagte ihm, was ich dir gesagt habe: Buchbinderin bleib ich.«

Da zog er sie mit unnennbarer Gewalt an sich und küßte sie auf Stirne und Mund. »Wie ein Bruder!« entschuldigte er und lächelte. Eine graue verschmitzte Unklarheit wich nicht völlig aus seinen Augen, aber es glänzte dazwischen etwas Gutes und Dankbares. So war es immer gewesen. Über dem rechten Ohr, gegen den Wirbel empor, gab es eine kahle Stelle, die er nicht ganz mit dem übrigen Haar verdecken konnte, und das Ohr selbst war verstümmelt. Das alles wirkte häßlich. Aber man spürte Kraft und Hitze in ihm, und auf seiner Stimme lag Seele. Mala fühlte sich seltsam zu ihm hingezogen. War es Sinnlichkeit, Kameradschaft, Kindertreue, Rührung, sie wußte es nicht; aber sie hob sich auf die Zehen und berührte seinen Ohrstummel mit andächtiger Lippe. Und gleich fiel ihr die stattliche Jungfrau bei Santa Teresa ein, sonderbar ...

Er trank, rauchte, erzählte, trank wieder. Seine kleinen Augen wurden kindlich. Er ließ sie nicht mehr aus dem Arm. »Ich hab dich nötig, Mala«, schrie er plötzlich, »immer hatte ich dich nötig, du Böse. Aber von jetzt an am meisten.«

»Ach was plapperst du«, sagte sie und schlug ihm auf den Mund. Ihr schien, er lalle schon ein wenig. Sie suchte sich loszuringen.

Er plauderte weiter, nicht vom ernsten Krieg, nein, von Raufereien, Bettlerstücken, Gepolter, Schmutziges und Holdes, von feilen und feinen Mädchen, falschen Genossen, ehrlichen Feinden und daß er es nicht über den Hauptmann hinauf brachte trotz mangelnder Führer, weil er zuviel Räusche gesoffen habe. »So mach ich's«, stammelte er, schob das Glas weg und trank geradeswegs aus dem Kruge.

Entsetzt riß sie ihm das Gefäß weg. »O Piso, sei vernünftig!«

»Der Wein, der Wein, der tötet mich noch. Und das Faulenzen.« – Er stand auf. »Mala, ich verwüste dir die Stube. Da ist nichts als Ordnung. Da paß ich nicht mehr hinein. Da stürbe ich.« – Er schüttelte sich und begann wie ein Kind zu schluchzen.

Sie nötigte ihn auf den Stuhl zurück, streichelte ihm den Bart, tröstete, das überwinde er bald, andern gehe es nicht besser. Sie küßte ihn vor Mitleid und wußte nicht, daß Leidenschaft dabei war. Und wieder kam ihr ein Wort Teresas in den Sinn und biß sie: ›Geben, immer geben, nichts für dich wollen, so fängt die große Liebe an, die retten kann.‹

Sie wurde rot und wußte auf einmal, wie ferne sie noch von dieser göttlichen Selbstlosigkeit war. O nie könnte sie so werden, sie mußte von allem Süßen auch einen Schleck haben. Bücherbinden, Bücherbinden, ja! Aber Menschen in eine gesunde, glückliche Fassung bringen, selbstlos, ohne Profitchen, nein, diese Kunst war ihr zu hoch.

Piso hatte sich einen schweren Rausch aufgeladen. Er schlief über den Stuhl hängend ein, schnarchte wie ein Bär, und Mala mußte schließlich die beiden Schwestern holen, um den Helden von Todi, dem man die Straßen bekränzte, zu Bett zu bringen. Diese guten Seelen hatten sich den Empfang des Bruders wahrlich anders vorgestellt.

Das ganze Quartier lachte, als Piso am Morgen in Zivilkleidung durch die Gassen spazierte und da und dort einen Kranz abriß oder einer Matrone zornig zurief, sie möchte die bunten Lappen zum Fenster hereinziehen. Aber er konnte es nicht hindern, daß in der folgenden Nacht die Musik vor der Libreria spielte, eine Rede auf das geeinte Italien und auf seinen schlauen Hauptmann gehalten, nachher in der Serra-Gaststube bankettiert und der gefeierte Piso von allen Festleuten zuerst benebelt wurde und unter die Bank fiel.

In dieser geräuschvollen Nacht war der halbkranke Elvezio mit seinem Vater in geschlossener Kutsche gen Perugia gefahren. Nach einigen Monaten waren alle Schulden bezahlt, und zwei alte Livreediener hüteten bei gutem Sold das graue Dalla-Rocca-Haus. Fast wie zwei Spinnen klebten sie rechts und links am Steinrahmen des Portals, gähnten etwa in die Sonne, rauchten, verschwanden zum Essen, kamen wieder an beide Türseiten und wußten nichts auf die hundertfache Neugier zu erzählen als buchstäblich den einen steifen Satz: »Baron Elvezio ist glücklich, unser Padrone auch, alles geht gut, Millionen!«

»Was Millionen?«

»Millionen, basta!«

*

Mädchen, Mädchen, was ist mit dir? Hübsch bist du wie eine junge Beere, und Jünglinge kommen und möchten dich pflücken, und Jünglinge gehen ungestillt weg. Du lauschest, flüsterst, erbebst, loderst auf, duckst dich wieder und liegst da wie noch warme, stille Asche. Warst du vielleicht immer Asche? Hast du das Glütlein nur vorgetäuscht?

Tag für Tag saß der knochige fahlbraune Piso mit dem großen Mund in Malas Lädchen. Die grünblaue Uniform hängte er an den Nagel. Hier sollte sie ewig vor Malas Augen bleiben. Er hatte einen Krug Wein neben sich, horchte viel, schwieg noch mehr. Abends lasen sie zusammen, er die rechte, sie die linke Buchseite. Ihr Atem vereinigte sich. Beim Blattumwenden profitierte er und küßte sie, wo es traf, ins Gesicht.

Seine Schwestern vergötterten ihn. Und doch tat er nichts als kleine Schlücke Chianti läppeln, sitzen, die Beine strekken, träumen, schlafen, lesen und . . . Mala anschauen. Selten einmal führte er den blinden Oberst auf die Rocca. Aber Pigrini erklärte, es wäre viel kurzweiliger allein mit einem Hund am Bändel als mit diesem verdrückten Burschen zu gehen, der nur Ja und Nein und Ich weiß nicht und Vielleicht antwortete. So ein Schnauzerli würde wenigstens zwanzigmal knurren und bellen.

»Es ist ihm ins Gehirn gefahren«, hieß es im Städtchen, wenn man ihn so allein und scheu an den Wänden der Gäßlein hinstreichen sah. »Saht ihr nicht, das halbe Ohr ist auch weg. Wie hat er das nur angestellt? Wie wild! Wie grausig!«

Zu leben hatte er genug. Die Serra sind so hablich wie die Golzi. Aber man muß doch sogar in so einem trägen, alten Landstädtchen tun, als ob man etwas täte. Piso gab sich nicht einmal diesen geringen Schein.

Nicht einmal die leichte Aufsicht über die Waldungen der Stadtgemeinde auf den nächsten Höhen wollte er auf sich nehmen. Zwei Vettern im Rat konnten sie ihm leicht verschaffen.

Wenn er nüchtern war, konnte er sich oft mit einer Güte benehmen, die Mala tief ergriff. Dann hätte sie in einer Aufwallung der Seele ihm alles geben und nichts für sich nehmen wollen, ganz wie Santa Teresa riet. Aber nur drei Minuten lang. Und gerade diese drei Minuten war es nicht nötig, wollte er nicht, hätte er selbst alle Dienste getan. Jedoch wenn er dann trank und schläfrig oder grob ward und scheinbar gleichgültig hindämmerte, dann wurde er ihr lästig. Er stank dann von Wein und Magensäure und trug sich unordentlich in den Kleidern. Etwas Gemeines geriet in seine flackerigen Augen, und er wollte sie mehrmals lüstern herumreißen.

Jetzt, o jetzt hätte sie wohl an Santa Teresa denken müssen. Es hätte kein Abscheu ins Auge, kein Groll auf die Zunge, kein Ekel in ihre zarten Fingerchen kommen dürfen. Jetzt hätte sie sich seiner annehmen müssen mit jener Liebe, die »über alle Menschenhäupter hoch hinaus bis zu Gottes Füßen reicht«. Sie erinnerte sich jener Worte, wollte sich erheben, zu ihm eilen, vor ihn hinknien, ihn stützen und ganz mit Herzlichkeit umgeben und läutern. Aber dann blieb sie doch im Stühlchen am Buchbindertisch. Es war zu groß, zu schwer. So sehr liebte sie doch nicht. Und sie seufzte leicht, griff zum Karton, schnitt, heftete und band ein und fühlte, daß sie klein sei und nur Kleines vermöge.

Ach, was waren das für Zeiten voll Licht und Dunkel durcheinander.

Oft, wenn sie zu Bette ging, dachte sie an Elvezio, noch öfter freute sie sich, jetzt eine ruhige Nacht allein zu sein, und am meisten – o Eva! Eva! – gefiel ihr, daß Piso morgen wieder ins Lädelchen komme.

Sie zählte jetzt einundzwanzig Jahre. Soweit sie sich besann, war immer ein Knabe und ein Kleistertopf um sie gewesen. Sie konnte ohne das nicht mehr leben. Aber das konnte doch nicht das Richtige sein, nicht für sie, noch weniger für ihn.

Doch eines Abends kam er sehr spät zum Lesen. Er roch nicht von Chianti, sondern von Tannen. Er war nun doch einmal mit seinem Oheim, dem Oberförster, durch die Forste gestrichen. Es war still, kühl und kurzweilig gewesen und hatte ihm so gefallen, daß er eine Probe machen, den Aufseher spielen wollte. Er war ja einst als Bube oft mitgegangen, kannte die Hölzer und hatte eigentlich nichts zu tun, als zwischen den Bäumen zu spazieren, die verdorbenen Stämme und die überalten anzuzeichnen mit einem roten Klecks, dann etwa ein, zwei Gesellen zum Putzen mitzunehmen, zu achten, daß nicht im Holz gefrevelt, aber auch nicht gewildert werde. Das ginge in einem. Ab und zu hätte er einen Bericht einzuliefern, doch gehe das auch mündlich.

An jenem Abend wehte etwas Frisches aus Piso, woran sie keinen Verdienst trug. Das quälte sie. Er sah stolzer aus als damals in der Uniform. Die freie Arbeit im Walde hatte ihm wohlgetan. Das Gebietendürfen flößte ihm Würde ein. »Zieh mir die Stiefel aus!« sagte er klar und bestimmt. Und sie bückte sich und tat es und legte ihm sogar die Pantoffeln an.

»Gib mir etwas zu trinken! Eine Grenadina!«

Sie lief. Sie konnte nicht anders. Beinahe hätte sie ihm noch das Glas an den Mund gehalten.

›Was ist mit ihm?‹ dachte sie.

*

Von nun an sah man Piso nicht mehr herumhocken und zechen. Er nahm sich des Waldes so ernstlich an wie einst seiner Kompanie. Knaben und Gesellen kamen mit. Mit Axt, Gertel und Hacke ward im Wirrwarr gearbeitet, der Boden gesäubert, faules Holz gefällt, wilde Wucherungen beschnitten, Kanälchen für das Wildwasser gegraben und Jungwuchs eingesetzt. Dabei stieß man auf allerlei heimliches Schattenvolk, Strolche, Gauner, Diebe, Wilderer. Es gab hie und da Flintenschüsse und Arrestanten. Pisos Kühnheit und großer Zorn siegten jedesmal ohne obrigkeitliche Zuhilfenahme. Die Behörden und die reichen Waldbesitzer setzten bald rücksichtsloses Vertrauen in den Eifrigen. Aber das niedrige Volk sah in ihm je länger je ungemütlicher einen Zerstörer des alten Schlendrians. Heimlicher Groll entstand.

Kam er abends zu Mala, so duftete der häßlich-schöne Bursche geradezu von Wald und Herrschaft. Ihr freilich kam er nun durchaus schön vor. Schnell stellte sie den Kleister vors Fenster, den er so ungern roch, und zog ihm die langen

Kniestiefel aus. Dann lasen sie. Jetzt befahl er den Stoff. Von den Römern! Wie sie Kolonien gründeten, Straßen bauten, Wildnisse reinigten, überall siegten, aber dann leider entarteten und vor Barbaren den Nacken biegen mußten.

Es ergab sich aber oft, daß Piso sehr spät kam. Dann zählte sie die Schläge an der Domuhr, horchte auf die Schritte über der Piazza Garibaldi, bürstete seine Uniform, küßte sie dort, wo ihr Tuch sein Herz, das tolle, zudeckte, und konnte nicht mehr recht kleistern oder allein lesen.

Manchmal kam er gar nicht. Dann wurde sie unwirsch über diese Försterei, die ihn ihr stahl, und über seine Arbeitsglut. Fast hätte sie ihm wieder ein Räuschchen gegönnt. Die Einsamkeit abends wurde ihr unheimlich. Ist es wirklich nur der Wald, warum er sich so verspätet? Könnte nicht ein Mädchen dahinter stecken? Und wäre das so unbegreiflich? Sie verdiente es nicht besser, da sie ja immer nur im Halben stehen blieb. Er war ein Ganzer und wollte etwas Ganzes.

Aber vor diesem Ganzen schauderte ihr.

In einer illustrierten Volksausgabe des Cantù stieß das lesende Paar auf den Mönchvater Benedikt mit seinen Kindern, und man erlebte eine neue Eroberung Europas, indem diese Kutten Jesum predigten, die Wälder rodeten, Gärten anlegten, Korn und Obst pflanzten und dem heillosen Ur und Bär und Wolf wehrten.

Piso dachte, daß er ja im kleinen auch so etwas tue, und meinte, das Mädchen neben ihm müsse das gleiche denken. Sie jedoch fühlte, daß sie in kurzem dem Piso vor die Füße fallen müsse, wenn ihr Herz nicht zeitig vorsehe. Und dann würde der Dunkle, der sich jetzt so eigenwillig und beinahe hart bezeigte, sie vielleicht gar mit den Füßen von sich stoßen. Da wußte sie denn nichts Gescheiteres als sich Elvezios helle Person, seine silbernen Blicke, sein feines Haar und feines Reden und die vornehme Trauer vorzustellen, womit er von ihr schied.

Und jetzt, da man von fernen Urwäldern las, dachte sie wirklich nicht an Pisos nahe kleine Försterei, sondern an die wilden, freien Gebiete Elvezios in Florida. Der Oberst Pigrino sagte, es sei ein waldreiches Land, voll Sonne und Papageien, und ein kühler Meerwind fingere nachmittags ins Laub. Man beiße die Feigen vom Ast, besitze dreißig Dienstboten und werde hundertjährig.

Der Canonico brachte dann ein dickes Buch voll Bilder. Herrliches stand darin von Orangen, Palmen, Hängematten unter duftenden Bäumen und von einer Pflanze, die Papier gebe, sehr schönes Druckpapier, und von einem Tier, das allerfeinstes Leder liefere, womit man die köstlichsten Bücher einbinde, und von einer Pflanze, deren Schweiß den besten Klebstoff ergebe ... zum Kleistern! ... Das erschütterte Mala geradezu, noch mehr als Hängematte und Papagei. Freilich hause dort auch eine böse, gefleckte Riesenkatze und ein Bär. Doch wozu hätten sie so famose Reiter und Jäger, wandte der Oberst ein. Das sei ein adeliger Sport, so recht für Elvezio. – Aber hier stehe noch, fuhr Don Massimo fort, daß diese Jaguare Frauen und Kinder überfallen und in den Wald schleifen. – Versteht sich, gab Pigrino zu, aber nicht, wo ritterliche Kavaliere sind. – Und Mala spürte, wie so ein Untier auf sie losstürze, aber noch im letzten Satz unter einem Schusse zusammenknickt und auf den Rücken rollt, und wie sie ihr nasses Gesicht lachend und weinend an Elvezios Retterbrust birgt ... O wie ihr doch, der nüchternen Buchbinderstochter, die vielen Romane im Kopfe herumspuken! Wenn sie doch mit ihm gereist wäre! Vielleicht wäre ihr jetzt wie einem Vogel, der immer meinte, im Käfig sei es am besten, aber nun doch ins Freie mußte und Besseres schmeckt. Auch Elvezio geht jetzt mit Werkleuten in die Wildnis und reutet aus und säet. Und wenn er auch nur auf dem Pferde sitzt, die Gerte sausen läßt und zuschaut und regiert, so ist es doch von der gleichen Arbeit. Es muß Kommandanten haben. Piso bückte sich gewiß auch nicht zur Erde. Aber was sind Pisos Tannen gegen Elvezios Urwald!

»So schaufelt jetzt auch Elvezio drüben in Amerika«, unterbrach sie die Lesung.

»Red mir nicht von diesem Zuckerstengel«, gebot Piso rauh und hoch von oben herab.

»Zuckerstengel?« wiederholte sie empört. »O gib acht, was du schwatzest.«

»Was soll ich achtgeben? War er etwa nicht ein Puppenkönig? Konnte nur schlecken, spielen und den Mädchen den Hof machen! Aber das gefällt euch.«

Jetzt verteidigte sie Elvezio so bitter ernst, wie sie einst Piso verteidigt hatte. Gewiß, er sei zierlich und faulenzte gern. Aber er kannte alle alten berühmten Bücher, er verstand die Dichter und wußte schier alles, was vor und seit Christi Geburt auf der Welt vorgegangen war. Und wie höflich, wie vornehm war alles an ihm. Er kannte kein Arg. Und ob er schön war? Frage man die Straße! Warum hieß er denn Bellino? – Und ein gutes Herz besaß er ... das wisse sie besser als die andern.

Dunkel hörte Piso zu Ende. »Reut es dich wohl gar«, kerbte er nach einer Pause langsam aus den Zähnen, »daß du nicht mit ihm übers Wasser gefahren bist?« – Er zog die Stiefel wieder an.

Sie bewegte den Kopf seltsam hin und her. Hatte sie genickt? Oder ein Nein geschüttelt?

»Es fahren jetzt noch genug Schiffe hinüber!« fuhr er hochmütig fort. Aber seine Lippen wurden fahl.

»Vielleicht nehme ich eines«, trotzte sie gereizt und klappte das Buch zu. Fast ging ihr der Atem aus.

»Gute Reise!« – Er wandte ihr den Rücken und marschierte fest hinaus.

Sie hörte ihn über den Platz schreiten. Aber sie war so zerquält, daß sie nicht merkte, wie sein Schritt immer langsamer wurde, fast tonlos, und leise, leise zurückkam. Sie lief zwei-, dreimal im Kämmerlein hin und her, stand vor der Uniform still und roch daran, als wäre Atem darin. Dann küßte sie verschämt den Brustlatz und sprang zum Tischchen zurück.

Und da fiel ihr just ein, daß vom Pflanzenbuch des Martin Grosso noch zwei Bogen in der Hafte fehlten. Gleich setzte sie sich, glättete die Bogen, nähte sie am Rücken ein, und das untiefe Seelein ihrer Seele hatte sich schon ein wenig beruhigt.

*

Eine Woche verging ohne Piso.

Mala suchte allein zu lesen. Benedikts heilige Schwester Scholastika trat jetzt auf den Plan. Das paßte der Buchbinderin nun gerade nicht. Schon der Name erkältete sie. Mala griff wieder zur Santa Teresa-Novelle. Aber wie sie den Deckel nur berührte, schrak sie auch gleich wieder zurück. Sie fühlte die Vorwürfe dieser entsagungsvollen Blätter voraus.

Endlich bat sie Piso durch die Schwestern demütig, doch wieder einmal zu kommen. Aber der Förster hatte seine hartnäckige Politik, so sehr sie ihm selber ins Fleisch schnitt. Er verhärtete seine Miene. Sie möge warten.

Übrigens paßte ihm das Waldleben, wie er gar nicht geglaubt hätte. Da konnte er sich mit seiner zehrenden Liebe herumschlagen, niemand grinste ihm ins Gesicht oder plagte ihn mit Fragen. Aber er konnte auch mit zwei, drei treuen Gespanen das Elend zu vergessen suchen. Es war schön, von morgens bis abends da oben im grünen Geheimnis der Tannen zu leben, ein Feuer anzumachen und daran einen Kessel voll Polenta zu kochen und Salat zu schneiden und den Krug herumgehen zu lassen und hoch über der grauen Alltäglichkeit fast feiertäglich zu plaudern. Lieder wurden gesungen, eine Ziehharmonika spielte, und dann und wann pfiff Piso schöner und dunkler als jede Nachtigall hinein.

Und er sollte nicht pfeifen, sogar fröhlich pfeifen dürfen, wenn man sah, wie alles gedieh, was gepflanzt worden, wie reinlich das Erarbeitete dastand, wie die Regenwasser bei den Wolkenbrüchen hübsch in den Gräblein zum Tiber hinunterschossen und wie Ziegen und Schafe die Setzlinge nicht mehr abnagen konnten, da dichte Dornhecken weitum gezogen wurden? Eher hörte man wieder die Vögel zwitschern und das Wild ward minder scheu. Ach, wie schnell versteht das Tier den Menschen!

Aber glücklich konnte Piso doch nicht werden. Diese Arbeit rettete ihn vor dem Verelenden, aber nicht vor dem Elend. Seinen Gram und Groll ließ er an denen aus, die ihm beim Holz- und Wildfrevel in die Hände fielen. Zuerst ging man ja noch gemächlich mit den Gewohnheitssündern um. Einst hatte doch die ganze Stadt hierin gesündigt. Aber jetzt war ein neues Italien da, mit einem ganz neuen Gebiß. Die Zähne werden sich später schon abstumpfen, aber jetzt beißen sie scharf zu. Als daher der Drohfinger und selbst eine Tracht Prügel nicht viel halfen, einige dicke Bösewichte sogar grüne Bäume total schindeten und die Schutzhecken anzündeten, da mahnte die Behörde zur Strenge, und es wurden hohe Geldstrafen und langes Zuchthaus auf den Anschlägen verkündet. Pisos ohnehin düsteres Antlitz nahm einen unheimlichen, grausamen Ausdruck an. Er trug zwei Revolver im Gurt und hatte das beste Gewehr von den Brüdern Lossore geschultert. Stets gingen zwei, drei Gehilfen mit ihm.

Im Nest der Gesetzlosen wurde es merkwürdig still. Wochenlang sah und hörte man nichts Ungerades. Aber ehrliche Kameraden warnten Piso, die Sache nicht auf die Dolchspitze zu treiben, sonst könnte sie ihn zuerst stechen. Auch Maria Gagni, die frühere Magd der Golzi, wollte im Schmiedgäßlein Unheimliches gehört haben. Oberst Pigrino hingegen steifte dem jungen Beamten erst recht das Rückgrat. Nur jetzt nicht nachgeben, nicht um Nagelsbreite, sonst bricht der alte Schlendrian wieder herein und die Dinge werden ärger als vorher. Jetzt hat man Angst, gewöhnt sich an Zucht und dankt ihm später zehnmal lauter, als man ihn heute schimpft.

Piso lachte über die Gefahr. Und wenn auch ein Unheil käme und ihn niederschlüge, täte ihm das so furchtbar leid? Ihm, der am Herzen so arm ist, daß er im Tode nichts verlieren, eher gewinnen kann? Hatte er sich nicht wieder in Räusche stürzen wollen, nur um dieses Leben zu vergessen? O die ersten seligen Stunden der Trunkenheit! Aber nachher dieses stiere, blöde Versiechen! Nein, sterben ist besser. Da gibt es Ehre und Erlösung. Mögen die Meuchler nur kommen. Er wird sich rechtschaffen wehren wie im Krieg, nicht ums Leben, ums Recht. Er wird lachen, töten und sterben. So wird es gut sein. Die Mala, die schnöde, kalte, kleinliche, selbstsüchtige, sie soll ihn noch um sein Ende beneiden, wenn sie dazu noch genug Größe besitzt.

Aber eines Abends wollte er doch wieder zu ihr, der lieben Hexe, an ihrer Seite lesen, sie nahe haben, obwohl ihm nachher das Gemüt noch schwerer war. Sie bettelte ihn ja so dringend zu sich. Sie meinte, er sei noch ein Schulbub und habe genug daran, neben ihr zu hocken und ins gleiche Buch zu schauen wie in der Schulbank, die Närrin. Aber gehen wir, probieren wir es noch einmal!

Da saß der Canonico unter dem Tor seines Pfrundhauses, schnupfte und hielt ihm lächelnd von weitem die Dose hin.

So wenig diese Geste bedeutete: für Piso, der sich überall, wo Menschen waren, immer fremder machte, ganz wie ein Waldtier, war dieses gütige Zulächeln und warme Winken viel. Er saß neben den Priester hin, sog den Duft des schwarzen Habits ein, Weihrauch, Schnupf, dürres Obst und allverstehende Väterlichkeit. Und da schlüpfte ihm sozusagen die klare, nackte Seele auf die Zunge. Wie schlecht es ihm gehe, was für ein falsches, scheckiges Geschöpf diese Mala sei, wie er zum Säufer neige, nirgends Lichter sehe und darum das Leben am liebsten recht wütend verrauchen wolle.

Aber andere müßten solchen Essig auch trinken.

»Warum lacht Ihr, Reverendo?« murrte Piso bitter. »Ist das zum Lachen?«

»Santa Madonna, wenn das nicht zum Lachen ist. Da, schnupft und nießt den ganzen Unsinn heraus!«

Der junge Golzi wollte aufspringen und wegrennen.

»Schnupfe!«

Diesmal gebot der Canonico energisch, wie ein Arzt dem Kranken befiehlt: »Zeig die Zunge! Huste!« – und dieser nicht anders kann als die Zunge zeigen und husten. Gleichzeitig zog er mit der bloßen Linken den Jüngling unwiderstehlich zu sich auf den Söller zurück. Piso schnupfte wirklich, nieste, fühlte sich etwas leichter und rückte näher.

»Glaubst du nicht«, fragte Don Massimo ruhig und blies den Tabak von der Brust, »daß unser Herrgott über dich und deinesgleichen lacht ... aber höre! ... zornig lacht, wie man über etwas Verkehrtes lacht, weil es so unvernünftig ist? Von solchem Lachen hör ich viel in der Heiligen Schrift. Es ist eigentlich ein schreckliches Lachen.«

Piso rückte wieder etwas weg.

»Da hat der liebe Gott so viele Freuden für euch Jungens erschaffen. Und ihr tut wie blind und wollt von hunderten nur eine, die gerade nicht für dich blüht. Da ließ er so hübsche Jüngferchen wachsen und du siehst nur eine, die nicht für dich paßt, und siehst die andern nicht und rennst dir den Kopf ein. Nein, Piso, Pisello, da lach ich.«

»Ach, Ihr, ein Geistlicher, was versteht Ihr davon, wenn man liebt!«

»Haben wir etwa einen Stein, da links unter der Weste?«

»Nein, aber ...«

»Aber genau ein Herz wie ihr andern. Und mit diesem Herzen muß es sein wie mit einem gesunden Appetit, der an eine üppige Tafel tritt: Ich will Huhn! Da heißt es: Schon vergeben! – Und nun wäre da noch Kalbsbraten und Mortadella und Salami und Milkepastetchen und Pasta frolla und viererlei Käse. Aber ich will durchaus Hühnlein und marschiere zornig vom Tische und hungere. Gut, so verhungere, sagt der Herrgott und lacht seinen Zorn über dich Tölpel.«

Piso wollte auffahren.

»Und ich, donnert der Herr, ich bin dir nichts, ich, der Alleshabende, Allesgebende? Nur so ein Hühnlein ... Du Knirps im Staub!«

»O Don Massimo!« seufzte der junge Serra.

»Glaub mir, Kind, die Jungfer Mala Golzi ist nicht für dich ...«

»Aber für Elvezio«, brauste Piso jäh auf.

»Ist überhaupt für niemand. Die hat für einen einzigen zu wenig Herz, aber zuviel für die vielen.«

»Ich verstehe nicht, Reverendo.«

»Sie kann nicht lieben, und das möchte doch der einzige, sie kann nur liebeln, was die Hundert und Tausend wollen. Verstehst du?«

»Ein wenig!« Tief ließ Piso den Kopf sinken.

»Ach«, ermutigte der Canonico und schüttelte geräuschvoll die schwarze Sutane, »das sind alles Menschlichkeiten, nicht einmal Sünden, und niemand stirbt daran. Aber eine Todsünde ist es, bei solchem Spiel und Genarr den Vater aller Liebe so ganz und gar zu vergessen. Gewiß betest du schon lange kein Paternoster mehr und stehst bei der Messe auf der Piazza.«

»O wenn ich wieder einmal in Ordnung wäre, dann wollt' ich ganze Rosenkränze ...«

»Pst! Jetzt, jetzt«, wiederholte Don Massimo nachdrücklich, »jetzt, wo gerade Unordnung ist, mußt du beten. Schau, weil man in der Unordnung nicht betet, gibt es nie Ordnung.«

»Aber ...«

»Kein aber! Man hebt die Klöster auf, man raubt dem Heiligen Vater den Kirchenstaat, man verspottet die Priester, schreibt Zeitungen ohne Glauben, der Katechismus ...«

»Aber, Reverendo, was hat das mit Mala und mir zu tun?«

»Viel hat es zu tun. Du bist auch so ein neues kleines Italien. Jeder Mensch ist ein kleines Königreich. Und du hast auch solche Geschichten ohne Gott angefangen. Bet' jetzt nur ein schlichtes, tiefes Vaterunser. Da, falte die Hände, probieren wir!«

Sie saßen in der Dämmerung der kühlen Hausflur. Über die Domdächer woben Abendmücken und tiefgelbe Sonnenstrahlen einen goldigen Nebel. Kinder spielten das beliebte

Quadrato, und ihre Glaskugeln klingelten nicht heller als ihre süßen Kehlen. Von der Stadt herauf summte der plauderhafte, spazierfrohe, pfeifende Feierabend.

Eine solche Minute hatte Piso seit Kindstagen nicht mehr erlebt. Unschuld und Himmelsschauer durchströmten ihn. Im Paternoster des Alten lag der Friede auf jedem Wort. Pisos schmutziges Abenteurergesicht wurde licht, in seine hastigen Augen trat Windstille, und seine dunkle Lippe bekam beim Nachbeten der großen Worte ein reines Rot, als hätten Engel alle niedrige Sinnlichkeit weggeküßt. Wie schön sah er jetzt aus!

Er zehrte noch von diesem Vaterunser auf dem Wege nach Hause. Er vertraute, der Himmelsvater, der alle seine Kinder liebe, führe ihn, stoße ihn von selbst zum Rechten.

Aber schon beim Anblick der Libreria begann der Zweifel, ob er doch noch hineingehen oder vorübergehen sollte. Davon stand nichts im Vaterunser.

Führe uns nicht in Versuchung! Ja, das schon. Aber welches war die Versuchung: das Vorbeigehen, wozu ihn ein süßer Trotz lockte, oder das Hineingehen, wonach sein Blut ihn trieb?

Er klopfte, was er früher nie getan, und trat gewaltsam ein. Sofort erkannte er, daß Malas Gesicht nicht aufjubelte, wie er nach ihrem Flehen erwarten durfte, sondern eher erschrak und ein Papier in die Brust schieben wollte. Es gelang ihr nicht mehr. Da faßte sie sich und legte den Brief aufs Tischchen. Wozu auch heimlich tun?

Aber sie war erregt und übersprudelte sich. Elvezio hatte wirklich geschrieben. »Welch wundervolle Schrift schon. Sieh nur selbst! Jeder Buchstabe ein Graf wie er selber. Und jeder Satz so kurz und vornehm. Lies ... was sagst du dazu?«

Er stand da wie ein Stein. Eiskalt überlief es ihn. Don Massimo, Hühnchen, Vaterunser, alles war zerstoben. Seine Augen röteten sich.

›Oh‹, dachte Mala, ›wenn er jetzt nur eifersüchtig wird, wenn er mich in die Arme drückt und küßt und befiehlt: Schreibe ihm, daß es zu spät ist, daß wir zwei heiraten, in zwei, drei Wochen heiraten! Aber daß wir ihn wie gute Freunde grüßen.‹

Statt dessen keuchte Piso unheilvoll: »Lies du!«

Sie hielt das schöne Papier mit dem Dalla-Rocca-Wappen vor sich und ihn hin und las immer unsicherer: »Liebe Mala, ich bin nun solid in meiner großen Plantage eingebürgert. Alles gefällt mir, so neu es auch ist, oder gerade darum: das Leben, die Arbeit, der Lohn. Mir ist, ich sei ein anderer Mensch geworden, ein nützlicher, glaub es nur, Kleine! Ich segne mein Schicksal, und zum vollen Glück fehlt mir nur noch eins, das Wichtigste, Du, Allerliebste. Komm! Ja, schreib schnell, daß Du kommst, und ich schicke Dir einen treuen Reisebegleiter. Laß nicht warten Deinen Elvezio dalla Rocca.«

In dieser Sekunde tat Mala einen Schrei und ließ das Blatt fallen. Piso hatte darauf gespuckt. Blut war dabei. Seine Lippen tropften noch vom Speichel.

Wie sie noch dastand, aus ihrer Buchbinderinnensanftmut auflodernd, gab er ihr einen groben Stoß vor die Brust und sagte mit wüstem Lachen: »Hurtig, stiefle dich! Ihr gehört zusammen, ihr Falschen. Mala heißest du und eine Schlechte bist du immer gewesen, Malissima!«

Sie hatte sagen wollen, daß dieser Brief sie nicht im mindesten verführe, daß sie nur ihn liebe, sie wisse es jetzt klar, daß sie nur ihn begehre ... Ob er noch wolle, sogleich wolle? ... Aber da spuckte er und traf noch ihre Finger. Das ging auch über ihre Buchbinderinnengeduld. Sie brachte nichts anderes hervor als: »Bestia! ...« Und dann: »Fertig! Basta!«

Nie hat sie später gewußt, was sie eigentlich damit gemeint hat. Fertig mit Piso? Mit Elvezio? Mit allem? Oder fertig für heut abend, kein Wort mehr reden, genug! Sprechen wir uns aus, wenn wir ruhiger sind.

Freilich, sie hatte auch Bestia gesagt. Du Tier du! Aber was heißt das im Zorn und in unserm überschäumenden Italienisch?

Er aber verstand das Bestia und Fertig und schoß wirklich wie ein wildes Tier in die Nacht hinaus.

*

Von nun an tobte er sich im Walde aus. Manchmal betrank er sich wieder. Aber, potztausend, wie nüchtern war er bei Tag und Nacht, wenn es galt, den Schlichen der Frevler auf die Spur zu gehen, das Heimlichste dieser Bande zu belauschen. Es war dann schwer, ihn zu verstehen. Wer versteht den Donner? Und schwer, ihm zu folgen. Wer hält Schritt mit dem Blitz? Und Blitz und Donner schien er geworden; jede Woche gab es Schießerei und Hetze.

Mala war wie gebrochen seit jenem Abend. Zum erstenmal schob sie Messer und Falzbein trostlos von sich. Sie putzte den Brief, küßte ihn, bald für Elvezio, bald für Piso, und litt, wie ein einundzwanzigjähriges, etwas stubenhaftes, ein bißchen eingetrocknetes Jüngferchen nur leiden kann. Oft stand sie auf dem Punkte, einzupacken und nach Amerika zu reisen.

Da geschah ein neues Abenteuer und gab dem krausen Gang des Schicksals endlich den letzten Bogen.

Eines Nachmittags begegnete Piso Serra dem alten dalla Rocca mit der Flinte, Pulverhorn und Patronen und mit zwei erlegten Fasanen tief hinten in Selvatorta, wie jener Waldteil damals noch hieß. Er hatte deutlich zwei Schüsse gehört, schlich der Fährte nach und stand nun so verdutzt da wie nicht einmal der gräfliche Wilderer.

Dalla Rocca hatte immer behauptet, das neue Reglement für niedere Flugjagd sei ungesetzlich. Spatzen und Finken und Amseln schieße er wenigstens, wann und wo er wolle, und wäre es an der Stumpfnase des neuen Königs vorbei. Überdem hätten die dalla Rocca stets Jagdprivilegien genossen. So mir nichts dir nichts könne man sie nicht wegblasen.

Nun aber guckten freilich zwei Fasanen aus seinem Lendensack. Ging das Vorrecht vielleicht bis zum Auerhahn, Hasen und Fuchs?

Nach der ersten Verblüffung fuhr eine Freude, schwarz wie der Teufel, durch Pisos abgezehrten, knochigen Leib. Das war ja auch wie vom Leibhaftigen eingefädelt. Nun passet auf, ihr zwei ehrlos Verliebten, ich tu den ersten Streich.

Höflich grüßte der Baron und wollte ungeniert weiter. Aber Piso faßte ihn am Arm und donnerte: »Halt!«

»Was beliebt?« fragte dalla Rocca und zerrte sich unwillig los.

»Sie haben gejagt. Zeigen Sie mal Ihr Patent.«

»Ich brauche keins für solches Zeug.« Geringschätzig wies er auf das Geflügel.

»Sie brauchen es so gut wie jeder andere. Und dazu ist Schonzeit.«

»Schonzeit?«

»Sie haben gewildert und müssen sofort mit mir ins Stadthaus gehen.«

»Was fällt dir ein, junger Mensch! Kennst du mich nicht? Baron Andrea Carlo Paolo dalla Rocca!«

»Gerade darum müssen Sie erst recht kommen. Einem Baron ist nicht mehr erlaubt als einem Schustergesell.«

Sogleich knickte der Mut des kleinen, dünnen Mannes zusammen. In seinen feinen Zügen zitterte es. Er strich mit der behandschuhten Hand über sein immer noch frisches, blondes Haar und seufzte: »Leider nicht, ja, leider nicht! Aber ich dachte wirklich nicht, daß man einem dalla Rocca wegen solcher Nichtigkeiten ...« wieder warf er einen herablassenden Blick auf seine Beute ... »Willst du die Fasanen?« wandte er schnell den Satz. »Ich schenke sie dir gerne. Der eine ist feist wie ein Hammel. Sieh da ...« Er betastete den Bauch und zerrte einen Schenkel aus dem Flaum. »Sieh nur ... Serra – der junge Serra, nicht?«

Piso griff wieder nach seinem Arm.

Der Alte wich zurück und verlegte sich aufs Bitten. Wie ein Kind lispelte er: »Bitte, tu mir den Gefallen, nimm sie! Ich will nichts davon. Die Buchbinderin soll sie dir braten. Ich höre ja, daß ...« er lächelte mit einer artigen Schlauheit ... »Guten Appetit!«

»Wir verlieren nur Zeit, kommen Sie«, sagte Piso hart. Er mußte mit sich selber kämpfen. Dieser Alte war keiner von der Bande, wußte nicht einmal davon, ist einfach da so leichtsinnig und selbstgefällig ins Vergehen gerutscht. Sollte er ihn nicht laufen lassen? – Aber da gab ihm das Wort Buchbinderin eine neue, böse Energie.

»So gehen, mit dir, etwa in Arrest? Ich, ein dalla Rocca! So durch die Stadt? Bitte, mein Herr, das ist kein vornehmer Spaß.« – Er wehrte mit beiden Armen und warf die zwei Vögel weit von sich. Wie ein Kind.

»Fertig, du gehst mit mir«, schrie jetzt Piso rauh. Er hob die Fasanen auf, hörte ein Rascheln hinter sich, wahrhaft, der Alte schlüpfte davon wie eine Eidechse.

Einen Moment schwankte Piso wieder: ›Soll ich den Tropf nicht laufen lassen? Er ist ja verkindet. Aber sein Sohn Elvezio, der Brief aus Amerika, wie Mala aufglühte, ihr: Bestia, fertig! Dieses ganze heillose, gemeine Nest, nein, zugepackt!‹

Er sprang dem Flüchtling nach und dachte, diesen Narren zu fangen, sei Spiel. Aber war es eine angeborene Behendigkeit dieses Aristokraten, den man sonst nur als Faulpelz kannte, oder seine heillose Angst vor der öffentlichen Schande, kurzum, er hüpfte so possierlich schnell zwischen den Stämmen durch, lief um Büsche, kroch durch Gräben und machte so einen verflixten Zickzack, daß Piso zehnmal zu fassen glaubte und zehnmal leer griff. Wütend gab er einen Alarmschuß ab. Seine Arbeiter waren nicht weit. Aber wie nun der Baron zu allem Rennen fluchte, flehte, die Fäuste ballte, der Madonna rief und ab und zu einen Knüppel hinter sich schleuderte, da schämte sich der junge Serra ernstlich solcher Jagd. ›So macht Euch denn aus dem Staub‹, wollte er rufen. ›Ihr dauert mich. Aber laßt Euch kein zweites Mal hier treffen! . . .‹

Doch bevor er eine Silbe herausbrachte, war dalla Rocca elend an einem Brombeerbusch noch halb ins Gedörn niedergesunken. Er atmete mühsam, der Hals und die rechte Gesichtshälfte war von Blut überspritzt, er kniff die Augen zusammen und blieb reglos liegen. So kläglich sah sich das an, daß die letzte Rache aus Piso wich und er die ganze Suppe mitsamt dem Teufel, der sie eingebrockt, zum Teufelsteufel wünschte.

Aber schon nahten die Forstgehilfen und erkannten sofort den Vorgang. Jetzt gab es kein Zurück mehr für Piso, sollte er nicht seinen unparteiischen Ruf und damit seine einzige Kraft und Sicherheit verlieren. So setzte er denn die strengste Miene auf, und da der Baron zuerst sich todkrank schwindelte, dann plötzlich mit der Flinte um sich fuchtelte und aus Torheit gefährlich werden konnte, legte er ihm Handschellen an und ließ ihn zur Amtsstube des Verhörrichters abführen. Piso selbst blieb unzufrieden mit sich und aller Welt im Walde zurück.

So ward der Baron in schmählichen Handschellen zwischen zwei Aufsehern, besudelt und voll Schrammen, wie ein Verbrecher das Städtchen hinaufgeschleppt, umgafft, bestaunt und von schlechten Witzen überregnet. Er glaubte es nicht zu überstehen, aber überstand es doch und saß dann acht Wochen gemütlich in der Arrestzelle, mit dem Malen seines Stammbaumes beschäftigt und bedient wie ein Fürst. Denn von Amerika strömte ihm Geld in Fülle zu, und seine Trinkgelder wurden berühmt.

Aber auf Mala wirkte dieses Ereignis so niederschmetternd, und sie schämte sich so fürchterlich für Elvezio, Elvezios Vater und sich selber, daß sie nun heftig beschloß, vor Piso und allen Unruhen nach Amerika zu fliehen. Ja, recht eigentlich zu fliehen. Hier konnte man doch nicht mehr in Frieden leben und buchbinden.

Sie zitterte nicht vor der Reise, sondern vor dem Abschied vom alten Leben. Sie erinnerte sich noch immer mit Schaudern, wie sie schon einmal eine große Frechheit im Leben gewagt hatte. Es handelte sich damals um eine dicke, wertvolle Chronik von Perugia, die sie in einen Band binden sollte, mit schwarzem Leder und Goldschnitt.

Aber ihr kam der Umfang viel zu groß für einen Band vor, und auch der schwarze Einband und der Goldschnitt schienen ihrem feinen Empfinden hier ganz textwidrig. Und sie, die Genaue, Folgsame, Pünktliche, zerlegte das Werk unter Herzklopfen in zwei Bände, und zwar mit braunem Leder und altrotem Schnitt. Es schwindelte ihr der Kopf noch heute wie vor einem kühnen Wunder, wenn sie an jene Frechheit dachte.

›Wenn ich das konnte und es gut ablief‹, versprach sie sich, ›so kann ich auch nach Amerika ohne Gefährde reisen. Es ist nicht schwerer.‹ Und sie half sich noch besser, sie überblickte auf der Landkarte das weite blaue Meer und dann auf dem kleinen Tupf Todi diese Buchbinderei, wo man sich zwischen vier Stühlen, zwei Tischen und einem Schrank kaum bewegen konnte. Soll nun ihr ganzes Leben in diesem Winkel erstikken? Geht das in einen einzigen, so schmalen Band? Aus der Chronik machte sie doch zwei, kann sie ihr Leben nicht auch in zwei Bücher teilen: erster Band Todi, zweiter Band Amerika? Und alles in einen frohen, lebenslustigen, roten Schnitt!

Sie hörte von Piso nur Wildes, Räusche, Hinterhalte, Fallenlegen, Abfang armer Schlucker, Kämpfe, Verwundungen, gesalzene Strafen und wieder Räusche. Nein, da gab es keine Ordnung mehr.

Und so packte sie ein kleines Bündel zusammen, notierte alles, was Haus und Habe betraf, in ein Heft für die Schwestern Serra und reiste verstohlen an einem sehr frühen Morgen nach der Hauptstadt der Provinz ab. An die Porta Perugina hatte sie einen zweirädrigen Karren bestellt. Von Perugia wollte sie dann die Eisenbahn nach der Hafenstadt Livorno nehmen.

Aber im Wagen neben dem Fuhrmann Personi redete sie merkwürdig. Sie gehe nur Waren für ihren Laden einkaufen. Aus der Ferne bediene man sie oft schlecht. Jetzt wolle sie einmal persönlich mit dem Gerber Quantone und der Papierhandlung Simonetta e Fratelli verhandeln. Und doch fielen wieder Worte wie: jetzt beginne ein anderes Leben, aber wie schwer sei es, fern von Todi zu arbeiten und froh zu werden.

Der Fuhrmann erwiderte, er fahre gerne einmal nach Perugia hinauf. Aber nach drei Tagen zerre es ihn schon mit allen Stricken und Gäulen nach Todi zurück.

Langsam fuhr der Wagen hügelauf, hügelab. Personi sagte, die Jungfer solle doch nicht so traurig auf dem Brett sitzen. So eine Junge, Hübsche, brauche nur zu winken, und gleich rolle ihr das Glück in die Beine. Übrigens raste er nur zwei Tage in Perugia. Wolle sie dann mit ihm heimfahren, so brauche sie nur am Albergo della Stella nach ihm oder Tomasini, dem Fuhrhalter, zu fragen.

Es ist wahr, zuerst schnappte sie die zügige Luft um den Reisewagen voll Appetit auf, wie etwas Neues nach der langen Zimmerluft. Aber je länger es durchs Tibertal hinaufging, um so fremder und ungewohnter kam ihr alles vor. Mochte das gelbgrüne Flußwasser noch so frisch zu ihr aufatmen, die umbrischen Pfirsiche noch so fein duften, sie schnüffelte unruhig nach etwas anderem, das wie Kleister riechen sollte.

Bei Rigabianca sprang damals ein hohes Gebüsch von Weiden, Birken und Erlen zur Straße, von Wässerchen durchbrummelt. Da saßen zwei Musikanten, einer zog die Harmonika, der andere blies auf einer Art Flöte. »Was singen sie?« fragte Mala, von der Melodie unwiderstehlich angezogen. Man hielt ein Viertelstündchen. Die Gauner saßen im Erlenlaub und hatten eine Flasche Chianti zwischen den Beinen und harte Maistorten auf einer Zeitung und tranken, bissen ins Gebäck und dehnten die Wanderglieder und sangen zwei-

August Lucas: Italienische Landschaft mit Wäscherinnen

stimmig, wie die Weltstraße doch so weit und grau und unfreundlichen Sinnes sei, wie man sich darauf hundert Schuhe und seine einzige Seele ablaufe und doch kein warmes Ziel finde. »O Seelchen«, klagten sie, »wärst du doch im Nest geblieben, so klein und dunkel es auch war. Wanderschwalbe Seele, nun verlierst du alle Federn und erstickst im Buio.« Ja, im Buio sangen sie, im Dreck.

Und die Seele Malas zog zitternd ihre schon so müden Fittiche zusammen. Ach, was für eine weite, weite Reise! Und das Ziel Elvezio, ist das Ziel genug?

In Perugia konnte sie die erste Nacht keine Minute schlafen. Den ganzen Tag stand sie wie zwischen zwei Messern. Soll ich die Eisenbahn nehmen, ade? Oder soll ich mit dem Karren zurück?

Mechanisch ging sie zum Bahnhof hinunter und löste sich ein Billett nach Livorno. Sie wußte kaum, was sie tat. Aber dann lief sie am zweiten Morgen in mehrere Geschäfte, kaufte flüssigen Gummi, der goldene Honigfäden zog, ein neues Messer, das totenstill den dicksten Karton durchschnitt, weißes und farbiges Deckelpapier, Rückenleder, Goldstaub und Pinselchen. Für den Urwald? Einerlei, sie kaufte. Dann fragte der Ladenherr, ob sie das schon kenne, und hielt ihr ein kleines Rätsel aus Metall vor Augen. Hinten war ein Hebel zum Niederziehen und vorne biß ein spitzer Eisenzahn bei jedem Hebelzug ein scharfes Löchlein durch Hunderte von Blättern, durch eine ganze Beige von Bogen und zog zugleich einen Draht oder Faden durch, eine stramme Naht.

Bei diesem Buchbinderwunder klatschte Mala in die Hände. Todi und Piso, Florida und Elvezio verdufteten vor dieser kleinen sechzigfränkigen Heftmaschine zu nichts.

Sie kaufte und kaufte und packte ein und stand wieder ratlos auf der Straße. Kaum dreimal vierundzwanzig Stunden war sie von Todi fort. Sie aber dünkte es schon lange und furchtbar ferne.

Da schrie ein Zeitungsverkäufer etwas Besonderes über den Platz vor San Lorenzo. Es gab ein Gedränge von Neugierigen, alles kaufte das Blatt und disputierte und fuchtelte mit den Armen. Die Aufregung wuchs. Aus den Fenstern kamen Fragen, und aus den Türen sprang das junge Volk. Dort beim Barbier Giobbi stand auch ihr Kutscher und winkte heftig, als ginge die Sache sie besonders an. ›Etwas mit Piso!‹ dachte sie entsetzt und hörte nun im Herzuspringen einen düstern großen Mann zu einer Gruppe wiederholen: »Ja, großer Waldbrand bei Todi, Kampf mit den Untätern ... drei Tote ... worunter auch der Förster Piso Serra ... wisset, jener Ulisse ... jener kühne Hauptmann ...«

Mala schüttelte den Kutscher an beiden Ellbogen. Ihre weichen blauen Augen schienen herauszutropfen. »Giobbi oder Personi oder wie, fahren wir sofort heim, bitte, noch diese Stunde. Es gibt eine warme, helle Nacht. Ich zahl Euch das Doppelte.«

»Ja«, entschloß sich Personi, »das müssen wir sehen. Herrgott, bei Porchiano hab ich zwei Juchart altes Buschland. Sogleich füttere ich die Pferde. So ein Feuer! Und Euer armer Piso!«

›Mein Piso, ja, mein Piso, du hast recht‹, sagte das schöne kleine Fräulein innerlich und drückte ihn im Geiste an ihren barmherzigen Mund.

»Ist mein Sack gut verstaut, daß er nicht rutscht«, bat sie, als Personi die Geißel über das Pferdepaar knallen ließ. »Es hat Dinge drin, die nicht zerbrechen dürfen.«

– Dann fuhren sie in den wehenden Abend des Tibertals hinunter, von der vollen roten Mondscheibe am südlichen Apennin wie mit Blut und Feuer überspritzt.

*

Als Piso Serra, von innern und äußern Fiebern geschüttelt, sich spät nachts in Rock und Stiefeln aufs Bett warf, sprangen die Schwestern herein und erzählten händeringend, Mala sei nach Amerika verreist. Diesen Brief habe sie hinterlassen. Es stehe ein Gruß für Piso drin.

Der Bruder starrte die Geschwister schneeweiß an, biß sich

rechts und links in die Lippe, sprang dann auf, wischte den Schweiß ab und stürzte wortlos, mit dem Stutzen auf der Achsel, in die Nacht hinaus.

Er wußte nicht, was er wollte, jedenfalls in den Wald. Am Prillonehügel keuchte er empor. Die Wächter weiter unten sollten ihn nicht bemerken. Aber der Hund schlug an und verriet ihn. Sie erschraken vor seinem verzerrten Gesicht und wichen nicht von seiner Seite, ob er auch mit dem Revolver drohte.

Sie hätten nun ja ohnehin nach ihm geschickt. Denn sie hatten rechts in den Höhen Pfiffe gehört und Laternen durch die Lichtung blinzeln sehen. Das anrüchige Ristorante Bolzi war am Abend fast leer gewesen. Die Halunken hatten also etwas vor.

»Habt ihr geladen?«

Sie klopften an den Gürtel. »Stramm geladen.«

»Dann schräg hinauf!«

Sie liebten Piso trotz seiner finstern Art. Denn er hatte sie doch immer als Kameraden behandelt und Regen und Sonne mit ihnen geteilt. Sie fühlten überdies, daß er noch viel ärmer sei als sie Habenichtse. Es war gegen Mitternacht und dumpf und heiß auch im Dickicht. An den fernen Hügelrändern wetterleuchtete es rastlos. Die Vögel muckten nicht, kein Blatt rührte sich. Die Luft war dick und lastend, und der Wald gähnte um sie herum schwarz wie das Maul eines Riesenunglücks. Der Mond war noch nicht da. Die Lichter von Todi zitterten dann und wann durch eine Lichtung herauf.

Sie hörten durch die Stille etwas wie Tasten, Knistern, Murmeln. Wie Katzen schlichen sie höher, vergaßen alle Müdigkeit, und plötzlich meinten alle drei gleichzeitig, einen brenzligen Geruch in der Nase zu spüren, wie von einem halberstickten Feldfeuer oder einem qualmenden, ungern brennenden, grünen Holz.

Das ward mit jeder Minute heftiger. Nun sah einer, dann alle drei einen lichten Fleck, der wuchs und immer weiter herum rötete. Am Sasso bello war Feuer.

Sie schrien auf vor Schrecken, einer lief nach Mannschaft in die Stadt, Piso raste dem andern weit voraus bergauf; nur der schnelle Martini vermochte ihm noch eine Weile auf der Ferse zu folgen, dann mußte auch er innehalten und Atem schöpfen. Und da gerade sah er Pisos Schatten in einen abgeholzten Platz springen, vor sich die rasende Helligkeit, sah plötzlich einen zweiten, dritten, vierten Schatten, es lief zusammen, floß lautlos auseinander, und als Martini endlich an der Stelle war, wäre er bei einem Haar über Piso gestrauchelt, der über eine Wurzel längelang ausgestreckt lag, das Haar voll Blut, den Zahn in die Unterlippe gebissen, wie tot. Durch das dürre Unterholz knisterten Millionen gelbe und blaue Flämmlein herzu, während weiter oben schon ganze Bäume aufloderten. Der treue Martini lud seinen Meister auf die Schulter, floh ans Brünnlein Naldi hinunter, netzte und wusch Piso und pfiff, so mächtig er konnte, durch die gebogenen Finger um Hilfe für den armen Wald und den noch ärmern Waldhüter Piso.

Als Jungfer Mala nun zwei Tage später heimkehrte, fand sie Piso auf einer Matratze in ihrer Buchbinderei liegen, ohne sie zu kennen, aber ihren Namen immerfort durch die großen Zähne bröckelnd und mit Blut, Feuer, Mörder verbindend. Auf der rechten Kopfseite, wo er schon einmal schwer verletzt war, klaffte eine breite Wunde.

Statt sich mit dem Sterbenden die steilen, engen Stiegen hinaufzuquälen, hatte man ihn gleich hier zu ebener Erde hingelegt, als gehörte er nirgendwo anders hin. Die meisten wußten nichts von Malas Abreise und nahmen es als selbstverständlich, daß sie den elenden Freund betreue.

Das tat sie Tag und Nacht, und stundenlang starrte sie ihm in die irren Augen, um seine Vernunft herauszubitten und ihm dann eine demütige, heiße Reue zu bekennen.

Der goldgelbe Gummi und der neue Kleister vertrockneten in den Gläsern.

»Könnten wir nicht heiraten?« fragte sie in blutroter Verwirrung den Canonico bei einem Krankenbesuch. »Piso und ich, so wie wir jetzt eben sind? Er liebt mich, ich ihn, also!«

»Aber er hat kein Bewußtsein vom Sakrament. Es wäre keine gültige Ehe«, widersprach Don Massimo, der dieser kleinen Eva überhaupt nicht traute. – »Er kann ja nicht einmal Ja sagen.«

»Oh«, rief sie, und es rann ihr der Purpur der Scham und Freude übers kleine Gesicht, »er hat tausendmal Ja gesagt, als ich's nicht hörte. Jetzt hör ich's, auch wenn er schweigt.«

»Ich müßte es auch hören, Kind Gottes. Geduld, er wird schon zu sich kommen und vielleicht Ja sagen. Ihr seid dumme, unartige Rangen gewesen, bis euch der Herrgott zurechtgeprügelt hat. Dankt ihm!« –

Aber heimlich dachte dieser Kenner der Herzen, das sei so ein sentimentaler Einfall. Sie passe nicht zur Ehefrau, basta.

Aber auch Mala tröstete sich. Sie hatte nun Piso so hübsch bei sich, so ganz in ihrer Hand wie noch gar nie. Sie ganz allein durfte ihn pflegen. Immer gab es da etwas zu tun: das Essen zu richten, die Medizin einzulöffeln, seinen Schweiß zu trocknen, die Kissen bequemer aufzuschütten, die Vorhänge zuzuziehen, Umschläge zu machen, die Wunde schonlich zu salben, die Fieber zu messen, auf sein irres Geschwätz sanft zu antworten und für ihn zu beten. Tag und Nacht kam sie nicht zur Ruhe. Aber indem sie das alles wunderbar genau verrichtete, verschönte und veredelte sich ihr Gesicht. Etwas Weiches wie Pfirsichflaum ging darüber, und niemand konnte sagen, ob der milde Ausdruck ihrer Mienen mehr von jungfräulicher oder mehr von mütterlicher Liebe stamme.

Als Piso stiller wurde und weniger brauchte, begann Mala doch den neuen Gummi aufzulösen und das Heftmaschinchen zu probieren. Es ließ sich köstlich damit wirken. Sie falzte, schnitt und verklebte wieder und besorgte den Kranken in der Ecke und fühlte sich alles in allem zufrieden, da Piso sie allmählich erkannte, anlächelte und endlich ihre Hand suchte und an seine Brust drückte.

Wie hatte er beim ersten Zerreißen des Dunkels gestaunt. War es möglich? Saß wirklich sie dort im Fensterlicht und rispelte und raspelte und guckte unendlich mütterlich jede Minute in seine Ecke? Gerne schlug er die Augen wieder zu und glaubte daran und träumte davon. Und als er sie wieder aufschlug, war sie noch da, zierlicher und sauberer als je, etwas schier unangreifbar Hübsches, Leises, Geschäftiges und rispelte und raspelte noch und sorgte mit zwei flinken Augen jeden Augenblick zu ihm hinüber.

Er siechte an der unheilbaren, zerstörenden Wunde dahin. Sie las ihm nun oft wieder vor wie früher. Sie speisten, lebten, schliefen im gleichen Stübchen, schliefen oft so, daß sie einfach neben seinem Kopfende saß, das Gesicht auf sein Kissen legte und, indessen seine Hand zärtlich über ihr Haar fuhr, neben ihm wie eine Schwester oder Mutter einschlummerte.

Nun mahnte Don Massimo seinerseits: »Jetzt könntet, ja solltet ihr eigentlich heiraten. Er kann sehr gut Ja sagen.«

»Nein«, sagte hingegen Piso sehr klar. »Nein, Reverendo.«

»Warum nicht?«

»Fürs Leben heiratet man. Das ist der Sinn der Hochzeit. Aber lieben tut man für Tod und Ewigkeit. Komm, Malinetta!«

Er küßte sie auf beide Wangen und auf den Mund. Aber er tat es so rein, daß auch ein Reverendo und Reverendissimo ganz wohl zuschauen durfte.

»Das ist mir noch nie vorgekommen«, brummte Don Massimo im Heimgehen. »Sind es Geschwister, sind es Brautleute? Da sehe Gott zu!«

»Es sind Brautleute, sag, was du willst«, widersprach der Colonella gewohnheitsmäßig.

»Und ich sage, es sind Geschwister; das waren sie von klein auf, das bleibt.«

»Brautleute!«

»Bruder und Schwester!«

*

Wenige Wochen nach Pisos Tod saß Mala von morgens bis abends wieder in alter, vergnügter Geschäftigkeit am Kleistertisch und blickte, die blauen Augen zwinkernd, von Zeit zu Zeit über die Papierstöße hinaus zur Uniform am Türhaken, um mit beruhigter Miene zum Tischlein zurückzukehren. Früher hatte sie zum horchenden Knabengesicht, dann zum verbundenen Kopf im Bett blicken müssen. Jetzt war jenes Kleid ihr Piso genug. Sie lebte halb davon. Sie sah Piso und streichelte ihn über Stirn und Wange, so oft sie die grüne, tapfere Uniform betrachtete.

Abends nach Wirtschluß kamen die beiden Schwestern Pisos herab, und man redete vom Toten zehnmal mehr als einst vom Lebenden. Man sagte, es habe in Gottes Namen so kommen müssen. Des Himmels Gewalt! Im Walde, tröstete man sich, sei ein Steinblock mit seinem Namen übergoldet und auf dem Grabstein stehe sehr dick gemalt: »Er hat zweimal das Leben für Italien geopfert, einmal für seine Ehre und einmal für seine Ordnung. Achtet ihn!« – Und der Canonico hatte beigefügt: »Und er ist ohne Zorn, weise und brav wie ein Christ gestorben; liebet ihn!« Und bei solchen Reden wurden die Jungfern gerührt, freuten sich eines solchen Grabes und des Helden darin, und es waren nicht zwei, es waren fortan drei Schwestern. –

– Und die Jahre hinkten oder rannten an diesen stillen Fräulein vorbei wie unten am Stadthügel der alte Tiberfluß. Der Oberst, der Domherr, der Baron dalla Rocca starben, die Wirtschaft wurde stiller, sozusagen eine Gaststube für ein paar Freunde zu Mittag und zum Abendessen. Unten im Erdgeschoß strich und tüpfelte Mala und fühlte nun gut, daß ihr Leben in einem einzigen Band mehr als genug Platz habe.

Abends zündete sie die Lampe an und las in alten Büchern und betete fünf langsame Vaterunser für Piso und dann ein flinkes für Elvezio. Aber sie schrieb diesem nie, und zwischen ihnen lag nicht bloß der Ozean voll Wasser, sondern auch ein Ozean voll Schweigen.

Ledige Jüngferchen bleiben meist gesund und bekommen viele, aber nicht tiefe Runzeln und verfärben sich nicht und werden fast hundertjährig.

Aber siehe, nach beinahe vierzig Jahren kam noch in Malas Leben nicht ein zweiter Band, aber doch ein ganz neuer Abschnitt.

Denn eines Nachmittags, so um die drei, da sie leise vor sich hinsummte und ein Drahtnetzlein ordnete, dieses Rätselweiblein, da hörte sie durch die öde, leere Stunde einen sonderbaren Schritt übers Pflaster nahen. Sie wollte ihrem Ohr nicht trauen, aber schon zuckte es durch ihren Körper. Es klopfte nicht an der Türe, nein, es stieß gleich den Fensterladen von außen auf. So sicher war es, was da kam. Mala sah den schmalen weißen Griff der Finger und rief: »Elvezio!«

Da stand er im Fenster, ein bißchen ins Licht zurück, so daß sie ihn sogleich erkannte, schneeweiße Haarbüschel um die Ohren und so ein Kränzlein gegen den Nacken, sonst kahl und ausgebrannt wie die Piazza da draußen in der Sonne. Und wie mager war er und wie alt machten ihn die weißen Brauen und der eisige Schnurrbart! Aber wie elegant stand der Sechziger noch da, wie behend neigte er den Hals, und vor allem wie unverblüht groß und silbern leuchteten immer noch die Augen. Aber sonst gab es nichts als ein braungeröstetes Gesicht und Kahlheit und ein bißchen Schnee darüber.

Sie sahen sich stehend und wortlos an, dann ging die Erregung und Neugier ihrer Blicke in Milde über, und in einer Art von Andacht reichten sie sich ganz leise die Hand.

Elvezio hatte weit über die Testamentsklausel hinaus herzhaft auf seinem Posten verharrt. Nun endlich verkaufte er alles und kehrte zur Wiege seines Daseins zurück. Das ist so menschlich, ist vor allem so italienisch.

Aber Mala merkte bald, daß noch ein besonderer Grund zu diesem Entschlusse mitgewirkt hatte. Elvezio litt schwer an Gicht. Wie beim Vater gab es Tage und Wochen von jünglinghafter Geschmeidigkeit, um nachher doppelt hilflos im Stuhl zu liegen. Es war ein Familienerbe und hatte sich im feuchten Klima seiner wasserreichen, schwerbewaldeten Pflanzung schon früh bei Elvezio gemeldet und schon zeitweise einen fast unerträglichen Grad erreicht. Die Ärzte wiesen ihn nach Mexiko hinunter, wo es hoch und trocken sei. Ach, wo schien es dem Altgewordenen so hoch und trocken und sonnig wie auf dem Felsen zu Todi, im engen Städtchen, wo von den Hügeln der warme Geruch von Gras, Gebüsch und Wald am Nachmittag hineinfächelte. Heim! Heim!

Als er sich ins großartige Gedränge der Arbeit geworfen hatte, da konnte er dieses Todi vergessen. Jetzt, da er wochenlang im Liegestuhl faulenzen mußte, bohrte sich das kleine, ferne Ding wieder merkwürdig in seine Gedanken, durch Meer, Prärien und Urwald bis in sein tiefstes Herz.

Elvezio wußte alles, was in Todi geschehen war. Doch redeten sie nie davon, sondern deckten sozusagen die Hände über alles, saßen friedlich zusammen, lesend, plaudernd, er rauchte die langen Virginiastengel und durchlief amerikanische Riesenzeitungen, sie buchbinderte, und beiden genügte nach so vielen Erwartungen und Bestellungen für eine reiche Mahlzeit nun auch das wenige vollkommen, womit das Schicksal ihren späten Tisch noch gedeckt hatte: ein wenig Brot und Wein, ein wenig Süßes und ein wenig Saures und zuletzt ein sattes Falten der Hände und Wohlbekomm's!

Freilich, wie hatten sie einst so viele und schöne Sachen auf die Tafel ihres Lebens gehofft, was für ein Lieben und Eheglück, welche Küsse und Feste, was für vornehme Tage und süße Nächte. Und nun saßen sie da nebeneinander, alt, etwas abgebraucht und müde, er meist das getigerte Fell auf den Knien und in roten Pantoffeln. Und sie sahen im Reden und Horchen einander wie durch einen blassen, fernen Spiegel so, wie sie einst waren, aber sie fühlten sich, wie sie jetzt sind, und keine Begehrlichkeit neckte ihr Blut.

Aber einmal zeigte sie ihm bei guter Laune, nachdem sie sicher ein halbes Gläschen zu viel getrunken, das Billett von Perugia nach dem Hafen von Livorno. Das hatte er nicht gewußt. Seine Augen wurden größer, er umarmte sie und sagte dann resigniert: »O ich habe lange gewartet.«

Da gab sie ihm die Liebkosung zurück, und eine Weile spann etwas wie herbstliche Traurigkeit um sie.

In dieser Stimmung fragte einst Elvezio: »Sollten wir nicht einen alten Fehler gutmachen und doch noch heiraten?«

Es war eine überaus vernünftige, ruhige, fast blutlose Frage, und beide nahmen sich dabei aus, als blickten sie zu einer einzigen halbvertrockneten Kirsche empor. Da hing noch diese einzige am geplünderten Baum. Die andern Kirschen hatten geglüht und gesaftet, aber da waren beide fern von der Lese gewesen. Jetzt hätten sie Gelegenheit, noch die letzte Beere zu pflücken, nur damit der Baum abgedankt und der Herbst zu Ende ist. So, nicht mehr und nicht weniger wichtig war es auch mit dieser späten Hochzeit beschaffen. Das wußten sie.

Noch leiser wiederholte Elvezio die Frage: »Sollten wir nicht einen alten Fehler gutmachen und noch heiraten, bevor das ganze Städtchen den Kopf über uns schüttelt?«

Ach, die Fehler kann man nicht gutmachen. Hunderttausend Kirschen sind und bleiben verpaßt. Was hilft da diese letzte eingeschrumpfte Beere?

Mala küßte ihm schwesterlich die Frage auf der Lippe tot. Sie zeigte auf Pisos Uniform. »Ich meine, das wäre zum alten ein neuer Fehler«, lispelte sie. »Könnten wir als Gatten bessere Freunde sein? Bleiben wir so. Kein Mensch kann von uns übel denken.«

Wirklich, das tat niemand. Die ganze Stadt verstand das alte Paar und erquickte sich daran. Und es störte auch den guten Don Massimo in seinem Grabe nicht.

Mehrere Jahre hielt sich Elvezio tapfer mit seiner Gicht. Er hauste im Zimmer des Obersten selig und aß mit Mala und tat der Gemeinde viel Gutes. Sie aber war ihm Magd und Freundin, Schwester und Mutter, Wärterin und Trösterin, kurz, alles was man weniger, aber auch mehr als Gattin sein kann.

Es war ein schöner, langer Oktober. Dann aber griff das Übel aufs Herz über, und Elvezio starb wie Piso auf dem gleichen Feldbett, im gleichen Stüblein, in den gleichen Armen.

Jetzt legte sie die Jaguardecke auf den Stuhl und die Pantoffel zu Füßen. Das verlangte die Gerechtigkeit gegenüber Pisos grüner Uniform. Zwischen den beiden Reliquien zappelte Mala noch immer recht lebhaft her und hin, wie zwischen zwei guten Geistern, die ihren Frieden hatten.

Und abends kommen die Frauen Serra hinunter mit Wein und etwas zum Essen. Und die drei schwarzen Damen speisen sozusagen mit zitternden Fingern auf den Knien, plaudern leise, nicken sachte, lächeln, tauchen die alte Seele in Erinnerungen von Sonne und Jugend und schlückeln von Zeit zu Zeit aus einem Gläschen den hellen Chianti.

Aber es ist, als seien nicht drei, sondern fünf Personen im Zimmerchen. Wahrhaftig, sie tun auch so, diese guten, alten Frauen. Und wenn Mala redet, schweigen die beiden andern. Spricht sie von Piso, so neigt sie liebevoll ihr immer noch graziöses Köpfchen zur Uniform an der Tür, und spricht sie von Elvezio, so ruht ihr zwinkerndes Auge auf den roten Pantoffeln und dem gefleckten Fell. Für mich ist es gar keine Frage, daß die Frauen Piso dort am Posten stehen und Elvezio im Stuhle sitzen sehen und fühlen, wie beide zuhorchen, mitreden und zuletzt beim Auseinandergehen auch gute Nacht wünschen, gute, selige Schlafensnacht.

ALBIN ZOLLINGER

Labyrinth der Vergangenheit

Zwei deutsche Jünglinge hatten zum Lohn für bestandene Examen eine Reise nach Rom bezahlt bekommen. Was sie zog, war nicht so sehr der Ruhm der Ewigen Stadt, als einfach die Ferne und nicht zuletzt auch die Neugier auf den neuen Cäsaren, dessen Taten sie bewunderten. Sie waren Juristen und den Dingen der Kunst nicht eben sehr aufgeschlossen, doch widmeten sie ihnen recht ordentlich Zeit, aus dem Bedürfnis des deutschen Wesens, umsichtig und gründlich zu handeln und im Dienste der Bildung nichts zu versäumen. Sie hielten, in den Museen herumstehend, die Hände vor sich zusammengelegt, hochaufgeschossen und von den Glashöhen blond überschienen, ein wenig ratlos, ehrfürchtig verdrossen, mit Spitzbubenblicken untereinander, und nach getaner Arbeit brachen sie prustend, mit ihren lange verhaltenen Witzen hervorsprudelnd, vor die Marmorportale heraus, den Hut andrückend und die Gelegenheiten mit hellem Blick ausspähend – ach, hier wehte der Wind, in dem lichten Wald des Gemäuers; die Campagna schien oben herein, eine Bläue von Tümpeln, die Geschichte des Landes, diese Vergangenheit von Soldatengesang und garibaldinischen Fahnen lag so eigentümlich über allem, über den Ziegelquartieren, in den besonnten Storen, im Stroh, das die Esel trugen, in den Stimmen der Straßenrufer, in Gerüchen und Klängen. Sie liebten Italien, liebten das Leben, die ganze Breite der Verheißungen, welche sie nach der Gefangenschaft unter Steinbildern mit beinah schmerzender Inbrunst empfanden. Sie hatten die Art dazu, es nicht bei Träumen bewenden zu lassen; indem sie, zu dieser Nachmittagsstunde, in einer der Osterien aßen, das lichte Beet südlicher Tafel abräumten, zückte ihnen die Lust auf den Abend durchs Herz, da sie zu ihren zwei Römerinnen bestellt waren; sie guckten einander in die Augen. Vorgängig gab es noch Fußball, Besuch der Kasernen, der Reitplätze, und wenn das Glück dabei war, endlich die Begegnung mit dem Cäsaren in seinem Lancia. Sie rüsteten ihre Photoapparate, studierten die Karten im Baedeker, rauchten und tranken Frascati, schrieben auch wohl einen Gruß in die Heimat, glücklich und übermütig, nicht ahnend, daß sie sie nie wieder sehen sollten.

Die Beschäftigung mit den alten Sachen hatte sie unvermerkt doch eigentümlich plastisch in ihrem Inneren ausgestattet; voll des moosigen Ornaments frühchristlicher Kirchen, muffig von vermodertem Weihrauch, erlagen sie der stillen Gewalt dieser Schauplätze immerhin nachhaltiger Ereignisse: Man hatte ihnen Petri Handschellen über die Finger gelegt, sie befühlten das Stück Marmor eines Säulenstumpfs, an welchem angeblich Christus gegeißelt worden war, die Heilige Treppe vom Hause des Pontius Pilatus lag unter einer Schutzhülle aus Holz, das älteste Baptisterium der Christenheit sang ihnen in seinen Türangeln ein Thema vor; unbotmäßige Gläubige, lachten sie darüber und trauten ihm halbwegs doch ein inwohnendes Mysterium zu, es konnte ein offenes Rätsel, das Grundmotiv des Christentums, der Keim aller abendländischen Musik sein – von morgens bis abends in Gesellschaft gemalter Märtyrer, Madonnen und Engel, immer auf diesen abgeräumten Märkten apostolischen Betriebes, auf Stätten blutiger Vorkommnisse, verträumten sie sich tiefsinnig und leicht melancholisch und fanden aus diesem Zustand sehr oft nicht anders als dadurch heraus, daß sie ihn mit forschem Spott abschüttelten: Der Marschtakt des Militärs, Trommeln und Pfeifen uniformierter Jugend brachten sie zum Bewußtsein der Gegenwart und ihrer Überlegenheit über alles, was groß, aber tot war. »Sie ist von allen Zeiten doch unsere einzige Realität«, sagten sie untereinander.

Es übernahm sie das Heimweh nach einer Trinklaube auf der Höhe der Via Appia, sie fuhren in einem Kaleschchen hinaus und tranken noch einmal Frascati in der unaussprech-

Johann Christian Reinhart: Colosseum

lich wohligen Gegend, in welcher die Hühner gackerten und Ziegen und Eidechsen den klassischen Schutt erkletterten. Es kam ihnen so vor, als läge die Art der Vergangenheit in der Landschaft als etwas hesperisch Ewiges; all der Armut und Verlotterung wohnte sie inne mit dem sonderbar Sinnbildlichen der Baum- und Wolkenformen, der Schafhörner und Distelblätter – vielleicht kam es auch nur aus den Büchern, mit deren Behauptungen sie großgezogen waren; jedenfalls durften sie sich nicht verhehlen, daß ein schwer faßbares Leben außerhalb der Zeitlichkeit nebenherlief, aus Geschriebenem und Gebildetem und wohl gar aus dem eigenen Blutstrom wirkte. Indem diese Einsicht gegen etwas wie Eifersucht stieß und die Freudigkeit lähmte, versuchten sie sie zu verleugnen; sie sprachen von ihren Mädchen, sie stöberten mit den Blicken in die zauberhafte Heimatlichkeit des Olivengeländes hinein, in die Mauertörchen und Pfade; es zwitscherte aus den Orangengärten, aus unsichtbaren Wohnstätten der sonderbar sonntäglichen, buschig verkleideten und doch offenen, nachbarlich vernehmbaren Umgebung. Sie einigten sich in ihren Herzen dahin, daß der Geist des Gewesenen ihre Zeit als ein Wohlgeruch zu verschönern hatte.

Auf einmal wurden sie rätig, zur Häufung der Abenteuer die Improvisation noch weiterzutreiben und mit der Abendsonne unter Grund zu gehen. Eine Tafel stand an der Weltstraße, in welcher die Jahrhunderte und Völkerschaften so eigenartig vorübertrieben, ein Portier erwartete Gäste, man konnte denken, daß es ein Schwefelbad war, was da seine Dienste antrug. Im Inneren erhob sich ein Friedhof, ein schöner Zypressengarten mit Wegen bis hinüber zum fernen Rom; reisende Liebespaare ergingen sich auf dem Kiese, und Führer kamen herüber, die Angestellten des Ortes, von dem so gar nichts zu erblicken war. Unsere Deutschen hatten das anderswo gesucht, unterm Tiber, in den Kellergewölben von Kirchen, nicht in so freundlicher Freiheit; Katakomben standen in ihrer Erinnerung als fackelerhellte Höhlen voller Totengebeine – wo sollte es das hier geben? Die zwei oder drei alten Kapellchen schienen für Gartengeräte eher als zur Aufnahme in die schauerlich berühmte Sehenswürdigkeit der urchristlichen Begräbnisstätte eingerichtet zu sein.

»Mal sehen, wie sich die Herrschaften gebettet haben«, sagten die jungen Männer, und: »Schau, es gibt eine Gratiskerze zu der Prozession in die Unterwelt.« Der römische Pater betrachtete sie mit stillem Gesicht und verkündete, nachdem die beiden so gescherzt hatten, die Stimme erhebend in zwei oder drei Sprachen, daß man, bitte schön, immer hübsch aufschließen möchte, um nicht verlorenzugehen, die Gänge zögen sich einige Kilometer in der Erde dahin. »Hörst du, der fromme Ort hat seine Tücken«, sprach der eine über die Schulter zurück, und aus der Höhe kam eine verträumte Stimme: »Die Wallfahrt der Glühwürmer.« Der Hades roch sandig und kalt herauf, die Lichter bestrahlten schwarz ausgebrochene Wände, es ging hinauf und hinunter, über Stufen und Schrägen, im Winkel, in Schläuche und grottenhafte Erweiterungen hinein. »Der Dachs hat wacker gegraben«, rief der von hinten. »Aber das Knochenmuseum, wo bleibt mein Knochenmuseum? Ich will Totengebeine haben, es muß da irgendwo so ein putziges Marionettentheater mit bekleideten Gerippen stehen; die paar lumpigen Kindergräblein sind nichts für mein Geld.« Immerhin verträumten sie sich davor, es waren trogartige Nischen im Kalke zu beiden Seiten, mit etwas Knochengebröckel darin. Sie nahmen es in die Hände, versuchten sein Geheimnis abzudenken – zweitausend Jahre, Christenjunge, Christenmädel, lateinische Mundart, Verspottung um einer schwerlich begriffenen Sache willen – was ist schon dabei herausgekommen! Von allen großen Ideen bleibt nur die Karikatur des Mißverständnisses in der Geschichte, die Industrie, das Dogma. Friede eurer Asche, Fabricius, Tertula, ihr hättet es ohnehin hinter euch. Und ihre Finger streichelten sie, die zarten Herzen liebten sie dafür, daß sie vorangegangen und gleichsam für sie die Zeit angefüllt hatten, damit sie, auf ihnen stehend, in der Bläue des Tages leben durften. Sie sahen sich selber auf eine Weile aus dem Grund der Jahrhunderte heraus, so als wären sie Fabricius und Tertula, die sich vorstellten, was dannzumal sein würde; nicht sonderlich viel Neues, Brüderchen und Schwesterchen; ein paar Flugzeuge, ein paar aufgefundene Erdteile, im übrigen möglicherweise nur die Anstrengung, auf eure heroische Höhe zu kommen. Gingen wir im Krebsgang, sind wir die verzerrte Spiegelung einer Wahrheit, die sich anderswo im Raume fortbewegt? Manchmal wird alles geisterhaft, in eurer Gesellschaft schon gar, Fabricius und Tertula; wir haben uns unter den Boden begeben, Glückauf, der Bergmann wird wunderlich.

Dann erinnerten sie sich wieder ihrer Mädchen, und den Worten des Mönches lauschend, horchten sie auch nach dem Herzen hinab, wo die Glut des Gefühls in Stößen nach allen Fernen des Körpers auseinanderlief. Der Bischof hatte in dieser unterirdischen, hübsch ausgemachten Kapelle Messen zelebriert, vor Zeiten, das Ding lag wie das juwelene Innere eines Edelgesteins unter Tag – nun: der Bischof war inzwischen zum Heiligen aufgerückt, die Sache in Ordnung; auf dem Pincio wiegten sich die Pinien der Stunde entgegen, da Livia und Maria aus dem Steinbildergarten hervorstöckelten, und dann ging es in irgendeine der unbekannten hunderttausend Tapetenkammern Roms zu schwindelnden Verzückungen. Der Pater hielt eine Art Predigt, sie verglichen ihre Angelegenheiten mit denen der alten Ekstatiker; nun ja, das Feuer der menschlichen Begeisterung kann sich auf recht verschiedene Brennstoffe werfen; am Ende war ihre Liebe nicht genialer Art, ein irdisches Flämmchen, das mit ihnen verging, nicht wie die dunkle Brunst der Gottesergriffenheit an Kirchenwänden und Decken, in Gesängen und Kerzen fortlebte; möglicherweise galt vor dem Herrn alles was glühte.

Es kam nichts Neuartiges mehr, man bückte sich durch die Gänge, verweilte vor Grabtafeln und vor Gittern zu Seitenstraßen, die Damen umstanden den Klosterbruder mit ihren Anliegen, die sie zum Vorwand nahmen, ihm in die schönen Augen zu blicken. Ein Fenster nach oben zeigte, daß man sich wieder dem Tageslicht genähert hatte, die Laute der Oberwelt drangen herunter, angeblich wölbte sich die Kirche San Sebastiano zu Häupten; unsere beiden Jünglinge schämten sich auf einmal, so artig nachgetrottet zu sein, sie wollten wenigstens die Gewißheit haben, daß sie sich im Herkommen auskannten. Mit Gelächter und Späßen entfernten sie sich in die Finsternis, immer den vertrauten Wegzeichen nach; einmal im Zweifel, richteten sie sich nach den Stimmen der Gesellschaft, sie fanden zu dem Himmelfenster zurück, der Pater war weitergegangen, allein sie hörten ihn. »Sieh, wie sonderbar«, sagte der eine zum Freunde, »hier ist ein Kreuzzeichen wild angestrichen wie bei uns etwa ein Parteisymbol an den Mauern; ein bissiger Heide hat seinen Zorn in diesem Protest verewigt.«

»Der Weg geht links, da sind Fußstapfen im Sande.« – »Hier sind auch Fußstapfen, aber ich will weder die einen noch die anderen nachtreten; es müßte mich doch wundern, wenn eine alte Pfadfindernase vor den Ränken der Väter versagte.« – »Vielleicht ist es doch zu heimtückisch«, antwortete der andere, der nichtsdestoweniger mitging. – »Man kann nicht fehlen, die Gänge sind alle ähnlich, irgendwo muß man doch wohl eines Tages herauskommen.« – »Eines Tages ist gut; und der Pincio?« Sie lachten. »Den Pincio wollen wir keinesfalls verpassen. Ist die Vorstellung, daß oben die Sonne jetzt untergeht, nicht wunderbar? Wenn ein Abendgewitter vorüberginge, hätten wir keine Ahnung davon.« – »Allzu lange dürfen wir es übrigens nicht treiben, es ist spät geworden.« – »Halt, da ist eine Sackgasse; wir nehmen dieses Tor.« – »Ich wäre eher dafür, auf den Spuren zurückzugehen; die Kerzen brennen herunter.« – »Daran hab ich nicht gedacht; aber verlaß dich auf meinen sechsten Sinn, wir werden es gleich geschafft haben, ich wittere Morgenluft.« Sie wanderten; mit der Morgenluft war es Essig; sie drückten das eine ihrer Flämmchen aus, um zu sparen. »Halte dich eng auf meiner Ferse, es ist eine Sauerei in dem Fuchsbau; gehen wir eben doch zurück, von wegen des Pincios.« – »Vermutlich schließen die Betbrüder ab, und wir können vor der Türschwelle hocken; keiner der Sarkophagheiligen wird ein Einsehen haben, und Petrus mit seinem Schlüssel ist sich ja auch gerade an der Stelle reuig geworden, nach Sienkiewicz.«

Der Grund war felsig, die Richtung zumeist nur nach dem Gefühl zu wählen; sie begannen sich mit der Möglichkeit abzufinden, den Pincio doch zu versäumen; sie fluchten und trauerten. Ihr letzter Kerzenstumpf brannte, mit schadenfroher Sanftmut, gleißnerisch wie alles falsche Fromme; nachdem er zu Ende war, half ein Feuerzeug weiter.

»Schlimmstenfalls schlafen wir und machen uns morgen durch Rufen den Karawanen bemerkbar.« – »Sie werden nicht wieder zum Pincio kommen.« Sie verehrten ihr weltliches Feuerzeug, es drohte mit keiner Erschöpfung; als es plötzlich zusammenbrach, standen sie vor der Frage, ob sie aufgeben oder sich weitertasten sollten. Wahrscheinlich hatten die Katakomben einen solchen Rosenkranz von Flüchen in allen Jahrhunderten nicht vernommen. Den Jünglingen kam es so vor, die alte Nonne von Höhle verdarb ihnen aus Neid ihren Spaß. Es blieb nichts anderes, sie hatten sich so häuslich als möglich für die Nacht hier einzurichten. Um dem Hunger zu wehren, rauchten sie, bald fanden sie den aufleuchtenden Schein ihrer Zigaretten eigentlich für das Stillesitzen zu schade; sie pfadeten sich damit weiter, zwei Schachteln lang, das hielt Stunden vor, so lange, daß sich die Sache erübrigte, der Pincio blieb verpatzt.

Sie saßen, hübsch aufgebraucht, und stellten sich alles vor: die Bäume, die Brunnen, den Mond, die Ratlosigkeit der Mädchen, ihren schnippischen Verzicht zuletzt und daß sie sich vielleicht anderswo schadlos hielten, derweil die Verräter in ihrer Falle gefangen saßen. Sie hatten Angst bis dahin nicht eigentlich empfunden; über kurz oder lang mußten sie sich mit den Lebenden doch wieder begegnen, so rechneten sie; ein Anfall von Schrecken erfaßte sie erst bei der Entdeckung, daß sie keineswegs allein hier beisammensaßen. Noch jemand bewegte sich in der Finsternis, und das war die Grabesluft, die irgendwo aus der Tiefe heraufzog und ihnen kalt vor die Nase blies; sie begannen zu schlottern. Im römischen Frühling erfrieren, hat man sich dessen versehen? Mit einiger Gliederbewegung war es zu überstehen, strapaziöse Stunden setzte das zweifellos ab. Von dem Rauchen war ihnen Übelkeit, doch kein Schutz vor dem Hunger geblieben; ein wenig abergläubische Vorstellungen auch davon machten ihnen zu schaffen.

Sie vernahmen das Ticken der Uhr an ihrem Handgelenk. Ihr Grillengezirpe öffnete die Nacht nach oben in Heu, Ruinen, Bergfernen, Gestirne; der Stand der Zeit bestrahlte sie winzig aus einem Radiumlicht, in welchem sie hinwiederum, einen ganzen Sonnentag, das helle Gemäuer Sorrents erblickten. Sie entschliefen und träumten davon.

Am Morgen, der ihnen abermals mit Sonnenaufgang und Meergeglitzer nur aus ihren Zifferblättern hervorfunkelte, sprangen sie ordentlich übermütig und voll einer intuitiven Zuversicht auf die Beine, schon um sich Lebenswärme zu verschaffen. »Du wirst sehen, daß wir zwei Schritte vor der Freiheit aufgegeben haben; die Fügung liebt solchen Schabernack. Kerl: Brot und Radieschen bei Biffi; das Leben freut mich wieder!« Das Leben freute sie übermächtig auch ohne Mädchen vom Pincio; sie verspürten viel eher nun Heimweh nach ihrem Norden, nach Muttern, sie fuhren in ihren Gedanken den Weg über Livorno und Pisa zurück – ach, die Bahngeleise dem Meer entlang, ach, die Lichter im Friedhof von Spezia! Die Lust des Daseins fror sie an den Schläfen empor. Der Hunger hatte eine sonderbar sanftmütige Form angenommen, wandelte sich in einen Zustand von Beschwingtheit um; sie sahen eine ganze Menge Leistungsfähigkeit und Muße vor sich.

Nämlich die Karawanen wollten nicht kommen, es wurde Mittag, die Verirrten empfanden schon gleichsam wieder das schattige Hinüberneigen der Sonne am Himmel. Sie tasteten sich von Stollen zu Stollen. Sie hatten das Rufen bis jetzt umgangen, aus Ehrgeiz, wie sie sich einredeten, aus Furcht vor dessen Rückwirkungen in Tag und Wahrheit. Nachdem sie zögernd damit angefangen hatten, schrien sie immer öfter und lauter, und plötzlich erfaßte sie wirklich die Panik, ein wildes Entsetzen griff nach ihrem Herzen und schüttelte sie; wie erschreckte Pferde brannten sie jählings nach verschiedenen Richtungen durch, schrien nach einander: »Bist du wahnsinnig, wir dürfen uns doch nicht trennen!« Einer krallte sich an den andern, und sie flatterten wie Büsche im Gewitterwind.

Der Vorsatz, sich zu mäßigen, hielt nicht vor; manchmal rannten sie blindlings, wie Ratten im Boden, stießen sich am Gefelse und fielen; die Männlichkeit hatte sie wie ein Fuhrmann sein Gefährt verlassen. Sie lagen an einem Häufchen, wimmerten. Das Schlottern warf sie förmlich in die Höhe. Alle Finsternis war gegen sie vorgebrochen, um ihnen den Ausweg zu versperren, der Tod war lebendig geworden, hatte seine ganze Arglist und Beschlagenheit gegen sie gewendet. »Wir müssen sterben!« hauchten sie.

Doch war es nicht das allein; die Gefangenschaft unter Tag fuhr mit Stößen von Wahnsinn über sie, sie rissen erstickend ihre Lungen auf, der Druck der Dunkelheit war nicht zu ertragen. Wohl dämmerten blaue Erleichterungen, wenn ihnen die Laune des Innern Gewißheit über ihren Standort vorspiegelte – im nächsten Augenblick schrien sie wieder in den Verliesen des Grauens.

Ein Anfall von Tollheit jagte den jüngeren der Freunde plötzlich davon, sein Galopp war lange zu vernehmen, dann am Rande der Nacht brach er ab, es blieb still; der andere hockte sich nieder, saß wie erfroren, die Stirn auf den Fäusten, es sauste. Kriechend, als fürchtete er den Boden unter sich auch noch zu verlieren, schleppte er sich hinüber, schwer von Todesangst, blieb wieder sitzen, als das Geheul des Bruders auf einmal gleichsam heiter machte; wie eine Fontäne stieg vorn die Stimme, ein Jammer, aus dem nicht mehr Seelenqual, sondern Schmerz einer Verwundung schrie. »Er ist abgestürzt und hat sich ein Bein gebrochen, das hat uns gerade noch gefehlt«, sprach der Sitzende vor sich hin. Die Stimme schlug wieder um, die Luft kam ihr scheinbar von anderswo; er drückte zwei Finger auf die Ohreingänge, hörte die eigenen Worte jenseitig verschleiert: »Ja, ich komme.«

Der Unfall des Gefährten hatte ihn ernüchtert; er erhob sich und ging, mit bereits verfeinerter Witterung, zu dem Abgrund hinüber, aus welchem der Gestürzte heraufrief. »Hast du dich verletzt, Richard ...?« – »Geh nicht weg, Hellmut!« – »Ist es tief, bist du tief gefallen?« – »Versprich mir, nicht wegzugehen, Hellmut!« – »Ich werd doch nicht weggehen. Hast du dir wehgetan?« – »Das Bein muß entzwei sein – aber du mußt bleiben, Hellmut, ich werde wahnsinnig, wenn du nur einen Schritt tust!« Und er lauschte. Hellmut fühlte mit der Hand in der Grube herum, fuhr zurück, in Grauen erschauernd, er war gerutscht – »Hellmut, du Hund!«

Er mußte in ein anderes Stockwerk hinabgestürzt sein; wenn er sich von der Stelle bewegte, entfernte er sich in eine schauerliche Fremde dieses unterirdischen Himmels; sie verhandelten zärtlich hinauf und hinunter, beisammenbleiben zu wollen, sich in Gottes Namen zu ergeben, es war ihnen bestimmt zu sterben, der Tod hatte sie jählings gestellt, ihr Tod, an den sie in ihrer Jugendlichkeit im Grunde bis dahin nicht geglaubt hatten, soviel und sowenig wie an Gott, an dessen Thron zu treten jetzt ebensolche Wirklichkeit wurde. Wenn sie vor Schrecken froren, so war es nicht Angst vor Hölle oder Himmel, sie entsetzte die Gegenwart unaussprechbar jenseitiger Dinge; sie hatten leichtfertig gelebt nicht so sehr in einem moralischen als in dem Sinne, daß sie die unmittelbare Nachbarschaft dessen, was sie jetzt eben als das Jenseitige so sehr empfanden, unterschätzten; sie entdeckten nun erst den Ozean, der ihr Schifflein getragen hatte; die unsäglich abgründige Romantik, in welcher die Schöpfung schwamm; das Mythenreich der Dichter und Priester umschloß sie gewaltig und schauerlich mit dem unbeweglichen Dunkel dieser Felstiefe. Etwas wie Gewöhnung bereits, ihr innerstes Bewußtsein, das in Erscheinung trat, gab ihnen für eine Weile Ruhe; sie saßen und sannen; die Schrecknisse verloren von ihrer Gewalt; die beiden jungen Menschen fühlten sich auf einmal ins Riesenhafte gewachsen. Sie bluteten aus vielen Wunden, das warme Leben tropfte ihnen wie Schweiß von den Schläfen auf Brust und Hände, tastete sie sonderbar dunkel ab, als nähme es Abschied von ihnen; die Tränen sprangen hervor, gingen wie Mairegen über sie, weckten die traulichsten Erinnerungen; sie weinten still vor sich hin und dachten an ihre Kindheit.

Dann unversehens flackerte Streit zwischen den beiden auf, dessen Anklagen in sturem Hinbrüten abermals rasch erlahmten.

Als Hellmut sich erhob und gebückt wie durch ein Wetter davonlief, geschah es nicht mit seinem Willen; das dunkle Tier des Grauens jagte ihn; das Geschrei des Kameraden drang nicht in dies Bündel Wahnsinn; er rannte und kroch und kletterte aus Kräften der Todesnot solange, bis er in seine Erschöpfung mit schwindenden Sinnen wie in ein weiches Gebüsch sank.

Dämmerhaft wachend atmete er und verlor Blut. Manchmal umfing ihn sein Zustand mit Wohlgefühl, Feste von Fieber durchfunkelten ihn, das Gesprüh seines Blutes umgab ihn mit Sternenhimmeln, die Ewigkeit ergoß sich irgendwo herein. Es wurde so heiter, daß er die Steinwände sah und, plötzlich erlöst, noch einmal ein Stück voranging; er hatte den Freund vergessen, er tappte in einem Reich von Finsternis und Gefunkel herum. Dann wieder lag er und weinte. Er fühlte sein schweres Gewicht, er sank wie in Moorgrund, aber angenehm, wie wenn man schmerzhafter Müdigkeit nachgeben darf.

Ihre Uhren waren stehengeblieben, die Zeit hatte sie bereits verlassen, die Ewigkeit erwies sich als ein Stillstand in Finsternis, die Schrecknisse nahmen kein Ende.

Richard schleppte sein welkes Bein mit der Zähigkeit eines sterbenden Tieres in den Stollen herum.

Oben hatte man das Fehlen der beiden Deutschen wohl bemerkt und wochenlang gesucht; dann schlug man das Kreuz über sie.

Stefan Andres

Das goldene Gitter

Die Insel Capri, jener kostbare und einzigartig profilierte Stein im Kraterring des neapolitanischen Golfes, war in jenen Jahren, da sie den Ort für die folgenden, unscheinbaren Begebenheiten bot, noch in ihrem Jungmädchenalter – und beinah so frisch und einfältig wie einige Jahrzehnte zuvor, da die deutschen Schwärmer sie aufgestöbert hatten.

Damals setzten nach Capri nur wohlbegüterte und besonders gewitzte Neapolitaner über, mehr von der Sommerhitze aus ihrer Stadt gedrängt als von der Insel angezogen. Zur übrigen Zeit aber gab es den regelmäßigen Schub der Grottengäste, welche die Stille nicht störten. Dauersiedler jedoch in jenen glücklichen Jahren wohnten so eng mit den Capresen zusammen, in ihren Häusern und Kleidern und Gewohnheiten, daß sie von eiligen Touristenaugen für Eingeborene gehalten wurden, so wenig sie es waren und auch je werden konnten. Fast samt und sonders waren das Menschen, die aus ihrer eigenen Haut in eine andere schlüpfen wollten und bei diesem Bemühen stets aufs neue vor einem Gitter standen, wie auch jener junge Mann, der bei der Familie Falconieri auf Anacapri hinter dem Monte Solare wohnte und auf nichts Geringeres als auf seine Verwandlung wartete.

Seine Wirtin, eine Witwe und nach ihrem Mädchennamen genannt, hieß Donna Oca, also Frau Gans. Ihr Haus war eines der saubersten auf der ganzen Insel, ihre zwei Töchter rechneten zu den Vornehmsten des Ortes, und ihr Bruder, einfach nach seinem Beruf Zio Prete genannt, bekleidete die Stelle des Familienoberhauptes. Donna Oca war, wie gesagt, eine Witwe, ja, wenn man so sagen dürfte: eine Erzwitwe! Sooft sie den Namen ihres Antonio erwähnte, der in der guten Stube (damals einer wahren Rarität auf der Insel) von

Carl Rottmann: Blick auf den Golf von Neapel

der gekälkten Wand mit dunklen Augen starrte, begann sie zu stottern, so lange, bis die Tränen ihre Stimme auflösten.

Hermann Billig, eben jener erwähnte junge Mann, der als Gast bei Frau Oca, mehr aber noch bei ihren Töchtern wohnte, bereitete sich, sooft er konnte, diesen merkwürdigen Genuß der trauerfeuchten Witwenaugen. Er spähte dann hinter seiner Hand zu den Mädchen hinüber. Während Lusinella indes nur den rechten Mundwinkel verlegen in die festen, braunen Backen drückte, vergingen Claras Augen in einem verschleiernden Naß. Hermann Billig, der Zuschauer, stellte jedesmal dieselbe Überlegung an: daß Clara erst zwei Jahre alt war, als der Vater starb. Und er erwog, was für eine vollendete Witwe diese Clara werden müßte, die nach vierzehn Jahren derart frisch den Vater betrauern konnte.

Gewöhnlich wurde dieses rührende Spiel durch den Zio Prete gestört, der vom Hof hereingestapft kam, die Kelle in der Hand, die Soutane gänzlich mit Kalk befleckt. Er mauerte die meiste Zeit seines Lebens und er hätte, um diesem Trieb zu genügen, am liebsten gelegentlich eine kleine Bombe gelegt. Der Zio Prete schaute, wenn er eintrat, vorsichtig an seiner langen Nase vorbei in der Stube umher: mißtrauisch, so kam es Hermann Billig vor, ob das Alte in seiner Ordnung geblieben sei: die Plüschsessel um den Tisch herum, Antonio an der Kalkwand und die beiden schwarzhaarigen Nichten in dem freundlich bescheidenen, indes ganz kühlen Futteral des geziemenden Abstandes in Blick und Gebärde.

Es hatte sich leider in den letzten Jahren gezeigt, daß man seinen Töchtern und Nichten nicht allzuviel Freiheit den Fremden gegenüber gestatten durfte. Die Folge war eine Ernüchterung, die als Frucht eine starke Zurückhaltung zeitigte, wovon allerdings auch die einheimische männliche Jugend betroffen wurde. So lebten die Fremden auf der Insel von einer neu zu besingenden odysseischen Plage umgeben, und über einen heißen Augengruß auf den schmalen Mauerwegen drunten in der Campagna kamen selbst die einfältig Tüchtigen und die berechnend Erfahrenen niemals hinaus.

Hermann Billig, der sich von den übrigen Nichtstuern auf der Insel durch nichts unterschied, als daß ihn dann und wann Regungen zum Außerordentlichen überkamen und er sich deswegen ängstigte, geriet nun, ohne sein Zutun, in die besondere Lage, manchmal unter vier Augen ein minutenlanges Gespräch mit Clara einzufädeln oder, um nicht nur das Anstrengende, sondern auch Schwierige darzutun, kunstgerecht aufzubauen, – freilich stets ohne Erfolg. Sobald nämlich Clara merkte, daß seine Worte von der Suppe, die sie auf sein Zimmer brachte, abwichen und zu gemütvoll auf irgendeinen Gegenstand übersprangen, zum Beispiel die Aussicht durchs nördliche Fenster, wo der Vesuv silbrig im Blau wölkelte, setzte sie ihm den funkelnden Blick störrisch auf die Brust und ging leise und hinterrücks zur Türe hinaus.

Mit Lusinella mochte er nicht sprechen, mit ihr hatte er die geschäftlichen Dinge zu erledigen – am Monatsersten, und darin war sie so freundlich gerissen und genau, daß zwischen ihm und ihr eine kühle Strömung blieb, wozu freilich auch der Flaum auf ihrer Oberlippe und überhaupt ihre zu feste Körperlichkeit beitrug.

Am Vorabend nun des ersten Maitages klagte ihm Clara, der Zio Prete müsse morgen auf dem Monte Solare in Santa Maria in Citrella die Messe lesen und er habe noch keinen Ministranten. Hermann Billig tat gleichgültig. Doch er ging auf der Stelle zu Don Eufemio, der im Garten den täglichen Rundgang mit dem Brevier machte. Der Alte mochte zwischendurch die Lektionen und Psalmen sich selber unauffällig kürzen: er begoß den Rittersporn, der an der leintuchhellen Mauer wie ein herabgefallenes Stück Himmel weiterschmetterte, er schob die Pergolastützen unter der Schattenlast des Weinlaubes zurecht, pflückte aus dem wirren Farbknäuel der Wicken sorgsam einige Fäden heraus, nach all welchen notwendigen und ergötzlichen Ablenkungen man von ihm nicht gut verlangen konnte, daß der Finger noch genau hinterm Magnifikat der Vesper lag.

»He, wie ist das«, rief Hermann, »Ihr habt keinen Ministranten morgen?« »Oh, Signore, wenn die Madonna will, sucht sie sich einen, findet sie keinen, muß es auch so gehen.« Hermann Billig blickte zur Terrasse vor dem Hause hinauf. Da stand Clara am Pozzo und ließ eine Woge Wasser aus dem Zieheimer in den Krug fallen. Man hörte es rauschen und sah den Schwall des Wassers rot werden. Die Sonne tauchte gerade ins Meer, lag rot auf dem Krug, rot und golden auf Claras Gesicht und Armen, – alles machte diese Sonne rot und golden, selbst das innerste Mark der Gedanken. Und der junge Mann spürte das Abendlicht wie einen purpurnen Ministrantenröckel um sich, als er nun fast inbrünstig, halb gegen Clara, halb gegen Don Eufemio gewendet, sagte: »Oh, das wird aber eine feierliche Maimesse, morgen früh, ich werde nämlich ministrieren, Don Eufemio, die Madonna hat mich dazu bestimmt.« »Fein«, lächelte Don Eufemio gleichmütig, »sie läßt nichts unbelohnt.« Und er entblößte sein wie aus Kieselsteinen gemauertes Gebiß.

Am anderen Morgen, um fünf Uhr, stiegen sie den Monte Solare hinauf: Don Eufemio, Clara und der Ministrant. Clara hatte nicht nur die Aufgabe des betenden Volkes übernommen; sie sollte in einem das alte, vergessene Wallfahrtskirchlein zum Festmonat säubern und ein wenig schmücken. Sie trug einen schweren Packen, in dem eine Zuppa di pasta schlickerte, und ein Fiasco Wein bei einem großen, golden herausragenden Weißbrot Platz gefunden hatte. Hermann bot ihr wiederholt seine Trägerdienste an, doch sie behielt eigensinnig die Last auf dem Kopf.

Der Weg führte in spitz gewinkelten Zickzackbahnen hinauf. Die Sonne stand, ihnen noch unsichtbar, hinter dem Grat des Berges, der dunkel und einförmig vor dem bereits morgenweißen Himmel lag. Die Häuser von Anacapri, auch noch ohne Sonne, wuchsen wie Milchkristalle im sanften Abglanz, den Luft und Meer, schon voll der Sonne, widerstrahlten. Die Haut des endlosen Wassers überlief das glückliche Frösteln des Morgens, und auch den Berghang auf und nieder strich, im Ginster wühlend, der Wind. Die bläulichen Kalkplatten lagen noch ohne Glanz in der stumpfen Feuchte, über dem Barbarossageklüft stand eine Lerche.

»So stiegen einmal Abraham und Isaak auf den Berg!« sagte Hermann feierlich, allein er mußte den Satz dreimal wiederholen, verdeutlichen und erweitern, wodurch seiner Feierlichkeit Abbruch getan wurde. Don Eufemio hatte keinen Sinn für Bild und Gleichnis. Clara sagte: »Und ich?« »Sie sind natürlich der Engel, der die Opfergabe in den Dornbusch tat.« Clara lachte noch immer nicht, sie fragte: »Was hing denn im Dornbusch?« »Ein Widder«, belehrte sie Hermann herablassend, »wissen Sie das nicht?« »Nein!« Jetzt lachte Clara, und offenbar deshalb, weil sie nie etwas von dieser Geschichte gehört hatte.

Sie gingen oben auf der Platte des Berges. Nach Norden hin in einer grünen Senke, die wie ein Wogental zwischen den beiden Gipfeln des Solare liegt, wurde das Meer als ein auf der Spitze stehendes Dreieck sichtbar, auf dessen oberer Linie in der Ferne die Häuserpunkte Neapels flimmerten. Der Berg lag noch still da, nur das Kraut ritschte und betaute ihre Schuhe. Sie sahen fern in der grünen Senke einen weißen Fleck sich bewegen. »Du mußt gleich läuten, Clara«, sprach Don Eufemio, »vielleicht, daß Michele in die Messe kommt.« »Ich kann läuten, aber Michele wird nicht kommen!« entgegnete sie. »Ginge wohl Don Eufemio in die Messe, wenn er nicht zelebrieren müßte«, wollte Hermann sagen, allein er schwieg, als er den Priester sah, wie er stehenblieb, als komme es ihn schwer an, müßig vorbeizugehen, wo einer arbeitete. »Heute nach dem Essen muß ich gleich hinunter in den Garten. An der Mauer über der Grotte ist wieder ein Stück herausgebrochen.«

Santa Maria in Citrella

Die alte Kirche Santa Maria in Citrella liegt am östlichen Absturz der Felsen gegen die aufgehende Sonne hin. Von Capri-Stadt gesehen ist der Bau nichts als ein weißer Fleck, ein winziges Nest über den Schründen. Das Gemäuer prankt sich, maurisch gekuppelt, breit in das Gestein und hebt sich mehr durch den Anstrich als seine Form aus dem violetten Felsen hervor. Dem Kirchlein ist eine Einsiedelei angehängt, einst ein Ableger der großen Kartause drunten in Capri. Die wenigen Mönche, die hier oben in den niedrigen, engen Gewölben hausen konnten, hatten den Blick über den östlichen Teil der Insel, über das Meer und die Halbinsel Sorrent. In ihrer Abgeschiedenheit waren sie dem Auge der Weite ausgesetzt und dem großen Betören der fernen, meergeraden Linie des Himmelsrandes. Darin auch mag es seine tiefere Ursache haben, warum diese Einsiedelei heute leersteht. Immerhin, San Bruno steht sehr trostlos in seiner Nische über dem staubbelasteten Altar, und die Kränze der Madonna wechseln kaum zu dem jährlichen Fest.

Die drei Pilger begannen nun an jenem Morgen das Patronatsfest des verödeten Kirchleins zu begehen. Hermann war es aber nicht sehr feierlich zumute, als er die stickigen, zerrissenen und von den Jahrzehnten umfingerten Paramente ausbreitete. Zuerst wollte er den Tisch säubern, doch Don Eufemio wußte nichts mit dem Vorgang anzufangen. »Ach, der Staub?« Er lächelte und nahm sein Taschentuch und fuhr säubernd einmal über die Platte hin. Sodann entnahm er seiner Brieftasche die Oblate und legte sie auf die Patene. Hermann suchte schon eine Weile nach dem Kelchpallium, aber er fand es nicht. »Ach, das Pallium, das hat die vermaledeite Betschwester, die alte Rosinella, gestohlen und unter ihren San Costanzo gelegt. Ich weiß es wohl, aber – es geht ja auch so.«

Sie traten an den Altar, entdeckten jedoch gleich überm Staffelgebet, daß selbst die Sprache der Kirche nicht ganz außerhalb des babylonischen Wirrwarrs steht. Während nämlich Hermann seine sechs Semester Altphilologie nicht verleugnen konnte und seinem Latein jede Kante beließ und sein Ohr an dem geordneten Hagelschlag der Silben erfreute, brachte Don Eufemio eine Folge schneckiger Laute hervor, die nur durch die von Zeit zu Zeit eintretenden Pausen dem Ministranten kundtaten, wo im Text sie sich befanden.

Nach der Messe sagte der Priester, der genossene Wein stieß ihm dabei duftend auf: »Sie sprechen ein erzfestes Latein; bei uns würden Sie gewiß Bischof werden.«

In der rußgeschwärzten Küche auf dem offenen Herd wurde der Espresso bereitet. Clara, mit dem Täßchen in der Hand, führte Hermann umher, zeigte ihm den tiefen Pozzo, die Lücke hinterm Herd, wo es irgendwo hinging in unsicheres Dunkel. Sie zeigte ihm das Refektorium, die drei Mönchszellen, und schließlich standen sie auf der Terrasse über dem Abgrund. Die Mauer war schadhaft und bröckelte. »Nicht draufsetzen«, warnte sie besorgt. Dann ging sie an ihre Arbeit. Don Eufemio war schon seit einer Weile nicht mehr zu sehen. Langsam rückte der Mittag näher.

»Kommen Sie, wir essen im Refektorium!« Clara hatte alles hergerichtet. Don Eufemio saß bereits hinter dem Tisch und füllte das Gewölbe mit hingebungsvollem Schlürfen. Sein großes, knochiges Gesicht, von der Sonne gebraten und von Stoppeln silbrig überglänzt, hing über dem Teller wie in einen schönen Gedanken vertieft. Nach der Suppe gab es Salatblätter, doch ohne Essig, ohne Öl, nackte Blätter, die zwischen den Kinnladen des Don Eufemio krachend, knirschend und geradezu musizierend, noch mit grünem Flappen aus dem Munde wippend, langsam verschwanden. Dazu tunkte er die weißen Brotbrocken in den roten Capreser und schlürfte die überquellenden Tropfen mit heftig einsaugendem Atem herein. Er sprach kaum etwas dabei, nur kurze Lustseufzer stieß er aus. »Gut, nicht wahr?« fragte er und gab sich in einem selber die Antwort: »Wirklich sehr gut!« Clara saß derweil da, sah den Zio Prete an, ein wenig ängstlich, kam es Hermann vor. Als der Priester seine Mahlzeit beendet hatte und nun doch den von ihr offensichtlich befürchteten Rülpser losrollen ließ, da lehnte sie sich, den dicken Mund verzogen, an die Wand zurück und sagte nur: »Du machst nie eine Ausnahme, Zio Prete!« Er wandte ihr die große Nase zu, nachdenklich, eine Falte auf der Stirn, schlug ein Kreuz, betete, stand auf und wogte hinaus.

Hermann ging wieder auf die Terrasse, nach einer Weile folgte Clara. Sie habe das Geschirr gewaschen, sagte sie und setzte sich auf die Erde und lehnte den Kopf mit geschlossenen Augen an die Wand. Die Sonne stand nicht mehr ganz senkrecht über ihnen, vor der Wand der Zellen lag bereits ein schmaler Schatten. Hermann setzte sich neben Clara, »um diesen soliden Schatten zu genießen«, sagte er und fügte hinzu: »Wo ist der Zio Prete?« »Im Garten«, antwortete sie, ohne die Augen zu öffnen, »er räumt Steine – oder auch nicht!«

Es kam jetzt die Stunde des Tages, wo das ganze Land wie aufkochende Milch, die man vom Feuer zieht, in sich zusammensinkt. Nach dieser Stunde gibt man einander deshalb auch schon den Abendgruß. Aber die Hitze hatte noch nicht nachgelassen. Die Luft auf den Kalkfelsen, von denen die Terrasse halb umschlungen war, vibrierte; die starren Asphodelen und die Wolfsmilchstauden schienen in winziger Bewegung senkrecht auf und ab zu tanzen.

Hermann betrachtete Claras Beine, die, in dünne schwarze Strümpfe gehüllt, nebeneinander auf dem heißen Estrich ausgestreckt waren, nur die Knie lagen in einem anmutigen Knick gegen Hermann hingerichtet. Sie schläft nicht, dachte er und warf einen kurzen Blick in ihr sehr braunes Gesicht. »Wo ist der Onkel?« Er mußte seine Stimme anstrengen, um die brütende Stille zu durchstoßen. »Ich hab's dir doch schon gesagt: im Garten«, sagte sie sofort. Sie tat, als hätte die Antwort sie gänzlich erschöpft, sie seufzte sogar: »Was für eine Hitze!« »Was macht er denn da – im Garten – jetzt?« »Es war noch etwas im Fiasco«, antwortete sie, »jetzt schläft er wahrscheinlich, der Wein ist schwer.« Sie gähnte. »Hat er einen festen, tiefen Schlaf?« wollte Hermann wissen, »ich meine: ist er gesund?« »Sehr«, ihre Stimme hüpfte leicht, »den kann man forttragen, wenn er schläft.«

Hermann blickte umher – aber vorsichtig, als könnte seine Bewegung die mittägliche Stille aufrühren. Er lauschte. Wirklich, kein Laut! Nur die Stimme der Sonne – dieses seidenweiche Knistern ... Und was Clara angeht, nein, sie lügt nicht. Der Zio Prete mag durchaus einen guten Schlaf haben – sonst, im allgemeinen ... Aber ob er auch so fest schläft, wenn ein junger Mann keinen Meter entfernt neben seiner Nichte sitzt? ... Ob er überhaupt schläft? ... Vielleicht ist er auf den Felsen dort gestiegen und liegt hinter einem Kalkbrocken, hinter einer Agave und hat uns die ganze Zeit im Auge behalten! Oder er hockt unter uns im Gewölbe und lauscht durch die rissige Decke. Könnte man es ihm überhaupt verübeln? Und Hermann versetzte sich in Don Eufemios Lage. Ja, wenn ich Priester wäre, dachte er, und eine so hübsche Nichte hätte – und da käme so ein Fremder: würde ich die beiden sich selber überlassen? Und dann noch auf so einer Terrasse zur Stunde des Pan, das kommt noch hinzu! Dieser Pan, ja! Ein Gott: halb Bock und halb – was denn? Auch die andre Hälfte: nur Bock! Nicht einen Funken von sittlicher Natur! Es heißt dann hinterher einfach: Natur ist alles, alles ist Natur! Aber Platon hat recht: die Dichter lügen. Was aber den Zio Prete angeht, er kennt sich doch aus: im Menschen und auch in der Region des Pan ... Und es kann garnicht anders sein: irgendwo steckt er und lauert. Ja, vielleicht wartet er nur darauf, daß ich mich über sie werfe, sie küsse – und dann ragt sein Pferdekopf plötzlich über uns herein ... Und der in jeder Hinsicht unfertige stud. phil. Hermann Billig muß seine kleine Sarazenin heiraten. Man hatte ja allerlei Geschichten gehört, richtige Ehetrappergeschichten von verführerischen Schönen, gefährlichen Brüdern, hinterhältigen Onkeln und über Nacht eingefangenen jungen Männern. Aber gleich verwarf Hermann seine schlimmen Gedanken: nein, der biedere Don Eufemio war kein Fallensteller! Und erst recht Clara nicht, wie konnte man überhaupt so etwas denken. Diese verfluchte Hitze!

Hermann ließ den Kopf eine vorsichtige Bewegung machen: sie begann mit einem Blick auf den flimmernden Kalk droben und endete auf dem braunen Gesicht dicht neben ihm. Hermann seufzte, aber leise, jeder Laut bekam in der Stille Donnerstärke. Clara schien wirklich zu schlafen, ihr Mund stand ein wenig offen. Wenn sie lieber statt des Mundes die Augen öffnete! Wenn diese Eidechse auf dem Mäuerchen sich endlich bewegte! Wenn dieser heiße Estrich einen losließe! Dieser verfluchte Magnetismus, von dem Pico della Mirandola, als er seine Ausführungen über den freien Willen schrieb, gewiß nichts gespürt hat ... Hermann betrachtete wieder die Eidechse. Jetzt bemerkte er, daß sie sich doch bewegte, unaufhörlich: in den Flanken. Auch Claras Brust bewegte sich auf und nieder, fast unmerklich. Hermann spitzte den Mund und pfiff, es war eine sehr einfache Folge von Tönen. Die Echse hob das Köpfchen, kam zuerst ein wenig näher, aber gleich verschwand sie über die violette Mauer wie ein grünlicher Blitz. Da hatte Hermann seine Sprache wieder. Er konnte sich auch wieder bewegen. Er sprang auf, räkelte sich, als hätte er geschlafen, und rief so: »Aber wo ist denn nun Don Eufemio?!« »Was hast du nur mit dem Alten?!« Claras Stimme war so geschwind da, daß Hermann erschrak: sie hatte also garnicht geschlafen ... In welcher Gefahr hatte er sich befunden! Aber vielleicht auch: welche Gelegenheit hatte er sich entgehen lassen! Ich hätte sie küssen können, durchzog es ihn trübe. Ihre atmende Brust – ihre echsenhaften Flanken – und sie kam auf mein Pfeifen näher – aber dann ...

Clara hatte sich erhoben. Sie fuhr sich von unten über das Gesicht. Sie mußte ja jetzt so tun, als hätte sie geschlafen und nicht auf ihn gewartet ... Er verstand ihre Gebärde, und so sagte er: »Hast auch du geschlafen, Clara?«

Das Mädchen verzog den dicken Mund in einem zuckenden Lächeln. Sie blickte Hermann an, der sich aber gleich von ihr abwandte. »Wir müssen zu Don Eufemio«, rief er, eilte durch die Gewölbe der Einsiedelei, setzte in großen Sprüngen durch das Kirchlein und wartete im Garten. Er lauschte auf ihren fernen, zögernden Schritt. Sie blieb im Dämmer des heiligen Gemäuers stehen. Hermann winkte ihr: »Wo ist er nur?« Clara trat, die Augen gegen das Licht zum Schlitz geschlossen, in die gleißende Helle. Ohne sich umzublicken, wies sie mit anmutig stoßender Stirn in einen Winkel des Gartens, wo ein von regelmäßigen Pausen unterbrochenes Schnarchen Don Eufemios Anwesenheit verriet. Hermann flüsterte: »Hör dir das an, Clara, ein richtiger Blasebalg! Für ein Nonnenharmonium reichte die Luft aus – zweimal!« »Ich sagte dir ja: er schläft gut!« Clara blickte bald den Onkel, bald Hermann an. Dann setzte sie sich mit einem Seufzer neben den Schlafenden. Hermann ließ sich auf der andern Seite von Don Eufemio nieder. Von Zeit zu Zeit blickten die beiden einander an, bis Clara plötzlich die Nase rümpfte, die Zähne zeigte und dem Zio Prete ziemlich unsanft auf den Leib schlug und ihm, als er mit einem Schreckenslaut in die Höhe fuhr, zu verstehen gab, daß es Zeit sei, nach Hause zu gehen, »wir sitzen hier die ganze Zeit neben dir und langweilen uns.«

Don Eufemio erhob sich ohne ein Wort. Auf dem unebenen Pfad draußen hatte er Schwierigkeiten beim Gehen, aber das kam, wie er Hermann versicherte, nicht vom Wein, – es sei ja nicht mehr viel in der Flasche gewesen – »es sind meine Augen. Lesen kann ich noch ganz gut, aber diese Steine da vor meinen Füßen – sobald es dämmerig wird, aus! Hinauf geht sichs ja immer besser.«

»Das ist eine allgemeine Erfahrung«, versetzte Hermann gedankenvoll.

»Und wenn Sie mir jetzt noch Ihren Arm gäben und mich ein bißchen führten.«

»Aber gern!« sagte Hermann und zu Clara gewandt: »Das wußte ich gar nicht, daß Ihr Onkel kurzsichtig ist!«

Lusinella stand an der Tür und musterte alle drei sorgfältig. Als der Zio Prete eine Stufe verfehlte, nahm sie ihn scheltend beim Arm. »Mamma mia«, sagte sie in grimmigem Sington, »geh schlafen, ehrwürdiger Sünder, die heiligen Engel mögen deinen Traum hüten!« Und sie zog hinter ihm seine Schlafzimmertür zu. Clara stand auf der Terrasse, wusch sich die Hände am Pozzo, und Hermann blickte ihr vom Balkon seines Zimmers aus zu.

Die Grotte im Garten

Am andern Morgen hörte Hermann Don Eufemio rufen. Er trat auf die Terrasse seines Zimmers und blickte in das Höfchen. Ob er mitkommen wolle? – In die Campagna? »Wir haben da einen sehr schönen Garten, und die Kirschen sind reif.« Don Eufemio breitete ein verheißungsvolles Lächeln über seine Stoppeln. »Clara kommt auch mit«, fügte er hinzu. Er wandte sich damit auf eine Weise ab, die deutlich ausdrückte, daß er über den Erfolg seiner Einladung im klaren war.

Der Garten grenzte mit seiner aus losen Kalkbrocken geschichteten Mauer an den westlichen Steilabfall der Inselküste. Der Boden lag in steingefaßten Terrassen da, und jeder Fleck trug übereinander die grünenden Stockwerke seiner Fruchtbarkeit: zuunterst Salat, darüber Erbsen und Bohnen. Über der Schicht der Gemüse und Kräuter erhob sich die Weinpergel, und über sie hinaus ragten die Bäume: Oliven, Kirschen, Pfirsiche und Aprikosen.

Die Sonne drang, von dem flimmernden Kalkgestein zurückgeworfen, mit ihrem Widerschein bis in den Schattenwinkel vor, wo die Farben am reinsten waren und aus sich selber zu leuchten schienen. An den Hang des benachbarten, viel höher gelegenen Anwesens gelehnt, stand das Gartenhaus, dessen Bestimmung hauptsächlich in seinem flachen Dache lag, das den Regen in die geräumige Zisterne sammelte. Don Eufemio zog aus diesem Wasserloch Eimer um Eimer hoch und schritt an den Beeten entlang, seine klobige Gestalt freundlich zum Schenken gebückt. Clara trug einen Zweig dunkler Kirschen herbei. Sie legte ihn auf den Tisch im Gartenhaus. Und die beiden jungen Leute begannen, als wären sie dazu herbestellt, den Zweig säuberlich in den Mund hinein abzupflücken.

Hermann zielte mit den Kernen achtlos in die backofenhafte Höhlung eines alten Gemäuers, das sich in Form eines Ganges ins Dunkle verlor. Früher hätte er gefragt, wohin die Höhle gehe. Er hätte das Gemäuer betastet und auf Mörtel, Steine und Bauart untersucht. Nun aber, bereits nach zwei Monaten seines Inseldaseins, schnippte er Kirschkerne in eine höchstwahrscheinlich historische Öffnung hinein. Als aber Clara mit der Geschichte der Höhle anfing und aus den ins Volksgut übergegangenen Albernheiten des Klatschmeisters Sueton und aus ländlichen Spukgeschichten und Märchenbestandteilen eine grausige Fabelei zusammenbrachte, zwischen Kirschenknacken und Steinespucken, mit saftroten Lippen, da ließ er seine Kerne schamhaft in die Rechte fallen, und schließlich verging ihm sogar der Appetit auf die Kirschen.

Sie erzählte also: der Kaiser Tiberius habe hier einen Tempel oder eine Villa gehabt, und die Höhle gehe weit fort – unterm Meere durch – bis aufs feste Land – und weiter unter Berg und Flüssen fort – bis nach Rom! – »So!« sagte Hermann und nickte ernsthaft, »bis nach Rom! Wie lange hat er denn daran gebaut?« Sie aß wieder Kirschen und schaute an ihm vorbei auf den Fleck Meer, der durch den Eingang des Gartenhauses hereinglänzte. »Und wie weit sind Sie schon in den Stollen hineingegangen?« forschte er weiter. Sie zog die dichten Brauen zusammen und schüttelte den Kopf. »Sollen wir zwei jetzt hineingehen?« Er trat damit einladend an ihr vorbei in das Dunkel. »Viel zu gefährlich!« Sie lächelte und ging ins Freie. Er zog seine Streichhölzer und schritt langsam in das dunkle Gemäuer hinein. Das wurde enger, und dann, als er wieder Licht machte, stand er am Ende. Und zwar war dieses Ende mit denselben römischen Klinkern gebaut wie der Anfang. »Clara«, rief er, »ich bin in Rom!« Da sah er am Eingang des Stollens ihren Schatten gegen das Licht stehen – sie stand zögernd seitlich, unentschlossen noch, nach welcher Seite sie sich wenden solle. Es überkam ihn wieder etwas von dieser Angst wie auf der Sonnenterrasse in Santa Maria in Citrella. Und er rief nicht noch einmal nach ihr.

Als er heraustrat, fragte sie – ihr Gesicht war gerötet und verwirrt: »Warum sind Sie nicht tiefer hineingegangen?« »Ich war am Ende.« Doch sie schüttelte nur ungläubig den Kopf. »Der Gang geht bis nach Rom, fragen Sie den Zio Prete.« Darauf konnte er ihr nichts erwidern.

Als sie draußen auf der Mauer saßen, fragte er: »Clara, wissen Sie eigentlich, wie weit es bis nach Rom ist?« »Sehr weit«, sagte sie und blickte ihrem Kirschkern nach. Er fragte weiter: »Am Ende waren Sie gewiß noch nicht in Neapel?« Sie schüttelte ruhig den Kopf: »Was soll ich da?« »Sie sind auch am Fest des San Costanzo nicht in Capri drunten gewesen«, fuhr er fort, als stehe das in einem Zusammenhang. »Wir hier oben feiern Sant'Antonio, im Juni, bald ist sein Fest da. Sind Sie dann noch hier?« Und als er nicht antwortete: »Es ist dann hier oben sehr schön.« Ihr »molto bello« schien fruchthaft auf dem Zweig des Feigenbaumes zu schwellen.

Als Hermann das Mädchen anblickte, überlegte er, wie ihre Augen wohl all die Schönheit aufnehmen müßten, die an den nächsten Gestaden ausgebreitet war. »In diesen Wochen fahre ich nach der sorrentinischen Küste hinüber, besuche Positano, Amalfi, Ravello, Paestum.« Er hatte die Ortsnamen mit seiner Stimme wie eine Treppe aufgebaut. Allein – sie sagte nur teilnahmsvoll: »Ein schöner Ausflug!« Da merkte er: wahrscheinlich hat Clara diese Namen noch nie gehört; sie wird sterben und hat noch nie den Fuß von dieser Insel gesetzt.

Der geschätzte Acker

Hermann Billig hatte bisher vom Reisen so gut wie alles erwartet: weise Belehrung, edle Belustigung und unauffällige Erleichterung des Herzens. Reisen war ihm wie ein Ausbrechen aus dem Gitter. Man flog irgendwohin, ließ sich nieder, heiter und erfüllt, bis der neue Ort schließlich auch zu einem Zuhause wurde. Und der einst so sehnlich erstrebte Punkt spitzte sich zu wie ein Pfahl, auf dem man sitzen sollte. Sobald man ihn verlassen hatte, wurde er wieder schön und begehrenswert, o ja, die Erinnerung! Reiste man nur deshalb, um wieder den Ort des Ausganges richtiger und zugleich verklärter wiederzufinden?

Aus dieser durchaus mangelhaften Ansicht eines Schönheitsjüngers entstand nun das genugsam bekannte Mitleid des Sehenden mit dem Blinden. Und Hermann meinte, er müsse diese Menschen, um jeden Preis aber Clara, die Insel vom Meer und aus der Weite her sehen und lieben lehren, ja, er müsse überhaupt etwas von den Grenzen und Zäunen niederreißen, in denen dieses Vorzugsgeschöpf seinem vorbestimmten Schicksal: Verlobung, Heirat, Kindtaufe entgegenharren sollte. Doch blieb es zunächst bei diesen aufklärerischen Vorsätzen eines jungen Menschenfreundes, – bis dann schließlich etwas von selber geschah.

Zu Don Eufemio kam nämlich ein Bauer, welcher auf der Stelle fünftausend Lire nötig hatte. Er bot deshalb seinen Garten, eben den, der oberhalb an Don Eufemios Besitz stieß, dem Priester zum Kauf an. Man brauche nur die Mauer niederzureißen. Doch müßte der Garten zuvor geschätzt werden. Don Eufemio zog Hermann ins Vertrauen, und der Bauer war damit zufrieden – er hatte gehört, der junge Herr sei ein hochstudierter Mann.

Nun erfuhr Hermann aus diesem und jenem Gespräch, daß der Garten gewiß achttausend Lire wert sei. Der Bauer wollte natürlich zwölftausend haben. Don Eufemio aber, welcher wußte, wie dringlich der Bauer das Geld benötigte, machte folgendes Angebot: »Fünftausend Lire hast du nötig, Agnello. Sechstausend sollst du auf der Stelle haben. Achttausend nun ist der Acker wert. Für die restlichen zweitausend lese ich dir Messen, jede zu dem ungewöhnlich niedrigen Satz von zwei Liren. Das macht tausend Messen. Damit ist deiner Not geholfen, und deine Seele hat überdies auch etwas von diesem irdischen Geschäft.«

Der Bauer sah das wohl ein, murmelte aber nur überwältigt: »Tausend Messen!« Und er wollte sich, Don Eufemio mutig anblickend, *nur* fünfhundert zukommen lassen. Allein Don Eufemio schüttelte mißbilligend den Kopf: »Du achtest das Himmlische zu gering, Agnello. Die Engel müßten an deinem Verstand zweifeln!« Der Bauer trank inzwischen und rechnete an den Fingern. Schließlich beschloß er, Annunziata, seine Frau, müsse den Ausschlag geben.

Nun kam Don Eufemio, der die Rechenkunst eines Weibes, und zumal eines frommen Weibes, fürchtete, der rettende Einfall: »Du weißt, mein Lieber«, begann er, die Stirn in gedankenvolle Falten legend, »deine Frau hat noch immer kein Kind. Und du weißt auch: dein heiliger Patron ist dafür zuständig – du machst ihm wenig Ehre. Ferner weißt du, daß drüben auf dem Festland hinter Sorrent seine Kapelle und sein Altar stehen, und daß er noch keine Wallfahrerin unerhört gelassen hat!« Der Bauer fiel schnell ein: »Don Eufemio, Ihr seht doch ein, daß meine Frau nicht wallfahren kann – all die Arbeit jetzt im Herbst!« Der Priester nickte: »Eben, das weiß ich. Wenn ich nun eine Wallfahrt machte und dort auf dem wundertätigen Altar einige Messen läse, was hältst du davon, Agnello?« »Es wäre schön«, flüsterte Agnello und trank. Doch plötzlich lächelte er, schüttelte den Kopf und blickte Don Eufemio flüchtig an: »Wie könnt Ihr aber meiner Frau ein Kind vom Heiligen mitbringen? Das muß doch der Heilige selber tun!« Don Eufemio war über diese unsinnige Äußerung unverhohlener Ungläubigkeit so betroffen, daß er nur zum Glase greifen und mit geschlossenen Augen trinken konnte. Diese Pause, die nicht enden wollte, ließ Hermann die schamlose Tatsache bedenken, daß in jeder Verlegenheit eines andern eine gute Gelegenheit für uns selber steckt. So legte er plötzlich seine Hand auf den Arm des Agnello und sprach: »Das ist natürlich so: ein Priester kann nur vermitteln. Bei uns zu Hause geht in solchen Notfällen, wenn die Frau, auf die es ankommt, nicht wallfahren kann, einfach eine andere Frau, womöglich aber eine Jungfrau mit, die sich vor dem Altar des Heiligen gut ausnimmt und sich überdies auf frommes, eindringliches Fürbitten versteht. Denn«, fügte er bei, »beim Wallfahren holt man schließlich nur den Segen ab, nicht das Ding selber.«

Don Eufemios Verlegenheit war ebenso wie der Unglaube des Agnello bei diesen Worten des studierten fremden Herrn, der zudem ein Christ war wie sie selber und sich aufs Wallfahrten offenbar verstand, gänzlich dahingeschwunden. Der verlegene Don Eufemio hatte seine Würde wieder und der zweifelnde Agnello seinen Glauben. Und als Don Eufemio nun einmal seinen jungen Freund von der Seite anblickte, in dankbarem Einverständnis, nickte Agnello noch einmal und sagte: »Ja, das ist so, es kommt auf den Segen an, und den legt der Heilige gern in ein schönes Geschirr.« Da erhob sich Don Eufemio, feierlich, umständlich und errötete ein wenig, vor Rührung, schien es, über seinen eigenen Entschluß: »Wie wäre es, wenn meine Nichte« – wie stolz sprach er dieses Wort aus! – »wenn meine Nichte Clara die Annunziata verträte?«

Und dabei blieb es. Der Pakt wurde also unterschrieben, das heißt, Agnello machte ein dickes, begeistertes Kreuz darunter. So kam es zur Wallfahrt zum Sant'Agnello.

Die Buße des Don Eufemio

Don Eufemio ging nun, nachdem der juristische Hintergrund geschaffen war, mit seiner vom Maurergeschäft kommenden, derb zupackenden Weise vor, was Clara gegenüber gar nicht nötig gewesen wäre. Er ließ sie zunächst einen Korb mit Eßwaren packen und dann eröffnete er dem neugierig gewordenen Mädchen und dem ganzen Hause: »Clara soll der Annunziata ein Kind erbeten gehn von Sant'Agnello – und zwar morgen!« Das Mädchen errötete und blickte wie zufällig Hermann Billig an. Der sagte nur: »Und ich ministriere wieder. Ja, ich werde mit wallfahren.« »Wirklich, Sie wollen mit?« fragte Don Eufemio und ließ sich betroffen die aufgesetzte Kappe schief auf dem Kopf sitzen. Hermann nickte nur bestimmt und sagte: »Auch wegen Ihrer Augen, Don Eufemio!«

Am anderen Morgen fuhren sie mit der Motorbarke hinüber nach Positano. Don Eufemio saß zwischen den beiden, und wo sie auch gingen und standen, nahm Don Eufemio immer denselben Platz ein: wie der gewaltige Monte Solare, den sie nun vom Meer her sahen, das weiblich anmutige Capri vom herbmännlichen Anacapri scheidet, so schieden die Schultern des Zio Prete die beiden. Und da er gewöhnlich nicht sprach, sondern meist in seinem Brevier las, hatten sie zunächst nur Gelegenheit, auf die Flut und die Küsten zu blicken.

Das wurde erst anders, als sie in Positano in der Schenke saßen und ihr Abendbrot verzehrten. In dieser kleinen Stadt am Meer wollten sie die erste Nacht verbringen und am andern Morgen über den Berg nach Sant'Agnello gehen. Sie waren zufällig in eine Schenke geraten, angelockt von der sehr kleinen Terrasse hinter einem Hause am Ausgang des Ortes, von wo man das Meer wie einen wundersam stillen und zugleich bewegten blauen, unendlichen Platz unter sich fühlte.

Hermann merkte an diesem ersten Abend, daß die Reise – oder war es nur die Abwesenheit von Lusinellas anklagenden Kuhaugen? – auf Don Eufemio wohltätig lockernd wirkte: sein Appetit war stark, sein Durst bedrohlich, sein Schmatzen bei Tisch paradiesisch ungehemmt geworden. Wirklich, Don Eufemio bot das Bild eines glücklichen Mannes. Soweit sich aber Hermann von dieser Reise etwas für Claras geistige

Entwicklung erwartet hatte, – dieser erste Tag blieb ohne Ergebnis. Das junge Mädchen hatte nicht ein einziges Mal eine gebildete Frage gestellt, bei deren Beantwortung das Licht seiner Wissenschaft hätte aufleuchten können. Da lag zum Beispiel bei der Überfahrt für Stunden Neapel ganz nah und funkelnd vor ihnen. Was hätte er nicht alles über die Geschichte dieser uralten Stadt zu erzählen gewußt! Aber Clara war einfach nicht der Gedanke gekommen, daß eine solche Stadt einmal gegründet werden mußte, für sie war einfach alles da – und nur, damit sie es mit ihrem »molto bello« schmücken konnte. Nicht einmal der Vesuv hatte ihr eine Frage entlockt. Pompeji, Herculaneum, Stabiae – da hätte er ihr mit Plinius' Worten den Schrecken des Untergangs, welcher aus diesem scheinbar lustigen, eleganten Vesuv hervorgebrochen war, hinmalen können. Aber nichts! Nur die Delphine, die hatten es ihr angetan. Als er ihr mitteilte, daß diese Fische Musik liebten, hatte sie gelacht; aber als er ihr anschließend von dem Sänger erzählte, der auf einem Delphin durch das Meer geritten war, hatte sie nur den Zeigefinger hin- und herbewegt: »Nein, nein, jetzt wollen Sie mich zum Narren halten!« Und das war doch die Stimme des Mythos – welcher, wie man gehört hatte, mit Sicherheit die Seele des Volkes erreicht. Hier hatte sich sogar Don Eufemio eingemischt und gesagt: doch, auf den Delphinen sei einer geritten, aber nicht dieser heidnische Sänger Dingsda, – sondern San Costanzo sei das gewesen.

In Positano in der Schenke war dann Don Eufemio von sich aus wieder auf die Delphine zurückgekommen. Diese Tiere seien wahrscheinlich keine richtigen Fische, belehrte er die beiden, sonst könnten sie ja nicht den Fischern, was indes allgemein bekannt sei, beim Fischen helfen und ihnen die Sardinen in die Netze treiben. »Denn kein Reich«, so begründete Don Eufemio seine Behauptung, »das mit sich selbst uneins ist, kann bestehen.« Hermann konnte nicht folgen und verlangte für diesen Ausspruch eine Erklärung. Aber Don Eufemio entzog ihm einfach das Wort und bewies vielmehr den beiden, daß, wenn die Delphine wirklich Fische wären, sie einen ganz gemeinen Charakter haben müßten, schlimmer als Fleischerhunde! »Und wie könnten sie dann musikalisch sein?« fragte Don Eufemio überlegen. Hermann goß dem heftig Redenden, wie übrigens schon die ganze Zeit, aufs neue ein, und Don Eufemio fuhr fort: »Wirklich, was die Delphine angeht, da gibt es keinen Zweifel: diese Fische sind gar keine richtigen Tiere, wie gesagt –« »Sondern?« Hermann hatte auch dem Weine zugesprochen und trompetete seine Frage derart über den Tisch, daß Don Eufemio erschrocken den Kopf hob. Schließlich trank er, tat, als prüfte er den Wein, zog die dicken Brauen zusammen und meinte: »Mein Gott, warum reden wir nicht lieber über Sant'Agnello? Was gehen mich diese Fische an!« »Es sind aber doch keine Fische!« rief Hermann. Da stand Eufemio langsam auf, kam, sich vorsichtig stützend, um den Tisch herum und ging zur Tür, er torkelte ein wenig. »Ich bin alsbald wieder bei euch«, versicherte er, und zu Hermann im Ton äußerster Verachtung: »Sie mit Ihren Delphinen. Mit Ihrer ganzen modernen Aufklärung! Zahlen Sie lieber die Rechnung!« Damit knallte er die Tür hinter sich zu. Man hörte ihn, wie er im Fortgehen durch den Schenkenraum noch allerlei von »Einsalzenlassen« und »Schäferhunden und Fleischerhunden« redete, bis es still wurde.

Er habe den Zio Prete keineswegs vom Tisch weggraulen wollen, beteuerte Hermann. Und Clara: »Nein? Ich dachte doch.« Sie öffnete langsam den Mund und zeigte die Zähne. Hermann blickte schnell in sein Glas. Er merkte, wie sein Mut mit Don Eufemios Weggang gesunken war. »Nein, das könnte ich nicht«, begann er leise, »ein Ziel mit soviel List verfolgen.« Und sie: »Welches Ziel?« »Aber Clara, du weißt doch: mit dir hier allein zu sein.« »Ist es denn nicht schön, daß wir hier auf der Terrasse endlich allein sitzen? Schau –«, sie zeigte an Hermanns Schläfe vorbei übers Meer, »der Mond – beinahe Vollmond. Was für eine Nacht! Sollten wir nicht ein paar Schritte machen?« Das Letzte flüsterte sie.

Hermann war sofort einverstanden. Er zahlte und sagte so laut, daß der Wirt es hören konnte: »Wir müssen nach dem Zio Prete sehen. Er sieht im Dunkel nicht gut.«

Draußen bot er Clara den Arm, den sie in Anbetracht der fremden Nachbarschaft und des zärtlichen Mondes ohne Widerrede annahm. Sie waren auf dem Wege nach Prajano. Hermann hatte Clara bewiesen, daß der torkelnde Zio Prete nicht gut in die Stadt hinaufgegangen sein könnte. So schritten sie, das Meer zur Rechten, die gewundene Straße entlang. Kein Mensch begegnete ihnen. Der Mond war mittlerweile so stark geworden, daß er ihrer beider Schatten vor sie auf das glänzende Asphaltband des Weges warf. Sie sprachen nichts. Sie blickten nur auf ihre Schatten vor sich und gaben acht, daß ihrer beider Schritte wie ein einziger klangen. Hermann mußte kürzere Schritte machen und er fand, daß dieser Einklang ihm schwerfiel. Er war einen Kopf größer als Clara. Bis zu diesem Abend hatte er das nicht eigentlich bemerkt. Claras Schritt war leicht und schwebend, aber wirklich sehr kurz. Vor zweitausend Jahren mögen Frauen wie sie noch Kettchen getragen haben von Knöchel zu Knöchel, goldene Kettchen, die den Schritt maßen. Er dachte an die Studentinnen in seiner Heimatstadt, die hätten sich längst seinem Schritt ein wenig angepaßt. Und wahrscheinlich hätte man sich auch längst einmal geküßt. Aber dieses wortlose Dahingehen im Mondlicht, so dicht beieinander, so allein, die Wärme ihre Armes, die Glätte ihrer Hand, die er hielt und manchmal preßte – oh, das alles zusammen ging wahrscheinlich tiefer als ein Kuß.

»Wie lange mußt du noch studieren?« Diese Frage Claras war plötzlich da, ohne Übergang, nah und weich wie das Aufklingen einer Welle des eingeschlafenen Meeres drunten.

Hermanns Antwort kam überstürzt: »Noch sehr – sehr lange.«

»Oh!« Clara zog diesen Laut des Bedauerns über drei Schritte hinweg. Und noch ehe er verging, weckte dieser melodische, in der Tiefe verklingende, traurige Oh-Laut irgendwo in der Nähe ein Echo, – welches nicht nach unten verklang, sondern stärker wurde, anstieg und schließlich in ein Schnattern auslief, wie es einer hervorbringt, der friert und sich mit Stimme und Atem Bewegung schafft und erwärmt. Ihrer beider Schritte auf dem Asphalt stockten. Hermann schwankte leicht, derart ungestüm hatte sich ihm Clara in die Arme geworfen. »Hast du gehört?« flüsterte sie scharf, »ein Gespenst!« Und sie schmiegte sich zitternd an ihn und wurde an seinem erstarrten lauschenden Ragen richtig zu Efeu. Da legte er entschlossen beide Arme um sie. Hermann war sich sofort im klaren, von wem allein der wirklich sich gespenstig anhörende hohle Schnatterlaut herrühren konnte. Doch blieb es ihm zunächst einfach unverständlich, warum der sonst so würdige Zio Prete eine solche Vorstellung gab. Aber er dämpfte seine Neugier und flüsterte, seinen Mund auf ihr kleines Ohr gedrückt: »Ja, wirklich, ein Geist!« Und ein Gefühl von unendlicher Dankbarkeit, ja Zärtlichkeit für den bärbeißigen Priester erfüllte ihn. Hermann spürte, wie leicht die kleine Echse war, wie ihre Flanken flogen. Und er hätte sich nicht gewundert, wenn sie an seinem Leib entlang in die Höhe geklettert und droben im Kalkgeklüft verschwunden wäre. Aber schließlich, als die O-Laute immer weiter in unsauberen Tonleitern hinauf und hinunter und wieder hinauf schnatterten, schlug ihm das Gewissen, und er sagte, seine Wange von der ihren lösend: »Hör doch, ist das nicht der Zio Prete?« Aber sie schüttelte nur heftig den Kopf und zitterte weiter an ihm: »Nein, nein! Hör nur mal genau zu – doch, doch: eine verdammte Seele!« Mühsam machte er sich von ihr los, zog sie neben sich her und rief: »He, Don Eufemio! Natürlich, siehst du, Clara! Komm, da liegt er ja – schau nur, im Wasser – im Trog!«

Und Clara mußte einsehen: es war wirklich Zio Prete. Sie schlug die Hände vor die Augen und wimmerte auf. Die Kleider des Onkels lagen auf dem Boden um den Trog verstreut, während der Brunnen seinen weißen Strahl in das Becken fallen ließ, auf den Alten, der nur mit seinem Kopf aus dem Wasser herausragte, einfach weil der Steintrog zu kurz war.

Und wie aus der Öffnung des Brunnens der Klang des Strahles herabfiel, stieg aus Don Eufemios weitgeöffnetem Mund das die Kälte des Wassers tief bedauernde schnatternde Gestöhn. Offenbar kam sich der Trunkene in seinem Bett liegend und trotz allem gut aufgehoben vor, denn er machte keine Anstrengung, aus dem Trog herauszugelangen.

Welch ein Glück, dachte Hermann und sagte es dann auch Clara, daß Lusinella von ihrem Zio Prete durch den Meerbusen von Neapel und die hohen Berge getrennt ist, daß selbst die gute Donna Oca witwenstill in ihren Kissen träumt, und daß nur dieser Engel Clara hier steht und sich die Hände vor die Stirn preßt. Plötzlich sagte sie: »Er wird sich erkälten, den Husten kriegen, es kann sein Tod sein!« Und schon legte sie Hand an, wußte aber nicht, wo sie den Zio Prete packen könnte. Sein Schopf war viel zu kurz, so faßte sie ihn an den großen Ohren und zerrte daran. Hermann beruhigte sie. »Weißt du, Clara, daß es Heilige gab, die bei Nacht in kühles Wasser stiegen?« Doch sie zerrte den Zio Prete noch heftiger an den Ohren. Das schien zu helfen. Bald hatten sie ihn, betaut und leuchtend, neben den Trog gestellt. Hermann rieb ihn mit dem Hemd ab. Als Don Eufemio, mit Hosen und Soutane bekleidet, vor ihnen stand, strahlte seine Würde neu, wirklich wie aus dem Wasser gezogen. Plötzlich schien er sich an etwas zu erinnern, er blickte die beiden lange an, seine Nase rückte auf eine schnüffelnde Weise näher. »Was macht ihr beiden denn hier?« Das klang mehr forschend als vorwurfsvoll. Clara versuchte ärgerlich zu erscheinen. »Was wir hier –? Aber, Onkel, das dürftest du doch wohl ahnen. Ist dir denn nicht kalt?« »Mir?« Don Eufemio hob nun wirklich erstaunt den Kopf, »warum kalt?« Da wandte sich Clara an Hermann: »Er ist richtig betrunken, er merkt noch immer nicht, was er angestellt hat.« Und sie seufzte. »Du hast recht, Hermann, wenn das Lusinella wüßte!« Der Name machte Zio Prete nüchterner als das vorangegangene Bad. Er griff sich schnell an die Nase, blickte zu den beiden jungen Leuten, dann zum Mond hinauf. Schließlich ließ er noch einmal seinen Blick, nun glotzend vor angestrengtem Hinschauen, auf Clara ruhen: auf ihrem Busen, ihrem Haar, auf welch beide Stellen nun auch Hermann schaute und über das Werk seiner Hände errötete: »So«, stieß Don Eufemio endlich hervor und schnaubte verächtlich die Feuchte in der Nase hoch, »du redest mir von Lusinella ... Und wie siehst du aus? Ich will es dir sagen: als ob Sant'Agnello dir mit drei Kindern auf dem Arm nachgelaufen wäre, und du hättest soeben noch die Kehre gekriegt und ihn vermieden. Und da kommst du mir mit Lusinella! Ja, erzähl es ihr ruhig, wie euer armer alter Onkel hier in diesem äh – Sarkophag lag, im kalten Wasser und – für euch alle – Buße tat. Versuch's doch!« Und Don Eufemio griff in das Wasser, spritzte die beiden, als wäre er beim »Asperges me«, kräftig an und lachte ihnen nach, als sie davonliefen.

Darauf gingen sie in den Ort, kehrten in einem Albergo ein und schliefen bis zum nächsten Morgen.

Das Wunder des Sant'Agnello

Don Eufemio war am andern Morgen als Erster auf den Beinen. Während Hermann und Clara frühstückten, ging er auf der Terrasse des kleinen Albergos umher und betete sein Brevier. Als Hermann, der unausgeschlafen und niedergedrückt vor Clara dasaß, den letzten Schluck aus seinem Espressotäßchen kippte, schlug Don Eufemio ein Kreuz, klappte sein Brevier zu und sagte in anordnendem Ton zu dem Kellner: »Auf Wiedersehen! Dieser junge Herr zahlt die Rechnung«, grüßte und trat mit Clara auf die Straße. »Warum läßt du ihn immer zahlen?« fragte Clara, »er ist doch nicht mein Verlobter?« Don Eufemio kehrte sich mit einem Ruck seiner Nichte zu. »Mein Gott«, murmelte er, »erschreck mich nicht so am frühen Morgen. Was wäre dieser zähe Mieter aus Germanien denn sonst, wenn er – Gott steh mir bei – nicht dein Verlobter ist? Und vor allem: was wärest du, meine Nichte Clara? Oder habt ihr gestern abend auf dem Weg zu meiner Bußstätte etwa den Rosenkranz gebetet? Ich bin über sechzig, aber ich kann es dir nicht beschreiben, wie du aussahst –« Und als Clara plötzlich zu weinen begann: »Ich meine: nur deine Haare. Wein doch nicht, Kindchen, heute ist ein Festtag. Und dein Haar ist ja auch wieder in Ordnung.« Don Eufemio blieb stehen, hielt seine Nichte fest an der Hand, daß sie ihm nicht weglaufen konnte, blickte auf den Weg zurück, wo Hermann bliebe, und fragte: »Oder hast du was gegen ihn? Er ist generös, zahlt immer und ist auch gut gewachsen. Oder ist er dir zu aufgeklärt? Dagegen müßte man freilich etwas tun. Aber sonst? Ganz Anacapri wird bei eurer Hochzeit die Straßen säumen. Den Teppich aus der Kirche, den roten Läufer, weißt du, laß ich von unserm Haus bis zur Piazza legen. Und Grün und Blumen! Und den Wasserbehälter auf unserm Dach laß ich mit Wein füllen, aus jedem Kran wird an dem Tag nur Wein fließen. Und einen Ehrenbogen werde ich mit eigener Hand mauern, ich weiß nur noch nicht, wo er hinkommt, ein Konstantinsbogen, vier, fünf Meter hoch! Laß mich nur machen!«

Jetzt lächelte Clara wieder. Aber dann schüttelte sie energisch den Kopf und sagte: »Nicht, Onkel, du bist sehr lieb. Aber Hermann muß noch lange studieren, sehr, sehr lange.« Sie blickten damit beide die Straße hinunter gegen die Tür des Albergos, wo Hermann endlich erschien und ihnen zuwinkte. Da ließ Don Eufemio seine Nichte mitten auf der Straße stehen und schritt aus, daß die beiden ihm kaum zu folgen vermochten.

Die Luft war kühl, die Sonne noch gnädig mild. Doch gegen Mittag, als sie auf der Höhe in den Ölgärten gingen, überzog sich der Himmel mit Dunst, das Meer erstarrte und wurde zu einem Spiegel, der die Glut der Sonne gegen die Hänge zurückwarf. Ein Knistern wie von unsichtbaren Flammen lief manchmal über die erstorbenen Äcker, über den geborstenen, flimmernden Kalkstein und inwendig durch Bäume und Gestrüpp, wo Hermanns erregte Fantasie überall glühende Schlangen sah.

»Diesen Abend gibts ein Unwetter«, stellte Don Eufemio fest.

Es ging schon in den Nachmittag, als sie in Sant'Agnellos Heiligtum anlangten. Eigentlich hätte die ganze Wallfahrt kürzer verlaufen können. Aber Don Eufemio hatte sich bei einem halben Liter Wein aufgehalten, kurz am Ende der Wallfahrt. Es war ein armes Gehöft am Wege. Die Frau, die ihre Ziegen hütete, war noch jung. Und wahrscheinlich weil Don Eufemio kein Kind in ihrer Nähe erblickte, fragte er sie ziemlich ohne Umschweife, wo ihre Kinder seien? Als die Frau sagte, sie habe noch keine bekommen, fuhr Don Eufemio ungehalten und fast höhnisch auf sie ein: »Und das in Sant'Agnellos wundertätiger Nähe?« Die Frau blieb ganz ruhig und versicherte, es müsse an einem bösen Geist liegen, der ihr Haus und die Nachbarschaft mit Unfruchtbarkeit geschlagen habe. Sogar von ihren drei Ziegen sei die braune, sonst ganz gesund, über ein Jahr unfruchtbar. Sie wies mit zusammengezogenen Brauen auf ein stattliches Tier, das in den Mauerritzen am Grün rupfte. Don Eufemio hatte sich bei den Worten der Frau gewaltig gereckt und drohend gegen das Gehöft geblickt. Er bestellte sich also den Wein, und als er das Gefäß fast leergetrunken hatte, schüttete er den Rest mit einer segnenden Bewegung gegen die Mauer. Beschließend sagte er: »Sant'Agnello wird helfen. Ich erwarte dich, meine Tochter, hernach drüben in der Kirche.«

Darauf waren sie weitergegangen. Sie hatten noch kaum die Begrüßung des Heiligen beendet, meckerte draußen eine Ziege. Die Bäuerin trat ein, band das Tier an das Gitter des Heiligen und setzte sich selber auf einen der Stühle.

Mittlerweile hatte sich der Himmel verdüstert, gegen den Monte Sant'Angelo schoben sich vom Meer herüber braune wogende Wolkenmassen. Das Himmelsblau ertrank darin, und der Berg versteckte sich. Der erste Donnerschlag setzte genau ein, als Don Eufemio die Litanei von allen Heiligen anstimmte. Eine lauernde Stille folgte, dann betete der Donner aus der Ferne mit. Von allen Seiten rückte es näher wie ein Heer von Belagernden.

Hermann hatte die Tür geschlossen, noch immer regnete es nicht. Ein fahler violetter Schleier wurde von unsichtbarer Hand durch die Luft gewirbelt, stickige Hitze drang aus seinen Falten. In der kleinen Kirche mischte sich der abgestandene Geruch des Weihrauchs mit dem Schwefelgeruch der Blitze, die immer schneller, immer näher fielen. Der Widerschein des elektrischen Feuers an den Wänden der Kirche wirkte wie das Blinzeln einer unterirdischen Gottheit, die durch die Fenster hereinschaute.

Clara saß da, die Hände vor den Augen, und wollte nichts sehen. Don Eufemios Stimme war klein und bittend geworden. Jeder Blitz hieb von seiner Würde ein Stück herunter, und nach einem fürchterlichen Donnerschlag brach die Litanei der Betenden ab. Die Bäuerin blickte unverwandt ihre Ziege an, aus deren schrägschlitzigen Pupillen ein grünliches Feuer in den Raum sprang. Der lange Ziegenbart zitterte, wenn das Tier den Kopf zum Fenster hob und einen neuen Blitz zu begrüßen schien.

Hermann war auf das Verhalten der Ziege aufmerksam geworden. Mit Befremden bemerkte er, daß dieses Tier sich anders verhielt als die Haustiere im allgemeinen, welche sich vor Donner und Blitz ängstigen. Und vielleicht sogar, daß die übrigen Ziegen – Hermann kannte sich nicht aus! – genau so gewitterfühlig waren wie Pferde, Hunde und Katzen, aber diese braune Ziege mit dem zitternden Bart – sie wies auch noch ein Paar gewundene Hörner auf – stand neben ihrer aller Angst und Spannung, als befände sie sich auf einem Isolierteller . . . Manchmal riß sie an ihrem Strick, mit dem die Bäuerin sie am Gitter des Heiligen angebunden hatte, aber sie riß auf eine Weise, als wollte sie zu jedem Einzelnen hintrippeln, um ihn näher zu betrachten. Und sobald ein neuer Blitz durch den Raum, wie gefangen und nach dem Ausgang suchend, geflattert war, züngelte jedesmal aus den grünlichen Glotzaugen des Tieres ein viel schlimmerer Blitz, so kam es Hermann vor: das war kalt sprühender, den Menschen aus unerreichbarer Ferne anglotzender Spott, göttlicher Spott. Und nun meckerte die Ziege. Hermann fuhr zusammen. Indem fiel ein Blitz, der die Menschen in dem Kirchlein mit seiner gleißenden Nähe derart einhüllte, daß sie den fast gleichzeitigen Donnerschlag kaum wahrnahmen. Als Hermann die Augen öffnete, blickte er in die der Ziege. Da sprang er auf und trat nach dem Tier. Aber indem fiel der nächste Blitz. Das Gitter vor dem Heiligen glühte auf wie goldenes Feuer. Hermann prallte zurück. Noch einmal meckerte die Ziege langsam, es klang wie ein schepperndes Gelächter.

Endlich – von einem Augenblick zum andern – regnete es. Das Wasser strömte in dicken Strähnen auf das Dach. Bald quoll durch die Ritze unter der Tür der Regen herein, ein Tümpel bildete sich auf den Fliesen, und die Ziege riß wieder am Strick. Die Bäuerin band sie los, und sie schauten alle zu, wie die Ziege aus dem Rinnsal trank.

Sie blieben, bis der Regen aufhörte, stumm beieinander. Don Eufemio besprach flüsternd etwas mit der Bäuerin. Die junge Frau antwortete vernehmlich: »Ich bin aber schon erhört, die Messe ist überflüssig.« Woher sie das wisse, fragte Don Eufemio. »Saht ihr nicht das goldene Gitter des Heiligen? Er hat es feurig erstrahlen lassen. Ja, ich bin erhört.« Und sie stand auf und ging mit ihrer Ziege in den nachlassenden Regen hinaus.

Den Abend verbrachten sie bei der Bäuerin, deren Mann im Wegebau arbeitete und nur einmal in der Woche heimkam. Clara und Hermann saßen nach dem Abendtisch unter der Weinpergel vor der Tür und schauten gegen Norden in die dunkelnden Orangenhaine. Die Linie des Golfes konnten sie nur noch an den Lichtpunkten erkennen, die – endlos – am Ufer entlangliefen. In der Küche saß Don Eufemio, trank noch ein wenig Wein und gab der Bäuerin allerlei Ratschläge für Garten und Haus, zumal aber für den Ziegenstall: der müsse gesäubert und gekalkt werden, »und dann muß ein Bild des heiligen Agnello an die Tür«. Jetzt erhob Don Eufemio seine Stimme: »Was aber die braune angeht – ich meine diese braune Ziege, die du zum Heiligen mitbrachtest, wenn sie übers Jahr nicht trächtig ist – abschlachten!«

Da war es, daß Clara, aus ihrem Schweigen auffahrend, Hermann fragte: »Du wolltest die Ziege treten, ich hab es wohl gesehen.« Hermann lief ein Nachschauer über den Rükken. Aber er konnte Clara nicht antworten, er sagte nur: »Da hast du es ja gehört: dein Onkel ist auch nicht gut auf sie zu sprechen.« Und Hermann verschloß sich in einem Lachen. Nein, es war einfach nicht möglich, ihr mitzuteilen, was er beim Anblick dieses gehörnten, bärtigen Kopfes vor dem Gitter des Heiligen empfunden hatte ... Es war ja auch nicht nur der Anblick der Ziege: die Erinnerung an die Mittagsstunde auf Santa Maria in Citrella hatte sich in seiner gewittrigen Seele geregt und das Bild des Bocksbeinigen heraufbeschworen, der – zum Teufel ja! – über das Herdenvieh herrschen mag, nicht über Menschen!

So sagte er zu Clara in bemüht lustigem Frageton: »Ist er eigentlich nicht ein gefährlicher Heiliger, dieser Agnello?« Als Clara nur lachte, antwortete ihm plötzlich die Stimme der Bäuerin, die leise hinter seinen Stuhl getreten war, sie sagte: »Der junge Herr stellt kluge Fragen. Aber wir haben ja jetzt das Gitter vor dem Heiligen.« Don Eufemio stellte das Glas hin und trat zu ihnen unter die Pergola. Die Bäuerin erzählte nun Hermann, aber auch Clara, – Don Eufemio war die Geschichte offenbar bekannt: Früher, da habe der Heilige der Fruchtbarkeit ohne Gitter dagestanden. Eine wallfahrende Frau nun habe den Heiligen heimlich wie einen Säugling, unter Tüchern versteckt, davongetragen. »Aber was denken Sie, was geschah?« Die Bäuerin ließ eine Pause einfließen, Don Eufemio nickte düster. »Ein Mann überfiel sie unterwegs, ein unbekannter Mann, und vergnügte sich mit ihr. Und sie bekam drei Kinder auf einmal. Diese Frau war, seit sie den Heiligen bei sich in irgendeiner Futterkiste aufhob, so schön geworden, daß die Männer von weit her kamen und um ihr Haus strichen. Und im nächsten Jahr bekam sie wieder drei Kinder. Da beichtete sie ihren Raub einem alten Priester, der überdies blind war und von ihrer Schönheit nicht verführt werden konnte. Der forderte sie auf, den Heiligen sofort zurückzubringen. Und der Priester stiftete das Gitter. Die Frau aber war von derselben Stunde an – alt. Ihre Kinder starben alle ohne Kinder.« »Ja, man darf dem Heiligen keine Gewalt antun«, sagte Don Eufemio mit tiefer und schwerer Stimme. »Das ist eine gute Geschichte«, sagte Hermann und stand auf. Sie gingen zu dem winzigen Gasthaus hinab, wo sie Zimmer bestellt hatten. Die Nacht war gewaschen, still und weit. Der Mond kam über dem Monte Sant'Angelo heraus und rückte den Berg auf das helle Feld des Himmels. Aus den regengefüllten Blättern tropfte es manchmal. Don Eufemio ging auf dem glatten Asphaltweg voraus, Hermann führte Clara am Arm. Und er teilte ihr zögernd mit, daß es nun für ihn langsam Zeit werde, in seine Heimat zurückzukehren. »Du wirst dich ja bald verloben«, sagte er und preßte ihre linke Hand, die er in seiner Rechten hielt. Sie ließ den Kopf einige Schritte lang hängen. »Ich weiß, du mußt noch lange studieren«, begann sie. »Ja, und ich werde mich wirklich verloben«, fuhr sie, ihre Worte überstürzend, fort, »und wenn du wiederkommst – du kommst ja wieder, nicht wahr? –, dann habe ich schon ein Kind. Das hat mir der Heilige versprochen – mit dem dicksten Blitz, weißt du? – das war seine Antwort.« Da wollte Hermann wissen, ob sie denn schon ihren künftigen Verlobten kenne? Sie schüttelte den Kopf: »Noch nicht. Aber er wird kommen.«

Am andern Morgen las Don Eufemio in Sant'Agnello die Messe, wie er es dem Bauern Agnello von Anacapri versprochen hatte. Hermann ministrierte ihm wie auf Santa Maria in Citrella.

Nach der Messe führte der Priester den jungen Mann vor die Statue hinter dem Gitter. Er betrachtete das Bild des heiligen Abtes in seiner schwarzen Kutte, schüttelte mehrmals den Kopf, endlich begann er mürrisch: »Das ist mir einer ... Und sieht so aus, als könnte er kein Wässerchen trüben ...

Aber wissen Sie, wie der mit mir umgesprungen ist – gestern – hier während der Allerheiligenlitanei? . . . Das war doch kein normales, ich möchte sagen: kein natürliches Gewitter . . . Ich habe ihm also den Handel mit dem Bauern vorgetragen – unter anderm auch den Punkt: tausend Messen für zweitausend Lire. Aber da zetert er los, ja, dieser da, dieser freundliche Alte: ›Was, zweitausend Lire? Für Messen? Das kann sich nicht einmal der Papst leisten!‹ So ähnlich und so weiter. Und zwischendurch Blitz und Donner, nun, das haben Sie ja mitgekriegt. Aber da sehen Sie wieder: mit Heiligen kann man nicht rechten. Erst als ich das Meßgeld auf tausend Lire heruntersetzte, wurde er manierlich. Der Bauer kriegt also von mir tausend Lire mehr auf den Tisch gezahlt. Tausend, ja! So hat er mich drangekriegt, dieser Schäfchenbärtige. Den Frauen hilft er, das ist wahr, aber – und das muß man wissen – er ist sehr übelnehmerisch und leicht zu beleidigen. Man läßt ihn wirklich am besten, wo er ist: hinter dem Gitter!«

Damit verneigte sich Don Eufemio vor dem Heiligen, steckte seine Hand hinter das Gitter, berührte die Statue und küßte sich dann selber die Fingerspitzen. Und zu Hermann gewandt sagte er aufmunternd: »Er hilft auch den Männern, sogar den Tieren und nicht nur in dem einen gewissen Punkt; er macht auch fröhlich und segnet uns den Wein, daß er uns nicht schadet.«

Am Ausgang des Kirchleins angekommen, drehte sich Don Eufemio noch einmal Sant'Agnello zu und winkte ihm mit der Hand. Als sie schon auf der Straße zum Hafen hinunter gingen, lachte Don Eufemio leise vor sich hin. Schließlich blieb er stehen und hielt Hermann am Arm fest: »Geh nur weiter, Clara!« rief er der Nichte zu. Und hinter der vorgehaltenen Hand flüsterte er rauh: »Ich hab den Heiligen aber auch drangekriegt . . . Ich lese für den Bauern einfach nur fünfhundert Messen, das ist immer noch unanständig viel. Wenn man überlegt, was eine einzige Messe wert ist . . . Aber das ganz unter uns. Sonst – Himmel, Himmel! – das gäbe ein Gedonner!«

Als sie auf Anacapri ankamen, erzählte Clara zuerst vom Gewitter. Auch Hermann begann noch einmal und immer schöner von den Blitzen zu erzählen, die im Kirchlein wie große weiße Schmetterlinge umhergeflattert seien. »Von wegen Schmetterlinge«, brummte Don Eufemio. Clara mischte sich ein und beschrieb ihrerseits das Gewitter.

Die Bäuerin Annunziata hörte still zu und sah ihrem Mann lächelnd in die Augen. »Das Gewitter war golden, hörst du, Agnello?« Und Annunziata berührte ihren Mann am Ellbogen und schüttelte, als könnte sie ihr Glück nicht begreifen, den Kopf.

Hermann aber blieb, seinen täglichen Selbstaufforderungen zum Trotz, noch sechs Monate auf der Insel. Er fand aus dem weißen Binnenhof der Witwe Oca, aber vor allem aus Claras melodischem Stimmbereich einfach nicht so schnell den Weg, der hinausführte. Sie sahen sich täglich und an manchen Tagen stündlich, er sah ihr von seiner Terrasse herab auf den Scheitel und warf ihr Worte zu, kitzelte sie, wenn sie unbeweglich in der Sonne saß, mit einem Halm hinterm Ohr. Sie lachten einander immer offener, immer fröhlicher an, und sie erwiesen einander soviel Vertraulichkeiten, wie sie den Brautleuten auf der Insel nicht zustanden. Denn nun wußten es beide ganz sicher, daß sie bei aller Nähe einander nicht erreichen konnten.

Sechs Monate nach der Wallfahrt gebar die Bäuerin Annunziata einen zehn Pfund schweren Sohn, von dem es hieß, daß er nur sechs Monate im Schoße der Mutter getragen worden sei. Er wurde auf den Namen Agnello getauft und wie ein wunderbares Kind herumgereicht und betrachtet. Hermann küßte das gebündelte Geschenk des Heiligen zum Abschied. Er wußte: wenn er eines Tages – nach Jahren – wiederkehrte, hatte der kleine Agnello seine Vorzugsstellung an die nachgeborenen Geschwister abgetreten. Und auch Clara trägt dann ein Kind auf dem Arm, das ihr der Heilige der Fruchtbarkeit durch das goldene Gitter reichte, der »Schäfchenbärtige«, der so gerne schenkt; aber stehlen läßt er sich nichts.

Marie Luise Kaschnitz

Silberne Mandeln

Das Programm des feierlichen Tages stand schon seit Wochen in allen Einzelheiten fest. Messe und besonderer Segen für die Silberbrautleute, danach zu Hause die Gratulationen, großes Betrachten der Geschenke, Anbieten von Wermut und Gebäck, wenn alle beisammen sind, Abfahrt in die Campagna auf das Gebirge zu. Mittagessen in Albano, Leute, die jung geheiratet haben, sind auch bei der Silberhochzeit noch nicht alt, haben keine grauen Haare, keine Kreislaufstörungen, die ihnen das gute Essen und Trinken verbieten. Also wird man jetzt Spaghetti alla Bolognese essen, aber vorher noch Antipasto, scharfe rote Wurstscheibchen, Oliven, gesalzenen Lachs. Danach Pollo alla Cacciatore, zerhackte Hühner mit viel scharfem rotem Paprika, Kalbfleisch in Kapernsoße, schließlich Zuppa inglese, diesen Biskuitkuchen, der mit Rum durchtränkt ist wie ein nasser Schwamm, Kaffee und dazu Silbermandeln, nicht zu vergessen den Wein, verschiedene goldgelbe Castelliweine und Süßweine und Astispumante und mit dem Kaffee wird man den Wein unschädlich machen, und mit dem Wein den Kaffee. Nach dem Essen, das gewiß einige Stunden in Anspruch nehmen wird, wird man auf der neuen Touristenstraße um den See fahren, auch irgendwo aussteigen und zu Fuß gehen, wenn das Wetter gut ist, aber warum sollte es nicht gut sein im Monat Mai. Einige Schritte auf einem Waldweg, mit den Kindern Ball spielen, ein Kofferradio wird auch mitgenommen, und der Vetter Mauro hat dazu noch ein ganz kleines japanisches, das trägt er in der Hosentasche, und erschreckt damit die Leute, ein Bauchsänger, eine wandelnde Musik.

Nach dem Spaziergang wird es zu heiß sein oder zu kalt, jedenfalls wird man noch einmal einkehren, in Marino, vielleicht auch in Castelgandolfo, dem Sommersitz des Papstes, wo sich dann das letzte Vorhaben des Tages abspielen wird und das wichtigste für Concetta, aber gerade weil es das wichtigste ist, hat sie es nicht auf ihr Programm geschrieben und redet davon nichts. Sie hat nur mit ihrem Beichtvater gesprochen, und der Beichtvater hat telefoniert und gesagt, jawohl, das wäre zu machen, sie müsse sich nur pünktlich einfinden, aber warum auch nicht pünktlich, ein Tag ist lang.

Das Essenbestellen und in dieser gewissen Angelegenheit mit dem Beichtvater Verhandeln, das sind nicht die einzigen Vorbereitungen, die Concetta für ihre silberne Hochzeit treffen muß. Alle Geschenke, die sie im Lauf ihres Lebens bekommen hat, die versilberte Vase, die goldenen Kettchen und Armbänder, die schon so oft ins Leihhaus gewandert und wieder ausgelöst worden sind, müssen glänzend poliert, der Strauß aus Wachsblumen, Tulpen und Narzissen muß abgestaubt, die Fliesen müssen mit Schwefelwasser gewaschen werden, schon flattert das durchbrochene und gestickte Tischtuch mit den dazu passenden Servietten frisch gewaschen auf der Dachterrasse im Wind. Der Schmuck, den Concetta an diesem Tage zu tragen gedenkt, darf nicht aus eigenem Besitz stammen, es läge sonst zu wenig auf dem Gabentisch, den die Verwandten und Bekannten bestaunen sollen, silberne Hochzeit ist nicht wie grüne Hochzeit, da zeigt sich, wie man geschätzt wird und was man den andern wert ist und damit sich selbst. Also macht Concetta, sobald sie das Tischtuch und die Servietten zum Trocknen aufgehängt hat, einen Rundgang, eine Rundfahrt vielmehr, jetzt mit der Circolare, jetzt mit dem Autobus, jetzt wieder mit der Elektrischen, jetzt ein Stückchen zu Fuß. Die Damen, bei denen Concetta früher einmal aufgeräumt oder Wäsche gewaschen hat, sind alle zu Hause, was für eine Freude, Concetta, und silberne Hochzeit, und schon wird der Tag in roten und grünen Kalenderchen notiert. Concetta lädt ein, in die Kirche, zum Gratulationsempfang, sie überschlägt in Gedanken die Geschenke, die zu erwarten sind, sie fragt nach den Kindern, den Brüdern, den Schwestern, sie geht noch nicht. Sie kennt die Schmuckkästchen der Damen, feine Ledereteuis mit Samteinlage, oder auch nur Seifenschachteln mit rosa Watte, und könnte sie nicht etwas geliehen bekommen, ein Stück nur für ihre Silberhochzeit, hier das Madönnchen am Goldkettchen, hier das glatte Schlänglein mit den Rubinaugen, hier das Armband aus Filigran. Die Damen sind freundlich, sie leihen gerne, warum denn auch nicht. Leb wohl, Concetta, viel Glück Concetta, und Concetta, die das sorgfältig in Seidenpapier gewickelte Schmuckstück in ihrer tiefen Handtasche hat verschwinden lassen, läuft die Treppe hinunter und dem nächsten Verkehrsmittel zu. In der Innenstadt geht sie noch zu dem Konditor, der Spezialist für Hochzeitsmandeln ist. Die niedlichen Gefäße, in denen das Zuckerwerk an alle Gratulanten verschenkt wird, werden von ihm gleich mitgeliefert, Concetta soll aussuchen und gerät in Verzweiflung, weil sie eines so schön findet, das mit Rokokodämchen bemalt ist, aber sie entscheidet sich am Ende vernünftig für das preiswerte aus dickem übersponnenem Glas. Schließlich sind sie arme Leute, die Druckerei, in der ihr Mann arbeitet, zahlt nicht viel, erst seit der siebzehnjährige Paolino mitverdient, geht es ihnen besser. Erst seitdem haben sie statt des einen Zimmers die Wohnung, in der sich freilich außer den Betten, dem Schrank und der Fernsehtruhe so gut wie nichts befindet, so daß man für den Festtag auch noch Möbel ausleihen muß. Von dem Süßwarengeschäft fährt Concetta direkt nach Hause, wo auf der Treppe schon die Schneiderin wartet, keine richtige natürlich, sondern eine Bekannte, die nähen kann. Die goldbraune Seide zum Festkleid ist ein Geschenk von Concettas letzter Dienstherrin, die aus diesem Grunde, also aus reiner Vornehmheit, von der Liste der Schmuckverleiherinnen gestrichen worden ist. Bice, sagt Concetta, komm herein, ich bin tot, ich ersticke, und reißt sich die Schuhe ab, aus denen ihre Füße quellen, und zerrt sich den Hüftgürtel vom Leib. Sie trinkt ein Glas Wasser, jetzt schon so eine Hitze, und wie soll das noch werden, bis zum Donnerstag, und Bice, jetzt will ich es dir zeigen, das große Geschenk. Das große Geschenk hat Concetta selbst gekauft, es liegt hinter Francos Socken im Kleiderschrank, Concetta legt es sich einen Augenblick auf die nackten schwitzenden Schultern, sie steht schon im Unterrock, zur Anprobe bereit. In der Abendsonne, die durch das Fenster in den Spiegel fällt, leuchten die Marderfellchen und Concetta streichelt mit nassen Fingern das stark nach zoologischem Garten riechende goldene Haar. So heiß muß es ja nicht werden, es kann auch ein Gewitter geben, es kann regnen, einmal hat es im Mai sogar geschneit. Das fehlte noch, sagt Bice, den Mund voller Stecknadeln, und Concetta seufzt und legt den Pelz mit den aneinandergenähten Köpfchen beiseite. Das Wetter läßt sich nicht voraussagen, das Wetter macht Gott.

Gott macht das Wetter, er braut am Silberhochzeitstag einen zünftigen Scirocco, eine Dunstglocke voll zitternder Hitze, aber am Morgen ist das noch nicht zu bemerken, am Morgen geht alles gut. Die Gäste werden um neun Uhr abgeholt, vorher gibt es noch ein langes Verhandeln, drei Taxis mit je acht Insassen, die Polizei will das nicht haben, aber die Strafe ist billiger als ein weiteres Taxi, und wer weiß, vielleicht begegnet man keinem Polizisten, und wer weiß, vielleicht drückt der Polizist ein Auge zu. In der Kirche spielt die Orgel das Ave Maria, Concetta und Franco knien ganz vorne, Franco in seinem guten blauen Anzug und Concetta in der braunen Seide mit Jäckchen, die Marderköpfchen auf dem Rücken, die Fellchen rechts und links auf die Brust fallend, wie die Zöpfe, die sie als Mädchen trug. Die Orgel spielt auch noch den Hochzeitsmarsch aus dem Lohengrin, und währenddem spricht der Geistliche leise und eindringlich auf die von ihm neu Vermählten ein. Concetta hört zu, freundlich und ein wenig geringschätzig, macht sich Sorgen, ob zu Hause der Eismann gekommen ist und ob ihre vierzehnjährige Tochter Nanda nicht wieder unter ihren Kopfschmerzen zu leiden haben wird. Sie denkt auch, das hier ist schön, aber was ich weiß, wird noch schöner, eine Überraschung für alle, wer hat das, wer kann das, ich bin auf den Gedanken gekommen, ich. Daheim ist der Gabentisch aufgebaut und erregt Bewunderung, die Blumen der Gäste werden ins Wasser gestellt, weißer Flieder, denkt Concetta, zweitausend Lire, elf rote Rosen fünfzehnhundert, ein Sträußchen Calendula, schäbig genug. Der Himmel hat sich umzogen, es ist schwül geworden. Die Gäste trinken Wermut mit Sprudelwasser, auch Franco und Concetta trinken und stoßen mit allen an. Der Sohn Paolino ist ein junger Mann, läßt sich unwillig abküssen, die Tochter Nanda verteilt die Glasschälchen mit den Silbermandeln, Concettas Brüder bekommen schon jetzt rote Gesichter und werden laut. Um 11.30 Uhr stehen die drei Taxis wieder vor dem Hause, alle drei sind mit Rundfunkempfängern ausgestattet, in allen dreien hört man dieselbe Musik, Musik zur Mittagsstunde, ein paar Lieder vom Festival in Nizza, die schon bekannt sind und mitgesungen werden, so laut, daß Concetta die Ohren gellen. Auf dem Weg nach Albano, der dadurch abwechslungsreicher gestaltet wird, daß auf Geheiß der Fahrgäste die Chauffeure mitten in dem hektischen Verkehr der Ausfallstraße ein Wettrennen veranstalten, wird zweimal gerastet und in ländlichen Osterien Wein getrunken. Man fährt auf der Via Appia, der Jasmin hinter den Gartenmauern blüht. In einer der Wirtschaften wird photographiert, das Silberpaar allein und mit den Kindern und mit den Verwandten, und Concetta achtet darauf, daß auf der Photographie auch aller Schmuck zu sehen ist, das Madönnchen, die goldene Schlange, die Korallenohrringe und das Armband aus Filigran.

Beim Essen in Albano sitzt man fast drei Stunden. Paolino hält etwas verlegen eine kleine Rede auf seine Eltern, Nanda kichert, Concettas Brüder haben ihre Frauen ausgetauscht und blasen ihnen weinfeuchte Küsse ins Ohr. Wenn ihr wüßtet, denkt Concetta, zwischen Kalbfleisch und süßer Speise, wenn ihr wüßtet, was uns noch erwartet, und trinkt etwas weniger als die andern, ißt aber von allen Gerichten, schwillt rund herum an und kann doch hier den Hüftgürtel nicht ausziehen, nur die Lackschuhe heimlich unter dem Tisch. Gegen vier Uhr drängt sie zum Aufbruch, jetzt soll der Spaziergang gemacht werden, und er wird auch gemacht, hoch über dem unheimlichen Auge des Sees. Die kleinen Neffen und Nichten sollen Ball spielen, wollen aber nicht, erst eine Schafherde reißt sie aus ihrem Verdauungsstumpfsinn, da rennen sie den Schafen nach und sind nicht mehr zu sehen. Die Männer haben sich auf eine Felsplatte gesetzt und spielen Karten, die Vögel im jungen Kastanienlaub singen wie toll. Concetta auf ihren hohen Lackstöckeln muß den Kindern nachlaufen, Nanda hat nun wirklich ihr Kopfweh und macht sich am Bächlein Kompressen, alle andern machen nur Dummheiten, Concetta läuft und läuft und die kleinen Marderpfoten klopfen ihr auf die Brust. Laß doch, ruft die Schwägerin, wir haben nichts zu versäumen, aber Concetta weiß, daß sie doch etwas zu versäumen hat. Sie rennt und schreit, kommt ihr kleinen Schätzchen, und schmutzig und außer Atem trotten die kleinen Schätze endlich an ihrer Hand zum Taxi zurück. Was für eine Hitze, sagen die Erwachsenen, die auch einsteigen, was für ein Durst. Auch Concetta hat eine trockene Kehle und große feuchte Flecke unter den Achseln. Jetzt muß man noch den Kuckucksruf zählen, ach er ruft unermüdlich, kein Ende des Lebens, kein Ende des Glücks. In Marino wird wieder haltgemacht und ausgestiegen und Wein getrunken und erst dieser Wein steigt Concetta zu Kopf. Sie steht auf und torkelt, alle machen ihre Späße mit ihr. Sie setzt sich wieder hin und weiß nichts mehr, nicht wie sie alle an diesen langen Tisch in der Laube gekommen sind, nicht warum sie jetzt singt und mit ihrer Hand mit dem Schlangenring den Takt schlägt, nicht warum der See vor ihren Augen aufsteigt und wieder zurücksinkt, auf und nieder, und die Kinder werfen silberne Mandeln über den Tisch. Concetta hat das Gefühl, etwas tun zu müssen, etwas sehr wichtiges, aber sie kann sich an nichts erinnern, sie ist mit einem Mal so müde und spielt mit ihren Zöpfen, Franco, den sie schon als Buben gekannt hat, hat sie ihr einmal fest um den

Hals geschlungen, wart nur, jetzt erwürge ich dich. Damals war auch Frühling, rief auch der Kuckuck, meine Zöpfe haben Krallen, kleine scharfe Krallen und übel ist mir, ich muß mich übergeben, steh auf, Concetta, geh ins Haus. Sie steht nicht auf, die Übelkeit geht vorüber, dafür rollen ihr jetzt die Tränen über die Backen, weil sie plötzlich weiß, was sie noch vorgehabt an dem Tag, das letzte, das eigentliche, die Überraschung, aber sie weiß auch, es kann nichts mehr daraus werden, ihre Füße hängen klein und schwach an den mächtig angeschwollenen Beinen und tragen sie nicht. Auch die andern lehnen jetzt über den Tisch mit verquollenen Mondgesichtern, nur ein paar hundert Meter wären es gewesen bis zur Villa, nur hundert Schritte zum Balkon, von dem aus der Heilige Vater heute den Segen erteilte, für ausländische Pilger, gewiß. Aber Concetta hatte eine Sondererlaubnis, der Papst hätte sie gesegnet und Franco und Paolino und Nanda, mit seinem Segen an diesem Tage wären sie hundert Jahre alt geworden und immer gesund geblieben, Paolino und Nanda hätten geheiratet und ungezählte Söhne bekommen. Aber nun wurde es schon dunkel, kein Einlaß mehr in den Hof, und der Segen längst vorbei.

Was hast du, Mammina, fragt Nanda, und die Schwägerinnen rufen, sie weint, man muß ihr Kaffee bestellen, oder willst du ein Eis?

Wir fahren nach Hause, sagt Franco, und schon brechen alle auf, pferchen sich in die Taxis, die weinende Concetta kommt zwischen ihren Mann und ihre Schwägerin Rosa zu sitzen, sie hört nicht auf zu schluchzen, und als die drei Autos sich in Bewegung setzen, fängt sie sogar an zu schreien. Sie hat jetzt furchtbare Visionen von dem, was geschehen wird, von entsetzlichen Krankheiten, denen sie und Franco unter Qualen erliegen werden, Nanda wird geschändet, Paolino auf seiner Vespa von einem Lastauto zermalmt. Die Stadt, von der Atombombe vernichtet, liegt in Trümmern, die in ihrem Kalender abgebildeten Apokalyptischen Reiter galoppieren in den Wolken über die Schutthalden hin.

He, sei still, schreit Franco, er hat die feinen Bräutigamsmanieren abgelegt und fühlt sich wie ein Mann, der mit Männern getrunken hat, erhaben über alle Frauen der Welt.

Die Taxis rollen die albanischen Hügel hinunter, man sitzt eng und heiß, streitet und tut bald auch das nicht mehr, die fuchtelnden Hände kommen zur Ruhe, die Köpfe sinken irgendwohin, auf eine schweißnasse Schulter, auf die eigene Brust. So kommt es, daß außer den Fahrern, die an einer Kreuzung plötzlich angehalten werden, von der ganzen Hochzeitsgesellschaft niemand sieht, was da, von Polizistenarmen abgeschirmt, vorübergleitet: Zwei Motorradfahrer mit weißen Helmen, dann eine schwarze Limousine, die ganz mit weißer Seide ausgeschlagen und von innen erleuchtet ist, und darin der ebenfalls weißgekleidete müde alte Mann, der durch die nachtschwarze Campagna nach Rom zurückfährt und der von Zeit zu Zeit seine Hand zum Segen erhebt.

Anhang

Zur Auswahl der Texte

Mit der einen Ausnahme Joseph von Eichendorffs haben alle hier versammelten Autoren Italien aus eigener Anschauung gekannt. Eben um der Authentizität ihrer persönlichen Wahrnehmung willen wurden Erzählungen, die in der Gegenwart des Autors handeln, prinzipiell den historischen Sujets vorgezogen. Deshalb wurde eine ganze Reihe bekannter Novellen nicht aufgenommen, etwa von E. T. A. Hoffmann (*Doge und Dogaresse*), von Achim von Arnim (*Raphael und seine Nachbarinnen*), von Ludwig Tieck (*Pietro von Abbano*), von C. F. Meyer (*Die Versuchung des Pescara*, *Die Hochzeit des Mönchs*, *Angela Borgia*), von Friedrich Halm (*Das Haus an der Veronabrücke*) oder von Gertrud von Le Fort (*Die Consolata*). Andere Novellen, die zwar in Italien spielen, jedoch zu wenig Lokalkolorit enthalten und im Grunde ubiquitären Charakter haben, kamen hier, wo es um die Spezifik von Land und Leuten Italiens geht, nicht in Frage (etwa die Novellen Goethes, Hebbels und Werner Bergengruens). Aus Gründen des Umfangs oder aber auch ihrer fast zu großen Bekanntheit schieden Texte von Friedrich de la Motte Fouqué, Willibald Alexis, Gerhart Hauptmann, Ricarda Huch, Arthur Schnitzler, Hugo von Hofmannsthal, aber auch von E. T. A. Hoffmann und Conrad Ferdinand Meyer aus. Ein besonderes Augenmerk galt der landschaftlichen Streuung der ausgewählten Geschichten: wenn auch nicht alle, so sollten doch möglichst verschiedene Regionen Italiens in den Blick kommen. Der Vielfalt der novellistischen Schauplätze entspricht eine ähnliche Vielfalt bei den Herkunftsregionen der Verfasser: neben Schlesiern (Eichendorff, Laube) stehen die »Nordlichter« Gaudy, Heyse, Hartleben, P. Ernst und H. Mann; die südwestdeutsche Gruppe bildet traditionsgemäß eine starke Italienfraktion: Waiblinger, Kurz, Hesse, Andres und bedingt Marie Luise Kaschnitz; der Österreicher Seidl und die beiden Schweizer Federer und

Zollinger komplettieren den überregional angelegten Zirkel dichtender Italienfreunde. Die chronologische Anordnung soll im Ansatz die Historizität jedes Italien-Erlebens vermitteln: Wir selbst stehen am Ende einer jahrhundertlangen Begegnung, bei der sich beide Pole unablässig verändern: die wahrnehmenden Italienfahrer wie auch das betrachtete Land selbst.

Zu den Autoren und Druckvorlagen

E: Erstdruck D: Druckvorlage
Die älteren Texte der vorliegenden Ausgabe wurden behutsam modernisiert

STEFAN ANDRES

26. Juni 1906 – 29. Juni 1970

Das goldene Gitter 400

Entstanden 1932.
E: Stefan Andres: Das goldene Gitter. Erzählung. Berlin: Lüttke, 1943.
D: S. A.: Das goldene Gitter. Novellen und Erzählungen. Bd. 2. München: Piper, 1964. S. 52–82. © 1964 R. Piper & Co. Verlag, München. [Gegenüber E und einem späteren Einzeldruck (Gütersloh 1951) überarbeitet.]

Stefan Andres, geboren 1906 in Dhrönchen bei Trier als neuntes Kind eines pfälzischen Müllers, sollte eigentlich Theologie studieren. Mehr Neigung entwickelte er indes für Kunstgeschichte, Philosophie und besonders Germanistik, die er von 1928–32 an den Universitäten Köln, Jena und Berlin studierte. Anschließend führten ihn mehrere Reisen nach Italien, Ägypten und Griechenland. Ein Gegner des Nationalsozialismus, lebte Andres von 1937–49 in Positano bei Salerno und in Rom, seit 1950 in Unkel am Rhein. 1961 übersiedelte er vollends nach Rom, wo er im Juni 1970 gestorben ist. Mit seiner Novelle *Wir sind Utopia* (1943) hatte Andres wohl seinen größten Erfolg.

Zahlreiche seiner Romane und Novellen spielen in Italien. Der Sammlung *Positano. Geschichten aus einer Stadt am Meere* (1957) hat Andres 16 eigene Zeichnungen beigefügt. Die Romane *Die Liebesschaukel* (1941), *Ritter der Gerechtigkeit* (1948) und *Die Reise nach Portiuncula* (1954) hat Andres 1965 unter dem Titel *Die italienischen Romane* zusammengefaßt. 1966 hat er in dem Roman *Der Taubenturm* das Schicksal einer in Italien lebenden deutschen Professorenfamilie gestaltet und darin ein Bekenntnis gegen »jeden Mißbrauch der Staatsgewalt und zugleich alle Untertanenseligkeit« abgelegt.

Geprägt ist sein ganzes Werk von christlicher Humanität; die mythische Grundkonzeption, deren Andres sich vor allem in den Romanen bedient, spiegelt sich in den lebenszugewandten italienischen Novellen weniger. Gerade die bereits 1932 entstandene, jedoch erst 1943 publizierte Novelle *Das goldene Gitter* mit ihrer lockeren Komposition ist aus der Zeitsituation heraus zu verstehen. Fast sinnbildhaften Charakter hat es, daß die humorvoll berichtete Liebesgeschichte zwischen dem deutschen Studenten Hermann und der ländlichen Schönheit Clara gleichwohl zu keiner dauernden Bindung führt. Von den zwei Fassungen der Novelle wurde hier die spätere, nuancenreichere und farbiger erzählte Version gewählt. Trotz aller Konflikte bildet die humane Serenität der südlichen Welt bei Andres ein Gegengewicht gegen die Verdüsterung nördlich der Alpen. Ordnung und Maß sind die Leitlinien seines künstlerischen Schaffens, wie er es in seinem Essay »Über die Sendung des Dichters« (1953) selbst formuliert hat: »Ohne Sinn für das Maß nämlich ist das Werk überhaupt nicht vorstellbar; ohne Weisheit geschieht kein richtiger Blick in die Welt; ohne Stärke des Herzens wird dieser Blick nicht ertragen und ohne Gerechtigkeit vollends wird der Zufall zur Herrschaft aufgerufen, Tyche, die Furchtbare! – und statt eines aus Schmerzen und Geduld steigenden Lobgesanges auf diese ebenso schöne wie furchtbare Welt erschallen Lästerungen oder das böse Gelächter der Verzweifelten, wie wir es heute so oft hören.« (In: *Offener Horizont. Festschrift für Karl Jaspers*, München 1953, S. 362.) Der sinnenhaft-humane Süden soll, so könnte man Andres' Botschaft verstehen, den entfremdeten Menschen wieder zu den heilenden Kräften der Natur zurückführen.

Joseph von Eichendorff

10. März 1788 – 26. November 1857

Das Marmorbild 35

E/D: Frauentaschenbuch für das Jahr 1819 von de la Motte Fouqué. Nürnberg: Joh. Leonh. Schrag, 1819. S. 335–396. – Die folgenden Textstellen wurden korrigiert:

38,29 Augenwimpern] Augenwimper 47,28 lieblicher] liedlicher 59,25 erwacht] verwacht.

Joseph von Eichendorff gilt noch heute als Inbegriff eines romantischen Poeten. Den hohen Popularitätsgrad verdankt seine Lyrik und Prosa weniger individuellen Empfindungen, konkreten Schilderungen oder scharf umrissenen Charakteren als einer allgemeinen ›Stimmungshaftigkeit‹, musikalischer Sprache, ungekünsteltem Frohsinn und schlichter Innigkeit. Geboren wurde Eichendorff im oberschlesischen Schloß Lubowitz. Anfangs von einem Hauslehrer in aristokratisch-katholischem Geiste erzogen, besuchte er seit 1801 katholisches Konvikt und hernach katholisches Gymnasium in Breslau; seit Winter 1804 studierte er Jurisprudenz in Breslau, dann in Halle und Heidelberg, wo er die Häupter der romantischen Bewegung kennenlernte: Joseph von Görres, Otto Heinrich von Loeben, Achim von Arnim und Clemens Brentano. Im Laufe seines ausgedehnten Studiums kam er nach Paris, dann nach Berlin; dort verkehrte er in der »Christlich-Teutschen Tischgesellschaft« und pflegte außer mit Arnim und Brentano Umgang mit Adam Müller und Heinrich von Kleist. In Wien, wo er 1810 sein Jurastudium abschloß, freundete er sich mit Friedrich und Dorothea Schlegel an. Nach dem Frankreichfeldzug von 1815 trat er 1816 in den preußischen Staatsdienst als Referendar ein. Als Schulrat und Regierungsrat wirkte er in Danzig, Marienwerder und Königsberg und seit 1841 im Kultusministerium zu Berlin. 1844 verließ er vorzeitig den Staatsdienst, der Schwierigkeiten, die man ihm als Katholiken in Preußen machte, überdrüssig; den Lebensabend verbrachte er an wechselnden Wohnsitzen, seit 1855 bis zu seinem Tode lebte er bei der Tochter in Neiße.

Eichendorff kannte Italien nicht aus eigener Anschauung. Dennoch hat seine populärste Novelle *Aus dem Leben eines Taugenichts* (1826) das romantische Italienbild nachhaltig geprägt. Italien erscheint im Werk Eichendorffs nicht etwa als Land der Sehnsucht, als Erfüllung nordischer Träume. Vielmehr ist Italien Schauplatz für Intrigen, Machtkämpfe, Leidenschaften, für Verführung, Unmoral und Dämonie. Der Romaufenthalt des Taugenichts endet mit einem Mißklang: »Die Wasserkunst, die mir vorhin im Mondschein so lustig flimmerte, als wenn Engelein darin auf und nieder stiegen, rauschte noch fort wie damals, mir aber war unterdes alle Lust und Freude in den Brunnen gefallen. – Ich nahm mir nun fest vor, dem falschen Italien mit seinen verrückten Malern, Pomeranzen und Kammerjungfern auf ewig den Rücken zu kehren, und wanderte noch zur selbigen Stunde zum Tore hinaus.« Schon die frühe Erzählung *Das Marmorbild* (1819) bündelt wie in einem Zauberspiegel alle diese unheimlichen Vorstellungen und halb unbewußten Gefühle in die Venusstatue, das Sinnbild sündig-verderbender Verführungskunst. Wie nur wenige andere Novellen der Romantik ist sie zu einem Lieblingsstück moderner Interpreten avanciert. Als Eichendorff das Manuskript dem Herausgeber des *Frauentaschenbuchs*, Friedrich de la Motte Fouqué, Anfang Dezember 1817 übersandte, bezeichnete er das Werk als »Novelle oder Märchen«, zu dem eine Anekdote aus Eberhard Werner Happels *Grössesten Denkwürdigkeiten der Welt oder so genandte Relationes Curiosae* (3. Teil, Hamburg 1687) »die entfernte Veranlassung« gegeben hätte. Aus verdrießlichen und unersprießlichen Geschäften habe er »in vorliegendem Märchen versucht«, sich »in die Vergangenheit und in einen fremden Himmelsstrich zu flüchten«, er betrachte das Werk »als einen Spaziergang in amtsfreien Stunden ins Freie hinaus«. Die Resonanz auf die Publikation im *Frauentaschenbuch* von 1819 war überwiegend negativ; der Rezensent der Frankfurter Zeitschrift *Iris* entdeckte darin nur »hirnlosen Teufelsspuk, mit Mondscheinduft und Lilienklang verwebt«; später, nach dem gemeinsamen Abdruck mit der Novelle *Aus dem Leben eines Taugenichts* (Berlin 1826), wurde die Aufnahme freundlicher. Unverkennbar sind die Einflüsse von Ludwig Tiecks Erzählung *Der getreue Eckart und der Tannenhäuser* (1799), Novalis' *Heinrich von Ofterdingen* (1802), Dorothea Schlegels *Florentin* (1801) und Fouqués Roman *Der Zauberring* (1812).

Paul Ernst

7. März 1866 – 13. Mai 1933

Der Carneol 296

Entstanden um 1916.
E/D: Geschichten aus dem Süden von Paul Ernst. Berlin: Deutsche Buch-Gemeinschaft, 1925. S. 252–282. Mit freundlicher Genehmigung von Herrn Karl August Kutzbach, Bonn.

Karl Friedrich Paul Ernst, wie der Dichter mit vollem Namen heißt, wurde 1866 in Elbingerode im Harz geboren. In Clausthal aufgewachsen, studierte er in Berlin zunächst Theologie, gab jedoch, als Folge seiner Begegnung mit revolutionären Tendenzen in Politik und Literatur, dieses Studium auf. Die geistigen Väter seiner damaligen politischen und literarischen Ansichten waren Leo Tolstoi, Karl Marx und Arno Holz. 1892 in Bern zum Doktor der Volkswirtschaft promoviert, entfernte er sich zunehmend von den frühen Positionen (1896 Austritt aus der SPD) und stand abwechselnd unter dem Einfluß Dostojewskis und Nietzsches. Während eines Italienaufenthaltes im Jahre 1900 erschloß sich Ernst die Freskomalerei Giottos; sie und das literarische Vorbild der altitalienischen Renaissance-Novellen bildeten sein strenges Formideal. Von 1903–16 lebte er mit kurzen Unterbrechungen (Düsseldorf 1905/06, Berlin 1914) in Weimar. Längere Reisen führten ihn nach Italien und Frankreich. 1918 bedeutet die Wende in Ernsts Leben: er zog auf das Gut Sonnenhof im Isartal, 1925 auf das Schloß St. Georgen bei Graz, wo er sich ganz seiner umfangreichen literarischen Produktion widmete. Die Grundhaltung seiner dramatischen, erzählerischen und theoretischen Werke ist konservativ und »volkhaft«. Aus diesem Grund wurde er denn auch zunächst von den Nationalsozialisten als einer der ihren reklamiert; zu Unrecht freilich, denn Ernst strebte eine Synthese des deutschen Geistes mit den Idealen der griechischen Antike an. So steht der Ausdeutung des deutschen Mittelalters (in zahlreichen Vers-Dramen und im dreibändigen Monumentalepos *Das Kaiserbuch* von 1922–28) die romanisch geprägte Welt seiner Novellen gegenüber. Neben der griechischen Tragödie galt ihm die italienische Novelle als die größtmögliche »Annäherung an die ewigen Inhalte der Formen« (*Der Weg zur Form. Ästhetische Abhandlungen vornehmlich zur Tragödie und Novelle*, 1906). Das novellistische Ideal der konzisen Form, der einlinigen Handlung mit pointenhaftem Kern findet sich bei Ernst zuweilen in fast unsinnlicher Nüchternheit (etwa in der Sammlung *Komödianten- und Spitzbubengeschichten*, 1920). Moderne psychologische Seelenzergliederung lehnte er ab. So wirken viele seiner kurzen Novellen wie Entwürfe, denen die sinnliche Konkretheit mangelt. Gerade in dieser etwas starren Unsinnlichkeit äußert sich Ernsts klassizistischer Formwille, der bewußt die Fülle des Details hinter dem abstrakten Geschehenskern zurückstellt.

Die Novelle *Der Carneol* entstand im Jahre 1916; zusammen mit fünf anderen Novellen hat Ernst sie als Kontrafaktur zur »schlimmsten« altitalienischen Novellensammlung *Cento novelle amorose dei signori accademici incogniti* (Venedig 1641) angelegt, mit der erklärten Absicht, die alberne Ausführung des Originals zu verbessern: »Mir war die italienische Novelle immer merkwürdig als Beweis dafür, daß eine Form, wenn sie einmal gefunden ist, eine so große Kraft in sich hat, daß sie die Menschen über ihre eigene Mangelhaftigkeit hinwegtragen kann, und so habe ich denn den Band der dunkeln Herrn Akademiker aufmerksam durchgelesen, um zu sehen, wie hier die Albernheit es verstanden hat, selbst das stärkste an Form zu sprengen. Diese Beschäftigung war nun naturgemäß nicht gelehrt, sondern dichterisch: ich ging den falschen Gefühlen nach, stellte mir die schiefen Bilder vor, ließ die unempfundenen Worte und Sätze auf mich wirken; und wo es irgend anging, da spann ich in der Phantasie nun eine Gegengeschichte aus zu der dummen Novelle, die ich gelesen hatte: eine Geschichte, welche ich auf denselben äußeren Voraussetzungen nun ganz anders, nämlich natürlich und verständig, aufbaute.« (*Geschichten aus dem Süden*, S. 164.) *Der Carneol* ist eine komplizierte Burleske mit humoristischem Einschlag. Gegenüber dem atmosphärisch dichten Beginn fällt der allzu knappe Schluß freilich etwas ab. Doch ist gerade diese Skizzenhaftigkeit ein charakteristisches Merkmal von Ernsts alles Gefühlshafte vermeidendem, um Konzentration bemühtem Stil.

Heinrich Federer

6. Oktober 1866 – 29. April 1928

Die Buchbinderin Mala Golzi 320

E/D: Unter südlichen Sonnen und Menschen. Sechs Novellen von Heinrich Federer. Berlin: G. Grote, 1929. S. 223–307. – Die folgenden Textstellen wurden korrigiert:
339,24 Piso Serra] Piso Golzi 351,19 Mala] Alma 355,15 Serra-Gaststube] Golzi-Gaststube 370,36 Serra, der junge Serra] Golzi, der junge Golzi 374,26 umbrischen Pfirsiche] umbrische Pfirsich 377,9 Piso Serra] Piso Golzi

Heinrich Federer war der Sohn eines Zeichenlehrers und Bildschnitzers, geboren in Brienz bei Bern. Noch in seiner Kindheit verließ der Vater die Familie, ein Outsider und Landstreicher, der schließlich im Irrenhaus endete. Der bereits in jungen Jahren an Asthma leidende Heinrich Federer besuchte die von Benediktinern geleitete Kantonschule in Sarnen, dann in Eichstätt, Luzern und Freiburg in der Schweiz. 1893 wurde er zum Priester geweiht und erhielt die Kaplanei Jonschwil/Toggenburg, die er zwischen 1893 und 1900 betreute. Aus gesundheitlichen Gründen verzichtete er jedoch auf die Ausübung des Priesteramtes und trat in die Redaktion der *Neuen Zürcher Nachrichten* ein. Seit 1907 lebte er als freier Schriftsteller in Zürich.

Auf Johann Gottfried Seumes Spuren durchwanderte er vor allem Umbrien und die Abruzzen. Die Reiseberichte und Erzählungen, die sich auf diese Erlebnisse und Erfahrungen stützen, sind bewußt volkstümlich und anekdotisch knapp. Er hat sie in mehreren Anthologien gesammelt, von denen die *Umbrischen Reisegeschichtlein* (1914) besonders populär geworden sind. Die umfangreiche Novelle von der *Buchbinderin Mala Golzi* (1929) bildet in seinem Werk die Ausnahme. Dennoch ist sie für die von ihm bevorzugte Thematik und seine schmucklose, aber wirklichkeitsnahe und frische Erzählweise typisch. Das Leben des städtischen Mittelstands und der einfachen ländlichen Bevölkerung hat er so lebensecht wie kein zweiter festgehalten; daneben hat er auch in der Nachfolge C. F. Meyers das Genre der historischen Novelle fortgeführt (*Sisto e Sesto*, 1913). Wahrhaftigkeit der Darstellung und Authentizität der Fakten sind die Leitlinien seiner volkstümlichen, durchaus zu feiner psychologischer Charakterisierung fähigen Kunst. Zweifellos hat Federers Beschäftigung mit der Gestalt des Franz von Assisi auch seine Darstellung des italienischen Lebens entscheidend geprägt, insbesondere die heitere Weltfrömmigkeit, die Liebe zur Natur, den stillen Humor und die erzieherische Absicht.

FRANZ VON GAUDY

19. April 1800 – 5. Februar 1840

Die Braut von Ariccia 129

E: Franz von Gaudy: Venetianische Novellen. 2 Bde. Bunzlau: Appun, 1838.
D: Franz Freiherrn Gaudy's poetische und prosaische Werke. Neue Ausgabe. Hrsg. von Arthur Mueller. Bd. 7. Berlin: A. Hofmann & Comp., 1854. S. 230–244.

Franz Bernhard Heinrich Wilhelm von Gaudy, früher ein sehr beliebter Autor, gilt gemeinhin als Spätromantiker in der Nachfolge Eichendorffs. Er kannte Italien – anders als dieser – aus eigener Anschauung und hat aus diesem Erleben eine reiche literarische Ausbeute getroffen. Gaudy war Sohn eines preußischen Majors (der 1810 zum Erzieher des Kronprinzen und 1813 zum Generalgouverneur von Sachsen ernannt wurde). Nach dem Besuch von Schulpforta, wo er heimlich Italienisch lernte, trat er dem Garderegiment in Potsdam (1818) bei. 1821 nach Neiße und dann nach Breslau versetzt, begann eine langjährige glanzlose Militärlaufbahn (1825 Glogau, 1830 Posen), für die der spottfreudige und literarisch interessierte Leutnant wenig Neigung aufbringen konnte. Gravierend eingeschränkt in seinem Lebensstil wurden er und die ganze Familie durch den Tod des Vaters (1823). Die ungünstigen Vermögensverhältnisse nötigten ihn zur Lösung eines bereits eingegangenen Verlöbnisses – ein Verzicht, den er psychisch nie verwunden hat. Befreiung vom ungeliebten Soldaten-Joch brachten ihm der 1833 gewährte Abschied sowie die vom befreundeten Kronprinzen (dem späteren König Friedrich Wilhelm IV.) ausgesetzte kleine Pension. Von nun an lebte Gaudy in Berlin, im Kreis literarischer Freunde (Chamisso, Alexis, Kopisch, Fouqué, Hitzig, Kugler, Eichendorff), als freier Schriftsteller, Übersetzer (er beherrschte Griechisch, Latein, Englisch, Französisch und dessen mittelalterliche Vorstufen, Italienisch, Spanisch, Polnisch, Dänisch) und Herausgeber, seit 1839 als Redakteur des von Chamisso herausgegebenen *Deutschen Musenalmanachs*. Seine Italienreisen – 1835 (mit Kugler) und Juli 1838 bis Sommer 1839 – konnte er im kulturgeschichtlich ergiebigen, von realistischem Charakterisierungsvermögen zeugendem Reisefeuilleton *Mein Römerzug* (1836) und in den (posthum publizierten) Skizzen *Portogalli* auswerten. Seine zweite Italienreise führte ihn im Juli 1838 über Rom nach Sizilien, der Plan einer Griechenlandreise zerschlug sich. Gaudy starb im Februar 1840, im Alter von noch nicht 40 Jahren, an den Folgen eines Schlaganfalls.

Am bekanntesten ist die umfangreiche Humoreske *Aus dem Tagebuche eines wandernden Schneidergesellen* (1836), die in einer für den Spätromantiker Gaudy bezeichnenden Weise Parodie, Satire und Groteske vermischt. Ganz anders als Eichendorffs Erzählung *Aus dem Leben eines Taugenichts*, der sie motivlich benachbart ist, gestaltet sie spezifisch italienisches Leben. Daneben hat Gaudy eine ganze Reihe von Novellen im eigentlichen Sinne verfaßt, in deren Zentrum ein klar umrissenes und merkwürdiges Ereignis steht. Gerade in der Wahl des meist sonderbaren oder gar phantastischen Geschehens dokumentiert sich noch die Herkunft des Dichters aus romantischem Geiste. *Die Braut von Ariccia* stammt aus dem Zyklus *Venetianische Novellen* von 1838, einer Reihe von Geschichten, die Gaudy dem öffentlichen Erzähler von der Riva degli Schiavoni in den Mund legt. Das Motiv der hintergangenen Braut erinnert entfernt an die Intrige in Lessings Trauerspiel *Emilia Galotti*, freilich ohne die politischen Konnotationen. Auch die Rache, die dem Betrug auf dem Fuße folgt, spielt sich ganz im Privatbereich ab. Trotz ihres etwas altmodischen Zuschnitts vermittelt die Erzählung einen lebendigen Eindruck vom weltberühmten Brauch des Blumenfestes von Genzano.

Otto Erich Hartleben

3. Juni 1864 – 11. Februar 1905

Der römische Maler 232

E: Otto Erich Hartleben: Der römische Maler. Erzählungen. Berlin 1898.
D: O. E. H.s ausgewählte Werke in drei Bänden. Bd. 2: Prosa. Berlin: S. Fischer, 1913. S. 185–216.

Otto Erich Hartleben war zu seiner Zeit ein ziemlich erfolgreicher Autor auf der mittleren Ebene, wo man Ausflüge in die Unterhaltung nicht scheut. Der 1864 geborene, früh verwaiste Hartleben absolvierte freudlos ein Jurastudium in Berlin und Leipzig und machte das Referendariat in Stolberg (Harz) und in Magdeburg. Seit frühen Jahren literarisch tätig – 1887 etwa erschien sein erstes Gedichtbuch *Studententage* –, entschied er sich 1890 für das Leben eines freien Schriftstellers. In Berlin, dem damaligen literarischen Zentrum, hielt er enge Kontakte zu den Naturalisten Arno Holz, Hermann Conradi und den Brüdern Heinrich und Julius Hart. Erklärte Gegner des epigonalen Klassizismus, schrieb diese Literatengruppe die Ideale der Natürlichkeit und der Wahrheit auf ihre Fahnen. Hartleben engagierte sich konsequent auch für soziale Probleme und trat als Redner in sozialistischen Veranstaltungen auf. Freilich läßt sich Hartleben nicht völlig mit den Kunstidealen des Naturalismus verrechnen. Dazu war er viel zu sehr Formkünstler, Anhänger eines witzig-graziösen Stilideals, der auch die Form klassizistischer Oden in der Platen-Nachfolge nicht verschmähte. Seit 1901 lebte er in München und – aus Gesundheitsgründen – in seiner Villa Halkyone bei Salò am Gardasee, wo er bereits 1905 starb.

In seinen Werken – er tat sich als Erzähler und als Lyriker, aber auch als Dramatiker und Parodist hervor – erwies er sich als witzig-ironischer Gesellschaftskritiker, der bevorzugt mit Mitteln des Humors und des Schwanks arbeitete. Eben seine scheinbar ungezwungen und locker hingeplauderten Erzählungen mit zeitgenössischen Themen trugen ihm seinerzeit den Ehrennamen eines »deutschen Maupassant« ein. Die burleske Novelle *Der römische Maler* berichtet das gar nicht so untypische Schicksal eines deutschen Malers, der in Rom, der Hauptstadt für deutsche Maler, hängengeblieben ist und sich nun zu einem verschrobenen Original weiterentwickelt hat. Wie meisterhaft Hartleben seine Absicht, amüsant zu unterhalten, mit impressionistischen Mitteln erreicht, zeigt sein liebenswürdiges Porträt eines skurrilen Genies, in dem er mit wenigen Strichen die bohemienhafte Atmosphäre römischer Künstlerwelt zeichnet.

Hermann Hesse

2. Juli 1877 – 9. August 1962

Der Zwerg 253

E: Die Rheinlande (Düsseldorf) 4,7 (1903/04) S. 180–184, 200–206 (unter dem Titel »Donna Margherita und der Zwerg Filippino«).
D: Schweizerland (Chur) 3 (1916/17) S. 41–52. © Suhrkamp Verlag, Frankfurt am Main.
Die Erzählung wurde mehrfach abgedruckt; seit dem Abdruck in: Weltstimmen 5 (1931) S. 1–8, 53–57, in leicht überarbeiteter Form, der die neueren Werkausgaben folgen.

Hermann Hesse gehört zu den international meistgelesenen deutschen Autoren des 20. Jahrhunderts. Sein Leben ist bekannt: die engen Anfänge in der schwäbischen Provinz (Calw, Tübingen), die Schwierigkeiten mit Schule und Beruf, die allmähliche Entwicklung zum Schriftsteller, die Niederlassung am Bodensee und seit 1912 in der Schweiz, zunächst in Bern, seit 1919 bis zu seinem Tod im Jahre 1962 in Montagnola am Luganer See. Italien spielt in seinem umfangreichen Werk von den Anfängen bis in die letzten Jahre eine wichtige Rolle; nicht von ungefähr, da er in der zweiten Lebenshälfte im italienischsprachigen Teil der Schweiz wohnte. Die erste, sieben Wochen dauernde Italienreise indes unternahm er bereits 1901; sie führte ihn nach Florenz, Ravenna und Venedig. »Es war meine erste italienische Reise, auf die ich mich lange gefreut und auf die ich lange gespart hatte. Zuerst war ich über Mailand nach Florenz gefahren, hatte ein paar Wochen in Toskana zugebracht, Bologna und Ravenna besucht und war nun nach einem kurzen Aufenthalt in Padua nach Venedig gekommen.« (Bernhard Zeller, *Hermann Hesse in Selbstzeugnissen und Bilddokumenten*, Reinbek bei Hamburg 1963, S. 42.) Hesse reiste bewußt allein, weil er, wie schon hundert Jahre zuvor der Fußwanderer Johann Gottfried Seume, meinte, daß man nur seitab vom großen Touristentroß Land und Leute unverstellt kennenlernen könne: »Mir ist auf Reisen nur wohl«, schrieb er 1904, »wenn es ganz schlicht und handwerksburschenhaft zugeht, dritter Klasse und zu

Fuß, ohne Hotels und ohne täglich warm zu essen.« (Volker Michels, »Nachwort«, in: Hermann Hesse, *Italien. Schilderungen, Tagebücher, Gedichte, Aufsätze, Buchbesprechungen und Erzählungen*, hrsg. von V. M., Frankfurt a. M. 1983, S. 504.) Auf der zweiten Italienreise von 1903, die ihn nach Florenz führte, lernte er Maria Bernoulli kennen, seine spätere erste Frau. Von beiden frühen Italienreisen sind Tagebücher erhalten, die von der Vielseitigkeit und Sensibilität seiner Wahrnehmung zeugen. Neben zahlreichen impressionistischen Skizzen und Gedichten schrieb er einige Erzählungen, etwa *Der lustige Florentiner* über eine anekdotische Begebenheit, *Der Erzähler* und die Märchennovelle *Der Zwerg*. Venedig hat auf Hesse einen besonders starken Eindruck gemacht; bereits im Tagebuch vom 1. Mai 1901 notiert er, daß die Stadt, obwohl er frierend bei »ganz trübem Wetter« angekommen sei, »einen unsäglichen Zauber« auf ihn ausübe. »Von allen Städten«, schreibt er in der Skizze *In den Kanälen Venedigs*, »die ich in Italien besuchte, ist mit Ausnahme Ravennas Venedig diejenige, die am meisten zu traurigen Gedanken über den Untergang eines großen Ehemals reizt, dennoch ist sie reicher als jede andere an Schönheiten, die ihr durch die Jahrhunderte unverändert geblieben sind. Geblieben ist ihr der Zauber eines durchaus abgesonderten, eigentümlichen Lebens, der Glanz der Lagune, die Schönheit seiner Frauen und die ganze verlockende Poesie der Gondel. Auch fand ich nirgends sonst eine solche Einheit des heutigen Lebens mit dem Leben, das aus den Kunstwerken der goldenen Zeit Venedigs redet und in welchem Sonne und Meer wesentlicher sind als Historie.« (Ebd., S. 54.)

Hesse hat auch später verschiedene Italienreisen unternommen, vor allem in den Jahren zwischen 1904 und 1914. Immer tragen diese Südlandfahrten den Charakter von Befreiung an sich. »Wenn man von Italien heimreist, pfeift man auf Prinzipien und Vorurteile, man trägt die Hände in den Hosentaschen und kommt sich als durchtriebener Lebenskünstler vor. Man ist eine Weile im wohlig warmen Volksleben des Südens mitgeschwommen«, heißt es im Roman *Peter Camenzind*.

Die Grundkonzeption zur Erzählung *Der Zwerg* findet sich im *Reisetagebuch 1903* unter dem Datum »Mittwoch, 22. April«: »Den ganzen Tag war ich in Gedanken mit dem Plan einer venezianischen Novelle beschäftigt: Der Zwerg (klug, verbittert, schwermütig) verliert durch die Grausamkeit seiner Herrschaft (Haus Loredan) sein Hündchen und vergiftet zur Rache Frau und Liebhaber, nachdem er sie auf einer Gondelfahrt nach einem angeblichen Liebestrank durch eine Erzählung lüstern gemacht. Er selbst aber muß, der Liebhaber will es, vorkosten und stirbt mit. Einkleidung grotesk und farbig.« (Ebd., S. 203 f.) Im übrigen lehnt sich Hesse in seiner dichterischen Darstellung Venedigs durchaus an italienische und deutsche literarische Vorbilder an: Das Rache-Motiv und das Requisit Gift stehen in bewährter tragisch-heroischer Novellentradition.

Paul Heyse

15. März 1830 – 2. April 1914

Die Witwe von Pisa 177

E: Paul Heyse: Fünf neue Novellen. (Sechste Sammlung.) Berlin 1866.
D: P. H.: Novellen. Bd. 1: Italienische Novellen. I. Stuttgart/Berlin: Cotta, 1904. S. 231–261. (Heyse: Romane und Novellen. Ser. 2: Novellen. Bd. 1.)

In Berlin 1830 als Sohn eines Universitätsprofessors geboren, mußte Heyse aus dem Studium der klassischen Philologie, der Kunstgeschichte und der Romanistik keinen Brotberuf machen, wohl aber prägte es lebenslang seine Interessen. Seine erste Schweiz- und Italienreise in den Jahren 1852/53 war dem Studium provenzalischer Handschriften in Rom, Florenz, Modena und Venedig gewidmet. Dabei erkannte er, daß seine eigentlichen Interessen nicht wissenschaftlich, sondern schriftstellerisch waren. Bereits 1854 kam er in den Genuß einer Einladung des bayrischen Königs Maximilian II., die einen Daueraufenthalt in München mit Jahresgehalt einschloß. Neben Emanuel Geibel avancierte Heyse zum Haupt einer sich selbst die »Krokodile« nennenden Gruppe, einer klassizistischen, überwiegend aus norddeutschen Autoren (»Nordlichtern«) bestehenden Dichtergesellschaft von Königs Gnaden. Heyses 1874 fertiggestelltes Haus in der Luisenstraße wurde bis zu seinem Tod 1914 zu einem geistig-geselligen Zentrum Münchens; seit 1899 legte sich der Dichterfürst eine fürs Überwintern gedachte Villa in Gardone am Gardasee zu. Ein Zeichen für Heyses goetheähnliche Stellung war die Verleihung des Nobelpreises im Jahre 1910.

Heyses literarische Bedeutung liegt eindeutig auf dem Gebiet der Novelle, obwohl er zeitlebens auch nach dem lyrischen und dem dramatischen Lorbeer gestrebt hat. Der radikale Geschmackswandel, der mit dem Aufkommen des Naturalismus verbunden war, erfaßte auch Heyses ästhetisches Ideal, die stilisierte Darstellung des Schönen und Edlen. Vom Bildungsbürgertum immer noch goutiert, fiel sein Werk bei den progressiven Künstlern selbst völlig in Mißkredit. Erst heute erkennt man, daß pauschale Urteile seinem Werk nicht gerecht werden, denn immerhin gibt es unter seinen rund 150 Novellen – über das unverwüstliche Paradestück *L'Arrabiata* hinaus – zahlreiche Stücke von Rang, etwa die tragische Liebesgeschichte *Die Stickerin von Treviso* (1868), das burleske Scherzo *Die Hochzeit auf Capri* (1893), die großangelegte historische Novelle *Andrea Delfin* (1859) oder die subtile Seelenstudie *Villa Falconieri* (1887), die sich mit den modernsten Erzählungen Theodor Storms messen kann.

Technische Perfektion, stilistische Virtuosität und eine unter den deutschen Zeitgenossen seltene Weltläufigkeit sind die positiven Eigenarten seiner Prosa; die Kehrseite dieser gefälligen, alles Häßliche ausschließenden Kunst ist die Glätte, die Einseitigkeit der meist edlen Charaktere und der letzten Endes unverbindliche Schönheitskult. Isolde Kurz hat seine italienischen Novellen treffend charakterisiert: »Für viele bilden Heyses italienische Novellen den Höhepunkt seiner Erzählungskunst und wohl mit Recht. Er hat ja auch Italien zuerst für die Novellistik wieder entdeckt nach den Romantikern, deren Italien im Monde liegt! Nur daß er das italienische Volk mit Maleraugen sieht in seiner schönen Farbigkeit und Bewegtheit; um in sein Inneres zu blicken, ist er zu sehr Nordländer, Großstädter und Bildungsmensch, kennt sie nur durch kürzere Reisen, ohne länger mit ihnen gelebt und einen Scheffel Salz zusammen gegessen zu haben. Die Italiener sind für den Ausländer nicht so leicht zu finden, wie ihre große Natürlichkeit diese glauben läßt ... Heyses Bindung an Italien war literarischer Art.« (Isolde Kurz, *Die Pilgerfahrt nach dem Unerreichlichen,* Tübingen 1938, S. 522.)

Die hier ausgewählte Novelle repräsentiert die frühe Periode von Heyses Dichtung, als seine Poesie noch gleichsam unverwelkt war. In seinem Novellen-Œuvre, das tragische und komische Stücke enthält, gibt es eine Entwicklung, die von der Verabsolutierung des Ereignisses zur Psychologisierung des Geschehens führt. In den späteren Werken dominiert der psychologische Zugriff, ohne daß allerdings die Charaktere an Plastizität gewinnen. Klassizistisches Stilideal und Seelenzergliederung passen nicht in ein Gehege. Berühmt wurde Heyses »Falkentheorie«, freilich mehr ein spontanes Streiflicht als eine fundierte Theorie. Im Gegensatz zum Roman, der »ein Kultur- und Gesellschaftsbild im Großen, ein Weltbild im Kleinen entfaltet«, spricht Heyse der Novelle die Aufgabe zu, »in einem einzigen Kreise einen einzelnen Konflikt, eine sittliche oder Schicksals-Idee oder ein entschieden abgegrenztes Charakterbild darzustellen und die Beziehungen der darin handelnden Menschen zu dem großen Ganzen des Weltlebens nur in andeutender Abbreviatur durchschimmern zu lassen«. Geschichte und Ereignis nennt er als die Hauptsache, eine »starke Silhouette« als Signum des Gelungenen. In diesem Sinne kann die humorvolle Geschichte der *Witwe von Pisa* (1865) als unverkrampfte Erfüllung dieses formalen Postulats gelten. Der »Falke« dieser reizvoll das Burleske mit dem Makabren vermischenden Novelle sind die von der schönen »Witwe« aufbewahrten Ohren, denen der geplagte Ehemann immerhin ein paar Monate ungestörter schöpferischer Arbeit verdankt.

Marie Luise Kaschnitz

31. Januar 1901 – 10. Oktober 1974

Silberne Mandeln 433

E: Süddeutsche Zeitung vom 12. November 1963.
D: Marie Luise Kaschnitz: Ferngespräche. Erzählungen. Frankfurt a. M.: Insel Verlag, 1966. S. 127–135. © 1966 Insel Verlag, Frankfurt am Main.

Die in Karlsruhe geborene und in Rom gestorbene Schriftstellerin gehörte bereits zu Lebzeiten zu den unumstrittenen Klassikerinnen. Ihr Frühwerk steht deutlich unter dem Einfluß klassizistischer Ideale; erst in späteren Jahren hat sie in der Lyrik zu einer freieren, ihr eigentümlichen Form gefunden. Als Tochter des preußischen Generalmajors von Holzing-Berstett in Potsdam aufgewachsen, absolvierte sie in den Jahren 1922–24 eine Buchhandelslehre in Weimar und München und arbeitete seit 1924 als Angestellte in einem römischen Buchantiquariat. Als Frau des Wiener Archäologieprofessors Guido Freiherr von Kaschnitz-Weinberg begleitete sie ihren Mann auf seinen zahlreichen Reisen nach Griechenland, Nordafrika und die Türkei. Nach siebenjährigem gemeinsamen Aufenthalt in Rom siedelten sie, beruflich bedingt, 1932 nach Königsberg und 1937 nach Marburg um, lebten von 1941–55 in Frankfurt am Main und abermals in Rom, wo er als Direktor des Deutschen Archäologischen Instituts tätig war. Nach dem Tod ihres Mannes im Jahre 1958 lebte Marie Luise

Kaschnitz bis zu ihrem Tod abwechselnd in Deutschland und in Italien. Ihre italienischen Eindrücke hat sie in tagebuchartigen Aufzeichnungen und essayistischen Schilderungen, z. B. *Die Engelsbrücke*, 1955, dokumentiert. Zahlreiche ihrer Kurzgeschichten spielen in Italien. Nicht die großen Ereignisse stehen in ihrem Mittelpunkt, vielmehr die kleine, unscheinbare Welt des Alltags, die sie genau beobachtet und mit sensiblem Facettenreichtum aufzeichnet. Die Erzählung *Silberne Mandeln* ist eigentlich eine stimmungsvolle Skizze, ein lebendiges Bild etwa in der Nachfolge von Daudets klassischen *Lettres de mon moulin*. Wie bei wenigen anderen Schriftstellern kommt hier italienische Eigenart zu humorvoll-sympathetischer Darstellung. Mit gutem Sinn steht diese Geschichte in unserer Auswahl am Schluß: verabschiedet sie doch gleichsam den Leser freundlich winkend aus dem historischen Reigen italienisch-deutscher Begegnungen.

ISOLDE KURZ

21. Dezember 1853 – 5. April 1944

Mittagsgespenst 211

E: Isolde Kurz: Italienische Erzählungen. Stuttgart/Leipzig 1895.
D: Italienische Erzählungen von Isolde Kurz. Zweite Auflage. Stuttgart/Berlin: Cotta, 1911. S. 51–78. Mit freundlicher Genehmigung von Herrn Dietrich Kormann, Dillingen.

Isolde Kurz, die Tochter des Schriftstellers Hermann Kurz, verbrachte ihre Kindheit in Esslingen am Neckar. Schon mit 14 Jahren wirkte sie an der von ihrem Vater und Paul Heyse herausgegebenen Sammlung *Novellenschatz des Auslands* als Übersetzerin mit. In München studierte sie seit 1876 Bildhauerei und Architektur, 1877 übersiedelte sie zusammen mit der Familie – der Vater war 1873 gestorben – nach Florenz zum Bruder Edgar, der dort als Arzt tätig war. In Florenz und Forte dei Marmi lebte sie bis 1913. Den schriftstellerischen Durchbruch erzielte sie mit ihren in der Renaissance spielenden Erzählungen *Florentiner Novellen* (1890), denen 1895 eine Sammlung *Italienische Erzählungen* folgte, deren Handlung in der Gegenwart angesiedelt ist. Ebenfalls in der florentinischen Vergangenheit spielen die Erzählungen der Sammlung *Die Stadt des Lebens. Schilderungen aus der Florentinischen Renaissance* (1902) und der

Roman *Nächte von Fondi. Eine Geschichte aus dem Cinquecento* (1922). In ihren *Florentinischen Erinnerungen* (1910) hat sie die in der deutschen Kolonie verbrachten Jahre anschaulich beschrieben. Nach dem Tode ihrer Brüder Edgar und Alfred wohnte Isolde Kurz zusammen mit ihrer Mutter in München, nach deren Tod lebte sie in enger Freundschaft mit dem Jugendgefährten Ernst Mohl in Schwabing, bis zu dessen Tod im Jahre 1929. Ihre späten Jahre verbrachte die sich zeitlebens engagiert für die Rechte der Frau einsetzende Schriftstellerin in Tübingen. Ihre Haltung während des Dritten Reiches ist nicht völlig eindeutig. Nach anfänglicher Sympathie hat sie sich doch vom Naziregime distanziert (*Das Haus des Atreus*, 1939). Die Autobiographie *Die Pilgerfahrt nach dem Unerreichlichen* (1938) enthält die ausführlichsten Aufschlüsse über ihr Leben. 1944 ist sie hochbetagt in Tübingen gestorben.

In ihrer Novellistik führt Isolde Kurz die Linie C. F. Meyers weiter. Hinzu tritt ein mystischer Einschlag: Sie erkennt als historische Leitkräfte nicht nur die großen Gestalten, sondern nimmt, vom »dämonischen Untergrund alles Daseins« überzeugt, das Walten eines unergründlichen Schicksals an. Auch in der Erzählung *Mittagsgespenst* (1895) stellt Isolde Kurz eine zwischen Realität und Traum angesiedelte Zwischenwelt dar. Die Rahmengeschichte ist in der Florentiner Künstlerkolonie um Arnold Böcklin, Adolf von Hildebrand und Hans von Marées angesiedelt, die einem Maler in den Mund gelegte Geschichte selbst liefert den Beweis, daß es auch im sonnenhellen Italien genügend Platz für »Geister, Irrlichter und Kobolde« gibt. Zeit und Raum scheinen in dieser phantastischen, auf Kafkas Welt vorausweisenden Vision aufgehoben zu sein.

Heinrich Laube

18. September 1806 – 1. August 1884

Begegnung am Gardasee 98

E/D: Heinrich Laube: Reisenovellen. 6 Bde. Leipzig/Mannheim 1834–37. Bd. 2. Leipzig: Otto Wigand, 1834. S. 195–245.

Heinrich Rudolf Laubes Leben gliedert sich in zwei deutlich voneinander abgegrenzte Phasen. In der Jugend Anhänger des burschenschaftlichen Treibens, 1826 an der Universität Halle als Theologiestudent, an der Universität Breslau als Student der Literaturgeschichte, seit 1829 als Redakteur der neugegründeten Zeitschrift *Aurora* und als Theaterkritiker der *Breslauer Zeitung*, wandte er sich unter dem Eindruck der französischen Julirevolution von 1830 und des polnischen Aufstandes von 1830/31 der Geschichte und der Politik zu. Besonderen Einfluß übte er in Leipzig als Redakteur der vielgelesenen *Zeitung für die elegante Welt* aus und urteilte in seinem größeren Werk *Das Neue Jahrhundert* (1833) von liberaler Warte über die sozialen und politischen Zustände der Gegenwart. Vollends im ersten Teil der Romantrilogie *Das junge Europa* (1833) schlug er sich ganz auf die Seite der sogenannten Jungdeutschen. Auf Veranlassung der preußischen Regierung wurde er 1834 aus Sachsen ausgewiesen, begab sich jedoch nach Berlin, wo er alsbald verhaftet wurde. Nach längerem Prozeß wurde er im Januar 1837 wegen burschenschaftlicher Umtriebe, wegen seiner Kritik am preußischen König und Staat und schließlich wegen Unruhestiftung zu insgesamt sieben Jahren Festungshaft verurteilt, die er freilich nicht ganz absitzen mußte. Nachdem im Dezember 1835 das »Junge Deutschland« auf Beschluß des Frankfurter Bundestages verboten wurde, hatte sich Laube von dieser Bewegung losgesagt und auch sonst mehrfach seine gemäßigtere Haltung betont. Während seiner eineinhalb Jahre Haft auf Gut Muskau in der Niederlausitz konnte er schriftstellerischer Tätigkeit nachgehen.

In der zweiten Hälfte seines Lebens widmete sich Laube zunehmend der Theaterpraxis. Nicht nur, daß er verschiedene häufig aufgeführte Bühnenstücke (etwa *Die Karlsschüler*, 1846) verfaßte, auch in theoretischen Schriften setzte er sich entschieden für eine Reform des Theaterwesens ein. Während der 48er Revolution vertrat er als deutsch-böhmischer Abgeordneter die Partei der konstitutionellen Monarchie. Den Höhepunkt seiner Laufbahn bildeten die Jahre von 1849–67 als »artistischer Direktor« am Wiener Burgtheater, wo er eine Reform-Ära einleitete, die durch Abkehr vom Starkult, durch Aufbau eines aktuellen Repertoires und eines Ensembletheaters geprägt war. Neben dieser und seiner späteren Tätigkeit als Leiter des Leipziger Stadttheaters (1869/70) und des neuen Wiener Stadttheaters (1872–80) war er unermüdlich schriftstellerisch tätig – als Kritiker, als Dramatiker und als Novellist.

Die hier unter dem Titel *Begegnung am Gardasee* vorgelegte Erzählung ist keine selbständige Veröffentlichung; sie stammt aus dem frühen Zyklus sogenannter *Reisenovellen* (6 Bde., 1834–37), die Laube nach einer gemeinsam mit Karl Gutzkow im Sommer 1833 unternommenen Italienreise verfaßt hat. Unverkennbares Vorbild der in erster Linie auf vordergründiges Amüsement abhebenden Plauderei sind Heinrich Heines Reiseschilderungen. Es handelt sich nicht um eine Novelle im strengen Sinn, wohl aber um die lockere Folge von Ereignissen, die Laube in einen Reisebericht eingestreut hat. Wie Heine verschmäht auch Laube das pedantische Aufreihen des Gesehenen und Gelesenen; der Einbau einer harmlosen und durchaus klischeehaften Handlung erhöht sicherlich das Interesse des Lesers, dem so auf unterhaltsame Weise ein Bild von Sitten und Charakteren der Italiener vermittelt wird. Auch wenn Laube keinen eigenständigen Typus geprägt hat, so ist doch das Geschick, mit dem er in Heines Fußstapfen tritt, unübersehbar: Wo noch (außer im Umkreis Heines) verbinden sich gute Laune und Kritik auf so charmante Weise? Laube selbst hat, als er den sechsten Band abschloß, von diesen mit novellistischen Keimen garnierten Berichten bekannt: »Sie wurden in einer Zeit begonnen, wo das Interesse des Publikums so störsam beflügelt war, daß es nur durch lebhafte Abwechselung gefesselt werden konnte. Ich suchte selbst ein Ziel, eine Fassung, der Name dafür war ›das Glück‹, nach diesem bunten, fabelhaften Vogel setzten sich die ersten Bände in Karriere, die zweite Lieferung verfolgte unsicher aber aufmerksamer denselben Weg in einem schüchternen Trabe; diese letzten gehn im stillen Schritte bis auf das letzte Blatt, und wenden eine Ueberzeugung im Herzen hin und her, welche dem Buche einen Schlußstein setzt. Es ist die Ueberzeugung, daß man mit allem Reisen und Suchen jenen roth und goldnen Grenzpfahl des Glückes nicht auffindet, daß sich aber allmählig eine Ruhe und Sicherheit in Herz und Geist einstellt, wenn man für jeden neuen Raum eine eig'ne selbständige Existenz erkennt und gewährt, wenn man das Zusammengehörige in eine gedrängte Form bannt. Läßt sich das Glück nur *finden*, so läßt sich doch das Passende *gewinnen.*« (*Reisenovellen*, Bd. 6, Mannheim 1837, S. V f.)

HEINRICH MANN

27. März 1871 – 23. März 1950

Die Ehrgeizige 278

E/D: Das Forum 1,2 (1914/15) S. 399–412. © Aufbau-Verlag, Berlin und Weimar.

Thomas Manns älterer Bruder, ihm zunächst in der Publikumsgunst und im allgemeinen Ansehen weit voraus, gehört zu den bedeutendsten deutschen Schriftstellern des 20. Jahrhunderts. Seine wildbewegte Biographie, die ihn von den Lübecker Anfängen über Berlin und München nach Italien und Frankreich und schließlich, als Folge der Naziherrschaft, in die Vereinigten Staaten geführt hat, ist hier nicht nachzuzeichnen. Bemerkenswert für den als scharfer Kritiker deutscher Gesellschaft hervorgetretenen Autor ist seine frühe Orientierung an Italien. Der in Europa herumvagabundierende bohemienhafte Literat bereiste seit 1893 mehrfach Italien mit Aufenthalten in Florenz und Riva am Gardasee, Fiesole, Viareggio, Bologna, Rom (seit Januar 1895) und in Palestrina (Juli bis Oktober 1895). Vom Herbst 1896 bis Frühjahr 1898 hielt er sich zusammen mit Thomas Mann in Rom auf. »Vom Herbst 1893 bis zum Frühling 1898 saß ich tief in Italien, ich könnte sagen: ich saß fest. Denn wohin mit einem unregelmäßigen Dasein, das weder Erwerb noch einen bestimmt entschiedenen Beruf hat, das einfach dahingeht, immer nur aufnimmt und nichts anfängt?« charakterisiert Heinrich Mann 1922 seine damalige Situation in einem Brief an Paul Hatvani. (In: Jürgen Haupt, *Heinrich Mann*, Stuttgart 1980, S. 27.) Tatsächlich lebte er, abgesehen von kleinen Honoraren für Rezensionen und Novellen, von einer monatlichen Rente aus dem Verkauf der väterlichen Lübecker Firma. Seine geistige Situation umreißt eine autobiographische Skizze von 1911: »Ich habe«, schreibt er, »mich viel in Italien aufgehalten: anfangs um der Farben und Linien willen, die hier Land und Kunst haben, allmählich immer mehr aus Interesse am Volk.« (*Heinrich Mann 1871–1950. Werk und Leben in Dokumenten und Bildern*, Berlin/Leipzig 1971, [2]1977, S. 58.) Schon 1904 bringt er diese Zeit auf den Nenner: »Ich ging, sobald ich konnte, heim nach Italien. Ja, eine Zeitlang glaubte ich zu Hause zu sein.« (Ebd., S. 76.) ›Innere Wahlverwandtschaft‹ prägt die italienischen ›Lehrjahre‹. Auch in der Zeit zwischen 1899 und 1914 kam er mehrfach nach Italien zurück und wohnte an wechselnden Orten. In dieser der Selbstreflexion gewidmeten Zeit entstanden zahlreiche Entwürfe, Pläne zu Romanen und Erzählungen, von denen eine ganze Reihe erst Jahre später ausgeführt wurde. Hervorzuheben sind der Roman *Die Jagd nach Liebe* (1903), geschrieben zwischen Februar und September 1903 teils in San Vigilio am Gardasee, teils in Florenz, teils in München, sowie die umfangreiche Novelle *Pippo Spano*, deren Niederschrift zwischen die Arbeit am Roman eingeschoben wurde. Höhepunkt der Italien-Thematik sind die Romane *Zwischen den Rassen* (1905–07) und *Die kleine Stadt* (1907–09). Die Farbigkeit und Bewegtheit, mit der Heinrich Mann das Leben einer italienischen Kleinstadt schilderte, hat Hermann Hesse in einer Rezension gerühmt: »Die unentbehrlichen Typen solcher Städtlein sind alle da, vom freisinnigen Ortspolitiker bis zum plauderfrohen Barbier, vom alten Garibaldianer bis zum verbissenen Priester, vom kleinen Kapellmeister bis zum dilettierenden Hornbläser. Die Geschichte dreht sich um das Ereignis, daß eine Komödiantengruppe im Ort gastiert. Anlaß genug, um das ganze Nest in Atem zu halten und sein steriles Leben für Tage ins Tolle zu steigern.« Die Novellen sind großteils Gelegenheitsarbeiten, vielfach aus dem Umkreis der *Kleinen Stadt*. Heinrich Mann schildert mit Vorliebe machtgierige Typen, sei es die Sängerin Branzilla in der gleichnamigen Novelle (1906), deren Ehrgeiz die eigene Familie zerstört, sei es die Intrigantin Frau Camuzzi in der von uns gewählten Novelle *Die Ehrgeizige* (1914). Heinrich Mann zeigt hier, wie ein raffinierter »Wille zur Macht« eine Provinzlerin zur beherrschenden Salondame Roms erhebt. Wie in den Romanen konzentriert sich Heinrich Mann auch in den Novellen auf extreme Charaktere, deren Darstellung er in bissigen und scharf konturierten Sätzen bis zur Satire verdichtet. Nach 1910 tritt das Italienerlebnis allmählich zurück; Frankreich schiebt sich in der mittleren Phase des Romanciers vor. Auch wenn Heinrich Mann in einem autobiographischen Entwurf von 1911 betont hat, das italienische Volk habe sich ihm für seine Darstellungsabsichten seiner Dinge »durch seine naive Empfindungsfreudigkeit und seine freie Geste« angeboten, doch höher achte er das französische Volk, weil es »für die Ziele der Menschheit« am meisten gekämpft habe – so hat er doch den ihm liebsten seiner Romane, eben die *Kleine Stadt*, dieses »Hohe Lied der Demokratie« (Brief an René Schickele vom 27. 12. 1909) in Italien angesiedelt. (*Heinrich Mann 1871–1950*, S. 466 und 112.)

Johann Gabriel Seidl

21. Juni 1804 – 18. Juli 1875

Cornelia Fieramonti 148

E: Johann Gabriel Seidl: Laub und Nadeln. 2 Bde. Bd. 1. Wien 1842.
D: J. G. S.s ausgewählte Werke in vier Bänden. Hrsg. von Wolfgang von Wurzbach. Bd. 4. Leipzig: Max Hesse, 1905. S. 40–64.

Johann Gabriel Seidl dürfte heute nur den wenigsten Lesern außerhalb Österreichs noch bekannt sein. Geboren wurde er in Wien als Sohn eines Rechtsanwalts, studierte selbst die Rechte und publizierte schon sechzehnjährig in einer ganzen Reihe von Zeitungen und Zeitschriften vor allem Gedichte und Erzählungen. Zur Ausübung eines Berufes genötigt, hatte er klassische Sprachen gelernt und machte, nachdem er die Lehrerlaufbahn eingeschlagen hatte, die unaufhaltsame Karriere eines österreichischen Beamten: 1829 Gymnasialprofessor in der kleinen steiermärkischen Kreisstadt Cilli, 1840 Kustos des Münz- und Antikenkabinettes und Bücherzensor in Wien, 1848 (aufgrund seiner Verdienste um Epigraphik, Numismatik und Archäologie) Mitglied der Akademie der Wissenschaften, 1848 Professor am Josephstätter Gymnasium und 1867 Regierungsrat, 1874 Hofrat und Ehrenbürger von Cilli.

Seidl ist in erster Linie lyrischer und dramatischer Dichter, insbesondere seine Dialektgedichte haben ihn in Österreich bekannt gemacht. Daß es den auch hochdeutsch schreibenden Dichter zum dramatisch-epischen Genre drängte, erweisen seine Gedicht-Sammlungen *Balladen, Romanzen, Sagen und Lieder* (1826) und *Bifolien* (1836). Zahlreiche seiner Stücke wurden an Wiener Theatern aufgeführt. Seit 1850 wirkte er an der *Zeitschrift für österreichische Gymnasien* mit. In späteren Jahren verdrängte die wissenschaftliche Tätigkeit (Sprachwissenschaft, Geographie, Geschichte) das poetische Schaffen. Schon in der Jugend schloß er Freundschaft mit Franz Schubert, Eduard von Bauernfeld, Nikolaus Lenau, Anastasius Grün und Friedrich Halm. Höhepunkt seiner offiziellen Geltung war das Jahr 1853, als er den Sieg im Wettbewerb um eine neue Hymne errang; vor allein als Dichter der österreichischen Kaiserhymne »Gott erhalte, Gott beschütze« ist er weit über die Grenzen seines Landes bekannt geworden. Eine Frucht seiner Steiermärker Zeit sind die lesenswerten *Wanderungen durch Tirol und Steiermark* (1840) sowie die handschriftlich hinterlassenen *Sagen und Geschichten aus Steiermark*

(1881). Die weiteste Reise, die Seidl unternahm, ging nach dem damals österreichischen Triest. Er hat weder Venedig, wie einige Gedichte suggerieren, noch gar das Innere Italiens gesehen. Schauplatz der meisten Novellen ist denn auch Österreich (*Georginen*, 1836; *Episoden aus dem Roman des Lebens*, 1836; *Noveletten*, 1839; *Laub und Nadeln*, 1842; *Pentameron*, 1843).

Von den beiden in Italien angesiedelten Novellen *Stumme Rache* und *Cornelia Fieramonti* (aus der Sammlung *Laub und Nadeln*) gebührt der letzteren eindeutig der Vorzug. Während die *Rache*-Novelle etwas klischeehaft den übertriebenen Ehrbegriff und die ungezügelte Rachgier heißblütiger Südländer zum Thema hat, handelt die atmosphärisch dichte, in den wilden Abruzzen spielende Novelle *Cornelia Fieramonti* von einer etwas eigenartigen Liebesbezeugung. Die Lösung des blutigen Ausgangs ist nur erahnbar: Hat Cornelia einen Mörder angeheuert, um den Major vor der heimtückischen Rache ihres früheren Galans, des Conte Trevolpi, zu schützen? Ist sie dann, aus Furcht vor Denunzierung, selbst ausgewandert? Oder gingen die Beziehungen zwischen ihr und dem Hingerichteten noch tiefer?

Wilhelm Waiblinger

21. November 1804 – 17. Januar 1830

Wie es einem deutschen Poeten auf dem Capitol ergangen, oder das Abenteuer von der Sohle 80

E/D: Berliner Conversations-Blatt für Poesie, Literatur und Kritik vom 6., 7., 10., 12., 13., 14. November 1828, S. 861–863, 865 f., 873–875, 878 f., 881 f., 885 f. – Die folgenden Textstellen wurden korrigiert:

80,17 fragliche] befragliche 84,4 er] es 84,27 in diesem unendlichen Rauschen] in diesem unendlichen Rausche 87,7 von etlichen] von etliche 87,14 echt] nicht *nach »Werke und Briefe«, hrsg. von H. Königer, Bd. 3, Stuttgart 1986, S. 352* 87,32 Italienische] Deutsche 87,35 poetischen] politischen 90,22 Antoninus] Antonius 91,8 Jahrtausenden] Jahrhunderten 95,20 diavolo] diabolo 95,21 f. ließe, mich tüchtig auslachte.] ließe. *nach »Werke«, ausgew. und hrsg. von P. Friedrich, Berlin 1922, S. 368* 96,1 Via del Arco Pantano] via dell' arco Pandani *nach »Werke und Briefe« (Königer, S. 359)*

Wilhelm Waiblinger galt seinen Zeitgenossen als Enfant terrible. Erstes Kind eines Heilbronner Kammersekretärs, besuchte er in

Stuttgart das Gymnasium. Schon in dieser Zeit machte der aufgeweckte Waiblinger zahlreiche Bekanntschaften mit Literaten. Nach verschiedenen erfolglosen Versuchen wurde er im September 1822 provisorisch ins Tübinger Stift aufgenommen. In die Tübinger Zeit fallen die Freundschaften mit Eduard Mörike und Ludwig Bauer und die Krankenbesuche bei Hölderlin, dem er eine Pathographie *Friedrich Hölderlins Leben, Dichtung und Wahnsinn* gewidmet hat. Daneben produzierte Waiblinger eifrig Gedichte, ein Tagebuch und den im *Hyperion*-Stil geschriebenen Roman *Phaëton*, alles in hochverkrampfter und exzentrischer Geniegebärde, ohne eigenen dichterischen Ton. Schon in den Jahren 1823 und 1824 hatte er Oberitalien besucht. Der Skandal, in den ihn eine nie völlig aufgeklärte Liebesaffäre mit der Schwester eines Professors verstrickte, verleidete ihm die philiströse Kleinstadt Tübingen vollends. Im Oktober 1826 verließ er Deutschland für immer, um von nun an als freier Schriftsteller in Rom zu leben. Seine Reisen nach Latium, in die Sabinerberge, in die Abruzzen, nach Süditalien und Sizilien hat er in zahlreichen Reiseberichten festgehalten (*Der Frühling in den Gebirgen Latiums*, *Wanderung ins Sabinerland*, *Reise in die Abruzzen und an den Fucinersee*, *Ausflug von Neapel nach Pestum*), mit denen er seinen kärglichen Lebensunterhalt fristete. Im Brief vom 30. Juli 1827 legte er dem Vater über seinen Ausbruch und seine literarischen Ambitionen Rechenschaft ab: »Ich ging fort, ergrimmt über alle meine bisherigen Verhältnisse, mit dem Entschluß, in weiter Welt, unter dem süßen Himmel Italiens, unter den Trümmern dreitausendjähriger Herrlichkeiten mich zu meinem großen Lebenswerke, zu meiner Bestimmung als Dichter, und zur Erreichung meiner menschlichen Zwecke zu stärken und zu bilden. Allein das Schicksal spielte mir freilich so traurig mit, daß die Meisten erlegen wären. Aber zu derselben Zeit, da ich nicht mehr wußte, wie nur soviel zu gewinnen, als ein römischer Bettler hat, schämt' ich mich, zu verzagen, stellte mir lebendig meine Zwecke vor Augen, und macht' es mir zum unwiderruflichen Gesetz, trotz allen Hindernissen, trotz allem Unglück dennoch standhaft zu bleiben, und endlich vielleicht zu siegen.« (Wilhelm Waiblinger, *Werke und Briefe*, hrsg. von Hans Königer, Bd. 5,1: *Sämtliche Briefe*, Stuttgart 1982, S. 379.) Sein früher Tod am 17. Januar 1830 machte alle seine Hoffnungen zunichte, nachdem er bereits die Talsohle überwunden hatte.

Waiblingers lyrische Vorbilder sind Hölderlin und Byron. In den umfangreichen Novellen verrät er wenig Eigenart, verschmäht weder reißerische Handlungen noch motivische Klischees und vermag keine individuellen Charaktere zu gestalten. Dagegen weisen die eingefügten Landschaftsbeschreibungen auf sein eigentliches Talent: die realistische Wiedergabe von Gesehenem und Erlebtem. So gehören seine Reiseberichte zu den lebendigsten Schilderungen des italienischen Alltagslebens, der Landschaften und der Menschen. Zwei Erzählungen verdanken sich dieser Beobachtungs- und Darstellungskunst: In der Novelle *Die Briten in Rom* nimmt er touristische Unarten der reisefreudigen Engländer satirisch aufs Korn, in der humorvollen Skizze *Das Abenteuer von der Sohle* persifliert er mit sympathischem Galgenhumor die Kärglichkeit seiner römischen Existenz. Den Eltern schreibt er am 3. Oktober 1827 (*Sämtliche Briefe*, S. 413): »In etwa 4–5 Wochen könnt Ihr in der Dresdner ›AbendZeitung‹ etwas von mir lesen, das die Mama in Verzweiflung, und den Papa in die Gefahr bringen wird, sich tot – *zu lachen*. Es heißt: ›Das Abenteuer von der Sohle, oder die Capitolinische Visite.‹«

Albin Zollinger

24. Januar 1895 – 7. November 1941

Labyrinth der Vergangenheit 387

E: Die Zeit (Bern), Mai 1936, S. 8 ff.
D: Albin Zollinger: Erzählungen, Märchen, Dramatisches. Hrsg. von Silvia Weimar mit e. Nachw. von Beatrice von Matt. Zürich/München: Artemis, 1984. S. 179–188. © 1984 Artemis Verlag Zürich und München. [Folgt dem Abdruck in: Schweizer Journal (Zürich) 4 (1938) S. 37–39.]

Albin Zollinger, ein in Deutschland immer noch relativ unbekannter Autor, gehört zu den modernen Schweizer Klassikern. Geboren wurde er 1895 in Rütli im Züricher Oberland als Sohn eines Mechanikers, der 1903 nach Argentinien auswanderte. Nach der Rückkehr im Jahre 1907 besuchte Zollinger in Küßnacht die Sekundarschule und anschließend das kantonale Lehrerseminar, mit der Absicht, Zeichenlehrer zu werden. Bald wurde ihm indes Schreiben wichtiger als Zeichnen. Nachdem er 1916 das Primarlehrerpatent erworben hatte, übte er sieben Jahre lang den Beruf eines Hilfslehrers in Zürcher Landgemeinden aus. Von den in diesen Jahren entstandenen Gedichten wurden die wenigsten veröffentlicht; eine erste Sammlung kam erst 1933 zustande. Die erste Ehe, die er 1927 schloß, wurde 1935 nach jahrelangen Krisen wieder geschieden. Verstärkt widmete er sich redaktionellen Tätigkeiten. Seit April 1936 übernahm er die Redaktion der in Bern erscheinenden Monatsschrift *Flugblatt* und leitete sie unter dem neuen Titel *Die Zeit* bis zu ihrer Einstellung im Jahre 1937. Rom besuchte Zollinger in den Jahren 1926 und 1934. Er war ein dezidierter Gegner des Faschismus, den er in Zeitschriften, aber auch im Roman *Die große Unruhe* (1939) bekämpfte.

Die Erzählung *Labyrinth der Vergangenheit* gestaltet ebenfalls Erfahrungen aus der Ära Mussolinis. Die ewige Vergangenheit des christlichen Rom holt die aufgeregte Gegenwart, verkörpert in zwei jungen Deutschen, alptraumartig ein. Zollinger hat die symbolische Geschichte am 3. Mai 1936 in einem Lesezirkel in Zürich vorgetragen und sie in der ersten Nummer der *Zeit* publiziert. In den folgenden Jahren brachte Zollinger verschiedene Lyriksammlungen heraus und mehrere Romane. 1940 verheiratete er sich zum zweiten Mal. Wenn sein geregeltes Leben nicht gerade durch den zeitbedingten Militärdienst unterbrochen wurde, übte er vormittags den Lehrberuf aus, die späten Nachmittage verbrachte er im Kaffeehaus, bei endlosen und leidenschaftlichen Diskussionen, die er zur Stimulation seiner künstlerischen Produktion brauchte. Die Werke selbst schrieb er in den Nächten. Zollinger starb – sicher eine Folge seiner aufreibenden Existenzaufspaltung – im Alter von 46 Jahren an einem Herzanfall.

Literaturhinweise

Anthologien zum Thema »Italien in der deutschen Literatur«

Beyer, Andreas (Hrsg.): Florenz. Lesarten einer Stadt. Frankfurt a. M. 1983.

– (Hrsg.): Toskana. Ein literarisches Landschaftsbild. Frankfurt a. M. 1986.

Brinitzer, Carl (Hrsg.): Deutsche Dichter führen nach Italien. Ein Reise-Handbuch. Mainz/Berlin 1964. [Zit. als: B.]

Hamm, Peter (Hrsg.): Kennst du das, Land, wo die Zitronen blühn? Italien im deutschen Gedicht. Frankfurt a. M. 1987.

Haufe, Eberhard (Hrsg.): Deutsche Briefe aus Italien. Von Winckelmann bis Gregorovius. Hamburg 1965. München 1987. [Zit. als: H.]

Hoffmann, K. E. (Hrsg.): Florenz in der Dichtung von Dante bis Goethe. Gedichte, Briefe und Tagebuchblätter über Florenz. Berlin 1911.

Jezower, Ignaz (Hrsg.): Der poetische Cicerone. Städte und Länder in der Dichtung. 1. Venedig. Berlin 1908.

König-Warthausen, Gabriele von (Hrsg.): Deutsche Frauen in Italien. Briefe und Bekenntnisse aus drei Jahrhunderten. Wien 1942.

Kuhn, Dorothea (Hrsg.): Auch ich in Arcadien. Kunstreisen nach Italien 1600–1900. Sonderausstellung des Schiller-Nationalmuseums. Nr. 16. Stuttgart 1966. [Zit. als: K.]

– (Hrsg.): Reisebilder aus Italien. Berichte und Erlebnisse schwäbischer Italienfahrer aus drei Jahrhunderten. Stuttgart 1968.

Lorck, Carl Emil (Hrsg.): Venedig. Briefe, Berichte und Bilder aus vier Jahrhunderten. Dresden 1938.

Maurer, Doris / Maurer, Arnold E. (Hrsg.): Venedig. Frankfurt a. M. 1983.

Molo, Walter von (Hrsg.): Italien. Erlebnisse Deutscher in Italien. Berlin 1921.

Morché, Pascal (Hrsg.): Venedig im Gedicht. Frankfurt a. M. 1986.

Nette, Herbert (Hrsg.): Die großen Deutschen in Italien. Dichtung, Briefe und Berichte ausgew. von H. N., Darmstadt 1938.

Osterkamp, Ernst (Hrsg.): Sizilien. Reisebilder aus drei Jahrhunderten. München 1986.

Riemerschmidt, Werner / de Bruyn, Karlheinz (Hrsg.): Italien in der deutschen Dichtung. München 1943.
Smidt, Hermann (Hrsg.): Deutsche Romfahrer von Winckelmann bis Böcklin. Ein Jahrhundert römischen Lebens in Tagebuchblättern und Briefen. Leipzig 1903.
Weber, Ernst (Hrsg.): Der deutsche Spielmann. Eine Auswahl aus dem Schatze deutscher Dichtung für Jugend und Volk. Bd. 31. Italien. Das Land der deutschen Sehnsucht, wie es unsre Dichter schauten und besangen. München 1925.
Wolf, Georg Jacob (Hrsg.): Kennst du das Land? Das Schönste, was Deutsche über Italien schrieben. München 1925.
Wolken, Karl Alfred: Blick auf Rom. Neue Variationen über ein altes Thema. Gütersloh 1968.

Allgemeine Darstellungen

Beller, Manfred: Le Metamorfosi di Mignon – L'immigrazione poetica dei tedeschi in Italia da Goethe ad oggi. Brescia/Mailand 1985.
– Geschichtserfahrung und Selbstbespiegelung im Deutschland-Bild der italienischen und im Italien-Bild der deutschen Gegenwartsliteratur. In: Arcadia 17 (1982) S. 154–170.
Černohous, Hildegard: Das Gesicht Italiens in den deutschen Briefen, Reisebeschreibungen und Novellen des 19. Jahrhunderts, gezeigt an einer Auswahl von Dichtern, Diss. Wien 1937. [Masch.]
Emrich, Wilhelm: Das Bild Italiens in der deutschen Dichtung. In: Studien zur deutsch-italienischen Geistesgeschichte. Köln 1959. S. 21–45. Wiederabdr. in: W. E.: Geist und Widergeist. Wahrheit und Lüge der Literatur. Frankfurt a. M. 1965. S. 258–286.
Erné, Nino: Deutsche Künstler in Italien. In: N. E.: Italien süß und sauer. Wiesbaden/München 1975. S. 236–247.
Friedländer, Ludwig: Reisen in Italien in den letzten vier Jahrhunderten. In: L. F.: Erinnerungen, Reden und Studien. Bd. 2. Straßburg 1905. S. 448–497.
Graevenitz, Gerhart von: Deutsche in Rom. Studien und Skizzen aus elf Jahrhunderten. Leipzig 1912.
Häusler, Regina: Das Bild Italiens in der deutschen Romantik. Bern/Leipzig 1939.
Harnack, Otto: Deutsches Kunstleben in Rom im Zeitalter der Klassik. Ein Beitrag zur Kulturgeschichte. Weimar 1896.
Hinterhäuser, Hans: L'Italia e gli italiani nella letteratura tedesca

contemporanea. In: Teilnahme und Spiegelung. Festschrift für Horst Rüdiger. Berlin / New York 1975. S. 531–547.

Ipser, Karl: Venedig und die Deutschen. Deutsche, Österreicher und Schweizer am Rialto. München 1976.

Jedin, Hubert: Die deutsche Romfahrt von Bonifatius bis Winckelmann. Krefeld 1951.

Jung-Inglessis, E. M.: Romfahrt durch zwei Jahrtausende in Wort und Bild. Bozen 1976. [3]1982.

Kapp, Volker: Der historische Standort der neueren italienischen Literatur und das derzeitige deutsche Italienbild. In: Germanisch-romanische Monatsschrift. N.F. 32 (1982) S. 60–73.

Klenze, Camillo von: The interpretation of Italy during the last two centuries. Chicago 1907.

Lesser, Jonas: Deutsche Südsehnsucht. In: Deutsche Rundschau 89 (1963) H. 8. S. 37–50.

Link, Manfred: Der Reisebericht als literarische Kunstform von Goethe bis Heine. Diss. Köln 1963.

Maugham, H. Neville: The book of Italian Travel (1580–1900). London / New York 1903.

Mead, William Edward: The Grand Tour in the eighteenth century. Boston / New York 1914.

Noack, Friedrich: Das deutsche Rom. Rom 1912.

– Das Deutschtum in Rom seit dem Ausgang des Mittelalters. 2 Bde. Berlin/Leipzig 1927.

Oswald, Stefan: Italienbilder. Beiträge zur Wandlung der deutschen Italienauffassung 1770–1840. Heidelberg 1985.

Rehm, Walter: Europäische Romdichtung. München 1939. [2]1960.

Requadt, Paul: Die Bildersprache der deutschen Italiendichtung. Von Goethe bis Benn. Bern 1962.

Rüdiger, Horst: Literarisches Klischee und lebendige Erfahrung. Über das Bild des Deutschen in der italienischen Literatur und des Italieners in der deutschen Literatur. Düsseldorf o. J.

– L'immagine dell' Italia nello sviluppo della civiltà tedesca dalla controriforma all'ultimo Romanticismo. In: Acme. Annali della Facoltà di Filosofia e Lettere dell' Università Statale di Milano. Bd. 3 (1950) S. 355–381.

Schenck, Christiane: Venedig im Spiegel der Décadence-Literatur des Fin de siècle. Frankfurt a. M. / New York 1987.

Schudt, Ludwig: Italienreisen im 17. und 18. Jahrhundert. Wien/ München 1959.

– Romreisen in drei Jahrhunderten. In: Italien 1 (1928) H. 3. S. 108–123.
Schwarz, Waltraut: Deutsche Dichter in Bologna. Bologna in der deutschen Dichtung. Bologna 1972.
Seuffert, Thea: Venedig im Erlebnis deutscher Dichter. Diss. München 1937.
Tresoldi, Lucia: Viaggiatori Tedeschi in Italia 1452–1870. Saggio bibliografico. 2 Bde. Rom 1975.
Waetzoldt, Wilhelm: Das klassische Land. Wandlungen der Italiensehnsucht. Leipzig 1927.
– Die Kulturgeschichte der Italienreisen. In: Preußische Jahrbücher. Bd. 230 (Okt.–Dez. 1932) S. 13–24.
Walzel, Oskar: Florenz in deutscher Dichtung. Stuttgart 1937.
Wieder, Joachim: Vom deutschen Italienerlebnis. Ein Beitrag zur Kulturgeschichte der Italienreisen. In: Nisus in librorum nitore. Werner Goebel zum 65. Geburtstag. Hrsg. von Max Leonhard. München 1980. S. 132–172.
Wölfflin, Heinrich: Die Kunst der Renaissance. Italien und das deutsche Formgefühl. München 1931.

Abbildungsnachweis

67 Johann Christian Reinhart (1761–1847): Landschaft in Italien. Feder, Bleistift. Staatsgalerie, Stuttgart.

89 François Morel (geb. um 1768): Ansicht des Kapitols. 1796. Kupferstich. Goethe-Museum, Düsseldorf.

107 Friedrich Nerly (1807–78): Italienische Weinlaube. Feder, Tuschpinsel. Kunsthalle, Hamburg.

143 William Pars (1742–82): Ariccia mit dem Palazzo Chigi. Um 1780. Aquarell, Feder, Bleistift. Victoria and Albert Museum, London.

163 Philipp Hackert (1737–1807): Der Wasserfall von Terni. 1772. Aquarell, Feder. Freies Deutsches Hochstift, Frankfurt a. M.

199 Karl Friedrich Schinkel (1781–1841): Baptisterium, Camposanto, Dom und Schiefer Turm zu Pisa. Feder, Bleistift. Nationalgalerie Berlin [DDR], Schinkel-Museum.

217 Franz Horny (1798–1824): Blick auf Olevano. 1822. Feder, Tusche, Bleistift, Lavierung. Kupferstichkabinett und Sammlung der Zeichnungen, Berlin.

235 Giovanni Battista Piranesi (1720–78): Der Corso in Rom. 1752. Kupferstich.

255 Antonio Canaletto (1697–1768): Die Brücke mit den drei Bogen am Canareggio. Gemälde. Wobourn Abbey, Sammlung Duke of Bedford.

267 Antonio Canaletto: Portikus in Perspektive gesehen. Gemälde. 1765. Gallerie dell'Academia, Venedig.

287 James McNeill Whistler (1834–1903): Nocturnes: Paläste. Radierung.

307 Ferdinand Olivier (1785–1841): Italienisches Gebirge. 1838. Rötel. Kupferstichkabinett und Sammlung der Zeichnungen, Berlin.

375 August Lucas (1803–63): Italienische Landschaft mit Wäscherinnen. 1835. Feder, Aquarell. Hessisches Landesmuseum, Darmstadt.

389 Johann Christian Reinhart (1761–1847): Colosseum. Kreide. Kupferstich-Kabinett, Dresden.

401 Carl Rottmann (1797–1850): Blick auf den Golf von Neapel. Aquarell. Museum der Bildenden Künste, Leipzig.

Anthologien
aus der deutschen Literatur

Bänkelsang. Texte – Bilder – Kommentare. (W. Braungart) 8041 [5] – auch gebunden

Berlin! Berlin! Eine Großstadt im Gedicht. (H.-M. Speier) 8400 [3]

Die Berliner Moderne. 1885–1914. (J. Schutte / P. Sprengel) 8359 [8] – auch gebunden

Berliner Straßenecken-Literatur 1848/49. Humoristisch-satirische Flugschriften aus der Revolutionszeit. (H. Denkler u. a.) 9856 [5]

Dada Berlin. Texte, Manifeste, Aktionen. (H. Bergius / K. Riha) 9857 [2]

Deutsche Anekdoten. (J. Hein) 9825 [5] – auch gebunden

Deutsche Aphorismen. (G. Fieguth) 9889 [5] – auch gebunden

Deutsche Arbeiterdichtung 1910–1933. (G. Heintz) 9700 [5]

Deutsche Arbeiterliteratur von den Anfängen bis 1914. (B. Witte) 9840 [5]

Deutsche Balladen. (K. Nussbächer) 8501 [7] – auch gebunden

Deutsche Epigramme. (G. Neumann) 8340 [4] – auch gebunden

Deutsche Erzähler 1920–1960. (H. Bender) 8044 [5] – auch gebunden

Deutsche Fabeln des 18. Jahrhunderts. (M. Windfuhr) 8429 [2]

Deutsche Gedichte. (D. Bode) 8012 [4] – auch gebunden

Deutsche Gedichte des 18. Jahrhunderts. (K. Bohnen) 8422 [5] – auch gebunden

Deutsche Gedichte 1930–1960. (H. Bender) 7914 [5] – auch gebunden

Deutsche Gedichte der sechziger Jahre. (H. Piontek) 8211 [4]

Deutsche Großstadtlyrik vom Naturalismus bis zur Gegenwart. (W. Rothe) 9448 [7]

Deutsche Liebeslyrik. (H. Wagener) 7759 [5] – auch gebunden

Deutsche Literatur im Exil 1933–1945. Texte und Dokumente. (M. Winkler) 9865 [6]

Deutsche Lyrik-Parodien aus drei Jahrhunderten. (Th. Verweyen / G. Witting) 7975 [4] – auch gebunden

Der deutsche Michel. Revolutionskomödien der Achtundvierziger. (H. Denkler) 9300 [6]

Deutsche Parabeln. (J. Billen) 7761 [4]

Deutsche Reden. Bd. 1, Bd. 2 (W. Hinderer) 9672 [7], 9679 [7]

Deutsche Schwänke. (L. Petzoldt) 9954 [5] – auch gebunden

Deutsche Sonette. (H. Kircher) 9934 [6] – auch gebunden

Die deutschen Sprichwörter. (K. Simrock / W. Mieder) 8453 [7] – auch gebunden

Deutsche Unsinnspoesie. (K. P. Dencker) 9890 [5]

Der deutsche Vormärz. Texte und Dokumente. (J. Hermand) 8794 [5]

Deutscher Minnesang (1150–1300). (F. Neumann) 7857 [2]

Deutsches Rätselbuch. (V. Schupp) 9405 [5]

Einakter des Naturalismus. (W. Rothe) 9468 [3]

Einakter und kleine Dramen des Expressionismus. (H. Denkler) 8562 [3]

Einakter und kleine Dramen des Jugendstils. (M. Winkler) 9720 [3]

Empfindsamkeit. Theor. und krit. Texte. (W. Doktor / G. Sauder) 9835 [3]

Erzählte Zeit. 50 deutsche Kurzgeschichten der Gegenwart. (M. Durzak) 9996 [6]

Erzählungen seit 1960 aus der Bundesrepublik Deutschland, aus Österreich und der Schweiz. (H. Vormweg) 7977 [4] – auch gebunden

Fastnachtspiele des 15. und 16. Jahrhunderts. (W. Wuttke / D. Wuttke) 9415 [6]

Frauenemanzipation im deutschen Vormärz. Texte und Dokumente. (R. Möhrmann) 9903 [3]

Die Frauenfrage in Deutschland 1865–1915. Texte und Dokumente. (E. Frederiksen) 7737 [5]

Gedichte der Romantik. (W. Frühwald) 8230 [5] – auch gebunden

Gedichte des Barock. (U. Maché / V. Meid) 9975 [5] – auch gebunden

Gedichte des Expressionismus. (D. Bode) 8726 [3]

Der Göttinger Hain. (A. Kelletat) 8789 [5]

In Deutschland unterwegs. Reportagen, Skizzen, Berichte 1945 bis 1948. (K. R. Scherpe) 7858 [5] – auch gebunden

Italien-Dichtung. Bd. 1: Erzählungen von der Romantik bis zur Gegenwart. (G. E. Grimm) Mit Abbildungen. 8462 [5] – *Bd. 2: Gedichte von der Klassik bis zur Gegenwart.* (G. E. Grimm) Mit Abbildungen. 8463 [5] – zusammen auch in Kassette

Das Junge Deutschland. Texte und Dokumente. (J. Hermand) 8703 [5]

Kalendergeschichten. (W. Theiß) Mit Abbildungen. 9872 [5] – auch gebunden

Kinder-Märchen. Von C. W. Contessa. F. de la Motte Fouqué. E. T. A. Hoffmann. (H.-H. Ewers) Mit Vignetten. 8377 [4] – auch gebunden

Kinderszenen. Geschichten aus zwei Jahrhunderten. (H. Eilert) Mit Abbildungen. 8427 [7] – auch gebunden

Kinder- und Jugendliteratur der Aufklärung. (H.-H. Ewers) 9992 [5]

Kinder- und Jugendliteratur der Romantik. (H.-H. Ewers) 8026 [7]

Kinder- und Jugendliteratur vom Biedermeier bis zum Realismus. (K.-U. Pech) 8087 [5]

Klassiker des Feuilletons. (H. Bender) 8965 [3]

Des Knaben Wunderhorn. Alte deutsche Lieder ges. v. A. v. Arnim und C. Brentano. Kritische Ausgabe. Bd. 1, 2, 3 (H. Rölleke) 1250 [7], 1251 [7], 1252 [7] – zusammen auch in Kassette

»Komm, heilige Melancholie«. Eine Anthologie deutscher Melancholie-Gedichte. (L. Völker) 7984 [7] – auch gebunden

Konkrete Poesie. (E. Gomringer) 9350 [2]

Die Krokodile. Ein Münchner Dichterkreis. Texte und Dokumente. (J. Mahr) Mit Abbildungen. 8378 [6]

Lateinische Gedichte deutscher Humanisten. Zweisprachig. (H. C. Schnur) 8739 [7]

Liebesgeschichten. Von Arthur Schnitzler bis Hermann Broch. (W. Kirsten / K. Paul) 8312 [7] – auch gebunden

Literarische Collagen. Texte, Quellen, Theorie. (V. Hage) 7695 [4]

Lustspiele der Aufklärung in einem Akt. (G. M. Schulz) 8350 [3]
Lyrik des Exils. (W. Emmerich / S. Heil) 8089 [6]
Lyrik des Jugendstils. (J. Hermand) 8928
Lyrik des Naturalismus. (J. Schutte) 7807 [3]
Lyrik für Leser. (V. Hage) 9976 [2]
Meistersang. (B. Nagel) 8977 [2]
Moderne deutsche Naturlyrik. (E. Marsch) 9969 [5]
Parodien des Wiener Volkstheaters. (J. Hein) Mit einer Karte der Originalschauplätze 8354 [5]
Die Pegnitz-Schäfer. Nürnberger Barockdichtung (E. Mannack) 8545 [4]
Phantastische Erzählungen der Jahrhundertwende. (M. Winkler) 7819 [4]
Polenlieder. (G. Koziełek) 7910 [2]
Die politische Romantik in Deutschland. (K. Peter) 8093 [5]
Prosa des Expressionismus. (F. Martini) 8379 [4]
Prosa des Jugendstils. (J. Mathes) 7820 [5] – auch gebunden
Prosa des Naturalismus. (G. Schulz) 9471 [4]
Rheinreise. Gedichte und Lieder. (W.-D. Gumz / F. J. Hennecke / W. Ross) 8320 [5] – auch gebunden
Der Reiz der Wörter. Anthologie zum 150jährigen Bestehen des Reclam-Verlages. 9999 [3]
Reportagen. (Th. Karst) 9837 [2]
Satiren der Aufklärung. (G. Grimm) 9777 [5]
Texte aus der Arbeitswelt seit 1961. (Th. Karst) 9705 [2]
Texte der proletarisch-revolutionären Literatur Deutschlands 1919 bis 1933. (G. Heintz) 9707 [5]
Die Wiener Moderne. Literatur, Kunst und Musik zwischen 1890 und 1910. (G. Wunberg / J. J. Braakenburg) 7742 [9] – auch gebunden
Zauberei im Herbste. Deutsche Kunstmärchen von Wieland bis Hofmannsthal. (H.-H. Ewers) 8440 [7] – auch gebunden

---

Philipp Reclam jun. Stuttgart

Philipp Reclam jun. Stuttgart